Der Mensch – Subjekt und Objekt

Der Mensch – Subjekt und Objekt

Festschrift
für Adam Schaff

Europaverlag

Herausgegeben von Tasso Borbé

Foto von B. J. Dorys, Warszawa
Umschlag von Georg Schmid
© 1973 by Europa Verlags-AG Wien
Printed in Austria
Druck Elbemühl Wien
ISBN 3-203-50472-3

Inhalt

Vorwort 9

Alfred Ayer (Oxford)
Metaphysics and common sense 11

Bronislaw Baczko (Clairmont-Ferrand)
Les concepts et les sens de »l'utopie« 29

Tasso Borbé (Wien)
Die Notwendigkeit zur Philosophie 39

Umberto Campagnolo (Venise)
La Contestation dans les limites de la raison 51

Maurice Cornforth (London)
Labour, Language and Thought 71

Auguste Cornu (Saint-Cloud/Berlin)
An Adam Schaff 87

Marek Fritzhand (Warszawa)
Über den Begriff des Humanismus – methodologisch 89

Erich Fromm (México)
B. F. Skinner's Neo-Behaviorism 111

Leo Gabriel (Wien)
Weltbild und Existenz im Lichte neuen Denkens 121

C. I. Gulian (Bukarest)
La culture ou le niveau axiologique 131

Wolfgang Harich (Berlin)
Aus meinen philosophischen Knast-Notizen 145

Robert S. Hartman (México)
Vier axiologische Beweise für den unendlichen Wert des Menschen 173

Walter Hollitscher (Wien)
Kommunikation, Hominisation und Humanisierung 187

Georg Jánoska (Bern)
Nominalismus als negative Dialektik 197

Tadeusz Kotarbiński (Warszawa)
Causerie avec un livre qu'on a lu 209

Lucio Lombardo Radice (Roma)
Kritik des reinen Verstandes 213

Stefan Morawski (Warszawa)
Warum gibt es Existentialismus im sozialistischen Polen? 221

Chaim Perelman (Bruxelles)
Philosophie, Rhetorik, Gemeinplätze 237

Anatol Rapoport (Toronto)
Reflections on Marx's Thought 247

Nathan Rotenstreich (Jerusalem)
Person and Responsibility 263

Jerzy Rudzki (Lund)
Der Einfluß des Fernsehens auf das Familienleben 279

Erwin K. Scheuch (Köln)
Vorstellungen vom Glück in unterschiedlichen Sozialschichten . 295

Shingo Shibata (Tokio)
»Mannigfaltigkeit« der marxistischen Philosophie und philosophischen Fragen der Demokratie 305

John Somerville (New York)
Schaff's Work on the Human Individual 321

Jean Stoetzel (Paris)
La notion de personne en psychologie sociale 331

Stefan Swieżawski (Warszawa)
L'etude de l'anthropologie philosophique du XVe siècle: Problèmes, difficultés 345

Alexander Szalai (Budapest)
Future implications of recent advances in communications technology 359

Predrag Vranicki (Zagreb)
Die Hauptrichtungen der marxistischen Philosophie im 20. Jahrhundert 383

Jerzy J. Wiatr (Warszawa)
Alienation, disalienation and the structure of marxist social theory 399

Bogusław Wolniewicz (Warszawa)
Zur Semantik des Satzkalküls: Frege und Wittgenstein 411

Chronologische Bibliographie der Werke von Adam Schaff . . . 421

Personenregister 439

Vorwort

Diese Festschrift beabsichtigt nicht, einen Mann zu ehren, der, »über allem stehend«, huldvoll diese Ehrung entgegennimmt. Diese Festschrift gilt einem Mann, der dazu zu bescheiden und zu engagiert ist: Adam Schaff. Er feiert in diesem Jahr seinen 60. Geburtstag.

Die Idee, aus diesem Anlaß eine Festschrift herauszugeben, entsprang dem Kreis seiner Schüler und Mitarbeiter an der Universität Wien, zu denen sich der Herausgeber zählen darf. Als es darum ging, um Beiträge für diesen Sammelband zu bitten, ließ sich der Herausgeber von zwei Gedanken leiten. Erstens sollten neben den Philosophen auch Vertreter der Fachwissenschaften die Möglichkeit erhalten, mitzuwirken. Zweitens sollte die Mitwirkung unabhängig vom bestimmten weltanschaulichen Lager sein. So ist es zu erklären, daß die Beiträge zu Ehren Adam Schaff keineswegs ein homogenes Ganzes bilden, vielmehr das Spektrum verschiedener Wissenschaften widerspiegeln, auf die Schaff Einfluß gewann, durch seinen subtilen Tiefgang und seine Dynamik selbst bei der Behandlung schwierigster Probleme. Daß sich Vertreter verschiedener Weltanschauungen zu den Freunden Schaffs zählen, gründet in der Tatsache, daß Adam Schaff in seinem intensiven und teilweise kämpferischen Leben zur Konsequenz gelangt ist, daß nicht Ideen, sondern der Mensch das Wichtigste ist, wofür gerungen werden muß. Und dahinter steht die Erkenntnis, daß Offenheit und Toleranz durchaus mit einem konsequenten Marxismus vereinbar sind, denn im Wesen des Menschen liegt es sicher nicht, zerstört werden zu müssen, sondern überzeugt werden zu können.

»Der Dogmatismus ist der tiefste Revisionismus des Marxismus«. – Es wäre nichts Negatives, würde man diesen Ausspruch Schaffs in einer seiner Vorlesungen ein Dogma nennen. Es wäre das einzige, dem er huldigte.

Die Impulse Adam Schaffs reichen sicherlich viel weiter, als es dem Herausgeber bekannt geworden ist. Manche Persönlichkeiten mußten ihr tiefstes Bedauern ausdrücken, sie wollten, aber konnten nicht dabei sein: Anouar Abdel-Malek (Paris), Pedro Uchoa Celso Cavalcanti (Camino/St. Louis), Robert S. Cohen (Boston), Georges Friedmann (Paris), Tullio Gregory (Roma), Erich Heintel (Wien), Roman Jakobson (Cambridge/Mass.), Georg Klaus (Berlin), Jürgen Kuczynski (Berlin), Henri Lefébvre (Paris), Gajo Petrović (Zagreb), Adolfo Sánchez Vázquez (México), Władisław Tatarkiewicz (Warszawa).

In deren Namen, wie gewiß auch im Namen seiner überall verstreuten Schüler und unaufgefordert gebliebenen Freunde seien Adam Schaff die herzlichsten Glückwünsche dargebracht, gemeinsam mit dem Wunsch, uns noch viele glückliche und fruchtbare Jahre des Schöpfens zu schenken.

Wien, zum 10. März 1973

Tasso Borbé

Alfred Ayer (Oxford)

Metaphysics and common sense

If we go by appearances, it can hardly be disputed that metaphysics is nearly always in conflict with common sense. This is most obvious in the case of the metaphysician who professes to find a logical flaw, a contradiction or a vicious infinite regress, in one or other of the ways in which we commonly describe the world, and so comes to such startling conclusions as that time and space are unreal, or that nothing really moves, or that there are not many things in the Universe but only one, or that nothing which we perceive through our sense is real or wholly real, or that there is no such thing as matter, or no such things as minds. It is, however, also true of those who maintain not that the features which common sense ascribes to the external world are unreal, but that they are dependent upon our consciousness of them, that space and time are merely forms of human intuition, or that none of the things which we classify as physical objects exist except when they are being perceived, or that the world is my idea. Even philosophers who whish to dissociate themselves from metaphysics often advance theories which are shocking to common sense, as that there are no private experiences, or that everything that exists is constructed out of sense-data, or that no one ever does anything of his own free-will, or that the past is determined by the future as much as the future by the past.

In the eyes of many contemporary philosophers, the fact that such assertions do conflict with common sense is sufficient to condemn them. This is something of a new departure in the history of philosophy, where common sense has not on the whole been treated with very much respect. It is mainly due to the work of G. E. Moore who looked at metaphysics with the devastating simplicity and candour of the child in the Hans Andersen story of the Emperor's Clothes. His technique was to take metaphysical assertions at their face value and show how extraordinary their implications were. Thus he pointed out that if time is unreal, it follows that nothing ever changes or decays or grows, that a man's birth does not precede his death, and indeed that almost every would-be empirical proposition is false, since they nearly all imply that something happens before or after or simultaneously with something else. If matter is unreal, then the stars and the sun and the earth and everything in it, including human beings themselves, are as mythical as unicorns or gorgons. It follows also that if such theories are true, nobody holds them. For if matter is unreal, there are no metaphysicians: and if time is unreal, then nobody ever makes a statement or acquires a belief.

So again, if the world is my idea, it follows that it came into existence with my birth and will disappear at my death; if things exist only when they are perceived, then unless we rely on the perpetual vigilance of a problematic deity, we have to conclude that they are constantly popping in and out of existence, as well as holding that there never has been and never will be a time at which the Universe fails to contain sentient beings; if space and time are merely forms of human sensibility, it follows that the Universe is conterminous with the existence of the human race. This result may not be quite so ludicrous as that of holding that space and time are unreal. But can any sane man seriously believe it?

Now it might be expected that the defenders of such metaphysical positions would have made some attempt to protect themselves against this sort of treatment, and in some cases they have done so. In the case of those whom Moore was especially attacking, the English neo-Hegelians like Bradley and MacTaggart who maintained the unreality of matter and of space and time, the line taken was to mitigate the charge of unreality; things which were not ultimately real might nevertheless be real as appearances. In this way an attempt was made to give common sense its due: it was able and entitled to distinguish between reality and illusion at its own level, the level of appearances, and the same would apply to science which was, indeed, only a sophistication of common sense. But the metaphysician was bound to go deeper, to probe for the more genuine reality which lay beneath the appearances, and this was discovered to be very different; so different that the most central concepts which served for the description of appearances were wholly inapplicable to it.

The trouble with this defence is that it is hardly more than a sham. To begin with, it is not at all clear what can be meant by saying that something is real as an appearance. If it is interpreted as meaning that the thing only appears to be real, then we have to conclude without qualification that it is not real. If what is meant is that the thing really appears, then we have to conclude without qualification that it is real, though here we may allow for the possibility of its appearing under some disguise. In neither case is any proviso made for any half-way stage. But these are the only natural interpretations of the curious expression "real as an appearance" and we are not given any other.

Moreover the ground which philosophers like Bradley advance for saying that space and time and matter are not ultimately real is that the ordinary notions of a material object or of things standing in spatial or temporal relations to each other are self-contradictory. But if a concept is self-contradictory, it is hard to see how anything could even appear to fall under it, let alone really fall under it as an appearance. A man who is older than another may look younger, but how could he be said to look both older and younger? What should we understand by this? Perhaps, that he looked older in some respects and younger in others; but then we are interpreting the description so that it ceases to be contradictory. So long as a description is contradictory it necessarily applies to nothing and nothing can even seem to satisfy it, for the sufficient reason that there is nothing in such a case which the delusive appearance can be taken to fall short of. If it really were self-contradictory to speak of things as being temporally related then there would be no possible state of affairs which talk of this kind would represent, and therefore nothing that events which merely appeared to be in temporal relation would be counterfeiting. The most that could be claimed would be that real things had properties which caused us to categorize them in self-contradictory ways; but it would be highly misleading to translate this into the assertion that their appearances were self-contradictory: and even if this translation were allowed to pass, it would entail the conclusion not that such appearances were real at their own level, but rather that they were not real in any sense at all.

This thesis is so obviously untenable that it is tempting to assume that its proponents were using words like "real" and "self-contradictory" in peculiar senses of their own. But the trouble with this suggestion is that the arguments which they bring against the world of appearances purport to be logical; they are designed to show that the categories under which we try to order it are self-contradictory in the normal sense. And while they do tend to use the word "real" in a rather elastic fashion, so that sometimes a thing is said by them to be unreal when all that seems to be meant is that it is limited or relatively unimportant, nevertheless they do pass from the premise that appearances are not ultimately real to the conclusion that the descriptions which are given of them are not true, or at any rate not wholly true: and this would indicate that in this context at least they also intended the word "real" to be understood in something like a normal sense. The notion of degrees of truth is again an escape clause to which no evident meaning is attached.

It would seem, then, that the attempts of metaphysicians of this kind to make the best of both worlds, to return with one hand at least part of what they have taken away with the other, have only led them into trouble. They would have done better to accept the conclusion that their views were quite irreconcilable with common sense, and not put themselves to dubious shifts in a vain attempt to save the appearances.

They would indeed still be under some obligation to explain how we all can come to be so grievously mistaken; but if the appearances really are contradictory they are not worth saving.

Let us then suppose that we have to deal with a metaphysician who takes this more resolute attitude. His position, which has in fact been held at least by some oriental thinkers, is that the concepts of space and time and matter do not apply to anything at all. With or without argument, he maintains that reality falls under concepts of a totally different kind from these. How could he be refuted?

Well again he is exposed to the objection that if his view were true, he could not hold it, since he himself would not exist. But while this is enough to make the man appear ridiculous, it does not strictly demolish his opinion. For logically the opinion might be true, even though it entailed that nobody could exist to hold it. In practice the proponents of these views invariably fall into contradiction by advancing them as views of their own or implying that other people are in error. For example they speak of the common sense view of the world as a popular delusion, which it cannot possibly be if there are no people to be deluded by it. But with sufficient care these contradictions can be avoided.

At this point many people would be content to say that any view of this kind is palpably false, and this in effect was the position which Moore took, though he reached it indirectly. His contention was that he knew for certain the truth of such propositions as that he had a body and that this body was frequently in contact with the surface of the earth and that the earth had existed for many years past, and since such propositions all implied the reality of space and time and matter it followed that if he really knew them to be true, any propositions which denied the reality of space and time and matter must be false.

This argument is perfectly rigorous. If its premises are true, its conclusion must also be true. And no doubt the premises are true. No doubt Moore did know many propositions of the type which I have just mentioned and no doubt each one of us knows many similar propositions about himself and his environment. Nevertheless it looks like a weakness in Moore's position, as he himself acknowledged, that he does not explain how we know these things; he does not show us how we are to vindicate these claims to knowledge. The answer to this may be that while there are many propositions which we could not reasonably claim to know unless we knew others which supported them, there must be some that are known immediately, if we are not to be saddled with an infinite regress; and a case might be made out for saying that Moore's examples belong to this primitive class. Even so, the metaphysician against whom this argument is directed might not think it difficult to counter. To what would seem to him an entirely dogmatic objection he might make an equally dogmatic rejoinder. He might say that since his own theory is true it follows that these common sense propositions are false and *a fortiori* that nobody knows them.

There is, however, a further argument on which it seems to me that Moore tacitly relies though I do not know that he ever made it explicit. What makes us so sure that there are physical objects which stand to one another to spatio-temporal relations is that it seems to us that we perceive them. We have sense-experiences which we take as establishing the truth of such propositions as that there is a chair over here and a book-case over there and a table in between them, or that the sun came out just after the rain had stopped. Now the question is raised whether our experiences can ever establish propositions of these kinds. But, so the argument runs, it just is in the nature of these propositions, it is characteristic of the meaning of the sentences which serve to express them, that they *are* established by those sorts of experiences. The rules which govern the use of sentences of this type are such as to correlate them with observable states of affairs; we understand the sentences when we know what observations would verify of falsify the propositions which they express. On certain occasions, indeed, we may have reasons for distrusting what appear to be such observations: we may have grounds for thinking that the appearances are deceptive in one way or another. But in default of any such special reasons for mistrust, to have what appear to be the appropriate experiences and to refuse to accept the proposition which is expressed by the sentence with which they are conventionally correlated is simply to violate the canons of the language which one purports to be using. In short, there are accepted criteria for deciding in particular cases whether these common sense propositions are true or false, and the question whether these criteria are satisfied in any given instance is a question not for philosophical argument but simply for empirical observation.

It is easy to see that this argument can be generalized, and also that when it is generalized it naturally leads to the conclusion that the only positive contribution that philosophy can make to knowledge is in the field of analysis. This position was not formally held by Moore himself, but it is implied in his practice and was explicitly adopted by most of his followers. For it is true not only of the propositions of common sense that there are recognized criteria for deciding when they are true or false. This applies equally to the technical theories and hypotheses of science and, though in their case the criteria are not empirical, to the *a priori* propositions of logic and pure mathematics. In these domains also there are recognized standards of proof and recognized procedures for determining whether these standards have been met. If someone refuses to regard a favourable experiment as confirming a scientific theory, then unless he has some special reason for mistrusting the experiment, unless he has grounds for suspecting that there has been an error of observation, or that there is some other special reason why the apparent result of this experiment is not to be taken at its face-value, he simply has not understood what the theory is. If someone refuses to accept the result of a logical or mathematical demonstration, without having any special reason for thinking that the procedure which was employed in this instance was faulty or incorrectly carried out, he simply does not understand how logic and mathematics work.

The upshot of this is that the truth or falsehood of these propositions is not even a matter for philosophical discussion. It depends only on the satisfaction of the appropriate criteria; and whether the criteria are satisfied is a matter of empirical or formal fact. There is no place here for philosophy to intervene. But what then is there left for it to do? The official answer is, as I have indicated, that while it is not equipped to estimate the truth of falsehood of these propositions, it can and should attempt to elucidate their meaning; it should devote itself exclusively to the task of analysis. Exactly what is analysed, whether words or concepts, sentences or propositions or facts, how the analysis proceeds, what purpose it serves, and how its results are to be assessed are all matters of dispute. No very general agreement has been reached on any of them. There is just the feeling that philosophy must after all be good for something, and that the avenue of analysis, whatever that may be, is the only one left open to it.

But now let us look a little more closely at the argument which leads to this result. At first sight it is very persuasive. How could a philosophical discussion contrive to show that, in these perfectly normal circumstances, I am mistaken in believing in the existence of the physical objects which I can see around me? Of course I may fail to identify all of them correctly: it is conceivable even that I am the victim of some more serious illusion. But then there are ways of finding out whether this is so; and if they show that nothing is amiss, the question is settled: it would be merely neurotic to embark on an endless series of further tests, when one had no reason at all to expect that they would yield any different result. Theoretically, we may have to admit the possibility of our being deceived by our senses in any given instance, but to suppose that they invariably deceived us would be nonsensical. We can only attach meaning to the statement that our perceptions are sometimes delusive because we contrast them with the normal case in which they are veridical.

So far, so good. But now let us suppose that someone has been convinced by Berkeley that the things which he perceives are not material objects, as we understand the term, but only collections of ideas in his own mind. How would this argument serve to disabuse him? The answer is that it would not serve at all. There will never be an occasion on which we can show him that because of his fidelity to

Berkeley his judgements of perception run counter to the evidence. In the relevant circumstances, he will be as ready as we are to admit the truth of such propositions as that this is a piece of paper or that the clock has just struck four. Of course he interprets them differently; he does not think that they commit him to holding that these objects exist when he is not perceiving them, except perhaps as permanent possibilities of sensation, or as ideas in the mind of another person, or in the mind of God; but this does not mean that we can expect his judgement to dissent from ours in any concrete situation. We may say that he misunderstands these propositions, but if this is his mistake, it is not one that has any practical consequences.

But is it even obvious that he does misunderstand them? It might indeed be argued that this example exhibits not the weakness but the strength of Moore's position, on the ground that what is in dispute between the follower of Berkeley and ourselves is not the truth of any common sense propositions, but mereley their analysis. His contention is that what I really mean when I say that this is a piece of paper is that I am having an idea, that is, a sense impression of a certain sort, which is linked in certain ways with other ideas: and the way to refute him would be to show that this is not what one ordinarily means when one makes a statement of this kind. He misunderstands these propositions, not in the sense that he does not know when to accept or reject them, but rather in the sense that he gives a false account of what they mean.

There is a good deal of support for this interpretation in Berkeley's own writings, but surely it does him an injustice. For if he really were contending that what is ordinarily meant by a physical object is a collection of ideas, it would be all too obvious that he was wrong. When the ordinary man speaks of a chair or a clock or a piece of paper, he plainly does so with the implication that these things exist unperceived. Perhaps he ought not to, but that is another question. There is no doubt that he does. This is the common sense view and Berkeley is not analysing but attacking it. He is not elucidating the way in which we systematize our experiences: he is putting up a rival system.

But how is this possible? How can the common sense view of the world be open to attack? In trying to answer this, we shall again find it helpful to draw upon Carnap's distinction between what he calls internal and external questions.

A question is internal when it arises within an assigned conceptual framework; it is external when it bears on the status or admissibility of the framework itself. Suppose, for example, that someone raises the question whether there are negative facts. If this is taken as an internal question, arising within a framework which provides for the matching of different types of true statement with different types of fact, the answer is plainly that there are. It is, for example, a negative fact that Descartes did not write the *Critique of Pure Reason* or that New York is not the capital of the United States. But the question may also be taken externally, as raising doubts concerning the propriety or utility of the concept of a negative fact and so of the conceptual scheme in which it is admitted; and in this case it is not so easily answered. The existence of what is being put in question cannot now be established simply by giving an example; for the validity of what is presupposed in counting anything as a favourable example is just the point at issue.

In the same way, if the question whether this piece of paper continues to exist when no one is perceiving it is treated as an internal question, with respect to our standard conceptual system, the answer is undoubtedly that it does. For within this system there are accepted criteria for deciding a question of this kind and in the present instance it is easy to show that they are satisfied. But if the question is taken externally, as putting in doubt the worth of these criteria and so of the system in which they have an accredited place, then once again the answer to it is not at all so clear.

The salient feature of Moore's technique is that it treats metaphysical questions internally, as though they arose within the framework of common sense. It is in this way that he refutes the metaphysician who makes the outrageous claim that time is unreal, by giving impeccable examples of events which occur in time. It is in this way that he proved the existence of external objects, simply by holding up his own two hands. On these terms, his victory is complete; there is nothing more to be said. Even so the metaphysician feels that his position, so far from being overthrown, has not even been considered: and fundamentally he is right; the victory has been won on the wrong terrain. To say this is not to detract from Moore's achievement. He did more than anyone to dispel the cobwebs which prevented all of us, and not least the metaphysicians themselves, from seeing what they were about. Even so he misinterpreted them: for if anything is now clear, it is that metaphysical questions are external.

But this only gets us a little further forward. We still have to explain, much more precisely, what external questions are and also why anyone should wish to raise them. Why, to continue with our example, was Berkeley dissatisfied with the conception of the physical world which, whether he admitted it or not, is in fact the outlook of common sense? Why did he want to disallow the criteria in terms of which we are able to say with confidence and truth that things exist unperceived? Was it simply a matter of caprice? Did he have a psychological need to look at the world, or to speak about the world, in a different way? Was he trying to elaborate a conceptual system which would prove more useful to us than the system of common sense?

None of these is quite the correct answer. I do not deny that a philosopher may have psychological reasons, most probably unknown to himself, for mounting an attack against certain concepts, or that it would be of interest to discover what these reasons were. But this still would not explain to us what the philosopher was doing. For this we need to look at his actual procedure, to study the way in which he comes by his conclusions. And here the clue to the problem is that he reaches them by argument. The typical metaphysician does not simply say: I do not like the idea of matter, or motion, or time, or numbers, or individuals, or universals, or propositions, or negative facts, or whatever else may be in question; let us see if we cannot get along without it. He gives reasons for holding that these things do not exist.

These reasons mainly take two different forms. One common line of argument is that the category in question is not ultimate; the things which fall under it have been mistakenly hypostasized; what really exists is something else. This leads to such assertions that there are no material things but only sense-data, no numbers but only numerals, no universals but only sets of similar particulars, or alternatively no particulars but only sets of compresent universals, no propositions but only sentences, no mental events but only dispositions to behave in certain ways, and so forth. If the philosopher who takes this line is of an analytical rather than a metaphysical turn of mind, he will prefer to say, for example, that material things are logical constructions out of sense-data, or that numbers are reducible to numerals, rather than that material things or numbers do not exist. But this is only a difference of formulation. The motive for trying to get rid of these sets of entities may be that they do not fit in with a preconceived idea of what the world is really like: especially among analytical philosophers the tendency is to eliminate the abstract in favour of the concrete, but it may also go the other way. Or it may be just that certain types of entity, like numbers or universals, strike one as mysterious, and one wishes to explain them in terms of other sorts of entities which one finds less problematic. Epistemological considerations also play their part. If it is believed that one type of entity is accessible only through another, as, for example, it has been held that we can have no acquaintance with material things except through apprehending sense-data, or no acquaintance with propositions except through understanding sentences, then there may be an inclination to try to reduce the more remote entities to those which give us access to them. The vindication of these claims is that the entities whose removal is desired should be successfully explained away. But the trouble here is that we are not always given clear enough criteria for deciding when a successful explanation of this sort has been achieved.

The second line of argument is that the category, or concept, which is put in question, is somehow defective. A standard of intelligibility is set up which it is then argued that it fails to satisfy. This is the nerve of Parmenides' attack on the concept of plurality, or that of the neo-Hegelians on the categories of space and time, or Ryle's on the concept of mind. Very often this line of argument is blended with the other. Thus Berkeley's reason for denying the existence of matter is principally that it is not verifiable. He takes over from Locke the requirement that for a concept to be intelligible it must refer to what could be experienced, and he argues that the physicist's conception of matter does not satisfy it. What we do experience, in his view, are what he calls sensible ideas, which correspond closely enough to what contemporary philosophers call sense-data; and he thinks it plainly contradictory to say of them that they exist when not perceived. At the same time, he maintains that any legitimate purpose which the conception of matter was designed to serve can be adequately fulfilled by talking only of immaterial percipients and their ideas. So he combines the view that the conception of matter is radically defective with the view that a different set of concepts, which are free from its defects, can be shown to be capable of replacing it. This is rather perplexing to his expositors, who are left in doubt whether to say that he rejected the concept of matter or merely offered an analysis of it. As we shall see in a moment, this distinction is somewhat arbitrary, but the points on which it turns are important.

In any case, whatever one may choose to say of Berkeley, the general aim of this second line of argument is to disqualify the concepts against which it is directed. But this brings us back to the question with which we started. How can there be any hope of disqualifying a concept of which it is obvious that we make successful use? If it is a plain matter of fact that a concept has empirical application, then how can one think that it is radically defective, that it is meaningless or contradictory? Surely the metaphysician can proceed only by shutting his eyes to what he knows to be true.

This is again Moore's argument, and if the metaphysician's questions were internal, in Carnap's sense, it would be decisive. But once it is seen that these questions are external, it loses a good deal of its force. For now we have to distinguish between the practical operation of a concept and the theory which it carries with it. This distinction is not sharp, since it is arguable that the description of any phenomena incorporates some element of theory, but it can be made sharp enough for our present purpose. Thus there is a sense in which the concept of possession by evil spirits had empirical application. There were criteria for deciding when a person was so possessed; the malady had characteristic symptoms which differentiated it from any other: there was no doubt that these symptoms did occur. At a time when the belief in good and evil spirits was part of popular culture, to deny the possibility of demonic possession might have seemed to be flying in the face of common sense. Nevertheless we now find it perfectly easy to dissociate this concept from the phenomena to which it was taken to apply. We can dismiss the very notion of evil spirits as nonsensical, and still do justice to the facts which sustained it. We simply account for them in a very different sort of way.

But surely the notion of matter is not on a level with that of evil spirits. There is, indeed, an important difference in that it is very much more difficult in this case to distinguish between fact and theory. It is not at all clear that we can give an adequate description of the facts without bringing in the notion of matter. The notion of a sensible idea which Berkeley takes as primitive is itself problematic; and his notion of the immaterial subjects who are presented with these ideas may well be contradictory. Nevertheless it has not been shown to be impossible to construct a "language of appearance" in which the empirical data would be described in such a way as not to presuppose the existence, or indeed the non-existence, of either minds or matter. This was indeed the aim of William James and, after him, of Bertrand Russell in developing their theories of Neutral Monism, and though they did not fully succed in carrying it through, I see no reason in principle why it should not be feasible. In that case, the introduction of the concept of persistent physical objects, the existence of which is independent of their being perceived, may be represented as one means among others of systematizing our experiences. If, *pace* Berkeley, it still appears to us as the only genuine possibility, this is because we cannot conceive of any other procedure which would come anywhere near to matching it in efficiency.

All the same we need to remember that the notion of a physical object may take different forms. At present there is a conflict between the common sense conception of a physical object as being really very much what it appears to us to be, at any rate when we observe it under the most favourable conditions, and the scientific conception of it as being really very different from anything that we normally perceive. This conflict is irresoluble if it is regarded as turning on a question of fact, since the question how things really are can be decided only in terms of an accepted criterion of reality, and here it is just the criterion of reality that is in dispute. I think, therefore, that it should rather be regarded as a clash between two rival pictures. We can picture things as persisting in their familiar guises, which remain much the same whether or not they are perceived, or we can picture them as sets of atomic particles which, as the result of the actual process of perception, appear to us only in disguise. I shall not here enter into the motives that one might have, or the arguments that one might adduce, for favouring one picture or the other. I shall only remark that this again illustrates the point that we have to distinguish between the observable facts on which the common sense view of the world is grounded and the more questionable interpretation which it puts upon them.

If one holds an operational theory about the significance of concepts, one will attach no importance to the difference between rival conceptual systems, so long as they can equally be made to square with the facts; indeed one will be inclined to say that there really is no difference between them. From this point of view, even such a concept as that of possession by evil spirits should not be regarded as illegitimate if there are genuine phenomena to which it is used to apply. The only mistake that can be attributed to those who employed it is that of supposing that they were doing something more than merely describing the phenomena: they did not realize that all that they really meant by saying that people were possessed by evil spirits was just that they exhibited such and such symptoms. In the same way Berkeley was, from this point of view, mistaken in thinking that he was refuting the advocates of matter. For since they allowed that the statements which they made about physical objects were verified only by the existence of the observable state of affairs, which for Berkeley consisted in the perception of sensible ideas, this is all that they could really have been referring to. If Berkeley was right in his contentions, the only mistake which he could attribute to his adversaries was that of failing to see that when they talked about matter they really were talking about sensible ideas.

It is, however, debatable whether we ought to equate the meaning of concepts, in quite this straightforward fashion, with the states of affairs to which they are understood to apply. Perhaps it is not of very great importance what meaning we decide to attach to the rather vague word "meaning", but it would be a mistake to insist on cutting concepts off entirely from their theoretical background. We are in something of a dilemma here because we want to reject a way of looking at the world which seems to us absurd or even unintelligible, but at the same time we do not want to say that everything which is asserted by those who take this point of view is false. Thus if the members of a primitive tribe attribute every natural occurrence to the moods of Mumbo Jumbo, we may have no doubt that they are utterly deluded: nevertheless we do not want to deny their ability to detect that it is raining, even though they see the rain as the expression of Mumbo Jumbo's grief. Accordingly, we distinguish the fact which they apprehend as well as we do from the ridiculous explanation which they give of it; and then if we are very tough minded we may go on to say that all that they really mean by their talk of Mumbo Jumbo's grief, though of course they do not know it, is just that it is raining. But any anthropologist will regard this, rightly, as a serious misrepresentation. We are imposing on them a distinction which it could never occur to them to make.

As we have already seen in the case of Berkeley, the way we react to this dilemma will very largely determine the view which we take of philosophical analysis. A very clear illustration of this is to be found in Hume's theory of causation. Hume demonstrated incontrovertibly that the relation of necessity which is supposed to obtain between cause and effect can not be a logical relation and he also saw that the idea that distinct events were somehow glued together by a relation of non-logical necessity was an empty fiction: it did not correspond to anything that one could conceivably observe. Accordingly, he placed the source of the supposed necessity in our mental habits of association, and for all practical purposes equated causality with regular sequence. Though his theory is open to objection on some points of detail, I have no doubt that on the central issues it is entirely right. But if we accept the theory, at least in its essentials, do we say that Hume has shown us what we really meant by causality, or do we say that he has demonstrated that our concept of causality was defective and shown us the way to replace it with something better? The reason against saying that the concept on which Hume set to work turned out to be defective is that we do not want to imply that it had no application; we certainly do not want to say that the world had to wait for Hume's theory before anyone was capable of making a true causal statement. And if we think along these lines, we shall be inclined to say that what Hume did was to make clear to us what we really meant all along; we shall look upon his achievement as a successful piece of philosophical analysis. On the other hand there is a very good sense in which the concept which emerges from Hume's analysis is not the same as the popular notion which he set out to examine. It may do the same work, but it does not keep the same theoretical company. The popular notion was found to be infected with incoherent ideas of power and agency; and the fact that disinfecting it makes little or no practical difference does not, I think, entitle us to say that it makes no difference at all. In the same way, I suppose it could be maintained that the account which Einstein gave of simultaneity in his Theory of Relativity only revealed to us what we had really meant by the term all along: but it would in this case seem much more accurate to say that he replaced a defective concept with a better one. Yet once more we certainly do not want to hold that until Einstein produced his theory, no one ever judged truly that one event was simultaneous with another.

It appears from these examples that it is a fairly arbitrary question whether we are to regard the results of philosophical analyses as correcting our misapprehensions about the meaning of concepts, which are taken to be in good order because we employ them successfully, or as pointing out defects in the concepts themselves and thereby leading us to modify them. The salient point is that it is shown to be possible for a concept to be successfully applied even though it is embedded in any theory which does not withstand critical scrutiny. It follows that it is not automatically absurd for a metaphysician to condemn a concept which is in common use; he may indeed just be muddled, he may simply be talking nonsense, but he may be making a valid criticism of its theoretical background.

But while this sort of apology for metaphysics may cover philosophers like Berkeley and Hume whom we can regard as offering us an alternative way of representing the facts, which they believe, rightly or wrongly, to be superior to the conceptual machinery of common sense, it is harder to see how it applies to the more thoroughgoing metaphysicians who simply dismiss the concepts of space and time or motion or matter as self-contradictory and then make a bee line for the Absolute. In their case the impression given is not that they are offering us an alternative way of representing the facts but rather that they are altogether making light of them.

Here again, however, it will repay us to turn aside from the strange conclusions which there metaphysicians reach, and concentrate instead upon the arguments by which they reach them. How, for example, does Zeno prove that Achilles can never catch the tortoise? By pointing out that when Achilles reaches the point from which the tortoise started, the tortoise will have advanced some distance, however small, and that by the time Achilles has covered that distance the tortoise will have gone a little further and so *ad infinitum*. How does MacTaggart prove that time is unreal? By pointing out that the characteristics of being past, present and future wich every event is supposed to possess are mutually incompatible, so that if we are to avoid a contradiction we must assume that events possess them at different moments. So let us say that every event is past at a present or future moment, present at a present moment and future at a present or past moment. But then the same difficulty arises with respect to the moments. So either we relapse into contradiction or we are launched upon an infinite regress.

Now both these pieces of reasoning, given their premises, are perfectly sound. If in order to traverse any given distance one had to occupy each member in turn of the infinite series of its parts, Achilles could not catch the tortoise, indeed he could not move at all, since he could never get started. If being, past, present and future were non-relational characteristics of events or moments, their attributions to either would be logically vicious. Even so, we are disposed to say, all that this proves is that these conceptions of the nature of time and motion are mistaken, not that time and motion are unreal. But the problem for these metaphysicians was that they did not see how these consequences were to be avoided; they did not see what other account of time or motion could be given. And in this they were not so greatly to blame. It was only in the nineteenth century that mathematicians developed an adequate theory of continuity and even to this day there is disagreement about the way in which Zeno's arguments can most effectively be answered. Neither is there anything approaching unanimity among philosophers about the correct analysis of the passage of time. In my own view, the relation of temporal priority has to be taken as fundamental, and past, present and future defined in terms of it by reference to the temporal position of the speaker, this position itself being characterized by its temporal relation to other arbitrarily chosen events. But to a certain extent this vindicates MacTaggart: for it leads to a "static" spatial picture of the Universe as a four-dimensional continuum.

If we follow this approach, I think that we can even make sense of the metaphysical doctrine that things which are ultimately unreal are nevertheless real as appearances. We have seen that when this sort of talk is taken literally it can easily be made to seem ridiculous; the metaphysician is forced into the impossible position of maintaining both that some concept is self-contradictory and that it has application. But the explanation is, I suggest, that he is reacting in the same way to our ordinary system of beliefs as I supposed in my example that the anthropologist would react to the talk of the believers in Mumbo Jumbo. He would regard the idea of Mumbo Jumbo's grieving as nonsensical, but recognize that in their system it did correspond to a fact, namely the fact that he would describe by saying that it was raining. Similarly a metaphysician, like Bradley, wants to hold that our talk of space and time and matter is confused to the point of being implicitly self-contradictory and yet that it is an attempt to deal with genuine phenomena. Of course he cannot consistently allow that the phenomena, even just *qua* phenomena, are spatio-temporally ordered, any more than the anthropologist could consistently allow that Mumbo Jumbo was apparently crying; what they can both say is that these are misguided attempts to describe genuine facts. But here the parallel ends, to the grave disadvantage of the metaphysician. For whereas the anthropologist has an alternative way of describing the facts, which is not exposed to the same objections, a metaphysician like Bradley has not. He may assume that if *per impossibile* he were in the position of the Absolute he would have an entirely lucid view of everything that there is, but on his own showing he is not in this position, and never could be; and neither could we. So, having to his own satisfaction undermined our ordinary way of looking at the world, he not only leaves us with nothing to put in its place but also leaves himself with no firm standpoint from which to launch his attack. If our world collapses, he collapses with it.

In citing Bradley, I have taken an extreme case. There are metaphysicians, like Leibniz, who do offer us alternative conceptual frameworks. But the difficulty here is that it is not always clear how our observations are to be fitted into them. It may be that Leibniz's aim was fundamentally not so very different from that of Berkeley, in spite of the divergences in their outlook, but whereas I think I understand pretty well how Berkeley wanted us to conceive the world and why he believed that his system did greater justice to the phenomena, I cannot envisage what it would be like to conceive of the things around me as colonies of monads. Perhaps the analogy, which Leibniz himself would have preferred, is with a scientific theory of fundamental particles. But then, if the analogy is to be more than superficial, it has to be shown that this way of conceiving things is scientifically fruitful. I think this would be hard to accomplish, but I do not want to say *a priori* that it is impossible.

It has recently become the fashion to claim in defence of metaphysics that even though it does not yield us any knowledge, in the sense of establishing true propositions, it can afford us valuable insights. It is, however, not very easy to see what these insights can be, or why they are valuable, if they are not expressible as truths. Perhaps what is meant is that it is illuminating to be made to look at the world in a radically different fashion form that to which we are accustomed, and with this I agree, provided that the alternative way of looking at the world can be shown to be viable. But this is a large proviso and I do not know of any metaphysical system in which it is adequately met. Even so, it does not follow that the labour of those who have constructed these systems has entirely gone for nothing. As I see it, the main service which they perform for us is to induce us to look critically at the theoretical background of the operations of science and of common sense. Puzzles are raised about the relation of subject and predicate, or the functioning of general terms, or the status of abstract entities, or the meaning of necessity, or the infinite divisibility of spatial and temporal extension, or the dualism of mind and matter, or about our justification for attributing experiences to other persons or believing in the existence of external objects. Except in the rare case where the problem has a scientific bearing, the solution of these puzzles will not increase our power to control our environment, or to predict the future course of events, but there is a sense in which it can add to our understanding of the world, by opening our eyes to the theoretical implications of the ways in which we describe it. I have no sovereign recipe for solving, or dissolving, philosophical puzzles, but in some cases at least I think that the solution may take the "metaphysical" form of showing that some class of entities is eliminable, or that the character of some concept, or set of concepts, has been wrongly understood, or that some concept could with advantage be more sharply defined or in some way modified.

The fact that external questions can be raised allows us even to tolerate such metaphysical assertions as that it is we who bring time into the world. The implication is that reality is conditioned by our method of describing it and that it is open to us to decide what method to employ, so that in a certain sense we do not just discover but determine what the world is like. But here again if we are to speak of alternative methods of description, we have to make sure that they are viable, and it is hard to see how there could be any intelligible description of the world which did not include the category of time. Moreover it must not be forgotten that when speak of ourselves as doing this or that we are already operating within a conceptual system. For what are *we*, if not physical bodies which occupy a position in space and time? But so long as we are operating within a conceptual system, we are committed to its criteria of reality; and then to say that we bring time into the world is to say that nothing happened before the appearance on earth of human beings, which is simply false, just as it is simply false, if one is operating within a system which makes provision for physical objects, to say that they do not exist when they are not perceived.

What the metaphysician would like to do is take up a position outside any conceptual system: but that is not possible. The most that he can hope to achieve is some modification of the prevailling climate; to find a way, for example, of eliminating singular terms or perhaps even to contrive to represent himself and the things around him as logical constructions out of their appearances. But if such a venture is even to be intelligible, let alone of any theoretical interest, it must have at least a rough correspondence to the way in which things are ordinarily conceived. Thus if philosopher is to succed not merely in involving us in logical or semantic or epistemological puzzles but in altering or sharpening our vision of the world, he cannot leave common sense too far behind him.

This does not mean, however, that he must tie himself strictly to its apron-strings. The insistence that ordinary language is perfectly in order has been a very useful corrective to the wilder flights of metaphysical speculation but, if taken too literally, it can lead to our letting things go by which might profitably be questioned and mobilizing in defence of what does not need defending. It is indeed better to tabulate the milestones along the highway of ordinary usage than to rhapsodize about Nothingness or the Essence of Man; but it would be a mistake to forego the more imaginative kinds of conceptual exploration, merely because of the greater risk of getting lost. In philisophy, nothing should be absolutely sacrosanct: not even common sense.

Bronislaw Baczko
(Clairmont-Ferrand)

Les concepts et les sens de » l'utopie «

» Les utopies ne sont souvent que des vérités prématurées «: ces paroles de Lamartine sont devenues presque un dicton. Elles résument une certaine optique, une certaine manière d'envisager les utopies: le problème essentiel, c'est leur rapport avec l'avenir. La valeur et l'importance d'une utopie dans le *présent* dépendent de sa » vérité «, c'est-à-dire de sa capacité de *prévoir l'avenir*. Les paroles de Lamartine témoignaient d'une certaine réhabilitation de l'utopie, elles manifestaient à la fois les inquiétudes et les espoirs de son temps. Elles témoignaient de la perplexité de cette époque où fourmillaient les mi-utopistes et les mi-prophètes, les saint-simoniens et les fouriéristes, les sectes mi-sociales et mi-religieuses. Que sont-elles, les utopies? Malgré leurs bizarreries, annoncent-elles l'avenir? Tiennent-elles la place que les prophéties occupaient jadis? Pour juger des utopies, il faudrait se demander d'abord dans quelle mesure les utopies relevaient des rêves utopiques, correspondaient à la » marche de l'histoire «, aux réponses que l'avenir finit par apporter aux dilemmes et aux inquiétudes de moment.

On peut mesurer le laps de temps – historique et sociologique – qui sépare ce milieu du XIXe siècle de l'époque qui est la nôtre en comparant la formule de Lamartine avec le texte de Berdiaieff, qu'Aldous Huxley a mis en épigraphe à *New Brave World.* » Les utopies sont beaucoup plus réalisables qu'on ne le croyait. Aujourd'hui nous sommes confrontés à une question nouvelle qui est devenue urgente: comment peut-on éviter la réalisation définitive des utopies? Les utopies sont réalisables. La vie marche vers les utopies. « Mais, si les inquiétudes et les espoirs (et aussi les désillusions) ont changé, on retrouve dans les deux textes cités une approche analogue. Les préoccupations majeures sont les mêmes: jusqu'à quel point telle ou telle utopie est-elle réalisable? Quel est le rapport entre l'avenir prédit ou préfiguré par l'utopie et le présent? Le jugement que portent nos deux auteurs sur l'avenir annoncé par les » vérités utopiques « est pourtant bien différent. Lamartine s'inquiétait surtout du peu de *maturité* de ses contemporains, inaptes à saisir les *espérances* annoncées par les utopies. Chez Huxley dominent la méfiance et le sentiment de danger; les utopies demandent de la vigilance, et le présent est déjà *trop mûr* pour les rendre réalisables.

L'approche qui se manifeste dans la question: » les utopies sont-elles réalisables? « est imposée en quelque sorte par les textes utopiques eux-mêmes. Les projets, les descriptions détaillées des sociétés idéales (l'utopiste est souvent un visionnaire dans le sens étymologique du mot – il *voit* sa cité nouvelle) sont porteurs d'une intention manifeste ou à peine dissimulée qui vise justement à susciter chez le lecteur une certaine attitude. Cette intention provocante est un élément constitutif de la démarche utopique et de la structure du texte; l'utopiste demande que le lecteur cherche des correspondances et des contrastes entre la » cité nouvelle « et la société actuelle, qu'il les envisage comme deux réalités. L'historien des utopies se voit obligé à mesurer les chances de réalisation des utopies. L'histoire semble lui offrir l'occasion unique de » vérifier «, d'étudier la » validité « des » vérités prématurées «, d'apprécier dans quelle mesure une utopie a vraiment préfiguré l'avenir. D'autant plus que l'historien est souvent frappé par la perspicacité de tel ou tel texte, par la » force prophétique « de tel ou tel utopiste.

Cette approche suggérée par les textes utopiques, et qui domine dans les études sur les utopies au XIXe siècle, ne nous paraît pas porteuse de promesses. Elle fausse la perspective historique. On y présuppose au moins deux choses. Premièrement, que l'utopiste se trouve, pour ainsi dire, devant un avenir tout fait et achevé; il ne s'agit donc que de constater s'il a réussi à le » deviner «. On envisage donc l'époque où l'utopiste crée son œuvre comme ne comportant qu'une seule possibilité d'évolution, justement celle que réalisera »l'avenir «. Mais chaque époque offre toujours un ensemble de possibilités et le cours des événements résulte du choix de certaines possibilités et du rejet, de l'élimination des autres. (Comme le disait Max Scheler, le passé est toujours notre débiteur, il contient des possibilités non réalisées dans le réel). La réalité présente ne nous dit pas quelles étaient les *autres* possibilités de l'histoire, les autres » avenirs possibles « qui sont restés pour toujours au niveau de la pure possibilité. Mais une autre réserve s'impose encore. En se centrant sur la » vérification « des utopies, on réduit souvent la fonction et l'action des utopies à leur » force prophétique «. On arrive même à supposer que l'influence et l'action effective d'une utopie relèverait de son »réalisme«, de la mesure selon laquelle elle s'est montrée réalisable. Or, en supposant même que l'utopie soit au plus haut degré perspicace, il est évident que sa » force prophétique « n'a pu être remarquée et appréciée qu'après coup. Les utopies n'influencent pas directement le cours des événements par le » réalisme « de leurs prévisions. Bien sûr, certaines utopies se sont trouvées plus solidaires du cours réel des événements; d'autres ont – de ce point de vue – moins bien » réussi «. Mais il est également évident aussi qu'*aucune* utopie ne s'est réalisée totalement et complètement dans l'histoire; il est évident, aussi, que la majorité écrasante des utopies ne se sont réalisées en aucune de leurs » prévisions «. Pourtant cela ne préjuge en rien de leur influence et de leur fonction historique *réelles*. Elles ne se réduisent pas à prévoir » l'avenir *possible* «.

Comme l'a dit Renan, l'utopiste est » l'ami de l'impossible «. L'intérêt primordial que présente pour l'historien l'étude des utopies consiste précisément dans le fait que l'utopiste se place dans la dimension de » l'impossible «, que la démarche utopique ne se résigne pas à regarder la réalité sociale actuelle et ses tendances comme les seules possibles. Ce n'est pas le rapport entre l'utopie, comme prévision, et l'avenir à prévoir qui est au centre des préoccupations de l'historien. Il se demande plutôt comment, de quelle manière spécifique, la réalité sociale d'un certain *présent* se traduit et se manifeste dans les utopies et par les utopies, comment les utopies participent au présent en s'efforçant de le dépasser. Une seule utopie, même la plus perspicace, présente comme phénomène social moins d'intérêt pour l'historien que la présence, à telle époque, d'une série d'utopies même si leur force de projection dans l'imaginaire est médiocre et bornée. Les utopies se manifestent et expriment de façon spécifique, une certaine époque, ses inquiétudes et ses révoltes, ses espoirs et son imagination sociale, sa manière d'envisager le possible et l'impossible, le présent et l'avenir. L'effort pour dépasser la réalité sociale et s'en évader fait partie de cette réalité et en apporte un témoignage spécifique.

» L'*Utopie* [de Thomas More] – dit Lucien Febvre – comme tous les ouvrages ultérieurs qui prendront comme nom générique le nom propre du *libellus aureus* de l'ami d'Erasme (...), traduit à la fois les besoins d'évasion hors des réalités présentes et d'aménagement des réalités futures qui fournissent à l'historien une des traductions, à la fois les plus délibérément infidèles et les plus inconsciemment fidèles de la réalité d'une époque et d'un milieu. Anticipations et constatations mêlées; les linéaments du monde qu'on voit; les traits qu'on devine et qu'on prophétise du monde de demain ou d'après-demain. C'est aux époques de trouble et de transition que se donnent carrière les devins et les prophètes (...). Ils parlent quand l'humanité, inquiète, cherche à préciser les grandes lignes de bouleversements sociaux et moraux, que chacun sent inévitables et menaçants. Par-là leurs œuvres sont, pour l'historien, des témoignages souvent pathétiques, toujours intéressants, non pas seulement de la fantaisie et de l'imagination de quelques précurseurs mais de l'état intime d'une société[1]. «

Certes, l'utopie n'est qu'une des formes possibles de manifestation des inquiétudes, des espérances et des recherches d'une époque et d'un milieu social. La mise en question de la légitimité et de la rationalité de l'ordre existant, le diagnostic et la critique des tares morales et sociales, la recherche des remèdes, les rêves d'un ordre nouveau, etc., tous ces thèmes préférés des utopies on les retrouve dans les systèmes philosophiques et dans les mythes populaires, dans les doctrines religieuses et dans la poésie morale et civique. Si la critique de la réalité sociale et l'attente de l'ordre nouveau s'orientent vers l'utopie, cela veut dire qu'un choix a été fait parmi les autres formes disponibles du discours. Ce qui est dit, dans l'utopie et comme utopie, ne peut se dire autrement. Il y a des époques où les utopies fleurissent, où la conscience utopique semble pénétrer les formes plus diverses de l'activité intellectuelle, politique, littéraire; des époques qui'semblent déboucher sur une vision utopique d'un ordre nouveau. Mais il en est d'autres où la créativité utopique s'affaiblit et se retrouve en marge de la vie sociale et des activités intellectuelles et idéologiques. Manifestations d'une situation sociale et d'un état d'esprit, les utopies les influencent à leur tour. Non pas, essentiellement, que les utopies » prévoyant l'avenir « offrent des modèles tout faits de sociétés idéales qu'il ne reste plus qu'à réaliser. C'est l'attitude globale envers la réalité présente qui change lorsque la vision d'un ordre nouveau devient possible. On regarde et on juge autrement les maux sociaux existants si l'on se met à imaginer des systèmes sociaux qui pourraient les éliminer: car alors l'ordre actuel ne se présente plus comme la réalité ultime, définitive, mais comme contrepartie d'autres ordres imaginables (même si on ne les croit pas réalisables).

Choisir l'utopique, se lancer dans le domaine de l'utopie est une démarche bien complexe. Dans le cas du roman utopique – forme littéraire classique de l'utopie – c'est le choix d'un genre qui, à partir du livre de Thomas More, a son histoire, sa tradition. L'utopiste continue cette tradition même s'il la transforme; il est souvent entravé par les règles de ce discours: ainsi en est-il pour les » voyages imaginaires «, forme préférée de l'utopie au XVIIIe siècle. Mais le domaine de l'utopie n'est pas réduit à la formule du roman utopique. La conscience utopique trouve et invente des modes divers d'expression. Elle s'exprime dans le » voyage imaginaire « de la *Basiliade* de Morelly, mais aussi dans son *Code de la Nature;* dans les voyages de Samuel Gulliver mais aussi dans la réflexion métaphysique et sociale de Dom Deschamps; dans les projets de l'abbé de Saint-Pierre mais aussi dans les appels et les prophéties passionnées de l'abbé Meslier. L'utopiste trouve des affinités avec les » autres provinces du royaume de rêve «, avec les mythes, les *tropeos*, qui connaissent une longue histoire: citons le » pays de cocagne «, le bucolique, la vision édénique du paradis perdu, etc.[2]. En reprenant ces thèmes il les transforme, les englobe dans les structures nouvelles. La cité idéale, l'utopiste peut la présenter comme l'heureuse invention de tel personnage: l'œuvre d'un grand législateur, d'un sage roi, fondateur du royaume que le voyageur, narrateur du roman utopique visita en de lointains pays. Mais les cités nouvelles peuvent aussi être présentées comme des systèmes découlant des lois universelles de la nature et de la raison, ou comme des conséquences nécessaires à la marche de l'histoire. Et le plus souvent ce n'est pas l'auteur du texte utopique qui se définit lui-même comme » utopiste «; ce sont *les autres*, ses interlocuteurs, qui l'appellent » rêveur «, » faiseur de chimères «, de » romans «.

Il convient de remarquer que le mot »utopie«, d'origine strictement littéraire, en devenant un nom générique a vu son contenu sémantique s'étendre et se diversifier mais perdre en précision[3]. » Utopie «, après avoir désigné un seul pays imaginaire (l'île qui fut décrite dans le livre de Thomas More), en vient à signifier toute description d'une société idéale imaginaire ou tout projet d'une cité parfaite; au XVIIIe siècle, le mot est pris dans cette dernière acception. » Utopie: région qui n'existe nulle part; un pays imaginaire ... Le mot *Utopie* (titre d'un ouvrage) se dit quelquefois figurément du plan d'un gouvernement imaginaire, à l'exemple de la *République* de Platon[4] «. Leibniz donne à » l'utopie « un sens analogue mais plus extensif; il le rapporte à l'idée de l'univers parfait, » d'un monde possible sans péché et sans malheur «. Inconsciemment il rapproche l'utopiste, créateur et législateur d'un pays imaginaire de Dieu lui-même, le grand ordonnateur de ce » meilleur des mondes possibles « qu'est le monde réel[5]. » Votre systèmè – écrit Rousseau à Mirabeau père – est très bon pour les gens de l'utopie, il ne vaut rien pour les enfants d'Adam. « Et il se défend contre les reproches qu'on lui faits d'être un utopiste, d'avoir composé dans le *Contrat social* un système méritant d'être relégué » avec la *République* de Platon, les *Sevarambes et l'Utopie* dans le pays de chimères[6] «. En 1730 on a même inventé le verbe » utopier « pour désigner l'action de transformer le réel en idéal: ce monde, » il ne *s'utopiera* jamais «, écrit Gueudeville dans sa préface à la traduction de l'*Utopie* de More[7]. On cite habituellement comme exemples d'utopie, le livre de More et les »voyages imaginaires« plus récents (en particulier » L'histoire des Sévarambes, peuples qui habitent une partie du troisième continent, communément appelé la Terre Australe «, œuvre de Denis Veiras parue en 1678, et les » Aventures de Jacques Saudeur dans la découverte de la terre australe «, livre de Gabriel de Foigny paru en 1676 et rendu célèbre par un article de Bayle dans son *Dictionnaire*). Mais, d'autre part, on range sous la même rubrique le modèle classique de législation idéale qu'est la *République* de Platon[8]. Le mot garde au XVIIIe siècle l'ambiguïté fondamentale qui l'a marqué dès son invention et qui fut probablement voulue par More lui-même. » L'utopie «: est-ce » *en*-topos «, » la Région du Bonheur et de la Perfection «, ou est-ce

» *ou*-topos «, » la Région qui n'existe nulle part «? Ou plutôt l'
» utopie « ne désigne-t-elle pas les deux choses ensemble – la justice et
le bonheur parfaits qui justement n'existent nulle part[9]?

Le mot s'enrichit de nouvelles ambiguïtés au XIXe et au XXe siècle;
l'intérêt pour les utopies ne cesse de croître et elles deviennent l'objet
de recherches systématiques[10]. Ces recherches ont étendu le tracé des
frontières du » royaume d'utopie « vien au-delà d'un seul genre
littéraire, firent la conquête de provinces très lointaines. La recherche
historique, la réflexion philosophique, l'analyse sociologique découvrent *la complexité du phénomène utopique.* On remarque la présence
de la conscience utopique dans les œuvres et les activités les plus
diverses – de l'art aux grands mouvements sociaux, même si ceux-ci se
veulent distincts de toute utopie et opposés à elle. Il ne nous appartient
pas de discuter, ici, les démarches méthodologiques diverses qui ont
présidé à l'étude du phénomène utopique, ni les ambiguïtés nouvelles
qui se sont accumulées. Il importe cependant de remarquer qu'une
tendance commune à ces approches fort diverses peut être dégagée.
Tout d'abord, on ne se contente plus du sens traditionnel du mot. La
prise de conscience de la complexité du phénomène utopique se
traduit par des essais de redéfinition du concept même d'utopie. Enfin
l'opposition utopie/non utopie n'est appliquée à telle ou telle œuvre,
mais tend à caractériser des attitudes collectives, des mouvements
sociaux, des courants d'idées, etc. Les exemples ne manquent pas.
Chez Marx et Engels, et ensuite dans presque toute la tradition
marxiste, on trouve l'opposition utopie/science ou, plus exactement,
l'opposition *socialisme* utopique/*socialisme* scientifique. Cette opposition implique deux optiques différentes. D'une part, on voit dans les
utopies des préfigurations ou des pressentiments de ce qui va devenir
science. On y cherche donc, pour reprendre les paroles de Lamartine,
des idées qui ne sont pas encore arrivées à maturité. La naissance du
marxisme marqua donc la fin d'utopie, comme la découverte de
Lavoisier marque la fin de la théorie de flogiston. Avec le marxisme,
toute utopie devient un anachronisme. Mais d'autre part, le marxisme
reconnaît, dans les idées » socialistes « des utopies, la manifestation
des sentiments profonds des masses opprimées. La persistance et la
continuité du phénomène utopique sont regardées comme témoignant
de l'aspiration constante et fidèle de ces classes aux valeurs
immémoriales: l'égalité, la liberté, la justice sociale, la communauté de
biens, etc.[11].

Chez Sorel, le sens spécifique et la valorisation péjorative de l'utopie
sont exprimés par l'opposition utopie/mythe. Par » utopie « il
comprend un modèle factice d'une société idéale qu'on présente aux
masses comme but ultime et réalisation finale de leurs aspirations et
luttes: l'utopie est marquée par la pensée analytique et spéculative des
forces sociales extérieurs au mouvement spontané des masses et sert à

les manipuler. A l'opposé, le mythe, dans l'acception spécifiquement sorelienne du terme, est une forme particulière de la conscience collective; il se résume en une idée qui est à la fois le mot d'ordre de la lutte des masses contre le système social et l'image symbolique de cette lutte et de son sens. Le mythe est produit par la spontanéité créative de la révolte des masses; il n'est jamais ni achevé ni figé. L'idée marxiste du socialisme et l'idée de la gréve générale sont, pour Sorel, des formes contemporaines de l'utopie et du mythe.

Dernier exemple: l'opposition utopie/idéologie proposée par Mannheim. Ce qui frappe, tout d'abord, dans cette redéfinition de l'utopie, c'est l'extension de ce concept. Le » topos «, dont la négation est l'utopie, est historiquement déterminé : c'est l'ensemble des rapports sociaux d'une époque auxquels s'oppose une classe sociale montante. Dans les utopies se manifestent les aspirations, les idéaux et les valeurs des grands mouvements sociaux ; elles sont donc des visions globales du monde, cohérentes et structurées, et représentent les besoins d'une époque. Les idéologies sont aussi des systèmes globaux d'idées et de valeurs ; elles reflètent les déformations et les limitations de la conscience sociale des classes rétrogrades, d'une conscience qui est toujours marquée par la tendance à mystifier la réalité et l'histoire. L'utopie n'est donc attachée à aucun genre littéraire précis : c'est une vision globale du monde, la manifestation d'une dimension essentielle de la conscience historique. L'utopie pénètre l'ensemble de la culture d'une époque; elle constitue un facteur essentiell de tout mouvement de masse et de tout changement radical historique et social[12].

Il nous semble inutile de multiplier des exemples, de discuter ici ces concepts divers. Cependant, une observation s'impose. L'histoire de la notion d'utopie, en particulier de ses transformations récentes, reste à faire. Cette histoire ferait mieux apercevoir les changements d'attitude envers l'utopie et la place qu'elle occupe à notre époque. » L'intérêt des savants occidentaux pour les mouvements millénaristes et les utopies est significatif ; on pourrait même dire qu'il constitue un des traits caractéristique de la culture occidentale contemporaine[13] «. De cet intérêt on peut rendre compte par des raisons multiples : par exemple, la curiosité envers les cultes messianiques des » sociétés primitives «, la découverte de l'importance des visions prophétiques et utopiques dans les mouvements religieux et sociaux de l'Europe médiévale; la prise de conscience du rôle joué par les visions mi-prophétiques et mi-utopiques du » Paradis perdu « et des » Cités radieuses « dans la découverte et la colonisation du Nouveau Monde ; la fonction des utopies dans la formation de la conscience de la classe ouvrière[14]. Mais il y a plus, et l'intérêt contemporain pour les utopies ne manque pas d'ambiguïté : il répond à plus d'une interrogation de notre temps. On voit se manifester aujourd'hui, une inquiétude profonde, le sentiment du danger que présenterait pour notre époque *l'absence* d'une utopie, sa disparition de l'horizon de notre pensée et de notre imagination[15]. » Notre époque dépourvue presque des illusions ne sait plus croire aux rêves des utopistes, écrit Bertrand Russell. Même les sociétés rêvées par notre imagination ne font que reproduire les maux qui nous sont habituels dans la vie quotidienne. « L'intérêt pour les utopies naît du désir de » revenir aux sources «, de renouveler les valeurs et les dimensions de la vie qui ont disparu ou sont en train de disparaître[16]. Mais, en même temps, cet intérêt est révélateur de sentiments et d'attitudes contraires : de la désillusion des utopies, de la volonté, consciente ou inconsciente, de se libérer de l'emprise de toute utopie. Faire de l'utopie un sujet de recherches, c'est la transformer *en objet*. Est-il encore possible de faire confiance à une utopie quelconque après avoir exploré les sources, les destins historiques et les échecs innombrables des utopies[17] ? Les recherches contemporaines sur les utopies ne s'inscrivent-elles pas dans la même orientation sceptique et désanchantée que les anti-utopies actuelles, de Zamiatin et Huxley à Orwell ? N'est-ce pas plutôt la présence simultanée de ces deux attitudes contraires – méfiance de l'utopie et désir néanmoins d'en avoir une – qui marque la recherche comme elle marque la conscience de ce temps qui est le nôtre ?

Notes

[1] L. Febvre, *Pour une histoire à part entière*, Paris, 1962, pp. 736–742.
[2] Cf. I. Saulnier, » Morus et Rabelais «, in : *Les Utopies de la Renaissance*, Paris, 1963, pp. 141–142.
[3] C. G. Dubois, *Problèmes de l'utopie*, Paris, 1968, p. 7.
[4] *Dictionnaire de Trévoux*, 1771. Dans *l'Encyclopédie* de Diderot le mot » utopie « ne figure pas. Dans le *Dictionnaire de l'Académie* éd. 1795, on trouve la définition suivante de l' » utopie « comme nom générique : » Se dit en général d'un plan d'un gouvernement imaginaire où tout est réglé pour le bonheur commun. Ex. : chaque rêveur imagine une utopie. «
[5] » Il est vrai qu'on peut s'imaginer des mondes possibles sans péché et sans malheur et on en pourrait faire comme des romans, des utopies, des Sévarambes, mais ces mêmes mondes seraient d'ailleurs fort inférieurs en bien au nôtre. « Leibniz, *Essais de théodicée*, Paris, 1969, p. 109.
[6] Rousseau à Mirabeau, 26 juillet 1767, in : C. E. Vaughan, *Political Writings of J.-J. Rousseau*, Cambridge, 1915, vol. 2, pp. 159–161 ; Rousseau, *Lettres de la Montagne*, in : *Œuvres*, éx. de la Pléiade, t. III, p. 810. Cf. les observations pénétrantes de J. Fabre : *Réalité et Utopie dans la pensée politique de J.-J. Rousseau*, in : *Annales J.-J. Rousseau*, t. XXXV, Genève, 1962.
[7] Cité par W. Krauss, *Reise nach Utopia*, Berlin, 1964, p. 8.

[8] W. Krauss note l'emploi du mot » voyage imaginaire « comme synonyme de » utopie «; en allemand on emploie au XVIIIe siècle le mot » Staatsroman «. Krauss, *l. c.*, p. 9. En anglais le mot est employé dans le sens générique, vers 1610, pour désigner tout pays imaginaire et, en particulier, son gouvernement idéal. Cf. H. Schulte Herbrugen, *Utopie und Anti-utopie*, Bochum-Langendreer, 1960, pp. 5–6.

[9] Vers la fin du XVIe siècle on est déjà conscient de cette ambiguïté du néologisme de More. Cf. V. Dupont, *L'Utopie et le Roman utopiques dans la littérature anglaise*, Cahors, 1941, pp. 10–11. Pourtant More dans une lettre à Erasme appelle son île révée » Nusquama «.

[10] Il semble que la première étude historique et critique sur les utopies date de 1971, lorsque R. Wallace publie *Various Prospects*, un recueil d'essais sur les projets de réforme sociale et sur les Cités Idéales. Cf. J. Servier, *Histoire de l'utopie*, Paris, 1967, p. 186.

[11] Les deux points de vue révèlent des divergences et des contradictions. Dans la première perspective, on met l'accent surtout sur l'aspect » savant «, théorique des utopies ; on valorise leur » maturité «, c'est-à-dire le fait d'avoir formulé ou pressenti telle ou telle thèse qui est entrée comme » scientifique « dans le marxisme. Cette optique suppose (ou même impose) une certaine téléologie dans le développement des idées utopiques qui, à travers l'histoire, » mûrissent « en direction du marxisme. Dans l'autre optique, les utopies sont regardées plutôt comme une répétition : des manifestations de sentiments, de révoltes, d'espoirs immémoriaux.

Une étude est à faire sur la formation et sur l'évolution du concept d'utopie chez Marx et Engels et dans le marxisme. Cette étude pourrait contribuer à mieux éclairer certaines démarches fondamentales de la pensée de Marx et d'Engels. La notion même de » socialisme scientifique « s'est définie par rapport – et en opposition – à ce que les auteurs du *Manifeste communiste* considèrent comme » utopique «. Mais il y a aussi interaction : la notion d'» utopie « se cristallise à partir d'une certaine idée de la science dont la formation et l'évolution restent toujours à explorer. Rappelons seulement que le mot même entre assez tard dans le réseau conceptuel de Marx et d'Engels. Dans le *Manifeste*, il n'est pas employé pour désigner les différents courants socialistes qu'Engels nommera utopique dans l'*Anti-Duhring*. L'attitude de Marx et d'Engels est marquée par les sentiments de continuité et de rupture, mais le poids de l'une et de l'autre change sous l'influence des facteurs divers (entre autres, l'intérêt pour les découvertes de Morgan, l'intérêt pour la » Mark « allemande et la » obschtchina « russe). Il y a, chez Marx, une utopie, une vision sous-jacente de la société communiste, mais elle est difficile à reconstituer justement parce que pour s'opposer aux » rêveurs «, Marx hésite à entrer dans les détails.

[12] K. Mannheim, *Idéologie et Utopie,* Paris, 1956, p. 126.

[13] M. Eliade, » Paradis et Utopie. Géographie mythique et eschatologie «, in : *Vom Sinn der Utopie,* Zurich, 1964, p. 211.

[14] M. Eliade, *l. c.,* p. 214. E. P. Thompson, *The Making of the English Working Class,* London 1968, pp. 866 e suiv.

[15] Ce sentiment du danger que présente pour notre époque l'incapacité à créer sa propre utopie, sa propre vision de l'avenir marque l'œuvre de F. L. Pollack, *The Image of Future,* vol, I.–II, Leyden-New York, 1961. » It is a main thesis of this work that for the first in the three thousand years of

Western Civilization taken as a whole ... there are hardly any new constructive and generally accepted images of future ... Our century lost the capacity for adequate self-correction and timely renewal of images of the future « (I, p. 43).

[16] M. Eliade, *l. c.*, p. 216.

[17] On peut se demander si cette attitude – consciente ou inconsciente – n'explique pas l'intérêt, porté depuis peu, à l'étude des échecs accumulés dans les essais de réalisation des communautés utopiques. Voir par exemple, M. Holloway, *Heavens on Earth ; Utopian Communities in America 1680–1880*, N. Y., 1951; N. Cohn, *The Pursuit of Millenium*, N. Y., 1957; M. Holloway, *Heavens below. Utopian Experiments in England*, London, 1961.

Tasso Borbé (Wien)

Die Notwendigkeit zur Philosophie*

Philosophie gibt es überall auf unserer Welt, in allen Staaten, gleich welcher weltanschaulichen Mentalität oder politischem Doktrinarismus. Ist die Philosophie eine, zwar in Ehren ergraute, in unserem »aufgeklärten«, »technologischen« Zeitalter aber unnütze Disziplin? – Die Bejahung dieser Frage hat nicht nur Feuilletonisten, sondern auch kompetente Gelehrte das Ende der Philosophie sich abzeichnen sehen lassen[1]. Haben diese Gelehrten recht? Hat etwa die moderne Wissenschaftstheorie die Philosophie endgültig verdrängt? – Eine Bejahung dieser Fragen wäre nur unter der Bedingung haltbar, daß jene Philosophie, beziehungsweise philosophischen Strömungen angesprochen sind, welche über zweieinhalb Jahrtausende hinweg immer wieder Systeme hervorbrachten, die in reiner Spekulation beschlossen waren, das heißt, die dort, wo die Erkenntnisse der Einzelwissenschaften nicht mehr mit der philosophischen Fragestellung Schritt halten konnten, ein Unbegreifbares begrifflich zu realisieren versuchten. Nicht nur dies sollte Philosophie genannt werden: Philosophie war und ist mehr als solcherlei idealistische Spekulation. Die Philosophie hat heutzutage und in der Zukunft eine konkrete Aufgabe – neben der modernen Wissenschaftstheorie.

So möchte ich in diesem Aufsatz zwei Thesen zur Diskussion stellen, die jeweils anschließend diskutiert und begründet werden sollen – soweit dies im gegebenen Rahmen möglich ist. Natürlich können weder alle wichtigen einschlägigen Werke berücksichtigt werden, noch sollen Giftpfeile in gewisse Richtungen abgeschossen werden. Die Legitimität der Aufstellung der scheinbar anmaßenden Thesen sehe ich dadurch gegeben, daß die Thesen nicht prinzipiell Neues behaupten wollen, sondern den Versuch darstellen, einige wesentlich erscheinende Ergebnisse von Abhandlungen zeitgenössischer Philosophen über die Frage »Wozu noch Philosophie?« zusammenzufassen. – Den Ausgang soll die Wissenschaftstheorie geben.

I

Die erste These: Wissenschaftstheorie ist Methodologie und Theorienlehre. Sie gründet auf logischen Normen und hat die Aufgabe, fachbezogen neue logische Normen zu finden und zu untersuchen. Sie ist interdisziplinär begründet und steht im dauernden Erkenntnisaustausch mit den Einzelwissenschaften. Ihr Ziel ist es, die Theorien- und Hypothesenbildung der Einzelwissenschaften – durch Fächervergleich – rational zu sichern, wobei das Kriterium der Selbstkritik und Kritik eine wesentliche Rolle spielt.

Vor mehr als einem Jahrzehnt entbrannte auf dem Boden deutscher Universitäten ein heftiger Streit, der als der »Positivismusstreit in der deutschen Soziologie« bekannt geworden ist. Die Problemstellung, die zur Konfrontation zwischen den »kritischen Rationalisten« und den Vertretern der »kritischen Theorie« (Frankfurter Schule) geführt hat, ist nach wie vor aktuell. So fragt Hans Lenk in seiner Antrittsvorlesung[2], ob nicht die Soziologie in Gestalt der sogenannten »kritischen Theorie« die Hauptfunktionen der Philosophie übernommen hätte, ob denn die Philosophie, wenn sich Soziologie und Politologie selbst als normative Wissenschaften verstünden, nicht auf ihrem ureigensten Gebiet, dem der praktischen Vernunft, überflüssig wäre. Herbert Marcuse sagt das sehr deutlich: »Nachdem die kritische Theorie die ökonomischen Verhältnisse als für das Ganze der bestehenden Welt verantwortlich erkannt und den gesellschaftlichen Gesamtzusammenhang der Wirklichkeit erfaßt hatte, wurde nicht nur die Philosophie als eigenständige Wissenschaft überflüssig, sondern es konnten nun auch diejenigen Probleme, welche die Möglichkeiten des Menschen und der Vernunft betrafen, von der Ökonomie aus in Angriff genommen werden[3].«

Diese Problematik läßt sich leicht an der Frage einsehen, ob auch die Ideologiekritik ganz zur Soziologie gehöre. Darauf antwortet Lenk: Die Soziologie könne nur notwendige Bedingungen für eine teilweise mögliche Entideologisierung liefern. Und obwohl noch keine einheitliche Methode der Ideologiekritik existiere: »Eine methodische Ideologiekritik kann nur durch eine *philosophische* Kritik geleistet werden – freilich in Zusammenarbeit mit allen Verhaltenswissenschaften. Sie muß systematisch Kriterien zur Kritik von Normensystemen, Glaubenssätzen, ideologischen Rechtfertigungsargumenten und von sogenannten Selbstverständlichkeiten entwickeln und anwenden[4].« Gleichgültig, wie groß die Einwände gegen den Rationalismus genannter Prägung auch sein mögen – in diesem Punkt scheint er rechtzuhaben: Wenn die normativen Aussagen selbst zur

»Wissenschaft« gezählt werden, wenn eine »differenzierte Verbindung zwischen theoretischen Sätzen und praktisch-normativen Anweisungen« *per definitionem* garantiert ist, dann enthüllt sich der Marxismus der Frankfurter Schule als praxisfremder Neoidealismus[5].

Die Lösung freilich, die Lenk in Anlehnung an Hans Albert statt dessen bietet, ist nicht befriedigender. Es bedürfe, so meint er, sogenannter »Brückenprinzipien[6]«, um die Verbindung zwischen Theorie und Praxis, Sachaussagen und Handlungsmaximen, Wissenschaft und Ethik nicht bloß durch logische Ableitung zu gewährleisten. Das bedeutet, daß ein Mittelweg, sozial praktikabel, zwischen utopischer Normierung und technokratischer Begründung gefunden werden müsse. *Wer* aber neben den logischen die erfahrungswissenschaftlichen Untersuchungen durchführen soll, *wie* sie durchgeführt werden sollen, um eine verbindliche Relevanz für die Vereinbarkeit mit ethischen und rechtlichen Normen zu erlangen – darüber gibt er keine explizite Auskunft, und gerade das Zitat von Kant's *kategorischem Imperativ* (durch Lenk an dieser Stelle) verstärkt den Zweifel, denn Kant reflektierte wohl über die potenzielle, nicht aber über die reale, notwendigerweise in einen gesellschaftlichen Kontext eingebundene Möglichkeit, so zu handeln, daß die Handlungsmaxime »zum allgemeinen Gesetze werden sollte«. Wer ist – mit anderen Worten – der Gewährsmann für das »Hochbewährtsein« erfahrungswissenschaftlicher Resultate und Gesetze[7]?

Lenk stellt fest, daß philosophische Aufgaben u. a. in der Formulierung und Untersuchung planetarischer Normen und der dazu nötigen Wertvorstellungen, in dem dringend erforderlichen Analysieren des Wert- und Normbegriffs selber und in der Präzisierung von Anwendungskriterien bestünden[8]. Er ist sich der Tatsache bewußt, daß philosophische Probleme nicht in isolationistischer Unabhängigkeit von wissenschaftlichen Erkenntnissen und auch nicht prinzipiell losgelöst von der Lebenspraxis behandelt werden könnten, und weiter, daß auch die wissenschaftliche Erkenntnis von philosophisch zu analysierenden Entscheidungen und Wertungen abhängig sei[9]. Zu meinen, daß mit der Konsequenz, jeder Philosoph solle auch exakt-wissenschaftliche Fächer studieren, das Problem gelöst sei, ist irreal. Denn einerseits soll derjenige als Wissenschaftler aus seiner Philosophie die Gewißheit der Rationalität seines Handelns haben, andererseits soll er als Philosoph wissenschaftlich und lebenspraktisch gebunden sein. Wie soll denn der Philosoph – an der Planung der Zukunft verantwortlich mitwirkend – eine seiner wesentlichen Aufgaben darin sehen, ein »kritisches Korrektiv« gegenüber fachspezifischen Scheuklappen zu bilden, wenn er selber auch fachspezifisch tätig sein soll? Natürlich weiß Lenk, daß ein einzelner nicht interdisziplinär im Sinne etwa aller Handlungswissenschaften ausgebildet sein kann. Also bedürfe es interdisziplinärer Zusammenarbeit und Diskussion für die Grundlagendiskussion und viele Probleme der Einzelwissenschaften. Und jetzt sagt Lenk: »Hierzu kann der Philosoph als Spezialist für das Allgemeine einen kritischen Beitrag leisten[10].« Woher hat der Philosoph nun die Möglichkeit zum *Allgemeinen*? » Aber auch die philosophische Forschung ist auf kritische Korrektive aus anderen Disziplinen (...) angewiesen[11].« – Ich kann nicht umhin, in der Argumentation Lenks immer wieder Zirkelargumentationen zu finden.

»Die Formulierung und Untersuchung solcher planetarischer Normen und die Präzisierung, das dringend erforderliche Analysieren des Wert- und Normbegriffs selber und die Präzisierung von Anwendungskriterien sind legitim philosophische Aufgaben« (vgl. Anm. 6) – diese Feststellung, offenbar antipod der Immanenz normativer Aussagen in der Wissenschaft gemeint, enthüllt Lenk selbst als praxisfremden Neoidealisten, da lediglich Worte ausgetauscht wurden. Die »Betrachtung der Gegenwart« und »Vorausplanung von komplexen Systemen« soll sicher nicht jenseits aller Wissenschaft angesiedelt werden – und sie sind (so Lenk) eben untrennbar mit »normativen strategischen Entscheidungen« verbunden, sagen wir ruhig, sie sind *ideologisch*.

Letztbegründung – Metaphysik – ist ein utopisches Ideal. Die Idee der Rationalität dem Kriterium der Kritik anheimzustellen, bedeutet eigentlich, zu tun, was eben verworfen wurde. »Bei nichtempirischen philosophischen Theorien oder normativen Satzsystemen gibt es neben der logischen Kontrolle nur die Möglichkeit der Kritik durch methodologische oder philosophische Kriteriendiskussionen. Solange Satzsysteme diesen kritischen Widerlegungsversuchen und Kriteriendiskussionen standhalten, gelten sie als vorerst bewährt. Die Rechtfertigung wird nicht mehr durch Letztbegründung erbracht, sondern durch einen Bewährungsnachweis auf Zeit[12].« Kein anderes methodologisches oder philosophisches Kriterium, als jenes der Kritik, wird angegeben. Also hieße es dann: »... neben der logischen Kontrolle nur die Möglichkeit der Kritik durch ... Kritik«. Es sieht aus, als würde dies zu einem *regressus ad infinitum* führen. Wenn weiter »Letztbegründung« apodiktisch und ohne genauere Erklärung durch einen »Bewährungsnachweis auf Zeit« ersetzt wird, so ist dies nicht weniger utopisch, weil wissenschaftlich gesicherte Universalien (etwa der Soziologie, der Verhaltenspsychologie, der Linguistik) negiert werden, und kann zudem gefährlich werden, weil lebenswichtige Werte und Verhaltensnormen ausgeschlossen bleiben. Wir werden darauf noch zurückkommen.

Die Aufgabe der heutigen Philosophie, einer »programmatischen rational-kritischen Aufklärung«, bestünde in der Entwicklung und Anwendung einer »regulativen Idee« und eines »methodischen Programms[13]«. Dieses Programm könnte man für eine Wissenschaftstheorie der mathematisch-physikalischen Wissenschaften adaptieren, keinesfalls aber für die Sozial- und Humanwissenschaften. Damit soll nicht gesagt sein, daß letztgenannte auf Kritik (als einem Verfahrenskriterium unter mehreren) und logisches Folgern verzichten können, sondern nur die banale Tatsache ausgedrückt sein, daß der Mensch mehr ist, als ein technologisch erfaßbares Gebilde, banal, aber von grundlegender Bedeutung.

Die Definition des Hauptzieles der Wissenschaftstheorie durch Lenk, »die unbezweifelbare Sicherheit der Methoden und Erkenntnisse der Wissenschaften methodisch-systematisch zu garantieren[14]«, ist von der beabsichtigten Definition der Philosophie lediglich durch die Hinzunahme der Aufgabe der Normierung von (undefinierten!) Werten unterschieden. Philosophie sollte zumindest insofern mehr sein, als sie die Werte wissenschafts- und praxisgebunden analysiert und formuliert und so ihr Teil an der Veränderung der Welt über die mathematisch-physikalischen Wissenschaften (so wichtig diese *auch* sind) hinaus beiträgt.

Diese Kritik ist keine Kritik *des* kritischen Rationalismus (oder »rationalen Kritizismus«, wie Lenk folgerichtig verbessert), sondern nur eine Kritik der programmatischen Antrittsvorlesung Lenk's. Doch kommen wir zum Ausgangspunkt zurück.

Wenn sich Soziologie und Politologie als normative Wissenschaften verstehen, so soll ihnen das gar nicht streitig gemacht werden. Im Gegenteil, sie müssen aus ihrer fachlichen Sicht sogar normative Werte angeben, denn der Philosoph muß sich auf solche Angaben berufen können, will er den notwendigen Überblick erhalten können, der über die fachgruppenspezifische Wissenschaftstheorie in zweifacher Weise hinausgeht: einmal durch seine Aufgabe, zum anderen durch seinen Horizont. Die Grundlage ist Rationalität nicht im Sinne der Kant'schen »reinen Vernunft«, sondern Rationalität, die den Bedürfnissen des Menschen, einer Gesellschaft und einer Epoche am ehesten gerecht wird.

II

Unsere Zeitepoche ist weder stagnativ noch stabil. Sie ist eine Zeit des Wankens der gesellschaftlichen Verhältnisse, eines Wankens, das als Zittern auch die scheinbar gefestigsten Gesellschaften beherrscht und auf diese Weise heimtückischer, weil nur sehr schwer aufspürbar ist. »Historisch gesehen trägt in Zeiten des ›Ausbruchs‹ der Problematik der Philosophie des Menschen die sokratische Strömung in der Geschichte der Philosophie, die vor allem in der Frage des Menschen ihren Gegenstand sieht, einen deutlichen Sieg über die demokratische Strömung davon – jene Strömung der Philosophie der Natur, die den Gegenstand der Philosophie vor allem in der Erforschung und Formulierung der allgemeinen, die Wirklichkeit regierenden Gesetze sieht[15].« Diese Feststellung Adam Schaff's bewahrheitet sich in unserer Epoche mehr als je zuvor. Und diese Epoche ist nicht abgeschlossen, sondern steht am Beginn.

Der Aufruf von Karl Marx, die Philosophen hätten die Welt nur interpretiert, es käme darauf an, sie zu verändern, wurde und wird von vielen Philosophen oft als Schreckgespenst verballhornt. Denn ebensooft sind jene nicht in der Lage, von falschen oder problematischen politischen und gesellschaftlichen Umsetzungen der Lehre von Marx und Engels abzusehen und die Werke der beiden Klassiker des Marxismus selbst zu durchleuchten. Täten sie es, so würden sie feststellen, daß weder Marx noch Engels es für einen Wesenszug des Menschen halten, vernichtet werden zu müssen, sondern überzeugt werden zu können. Es wäre müßig, dies mit einigen Zitaten belegen zu wollen, sicher würde jemand einige gegensätzliche Zitate finden. Es kommt darauf an, die Werke als ein Ganzes zu nehmen, nicht darauf, opportune Stellen zu finden. Es wird noch etwas zutage treten, nämlich daß der Marxismus keineswegs ein geschlossenes System ist, welches die Zeit der Dampfmaschine und der englischen Sklavenarbeit einfürallemal als Ausgangspunkt für die Gesellschaftskritik ansieht, das heißt, die Formulierung und Durchsetzung von Dogmen impliziert. Wenn Kautsky oder Rosa Luxemburg, Plechanow oder Lenin ein einseitiges Bild des Marxismus entwarfen, so lag das wohl daran, daß wichtige Schriften von Marx zu ihrer Zeit noch gar nicht oder nur unvollständig publiziert waren[16].

Die zweite These: Die Philosophie hat die Aufgabe, die allgemeinen Bewegungs- und Strukturgesetze der Natur, der Gesellschaft und des Denkens (Erkennens) zu erforschen. Ihr erstes Ziel ist die normative Festlegung der moralischen Werte für den Menschen, als Individuum und als Glied der Gesellschaft. Dabei muß sie die Erkenntnisse der Einzelwissenschaften so weit wie möglich zusammenfassen und verallgemeinern und einem möglichst hohen Grad an objektiver (gerechter) Beurteilung zustreben. Ihr Hauptkriterium ist die menschliche und die vom Menschen unabhängige Praxis. Die Philosophie soll Handlungsanweisungen formulieren, um humanisierend auf unsere in vielem Einzelnen entfremdeten Welt einzuwirken und um die Humanität der zukünftigen Welt zu sichern. Das ist die Aufgabe unserer Zeit. Der Philosoph ist zugleich Ideologe und somit – ob beabsichtigt oder nicht – politisch wirksam.

In die Geschichte zurückblickend kann man feststellen, daß es zu den natürlichen Bestandteilen des intellektuellen Fortschritts gezählt wurde, wenn die Philosophie die Lücken der exakten Wissenschaften durch Spekulation und Vermutung ersetzte. Leszek Kołakowski meint: »Wie vor Jahrhunderten, so kann man sich auch heute keine geistige Entwicklung ohne das Risiko schlecht begründeter Verallgemeinerungen vorstellen und ohne Versuche, Fragen, auf die keine empirischen Antworten gefunden werden, mit Hilfe der Phantasie zu beantworten[17].« Und weiter »... hat sich die Funktion des philosophischen Denkens, die darin besteht, daß sie die fehlenden Glieder in der Kette des Wissens durch Vermutungen ersetzt, als wichtiger und schöpferischer Gärstoff für den Fortschritt der Erkenntnis erwiesen[18]«. Solche Aussagen implizieren die Unmöglichkeit der Schaffung eines geschlossenen Weltbildes, beziehungsweise, daß Elemente utopischen Denkens bei solcher Absicht nicht verdrängt werden können. In der Geschichte der Philosophie war die Errichtung des geschlossenen Weltbildes oft beabsichtigt, doch ist das kein zwingender Grund, diese Absicht weiterhin zu verfolgen. Ist es eine Schande, seine Unfähigkeit, etwas zu tun, einzugestehen, nachdem die Unmöglichkeit dessen erkannt ist? – Kołakowski bescheidet sich, indem er es der philosophischen Überzeugung zugesteht, wohl in die wissenschaftliche Tätigkeit einzugreifen, »jedoch nicht, um in irgendeiner Form den Inhalt der wissenschaftlichen Ergebnisse voraus zu bestimmen, sondern um die verschiedenen moralischen Haltungen zu beeinflussen und dadurch zu bewirken, daß auch der Erkenntnisprozeß in gewisser Hinsicht moralisch beeinflußt werden kann[19]«.

Man kann für den Einfluß der Geschichte der Philosophie auf den Fortschritt der Wissenschaft, der in der Geschichte überliefert ist, drei hauptsächliche Arten formulieren. Die erste Art – so Kołakowski –, die Konstruktion allgemeiner methodologischer Postulate, die sich in der wissenschaftlichen Forschungsarbeit effektiv nutzen lassen, wird sich historisch schwer überprüfen lassen. Die zweite Art ist die Entstehung neuer wissenschaftlicher Erkenntnisse infolge von Forschungen philosophischer Natur. Auch diese muß in Frage gestellt werden, da vermutlich der Zufall eine große Rolle dabei gespielt hat, welche natürlich im Dunkeln bleiben muß. Die dritte Art, die Schaffung einer geistigen Atmosphäre durch die Philosophie, die der Entwicklung und dem Fortschritt der Wissenschaften förderlich ist, »indem sie den Glauben an die Erkenntnismöglichkeiten des Menschen weckt und an den Wert der wissenschaftlichen Forschungen[20]«, ist sicher – im Rückblick – von großer Bedeutung gewesen, die auch am ehesten nachprüfbar ist, allerdings weniger die Einzelwissenschaften betreffend, als die allgemeine soziale und politische Situation (denken wir nur an die Vorgeschichte der französischen Revolution, an Hegel und den preußischen Staat etc.). Ob heute der Wissenschaftler, besonders der junge Wissenschaftler, dieses Anstoßes bedarf (in subjektiver Auffassung), kann man bezweifeln, denn in erster Linie ist es heute der *konkrete Gegenstand* oder die Aussicht auf einen solchen, der Anziehungskraft besitzt. Der Glaube an die Erkenntnismöglichkeit ist überrannt worden von dem (echten oder eingebildeten) »Wissen« darum. Der Wert der wissenschaftlichen Forschung wird allzuoft im Selbstzweck oder in vordergründiger Vereinfachung des Alltagslebens gesehen, was so fatale Folgen, wie die Selbstvergiftung der Menschheit in nächste Nähe gerückt sein läßt, oder der Wert ist gar auf rücksichtsloses eigennütziges Profitdenken reduziert.

Hier werden reale Möglichkeiten für das Eingreifen des Philosophen transparent. Hier kann er den Requiem-Komponisten einen neuen Hymnus über die Notwendigkeit seiner forschenden und lehrenden Existenz anstimmen: das Selbstverständnis einer Gesellschaft dieser, das Selbstverständnis des einzelnen Menschen diesem bewußt zu machen, um die humanistische Verantwortung der Gesellschaft und des Menschen sich selbst und gegenüber dem anderen, dem Menschen gegenüber der Gesellschaft und der Gesellschaft gegenüber dem Menschen. Staatliche Gesetze und kirchliche Gebote reichen offenbar nicht aus, und dies solange, bis nicht auch die Gesetzgeber diese Verantwortung in ihrer Totalität einzusehen bereit sind. Das Gemeinwohl steht vor dem Wohl des Einzelnen, die Freiheit des letzteren muß an ersterem bemessen werden. Karl Marx sprach von dem namenlosen Vertreter der Mehrheit, als er feststellte: »Die Kritik der Religion endet mit der Lehre, daß der Mensch das höchste Wesen für den Menschen sei, also mit dem kategorischen Imperativ, alle Verhältnisse umzuwerfen, in denen der Mensch ein erniedrigtes, ein geknechtetes, ein verlassenes, ein verächtliches Wesen ist...[21]«. Das ist ein kämpferischer Humanismus. Aber der Kampf muß nicht mit Panzern und Atombomben ausgetragen werden, es muß ein geistiger Kampf sein, dessen Gewalt in der Vernunft besteht. Wo *diese* Gewalt versagt, werden Härten entstehen, aber diese werden wenige treffen.

Wenn *Vernunft* meint, die optimale Qualität der sozialen und ökonomischen Verhältnisse mit dem Maximum an individueller Freiheit in Einklang bringen und halten, dann ist ein *allgemeines* Ziel formuliert. Wenn man der Vielfalt der Kulturen und der Volksmentalitäten eingedenk ist, dann muß dieses Ziel der Vielfalt zuvor Rechnung tragen. »Gleichschaltung« wäre Barbarei.

III

Die Philosophie liegt nicht im Sterben, sie hat sich nur konkretere Ziele gesteckt. Die Wissenschaftstheorie hat die Philosophie nicht überflüssig gemacht. Philosophie und Wissenschaftstheorie stehen auf der gleichen Basis, aber sie haben verschiedene Aufgaben. Sie müssen miteinander kooperieren.

»Die Bewertung des Lebens und der Welt ist abhängig davon, ob der Mensch weiß, daß alles, was ihn umgibt, einschließlich seiner selbst, einst aus dem Urschlamm der Erde entstanden ist, oder ob ihn der Reiz der Mythen verführt, die ihn an die Vorsehung des Schöpfers und an seine Lenkung des Erdendaseins glauben läßt. Die Konsequenz der ersten Auffassung läßt eine ganz andere Hierarchie der Werte entstehen – eine Überzeugung, daß man das am höchsten achten soll, was das wertvollste Produkt der Materie ist: den Menschen, seinen Verstand, seine Fähigkeit, sich durch die Anstrengung der eigenen Hände und des eigenen Verstandes zu vervollkommnen, die Konsequenz der anderen Auffassung ist die Übertragung der höchsten Werte in die außermenschliche Welt, deren grenzenlose Vollkommenheit man nicht nur nicht erreichen, sondern auch nicht verstehen kann[22].« Das Bedürfnis nach philosophischer Erkenntnis wird nicht erlöschen, denn seine Quelle – das moralische Leben des Menschen – wird nicht versiegen. –

Dieser fragmentarische Aufsatz ist meinem verehrten Lehrer Adam Schaff gewidmet. Er ist einer der großen Katalysatoren des modernen Humanismus. »Es gibt kein mächtigeres und wirkungsvolleres Mittel des ideologischen Kampfes zur Verteidigung des Friedens und des sozialen Fortschritts als den Humanismus und die Philosophie des Menschen[23].« – Mit diesen Worten formuliert Adam Schaff eine Aufgabe, die viel wichtiger ist, als nur für enthusiastische Schüler gedacht. Wenngleich nur im Anriß erläutert – dennoch ist es die Notwendigkeit für den Philosophen, der Wesenheit des Menschen einen Aufschluß zu geben, damit dieser sich erkenne, jedoch ohne in das Dilemma einer »Humanizität« zu verfallen, sondern seiner selbst, in sich, in der Gesellschaft, in der Welt – in der Entfremdung und Selbstentfremdung und der Möglichkeiten der Überwindung letzterer bewußt zu werden, und damit Ratschlag gebe.

Anmerkungen

* Um die Aussagen dieses kleinen Aufsatzes zum richtigen Verständnis zu bringen, sei jene Literatur aufgeführt, die, außer der im Text zitierten, diesem Aufsatz zugrunde liegt.
  a) *zur »Frankfurter Schule«*
  Herbert Marcuse: *Kultur und Gesellschaft I*, Frankfurt/M. 1965 (es handelt sich um vier Aufsätze von 1934–1938).
  Herbert Marcuse: *Vernunft und Revolution*, Neuwied 1962.

Max Horkheimer: *Sozialphilosophische Studien*, Frankfurt/M. 1972 (Aufsätze, Reden und Vorträge 1930–1972).
Theodor W. Adorno: *Drei Studien zu Hegel*, Frankfurt/M. 1963.
Theodor W. Adorno: *Negative Dialektik*, Frankfurt/M. 1966.
Theodor W. Adorno/Max Horkheimer: *Dialektik der Aufklärung. Philosophische Fragmente* (1947), Frankfurt/M. 1969.
Jürgen Habermas: *Theorie und Praxis*, Neuwied 1963.
Jürgen Habermas: *Zur Logik der Sozialwissenschaften*, Tübingen 1967.
Jürgen Habermas: *Erkenntnis und Interesse*, Frankfurt/M. 1968.
Jürgen Habermas: *Technik und Wissenschaft als »Ideologie«*, Frankfurt/M. 1968.

b) *zum »kritischen Rationalismus«*
Karl Popper: *Logik der Forschung* (1934), Tübingen 1969.
Karl Popper: *Das Elend des Historizismus* (1944), Tübingen 1969.
Karl Popper: *Conjectures and Refutations. The Growth of Scientific Knowledge*, London 1963.
Hans Albert: *Traktat über kritische Vernunft*, Tübingen 1968.
Hans Albert: *Plädoyer für kritischen Rationalismus*, München 1971.
Hans Lenk: *Philosophie im technologischen Zeitalter*, Stuttgart u. a. 1971 (es handelt sich um fünf Beiträge 1969/1970, deren einige ausführlicher behandelt werden).

zu a) und b)
Adorno/Dahrendorf/Pilot/Albert/Habermas/Popper: *Der Positivismusstreit in der deutschen Soziologie*, Neuwied/Berlin 1969.

c) *zur Wissenschaftstheorie*
Carl G. Hempel: *Fundamentals of Concept Formation in Empirical Science*, Chicago 1956 (3. Aufl.).
Carl G. Hempel: *The Logic of Functional Analysis*, in: L. Gross (Hrsg.): *Symposion on Sociological Theory*, New York 1959.
Carl G. Hempel/P. Oppenheim: *The Logic of Explanation*, in: H. Feigl/M. Brodbeck (Hrsg.): *Readings in the Philosophy of Science*, New York 1953.
Wolfgang Stegmüller: *Hauptströmungen der Gegenwartsphilosophie*, Stuttgart 1965 (3. Aufl.).
Wolfgang Stegmüller: *Wissenschaftliche Erklärung und Begründung*, Berlin 1969.
Wolfgang Stegmüller: *Theorie und Erfahrung*, Berlin 1970.
Franz von Kutschera: *Wissenschaftstheorie I*, München 1972.

d) *zum marxistischen Humanismus* (außer den »Klassikern«)
Roger Garaudy: *Gott ist tot. Das System und die Methode Hegels* (1962), Berlin 1965.
Karl Löwith: *Von Hegel zu Nietzsche*, Stuttgart 1965 (5. Aufl.).
Leszek Kołakowski: *Der Mensch ohne Alternative*, München 1960 (es handelt sich um Beiträge von 1956–1959).
Adam Schaff: *Marxismus und das menschliche Individuum*, Wien/Frankfurt/Zürich 1969.
Adam Schaff: *Theorie der Wahrheit*, Wien 1971.
Ernesto Grassi: *Humanismus und Marxismus*, Reinbek 1973.
C. I. Gulian: *Ursprünge des Humanismus*, Wien 1973.

Wolfgang Harich: *Jean Pauls Kritik des philosophischen Egoismus*, Frankfurt/M. (Leipzig) o. J.
Auf Probleme, wie z. B. der weltanschaulichen oder wissenschaftstheoretischen Differenziertheit der unter einer Überschrift zusammengefaßten Persönlichkeiten kann hier natürlich nicht eingegangen werden. Die summarische Fassung sehe ich darin gerechtfertigt, daß die genannten Autoren direkt oder durch Kritik der jeweiligen Position die von mir beabsichtigte Explikation erläutern. – Um nicht das Dilemma allzu großer Spezifik heraufzubeschwören, habe ich versucht, meine Gedanken an zwei kleinen Arbeiten, die wohl leicht zugänglich sind, zu entwickeln, um so *pars pro toto* den Schluß zu finden.

[1] Hierzu Namen anzuführen wäre müßig, da die Diskussion über das »Ende« oder das »Wozu?« der Philosophie nach andauerndem Schwelen wieder einmal, und diesmal unabhängig vom weltanschaulichen Lager weltweit zu lodern begonnen hat.
[2] Lenk: *Wozu noch Philosophie?*, in ders.: *Philosophie* . . ., S. 9–37.
[3] Marcuse: *Philosophie als kritische Theorie*, in ders.: *Kultur* . . ., S. 102.
[4] Lenk: *Wozu* . . ., S. 11.
[5] Ebenda, S. 13.
[6] Vgl. Albert: *Traktat* . . ., S. 76 ff.
[7] Vgl. Lenk: *Wozu* . . ., S. 14 f.
[8] Ebenda, S. 17f.
[9] Ebenda, S. 23f.
[10] Ebenda, S. 29.
[11] Ebenda.
[12] Ebenda, S. 33.
[13] Ebenda, S. 36.
[14] Lenk: *Plädoyer für eine zukunftsorientierte Wissenschaftstheorie und Philosophie*, in ders.: *Philosophie* . . ., S. 39.
[15] Schaff: *Marxismus* . . ., S. 14.
[16] Schaff: *Marxismus* . . ., als Ganzes.
[17] Kołakowski: *Wovon leben Philosophen?*, in ders.: *Der Mensch* . . ., S. 165.
[18] Ebenda, S. 166.
[19] Ebenda, S. 170.
[20] Ebenda, S. 172.
[21] Karl Marx: *Zur Kritik der Hegelschen Rechtsphilosophie*, Einleitung, zit. n. Schaff: *Marxismus* . . ., S. 221.
[22] Kołakowski: *Wovon* . . ., S. 174f.
[23] Schaff: *Marxismus* . . ., S. 329.

Umberto Campagnolo
(Venise)

La Contestation
dans les limites de la raison*

La contestation et la crise

Au sens courant du mot, il y a contestation chaque fois que l'on met en doute un droit, un jugement, une thèse. Nous n'avons pas à nous occuper de ce genre de contestations particulières, ni, d'autre part, de la notion de contestation en général. L'objet de notre recherche est le phénomène que l'on désigne par ce nom au moment présent de l'histoire et qui consiste dans le » refus total « de la civilisation de l'Occident. Celle-ci était jadis considérée comme la civilisation par excellence : ce terme suffisait pour la nommer. Aujourd'hui, dans une intention polémique, les contestataires l'appellent » civilisation de consommation «. Ils estiment, en effet, avoir découvert que son but et sa loi sont la consommation, à laquelle l'homme se subordonne en tant que producteur. La contestation tient donc à cette interprétation – évidemment très discutable – de la civilisation. Pour éviter tout risque de malentendus, il convient de déclarer tout de suite que nous comprenons et partageons le sentiment de révolte que suscite le spectacle d'une société dominée par un hédonisme égoïste et grossier ; mais nous devons attirer l'attention sur le fait que cette révolte est elle-même une expression authentique de la civilisation qui, envisagée sous ce biais, nous apparaît une fois de plus comme celle du progrès. Et on se demanderait parfois si la contestation n'est pas une fuite devant la lutte pour l'existence, si elle ne cache pas la peur et le désarroi.

Relevons cependant que la contestation ne se manifeste pas toujours et partout de la même manière ; et qu'elle n'est une et la même que relativement à sa forme, en tant que négation totale du système économique, politique et social dominant – négation qui doit préparer l'avènement de la société juste et heureuse. Quant à son contenu, à son action concrète, la contestation diffère selon les situations, soit par rapport à l'idée qu'elle se fait d'elle-même, soit par son déroulement. Il arrive qu'elle prenne des aspects contradictoires, qui s'expliquent si l'on réfléchit que la négation absolue glisse inévitablement dans l'irrationalisme ; car on ne peut refuser de penser qu'en pensant.

Or, par son irrationalisme, la contestation totale nous donne la mesure de la crise actuelle. Toute crise profonde en effet tend à aboutir à l'irrationalisme. Citons l'exemple des crises nationalistes qui ont suivi la première guerre mondiale. À présent, la crise concerne l'humanité entière. La contestation globale en est une expression, un symptôme, un témoignage ; elle est aussi un élément, un facteur. Elle n'en est pas une issue ; nous estimons que celle-ci est indiquée par la doctrine de la politique de la culture. Cette dernière n'est nullement surprise par la contestation qui, bien au contraire, lui apporte de forts arguments et une justification d'une valeur considérable, étant elle-même née de la crise, et pour la surmonter. C'est pourquoi nous avons entrepris cette enquête.

Évolution ou mutation ?

Parmi les innovations introduites dans l'existence de l'homme moderne, celle des moyens de communication de masse a une importance capitale. L'opinion de certains savants très estimés, d'après laquelle le développement des *mass media* est destiné à aboutir à une véritable mutation de la structure gnoséologique, est à prendre au sérieux. Les possibilités nouvelles dont dispose l'homme pour élargir infiniment le champ de sa connaissance et de sa puissance sont telles qu'il est assez naturel d'imaginer que sa manière de penser est en train de changer. Entrant directement en contact avec l'univers, il n'aurait plus besoin d'élaborer concepts et syllogismes. Nous ne parvenons évidemment pas encore à nous représenter cette nouvelle forme de connaissance. Pourrions-nous l'admettre, du moins comme hypothèse ? Nous en doutons et même le nions.

Certains prévoient la naissance d'une civilisation post-industrielle. Nous ne voyons pas ce qu'elle pourrait être, car la recherche scientifique continue de se développer selon la logique du principe d'efficacité. Les raisons qui sont à l'origine de la révolution industrielle ne sont pas invalidées par les nouveaux moyens de production. Si parfois il semble que la construction de ceux-ci retarde l'activité directement productrice des biens de consommation, ce n'est que pour la rendre plus facile et plus féconde. La soi-disant civilisation post-industrielle ne nous paraît qu'une étape du progrès de la » révolution « industrielle.

Les jeunes ? Ils seraient une force de rupture ; ils porteraient en eux le monde de demain. Si l'on entend par là que les adultes d'aujourd'hui sont destinés à disparaître et que les jeunes prendront leur place, c'est une lapalissade sans portée. Mais si l'on veut affirmer que dans la tête des jeunes est en train de prendre forme un monde dans lequel celui qui existe ne se reconnaît pas, nous croyons que c'est faux. Le monde de demain se prépare dans la pensée de l'adulte qui en entreprend la réalisation, à laquelle les jeunes seront associés. Ceux-ci y apporteront, bien sûr, comme l'ont fait leurs parents, les enrichissements dont ils deviendront capables. Que le passage du monde des mains des uns à celles des autres entraîne des nouveautés, si grandes fussent-elles, ne suffit pas pour jeter l'homme hors de l'histoire. Les changements profonds et nombreux qui s'opèrent en ce moment pourraient être interprétés comme l'annonce d'une société qui serait la négation de l'actuelle, et où les conflits qui nous accablent n'existeraient plus. Nous ne doutons pas qu'une grande révolution est en train de s'accomplir, mais nous excluons que la conscience morale puisse être remplacée par la connaissance scientifique. Il est grave, à notre sens, de méconnaître l'écart insurmontable existant entre les raisons de la science et celles de la personne humaine, et d'affirmer que l'homme de demain trouvera dans la vérité scientifique autre chose qu'une donnée conditionnant ses décisions. L'idée d'une » conscience scientifique « est pure absurdité.

On affirme aussi que les valeurs changent, en entendant par là que change le critère d'après lequel elles sont reconnues. Or cette thèse n'a qu'une évidence illusoire ; à la réflexion, elle se révèle fausse. Si le monde change très vite et profondément, c'est que, sous la pression des progrès scientifiques et techniques, le critère en question nous oblige à modifier l'ordre où nous vivons, afin que notre existence soit conforme à ses impératifs. C'est en s'inspirant de ce critère que nous cherchons la justice, la liberté, la paix; c'est lui qui est à l'origine de la civilisation et en constitue l'essence. Il est en effet la conscience universelle et concrète de l'homme, sa puissance créatrice inépuisable, capable de toutes les expériences et source de toutes les valeurs. Il s'exprime dans l'histoire sans fin ni rupture. Cette histoire est certes une histoire de révolutions, mais la révolution n'interrompt pas sa continuité, ne brise pas son unité. C'est ce qu'on aperçoit en remontant le cours des siècles pour comprendre les événements qui se succèdent ; on se rend compte alors que ceux-ci sont liés entre eux par l'unique sens que revêt l'effort de l'homme cherchant à s'exprimer toujours plus pleinement à travers ses œuvres. Le *continuum* historique n'est qu'une projection de l'unité de l'homme ; sa rupture ne peut se concevoir que comme la fin de l'humanité, fin qui adviendrait le jour où l'homme ne verrait plus derrière lui qu'une histoire morte, tuée par son désaveu ; tandis qu'il imaginerait devant lui une aventure résultant du hasard, de la spontanéité absolue. *Éros* aurait vaincu *thanatos* jusqu'au niveau de l'organisation cellulaire, et il n'y aurait plus de distance entre l'homme et la nature, plus de dialectique pour embrasser ces deux moments de la réalité ; la pensée serait considérée comme un outil suranné, ses concepts comme des obstacles à l'immédiate connaissance de l'univers.

Contestation et morale

Le mot de morale semble démodé et ceux-là même qui s'occupent de redresser la conduite des hommes se gardent bien de l'employer pour qualifier les raisons de leur action éducatrice. Toutefois, la mort de la morale n'a pas encore été annoncée. On a dit que Dieu était mort et, plus récemment, que l'homme était mort ; la morale devrait l'être également, mais il n'en est pas ainsi, car c'est elle qui permet de constater la mort de Dieu et de l'homme. Il y a certainement un malentendu à l'égard de la morale. Tantôt on la conçoit comme l'ensemble des normes dont on a demandé le respect dans la société contestée. De cette morale-là, les contestataires veulent se débarrasser. Tantôt la morale est présente dans la contestation qu'elle provoque et qu'elle oriente sans le proclamer ; elle coïncide alors avec la conscience. Sans doute les contestataires refuseraient-ils la morale même entendue dans ce sens si on l'invoquait pour établir une limite à la contestation. Et ils le feraient au nom de la liberté. En réalité, leur refus serait dictée par le souci de certaines libertés particulières, qui n'ont rien à voir avec la liberté et qui enlèvent tout fondement à la contestation elle-même, jetant la conscience dans la contradiction.

Il est vrai que les contestataires condamnent aussi la conscience en laquelle ils voient une illusion ; c'est qu'ils la confondent avec les normes morales courantes. Or tout peut être illusion, sauf la conscience, sans laquelle il n'est même pas possible de parler d'illusion. La conscience (c'est-à-dire le sentiment de responsabilité qui accompagne l'action pour celui qui l'accomplit, en l'approuvant ou en la désapprouvant) est plus intransigeante que toutes les autres normes ; de plus celles-ci ne sont valables que dans la mesure où elles trouvent leur fondement dans la conscience. L'homme est libre d'agir selon ou contre sa conscience, mais s'il agit contre elle, son action est nécessairement, inévitablement stérile. La contestation, elle aussi, tombe sous la loi de la conscience ; elle n'est féconde que si elle sert à accroître l'être de l'homme, c'est-à-dire à créer de nouvelles valeurs, car l'homme est valeur. Contrairement à ce que l'on pense d'habitude, la contestation ne » libère « que pour autant qu'elle est une action moralement valable, ce qui signifie qu'elle ne peut s'étendre à conscience en mettant en question l'homme lui-même, mais qu'elle tombe sous la loi de la conscience. Cela ne représente pas une limite à la liberté, qui réside tout entière dans la possibilité d'agir conformément ou non à la conscience, d'où le sentiment de la responsabilité qui engendre celui de contentement ou de mécontentement de l'action accomplie.

Si les contestataires s'insurgent contre la morale, c'est qu'ils ne la voient pas comme elle est réellement ; ils ne voient pas, notamment, qu'elle constitue la raison d'être de la contestation. L'erreur dérive sans doute de la conception de la société en tant qu'instrument de l'individu, qui en serait le but. Nous la trouvons, par exemple, chez Hobbes et chez Rousseau ; elle est à la base de la doctrine du droit naturel. Que cherchent en réalité les contestataires sinon la satisfaction de ce prétendu droit naturel ? Hobbes et Rousseau se sont vite rendu compte que la poursuite de ce droit engendrait la guerre de tous contre tous, suscitait des relations inhumaines entre les hommes, aboutissait à une existence où parler de liberté et de justice, de culture et de progrès n'aurait pas de sens. Hobbes et Rousseau ont eu alors recours à la raison dont les lois créent l'ordre et la paix dans lesquels fleurit la civilisation. Le contrat social est l'œuvre de la raison, mais il porte en lui cette fausse idée de la priorité de l'individu sur la société, qui empêche de reconnaître la réalité morale et sociale de l'homme. Aussi la société ne parvient-elle pas à satisfaire les exigences de l'individu. Dans cette perspective, la contestation apparaît comme la négation du contrat social et la volonté de revenir à l'état de nature. Le règne d'*éros* n'est-il pas l'état de nature de Rousseau ? On serait tenté de dire que le Rousseau du bon sauvage est un contestataire avant la lettre. Hobbes ne croyait pas à la bonté naturelle de l'homme ; mais comment pouvait-il le juger méchant, avant d'avoir créé la société, avant d'avoir établi la norme pour le juger ?

Les contradictions que nous relevons chez Rousseau et chez Hobbes, nous les voyons poindre dans la contestation actuelle ; car elle aussi ignore que l'individu est le produit de la société, que c'est celle-ci qui accomplit le processus d'» individuation « qui crée l'individu concret, le citoyen, être moral qui ne pourrait donc refuser la morale qu'en se refusant lui-même, en s'anéantissant non seulement dans son individualité mais aussi dans son humanité. Loin de pouvoir refuser la morale et la norme dans laquelle elle se traduit, l'homme ne peut que l'affirmer dans chacune de ses décisions, dans tout acte de sa volonté. La contestation la plus radicale est une confirmation de la moralité essentielle de l'homme. L'impulsion contestataire invoque précisément les idéaux de liberté, de justice, d'amour entre les hommes, de douceur, de bonheur. Non seulement les grands arguments du moralisme utilitaire ne peuvent infirmer les thèses de la contestation, mais ils sont tout à fait vains. Lorsque la contestation radicale s'attaque à la morale et croit pouvoir saper les bases de la société, ébranler l'édifice social considéré comme une prison d'où l'homme doit fuir pour revenir à la liberté de la nature, elle ne fait que crier sa déception, manifester son égarement et son impuissance.

Science et philosophie devant la contestation

Par son abondance, la littérature consacrée à la contestation fait penser que les tentatives de la définir se sont heurtées à des difficultés insurmontables. Nous n'en sommes pas étonné : c'est ce qui arrive lorsqu'on interprète les faits de l'homme comme des phénomènes de la nature. Les obstacles qu'ils opposent à la réflexion ont leur origine dans ce qu'ils contiennent de spécifiquement humain, c'est-à-dire d'essentiellement libre et, par suite, d'irréductible aux lois scientifiques. Faute d'une distinction nette entre les faits de l'homme et les phénomènes de la nature, quand on essaie de les saisir dans un concept unique, tantôt on glisse du plan de la science à celui de la philosophie, tantôt on rejette tout simplement hors de la réalité, comme une pure illusion, ce qui est humain.

Il est une discipline où la confusion est particulièrement grande : la sociologie. Grâce à son ambivalence fictive, conséquence de son ambiguïté originelle, elle semble répondre plus exhaustivement que les autres sciences aux problèmes de la contestation, alors qu'elle les embrouille davantage, mêlant les langages de la science et de la philosophie. Ses conclusions sont des généralisations de certains aspects empiriques de la contestation, privées de la signification que celle-ci acquiert dans la conscience humaine en l'amenant à douter de la valeur de l'homme lui-même et de son histoire. C'est au moment où elle touche la conscience que la contestation devient un problème philosophique, celui d'une volonté d'agir, voire d'une action justifiée. Dans la mesure où elle est valable, la contestation est alors une prise de conscience de la crise actuelle du monde. Tandis que la sociologie, en tant que science, finit par rejeter la contestation comme une aberration ou une illusion, – quand elle ne se borne pas à y voir simplement un phénomène naturel –, la philosophie, elle, la considère comme un évènement historique, une expression de la pensée, un acte de connaissance et de volonté.

Nous pouvons aussi la qualifier de fait social, au sens philosophique, indiquant l'accomplissement de la société dans l'acte éthico-politique dont elle assume la responsabilité. Car il ne faut pas confondre les relations entre les individus, objets de connaissance empirique, avec le fait social ; celui-ci est réel dans l'homme avant que l'individu entre empiriquement en contact avec les autres membres de la société, car celle-ci précède logiquement l'individu qu'elle détermine, et qu'elle réalise. L'affirmation que l'homme est social par nature n'acquiert de sens que si l'on reconnaît la priorité logique du social sur l'individuel.

Il nous faut démontrer cette thèse plus amplement, d'autant qu'elle en rappelle d'autres, apparemment semblables, qui ont trouvé leurs critiques. À cette fin, nous commencerons par souligner que, pour la science, l'histoire est un univers infini de phénomènes. La philosophie ne présuppose pas l'existence d'un tel univers, elle ne la pose pas non plus ; en un sens, elle l'exclut. La science vérifie ses théorèmes par l'expérience ; elle sait que si ses postulats sont valables et le processus de ses démonstrations rigoureux, ses prévisions se réaliseront. La philosophie, qui est pensée absolue, est nécessairement *vraie* dans toutes ses affirmations ; elle ne peut attendre de confirmation du dehors et elle n'en a pas besoin. Unité de théorie et de pratique, de connaître et de vouloir (et cela non pas comme adéquation de deux termes, mais comme l'unique et concrète expression de la réalité dialectique de la pensée), la philosophie est vraie radicalement, essentiellement, dès qu'elle est, dans l'engagement éthico-politique qui parvient à la conscience de son caractère historique.

Ce qui peut donner tout son sens à cette affirmation (qui ne manquera sans doute pas de choquer quelques esprits) est la réflexion que la vérité de la philosophie a son fondement et sa preuve dans le caractère catégorique de l'impératif éthique. On ne saurait imaginer argument plus fort que l'engagement total de l'homme, lequel n'exclut pas la conviction qu'un autre engagement, également catégorique, dicté par de nouvelles expériences modifiant la situation historique, puisse survenir. Rappelons-nous à ce propos que toutes les grandes philosophies ont à leur base une intuition éthico-politique fondamentale. Que l'on pense, par exemple, pour ne citer que des modernes et des contemporains, à Descartes, à Kant, à Hegel, à Nietzsche et même aux phénoménologues et aux existentialistes tels Husserl, Jaspers, Heidegger. Une philosophie qui n'impliquerait pas l'engagement moral et politique de son auteur serait un système de concepts abstraits, une théorie échafaudée sur des thèses susceptibles d'être démenties à chaque instant, un jeu peut-être amusant, séduisant, mais sans vérité, car il n'aurait pas ses racines dans la vie. Alors que la philosophie est la vie elle-même, atteignant sa plénitude dans la conscience de soi. Elle coïncide avec la sagesse, parfaite, de celui qui agit, en un moment historique déterminé, pour réaliser l'homme conformément aux exigences de sa conscience, et non pas selon les calculs d'une prudence utilitaire en vue d'un bonheur éphémère parce que particulier. La première est la sagesse de Socrate, l'autre celle de Criton – Criton jugeant la sagesse de Socrate une incompréhensible folie.

Nous soutenons donc que la philosophie est la justification – morale, totale – de la politique. Aussi est-elle nécessaire et contingente, universelle et historique, pensée et action. Il s'ensuit que, dans une époque où se pose et se résout un problème capable de la caractériser par sa portée historique, il ne peut y avoir qu'une philosophie, puisqu'il ne peut y avoir qu'une politique et une morale adéquates à ce problème. Au cours des siècles derniers, nous rencontrons la philosophie de l'État national et la philosophie de la question sociale ;

la philosophie d'aujourd'hui a pour objet la question internationale. S'il est vrai que nous sommes inévitablement saisis par cette question, c'est-à-dire par la nécessité de résoudre le problème de la paix, la seule philosophie possible et valable en ce moment est celle de la question internationale ; autrement dit, cette question est la philosophie actuelle.

Vue dans cette perspective, la relation entre la philosophie et la science révèle un aspect qui est pour nous du plus grand intérêt. Elle nous montre que les sciences existantes et leur développement ne sont pas le résultat d'un choix lui-même scientifique, mais d'une orientation philosophique, donc politique. Contrairement à ce qu'on suppose d'habitude, la science ne se caractérise pas par sa gratuité ; elle progresse sous l'empire de besoins urgents qui dépendent des circonstances. Aussi les sciences existantes ne représentent-elles pas toutes les sciences théoriquement possibles, mais seulement celles que l'évolution de la société produit en vue de satisfaire des aspirations déterminées. Ainsi, pendant les grandes guerres, les recherches scientifiques sont poussées dans des directions que la paix généralement ne suggère pas. On pourrait dire que la société a les sciences qu'elle désire, voire qu'elle suscite et qu'elle mérite ; ce qui ne signifie pas que les sciences, en elles-mêmes, soient jamais dépourvues de valeur, soient négatives. En tant que voies de la connaissance, elles sont toujours valables, car elles ont leurs racines dans la philosophie telle que nous l'entendons, à savoir comme conscience d'une société concrète, dont le processus dialectique offre sans cesse de nouvelles matières à la science.

Pour en venir à la crise actuelle, nous ne saurions imaginer qu'elle se résolve autrement qu'en donnant naissance à une société très différente. L'idée qu'en suggère la contestation n'est pas exacte. Ce que nous pouvons répéter, c'est que les grands problèmes d'aujourd'hui, ceux de la justice, de la liberté, de la paix, du bonheur, ne peuvent trouver de solution que dans une prise de conscience de la solidarité qui lie objectivement les hommes et les peuples, solidarité prouvée paradoxalement par les effroyables brutalités aux conséquences intolérables qu'ils s'infligent. Selon la doctrine de la politique de la culture, c'est par la solidarité humaine que s'accomplira le renouvellement éthico-politique dont la contestation prouve la nécessité. Cependant, il ne faut pas concevoir la solidarité comme une sorte d'humanitarisme sentimental ; elle est un fait, une réalité qui doit être connue et définie avec exactitude, par des méthodes scientifiques. Quelque singulière que puisse paraître notre idée, nous affirmons que le temps est venu d'envisager la création de la science de la solidarité, voire *des sciences*[1], car la solidarité se révèle sous de nombreux aspects inconnus ou méconnus jusqu'à présent, ou encore insuffisamment étudiés. Ces sciences seront appelées à l'existence par les finalités historiques que la philosophie aura rendues évidentes. En effet, tout en étant parfaitement autonomes quant au développement de la recherche, les sciences sont conditionnées par les aspirations de la société en ce qui concerne leur matière et leur objet. Les sciences nouvelles que la philosophie suscitera montreront que les grands idéaux de la civilisation de l'universel auront servi à créer les conditions de leur réalisation et que celles-ci existent désormais ; c'est ce que prouve la crise actuelle du monde, et notamment son caractère universel, rendu manifeste par la contestation. Ayant l'homme comme objectif commun, les sciences de demain seront unies, humanisées, ainsi que le souhaitent de plus en plus clairement ceux qui se penchent sur le problème du rapport entre science et morale ; le docteur Töot, professeur de théologie systématique à Heidelberg, déclarait récemment : » Jusqu'ici la chrétienté n'a mis sur pied aucun organe, aucune institution capable de faire assumer véritablement à la science sa responsabilité. « Nous reconnaissons dans ce jugement du théologien allemand l'exigence de cette science de la solidarité que tout nous pousse à annoncer.

La contestation selon Marcuse

Plus que tout autre, Marcuse a sans doute contribué à conférer à la notion de contestation une dignité tant scientifique que philosophique. L'insatisfaction des jeunes, leur inquiétude, leur incertitude quant à l'avenir, ont trouvé en lui un interprète d'une exceptionelle valeur, qui en a poussé l'examen jusqu'aux structures dernières de la pensée. Aussi a-t-il été amené à étendre la contestation à la société tout entière, à ses institutions, à ses mœurs et à ses croyances. Il devait – la logique l'exigeait – prononcer le » grand refus « de tout ce qui avait été fait, car à la racine de tout existait un mensonge, une déformation qui empêchait l'épanouissement de l'homme libre et la formation de la société harmonisée et pacifique, où tous et chacun vivraient dans la spontanéité, selon les lois de l'instinct, qui est toujours bon. La contestation promet la fin de tout conflit entre individus et classes, la suppression de toute limite à la liberté, dont elle est destinée à susciter le besoin chez les hommes qui ne le ressentiraient pas encore. C'est par la contestation que commencerait l'histoire véritable, car, jusqu'à présent, nous aurions vécu dans la préhistoire. Cette vision de la société de demain est, comme nous l'avons déjà dit, fondée sur l'hypothèse d'une mutation biologique et mentale de l'homme : l'homme de demain connaîtra de *nouveaux besoins vitaux*, notamment ceux de la paix, de la tranquillité, de la beauté, du bonheur gratuit. En revanche, il n'éprouvera plus le besoin de gagner sa vie, ni celui d'être puissant et admiré. Comment naîtront de tels besoins? *Ignoti nulla cupido*. L'homme de demain serait donc sans commune mesure avec celui d'aujourd'hui, dont il ne serait pas la continuation ou le développement, mais la négation, ce qui implique qu'il ne pourrait en recevoir l'héritage.

Cependant, Marcuse dit qu'il ne repousse pas cette utopie et il cherche à démontrer qu'elle ne découle pas de son concept du » grand refus «. Il prétend que la rupture du *cotinuum* historique et l'apparition d'une nouvelle sensibilité, – caractérisée par un besoin essentiel de liberté ignoré jusqu'ici – n'excluent pas l'acceptation de l'œuvre accomplie par l'homme ancien, du moins des conquêtes de la science et de la technique. Dans *La fin de l'utopie,* Marcuse écrit: » J'espère n'avoir pas besoin de préciser qu'en parlant d'écarter les horreurs de l'industrialisation capitaliste, je n'envisage pas une régression romantique en deçà de la technique: je crois au contraire que les possibilités libératrices et les bienfaits de la technique et de l'industrialisation ne pourront être visibles et réels que lorsque l'industrialisation et la technique capitalistes auront été éliminées. « Néanmoins, il nous faut dire que cette idée maintenant répandue n'apparaît pas ainsi dans ses premiers et principaux ouvrages sur la contestation. Quoi qu'il en soit, nous devrions admettre ici que la contestation, tout global qu'est son refus de la civilisation d'opulence, ne viserait pas à supprimer l'industrie, la technique, la science au sein du système capitaliste, mais ce système lui-même à cause des privilèges qu'il accorde aux détenteurs du capital. On peut certes imaginer que l'industrie continue de se développer et de se perfectionner dans un ordre social autre que celui des pays capitalistes. En outre, l'organisation industrielle évolue de manière à faire penser que les structures traditionelles du capitalisme sont dépassées, et cela non pas parce qu'une nouvelle conception de la justice sociale s'impose, mais en raison de la transformation des forces productrices mêmes. Il arrive de plus en plus fréquemment que les exigences du profit entrent en conflit avec celles de la technologie. Cependant, nous devons signaler en premier lieu que l'industrialisation accomplie sous la direction du capital (quelle que puisse être à l'avenir la place de ce dernier dans la production) aura été le point de départ et la raison déterminante des nouvelles relations entre les catégories de la production; en d'autres termes, le capitalisme aura ouvert à l'humanité la porte de l'histoire, au-delà de laquelle se trouve la société libre et heureuse. Nous ferons remarquer en deuxième lieu que si la contestation n'avait pour objectif que de rompre les liens existant entre le système capitaliste et la technologie, dont elle semble vouloir s'assurer l'héritage, elle s'attribuerait sans justification le » grand refus «, qui est son idée fondamentale. Au surplus, elle ne se distinguerait pas, ainsi qu'elle le prétend, d'autres doctrines; en particulier, de la doctrine marxiste qui vise à supprimer les classes et l'exploitation de l'homme par l'homme, sans pour autant se croire obligée de méconnaître la nécessité historique du capitalisme, auquel doit succéder le système socialiste, et cela, non pas seulement pour donner aux hommes plus de justice et plus de liberté, mais aussi afin que la science et la technique ne soient plus entravées par les calculs égoïstes de la classe du profit.

Toutefois, il faut préciser que pour le socialisme marxiste la liberté n'est pas l'objet de ce besoin spécifique qu'imagine la contestation marcusienne. Pour le socialisme marxiste, la liberté est l'état de l'homme non aliéné; la lutte pour la liberté est la lutte contre l'aliénation. Le socialisme marxiste objectera sans doute à Marcuse que la liberté entendue comme objet d'un besoin vital relève d'une conception idéaliste, qui est, de façon concrète, la projection d'un désir individuel destiné à entrer en conflit avec d'autres désirs individuels; au contraire, les libertés que les hommes peuvent chercher sans qu'elles déterminent entre eux des rivalités, sont réalisées dans une société d'où a été extirpée la lutte des classes.

Quant à nous, nous réaffirmons que seules les institutions de la solidarité humaine, établies selon une vision claire des problèmes politiques, rendront la société libre et pacifiée. La » dialectique négative « débouche infailliblement sur la désagrégation, tant matérielle que morale, de la société. Les corrections tardives de Marcuse, en vue de sauver les valeurs de la société existante, sont manifestement contradictoires. Tel nous paraît son recours à la notion des droits naturels, en particulier du droit des hommes à la paix. De quelle paix s'agit-il? On peut concevoir la paix de trop de manières différentes. Quelles qu'aient été ses intentions, sa théorie a dépassé les raisons de la contestation réelle, pour devenir sa contestation personelle, son utopie privée. Rien n'est aujourd'hui plus éloigné de l'intention des hommes que de nier leur civilisation – à supposer que cela soit possible.

Considérons cet autre passage, également tiré de *La fin de l'utopie:* » Je voudrais revenir en quelques mots sur les alternatives. Peut-on travailler au renversement de la société établie sans parler de ce que nous allons mettre à la place ? Jusqu'à maintenant, le modèle concret s'est exprimé sous la forme d'une négation ; mais le négatif contient déjà en lui-même le positif. Exemple : Si l'on me demande en Amérique ce qu'il faut mettre à la place de la société actuelle, je répondrai : une société où il n'y ait plus de guerres coloniales, où il ne soit plus nécessaire d'instaurer des dictatures fascistes, où il n'y ait plus de citoyens de deuxième ou de troisième zone. Tout cela est formulé en termes négatifs, mais il faudrait être complètement obtus pour ne pas voir que le positif est contenu dans la formulation négative « (p. III). Marcuse reconnaît dans ce passage – ce qui est chez lui plus nouveau qu'il ne semble l'admettre – qu'il ne peut se borner à annoncer la fin de la civilisation répressive, mais qu'il doit proposer une alternative, démontrant que la contestation est, de façon implicite du moins, une affirmation. Cependant, nous ne sommes pas sûr que » son « positif soit effectif. Il est certain que, pour rendre impossible les guerres coloniales, le retour des dictatures fascistes, le racisme et toute injustice sociale, il faut créer un ordre nouveau. Il est également certain qu'un tel ordre ne surgira pas automatiquement de la destruction, de l'abolition de l'état actuel du monde, où les maux dénoncés sont possibles et même inévitables. La formule négative, dit Marcuse, cache déjà l'aspect positif. Elle le cache si bien, dirions-nous, qu'il nous est impossible d'imaginer comment la société nouvelle sera faite et encore moins ce que nous devons faire pour qu'elle naisse, avec quels matériaux nous devons la construire, pour quels projets ou selon quelles directives nous devons employer les forces politiques qui lui donneront l'existence. En l'absence d'une orientation quelconque, nous ne pouvons exclure que la recherche de la nouvelle société n'aboutisse à reconnaître que la société existante est historiquement nécessaire. Dans ce cas, on ne pourrait, à la rigueur, même plus parler de contestation, car on ne conteste pas la réalité de l'histoire, on la dépasse en l'assumant.

Or cette action s'appelle révolution. Pour parler à bon droit d'élément positif, pour offrir une véritable alternative, il faut prouver que la contestation en contient du moins le principe, ce qu'elle exclut par son caractère radical. Nous croyons que si Marcuse entreprenait d'expliciter l'élément positif en question, il se rendrait compte que c'est de lui que dépend l'action négative – laquelle, considérée en elle-même, apparaîtrait non seulement inutile mais peut-être gênante. En effet, la constitution de la nouvelle société entraîne automatiquement la disparition de la vieille. Tout acte de pensée et de vie, tout moment de l'histoire, commencent par une affirmation. La négation survient selon la structure dialectique de la création humaine. La contestation marcusienne, se voulant totale, renverse cet ordre. Nous ne doutons pas que le malaise profond de la société actuelle, et la protestation qui en découle et qui exprime la volonté de rétablir ou d'établir la justice, n'impliquent l'exigence de la positivité ; mais nous ne doutons pas non plus que cette positivité n'a aucune réalité, pas même celle de son exigence, tant que les objectifs de l'action politique ne sont pas suffisamment éclairés et que leur nécessité historique n'est pas prouvée. Autrement, la contestation n'est qu'un état de mécontentement, et le refus qu'elle prononce n'a rien de positif sinon les raisons morales qui sont à la base de la société contestée. Ce sont ces raisons qu'invoque finalement la contestation, contre la logique qu'elle affiche. Marcuse a sans doute négligé cette contradiction pour insister (comme il l'a fait surtout dans ses premières œuvres) sur l'intransigeance de la contestation, en suscitant la mystique qui a trouvé chez les jeunes un terrain particulièrement fertile. S'il avait relevé les raisons morales de la contestation, il aurait reconnu que la

» nouvelle société « était présente dans l'impulsion morale de l'ancienne. La société libre et pacifiée de demain ne lui aurait pas suggéré que son avènement signifiait la rupture de l'histoire ; ce qui lui aurait permis d'éviter les contradictions dans lesquelles il finit par s'enliser lorsque, n'acceptant pas le démenti des faits, il propose une interprétation de sa doctrine qui la réduit à un éclectisme modéré.

Nous n'avons pas trouvé, dans les premiers livres de Marcuse sur la contestation, une remarque qui montre, aussi nettement que celle que l'on lira ci-dessous, le fond de sa pensée telle qu'elle est sortie de ses polémiques. Il écrit, toujours dans *La fin de l'utopie :* » Je vais me faciliter la tâche : si l'on veut construire une maison à la place d'une prison, il faut d'abord démolir la prison, sinon on ne peut même pas commencer à construire la maison. Vous avez raison de dire : au moins faut-il savoir qu'on veut mettre une maison à la place de la prison. Eh bien, c'est cela, précisément, que nous entendons. Mais pour commencer à démolir la prison, il n'est pas indispensable d'avoir déjà le plan détaillé de la maison, pourvu qu'on ait l'intention et la force de mettre une maison à la place de la prison, et qu'on sache aussi – et je crois que c'est déterminant – de quoi doit avoir l'air une maison décente ; sur les détails, on pourra s'entendre plus tard. En tout état de cause, je n'ai jamais parlé, ni implicitement ni explicitement, d'une politique fondée sur le plaisir de détruire. « (p. 86) Un bref commentaire suffira à préciser la signification de cette parabole. D'abord, nous devons demander à Marcuse pourquoi il a choisi une prison à remplacer par une maison, au lieu d'imaginer qu'on veut remplacer une vieille maison par une nouvelle. La réponse certainement est que, dans l'esprit de Marcuse, le monde existant est au monde à créer ce que le mal est au bien, et non pas une phase du développement historique. Puis, rien ne nous empêche d'imaginer que nous demeurerons dans la vieille maison jusqu'au moment où la nouvelle sera prête à nous recevoir. Enfin, il est certain que, dans la construction de la nouvelle maison, on tiendra compte de l'expérience acquise en construisant la vieille. Si, en fait de bâtiments, nous ne connaissions que les prisons, nous voyons difficilement comment nous viendrait l'idée de projeter une maison. Le monde de demain sera – dit Marcuse – tout à fait autre que celui où nous vivons. Marcuse ne prône pas de façon délibérée une » politique fondée sur le plaisir de détruire « ; cependant, il est inévitable que son attitude radicalement négative envers le monde existant engendre une volonté déchaînée de destruction, quelque impuissante et dangereuse que cette volonté puisse être.

La liberté et l'autorité

Tout en croyant que notre concept de la solidarité permet de surmonter l'impasse de la contestation, nous estimons utile d'examiner brièvement la réponse que donne à la contestation la doctrine de l'autorité. Le problème se pose à celle-ci dans les termes suivants : l'exigence de liberté est à la source de toutes les valeurs humaines, mais, sur son fondement exclusif, il n'est pas possible de concevoir une société pacifique, capable d'assurer la liberté. Sommes-nous en présence d'une aporie? Toujours est-il qu'il semble impossible, d'une part, d'associer la liberté à l'autorité et, de l'autre, de se passer de l'autorité. Or la doctrine de l'autorité offre une solution qui devient presque une preuve de l'existence de Dieu, puisqu'elle paraît la seule capable de concilier ces deux termes également nécessaires et toutefois contradictoires. La doctrine de l'autorité se révèle ici telle qu'elle est effectivement, une théologie de la liberté. Elle voit le fondement de la liberté en Dieu, qui est en même temps celui de toute autorité. Ce double rôle apparaît possible grâce à l'infinité ne saurait être considérée comme une limite à la liberté de l'homme, alors que ne manquerait pas de l'être l'autorité d'un homme sur un autre homme.

Il surgit alors un autre ordre de difficultés. Nous devons d'abord relever qu'en s'emparant de ce problème, la théologie le soustrait à la philosophie, qui ne saurait y renoncer sans renoncer à son existence. Parallèles, la liberté et l'autorité deviennent un objet de foi, alors qu'elles devraient être deux concepts philosophiques, faute de quoi la liberté – l'autorité aussi d'ailleurs – demeurerait étrangère à la pensée et finirait ainsi par perdre son sens. Que serait la liberté si elle n'appartenait pas essentiellement, originairement à l'être libre? Ensuite, en faisant abstraction de cette première objection d'ordre général, comment parvenir à la volonté de Dieu, à la connaissance de sa loi, sans que s'établisse une liaison entre elle et les hommes qui devraient la représenter sur terre ? Car enfin, c'est par certains hommes qu'on devrait la connaître. Si l'on fait abstraction de l'obstacle de la transcendance, qui est la garantie de la nature divine de l'autorité, c'est celui de la légitimité de l'autorité humaine qui réapparaît. Pour parvenir à le surmonter, il n'y a peut-être qu'une voie : prouver que l'autorité concrète, historique, qui se réclame de la volonté de Dieu, porte le signe de son origine divine, signe qui ne saurait être que celui de la perfection, de la vérité absolue. Or seule la conscience – c'est-à-dire la volonté morale – peut le reconnaître en dernière instance. Dans la volonté morale, la distance entre l'autorité et la liberté, quelle que soit la nature qu'on leur attribue, divine ou humaine, est supprimée. Aussi la liberté redevient-elle l'ubjet d'un concept philosophique, qui la saisit en même temps que l'autorité ; loin de représenter une limite à la liberté, l'autorité en constitue la structure, la rend concrète et pensable.

Les difficultés du problème de la liberté ont donc leur source dans une fausse notion de la liberté, dans l'idée que la liberté est l'absence d'empêchements à la poursuite des fins souhaitées. Mais la liberté est tout entière dans la force créatrice de l'homme qui, agissant selon son être, se réalise dans l'histoire. L'homme est, en effet, un être social par essence ; se voulant soi-même, il veut la société dont il est membre. On peut même dire que c'est la société qui le veut comme individu, ou plutôt comme personne. Rien n'est arbitraire dans la liberté ; tout y est nécessité, puisque l'homme ne peut être que ce qu'il est. S'il se reniait, ou niait son action et sa volonté dans leur objet, il tomberait dans le néant. Quand l'homme se veut homme, c'est la société qui se veut en lui ; s'il se voulait en soi-même et pour soi-même, contre la société ou en dehors d'elle, il se détruirait dans la mesure même où il parviendrait à détruire la société. La contestation revendiquant une prétendue liberté absolue de l'individu, signifie la fin de l'homme, la fin de l'histoire, et non pas le commencement d'une histoire nouvelle, de la » vraie histoire «. Tandis que si la contestation vise un certain système de vie, certaines mœurs, certaines institutions, certains organismes juridiques, conçus comme étrangers à la volonté de l'individu, c'est-à-dire comme force répressive, l'individu ne voit pas en eux une limite à sa liberté, mais la matière qui lui résiste et avec laquelle il devra créer la société nouvelle, celle de son utopie. Au contraire, lorsque les institutions sont conformes à sa volonté, lorsqu'elles la reflètent dans ses relations avec les autres membres de la société, elles incarnent l'autorité, qui, paradoxalement, garantit sa liberté, comme Rousseau en avait eu l'intuition. Le respect qu'il leur portera, à elles et à leurs normes, sera l'expression de sa liberté, un acte de liberté. Dans ce sens, l'autorité est immanente et ne peut être qu'immanente ; et l'obéissance à la loi est une vertu, parce qu'elle réalise la liberté. Mais est-ce jamais vrai? Dans quel monde? Nous avons déjà répondu à cette question à plusieurs reprises : dans la société où la solidarité humaine deviendra une réalité. La seule contestation est donc celle qui peut démontrer qu'elle s'opère au nom de la solidarité humaine, et pour elle. La contestation de l'idylle esthétique, comme celle de la volonté de puissance, aboutit à la négation de l'homme, de son histoire, de sa force créatrice, en un mot, au » sous-homme «.

Les idéologies libérale et socialiste face à la contestation

Ni le libéralisme ni le socialisme n'attribuent à la crise actuelle des causes métaphysiques ou métahistoriques, et ils ne prévoient pour son issue aucune mutation de l'homme. Pour l'un, la crise a son origine dans les défauts corrigibles des institutions (libérales) en vigueur ; pour l'autre, dans les contradictions intrinsèques du système libéral. L'un se propose de l'améliorer, l'autre de le remplacer par le système socialiste ; l'un est réformiste, l'autre révolutionnaire. Ils estiment, comme nous d'ailleurs, que la contestation n'est pas une politique, car il lui manque un projet de droit vers lequel orienter les volontés des hommes. Elle prétend être pure négation et l'idée d'une œuvre constructrice lui demeure étrangère. Ce qui ne veut pas dire qu'elle soit dépourvue de sens, qu'elle n'ait pas de signification historique. Mais c'est la politique qui lui donne sa consistance, s'agrégeant ce qu'il y a en elle – malgré elle – de positif. Cette politique est soit le libéralisme, soit le socialisme. Pour ce qui est du premier, nous dirons qu'il nous semble difficile de penser que des réformes plus ou moins importantes puissent résoudre la crise de la société moderne. La tendance propre au système économique et social libéral est de considérer la richesse comme la mesure de toutes les valeurs. Elle ne s'explique pas par une insuffisance organique de la société, mais tient aux structures du système. Dans ce système l'argent est devenu le symbole de la valeur et le profit une catégorie qui a scindé la société en classes antagonistes. C'est encore ce système qui empêche les hommes de reconnaître la solidarité qui les unit et dont témoignent les idéaux de liberté, de justice, de paix et de bonheur. Ces idéaux que le libéralisme pense atteindre par la fidélité aux principes de la libre initiative, de la concurrence et de l'émulation (ce qui suppose une sorte d'harmonie préétablie entre les bonheurs individuels), le socialisme ne les considère comme réalisables qu'à la condition d'éliminer l'opposition entre le capital et le travail. Or il estime que la suppression de cette opposition, source d'après lui de tous les maux de la société, de toutes les déformations morales, politiques, culturelles, en somme, de toute forme d'aliénation de l'homme, ne peut résulter que d'une action révolutionnaire. Une fois celle-ci accomplie, la paix, la justice, la liberté se réaliseront spontanément, en même temps que disparaîtront les guerres, les États et la politique.

Cependant, l'instauration du socialisme dans de nombreux pays n'a pas encore donné les fruits escomptés et la démocratie et le bonheur n'y semblent pas plus parfaits que dans les pays capitalistes. Les classes continuent d'y exister sous d'autres noms et d'autres formes. Sans doute les socialistes objecteront-ils que le capitalisme est encore debout, qu'il faut avant tout l'abattre et que ce n'est qu'après que seront satisfaits les besoins et les aspirations des individus. Les contestataires en doutent : selon eux, le système socialiste est aussi incapable que le système capitaliste de créer une société pacifiée et de désaliéner l'homme. À leurs yeux, les deux systèmes se ressemblent dans leur substance au point de se confondre. Les bureaucrates de l'Ètat socialiste ont bien des traits communs avec les dirigeants des entreprises capitalistes. Le capital chez les uns, l'autorité politique chez les autres, leur confèrent des privilèges, voire des pouvoirs qui les distinguent des travailleurs ordinaires. Ces derniers peuvent se sentir frustrés aussi bien dans l'un que dans l'autre cas. Les contestataires sont convaincus que l'égalité, fondement de la liberté, n'existe nulle part.

La contestation et la politique de la culture

En dernière instance, la contestation est un cri d'alarme, des jeunes surtout, devant l'impuissance des idéologies qui se partagent le monde et dont chacune revendique la tâche de résoudre la crise. Elle est donc à la fois un élément et un signe de la crise et, en cela, mérite la plus grande attention. En effet, elle peut servir à stimuler le sens de responsabilité chez les dirigeants politiques, qui ne sont pas toujours assez conscients de la gravité de la situation. Mais lorsque la contestation prétend prononcer une condamnation radicale de la civilisation, sans laisser entrevoir d'avenir possible, elle risque d'apparaître comme un acte de folie, une invitation au suicide. Sans projet politique défini, elle ne sera qu'une agitation destructrice. Cependant, le jour où elle aurait formulé un tel projet, elle ne serait plus une simple contestation, elle deviendrait un mouvement politique effectif, soit réformateur, soit révolutionnaire ; et comme tel, elle rejoindrait ce que nous appelons la politique qui a pour but essentiel l'activité créatrice de l'homme[2].

La civilisation au sein de laquelle cette politique se déploie est la civilisation de l'universel, qui n'exclut rien de ce qui est humain. Aussi est-il inconcevable de la dépasser ou de la contester, et en elle-même et dans son principe. Ce qui peut et doit être contesté et dépassé, ce sont les institutions économiques, politiques et culturelles qu'elle » invente « pour surmonter les obstacles contre lesquels se heurte la société. Ces institutions sont, toutes, destinées à entrer en crise, cela au moment où la tendance pour tout ordre à se maintenir, même après que son rôle est achevé, déclenche des contradictions irréductibles. Aucun ordre, en effet, ne parvient à satisfaire la vocation universelle de la civilisation de l'homme, révolutionnaire par son essence. Seule une conception inadéquate de l'homme est responsable des visions irrationalistes qui prétendent la condamner, telles l'idée nietzschéenne du surhomme et celle de l'homme esthétique de la contestation actuelle.

L'opposition entre la doctrine de la contestation radicale et celle de la politique de la culture ressort encore plus nettement si l'on considère le rôle concret qu'elles visent à jouer dans la crise actuelle. Alors que la contestation globale se définit comme une dialectique négative, introduisant la négation dans la civilisation (qui écraserait l'individu et le réduirait à une seule dimension), la politique de la culture prend son départ dans l'affirmation d'un ordre nouveau, dont la forme et le contenu sont déterminés par les raisons profondes de la crise elle-même. La politique de la culture (vérifiant ainsi une idée qui appartient aussi à Hegel, à Marx et à Lénine) se donne comme objectif immédiat l'édification du monde de demain, dans la certitude que son avènement entraînera automatiquement la disparition de ce qui est caduc. La politique de la culture est d'abord positive ; ce qu'elle comporte de négatif est implicite, alors que pour la contestation, au contraire, c'est le positif qui est implicite. Toutefois, comme rien ne peut commencer par la négation, il s'insinue subrepticement dans la contestation globale, pour en constituer le fondement, ce que nous appellerions le » dogme de l'infaillibilité de la jeunesse «, dogme insensé (pour autant qu'on puisse jamais dire cela d'un dogme) mais nécessaire, si on cherche à justifier une action qui a indiscutablement une portée politique.

Si, enfin, nous voulions préciser d'un mot notre allusion au diagnostic de la crise actuelle et au projet de solution suggéré par la politique de la culture, il nous suffirait de rappeler notre notion de la crise. D'après cette notion, celle-ci a sa cause fondamentale dans la structure pluriétatique du monde, devenue incompatible avec les exigences de la vie des peuples, telles que les ont suscitées les prodigieux progrès de la science et de la technique. L'ensemble des problèmes que provoque la permanence d'un ordre international élevant entre les peuples des barrières qui empêchent le développement de leurs relations, constitue ce que nous appelons la question internationale.

Un de ses facteurs est la conviction, profondément ancrée dans les esprits, que les relations internationales sont l'affaire exclusive des États. Les raisons principales en sont sans doute les suivantes ; d'abord, le fait que ces relations ont toujours été interprétées ainsi ; puis, que l'État moderne, étant issu de mouvements révolutionnaires, tend à s'identifier avec les peuples ; enfin, qu'il n'a jamais été dit assez clairement ce que les peuples peuvent faire pour la paix. Cependant, l'idée que ceux-ci ont un rôle indispensable à jouer pour son établissement commence à se répandre. La contestation en est un signe. Elle exprime malgré son » négativisme «, une aspiration qui a sa source dans l'homme conçu non pas en tant que membre d'une nation ou d'une classe particulière, mais en tant qu'individu de l'espèce humaine. Elle montre en outre de façon éclatante qu'il y a, au sein de l'État, une marge assez large pour des initiatives non-étatiques. Un autre signe nous est offert par l'attitude de l'Église. Certes, l'Église, par sa nature et par ses buts, tend toujours à dépasser tout État particulier ; mais les vicissitudes de l'histoire l'ont souvent amenée à se lier très étroitement à l'État, parfois jusqu'à s'identifier à lui. Pourtant Paul VI n'a pas hésité à dire dans une récente occasion que l'Église, dans sa recherche de la paix, doit s'adresser aux peuples par-delà les États. Or, la tâche principale de la politique de la culture est d'amener les peuples à découvrir la question internationale et à se rendre compte que sa solution dépend désormais d'eux et non pas des États, que c'est donc à eux qu'incombe la responsabilité politique de son issue. Autrement dit, la politique de la culture vise à amener les hommes, les individus de tous les peuples à devenir conscients de la solidarité qui les unit et qui, au point où en est arrivée l'évolution des relations humaines, est de moins en moins en condition de supporter les infractions, jadis inévitables, peut-être même nécessaires, à la loi qu'elle implique. Il est vrai cependant que les conflits obscurcissent souvent notre conscience morale en y introduisant le doute. Mais ce dernier pourrait être dissipé par ce pari aux résonances pascaliennes : » Si la solidarité n'existait pas, la vie n'aurait pas de sens et la désirer serait péché et folie ; si elle existe, toutes les grandes espérances se justifient et les apories du vouloir et du connaître, de la liberté et de la nécessité sont résolues. «

Notes

*   Dieser Aufsatz ist in der Zeitschrift *Comprendre*, No. 35–36 (1970) bereits erschienen (der Hrsg.).
1   Il est superflu d'avertir que la » science de la solidarité « n'an rien à voir avec la » technique de la libération « imaginée par Marcuse, où le mot » libération « signifie démolition de l'ordre existant, celui-ci étant considéré, par définition, comme répressif ou sur-répressif, tandis que la liberté, la paix, la beauté, le bonheur – en un mot, la » société réconciliée, pacifiée « – jailliraient automatiquement du vide laissé par l'effondrement du système existant. Au contraire, la science de la solidarité vise à prouver que celle-ci existe objectivement et à découvrir les idéaux et les institutions qui rendront possible sa détermination historique, alors que la fin du système actuel lui apparaît comme la conséquence de l'apparition du nouveau. Pour les mêmes raisons, on ne saurait confondre les hommes de culture avec les » spécialistes de la libération «, que d'aucuns ont qualifiés de » professionnels du désordre «.
2   Il convient d'ajouter ici que la politique de la culture n'est ni la source ni la manifestation de ce qu'on a appelé le » pouvoir intellectuel «, cette expression désignant la force politique contestataire. Certes la culture joue un rôle croissant dans l'évolution de la crise actuelle, c'est-à-dire qu'elle a acquis un pouvoir politique. Par son action créatrice, elle tend à lier le passé au futur et non pas à faire le vide entre eux. Aussi ne se place-t-elle pas en dehors ou au-dessus de la crise, envers laquelle sa dialectique est positive.

Maurice Cornforth (London)

Labour, Language and Thought

Labour consists of social operations of human individuals using instruments of labour. To carry out, plan and direct labour operations, even the most primitive, requires an instrumentality for communication between human individuals, adequate for the purpose. This is created in language, peculiar to man, an instrumentality effecting communications between human individuals different from any effected between other animals. By the use of language people communicate to each other not only their immediate emotions and needs, and signal to each other not only the presence of this or that object in the environment, but communicate representations of both actual and possible situations, discuss, agree or disagree, and formulate plans.

Words are used as instruments of representation and communication. And this use is demanded and conditioned by the social use of tools as instruments of labour. Man employs his hands to make and use instruments of labour and his speech organs to make and use words in articulate communications. Doing so, he has the means, the instruments, to engage in and develop all the activities and performances of human thought.

In this way it may be said that "man makes himself", makes for himself the possibility of all his distinctively human activities, by the way in which in human society he makes for himself and learns the techniques for the use of instruments – instruments of labour, and instruments of language for representation and communication.

Language supplies the instruments used in the expression and so in the communication of thoughts. This does not mean that to think is the same thing as to speak, either aloud or "to oneself". But it does mean that we could not think as we do without the use of language to think with and to express thoughts. Learning to think and learning the uses of language are in the human individual a single process and not two independent ones. Thus if someone professes to be thinking thoughts he cannot express, that means that though no doubt some kind of thinking process is going on in his brain it has not resulted in the production of any communicable thought. If one wants to know what he thinks, it must be communicated. And if it cannot be communicated, there is only a brain process which is of the kind to produce thought but has not yet done so. Thinking is an activity productive of communicable thoughts, and these are produced by using language for thinking with, as the instrumentality of representation and communication.

Thought is therefore not properly described (as nevertheless it often has been) as an activity of "a mind", where the "mind" is supposed to exist as an active subject distinct from the body, and its thoughts to be produced prior to and apart from the operations of representation and communication performed by the use of language by a living sentient individual animal. Nor are its products – propositions, or concepts, or theories – properly described as the special products or objects of "mind". Of course, it is quite in order to speak of thought as "a mental activity" (distinguished from, say, digestion, which is not a mental activity), and of propositions, concepts or theories as its products. But what we must investigate if we wish to investigate thought and its products is the activities performed by the use of language by living sentient individuals, and not something else which is supposed to exist prior to or apart from these activities. These activities are performed in human societies, when individuals associate to make and use social forces of production and enter into social relations of production in doing so, and are performed by individuals who have been trained up and conditioned in such societies.

Animals become aware of and respond to what occurs in their environment, or in other words, become informed, in their sensory activity. In the human animal, however, sensation is supplemented by the specifically human activity of thought. For sensation, the individual needs only the sense organs. For thought, there is added the use of an instrumentality of language made and learned in a human society based on social production. Thus while sensation may be categorized as a purely "natural" activity, thought is distinguished as "social" – just as the activities of social production, in the performance and development of which thought becomes necessary, are social.

The distinction between sensation and thought is thus not adequately described as one between two different capacities of the individual mind which individuals possess because they are each endowed with a mind possessing these capacities – between the mind's capacity to receive sense-impressions and its capacity to conceive and think, or between its cognition of "real" entities such as sensations or sensible objects and "ideal" ones such as propositions and concepts. It is rather to be described as the distinction between the natural operations done with our sense organs and the instrumental operations we come to perform in social communication, done with language, an instrumentality created in social life.

So the connection of thought with sensation is that of an activity individuals perform socially, by using instruments, with their organic or "natural" activities. It is that of instrumental operations done with a socially-produced language, by which representations are produced and communicated, with the organic operations of the senses by which processes stimulating the sense organs are reproduced in sensory presentation.

Thus it is a case of the connection in human activity generally of socially-performed instrumental operations with organic ones. Evidently, the performance of instrumental operations by social individuals depends on their natural equipment as individual animals. And in social activity the natural organic powers of individuals are supplemented by those derived socially from their use of instruments. The powers of the hands, guided by the senses, to enable individuals to manipulate and make things is supplemented by the productive and manipulative powers of instruments when in human societies we make for ourselves and use technologies. And the power of the senses to make individuals aware of whatever is going on, the informative power of the senses, is supplemented by the representational power of language when in human societies we make for ourselves the instrumentality of a language to communicate with, and use it to produce representations.

By the use of technologies individuals socially bring ourselves into new relations with our environment and with each other, as compared with other animals. For example, the use of weapons already did this for primitive men. And so, too, the activities of thought in producing representations by the use of language bring individuals socially into new relations. These are relations into which we bring ourselves by our activities in society, not "given" relations which are there as a prior condition for our activities. And individuals who perform these activities bring ourselves into different relations with each other and with objects and processes of the world we inhabit from those who do not. The activities innovating new relations by social production and by thinking are, indeed, intimately connected as unique interdependent performances of the individuals of the human species. And certainly, if we have succeeded in bringing ourselves into new relations by technologies we have had also to bring ourselves into new relations by our activities of thinking in order to do it.

We must as living organisms manipulate things with our hands guided by our senses if we are to be able to develop our technologies. And similarly we, a species of animal, must be relating ourselves with each other and with our environment by our sensory activities if we are to be able to do so by our activities of thought. We must always in sensory interaction and sense experience be each individually relating himself to what is passing in order in society to transcend this natural relationship by means of the representations made in our activities of thought.

When a language is available, it is used for producing representations either for circulation among individuals or in the private uncommunicated thoughts of any one of them. But it is in communication between individuals and not simply in the separate activity of any one individual that language is produced. So if language is a means of representation, it cannot become that except as a means of communication.

Comparing our own behaviour when we communicate by means of language with that of other animals, we find that others, too, communicate. And some do so by quite well elaborated systems of signals that can be likened in some respects to our own language. What is the difference?

Signals by which many species of animal communicate are of the nature of warnings or calls by which, sometimes, quite precise information is transmitted. The signal, usually by sound or gesture, is produced by one individual as a response to a stimulus from that individual's actual condition – for example, of sensory presentation, or of feeling, or in the course of or at the conclusion of some sequence of sensory and motor activity. And communication is effected when another individual responds to the sensory stimulus of receiving the signal. Thus communication by signals is a process of conditioned responses to stimuli: there is a stimulus for the signal, and then the signal itself is a stimulus. For example, a signal produced by one individual on the stimulus of a definite sensory presentation transmits information to another when the other responds to it as to a similar sensory presentation.

Signals become something like our own language when definite variations of signals are produced upon definite variations of similar circumstances, eliciting definite and corresponding variations of response, and when sequences of activity in response are further controlled by combinations of signal variations.

Perhaps the most perfect example of such a language of signals is found not among mammals but insects, in the behaviour of bees which, returning to the hive, perform quite elaborate dances which effectively inform other bees of the direction and distance to fly in order to collect food. In this case, signals perform the function of instructions, the receipt of which conditions a sequence of movements in response.

The human uses of language evidently include performances of the same signal functions which are performed, though on a lower scale of precision and elaboration, in the communications of other species. But by the uses of language we do more than that[1].

Our own communications are distinguished, in particular, by the fact that in them, by the use of language, we pose questions. But questioning is something other animals do not do by communicating by signals. They may adopt what can be described as questioning postures, when awaiting whatever will happen next or awaiting some signal from another animal. But the sounds and gestures they produce as signals are not employed to ask questions.

In posing questions, what is done is to interpose a question between the stimulus provided by external or internal circumstances and the response to it. And to do that requires the sort of instrumentality of communication which only a human language provides. It is a performance which is part and parcel of the mode of social life based on the social production of the means of life by which we have distinguished ourselves from other animals. In adopting that mode of life, people have accomplished the transformation of communication by signals, which is a process of conditioned response, into communication by language, in which questions are posed and answers proposed. The production of signals in communication has been transcended in human societies by that of questions and answers, sensory activity by conceptual thinking.

Thus human language is distinguished from the language of signals by the emergence in its use of the function of posing questions. How could this have come about? Animals which communicated by signals must have elaborated the production of those signals to the point where they finished up by speaking to one another with a language possessing vocabulary and syntax. And this must have happened under the stimulus and to meet the needs of their mode of social life.

To ask a question an instrumentality of communication is required that possesses the power of negation. It requires not simply that a signal be produced to elicit a response, but that a representation be produced into which negations may be introduced.

What distinguishes human language is not simply that the speaking animal is conditioned to produce and respond to a greater variety of signals and signal combinations, but that a language is used to produce representations of which the negations can also be produced. To effect negation, a language as an instrumentality of representation and communication is required, where as other animals communicate by sounds and gestures without the institution of a language. To be able to speak is not just to be able to say "it is . . ." but to be able to say "it is not . . .". That is what is made possible by the institution of a language, with its rules, its vocabulary and syntax.

The alternative of "it is" and "it is not", which the use of language thus permits us to pose for ourselves, gives us the question "is it or is it not?", and the alternative answers "it is" and "it is not", which may be asserted, believed, doubted and argued.

Those animals which communicate by signals which in our language can be expressed as positive statements or instructions, but which have no means of communication to pose and discuss negations of these positives, have no language and do not ask questions. So they do not think and speak in the way we do. It is the introduction of negations into communication which turns combinations of signals into a language for thinking with. Elaborate signalling to produce elaborate responses takes place without language. Language introduces the negation, the negative, and so questioning, argument, discussion, thought.

Of course, many animals produce signals to inhibit as well as to excite a response. It may perhaps be suggested that the introduction of negations into human communication is simply a case of the production of signals to inhibit rather than to excite (as when someone cries "No!" to stop someone else from doing something). What is unique, however, is the use of the negative to negate the positive, so that for each positive there is constructed its proper negation. From this results the negative representation, which is peculiar to human communications effected by language. If an animal utters a cry or makes a gesture to inhibit rather than excite the responses of other animals (not to make them do something but to stop them doing it), that is not to communicate a negative representation. Negative representation is only and can only be effected by the use of a language which has a way of saying "is not" to negate "is".

It is by this introduction of negations into communication that the use of a language effects the transcendence of sensory activity by thought. Obviously, there is no such thing as the negative in sensory presentation as there is in the representations produced by the use of a language. One says, for example, that something "is red" or "is not red". But one is presented in visual experience only with definite colours. In the question "what colour is it, red or not red?" there is posed the representation of alternative possibilities transcending the actual immediately "given" of sense experience. Herein consists the capacity of conception and abstraction exercised by the use of language.

And equally, with the production of the negative in language, or with the capacity to conceive and abstract, there is produced the capacity to generalize. In thinking we produce for ourselves the representation of a range of possibilities answering to the alternatives "is . . ." or "is not . . .", and the language made capable of communicating negations is made capable of communicating generalizations.

The introduction into human communications of an operation of negation, so that any representation can be negated by a corresponding negative, means that communications no longer function exclusively as stimuli to excite or inhibit responses. Of course, they can still function like that, and in fact often do so. But the introduction of negations into communication means that there can be communicated the representations of alternatives, and generalizations proceeding from them. Hence response may be deferred while discussion of alternatives takes place.

From this arise the possibilities of all such human and thoughtful activities as questioning, doubting and arguing, as distinct from what now becomes asserting or instructing. These activities, depending on the use of a language, are unknown in the animal world outside human communities. For they all depend on negations, which are only introduced with the institution of a language. Animals do not question, generalize, argue, discuss or reach conclusions, any more than they assert or deny. They simply produce signals to direct and control each other's behaviour in given situations, to excite or inhibit responses.

To produce and communicate negations, means must be found to posit and negate. And these means have been produced by the institution and use of languages. The eleboration of signals has been transformed into the enunciation of sentences, in which positing and negating is done by joining together separable elements of sentences (words and modifications of words) into sentences. For example, in the sentences "it is red" and "it is not red", the means brought into operation in this particular use of a language are to join "it" with "red" by "is" in the positive sentence, and by "is not" in the one negating it.

By means of the varied structuring of sentences there are performed what may be distinguished as logical operations, those of positing and negating and then, sequentially on these, of generalizing. The varied structuring of sentences serves the use or function of performing these logical operations productive of communicable representations.

Of course, a sentence does not itself do this. People do it by the use of sentences, and the use of a sentence is to enable us to do it.

Thus human languages, as distinct from signals or any so-called languages of signals, are characterized by vocabulary and syntax, as required in an instrumentality of communication with which to perform logical operations. Animals which in their social behaviour in obtaining the means of life were becoming human must at some point, then, have become conditioned, in their communications, to the use of a vocabulary and syntax, so as to perform lógical operations of positing, negating and generalizing and to enunciate sentences. It was at this point that a human language came into use, and our ancestors equipped themselves with the human capacity of thinking, passed on in human societies ever since. The transition to human society and human personality could have been effected only when a language was produced and, with its use, the human social life.

Without a language as instrumentality for their performance, the logical operations, and so the special performances of thinking, could not be done. For it is by and only by the instrumentality of a language that they are performed. They are instrumental operations. Positing, negating and generalizing are not done without a language to do it with.

So language is not used simply to "express" the results of operations of positing, negating and generalizing which are already performed by internal movements of the brain, or (as some would have it) "in the mind", before a sentence is structured to perform them. Language is the instrumentality for the performance of logical operations not performed without such an instrumentality, and so for the production of propositions, products of thinking, expressible and communicable in sentences. Language is not used simply to "express" thoughts which are already formed "in the mind" independent of their expression. It is the socially-produced instrumentality for the production of thought.

The use of a language to enunciate sentences serves to pose questions interposed between stimulus and response, and to propose propositions as answers. Structured to perform logical operations, sentences serve to propose propositions and pose questions. And the one use goes inseparably with the other. For a proposition has its negation. And the alternative of positing and negating, and of expressing propositions which negate each other, poses the question. Thus to propose a proposition is to invite a question by the proposal of its negation, and to pose a question is to invite the alternative anwers. The posing of questions and proposing of answers is what constitutes thinking.

To speak of a "proposition", as something which may be "expressed" or "stated" in a sentence, and may be questioned, asserted, believed, and so on, and may be judged true or false, is not, however, to speak of anything distinct form sentences which express or state it. It is to speak of sentences considered as being used to perform the specific function of proposing alternative answers to questions.

The enunciation and use of sentences is, then, distinguished form the production of signals by the fact that by the structuring of a sentence logical operations of positing, negating and generalizing are performed. A signal, on the other hand, is produced only as a response to a stimulus coming from the actual sensation, feeling or sensory and motor activity of an individual, and functions only to stimulate responses in other individuals. The use of sentences produces propositions, which are positive or negative and generalized, and are asserted or denied, questioned and argued about. And this is distinguishable from the signal, which produces no such result. Sentences may often function as signals, but their functions transcend those of signals.

A sentence does not, as I have already remarked, itself do anything or say anything. It is we who do things and say things, or have things done to us or said to us, by our use of sentences. A sentence only functions in what we call a meaningful way in contexts of its definite use by definite people.

Especially since writing was invented, we are apt to suppose that certain sentences, which are stored up in writing, permanently state or express certain propositions, or enunciate certain instructions, or describe certain events (real or fictional), or complete certain expositions or arguments. And the same goes, of course, for sentences stored up in individual memory banks. But they only function in social contexts where are actually being spoken or written, heard or read.

Sentences, by the logical operations performed by the instrumentality of whatever language is used, serve to pose questions and propose answers. From this flow the great variety of specifically human activities the performance of which is accomplished and can only be accomplished by the use of a language.

Our using language to pose questions and propose answers brings it about that, on the one hand, we can question and, on the other, when it comes to answering, we can assert or deny, propose for consideration or as hypothesis, idly imagine, believe, disbelieve, doubt, and then engage in trains of thought and in discussions, arguments and polemics.

These are all acts of human individuals conditioned in society to using a language so as to be able to perform such acts. Their performance depends on the language's prescribing definite uses of words in definite contexts for its accomplishment.

In order to believe, for example, we require means to state something as a belief, so that a statement of belief is recognizably distinguished from, say, a statement of hypothesis. Similarly, nothing is categorically asserted or denied unless people have means provided by a language to assert and deny, as distinct from merely proposing as a possibility to be considered.

Again, we use sentences constructed in appropriate ways to enunciate instructions, and likewise suggestions or proposals for action – all of which, again, may be questioned, discussed, argued or controverted in activities of deciding upon actions and carrying them out.

Again, by the uses of language we perform and communicate evaluations – acts of what may be generally termed "judgment", when we judge, for example, a course of behaviour good or bad, or objects as beautiful or ugly, or propositions or theories as true or false.

And again, and very importantly, our institutionalized social actions are performed, and social relations entered into, by means of prescribed uses of language in appropriate contexts, and not without such means – as when by saying or writing something people acquire or alienate property, or get married, or lay bets, or register votes, or promulgate laws, or insult or compliment, praise or blame each other, or in many other ways place themselves and others into definite social relationships, and accept or repudiate definite social committments. At the same time, our personal relationships in society are brought into being by acts of communication done by the use of language.

In general, while a sentence of itself does nothing, all uses of sentences are for definite acts by human individuals, who by means of sentences do something themselves which they could not do without the socially-produced instrumentality for doing it, communicate with others by doing it, and bring about social relationships and social committments – performances of one or another peculiarly human activity performed by and only by the use of a language.

All these acts, done by the use of language and not done without it, are of the nature of acts of communication between individuals in society, using the language instituted in their society. That one person is able on his own to perform an act by the use of a language supposes always that in his act he can effectively communicate with others, and therefore that here are other people using the language besides himself. For it is only in a community of persons sharing the uses of a language, so that they communicate with and mutually understand each other, that the uses of a language can become effective. And then they effect the uniquely human activities and communications performed in human societies – including activities of single individuals that they think of as peculiarly their own personal and private activities.

For all these acts there is required the production of representation by the logical operations of positing, negating and generalizing performed by the structuring of sentences. Thus in the various uses of language in various contexts various acts are performed and, to perform then, there are performed in those same uses of language logical operations productive of representations or propositions.

In speaking about or discussing what we do by using language we should, then, always distinguish the production in a given use of language of representation varying in content and logical form, and the specific character of the act performed by one person communicating with another by means of that use of language. Language is used by individuals in society to perform definite acts or activities, the performance of which depends on its serving to produce representations.

The tasks of investigating the logical operations and sequences and combinations of them by which propositions of varying logical form are produced and formally or logically related should, therefore, be distingushed from those of investigating the manifold acts of human individuals performed by the uses of language in which those logical operations are performed. The first tasks are the special business of formal logic, in the sense of a science allied to mathematics.

The uses of language are thus to produce representations in the form of propositions and, in doing so, to perform a variety of acts on the part of human individuals in communications with each other.

Thus what may be termed "representational" and "performative" functions of language may be distinguished, and in the construction and use of a sentence certain features of it may be categorised as functioning to produce representation and others as functioning for the performance of a specific act of communication in human society. For example, in the use of the sentences "the door is shut" and "shut the door!", the juxtaposition of the words "door" and "shut" functions alike in each case to produce representation, while the construction of the first sentence makes its enunciation a statement and that of the second an instruction.

In its representational function, language is used to produce a variety of questions and propositions, and in its performative function to perform a variety of acts. But it does not function for representation without functioning for performance of an act, nor for performance of an act without functioning for representation. No sentence, of itself, so to speak, simply expresses a proposition. It is used to make an assertion, or to state a belief, or, it may be, only to state something for consideration, or to make an instruction, or to register some intention or claim, or in any case always to perform some act. If it is not used to perform some act, then (obviously) it is not used at all.

The use of language enables us to pose questions and propose answers, and it is in this that thinking consists. Thought does not simply register, as it were, what may be described as "given" in sensory activity, but produces representations of things or processes which are not so given but are rather imagined, transcending the actual immediate present of sensory interaction and sense experience. To do this may be called an act or exercise of imagination. Thus from the very use of language comes our power of imagination, which is exercised in any and every act of thought.

The very simplest question is the question of fact, that can be answered "yes" or "no". To pose it and propose an answer is to imagine the fact as stated one way or the other. To ask a question is therefore to pose the representations of possible alternatives. And in this consists the imaginative character of all representations produced by thought and expressible and communicable by the use of language.

In thinking we represent to ourselves both our own existence and the conditions of our existence by an exercise of imagination as distinct from simply being aware of it in current sensory activity. To think at all, and all the more therefore to theorize, is to imagine.

In imagination there is not simply presented the sensuous image of some or other state of affairs, but the representation of alternative possibilities. And in this exercise of imagination is contained the potentiality of conscious choice, decision and assertion–to choose and decide which alternative action to pursue, to assert that one imagined state of affairs is fact, or has been or will be fact, and another only imaginary.

In this way, to imagine is not the same thing as to call up an image, or to dream; and human imagination is not to be identified with imagery or dreaming. Images and dreams are a mode of sensory activity, and no doubt many other species of animal besides ourselves have dreams and images. The human imagination, on the other hand, comes from the use of language. And it is not exercised simply to dream or to conjure up images, but to represent to ourselves the conditions of our existence, to adapt our actions to them, to decide and plan, and to inform ourselves.

In the exercise of imagination we do not simply amuse ourselves with imaginings (though that is something we often do), but represent to ourselves the facts and the possibilities for our practical purposes and, indeed, create for ourselves our practical purposes. Imagination is therefore, like language itself, a gift we have acquired thanks to labour, as a result of our having come to live by social production. It is by the use of language that we have created for ourselves, once we have made and possess the instrumentality of language, the human capacity of imagination. And to say man is distinguished by his power of thought is to say that he is distinguished by his imagination.

To undertake any kind of specifically human social production of material means of life, however primitive, the human species has had to acquire the use of language, the condition for the exercise of imagination. It plays a necessary part in the performance of human labour, which is the basis for every specifically human mode of activity. For in social production people do not only each make conditioned responses to the various stimuli each receives, but set before ourselves an aim or project of producing something, and direct and co-ordinate our actions to that end. In labour, and then in other activity, we represent to ourselves the end of our actions in imagination before we realize it in our actions. And this we can do because to use instruments of labour we make the instrumentality of language. By the use of language we can produce the imaginative representation of an end to be achieved, communicate it and agree on what to do to produce it.

In these imaginative activities born in the labour process as a result of thinking about the conditions for our actions and the ends we seek, we produce the representations of objects with various properties that come to be, enter into relationships and change and pass away, of processes and relations, of causes and effects. And thus what may be loosely termed the basic "categories" of human thought typify our representations of ourselves and our conditions of existence, and of our activities and aims, that are produced, expressed and communicated by the use of language.

For each of us, severally, communicating with others and in his own thoughts, the present as he acts and suffers is represented in this imaginative way, with the past passed through and the future to come. And together, in our communication with each other, we share this imaginative representation of ourselves, the world we live in and our activities in it. This mode of representation is necessary for us, first of all, in order that we should engage in and manage social activities of labour, the social production of our means of life. And it is because of our social mode of life that we think imaginatively in these characteristic and necessary ways.

Our use of language and with it our capacity of imaginative thought has issued in many remarkable consequences in human purposiveness, inquiry and invention, as well as in human delusion, error and misfortune. By our thinking our behaviour is made purposive, in the sense that actions are consciously directed to preconceived ends, whereas no other animal does more than respond in various ways to conditions immediately present. We make in imagination a product to be made in future actuality, and scheme out and thoughtfully direct its actual making. We inquire an invent, devising means to test the conclusions of inquiry and the efficiency of invention, performances of which no other species of animal is capable. It is also in thinking that we delude ourselves and make errors unlike other animals, und involve ourselves in anxieties, conflicts and cruelties peculiar to our species.

The fact that man is thus a thinking animal, because he is a social animal that uses instruments for social production and the instrumentality of language for communication in doing so, has brought it about that the individuals of the species have become individual human personalities. The occurrence of the speaking and thinking activities of the individuals is indeed an essential element in the formation of human personalities. For it is only individuals that speak and think of themselves as persons among other persons that become and are persons.

Yet if human personality comes from man being a speaking and thinking animal, what makes it possible for men to thus be individual persons is the same as what makes man into a speaking and thinking animal – the social mode of life based on the social production of the material means of life.

It is in our specific activity in human society that human individuals each become that unique kind of individual we denote by the word "person". And in the existence of persons there is constituted that unique kind of relation of each individual called the relation of "subject" and "object". It is in the setting up of this relation that individuals become persons.

The individual person is the individual subject—conscious, receptive and active. He is made and makes himself subject by the way he communicates with others by the instrumentality of language, and in so doing represents both himself and other to himself by his operations of thought performed by using language to think with. He is thus himself by using language to represent himself and others to himself and to others.

And by the same operations he puts himself into the relation with objects in which he responds to stimuli as to objects thought of as external to himself, as subject, upon which he directs his activity. He thus puts himself into the relation in which he, as subject, stands over against the objects which constitute the external objective conditions of his activity and upon which he directs it.

Persons conscious of themselves as subjects, together with the relation of subjekt and objects and relations between persons, are thus the products of the operations we individuals of the human species characteristically perform with instruments—of the operations of social labour and the consequent use of the instrumentality of language for representation and communication.

Each individual person is a product of social conditions of life. In the human relations we have thus made for ourselves we often think of ourselves as privileged beings gratuitously endowed with consciousness and thought, and with the status of subjects. We think we were specially created as subjects in a world of mere objects. But the fact is that we make ourselves subjects and relate ourselves to each other by human relations of person to person by the characteristic activity of our brains and hands by which we make some objects into our instruments and produce in language the instrumentality for human communication.

Considerable mystery has been generated by the recognition of ourselves as subjects related to other subjects and to objects, because for each person the "I", the individual self, is never identifiable anywhere amidst the objects of his passing sensuous consciousness. Nor is it perceptible to anyone else. I myself, as subject, am for myself distinct from all the objects that affect me and against which I react, and am also distinct from my own body, which I use for what I do and is itself among the objects. For each person the entire objective world of which he is sensible and in which and by which he lives lies outside himself. And similarly, for each person everyone else, whose bodies and bodily activities only are perceptible, manifests himself somehow in his bodily activities while himself lying concealed from everyone else. The self, as subject, is always unobservable because anything observable is only an object in relation to the self as subject.

All this apparent mystery may be resolved by examining the ways we living human bodies manage to speak and think, and in that subjective activity bring into use such words as "I" and "you" and communicate about our own personal activities and the objective world in which and on which we act. It is by doing that, that we become persons, subjects, and relate ourselves to one another by human relations.

In the process of creation of human personalities there has come about the greater diversification of human individuals as compared with individuals of other species. It has been division of labour, and then the multiplication of opportunities for diverse individual activities on the basis of the supply of material necessities, that has made it possible for individuals to differ as they do as persons, in their characters, habits, tastes and interests. If these differences could come to be manifested only on the basis of our social mode of life, it is equally the association of persons that makes possible every item of individual personality, through the education and the opportunities (or lack of them) offered to each person.

It is a mistake, therefore, to conclude that because each human individual is a separate personality, the capacities evinced by individuals, including thought and all that derives from thought, can be comprehended by examining them in the individual taken out of the context of human society. This mistake is often made in inquiries about man. To inquire into what "man" is and what "man" can do is, indeed, to inquire into what individual persons are and what they can do, and inquiry about man and human society is misdirected unless this is understood. But what is necessary is to start, not from the individual, but from what makes the individual. And this means above all inquiry into the dependence of human capacities on human association and the communication between individuals that arises from it.

Note

[1] It will be seen that what I say about signals and language implies rejection of the well-known Pavlovian theory of language as the "second signal system". This mechanistic theory has been severely criticized by Adam Schaff, and I am in agreement with his objections to it. Pavlov's theorizing about signals and language was, indeed, vitiated from the start by his treating "sensations" as "signals", and by his considering only single individuals while failing to remark that signals, and the uses of language too, are for communication between individuals.

Auguste Cornu
(Saint-Cloud/Berlin)

An Adam Schaff

»Professor Adam Schaff hat große Verdienste erworben, indem er Probleme aufgeworfen hat, die das Wesen des Individuums und dessen Verhalten zur Gesellschaft betreffen, die unerläßlich zu ergründen sind. Dies soll aber, wie Adam Schaff es getan hat, geschehen, ohne irgendwelche Absicht des Revisionismus. In seinem Werk hat Adam Schaff einen wesentlichen Punkt von Marx' Lehre berührt: In den ökonomisch-philosophischen Manuskripten hat Marx unterstrichen, daß das einzelne Individuum eine Spezifität, d. h. ein *spezifisches* Individuum ist, das sich aber nur im Rahmen bestimmter wirtschaftlicher und gesellschaftlicher Verhältnisse entwickeln kann, wodurch Marx im Voraus die Unhaltbarkeit des Existenzialismus klargemacht hat. Er hat dabei nicht gezeigt – und dies ist meines Erachtens ein reales und schwieriges Problem -, wie ein Individuum seine Spezifität behalten kann, indem es sich in die Gesellschaft einschaltet. Ob Adam Schaff dieses Problem richtig *gelöst* hat, mag dahingestellt bleiben. Jedenfalls bleibt ihm das Verdienst, zur Lösung dieses Problems beigetragen zu haben.«

Marek Fritzhand (Warszawa)

Über den Begriff des Humanismus – methodologisch

1. Das Problem

Der Begriff des Humanismus ist, wie so viele andere Begriffe, die für Ausdrücke mit dem Suffix »ismus« stehen, äußerst unklar, undeutlich, vieldeutig und läßt verschiedene, geradezu entgegengesetzte Interpretationen und Definitionen zu. Kein Wunder also, daß unsere Diskussionen und Kontroversen über die Problematik des Humanismus in Sackgassen führen, auf Holzwege abgeleitet und an den Klippen verbaler Mißverständnisse scheitern. Sind wir uns doch oft selber nicht klar darüber, in welcher Bedeutung wir den Terminus »Humanismus« verwenden. Und auch wenn wir uns dieser Bedeutung bewußt sind, so können wir noch keinesfalls sicher sein, daß wir von unseren Diskussionspartnern richtig verstanden werden, noch daß wir sie richtig verstehen. Schlimmer noch, auch wenn wir feststellten, welche Bedeutung jeder der Diskutanten mit dem Wort »Humanismus« assoziiert, kämen wir in der Regel nicht über diese Feststellung hinaus und unser Streit gewänne nicht jenen rationalen Charakter, durch den erst die wissenschaftliche Lösung der diskutierten Fragen möglich wird.

Zwar besitzt allein die Tatsache unbestreitbaren Wert, daß man einander den Sinn, in dem man den Terminus »Humanismus« gebraucht, erklärt, aber wozu ist das gut, wenn auch diese Erklärung nicht genügt, um sich auf eine gemeinsame Definition zu einigen? Und es unterliegt doch keinem Zweifel, daß wir im allgemeinen – nach den nötigen Erläuterungen und trotz dieser Erläuterungen – nicht auf die eigene Auffassung des Humanismus verzichten werden, um diejenige unserer Gegner zu akzeptieren. Um so weniger, als diese gewöhnlich keine überzeugenden Argumente für ihre Auffassung des Humanismus ins Feld führen, sondern sich auf Überredungsversuche beschränken, das heißt auf Versuche einer solchen psychologischen Einwirkung auf unser Fühlen und Denken, die uns das Einverständnis mit der von ihnen vorgeschlagenen Definition abnötigt. Eine nicht geringe Rolle spielt dabei die ebenso beharrliche wie – sehr häufig! –

unbegründete Behauptung, daß eben diese und keine andere Definition am treffendsten das Wesen des »wahren«, »authentischen« Humanismus wiedergebe, während sich alle anderen Definitionen auf einen »scheinbaren«, »nicht authentischen«, ja auf einen Anti-Humanismus bezögen.

Wäre es somit nicht das Richtigste, auf die zweifelhaften Dienste des Terminus »Humanismus« überhaupt zu verzichten und künftig in den Debatten, in deren Mittelpunkt er stand, ohne ihn auszukommen? Nein, das wäre weder richtig noch möglich. Gibt es doch eine Menge solcher Ausdrücke wie »Humanismus«, deren Nützlichkeit aus methodologischen Gründen in Frage gestellt werden könnte; sie alle aus dem sprachlichen Umlauf zu ziehen wäre aber ein verfehltes und undurchführbares Unterfangen. Es ist nicht einzusehen, warum gerade dem Terminus »Humanismus« ein derartiges Schicksal widerfahren sollte, während andere Bezeichnungen dieser Art weiterhin der menschlichen Kommunikation dienen. Obgleich der Ausdruck »Humanismus« erst am Anfang des neunzehnten Jahrhunderts geprägt, genauer gesagt in wissenschaftlichen Kreisen gebräuchlich wurde, hat er sich in der Wissenschaft schon eingebürgert als Name, der besonders gut für die Bezeichnung eines bestimmten Ideenkomplexes oder einer bestimmten gesellschaftlichen Bewegung geeignet ist. Aus der Sprache der Wissenschaft ging er bald in die Umgangssprache über, besonders in gebildeten Schichten, hat Wurzeln in dieser Sprache geschlagen und ist aus einschlägigen Disputen nicht mehr wegzudenken. Mehr noch, seit langem haben ihn die einander bekämpfenden Klassen auf ihre Fahnen geschrieben, er wurde zur Parole nicht nur einzelner Schriftsteller, sondern auch politischer Parteien und ideologischer Gruppierungen.

Die Kontroversen und Streitgespräche über den Begriff des Humanismus sind für keinen einzigen Augenblick verstummt; im Gegenteil, in unserem Jahrhundert haben sie an Intensität zugenommen, das Tätigkeitsgebiet der Philosophen, Gelehrten und Schriftsteller widerhallt von ihnen ebenso wie die Massenarenen sozial-politischer Kämpfe. Es genügt darauf hinzuweisen, daß neue philosophische Systeme entstanden sind, die den Namen des Humanismus im Firmenschild führen; sei es der pragmatische Humanismus F. S. C. Schillers, der literarische Humanismus I. Babbitts oder der evolutionistische Humanismus. T. H. Huxleys. Wieviel Verwirrung hat der immer noch unentschiedene Streit gestiftet, ob der Existentialismus Humanismus ist, ob Heidegger in seiner Philippika gegen den Humanismus den existentialistischen Standpunkt vertritt, oder ob Sartre Recht hat, wenn er entgegen Heidegger darauf besteht, daß der Existentialismus Humanismus ist?

Ungleich wichtiger als philosophisch-literarische Phänomene ist jedoch die Tatsache, daß die größte gesellschaftspolitische Bewegung unserer Zeiten, die sich um das Banner des Marxismus-Leninismus schart, sich das Ziel stellt, die Ideale des Humanismus zu verwirklichen und, darin Marx folgend, zwischen Kommunismus und realem Humanismus das Gleichheitszeichen setzt. Eine Reaktion darauf, hervorgerufen durch die Furcht vor der unaufhörlich wachsenden Anziehungskraft humanistischer Losungen, ist zweifellos die jähe Kehrtwendung vieler christlicher Ideologen von der traditionellen Verdammung des Humanismus zu Versuchen, ihre Doktrin mit dem Humanismus zu versöhnen, ihn in die christliche Welt- und Lebensanschauung einzubauen. Ja, wie paradox das auch klingen mag, sogar der Hitlerfaschismus scheute sich, sein extrem antihumanistisches Antlitz zu enthüllen, und verkündete durch den Mund Rosenbergs, nicht den wahren Humanismus bekämpfe er, sondern nur dessen durch Juden und Freimaurer bewirkte »entartete« Form, die »weibisch-demokratische« Auslegung, die angeblich vom »gesunden Volksempfinden« als *Humanitätsduselei* abgelehnt werde.

Der Ausdruck »Humanismus« kann somit – ob man es nun will oder nicht – aus der alltäglichen, wissenschaftlichen und iedologischen Erörterung nicht ausgemerzt werden; zu den Gründen, die gegen ein solches Unterfangen sprechen, sei auch der hinzugefügt, daß es in einem hohen Grad die mit diesem Terminus verbundene, so relevante und brennende praktische Problematik im gesellschaftlichen Bewußtsein verdunkeln würde. Wenn es daher sowohl unvermeidlich als auch zielführend ist, den Terminus »Humanismus« weiterhin zu benützen, und wenn wir die mit ihm zusammenhängenden Polemiken nicht gänzlich Mißverständnissen und Überredungskünsten preisgeben wollen, müssen wir uns bemühen, unsere methodologische Selbsterkenntnis maximal zu erweitern, um in der Diskussion über den Humanismus Subjektivismus und Willkür auf ein Minimum zu reduzieren. Die nicht selten angetroffene Berufung darauf, daß sich der Humanismus *ex definitione* eben durch diese und keine anderen Züge auszeichne, nützt hier nichts, der Ausdruck »*ex definitione*« bringt die Sache um keinen Schritt weiter, er dient in diesem Zusammenhang nur der Überredung, ähnlich wie die Ausdrücke »der *wahre* Humanismus« oder »der *entartete* Humanismus« in Diskussionen, in denen es nur um irrationale Einwirkung auf die Haltungen der Gegner oder des Publikums geht.

Können aber solche Ausdrücke, wie »*authentischer* Humanismus« oder »*scheinbarer* Humanismus« anders als zum Zweck der Überredung gebraucht werden? Ist eine solche Definition des Terminus »Humanismus« möglich – und sie ist, ich wiederhole, nicht gegeben, sondern uns aufgegeben –, die imstande ist, alle streitenden Parteien zu versöhnen oder sie zumindest vom Gesichtspunkt der Rationalität zufriedenzustellen? Ich glaube, von diesem Gesichtspunkt sollte eine Definition befriedigend sein, die nicht aus subjektiver Intuition oder

Eigenmächtigkeit schöpft, sondern sich auf Fakten beruft, Fakten die für die Wissenschaft erreichbar, wissenschaftlich verifizierbar oder widerlegbar sind. Es sollte keine allzu breite Definition sein, die, wie ein Postsack, alle Inhalte, die es jemandem beliebt in sie hineinzustopfen, aufnehmen könnte. In diesem Fall wäre es eine willkürliche, unzulässig dehnbare Definition, bar jeder wissenschaftlichen Bedeutung. Sie sollte aber auch nicht zu eng sein und nicht aus ihrem Bereich all das aussperren, was einfach von der definierenden Person nicht gebilligt wird. Dann könnte man ihr zu Recht Subjektivismus vorwerfen, sie würde Diskussionen und Dialoge über den Humanismus unmöglich machen, abgesehen davon, daß ihr der Geruch des politischen Sektierertums anhaften würde. Wie aber soll die postulierte Definition konstruiert werden, gibt es einen Weg, auf dem wir uns ihr wenigstens nähern können, welche Methoden sollten wir anwenden, um das angestrebte Ziel zu erreichen?

2. Die Methoden

Vielfach begegnet man der Meinung, es gebe keine solchen Methoden. Obschon der Ansicht jener nach, die dies behaupten, die Definition des Terminus »Humanismus« nicht unbedingt der Überredung dienen muß, was heißen würde, daß sie, um Anhänger eines bestimmten intellektuellen oder sozial-politischen Programms für sich zu gewinnen, die mit diesem Terminus verwachsene positive emotionale Ladung ausspielt – kann sie trotzdem keinen Anspruch auf wissenschaftliche Fundiertheit erheben, weil sie sich schließlich und endlich auf diese oder jene ideologischen Prämissen stützen muß. Soll sie nämlich nicht völlig subjektiv und willkürlich sein, kann sie keine ideologische Definition sein, der irgendwelche wissenschaftlich unbegründete, weltanschauliche oder axiologische Prämissen zugrunde liegen.

Dieser Standpunkt ist immerhin ein Fortschritt gegenüber der Anschauung, derzufolge alle Definitionen des Terminus »Humanismus« nur Überredungsversuche oder der Ausdruck persönlicher Neigungen seien. Wirken doch ideologische Definitionen des Terminus »Humanismus« auf uns nicht auf irrationale Art und Weise ein, sie bieten Möglichkeiten einer bewußten Wahl, deren Resultat die Annahme oder Ablehnung der vorgeschlagenen Definition aufgrund ihrer weltanschaulichen oder axiologischen Implikationen ist. Auch führen sie uns aus der Sphäre der individuellen Willkür heraus und verknüpfen unsere Anschauungen mit den Ideen und Tendenzen, die das gesellschaftliche Bewußtsein bewegen.

Nichtsdestoweniger gewinnt auch bei dieser Auslegung der Begriff des Humanismus keinen objektiven Charakter; es ändert sich nur soviel, daß anstelle des privaten ein Gruppensubjektivismus tritt, die

Kontroversen um den Humanismus spielen sich aber nach wie vor außerhalb der Sphäre der Wissenschaft ab. Doch ist diese Auslegung durchaus nicht überzeugend, weil sie von zwei falschen Voraussetzungen ausgeht. Die erste lautet, daß die ideologischen Prämissen der Definition des Terminus »Humanismus« eben deswegen, weil sie ideologische Prämissen sind, nicht unter die Jurisdiktion der Wissenschaft fallen, wissenschaftlich weder begründet noch widerlegt werden können. Das ist aber nicht wahr, es gibt nicht nur unwissenschaftliche, sondern auch wissenschaftliche Ideologien, die auf wissenschaftlichen Grundlagen errichtet sind und den Urteilen der Wissenschaft anheimfallen. Auch wenn jede Definition des Terminus »Humanismus« wirklich auf bestimmten ideologischen und axiologischen Voraussetzungen ruhen müßte, so würde daraus keineswegs folgen, daß diese Definition schon allein aus diesem Grunde keinen wissenschaftlichen Wert besitzt. Weltanschauliche Thesen können doch für den weiteren Fortschritt der Wissenschaft offene Verallgemeinerungen bisheriger wissenschaftlicher Erkenntnisse sein. Die noch vor kurzem von den Neopositivisten verkündete Ansicht, axiologische Thesen könnten wissenschaftlich nicht begründet werden, ist von der Entwicklung bereits überholt. Heute sind schon viele Axiologen, darunter die Stammverwandten der Neopositivisten, insbesondere aus der sogenannten analytischen Schule, überzeugte Verteidiger der Möglichkeit einer wissenschaftlichen, der Eigenart des Objekts entsprechenden Begründung axiologischer Sätze.

Falsch ist auch die zweite Prämisse, derzufolge es unmöglich sein soll, eine Definition des Terminus »Humanismus« durch unmittelbare Berufung auf objektive Fakten zu bauen. Man kann es tun und tut es auch oft, zum Beispiel durch unmittelbare Berufung auf linguistische Tatsachen. Warum sollten wir also nicht zur Methode der linguistischen Analyse greifen, warum sollten wir keine analytische Definition des Terminus »Humanismus« versuchen, die objektiv Rechenschaft über seine Bedeutung in der Umgangssprache ablegt? Das ist jedenfalls besser als der gänzliche Verzicht auf die Suche nach einer objektiven Stütze für unsere Definitionsvorschläge; es ist durchaus nicht ausgeschlossen, daß wir entgegen häufig erhobenen Einwänden von der linguistischen Methode nützliche Weisungen und Anregungen erwarten können.

Und uns stehen doch nicht nur linguistische Fakten zu Gebote, Fakten aus der Umgangssprache. Der Begriff des Humanismus ist nicht vom Himmel gefallen, er ist in den Arbeitszimmern der Gelehrten entstanden. Die Gelehrten, die Philosophen und Schriftsteller verwenden ihn nach wie vor zur Charakterisierung dieser oder jener Erscheinungen, und diese Verwendung, nicht zu verwechseln mit derjenigen in der Umgangssprache, ist ebenfalls eine objektive, der wissenschaftlichen Untersuchung zugängliche Tatsache. So als zeichnet sich eine zweite Methode vor uns ab, die zur Erfüllung unserer Absicht beitragen kann, objektive Grundlagen für die Definition des Ausdrucks »Humanismus« zu finden. Wir wollen sie etymologisch-vergleichende Methode nennen und prüfen, welche Bedeutung die Untersuchung der Etymologie des Terminus »Humanismus« und der Vergleich seiner Verwendung durch verschiedene Denker für einen rational konstruierten Begriff des Humanismus haben kann.

Vor allem müssen wir historische Fakten im Auge behalten, wir dürfen die historische Methode nicht ungenützt lassen, besonders in ihrer marxistischen Interpretation. Und diese Methode ausnützen, das heißt auf den Begriff des Humanismus und auf die von ihm bezeichneten Erscheinungen vom Gesichtspunkt deren Genese, historischer Schicksale und dominierender Entwicklungstendenzen zu blicken. Das heißt, diesen Begriff und seine Designata im Zusammenhang mit der Praxis der Klassenkämpfe und nationalen Befreiungskämpfe zu untersuchen, in der Verflechtung der ideologisch-weltanschaulichen Bedingtheiten und Wirkungen, als Werkzeug und Waffe der miteinander ringenden gesellschaftlichen und politischen Kräfte. Wird die Problematik des Humanismus von der geschichtlichen Praxis, vom Klassenkampf, von den sozialen Bewegungen losgelöst, so verliert sie fast vollständig ihre große sozial-kulturelle Bedeutung, hört auf, das zu sein, was sie in den Mittelpunkt eines so breiten öffentlichen Interesses gestellt und zum Gegenstand so leidenschaftlicher ideologischer Diskussionen gemacht hat. Außer der linguistischen und vergleichenden Methode steht uns also die historische Methode zur Verfügung, von der wir uns am meisten erhoffen können. Vorerst wollen wir uns aber der linguistischen Methode zuwenden.

3. Die linguistische Methode

Von der Verwendung der linguistischen Methode für die Konstruktion einer rationalen Definition des Terminus »Humanismus« schrecken die Unschlüssigkeit, Unklarheit, die Widersprüche der mit diesem Terminus verbundenen semantischen Intuitionen ab. Ist doch das Problem, das der Begriff des Humanismus darstellt, selbst zum Teil ein Resultat der Schwierigkeiten der Verständigung über das Wesen dieses Begriffs und über den Bereich seiner Gültigkeit in der alltäglichen Erörterung. Dies bezieht sich nicht auf die ungebildeten Schichten, man könnte sogar sagen, daß die Schwierigkeiten, die der Begriff des Humanismus bereitet, um so größer sind, je gebildeter die Menschen, die sich seiner bedienen. Es ist zum Beispiel eine umstrittene Frage, ob die Kenntnis der Antike ein unabkömmlicher Bestandteil des Humanismus ist. Aber weniger gebildete Menschen werden den Begriff des Humanismus überhaupt nicht mit der

Kenntnis des klassischen Altertums assoziieren, beziehungsweise sich ohne weiteres überzeugen lassen, daß diese Kenntnis für die Begriffsbestimmung des Humanismus nicht notwendig ist. Menschen mit höherem Bildungsniveau werden hier oft in Zwiespalt geraten und nur schwer zu einer Entscheidung gelangen.

Aber unabhängig vom Bildungsniveau unserer Gesprächspartner können wir im voraus gewiß sein, daß ihre Antworten schwankend oder gar entgegengesetzt sein werden, wenn wir ihnen die Frage stellen, ob Humanismus mit Religiosität assoziiert werden kann. Die einen werden zögern, andere werden diese Frage entschieden bejahen, noch andere ebenso entschieden verneinen. Zu einer ähnlichen Situation würde die Frage führen, ob das Alpha und Omega der Interessen des Humanisten der Menschengattung gilt oder dem einzelnen menschlichen Individuum. Dagegen wird die riesige Mehrzahl einfacher Menschen zweifellos durch die Frage, ob man zum Beispiel einen Nazi als Humanisten anerkennen kann, nicht in Verlegenheit gebracht, auch wenn sich dieser Nazi auf eine ungewöhnliche Kenntnis und Liebe der Antike berufen könnte. Auch diejenigen, die diese Kenntnis und Liebe als untrennbare Attribute einer humanistischen Einstellung ansehen, werden, nachdem sie sich die ihnen gestellte Frage reiflich überlegt haben, von nun an dieses Element nicht für eine ausreichende Bedingung halten, um jemanden zu den Humanisten zu zählen.

Und das ist durchaus begreiflich, denn die Konventionen der Umgangssprache, die den Gebrauch des Wortes »Humanismus« regeln, obschon im allgemeinen locker und liberal, leisten jeglichen Versuchen, dieses Wort mit Personen oder Bewegungen in Verbindung zu bringen, die offenkundig die elementarsten Gebote der Moral verletzen, entschiedenen Widerstand. Einem Nazi das Prädikat »humanistisch« zuerkennen würde heißen, den Konventionen der Umgangssprache Gewalt anzutun, die anerkannte Bedeutung des Ausdrucks »Humanismus« zu mißachten und ihn für Überredungszwecke zu mißbrauchen.

Die Vokabel »Humanismus« drückt in der Umgangssprache die moralische Billigung der mit dieser Vokabel bezeichneten Designata aus, daher ist es unmöglich, sie auf Menschen oder gesellschaftliche Bewegungen anzuwenden, die moralische Mißbilligung hervorrufen. Nicht zufällig gibt es in der Umgangssprache keine festen Grenzen zwischen den Worten »Humanismus«, »Humanitarismus« und »Humanität«. Alle diese Worte werden von den Regeln der Umgangssprache mit moralischen Überzeugungen verknüpft, unter anderem mit solchen, die Grausamkeit gegenüber Mitmenschen ausschließen und Achtung der Menschenwürde fordern. Die zwischenmenschlichen Beziehungen zu »humanisieren« bedeutet in der Umgangssprache soviel wie: sie sittlicher, menschenfreundlicher, menschenwürdiger zu machen, ein Maximum an gegenseitigem Wohlwollen und gegenseitiger Achtung in sie hereinzutragen.

In einer methodologischen Skizze kann ich mich nicht auf detaillierte linguistische Analysen einlassen (ebensowenig, natürlich, auf vergleichende oder historische), doch scheint mir, daß bereits die bisherigen Ausführungen zu zwei Schlußfolgerungen berechtigen. Zum einen: man kann kaum erwarten, daß linguistische Analysen uns die analytische Definition des Ausdrucks »Humanismus« bringen werden. Dem steht die Unschlüssigkeit, die mangelnde Kohäsion und die Widersprüchlichkeit der alltäglichen semantischen Intuitionen im Wege, die sich auf diesen Ausdruck beziehen. Jede angeblich analytische Definition des Wortes »Humanismus« wäre in Wirklichkeit eine projektierende Definition, sie müßte gewisse alltägliche Intuitionen erst genauer präzisieren und erhärten, andere wieder einer Selektion unterziehen und manche einfach verwerfen.

Nichtsdestoweniger enthüllt, zum anderen, die linguistische Analyse gewisse dauerhafte Elemente der alltäglichen Bedeutung des Ausdrucks »Humanismus«, vor allem die, die in mancher Beziehung die Worte »Humanismus« und »Humanitarismus« einander angleichen. Eben aus diesem Grunde darf die Wichtigkeit der linguistischen Analyse für eine solche Definition des Terminus »Humanismus«, die den vorher gestellten Anforderungen gerecht wird, nicht unterschätzt werden. Die Tatsache, daß die alltägliche Bedeutung des Wortes »Humanismus« gewisse dauerhafte Elemente enthält, wie zum Beispiel solche, die aus seiner Bezeichnung all das ausschließen, was mit Grausamkeit gegenüber Mitmenschen zusammenhängt, verpflichtet uns zwar zu keinem bestimmten axiologischen Standpunkt, zum Beispiel zur Verurteilung dieser Grausamkeit. Aber sie verpflichtet uns dennoch, im Einklang mit den Direktiven eines vernünftigen Gebrauchs der Sprache, mit dem Namen »Humanismus« nicht Designata zu bezeichnen, deren Merkmale jenen widersprechen, die in der Umgangssprache für immer in diese Bezeichnung eingegangen sind, das heißt, um zu unserem Beispiel zurückzukehren, sie verpflichtet uns, nicht etwas, das mit Grausamkeit gegenüber Mitmenschen verbunden ist, als Humanismus anzuerkennen.

Sowohl die mangelnde Kohäsion der alltäglichen semantischen Intuitionen, die sich auf das Wort »Humanismus« beziehen, als auch die Dauerhaftigkeit gewisser Elemente seiner alltäglichen Bedeutung wurzeln in verschiedenen Konzeptionen des Humanismus, die außerhalb der Umgangssprache geschaffen wurden, und in deren geschichtlichen Entwicklung. Darum wollen wir jetzt zur vergleichenden und zur historischen Methode übergehen.

4. Die etymologisch-vergleichende Methode

Nicht nur die linguistische, sondern auch die etymologische Analyse des Terminus »Humanismus« zeigt seine Vieldeutigkeit. Besonders die letztere lehrt uns, daß dieser Terminus entweder als deskriptiver oder als axiologischer Terminus auftritt, oder auch – in der weit überwiegenden Mehrzahl der Fälle – als hybrider Terminus, der sowohl deskriptive als auch axiologische Funktionen erfüllt.

Die Genealogie des Terminus »Humanismus« leitet sich von drei lateinischen Worten ab, und zwar: *humanus, humanitas* und *humaniora. Humanus* heißt »menschlich«, und die Vokabel »menschlich« enthüllt uns sogleich jene bereits erwähnte Vieldeutigkeit. »Menschlich« heißt doch zuweilen einfach: »der Menschengattung angehörend«, »ein Exemplar dieser Gattung«, »Produkt oder Erscheinungsform der Tätigkeit des Menschen«. In dieser axiologisch neutralen Bedeutung sagen wir über jemand, er sei ein *menschliches* Wesen, oder über etwas, es sei ein Werk des *Menschen*. Aber das Wort »menschlich« benützen wir auch in einer axiologisch engagierten Bedeutung, wenn wir jemandes Verhalten als *unmenschlich* verdammen oder auch lobend feststellen, daß die Menschen in der primitiven Gesellschaft *menschlicher* waren als in der antagonistischen. Nicht selten tritt das Wort »menschlich« zu gleicher Zeit in deskriptivem und axiologischem Sinn auf, zum Beispiel wenn wir jemand informieren und zugleich unsere Billigung ausdrücken, daß diese oder jene sich in ihrem Verhalten stets von *menschlichen* Motiven leiten lassen, wobei wir ebenso wie unsere Gesprächspartner als »menschliche Motive« unter anderem Wohlwollen für die Mitmenschen verstehen.

Ähnlich verhält es sich mit dem Wort *humanitas*. In viele Sprachen kann es mit »Menschheit« übersetzt und im deskriptiven Sinn als Menschengattung, Menschengeschlecht verstanden werden. Wenn wir es jedoch mit »Menschlichkeit« übersetzen, heben wir seinen axiologischen Sinn heraus, denn »Menschlichkeit« assoziiert sich uns vor allem mit gewissen Eigenschaften der Menschen oder der zwischenmenschlichen Beziehungen, die das höchste Lob verdienen. Selbstverständlich beschränken wir uns nicht immer, nicht einmal am öftesten, wenn wir von »Menschlichkeit« sprechen, auf Werturteile. Gewöhnlich haben wir auch jene besonderen Eigenschaften im Sinn, deretwegen wir in den gegebenen Umständen das Wort »Menschlichkeit« gebrauchen – und in diesem Fall spielt es eine doppelte Rolle: eine axiologische und eine deskriptive. Klarerweise ist auch das Wort »Menschheit« vieldeutig. Es muß sich nicht unbedingt auf die Menschengattung beziehen, ebensogut kann es als Äquivalent des Wortes »Menschlichkeit« auftreten; oder auch das »Menschengeschlecht« bezeichnen und seine hohe Einschätzung ausdrücken, wie etwa wenn wir mit Bewunderung ausrufen: »Siehe da, die *Menschheit*, bald wird sie den Mond erobern!«

Unter *humaniora* verstand man einst vor allem die philosophischen und literarischen Werke des griechischen und römischen Altertums. Aber in diesen Werken sah man auch die unabdingbaren Mittel der geistigen Bildung des Menschen, und insofern besaß der Terminus *humaniora* nicht nur beschreibende, sondern auch wertende Bedeutung. Die Wendung *humanitate politicus* bezeichnete, zumindest lange Zeit hindurch, Menschen mit einer gewissen Art Bildung, und barg zugleich eine positive Bewertung dieser Bildung in sich. Und diese Bewertung wurde von der Anschauung diktiert, daß eine solche Bildung intellektuelle, politische und ästhetische Einstellungen gebiert, die Anerkennung, Förderung und Verbreitung verdienen. Also begegnen wir auch hier, wenn auch in geringerem Maße, dieser charakteristischen grundlegenden Zweideutigkeit, durch die sich die Ausdrücke *humanus* und *humanitas* auszeichnen. Diese Zweideutigkeit hat auch der Terminus »Humanismus« resorbiert, wie dies die Analyse der Umgangssprache zeigt und der Vergleich verschiedener Konzeptionen des Humanismus, das heißt seiner Auffassungen zu verschiedenen Zeiten, zeigen wird.

Es wäre vergeblich, in einer kurzen Skizze den Vergleich auch nur der wichtigsten Konzeptionen des Humanismus, alter und neuerer, zu versuchen. Ich glaube jedoch, daß alle diese Konzeptionen (ebenso wie die Bedeutungen des Terminus »Humanismus«) nach drei Gruppen klassifiziert werden können: sie sind entweder axiologisch neutral, oder axiologisch engagiert, oder auch hybrid. Ich bin mir darüber klar, daß die Realität um vieles komplizierter ist als dieses vereinfachte Schema, daß es sehr schwer wäre, die einzelnen konkreten Begriffe des Humanismus in diese oder jene Gruppe hineinzuzwängen, insbesondere in die erste und zweite. Doch entstehen durch diese Klassifikation gleichsam »ideale Modelle« und sie erlauben uns, in das Gewimmel der mannigfaltigen und unterschiedlichen Begriffe des Humanismus irgendeine Ordnung einzuführen und gewisse Schlußfolgerungen zu ziehen, die für den Bau einer rationalen Definition des Terminus »Humanismus« wichtig sind.

Wir wollen uns vorerst mit den axiologisch neutralen Konzeptionen des Humanismus befassen. Es sind Konzeptionen, die im Humanismus nur ein intellektuelles Programm sehen wollen oder ein System theoretischer Sätze, dagegen beziehen sie in diesen Begriff kein moralisches, soziales oder politisches Programm ein. Wollte man den Terminus »Humanismus« gemäß diesen Konzeptionen formulieren, so würde die Definition keine außerkognitiven Ideale, Werte und Normative einbeziehen. So entstandene Definitionen wären sehr verschiedenartig und würden den Humanismus nicht selten widersprüchlich charakterisieren. Die einen würden erlauben, diejenigen

Menschen – und nur sie – Humanisten zu nennen, die sich mit dem Studium des klassischen Altertums und seiner Sprache befassen. Andere wiederum würden den Humanismus keineswegs auf das Studium der Antike begrenzen, sondern den Namen des Humanisten auf alle Menschen ausdehnen, die Geisteswissenschaften betreiben, insbesondere Forschungen über Literatur und Kunst. In den neueren Zeiten werden die Humanisten oft mit Gelehrten identifiziert, die sich dem Studium der menschlichen Natur gewidmet haben. Humanistisch – ohne Beimischung des axiologischen Elements – nennen manche Philosophen ihre Systeme, wodurch sie suggerieren, daß sie die ewigen Probleme der Philosophie – nicht nur praktische, sondern auch theoretische – auf eine gewisse charakteristische Art untersuchen, wie dies etwa Protagoras tat, der von der Voraussetzung ausging, der Mensch sei das Maß aller Dinge.

Eine noch größere Verwirrung und Widersprüchlichkeit herrscht im Bereich der axiologisch engagierten Konzeptionen des Humanismus. Diesen Konzeptionen zufolge bezeichnet der Humanismus gewisse außerkognitive Ideale, vor allem moralische und soziale, aber diese Ideale werden durchaus nicht einheitlich aufgefaßt. Zwar schaffen gemeinsame Merkmale eine Ähnlichkeit zwischen ihnen, doch fehlt es auch nicht an diametral entgegengesetzten Merkmalen. So zum Beispiel rufen sie im allgemeinen übereinstimmend dazu auf, in den Menschen ohne Unterschied der Abstammung, Religion, Rasse, Staatszugehörigkeit und Nationalität Menschlichkeit zu wecken und zu entwickeln; diese Menschlichkeit sehen aber die einen in der Teilnahme des Menschen an der göttlichen Ordnung, während die überwiegende Mehrheit sie außerhalb dieser Ordnung sucht, deren Existenz sie oft bestreitet und die sie als schädliche Fiktion betrachtet. Zuweilen aber führt der atheistische Standpunkt, etwa bei manchen Anhängern des evolutionistischen Humanismus und bei manchen zeitgenössischen humanistischen Vereinigungen, zu einer spezifischen »weltlichen Religion«, die an Comtes »Kult der Menschheit« als »großes Wesen« erinnert.

Bei den einen nimmt die Menschlichkeit eine kosmopolitische Form an, andere dagegen verbinden sie organisch mit Patriotismus, natürlich mit Ausklammerung des Nationalismus und Chauvinismus. Die fast allgemeine Losung der »Einheit des Menschengeschlechts« wird von den einen als Appell zur Herausbildung einer einigen, national undifferenzierten Menschheit aufgefaßt, von anderen als Aufruf zur Schaffung einer friedlichen, solidarischen Völkerfamilie. Für viele besteht das Ideal des Humanismus im Streben nach größerem Glück und Linderung der menschlichen Leiden, andere legen Nachdruck vor allem auf die Vervollkommnung der Menschen, vielmehr der Menschengattung. Der Humanismus ist in den Augen der einen eine elitäre, der anderen – eine egalitäre Strömung, die häufig mit Postulaten nach einer radikalen gesellschaftlichen Umgestaltung verbunden wird. Diese sind der Meinung, Humanismus sei unvereinbar mit der Anwendung revolutionärer Mittel, jene sehen eben in der Entschlossenheit, solche Mittel anzuwenden, seine Aufrichtigkeit und Konsequenz.

Am meisten nähern sich die Begriffe des Humanismus, die hybriden Charakter haben, der Wirklichkeit. Wertende und normative Elemente spielen in ihnen eine große Rolle, meistens sogar die wichtigste, sie sind aber eng mit bestimmten theoretischen Thesen verknüpft, oft auch mit einem intellektuellen Programm, sei es im Sinn einschlägiger Forschungen, sei es im Sinn entsprechender Bildungsempfehlungen. Ein gutes Beispiel für diese Verflechtung verschiedenartiger Elemente sind jene Konzeptionen des Humanismus, die erzieherische Aufgaben in den Vordergrund stellen. In ihrem Mittelpunkt steht immer ein bestimmtes Ideal des Menschen, ein Modell der menschlichen Persönlichkeit. Im Prinzip soll dies eine allseitig und harmonisch entwickelte Persönlichkeit sein, fähig, sich unablässig zu vervollkommnen und mit anderen Menschen vorbildlich zusammenzuleben. Aber welche Seiten der menschlichen Persönlichkeit besonders herausgestrichen werden, worin jene Vervollkommnung und das vorbildliche Zusammenleben mit den Mitmenschen bestehen soll, das hängt vom ganzen, in verschiedenen Fällen sehr unterschiedlichen, Komplex der weltanschaulichen, wissenschaftlichen und axiologischen Anschauungen ab. Zu diesem Komplex gehören Thesen, die sich auf die natürliche und soziale Umwelt beziehen, in welcher der Mensch sein Leben verbringt. Er beinhaltet auch eine Konzeption des Menschen, seines Wesens, seines Platzes in der Welt und seiner Berufung. Ebenso – mannigfaltige Thesen aus dem Bereich verschiedener Wissenschaften, von der Biologie bis zur Soziologie.

Auch ist es nicht gleichgültig, ob man auf den Menschen, wie dies die Evolutionisten tun, aus der Perspektive hunderttausender Jahre blickt, oder auch, wie dies die »literarischen« oder »klassischen« Humanisten tun, aus der Perspektive einiger tausend Jahre. Es kann daher nicht Wunder nehmen, daß die Größe des Menschen für Huxley, die sie vor allem in der Höhe der erreichten Entwicklungsstufe sieht, in den vor dem Menschen stehenden unermeßlichen Möglichkeiten, etwas anderes ist als für den gegen Huxley polemisierenden »klassischen Humanisten« G. Murray, der diese Größe vor allem in jenen literarischen und kulturellen Errungenschaften des Menschen sieht, die der »Erleuchtung der Seele« dienen. Murray zufolge hat für die Bildung des Menschen die Aneignung des Gedankenguts der klassischen Antike besondere Bedeutung, dagegen ist das Bildungs- und Forschungsprogramm der »wissenschaftlichen Humanisten« viel breiter gesteckt, es kennt keinen Widerspruch zwischen *humaniora* und dem naturwissenschaftlich-technischen und gesellschaftlichen Wissen, auch sieht es keine unentbehrliche Voraussetzung im Studium der Antike. Übrigens ist auch das, was verschiedene Humanisten für die Bildung der menschlichen Persönlichkeit aus der Antike schöpfen wollen verschieden, je nach ihrer Kenntnis des Altertums, ihrer Einstellung zu ihm, je nach dem, was sie in der Antike am höchsten schätzen. Die Humanisten der Renaissance kannten hauptsächlich das römische Altertum, erst später verbreitete sich die Kenntnis des griechischen. Nicht alle sind heute so fasziniert von der griechischen *paideia* wie W. Jaeger, viele wenden den Blick vor allem Cicero zu; die einen kennzeichnet eine philologische Einstellung zur Antike, andere – eine ästhetische, noch andere eine ethisch-politische. Und Nietzsche, nebenbei bemerkt, warf den Humanisten der Renaissance vor, sie verstünden die Antike überhaupt nicht und sähen deswegen in ihr ihren Bundesgenossen.

Doch ist es Zeit, zu Schlußfolgerungen überzugehen und festzustellen, zum einen, daß auch die etymologisch-vergleichende, ebenso wie die linguistische Methode, uns den Bau der angestrebten Definition des Terminus »Humanismus« nicht leichter macht. Es ist nämlich unmöglich, mit *einer* Definition alle Konzeptionen des Humanismus zu umfassen, die in Anlehnung an diese Methode bestimmt wurden. Die Definition des Terminus »Humanismus« müßte entweder axiologisch neutral sein, und dann würde sie alle Konzeptionen des Humanismus rein axiologischen oder hybriden Charakters ausschließen, oder sie müßte rein axiologisch sein, und dann wäre in ihr kein Raum für neutrale und hybride Konzeptionen, oder sie wäre schließlich zwitterhaft, in welchem Fall neutrale und rein axiologische Konzeptionen aus ihr ausgeklammert wären.

Zum anderen gibt uns die vergleichende Methode keine Grundlagen für die Bevorzugung einer Definition vor den anderen. Wollten wir sogar als eine solche Grundlage die »Wirklichkeitsnähe« ansehen, so wird uns auch in diesem Fall die Tatsache im Wege stehen, daß zumindest manche neutrale Konzeptionen des Humanismus keineswegs eine von der Wirklichkeit losgelöste, ausgedachte Konstruktion sind. Wir könnten uns daher – zu Recht oder zu Unrecht – entschließen, drei gesonderte Definitionen des Terminus »Humanismus« zu konstruieren, eine axiologisch neutrale, eine axiologisch engagierte (rein axiologische) und eine hybride. Aber auch das würde unseren Schwierigkeiten kein Ende setzen, weil ja, wie wir gesehen haben, auch im Bereich jedes dieser Definitionstypen verschiedene Antinomien herrschen.

Der einzige Ausweg, der uns bleibt, beruht darauf, gemeinsame Eigenschaften verschiedener Konzeptionen des Humanismus ausfindig zu machen, die in eine der von uns festgelegten Klassifikationsgruppen passen, und diese Eigenschaften zum objektiven Ausgangspunkt für die gesuchte Definition des Terminus »Humanismus« zu nehmen. Aber die vergleichende Methode, die ihre Nützlichkeit schon bewiesen hat, indem sie uns eine gründlichere Orientierung ermöglichte, genügt an sich nicht zur Lösung dieser Aufgabe. Denn sie ist nicht imstande zu entscheiden, welchen von den vorgeschlagenen Definitionstypen wir wählen sollten, und bestimmt ist es besser, wenn möglich *eine* Definition des Humanismus zu gewinnen als mehrere, oder wenigstens objektiv festzustellen, welcher Definition der Vorrang gebührt. Es übersteigt auch die Kräfte der vergleichenden Methode, zu entscheiden – ohne den objektiven Boden unter den Füßen zu verlieren –, welche Konzeptionen des Humanismus und welche von den ihnen gemeinsamen Eigenschaften wir in der konstruierten Definition vor allem in Betracht ziehen sollten. Diese Lösung und diese Entscheidung ermöglicht dagegen die Anwendung der historischen Methode, die erst, in Verbindung mit der linguistischen und der vergleichenden Methode – und, wie es scheint, auch mit zusätzlichen objektiven Überlegungen – uns an das angestrebte Ziel heranführen wird.

5. Die historische Methode

Meiner Überzeugung nach führt die historische Methode bei der Suche nach einer rationalen Definition des Terminus »Humanismus« zur Schlußfolgerung, daß diese Definition nicht axiologisch neutral sein sollte. Ein neutral verstandener Humanismus wäre nicht zu jener Kraft geworden, die dem geschichtlichen Verlauf ihren Stempel aufdrückt dank der engen Verknüpfung des Humanismus mit dem Klassenkampf, mit gesellschaftlichen Bewegungen, mit dem Ringen der Ideologien, in denen sich dieser Kampf und diese Bewegungen widerspiegeln.

Das ist ganz klar, wenn es um solche Ideensysteme geht, wie etwa der »Humanismus« F. C. S. Schillers, der vor allem eine spezifische Erkenntnistheorie darstellt. Das soll nicht heißen, daß dieser »Humanismus« eine außerideologische Erscheinung ist, es heißt nur, daß er nicht zu jenen Erscheinungen gehört, die in der geschichtlichen Entwicklung eine ernste Rolle spielen oder spielen können. Dasselbe gilt aber auch für jene Auffassung des Humanismus, die ihn auf das Studium und die Kenntnis des klassischen Altertums reduziert. Es unterliegt keinem Zweifel, daß die Erforschung und Kenntnis der Antike seinerzeit, insbesondere im Humanismus der Renaissance und im Neohumanismus, eine große historische Rolle gespielt haben. Doch waren sie keinesfalls etwas Selbständiges, stets und zunehmend traten sie in Verbindung mit gewissen außerkognitiven Einstellungen und Werten auf, mehr noch, sie selbst waren in hohem Grade – entgegen weitverbreiteten Ansichten – ein Produkt jener Einstellungen und Werte, in denen sie ihre Rechtfertigung, ihren Nährboden und weitere Inspirationen suchten. Nicht nur brachten die Forschungen über die Antike im Humanismus der Renaissance antifeudale und antiklerikale Anschauungen und Ideale hervor, nicht nur verknüpften sie sich mit ihnen, sie leiteten sich von ihnen ab, dienten ihnen, festigten und bereicherten sie. Und nur ihrer Verknüpfung mit dem Kampf gegen Feudalismus und Klerikalismus verdanken sie ihre geschichtliche Bedeutung.

Soll die gesuchte Definition des Begriffs Humanismus das erfassen, was geschichtlich relevant ist, soll sie Lebenskraft und Aktualität besitzen und nicht an den Rand der großen humanistischen Problematik abgedrängt werden, so muß sie eine axiologisch engagierte Definition sein. Aber keine rein axiologische, sondern eine hybride, denn in der geschichtlichen Realität brachen sich humanistische Strömungen nicht nur als bestimmte Wertsysteme und Ideale Bahn, sondern auch als bestimmte Anschauungen über die Welt, den Menschen und das Leben. Daraus folgt selbstverständlich nicht, daß neutrale oder rein axiologische Definitionen des Terminus »Humanismus« logisch unberechtigt sind. Es handelt sich bloß darum, daß die ersteren nicht den Weseneskern des Humanismus als sozial-kulturelle Erscheinung enthalten, während die letzteren ihn in einer verkümmerten und von der historischen Wirklichkeit weit entfernten Gestalt präsentieren.

Welche Bedeutung kommt nun der historischen Methode für den Bau einer solchen Definition des Terminus »Humanismus« zu, die dessen hybride Konzeptionen umfaßt? Ohne diese Methode anzuwenden, wären wir einfach nicht imstande, mit der Vielfältigkeit, Unterschiedlichkeit und Widersprüchlichkeit dieser Konzeptionen fertig zu werden – Eigenschaften, auf die wir bei der Erörterung der vergleichenden Methode hingewiesen haben. Die vergleichende Methode ist hier kraftlos, weil sie über keine objektiven Kriterien der Selektion verfügt, um die Zahl der in Frage kommenden Begriffe des Humanismus auf das unbedingt notwendige Minimum zu beschränken. Die historische Methode dagegen läßt zu jenem Minimum nur die Begriffe des Humanismus zu, beziehungsweise die von ihm bestimmten und charakterisierten Erscheinungen, die auf den Lauf der Geschichte einen Einfluß ausgeübt haben beziehungsweise ausüben.

Die vergleichende Methode kann nur gemeinsame Merkmale der Begriffe und Erscheinungen, auf die sie angewendet wurde, feststellen. Die historische Methode hingegen kann weiter gehen und aus diesen gemeinsamen Merkmalen die wesentlichsten herausheben, das heißt die, denen die gegebenen Begriffe und Erscheinungen in erster Linie ihre geschichtliche Einwirkung verdanken. So kann die postulierte Definition des Terminus »Humanismus« vor der übermäßigen Verengung beschützt werden, da ja aus seinem Bereich nicht jene Begriffe und Erscheinungen ausgeklammert werden, die zwar wesentliche Merkmale besitzen, aber keine gemeinsamen Merkmale. Andererseits beugt die Festlegung der wesentlichen Merkmale einer allzu weiten Definition des Terminus »Humanismus« vor, in seinen Bereich können nämlich keine Begriffe und Erscheinungen einbezogen werden, denen auch nur ein einziges wesentliches Merkmal abgeht, obschon versucht wurde und noch heute versucht wird, sie auf den gemeinsamen Nenner des Humanismus zu bringen.

Wird aber eine derart konstruierte Definition des Terminus »Humanismus« nicht ahistorisch sein? In der Geschichte treten doch der Begriff des Humanismus und die mit seinem Namen bezeichneten Erscheinungen nicht in einer solcherart präparierten Gestalt auf. Das ist wahr, aber keiner dieser Begriffe und keine dieser Erscheinungen können ein Muster oder einen Kanon des Humanismus bilden, zu dessen Annahme rationale Gründe bewegen würden. Es genügt darauf hinzuweisen, daß im Namen solcher Kanons oft versucht wurde, dem sozialistischen Humanismus diesen Namen abzusprechen. Indessen kann die attackierte Definition als objektiv festgesetztes Kriterium dafür gelten, was zu Recht den Namen Humanismus trägt, zum Unterschied davon, was bewußt oder unbewußt diesen Namen mißbraucht. Zwar ist sie eine Abstraktion, aber eine nützliche, unentbehrliche und mitnichten ahistorische Abstraktion. Wird sie doch auf der Basis historischen Materials geformt, im Einklang mit den Erfordernissen der Geschichtsbetrachtung.

Stellt aber auch diese Definition kein Hindernis dafür dar, daß neue, von der historischen Entwicklung herangetragene Begriffe und Erscheinungen als humanistisch anerkannt werden? Nein, sie ist kein solches Hindernis, wenn diese neuen Begriffe und Erscheinungen nicht eines der wesentlichen Merkmale des Humanismus einbüßen oder keine neuen enthalten, die mit den wesentlichen Merkmalen unvereinbar sind. Es stimmt, wir dürfen die Eventualität nicht ausschließen, daß die historische Entwicklung uns einmal zwingen wird, unsere Definition umzuformulieren. Aber solange diese Notwendigkeit nicht eintritt, sollten wir uns, um der Klarheit des Denkens und einer ungestörten gegenseitigen Verständigung willen, an die Definition halten, die wir aufgrund der bisherigen Entwicklung festgelegt haben.

Doch was das Wichtigste ist, wenn wir die Konzeptionen und Versionen des Humanismus, die einen Einfluß auf die Geschichte ausübten, herausheben, wenn wir die geschichtlich relevanten von den irrelevanten Merkmalen dieser Konzeptionen und Versionen unterscheiden – fällen wir nicht bereits gewisse Werturteile, gehen wir nicht über die pure Feststellung von Tatsachen hinaus? Jawohl, so ist es, aber dadurch wird die wissenschaftliche Berechtigung unserer Definition nicht untergraben. Denn es handelt sich um Werturteile derselben Art, wie die, die in der Geschichtsschreibung auftreten.

Auch der Historiker kann sich nicht mit der Beschreibung der Tatsachen zufriedengeben, er muß sie entsprechend selektionieren und auswählen, auch er kann also nicht umhin, Werturteile auszusprechen, aber diese sind – oder sollten es zumindest sein – durch die Aufgaben der Wissenschaft, die er betreibt, gerechtfertigt. Wenn wir beim Bau der Definition des Terminus »Humanismus« nicht über Werturteile hinausgehen, die für den Historiker statthaft sind, wird niemand dieser Definition den Vorwurf machen können, daß sie in eine neutrale historische Analyse axiologische Elemente einschmuggelt.

6. Authentischer Humanismus

Zur postulierten Definition des Terminus »Humanismus« führen somit drei Wege: der linguistische, der vergleichende und der historische. Die historische Methode ist zwar die wichtigste, dennoch sollte sie auch die beiden übrigen berücksichtigen und sich deren Resultate zunutze machen. Die mittels dieser Methoden konstruierte Definition wird den *authentischen* Humanismus charakterisieren, und das nicht im axiologischen noch im Sinn der Überredung, sondern in einem neutralen Sinn. In dieser Definition ist der authentische Humanismus einfach einer, der unter seinen Merkmalen auch solche umschließt, die in der rational konstruierten Begriffsbestimmung des Terminus »Humanismus« enthalten sind.

Nach dieser Auffassung gibt es, wie wir sehen, nicht *einen* authentischen Humanismus, sondern verschiedene Versionen, die sich außer dem, daß sie *gemeinsame* Merkmale besitzen, auch durch andere, geschichtlich relevante oder irrelevante Eigenschaften auszeichnen. Der Begriff des authentischen Humanismus gerät also nicht in Widerspruch zur Wirklichkeit, die verschiedene, sogar einander entgegengesetzte, Typen des Humanismus kennt. Und obwohl er auf objektiver Grundlage festgelegt wurde, ist dieser Begriff weder zu weit noch zu eng. Er ist zudem fruchtbar und vital, weil er die innerhalb des Humanismus stattfindenden Diskussionen und Kontroversen nicht zu Vergeblichkeit verurteilt, sondern sie, im Gegenteil, sanktioniert und auf einen festen Boden stellt.

Man kann natürlich den Begriff des authentischen Humanismus auch in der axiologischen Bedeutung verwenden. Dann aber verliert er die Vorzüge, die er im neutralen Sinn besitzt, und besser verzichte man auf erstere Bedeutung, um Mißverständnisse zu vermeiden und die Diskussion nicht in eine falsche Bahn zu lenken. Auf eine solche Bahn drängt sie ab, wer, wie Maritain, bezüglich der Authentizität des Humanismus im Grunde einen axiologischen Standpunkt einnimmt und sich deswegen nicht über Subjektivismus, Intoleranz und Sektierertum emporhebt.

Um den Begriff des authentischen Humanismus in seiner neutralen Dimension zu verstehen, wird es nützlich sein, einen wenn auch nur flüchtigen Blick auf einige Fälle zu werfen, die verzwickte Probleme darstellen. Zum Beispiel: Soll in die Definition des Terminus »Humanismus« der für bestimmte historische Formen des Humanismus so bezeichnende Kult des klassischen Altertums einbezogen werden? Die Antwort lautet – nein, weil dieser Kult in unserer Zeit kein notwendiger Bestandteil des Humanismus ist, kein wesentliches Merkmal aller seiner Versionen, er ist nur einigen Versionen eigen, deren gesellschaftliche Bedeutung zudem minimal ist. Und nicht ohne guten Grund, denn in unserem Zeitalter hat die naturwissenschaftliche und technische Bildung eine ungeheure, auch erzieherische Bedeutung gewonnen; selbstverständlich kann sie geistes- und gesellschaftswissenschaftliche Disziplinen nicht verdrängen, bei diesen aber muß es sich nicht unbedingt um die klassischen Fächer handeln. Weiters, wollte man den Humanismus unlösbar mit klassischer Bildung verbinden, müßte man aus seinem Bereich alle Bauern- und Arbeiterbewegungen ausschließen, darunter auch die kommunistische Bewegung. Und schließlich kann man humanistische Strömungen nicht in Kulturen finden, die mit der griechischen oder römischen Antike nicht in Berührung gekommen oder nicht unter ihrem Einfluß gestanden sind.

Es ist klar, daß die Begriffsbestimmung des Terminus »Humanismus« auch keine Religion umfaßt, auch nicht die christliche. Es wäre jedoch falsch, den christlichen Humanismus als *nicht authentisch* in der neutralen Auffassung dieses Wortes zu behandeln. Wurde doch im Laufe der Geschichte, je früher, desto allgemeiner, die humanistische Einstellung mit der christlichen assoziiert. Es genügt an die Gewissenskonflikte Petrarcas zu erinnern, der manchmal von Furcht gequält wurde, die humanistischen Studien könnten der wichtigsten Sache, seinem Seelenheil, abträglich sein. Vergessen wir nicht, daß in der Renaissance die Schöpfer kommunistischer Utopien der heilige Thomas Morus und der Dominikaner Campanella waren. Zwar verflocht sich mit dem Fortschreiten der Geschichte der Humanismus immer enger mit der atheistischen Einstellung, während das Christentum sich ihm scharf widersetzte, doch jetzt, wo mancherorts wieder versucht wird, christliche mit humanistischen Positionen zu vereinen, wäre es sinnlos, Anhänger dieser Strömung vom Humanismus verscheuchen zu wollen, Möglichkeiten einer weiteren Entwicklung zunichte zu machen und die Zahl der Bundesgenossen, die konsequent um die Erfüllung humanistischer Ideale kämpfen, zu verringern.

Wir wollen nun zu individuellen Fällen übergehen, die prekärer sind, denn hier geht es darum, jemandem den Titel eines authentischen Humanisten zu- oder abzuerkennen. Ist Machiavelli ein authentischer Humanist oder nicht? Diese Frage zu beantworten ist äußerst schwierig, denn wenn Machiavelli tatsächlich Amoralismus in den zwischenmenschlichen Beziehungen propagierte, so stößt die Absicht, ihn mit dem Prädikat »humanistisch« zu beschenken, auf den Widerstand sowohl der Umgangssprache, als auch der historischen Methode. Wenn wir gemäß dieser Methode eine rationale Definition des Ausdrucks »Humanismus« konstruieren, haben wir das Recht, jene individuellen Erscheinungen unberücksichtigt zu lassen, die nicht mit der Epoche und der geschichtlichen Entwicklung zusammenklingen. Vom Blickwinkel dieser Epoche und der historischen Entwicklung wie auch der Etymologie des Terminus »Humanismus« kann unter den verschiedenen moralischen Haltungen und Idealen, die man mit ihm verbindet, unmöglich Amoralismus geduldet werden. Aber andererseits – wie kann man Machiavelli aus der Reihe der hervorragenden Humanisten der Renaissance ausschließen, ihm diesen von der Tradition geheiligten Titel verweigern? Ein Ausweg wäre vielleicht, ihn als Humanisten in jenem weniger relevanten Sinn anzuerkennen, der den Humanismus mit der Kenntnis der Antike und der Kenntnis der menschlichen Natur assoziiert, mit dem Vorbehalt jedoch, daß er, was sein Verhältnis zur Moral angeht, nicht als Humanist gelten kann.

Keine Rücksichten der Tradition rufen hingegen im Fall Nietzsche Bedenken hervor. Zwar war er ein vorzüglicher Kenner der griechischen Antike und die Zukunft des Menschengeschlechts war ihm alles andere als gleichgültig, doch kündete er seine amoralischen Ideen in einer Zeit, als der Begriff des Humanismus schon gefestigt und untrennbar mit allgemein-menschlichen moralischen Normen verbunden war; kein Humanist konnte seither jenseits von Gut und Böse stehen. Welch immer moralische Ideale sich mit diesen oder jenen Versionen des Humanismus verknüpfen mögen, perfektionistische, utilitaristische, deontologische – jedenfalls ist in ihnen kein Raum für amoralistische Ideale. Und erst recht nicht für solche, die in die nazistische, fanatisch alle humanistischen Einstellungen und Bestrebungen bekämpfende Ideologie aufgenommen wurden. Nietzsche als authentischen Humanisten ansehen zu wollen, würde eine solche Erweiterung des Begriffs des authentischen Humanismus bedeuten, die diesen gänzlich von der historischen Wirklichkeit losreißt und in kognitiver Beziehung nutzlos macht.

Ich bin mir klar darüber, daß man mir nach dieser wie auch anderen Bemerkungen vorwerfen könnte, daß ich mich eines a priori vorgefaßten Begriffs des Humanismus bediene. Ich bestreite keineswegs, daß für mich in der Tat der Begriff des Humanismus feststeht, was gewiß aus manchen Teilen dieser Arbeit herauszulesen ist. Aber, erstens, habe ich mich bemüht, diesen Begriff eben auf dem Weg, den ich hier empfehle, herauszubilden. Zweitens bin ich jederzeit bereit, ihn zu modifizieren, wenn er sich als unvereinbar erwiese mit einem Begriff, der durch eine bessere Anwendung der von mit aufgezählten Methoden zustande kam, als sie mir gelang. Drittens, vielmehr vor allem, obwohl ich mich dem Einfluß des von mir herausgebildeten Begriffs des Humanismus nicht entzogen habe – und im engen Rahmen dieser Skizze dies auch nicht versucht habe –, sind nicht diese Sätze für meine Betrachtungen wichtig. Wichtig ist einzig und allein, ob der Weg, den ich hier vorgeschlagen habe, zum angestrebten Ziel führt oder nicht. Tut er das, so hat mein Artikel seine Aufgabe erfüllt, denn die auf diesem Wege erzielten Resultate werden es erlauben, alle von den Menschen gehegten Begriffe des Humanismus objektiv zu beurteilen.

Stellen wir uns schließlich die Frage, ob die Diskussionen und Kontroversen zwischen verschiedenen Spielarten des authentischen Humanismus sich nicht auf Überredung oder auf den Zusammenstoß willkürlich angenommener weltanschaulicher und axiologischer Prämissen reduzieren? Haben doch die linguistische, die vergleichende und die historische Methode ihre Aufgabe bereits erfüllt und können bei der Lösung des Streites zwischen wetteifernden Begriffen des Humanismus nicht mehr behilflich sein. In der Tat, von diesen Methoden können wir keine Hilfe mehr erwarten, das heißt aber nicht, daß somit die Möglichkeit der wissenschaftlichen Diskussionen im Rahmen des authentischen Humanismus wegfällt. Ich habe schon der Überzeugung Ausdruck verliehen, daß weltanschauliche und axiologische Prämissen, die den einzelnen Versionen des Humanismus zugrunde liegen, wissenschaftlich begründet werden können. Nichtsdestoweniger sollte und kann man in den Diskussionen sich um den Beweis bemühen, daß jene Version des Humanismus, für die der jeweilige Diskutant eintritt, sich zu Recht auf einen maximal hohen Grad der wissenschaftlichen Begründung ihrer grundlegenden ideologischen Sätze berufen kann. Und es erübrigt sich wohl hinzuzufügen, daß dasselbe für alle anderen – nicht nur grundlegenden – Thesen gilt, die mit der gegebenen Version des Humanismus verbunden sind.

Gegenstand der Diskussion sollte auch die Kohäsion der miteinander konkurrierenden Versionen des Humanismus sein, ebenso die Konsequenz der Schlußfolgerungen aus den Thesen. Schließlich sollte der Realität der vorgeschlagenen beziehungsweise bekämpften Version des Humanismus besondere Aufmerksamkeit gewidmet, das heißt geprüft werden, ob die vorgeschlagenen Mittel wirksam sind und welche von ihnen am sichersten und am ökonomischsten zum Ziel führen. In allen diesen Fragen, ob es um die wissenschaftliche Begründung der am Dialog beteiligten Versionen des Humanismus geht, um deren Kohäsion und Konsequenz oder auch Realität – hat die

Wissenschaft das letzte Wort. Und nicht nur *eine* Wissenschaft, sondern alle Wissenschaften, die in menschlichen Dingen etwas zu sagen haben. Meiner Überzeugung nach wird in einem wissenschaftlich geführten Dialog diejenige Version des Humanismus den Sieg davontragen, die sozialistisch-marxistischer Humanismus genannt wird.

Nicht alles, was in dieser flüchtigen Skizze dargelegt wurde, wird den Leser zufriedenstellen. Ich selbst bin mir mancher Unzulänglichkeiten und Mängel bewußt. Wenn ich es trotzdem gewagt habe, mit diesem Artikel hervorzutreten, so geschah dies in der Hoffnung, daß er den Anstoß zu vertieften und fruchtbareren Überlegungen geben wird.

Erich Fromm (México)

B. F. Skinner's Neo-Behaviorism*

Skinnerian neo-behaviorism[1] is based on the same principle as Watson's concepts: psychology as a science need not and must not be concerned with feelings or impulses or any other subjective events[2]; it disdains any attempt to speak of a 'nature' of man or to construct a model of man, or to analyze various human passions that motivate human behavior. To consider human behavior as impelled by intentions, purposes, aims or goals, would be a pre-scientific and useless way of looking at it. Psychology has to study *what* reinforcements tend to shape human behavior, and *how* to apply reinforcements most effectively. Skinner's "psychology" is the science of the engineering of behavior; its aim is to find the right reinforcement in order to produce a desired behavior.

Instead of the simple conditioning in the Pavlovian model, Skinner speaks of "operant" conditioning. Briefly, this means that unconditioned behavior, provided it is desirable from the experimenter's standpoint, is rewarded, i. e., followed by pleasure. (Skinner believes the rewarding reinforcement to be much more effective than the punishing.) As a result, the subject will eventually continue to behave in the desired fashion. For example, Johnny does not like spinach particularly; he eats it, mother rewards him with a praising remark, an affectionate glance, or an extra piece of cake, whichever is most reinforcing for Johnny as measured by what works best; i. e., she administers "positive reinforcements". Johnny will eventually love to eat spinach, particularly if the reinforcements are effectively administered in terms of their schedules. In hundreds of experiments Skinner and others have developed the techniques for this operant conditioning. Skinner has shown that by the proper use of positive reinforcement, the behavior of animals and humans can be altered to an amazing degree, even in opposition to what some would loosely call "innate" tendencies.

To have shown this is undoubtedly the great merit of Skinner's experimental work; it also supports the views of those who believe that the social structure (or "culture" in the parlance of most American anthropologists) can shape man, even though not necessarily through operant conditioning. It is important to add that Skinner does not neglect genetic endowment. In order to render his position correctly, one should say that apart from genetic endowment, behavior is determined entirely by reinforcement.

Reinforcement can occur in two ways: it happens in the normal cultural process, or it can be planned, according to Skinnerian teaching, and thus lead to a "design for culture". (B. F. Skinner, 1961, 1971).

Goals and Values

Skinner's experiments are not concerned with the *goals* of the conditioning. The animal or the human subject is conditioned to behave in a certain way. What it (he) is conditioned to is determined by the decision of the experimenter who sets the goals for the conditioning. Usually the experimenter in these laboratory situations is not interested in *what* he is conditioning an animal or human subject for, but rather in the fact that he *can* condition them to the goal of his choice, and in how he can do it best. However, serious problems arise when we turn from the laboratory to realistic living, to individual or social life. In this case the paramount questions are: to *what* are people being conditioned, and who determines these goals?

It seems that when Skinner speaks of culture, he still has his laboratory in mind, where the psychologist who proceeds without value judgments can easily do so because the goal of the conditioning hardly matters. At least, that is perhaps one explanation why Skinner does not come to grips with the issue of goals and values. For example, he writes, ". . . . we admire people who behave in original or exceptional ways, not because such behavior is itself admirable, but because we do not know how to encourage original or exceptional behavior in any other way." (C. R. Rogers and B. F. Skinner, 1956). This is nothing but circuitous reasoning; we admire originality because we can condition it only by admiring it.

But why do we want to condition it if it is not a desirable goal in itself?

Skinner does not face this question, although even with a modicum of sociological analysis an answer could be given. The degree of originality and creativity that is desirable in various classes and occupational groups in a given society varies. Scientists and top managers, for instance, need to have a great deal of these qualities in a technological-bureaucratic society like ours. For bluecollar workers to have the same degree of creativity would be a luxury–or a threat to the smooth functioning of the whole system.

I do not believe that this analysis is a sufficient answer to the problem of the value of originality and creativity. There is a great deal of psychological evidence that striving for creativeness and originality are deeply rooted impulses in man and there is some neurophysiological evidence for the assumption that the striving for creativity and originality is "built in" in the system of the brain (R. B. Livingston, 1967). I only want to stress that the impasse of Skinner's position is due to the fact that he pays no attention to such speculations or to those of analytic sociology, and hence believes that questions are not answerable if they are not answerable by behaviorism.

Here is another example of Skinner's fuzzy thinking on the subject of values: "Most people would subscribe to the proposition that there is no value judgment involved in deciding how to build an atomic bomb, but would reject the proposition that there is none involved in deciding to build one. The most significant difference here may be that the scientific practices which guide the designer of the bomb are clear, while those which guide the designer of the culture which builds the bomb are not. We cannot predict the success or failure of a cultural invention with the same accuracy as we do that of a physical invention. It is for this reason that we are said to resort to value judgments in the second case. What we resort to is guessing. It is only in this sense that value judgments take up where science leaves off. When we can design small social interactions and, possibly, whole cultures with the confidence we bring to physical technology, the question of value will not be raised (B. F. Skinner, 1961).

Skinner's main point is that there is really no essential difference between the lack of value judgment in the technical problem of designing the bomb and the decision to build one. The only difference is that the motives for building the bomb are not "clear". Maybe they are not clear to Professor Skinner, but they are clear to many students of history. In fact there was more than one reason for the decision to build the atomic bomb (and similarly for the hydrogen bomb): the fear of Hitler's building the bomb, perhaps the wish to have a superior weapon against the Soviet Union for possible later conflicts (this holds true especially for the hydrogen bomb); the logic of a system that is forced to increase its armaments to support its struggle with competing systems.

Quite aside from these military, strategic and political reasons, there is, I believe, another one which is equally important. I refer to the maxim that is one of the axiomatic norms of cybernetic society: "something *ought* to be done because it is technically *possible* to do it." If it is possible to build nuclear weapons, they must be built even if they might destroy us all. If it is possible to travel to the moon or to the planets, it must be done, even if at the expense of many unfulfilled needs here on earth. This principle means the negation of all humanistic values, but it nevertheless represents a value, maybe the supreme norm of "technotronic" society[3].

Skinner does not care to examine the reasons for building the bomb and he asks us to wait for further development of behaviorism to solve the mystery. In his views on social processes he shows the same inability to understand hidden, non-verbalized motives as in his treatment of psychical processes. Since most of what people say about their motivation in political as well as in personal life is notoriously fictitious, the reliance on what is *verbalized* blocks the understanding of social and psychical processes.

In other instances Skinner smuggles in values without, apparently, being aware of it. In the same paper, for instance, he writes, "No one, I am sure, wishes to develop new masterslave relationships or bend the will of the people to despotic fulers in new ways. These are patterns of control appropriate to a world without science" (B. F. Skinner, 1961). In which decade is Professor Skinner living? Are there no systems that do indeed want to bend the will of the people to dictators? And are these systems only to be found in cultures "without science"? Skinner seems still to believe in an old-fashioned ideology of "progress": the Middle Ages were "dark" because they had no science and science necessarily leads to the freedom of man. The fact is that no leader or government explicitly states his intention of bending the will of the people any more; they are apt to use new words which sound like the opposite of the old ones. No dictator calls himself a dictator and every system claims that it expresses the will of the people. In the countries of the "free world", on the other hand, "anonymous authority" and manipulation have replaced overt authority in education, work and politics.

Skinner's values also emerge in the following statement: "If we are *worthy* of our democratic heritage we shall, of course, be ready to resist any tyrannical use of science for immediate or selfish purposes. But if we *value* the achievements and goals of democracy we must not refuse to apply science to the design and construction of cultural patterns, even though we may then find ourselves in some sense in the position of controllers" (B. F. Skinner, 1961, italics added). What is the basis of this value in neobehavioristic theory?

What about the controllers?

Skinner's answer is that "all men control and all men are controlled" (C. R. Rogers and B. F. Skinner, 1956). This sounds reassuring for a democratically minded person, but is a vague and rather meaningless formula, as soon becomes clear: "... In noticing how the master controls the slave or the employer the worker, we commonly overlook reciprocal effects and, by considering action in one direction only, are led to regard control as exploitation, or at least the gaining of a one-sided advantage; but the control is actually mutual. *The slave controls the master as completely as the master the slave,* in the sense that the techniques of punishment employed by the master have been selected by the slave's behavior in submitting to them. This does not mean that the notion of exploitation is meaningless or that we may not appropriately ask, *cui bono*? In doing so, however, we go beyond the account of the *social episode itself* and consider certain long-term effects which are clearly related to the question of value judgments. A comparable consideration arises in the analysis of any behavior which alters a cultural practice" (B. F. Skinner, 1961, italics added).

I find this statement shocking; we are asked to believe that the relationship between master and slave is a reciprocal one, although the notion of exploitation is not "meaningless". For Skinner the exploitation is *not* part of the social episode itself; only the techniques of control are. This is the view of a man who looks at social life as if it were an episode in his laboratory, where all that matters to the experimenter is his technique—and not the "episodes" themselves, since whether the rat is peaceful or aggressive is entirely irrelevant in this artificial world. And as if that were not enough, Skinner states that the exploitation by the master is "clearly related" to the question of value judgments. Does Skinner believe that exploitation, or for that matter, robbery, torture and murder are not "facts" because they are clearly related to value judgments? This would indeed mean that all social and psychological phenomena, if they can also be judged as to their value, cease to be facts which can be examined scientifically.[4]

One can explain Skinner's saying that slave and slave-owner are in a reciprocal relationship only by the ambiguous use he makes of the word "control". In the sense in which the word is used in real life, there can be no question that the slave-owner controls the slave, and that there is nothing "reciprocal" about the control except that the slave may have a minimum of counter–control–for instance, by the threat of rebellion. But this is not what Skinner is talking about. He speaks of control in the very abstract sense of the laboratory experiment, into which real life does not intrude. He actually repeats in all seriousness what has often been told as a joke, the story about a rat that tells another rat how well it has conditioned its experimenter: whenever the rat pushes a certain lever, the experimenter has to feed it.

Because neo-behaviorism has no theory of man, it can only see behavior and not the behaving person. Whether somebody smiles at me because he wants to hide his hostility, or a salesgirl smiles because she has been instructed to smile (in the better stores), or whether a friend smiles at me because he is glad to see me, all this makes no difference to neo-behaviorism, for "a smile is a smile". That it should make no difference to Professor Skinner as a person is hard to believe, unless he were so alienated that the reality of persons no longer matters to him. But if the difference does matter, how could a theory that ignores it be valid?

Nor can neo-behaviorism explain why quite a few persons conditioned to be persecutors and torturers, fall mentally sick in spite of the continuation of "positive reinforcements". Why does positive reinforcement not prevent many others from rebelling, out of the strength of their reason, their conscience, or their love, when all conditioning works in the opposite direction? And why are many of the most adapted people, who should be star witnesses to the success of conditioning, often deeply unhappy and disturbed, or suffer from neurosis? There must be impulses inherent in man which set limits to the power of conditioning; to study the failure of conditioning seems just as important scientifically, as its success. Indeed, man can be conditioned to behave in almost every desired way; but only "almost". He reacts to those conditions that conflict with basic human requirements in different and ascertainable ways. He can be conditioned to be a slave, but he will react with aggression, or decline in vitality or to dullness; or he can be conditioned to feel like part of a machine, and react with boredom, aggression, and unhappiness.

Basically, Skinner is a naive rationalist who ignores man's passions. In contrast to Freud, he is not impressed by the power of passions, but believes that man always behaves as his self-interest requires. Indeed, the whole principle of neo-behaviorism is that self-interest is so powerful that by appealing to it – mainly in the form of the environment's rewarding the individual for acting in the desired sense – man's behavior can be completely determined. In the last analysis, neo-behaviorism is based on the quintessence of bourgeois experience: the primacy of egotism and self-interest over all other human passions.

The Reasons for the Popularity of Skinnerianism

Skinner's extraordinary popularity can be explained by the fact that he has succeded in blending elements of traditional, optimistic, liberal thought with the social and mental reality of cybernetic society.

Skinner believes that man is malleable, subject to social influences, and that nothing in his "nature" can be considered to be a final obstacle to development toward a peaceful and just society. Thus his system attracts those psychologists who are liberals and who find in Skinner's system an argument to defend their political optimism. He appeals to those who believe that desirable social goals like peace and equality are not just rootless ideals, but can be established in reality. The whole idea that one can "design" a better society on a scientific basis appeals to many who earlier might have been socialists. Did not Marx too want to design a better society? Did he not call his brand of socialism "scientific" in contrast to "Utopian" socialism? Is not Skinner's way particularly attractive at a point in history when the political solution seems to have failed and revolutionary hopes are at their lowest?

But Skinner's implied optimism alone would not have made his ideas so attractive, were it not for his combining of traditional liberal views with their very negation.

In the cybernetic age, the individual becomes increasingly subject to manipulation. His work, his consumption and his leisure are manipulated by advertising, by ideologies, by what Skinner calls "positive reinforcements". The individual loses his active, responsible role in the social process; he becomes completely "adjusted" and learns that any behavior, act, thought or feeling which does not fit into the general scheme puts him at a severe disadvantage; in fact he *is*, what he is *supposed to be*. If he insists on being himself he risks, in police states, his freedom or even his life; in some democracies, he risks not being promoted or, more rarely, even his job, and perhaps most importantly, he risks feeling isolated, without communication with anybody.

While most people are not clearly aware of their discomfort, they dimly sense their fear of life, of the future, of the boredom caused by the monotony and the meaninglessness of what they are doing. They sense that the very ideals in which they want to believe have lost their moorings in social reality. What relief it is for them to learn that conditioning is the best, the most progressive and the most effective solution. Skinner recommends the hell of the isolated, manipulated man of the cybernetic age as the heaven of progress. He dulls our fears of where we are going by telling us that we need not be afraid; that the direction our industrial system has taken is the same as that which the great humanists had dreamt of, except that it is scientifically grounded. Moreover, Skinner's theory rings true, because it is (almost) true for the alienated man of the cybernetic society. In summary, Skinnerianism is the psychology of opportunism dressed up as a new scientific humanism.

I am not saying that Skinner *wants* to play this role of apologist for the "technotronic" age. On the contrary, his political and social naivety can make him write sometimes more convincingly (and confusedly), than he could if he were aware of what he is trying to condition us to.

Bibliography

B. F. Skinner, 1953, *Sience and Human Behavior*, Macmillan Co., New York, 1963, Behaviorism at Fifty, in Behaviorism and Phenomenology, *Sience, 134:* 566:602; 1971, *Beyond Freedom and Dignity*, A. Knopf, Inc., New York.

Carl R. Rogers and B. F. Skinner, 1956, Some Issues Concerning the Control of Human Behavior: A Symposium, *Science*, Vol. 124, pp. 1057–1066.

B. F. Skinner, 1961, The Design of Cultures, *Daedalus*, Am. Acad. of Arts and Sciences, pp. 534–546.

Noam Chomsky, 1964, A Review of B. F. Skinner's Verbal Behavior, Th. Katz, ed., *The Structure of Language.*

K. MacCorquodale, 1970, On Chomsky's Review of Skinner's Verbal Behavior, *Jn. of the Exp. Anal. of Behavior, 13,* 1, 83–99.

Noam Chomsky, 1971, The Case against B. F. Skinner, *The New York Review of Books,* Dec. 30, 1971.

R. B. Livingston, 1967, Reinforcement, in *The Neurosciences,* ed. G. C. Quarton, Th. Melnechuk and Francis O. Schmitt, The Rockefeller University Press, New York.

E. Fromm, 1968, *The Revolution of Hope,* Harper & Row, New York.

H. Ozbekhan, 19 . ., *The Triumph of Technology, "Can" implies "Ought",* from an invited presentation at M.I.T.

Notes

* This piece on Skinner is a chapter from Erich Fromm's forthcoming book: *The Anatomy of Human Destructiveness* to be published by Holt, Rinehart & Winston, Inc. New York, in 1973, (der Hrsg.).

[1] I shall restrict myself in the following to the presentation of the general principles of neo-behaviorism and to the more detailed discussion of certain points which seem to be relevant for our discussion. For the study of Skinner's system one should read B. F. Skinner (1953). For a brief version cf. B. F. Skinner (1963). In his latest book, (1971) he discusses the general principles of his system, especially their relevance for culture. Cf. also the brief discussion between Carl R. Rogers and B. F. Skinner (1956), and B. F. Skinner (1961). As far as the critique of Skinner's position is concerned cf. Noam Chomsky (1964). (Counter-argument by K. MacCorquodale, 1970, and N. Chomsky, 1971). Chomsky's reviews are thorough and far-reaching and make their points so brilliantly that there is no need to repeat them. Nevertheless Chomsky's and my own psychological positions are so far apart that I have to present some of my critique in this chapter.

[2] Skinner, in contrast to many behaviorists, even concedes that "private events" need not be entirely ruled out of scientific considerations, (B. F. Skinner, 1963) and adds that a behavioral theory of knowledge suggests that "the private world which, if not entirely unknowable, is at least not likely to be known well." (B. F. Skinner, 1963). This qualification makes Skinner's concession little more than a polite bow to the soul-psyche, the subject matter of psychology.

[3] I have discussed this idea in *The Revolution of Hope* (1968). Independently, H. Ozbekhan has formulated the same principle in a paper called *The Triumph of Technology; "Can" Implies "Ought",* adapted from an invited presentation at MIT. Dr. M. Maccoby has drawn my attention to some results of his study of the management of highly developed industries, which

indicate that the principle "can implies ought" is more valid in those industries which produce for the military establishment than for the remaining more competitive industry. But even if this argument is correct, two factors must be considered: first, the size of the industry which works directly or indirectly for the armed forces; secondly, that the principle has taken hold of the minds of many people who are not directly related to industrical production. A good example was the initial enthusiasm for space flights; another example is the tendency in medicine to construct and use gadgets regardless of their real importance for a specific case.

[4] By the same logic the relation between torturer and the tortured is "reciprocal", because the tortured, by his manifestation of pain, conditions the torturer to use the most effective instruments of torture.

Leo Gabriel (Wien)

Weltbild und Existenz im Lichte neuen Denkens

> »Die freigelassene Kraft des Atoms hat alles geändert, außer unserer Art zu denken. So treiben wir einer Katastrophe ohnegleichen zu. Wir müssen eine fundamental neue Denkweise entwickeln, wenn die Menschheit überleben will.«
>
> (Albert Einstein)

Nach einem Worte Heisenbergs, des hervorragenden Physikers, sind »die Veränderungen in den Grundlagen der modernen Naturwissenschaft ein Anzeichen für tiefgehende Veränderungen in den Fundamenten unseres Daseins, die ihrerseits sicher auch Rückwirkungen in allen anderen Lebensbereichen hervorrufen«. Damit ist die Beziehung der Naturwissenschaft zur geistigen Situation ausgesprochen. Der Philosophie ist die Aufgabe gestellt, die Situation auch in dieser Perspektive zu erhellen, das neue Weltbild in der Beziehung zur Daseinsform des Menschen zu erschließen, der existentiell in der Lage sein soll, den Anforderungen der Situation zu entsprechen. Aus einer solchen Untersuchung geht als Ergebnis die Feststellung eines neuen die Geistesentfaltung des 20. Jahrhunderts tragenden Denkens hervor.

Wir können heute aus der »Weltraumdimension« unserer Erfahrung wie seinerzeit Kant »von einer Revolution der Denkart« sprechen, die jene »kopernikanische Wendung«, die Kant erschütterte, in den Schatten stellt. Dieses neue Denken hat sich durch die Schöpfung eines neuen Einheitsgedankens ausgewiesen. Es ist gekennzeichnet durch eine intensive Bewegung zu einem Ganzen neuer umfassender Art, durch die Tendenz zur maximalen Synthese, wie sie in der »Einheit der Physik« (C. F. Weizsäcker) und ihrem neu entdeckten Gestalt- und Strukturcharakter zum Ausdruck kommt. Doch ist gerade die Struktur des Ganzen verschieden von der abstrakten, aus der »reinen« Vernunft konstruierten Idealform, die

Hegel im 19. Jahrhundert in seinem dialektischen Prinzip der Totalität aufgestellt hat, gleichwohl aber nicht ohne ihren historischen Vorhergang zu denken. Was Hegel als Ganzes, als Totalität gedacht hat, war die Identität in der rein und abstrakt angesetzten Form des Begriffs, der sich durch seine innere dialektische Selbst-Konkretion und rationale Erfahrung verwirklichen sollte. Dieser dialektische Formalismus gestaltete seine Erfüllung in Inhalten monistischer Positionen, dem dialektischen Idealismus Hegels und dem ökonomischen Materialismus Marx, wie auf national-kulturellen und rassenbiologischen Grundlagen im Faschismus und Nationalsozialismus mit ihrem Anspruch auf die gleiche absolute Totalität.

Es sind drei Denker des 19. Jahrhunderts, die die geistigen Voraussetzungen für die gesellschaftlichen, kulturellen und politischen Entwicklungen des 20. Jahrhunderts geschaffen haben: Hegel, Marx, Nietzsche. Diese Denker waren einem Ganzen verpflichtet, das wir heute mit dem Verständnis eigener geschichtlicher Erfahrung als »totalitär« erkennen und somit einem Denken des Ganzen im Verhältnis zu den Teilen, das wir als monistisch kennzeichnen müssen. Wir verstehen darunter einen formalen Begriff des Ganzen, der jeweils mit einem Teilinhalt so erfüllt und realisiert wird, daß dieser Teil zum Ganzen aufgebläht, mit ihm identifiziert, gerade dadurch das Ganze destruiert und durch Subsumtion auflöst. So wurde auch im Denken des 19. Jahrhunderts ein Systemtotalitarismus entwickelt und in Systemkonstruktionen realisiert, die je immer einen Teilaspekt der Wirklichkeit total und absolut setzen: Alles sei Materie (Materialismus), alles Geist und Idee (Idealismus), alles Naturgeschehen (Naturalismus), oder: das Kollektiv »Volk«, Klasse, Rasse sei alles, der einzelne nichts, oder aber der einzelne bestimmt mit seiner autonomen Entscheidung die gesellschaftliche Wirklichkeit u. a. m. So entstanden die geistigen Monokulturen des 19. Jahrhunderts: Ein wahrer Hexensabbath von Systemen und Ideologien in der Walpurgisnacht dieser Epoche. Sobald diese Systemmonologien aus dem dialektischen Stadium ihrer theoretischen Gegensätzlichkeit auf die Ebene der Praxis, »des Willens zur Macht«, auf den Boden politischer Machtkämpfe sich verlagerten, gestützt durch systematischen Einsatz ökonomischer Interessen und Zielsetzungen, konnte die katastrophale Auswirkung dieser ideologischen Monismen-Dialektik nicht ausbleiben, die wir im 20. Jahrhundert erlebt haben. Muß nicht die Fixierung im Monologischen, müssen nicht die in sich, in ihrer Identität verschlossenen Systeme als »Monaden, die keine Fenster haben«, blind gegen alles sein und wüten gegen das, was ihnen nicht angeglichen, d. h. mit ihnen nicht gleichgeschaltet ist. Man erkennt deutlich, was dieses falsche Bewußtsein des Ganzen als Gleichen anrichten kann, welche Gefahr die einseitigen Monosysteme und Ideologien durch ihren totalen Entfremdungseffekt bedeuten. Auf

Grund dieser strukturellen Systemverschlossenheit kann es kein echtes Kontaktieren geben, ja nicht einmal die grundsätzliche Möglichkeit auch nur eines verbalen Sichverstehens, weil überhaupt kein gegenseitiges Sichhören und Ein-Vernehmen möglich ist. Das ist bei absoluten und totalitären Systemen und Ideologien sprachlogisch-strukturgesetzlich unmöglich. Hier gibt es faktisch nur den unvermeidlichen Kampf bis aufs Messer, auf Leben und Tod, der beim heutigen Stand der Technik unbedingt zur globalen Vernichtung führen müßte. Die abgründige Angst vor dieser Totalität, vor dieser durchaus schon gegebenen geschichtlichen Möglichkeit, ja ontologisch begründeten Notwendigkeit des menschlichen Daseins, zwischen Sein und Nichtsein, das als Sein zum Tode, als Sein zum Ende heute die Seinsfrage als Existenzfrage des Menschen erfahren läßt (Heidegger), hat den Existentialismus beschworen, der »vis a vis du rien« den Schrei nach dem Sein ausstieß, der die Problematik der menschlichen Existenz in die schärfste Zuspitzung treibt und trotz aller kritischen Angreifbarkeit doch unleugbar die Herausforderung der heutigen Situation realisiert, wenn auch durch die radikale Geste einer absurden Selbstverwirklichung (Sartre).

Immerhin: die systematische Fixierung der Ideologien, die Zeitpathologie der idées fixes hat ihre existentielle Tödlichkeit für den Menschen enthüllt und so wird mit Recht von einer Philosophie, der es um die Existenz des Menschen geht, die Überwindung des geschlossenen Systemhorizonts gefordert durch Toleranz, Dialog und Kommunikation (Jaspers). Damit deutet sich schon ein Streben zum Denken einer neuen Einheit an, zu einem Zusammenhang in einem Ganzen, das der Totalität entgegenwirkt. Es genügt ja nicht, die alten Systemkonstruktionen und Ideologien als verfehlte, totalitäre Einheitsbildungen zu verurteilen, ihr Ende anzukündigen, ohne mit ihnen aufzuräumen. Die Welt von heute braucht mehr denn je die umspannende Einheit einer integrierenden Ordnung des Ganzen; ist sie doch schon aus Gründen der wissenschaftlich-technischen Entwicklung zu einer unteilbaren Welt geworden, von der jeder, auch der geringste Teil, von den anderen und so vom Zustand des Ganzen sich schicksalhaft abhängig erweist. Mehr denn je ist die lebendige Einheit des Mannigfaltigen, eines integrierend-ergänzenden die Integrität der Teile wahrenden Ganzen zum Problem des menschlichen Daseins und seines geschichtlichen Bestandes geworden. Eine andere, eine totalitäre Einheit, hat wegen ihrer Vergangenheit keine Zukunft.

Wir bemerken auch, daß die Welt des Geistes, namentlich in der maßgeblich erachteten Welt der Wissenschaft und wiederum gerade in der Naturwissenschaft, der Verwirklichung einer neuen Einheitsbildung zustrebt und demonstriert, was wir eingangs das neue Denken genannt haben.

So läßt sich zeigen, wie die moderne Physik in der Überwindung des mechanistischen Weltbildes den Aufbau der Weltmaterie nicht mehr von den letzten atomaren Teilen und deren summativer Teilgesetzen, sondern von letzten Gestalten und Strukturen des Ganzen, von elektromagnetischen Kraftfeldern ableitet, wobei das Atom – nunmehr doch ein »Tom« – selbst ein Ganzes aus »Teilen« ist: ein dynamisches System. So erkennen wir im Aufbau der Natur das Gesetz des Ganzen wirksam in den sich ständig gestaltenden Strukturen eines dynamischen raum-zeitlichen Weltkontinuums. So wird die moderne Physik zu einer mathematischen Strukturlehre und Geometrie des Weltalls. Struktur ist aber nichts anderes als das Aufbauprinzip eines gestalteten Ganzen. In der schon von Einstein versuchten einheitlichen Feldtheorie, für die Heisenberg eine vorläufige mathematische Formulierung in einer möglichen Weltformel angestrebt hat, ist diese Einheit des Ganzen als Vereinigung aller Kraftfelder in einem perennen Entstehungsgeschehen der Materie zu neuer und eindrucksvoller Dokumentation eines kreativ-ganzheitlichen Gestaltungsprinzips gelangt.

Um die Eigenart dieses sich auf der Ebene des Weltbildes der Physik bezeugenden Einheitsgedankens an einem Beispiel zu verdeutlichen, beziehen wir uns auf die der Einsteinschen Relativitätstheorie zugrundeliegende von Minkowski hervorgehobene Union von Raum und Zeit, die so geartet ist, daß zu den drei Dimensionen des Raumes durch Hinzufügung der Zeit als eigener vierter Dimension der vierdimensionale physikalische Raum entsteht. Doch ist die Hinzufügung keineswegs additiv und summativ zu denken, vielmehr entsteht dadurch eine integrierte vierdimensionale Ganzheit, daher ein nicht mehr anschaulicher, nicht-euklidischer Raum, für den das bisher herrschende euklidische System der Geometrie verlassen werden muß (Weyl: »Viertausend Jahre ... sind vorüber, als hätte es sie nicht gegeben«). Während zuvor in der klassischen mechanistischen Physik die Zeit im dreidimensionalen Raum untergebracht, darin als zurückgelegter Weg räumlich identifiziert und subsummiert wurde, gewinnt sie in dem neuen Raum ihre integre Eigenständigkeit neben den drei Dimensionen des Anschauungsraumes, der ebenfalls im Ganzen gewahrt bleibt und die notwendige Verbindung der Darstellungsabstraktion mit der koinzidierenden empirischen Beobachtung ermöglicht und gewährleistet. Was wir hier sehen, ist also eine integrierende Einheit, d. h. eine solche, in der die Eigenständigkeit der Teile in einem sie umgreifenden Ganzen gewahrt bleibt, also auf Grund ihrer integren Ergänzung, durch Integration. So erweist sich das Integrative einer Denkweise, wie übrigens noch an anderen hier nicht verwiesenen Beispielen auf dem Boden der modernen Physik.

Doch auch in der Biologie. Denn es wird das »Lebewesen« heute stärker als je als ein Ganzes im Werden gesehen, als eine nach einem einheitlichen Bildungsgesetz planhaft geschehende Formverwirklichung und »Gestaltbewegung« (Bertalanffy), wobei die Dominanz der Zeit im Unionsverhältnis zum Raume das Lebewesen als Zeitgestalt prägt (Portmann und Buytendijk) und das evolutionsgeschichtliche Entwicklungsgesetz des Ganzen im Universum des Lebens (Teilhard de Chardin) sieht. Im Tierreich zeigt sich, daß das Tier auf Grund seiner spezifischen anlagebedingt eingeschränkten Reizaufnahme und zentralgesteuerten Reaktion seine spezifische Umwelt (Merk- und Wirkwelt) hat und zwar in einer Weise, daß es in einem Teil der Welt als dem Ganzen seiner Eigenwelt eingeschlossen ist (Uexkyll), (ähnlich wie der ideologisch fixierte Mensch, nur mit dem Unterschied, daß beim Tier diese Eigenwelt in den übergreifenden Naturzusammenhang unbewußt und automatisch eingebaut ist). Erst der Mensch selbst erweist sich als das selbsttätig weltoffene Wesen, das den Reizreaktionskreis der vorgegebenen Umwelt durch »intelligentes Handeln« (A. Gehlen) durchbrechen kann, sofern er »nicht Welt ist, sondern Welt hat« (M. Scheler). Dadurch setzt sich der Mensch in Abstand zu der Welt, in der er ist, macht die Welt, sie als Subjekt reflektierend, zu seinem Gegenstand, als Objekt der Erkenntnis und willentlicher Beherrschung. So tritt der Mensch dem Weltobjekt als Personalobjekt gegenüber und erreicht in seiner Weltentbundenheit, d. i. aus seiner denkenden Ek-sistenz in der Reflexion auf sich selbst einerseits das Bewußtsein seines eigenen Selbst, andererseits seine Freiheit in der Entscheidung, aber auch in der Verantwortung für sich und für die Welt, die er gestaltet. So löst sich der Mensch in der Ekstatik seiner Existenz aus tierischer Verflechtung in die konkreten Situationszusammenhänge der Natur. »Das Tier lebt sein Leben, der Mensch führt sein Dasein« (Portmann). Sein Dasein ist aber zugleich durch Erkenntnis und Handlung weltvermittelt, auf der Ebene autonom-geistiger Existenz. Denn der Mensch ist das Wesen, das alles lernen muß (Kant). Daher ist das Geschehen seines Daseins prinzipiell ein anderes als ein ursprüngliches Naturgeschehen, ereignet sich nicht im Raume der Natur, sondern im »Raume« der Geschichte. Die Geschichtlichkeit des menschlichen Daseins, seine »Historizität« wird auch in einer ontologisch umfassenden Perspektive der Geschichtlichkeit heute besonders von Dilthey bis Heidegger betont, allerdings nicht als ein das Vergangene im Gedächtnis wahrendes, konservierendes Dasein reiner Traditionsgebundenheit, sondern vielmehr gerade als die schöpferische Gegenwart des Kairos, des fruchtbaren Augenblicks, der aus menschlicher Entscheidung die Zukunft bereitet. So wird in der konkreten Unmittelbarkeit des gegenwärtigen Augenblicks des Existierens (Kierkegaard) in der Situation und ihres Anspruchs, eine Vergangenheit, Gegenwart und Zukunft als eine das Ganze umfassende integrale Idee der Zeit, das geschichtliche Zeitintegral, konzipiert, eine Zeitidee, welche die Einseitigkeiten sowohl des Traditionalismus, der auf die Vergangenheit insistiert, wie einer Fortschrittsideologie, die von der Hypothek auf die Zukunft lebt, überwindet und der existentiellen Position, der freien Entscheidung der Persönlichkeit in der Gegenwart den geschichtlichen Raum gibt, im Kairos des rechten Augenblicks, in der schöpferischen Präsenz des Handelnden und des Handelns entsprechend der Anforderung der Situation.

Diesem Moment trägt die neue Geschichtsphilosophie eines A. Toynbee mit den Begriffen von »challenge« (Herausforderung) und »response« Rechnung, aber auch die universalgeschichtliche Perspektive der Geschichte als Menschheits- und Menschengeschehen wird von Toynbee auf neue Weise angesetzt, daß Geschichte in ihren Perioden immer intensiver zum globalen Weltzusammenhang erwächst und so als das Ganze der Geschichte im Raume der Welt sich konkretisiert. Aber diese Geschichtlichkeit ergreift prinzipiell die sich zum Ganzen zusammenschließende Welt der Physik als Einstein-de Sittersche Welt, die im Bilde der Kugel ihre Endlichkeit der Welt anschaulich darstellt (man kann zwar auf der Kugel an keine Grenze kommen und so ist sie in diesem Sinne unbegrenzt, aber in sich strukturell als Gestalt endlich – eine bemerkenswerte Vereinigung des Endlichen und Unendlichen als kusanische coincidentia oppositorum); und wie diese Endlichkeit in der neuen Kosmologie zur zeitlichen Endlichkeit zum Erweis der Entstehung der Welt in der Zeit auf Grund des »expanding universe« wird, so wird in offenbarer Konvergenz mit der neueren Philosophie und ihrer anthologisch-existielle Endlichkeitserkenntnis das menschliche Dasein aus seiner Struktur der Zeitlichkeit (Heidegger) als eine sich in der Zeit vollendende und darin zu Ende gehende Gestalt des Seins im »Da« erfaßt. Die Zeit verzehrt ihre eigene Gestalt, die sie hervorbringt, wie der mythische Chronos seine eigenen Kinder. Zeitlichkeit ist Seinsstruktur der Endlichkeit und zeitliches Dasein darum als menschliches ein Sein zum Ende. Dieses existentielle Endlichkeitsbewußtsein führt in den »Grenzsituationen« (Jaspers) wie Tod, Leid, Kampf und Schuld aus dem Bewußtsein des schließlichen Scheiterns allen Daseins an seinen Grenzen zur Eröffnung des Bezuges zum Absoluten als seinem Umgreifenden, von dem her erst überhaupt das Scheitern als Scheitern, die Relativität als Relativität, die Endlichkeit als Endlichkeit erfaßbar und in der Transzendenz erfahren und überwunden werden kann, in einer Transzendenz, in der überhaupt erst die menschliche Existenz zu der ihr zukommenden Voll-endung gelangt, persönlich und historisch aus der Faktizität der Geworfenheit und des Entwurfs in eine je konkrete Weltsituation. Mit anderen Worten: der Mensch kommt erst zu sich selbst, wenn er seine Grenze erkennt und darin überwindet. In dem Augenblick, wo er seine Grenze erkennt und sie als Grenze erfährt, erkennt er auch das darüber Hinausliegende, das ihn begrenzt. Erst damit ist die Grenze vollständig und damit die begrenzte Existenz, die der Mensch ist, integral erfaßt, wenn mit der Diesseite im Ganzen die Jenseite, die Nachbarschaft »des Jenseits« in den Blick kommt. So ist es offenbar folgerichtig, daß im heutigen Denken aus Grenzerfahrungen gerade im menschlichen Bereich (die ein naiver Fortschrittsoptimismus nicht wird wahrhaben wollen), der Urgrund-Bezug sowohl im menschlichen Dasein wie auch im gegenständlichen Weltbild der Naturwissenschaft als Tiefe der Transzendenz erfahren wird, wenngleich gegen diesen Finitismus aus dem Dogma einer veralteten absoluten Weltsystematik sturmgelaufen wird, ohne daß damit auf die Dauer die neuen wissenschaftlichen und philosophischen Grundüberzeugungen in ihren Auswirkungen aufgehalten werden können.

Man könnte nun darin einen Widerspruch empfinden, daß das Denken einerseits auf den Zusammenhang des Ganzen in der Welt, auf die maximale Synthese bedacht ist und dann doch wieder über dieses Ganze, über die Welt hinausgehend, es überschreiten und übersteigen will – und sich so in seiner eigenen Gestaltung relativiert und in Frage stellt. Doch ist dieser Widerspruch nur Schein, denn gerade dadurch wird die Totalität vermieden und die Integralität erst möglich und die kreative Spannung gerade aus der Transzendenz verwirklicht. Gerade dadurch wird erreicht, daß das Absolute nicht in den Weltzusammenhang, in das Ganze der Welt hineingezogen wird, immanent wird, wodurch erst das Ganze als konkretes geschichtliches System (System von konkreter geschichtlicher Aktualität) außerzeitlich, absolut und totalgesetzlich wird. So wird gerade durch den Bezug der Transzendenz die Begründung eines Ganzen möglich, das von sich aus ständig offen ist zu seinem absoluten, ungeschichtlichen Urgrund, aus dem es ständig für jede Zeit und Geschichte in neuer Gestalt geschöpft werden kann und auch grundsätzlich für die konkrete Notwendigkeit der Zeit neu erworben und errungen werden muß. Man muß verstehen, daß nur so ein Ganzes verwirklicht werden kann, das nicht starr, statisch und totalitär, sondern dynamisch, lebendig und schöpferisch zur Wirkung kommt, eben durch seinen über sich hinausweisenden Grundbezug relativiert ist, aber so, daß es zugleich durch seine Beziehung zum wahren Absoluten seine grundsätzliche Gültigkeit in der Relation der Zeit und der gegebenen Situation aufrechterhält.

Wir sprechen heute von Integration, vorwiegend von wirtschaftlicher und politischer Integration. Dazu ist zweifellos ein integrierendes Denken notwendig, das allein zu diesen Leistungen befähigt ist. Zweifellos drückt sich aber darin die Tendenz zum Ganzen aus, die wir in dem neuen integrativen Denken in den Bereichen des Geistes der

Wissenschaft und der Philosophie wirksam fanden. Die sich vom Totalitären unterscheidende Struktur des Ganzen besteht, wie wir zusammenfassend noch einmal hervorheben, darin, daß die Einzelmomente und Faktoren im Ganzen nicht unterdrückt und wechselweise dialektisch aufgelöst werden, sondern darin, daß das Ganze aus der größten Mannigfaltigkeit des Einzelnen, des individuellen Ansatzes und des persönlichen Einsatzes, also aus der sachlichen und persönlichen Differenzierung die intensivste Kraft seiner konkreten Verwirklichung entfaltet.

Auf der Basis der Selbstgleichheit ist eine lebendige Gemeinschaft überhaupt nicht möglich, sondern nur die Alleinheit des eigenen Selbst, der Solinismus. Was kann mir einer bedeuten, der genau so ist wie ich selbst, mein Doppelgänger. Er ist mir überflüssig und unerwünscht. Erst die Andersheit ergibt die Möglichkeit zu fruchtbarer Ergänzung, zum Werden eines neuen Ganzen. Dieses Ganze, das aus echter Gemeinschaft erwächst, die schöpferische Gestaltung dieses Ganzen, beruht nicht auf der Identität, auf der Gleichheit, sondern geradezu auf der ergänzungsfähigen Verschiedenheit. Ich spreche daher vom integralen Ganzen im Gegensatz zum totalitären Ganzen, das auf der Nivellierung aller Unterschiede durch gewaltsame Gleichschaltung, also auf der Herrschaft der Identität beruht. Unter Integration – ein heute so oft gebrauchtes Wort – verstehe ich einen Prozeß oder eine Tätigkeit, die ein Ganzes bildet, in dem die Teile als Glieder unversehrt, integer, gewahrt bleiben, aber durch ihren Ergänzungszusammenhang eine neue Einheit und Ordnung verwirklichen, zu der das einzelne Glied, der einzelne Teil für sich allein niemals fähig wäre. Wenden wir diese Definition auf das Verhältnis der Nationen an, so ergibt sich die Idee einer Gemeinschaft, die nicht international sondern übernational gestaltet ist. Die nationalen Besonderheiten werden nämlich in dieser Gemeinschaft nicht nur gewahrt sondern geschützt gegen die Übergriffe der Totalität und können so erst zu ihrer Entfaltung kommen. Zur Verteidigung der nationalen Lebensinteressen und zur vollen Entfaltung des wirtschaftlichen, sozialen und geistigen Lebens ist heute keine einzige Nation, kein einziger Staat für sich allein in der Lage; er ist auf die anderen angewiesen. Aus Gründen der technischen und zivilisatorischen Entwicklung fügen sich heute die einzelnen Teile der Welt zu einem unlösbaren Ganzen immer inniger zusammen, zu der unlösbaren Schicksalseinheit der einen ungeteilten Welt. Es ist ein Weltbewußtsein im Werden, wie es Hegel wenigstens in seiner allumfassenden Formalstruktur vorausgesehen hat. So wie es nur mehr Weltkriege geben kann, so auch nur einen Weltfrieden, den eine Weltorganisation nur unter der Voraussetzung einer verwirklichten übernationalen Gemeinschaft herbeiführen und sichern kann. Der umfassenden und komplexen Einheitsaufgabe, der die heutige Welt gegenübersteht, kann der primitive Nationalismus des

19. Jahrhunderts nicht mehr genügen. Darüber sollten die beiden Weltkriege des 20. Jahrhunderts die Menschheit schon aufgeklärt haben. Es ist heute weniger denn je möglich, daß eine Nation allen anderen ihr Lebensgesetz aufzwingt und daß ein System alles sich unterwirft. Die Geschichte beweist durch Napoleon, Wilhelm II., Hitler usw., daß aus dem Nationalismus der Imperialismus und aus diesem der Totalitarismus entsteht, der Zerstörung und Untergang zur Folge hat. Wir in Österreich haben im besonderen unsere Erfahrung mit dem Nationalismus gemacht und ihn wahrhaftig als ein Element der Desintegration kennengelernt, ein Element, das die naturgegebenen geographisch und geschichtlich begründeten Lebenszusammenhänge zwischen den Völkern zerreißt und diese dann einer unsicheren, ihren nationalen Interessen zuwiderlaufenden Entwicklung überantwortet. Die Überwindung des Nationalismus durch eine übernationale Gemeinschaftsordnung kann aber zuletzt nur aus einem neuen integralen Denken, das die ergänzende Einheit der nivellierenden Gleichheit vorzieht, erwachsen. Sie kann nur erwachsen aus einer offenen Weise des Zusammendenkens, aus einer Aufgeschlossenheit für die Interessen und Aufgaben des anderen. Dazu ist eine geistige Haltung notwendig, die das egoistische Pochen auf das eigene Selbst unterläßt und durch eine die eigenen Grenzen überschreitende Erhebung zu einem Standort gelangt, der einen Überblick über das ganze gewährt, von dem aus der eigene Teilbereich in seiner Gestalt sichtbar wird und als Gliedbestand in die umspannende Einheit des Ganzen der Welt und Wirklichkeit sich einfügt. Diese gemeinsam gebildete Wirklichkeit ist es, an der alle Nationen, ja alle Menschen teilhaben und durch die sie miteinander in Verbindung stehen. Sie verhalten sich als kommunizierende Gefäße, in denen ein und dieselbe Flüssigkeit zu gleicher Höhe emporsteigt, so verschieden auch die Form und Gestalt dieser Gefäße sein mag. Die gemeinsame Wirklichkeit ist die Grundlage der Kommunikation, der Gemeinschaftsverbundenheit der Völker, die Möglichkeit ihrer ständigen Gespräche, ihres inneren Kongresses des Verstehens und der Verständigung, der das bonum commune, das allgemeine Wohl der Gesamtheit, also der ganzen Welt im Auge hat, in einer weltumspannenden Ordnung, die den Frieden und die Wohlfahrt aller mitten in allen Spannungen und Gegensätzen verfolgt und ihn zu retten und zu wahren sich zur Aufgabe gemacht hat. Denn es ist klar, die integrative Ordnung ist ein Ganzes der Gestalt und nicht der Gewalt. Ein Ganzes der Differenz und nicht der Identität. Es ist die schöpferische Gestaltung des Geistes, der alle partikulären Tendenzen in ihre Schranken weist und die einzelnen Teile gerade in dieser Beschränkung durch Einordnen in einen übergreifenden Ordnungszusammenhang erst zu fruchtbarer Eigenentfaltung und gleichzeitig zur Entfaltung des Ganzen bringt. So hätte sich uns die große

Veränderung in den Fundamenten unseres Daseins, von der Einstein und Heisenberg, wie wir eingangs berichteten, sprechen, als ein neues Denken des Ganzen verdeutlicht, als ein schöpferisches Denken des Ganzen enthüllt, von dem gesagt werden kann: »Es wird das Antlitz der Erde erneuern.«

C. I. Gulian (Bukarest)

La culture ou le niveau axiologique

Les vues marxistes sur la structure, la genèse, l'évolution, la fonction de la signification de la culture demeureraient incomplètes si nous ne les rattachions à l'*axiologie*. Toute sociologie ou anthropologie de la culture implique des éléments idéologiques (prises de position, modèles, valeurs). Le mieux est d'abord franchement le problème posé par les valeurs et d'en discuter les facteurs explicites.

Comme l'a montré Adam Schaff, entre l'idéologique, les attitudes humaines et les valeurs, il y a un rapport intime, constatatif : » Par › idéologie ‹, j'entends des points de vues fondés sur un système de valeurs et relatifs aux problèmes posés par l'objectif souhaité du développement social ; points de vue qui déterminent les attitudes des hommes, soit leur disposition à adopter certains comportements dans des situations données ainsi que leur comportement effectif dans les questions sociales. «[1]

La sociologie marxiste de la culture rejette les faux-fuyants et se détourne de la naïveté (ou de l'hypocrisie) du positivisme entiché d'objectivité. Il lui appartient de se pencher sans détours sur la qualité (ou valeur) des faits culturels et, expliquant la culture, de la valoriser afin de l'intégrer à l'histoire de la culture universelle : » Les concepts de société et de culture, qui sont à l'origine même des sciences sociales académiques, se fondent, en partie, sur une réaction provoquée par un échec historique : l'homme a failli posséder l'univers social dont il est l'auteur. A cet égard, les sciences sociales académiques représentent les sciences sociales d'une époque d'aliénation et d'une humanité aliénée ... L'» objectivité « des sciences sociales ne traduit pas le détachement atone d'une certaine manière d'envisager l'univers social : voyons-y plutôt l'effort ambivalent fourni par l'individu désireux de s'adapter à l'aliénation, et l'expression d'un ressentiment muet. «[2]

Nous ne saurions donc nous borner à démontrer que les valeurs de la culture spirituelle sont des » épiphénomènes « ou un simple » rajout «, que les créations de l'esprit se trouvèrent toujours (et ne cesseront jamais de se trouver) dans un état de » dépendance « et que leur indépendance est » illusoire «. Arrachées à leur contexte, certaines pages de Marx, Engels et Lénine autorisèrent des penseurs marxistes indifférents aux valeurs spirituelles, ainsi que les adversaires du marxisme, à ravaler celui-ci au rang de l'économisme, de la vulgarisation, du sociologisme. Ce serait là nier la spécificité des valeurs spirituelles et, de la sorte, blesser la dignité de l'homme-démiurge, anéantir l'élément axiologique de la culture, en supprimer le *sens* et la *valeur* générale.

Au cours des dix dernières années, la situation s'est, cependant, améliorée. Rendons grâces à plusieurs penseurs marxistes ainsi qu'aux analyses objectives de certains auteurs non marxistes (Gurvitch, par exemple). Le dogmatisme et ses champions n'ont, certes, pas disparu : on tombe encore sur des interprétations schématiques, méprisantes, des phénomènes spirituels ; plusieurs auteurs non-marxistes ne laissent pas, dans leur hostilité, de se méprendre sur la dialectique marxiste appliquée à la culture. Ces phénomènes regrettables touchent, toutefois, à leur déclin. Et c'est précisément parce que la » sociologie de la culture « semble mettre l'accent sur les seules assises sociologiques et sur le mécanisme de l'explication, qu'il nous paraît indispensable de souligner le rôle joué non seulement par la morale, mais encore par les valeurs culturelles en soi et, avant d'achever notre Introduction, d'accéder au plan *axiologique*.

Une fois exposé le rôle dévolu à l'homme et à la société, il va de soi que nous ne risquons plus de flotter ou d'imiter les phénoménologistes, qui isolent les valeurs de l'homme et de la société ; nous ne tomberons pas davantage dans les errements des spiritualistes. Tirons-en la leçon et avançons avec prudence pour forger un certain nombre de *concepts dialectiques et critiques* (création, liberté, personnalité, morale, valeur), rétablir le caractère *spécifique* et *nouveau* de la culture (envisagée sous l'angle ontologique) et assurer l'» autonomie relative « de l'esprit à l'égard de tout relativisme.

L'» autonomie relative « de la culture fait l'objet d'une thèse marxiste armée d'arguments théoriques et disposant, pour ses démonstrations, d'exemples et d'analyses variés. L'argumentation théorique choisira pour point de départ la distinction et la synthèse dialectique opérées par Hegel entre le *logique* et le facteur *historique*. Cependant, le logique ne représentant qu'un seul aspect de la valeur, force nous est de reccurir à un concept plus large : se sera la *valabilité* (Geltung) non seulement de la vérité, mais aussi *des valeurs* éthiques et esthétiques.

Loin de porter atteinte au *sens* de la culture, la thèse de l'» autonomie relative « le met, au contraire, en évidence, tant à l'égard du relativisme que des vues » biologistes «, » psychologistes «, ou nihilistes. Des circonstances historiques précises exigeaient, il est vrai, que Marx et Engels missent l'accent avant tout sur l'état de dépendance de la conscience sociale par rapport à l'existence sociale. Mais nous ne saurions négliger le *message axiologique* fort explicite contenu dans les » Ecrits de jeunesse « (» Manuscrits économico-philosophiques «), implicite d'un bout à l'autre de la doctrine marxiste et clairement formulé dans les » Fondements «. Les adversaires du marxisme ou les » marxologues « eux-mêmes, du simple fait qu'ils parlent d'une » eschatologie « du marxisme, admettent que celui-ci ne pouvait pas manquer de dresser une table de valeurs : structures sociales et rapports humains » meilleurs «, efforts, réalisations et *créations* ; ceux-ci, n'existant qu'à l'état d'intentions, de fins ou de projets, représentent des structures *idéales* ou *maximales* – soit des *modèles* et des *valeurs* ; ces valeurs s'appuient sur des réalités objectives ou des possibilités. C'est là toute la dialectique de la transformation du possible en réel.

L'Homme-démiurge. La prise de conscience

Les » défenseurs « de l'homme et de ses facultés créatrices éprouvent une certaine gêne ou, du moins, sont sur leurs gardes, dès qu'ils entendent parler d'une » sociologie « de la culture. Si la morale, l'art, la connaissance sont socialement et historiquement déterminés, il ne s'ensuit pas que le marxisme nie implicitement la liberté et la valeur du choix (éthique), ou la valeur des créations esthétiques et de la pensée théorique. Le mérite des créateurs – et même des plus grands – serait mince, vraiment, si les bouleversantes doctrines éthiques des réformateurs, la profondeur des systèmes philosophiques ou l'exubérance infinie des formes d'art n'étaient que le reflet ou la transposition éthique, esthétique ou théorique de telles couches sociales, de telles dislocations historiques, de tels impératifs politiques.

Leur mérite est *immense,* et ceux qui le diminuent – à leur insu peut-être, je le veux bien – sont précisément ceux qui par quelque réticence ou pudeur spirituelle mal entendue (et bien étrangère à l'esprit scientifique) renâclent devant un examen lucide ou le devoir de révéler le déterminisme socio-historique. Au niveau spirituel, les créateurs sont des démiurges parce que ce déterminisme est latent » dans l'air « ; quoique nécessaire, issu de lois historiques objectives, on le ressent comme un besoin étouffé, vague. Personne n'a jamais indiqué à un créateur la manière de » traduire « – disons le mot : de transfigurer la Nécessité en Valeur ou en appels pathétiques, en ouvrages théoriques ou en fantaisie artistique. Dans l'histoire de la culture, la » traduction « de la Nécessité en Valeur constitue une *nouveauté* évidente ; elle est, incontestablement, le fait d'un démiurge. Il n'est pas jusqu'aux doctrines sociales, politiques et juridiques (dont l'esprit est le plus proche des besoins et des intérêts des classes sociales ou d'une société sans classes) qui n'exigent une clarté parfaite dans la formulation conceptuelle des intérêts, des recherches capable de mener aux *solutions* et des *arguments* en tout point capables de combattre les doctrines, les avis, voire les agissements contraires. Pour se convaincre de l'importance accordée par le marxisme à la valeur théorique de l'exemple, il n'est que de rappeler la *théorie économique*. La bond qui porte l'histoire de l'inconscient à la prise de conscience y est décrit avec vigueur. Marx, Engels et Lénine faisaient un cas extrême de la théorie économique exposée dans la doctrine marxiste ; nul ne l'ignore et nous n'insisterons pas davantage sur ce point. Mais nous rappellerons l'importance accordée par Marx à la théorie économique dans les six volumes de son » Histoire des doctrines économiques « (édition Molitor) où il analyse et valorise avec soin l'œuvre des économistes qui l'ont précédé, c'est-à-dire de ceux qui » traduisirent « en théories les besoins sourdement ressentis par une classe.

Marx, on le sait, part de l'idée que » dans la production sociale de leur existence, les hommes entrent dans des rapports déterminés, nécessaires, indépendants de leur volonté, qui sont les rapports de production «[3]. De même que, sur le plan subjectif, l'homme ne peut pas » choisir « sa structure anatomique et physiologique, de même se trouve-t-il empêché, sur le plan objectif, de choisir ce » donné « fondamental qu'est la situation socio-historique, la structure sociale. Il ne lui reste qu'à *rêver* à » ce qu'eût été sa destinée « dans l'Antiquité cu pendant la Renaissance. Pourtant, de même que la structure physiologique, *commune* à tous les hommes (excepté les débiles mentaux et les cas pathologiques) ne met pas obstacle aux différences spirituelles infinies qui séparent les individus, de même » le fait que l'humanité n'assume que des charges qu'elle est capable de mener à bonne fin «[4], ne diminue aucunement l'élément *essentiel* de la culture, à savoir la transfiguration, au moyen d'un acte créateur, du fait en symbole, idée, image, etc.

Une grave erreur que de confondre le déterminisme dialectique marxiste avec le déterminisme *mécaniste* du type spinozien. Il faut vraiment ignorer les circonstances dont s'accompagne la genèse du marxisme et faire peu de cas des témoignages de Marx et d'Engels, pour oublier qu'entre la philosophie rationaliste et déterministe des XVIIe et XVIIIe siècles et le marxisme il y a Hegel, autrement dit la dialectique. Si Marx et Engels rendaient justice au rôle historique joué dans l'histoire de la pensée moderne par les grands philosophes (Descartes, Spinoza, Hobbes, les Encyclopédistes), ils les accusaient, toutefois, de faire la part trop belle au déterminisme et à la nécessité, et, par là, de *nier la liberté et le contingent*. Nous ajouterions aujourd'hui : nier *l'acte créateur*.

C'est précisément dans ses » Contributions à la critique de l'économie politique « (auxquelles nous avons emprunté nos citations) que Marx souligne la différence – essentielle pour la théorie de la culture – séparant l'*inconscient* (historique, économique) et la *prise de conscience*. Les périodes où les forces de production entrent en conflit avec les relations de production lui inspirent la réflexion suivante : encore que la superstructure dépend de la base et des structures économiques et sociales, » il importe d'établir une distinction entre le bouleversement matériel des conditions de production économiques ... et les formes juridiques, politiques, religieuses, artistiques ou philosophiques – *idéologiques, en un mot*, grâce auxquelles l'homme prend conscience de ce conflit et y met fin par un combat «[5].

Il va sans dire que, puisque l'on *distingue* la superstructure de la base (selon la volonté de Marx), la prise de conscience joue un rôle spirituel de premier plan dans la valorisation des créations culturelles, tant aux époques troublées que dans les périodes de calme. Quelque » sage « que soit une époque, les créations de l'esprit, loin d'être un reflet passif, » épiphénoménal «, impliquent forcément des efforts : il s'agit, en effet, de faire apparaître au niveau de la conscience une foule de désirs, de besoins, d'aspirations et de normes sociales, de les revêtir de » formes idéologiques « et de les » traduire « en pensées, ou préceptes moraux ou en œuvres d'art. (Quelle ne fut la richesse du XVIIe siècle ou du siècle du Périclès, particulièrement calmes!).

Aux époques de » calme « (et nous mettons le mot entre guillemets parce que, dans les sociétés divisées en classes, la lutte des classes n'a jamais pris fin), comme dans la tourmente révolutionnaire, l'homme s'efforce de prendre conscience de ses devoirs, de ses problèmes, de ses aspirations ou de ses déboires – mais il s'efforce aussi de créer, et cela dans tous les domaines (éthique, esthétique, théorique).

Encore que les structures et les lois objectives de l'histoire apparaissent comme un déterminisme inéluctable, celui-ci ne diminue en rien la portée et la suprême valeur des formes idéologiques par le truchement desquelles s'opère la prise de conscience. La liberté et la création exercent leur action non pas *contre* le déterminisme, mais bien à un *niveau supérieur* d'où elles dominent les structures économiques et sociales. Marx entendait le déterminisme au sens réaliste où l'avaient entendu avant lui Spinoza, Kant et Hegel : il y voyait seulement la base des valeurs.

Introduire le » chaînon humain « ne revient pas à introduire la psychologie sociale ou individuelle en tant que seconde » base « dans l'explication de la culture ; c'est traduire seulement théoriquement la jonction de la psychologie sociale avec l'anthropologie philosophique qui intègre la vie psychique dans sa propre vision synthétique, dialectique.

Il ne suffit pas de montrer que l'homme sent, pense et agit » conformément « au groupe social et au peuple dont il fait partie. La théorie de la culture est tenue d'aller plus loin, de prouver : 1) que tout ce que l'homme crée (institutions, symboles, idées, etc.) incarne en vertu de ses besoins un certain nombre de *valeurs* ; 2) de déchiffrer *en même temps* la *fonction* sociale ou de classe des faits culturels et leur *signification axiologique*.

Nécessité et Valeur

Plusieurs philosophes idéalistes de la culture, tel Spengler, estiment la civilisation inférieure, voire opposée, à la culture. Selon Spengler, la civilisation coïnciderait avec la vieillesse et l'épuisement d'une culture. La culture matérielle est réputée » stérile et privée de toute signification naturelle «. Au bout de près d'un siècle d'ethnologie, d'anthropologie et d'archéologie, ces oppositions s'avèrent désuètes ; les vestiges du spiritualisme détonnent dans un monde ébloui par les prouesses de la technique. Les sciences mentionnées plus haut éclairent le rôle considérable joué par la culture matérielle ; sans elle, l'apparition de l'homme et la civilisation seraient impensables. La culture matérielle témoigne d'une emprise créatrice de l'homme sur la nature. Dans *De la préhistoire à l'histoire*, le grand archéologue anglais Gordon Childe écrit : » On peut affirmer, sans crainte d'exagération, que tout outil est une incarnation de la science : il représente l'application d'un certain nombre d'expériences remémorées, comparées, réunies, semblables à celles dont se compose le phénomène scientifique. « Et le savant britannique de souligner l'importance historique du néolithique, où l'homme, renonçant à n'être qu'un parasite de la nature (dont il tirait parti par la récolte et la chasse), commença à agir sur elle au moyen de l'agriculture, de l'élevage, de la poterie et de ses premiers essais de métallurgie.

Les deux cultures (spirituelle et matérielle) se distinguent par leurs fins, mais exercent la même fonction : elles traduisent la réponse de l'homme aux besoins de l'existence matérielle et spirituelle, la solution des trois grands problèmes ou maîtrise de l'homme sur la nature, sur la société et sur lui-même.

Le besoin de se nourrir, de chanter ou de danser sont naturels ; ces deux manifestations » naturelles « deviennent des valeurs. Dans les sociétés archaïques ou au sein des collectivités rurales, la danse revêt une signification qu'elle perd dans les sociétés qui, affranchies par les progrès techniques de la foi ou la magie, prennent aux gestes et à la mimique un plaisir purement esthétique.

Comme nous essaierons de la montrer plus loin (III. Structuralisme et Dialectique), le néokantisme badois, la phénoménologie et, de nos jours, certains structuralistes ont le mérite d'avoir rappelé la structure objective des phénomènes spirituels. Mais toute concession devient impossible quand il s'agit du caractère *spécifique* des phénomènes sociaux et humains : qu'ils relèvent de la base ou de la superstructure, ces phénomènes ne livrent leur secret que par l'intermédiaire d'un » sujet «. Ce sujet, c'est l'homme appartenant à telle société ou classe, l'homme qui, mû par ses besoins existentiels, adopte une certaine *attitude* et porte un *jugement de valeur* sur la morale ou l'art, la religion ou la connaissance, d'où il ressort que valeur et nécessité sont parties intégrantes des structures de la culture. Les structures économiques ne connaissent ni besoins existentiels, ni valeurs. Beaucoup de penseurs contemporains (marxistes et non-marxistes), quoique fidèles à leurs positions idéologiques, s'accordent à reconnaître l'immense portée d'une catégorie que le structuralisme est impuissant à abolir : la valeur. Les phénomènes sociaux et humains ont, sur les phénomènes naturels, l'avantage et le désavantage d'être chargés de sens ou de non-sens.

Le structuralisme, plaidant pour la » totalité «, raisonnerait avec plus de logique s'il intégrait le sens ou la valeur à la *totalité* du phénomène humain et social. Les esprits objectifs repoussent l'opposition arbitraire entre fonction et valeur : les prétentions de deshumanisation émises par le structuralisme : » La valeur paraît être le signe d'une dimension distincte, qui est celle de la fonction «[6].

Fonction, superstructure, conscience sociale, autant de catégories introduites par Marx bien avant que les fonctionnalistes anglo-saxons n'enseignent leur » intégralisme « étroit. Les recherches effectuées par les sciences sociales (de l'ethnologie à l'histoire de la philosophie) nous permettent d'opposer au structuralisme deshumanisant (Foucault) une conception dialectique de la *structure*, de la *fonction* et du *sens* (ou de la valeur).

La sociologie de la culture exerce d'abord une fonction gnoséologique : elle *explique* les valeurs, s'attache à dévoiler les *causes de leur apparition et de leur évolution*, de pénétrer le processus dialectique de leur double *fonction* socio-historique et *anthropologique*. A l'instar de l'anthropologie philosophique, la théorie de la culture vise à atteindre deux buts d'égale importance : *connaître* et *valoriser* les diverses cultures ou la culture universelle.

Toute culture est entièrement au service d'une société ou classe donnée. Les valeurs sont, cependant, susceptibles de s'en détacher et d'être validées de différentes manières, chaque fois que des problèmes analogues se posent à d'autres sociétés. » Les mêmes individus et les mêmes groupes peuvent, suivant des structures et des conjonctures sociales variées, jouer des rôles très différents, sinon opposés. Des individus et des groupes, révolutionnaires à un moment donné, peuvent, en d'autres circonstances, devenir conservateurs, soit que la révolution ait triomphé, soit qu'ils aient été largement dépassés par des groupes et des individus plus avancés. On assiste ici à un changement fondamental des » rôles sociaux « dans une société. C'est ainsi, en particulier, que Marx a décrit le changement historique de *rôle* des différentes classes sociales, singulièrement de la classe bourgeoise et de la petite bourgeoisie. «[7]

Toute culture constitue un système de valeurs matérielles et spirituelles répondant à un ensemble de problèmes existentiels, allant de l'obtention de la nourriture à la création artistique. D'une façon ou d'une autre, tous les faits de culture témoignent de la faculté que possède l'être humain d'exciter et de créer ; ils se situent, par conséquent, *sur le double plan de l'existence et de la valeur.*

La fabrication des outils, la découverte du feu, de l'agriculture, de la roue, de la barque, de la boussole et de la montre, l'invention de l'écriture et du calcul, la création des mythes, la peinture rupestre, l'architecture des temples – autant de phénomènes culturels répondant à des besoins existentiels et devenus des valeurs ; ils facilitèrent l'adaptation de l'homme au milieu naturel et social et prouvent que cette *adaptation* était une *création.*

C'est pourquoi il nous est loisible de parler d'une *fonction existentielle de la culture,* dans un esprit opposé à l'» existentialisme «. Susceptible d'acquérir des significations nouvelles, la terminologie philosophique garde aussi celles dont elle s'est chargée au cours de la longue histoire. A cet égard, la *fonction existentielle de la culture* ne doit pas être entendue au sens éthique et philosophique qu'elle avait au XIXe siècle et au début du nôtre.

Née en un temps où l'on ne parlait que de l'autonomie, de la gratuité et de la pureté de la pensée et de l'art, la philosophie des valeurs, enseignée par les néokantiens badois, ignorait (volontairement ou non) le sens existentiel de la culture. Celui-ci échappait complètement à une axiologie idéaliste et aérienne, issue du néokantisme phénoménologique et spiritualiste. Il a fallu les données de l'archéologie et de l'ethnologie modernes (autrement dit de l'» anthropologie culturelle «), qui poursuivent à pied d'œuvre leurs recherches sur la culture des sociétés archaïques, ainsi que les résultats obtenus par l'histoire et la sociologie des formes de culture et les découvertes de la psychologie moderne (besoins, motivations, comportement), pour comprendre la notion de Nécessité et le sens existentiel (nécessaire) de la culture.

S'imaginer que ce serait léser le prestige des valeurs culturelles (éthiques, esthétiques, théoriques) que d'en révéler la signification existentielle et nécessaire, est le fait d'un préjugé spiritualiste et d'une appréhension irraisonnée. Les valeurs nous sont indispensables comme l'air que l'on respire ; est-il plus bel éloge à décerner à la culture ?

L'explication marxiste de la société et de la culture a pour postulat l'acquisition des moyens d'existence ; ce n'est point là ignorer ou mépriser les *niveaux,* la frontière qualitative séparant l'esprit de l'univers biologique. Mais on ne saurait davantage nier le rôle joué par les besoins biologiques dans la genèse de la culture ou la naissance d'une personnalité. L'archéologie, l'ethnologie et l'histoire nous en avertissent à tout moment, pour transfigurés que soient dans la culture les besoins existentiels.

D'innombrables phénomènes (psychiques, spirituels, sociologiques) – et non pas quelque postulat dialectique – nous invitent à renverser la barrière métaphysique dressée entre la nécessité et la valeur, l'adaptation et la création, l'utile et le gratuit. Obligé de se défendre et de s'adapter au milieu (naturel et social) et à son propre être, l'homme primitif devint inventif et créa ses outils, ses armes, ses premiers abris, ses tombeaux, ses monuments (dolmens), ses mythes, ses rites, ses statues d'ancêtres, ses dessins d'animaux, ses incantations. Dotés, à l'origine, d'un sens utilitaire, ces éléments de culture ne freinèrent en aucune façon l'évolution de la technique, du droit, de la morale, de l'architecture, des arts plastiques ou de la littérature. Ainsi, une classe révolutionnaire, désireuse de renverser des obstacles économiques et socio-politiques, inventera mille moyens culturels de critiquer, démasquer, dénigrer le régime, les mœurs, les normes et les valeurs de la classe adverse.

Les besoins existentiels stimulent celui d'inventer ou de supprimer, de transformer, de refondre institutions, représentations et normes, engendrent de nouvelles idées, des formes nouvelles de culture, stimulent l'énergie et le don d'invention, animent les arts, encouragent l'esprit de système en politique et en toute idéologie. Sans renier leurs origines existentielles, de nouvelles formes de culture acquièrent une autonomie relative et ne laissent pas de tirer parti des traditions (technique, juridiction, coûtumes, goûts, etc.).

Expliquer une culture, c'est suivre, sur le plan spirituel, les rapports de tension et d'adaptation qui concrétissent le rapport général entre l'homme et l'existence, l'homme et la nature, l'homme et la société, l'homme face à lui-même, sous quelque régime que ce soit. Il n'y a pas de besoins existentiels abstrait, ces problèmes fondamentaux ou besoins existentiels revêtent toujours une forme historique. Il ne s'agit pas ici de l'» homme « abstrait, ni de la » situation « abstraite, mais bien de l'homme réel appartenant à telle société, à telle classe. Ces rapports peuvent être vécus sans heurt, au prix d'un certain effort, mais en évitant la crise, chaque fois qu'une société ou classe sociale se trouve en mesure de résoudre les problèmes sociaux soulevés dans la phase qu'il est convenu d'appeler son ascension ou son apogée (le siècle de Périclès, le siècle d'Auguste, le Grand Siècle, etc.) En revanche, ce rapport devient un véritable problème (c'est-à-dire, crée un dilemme et donne naissance) à une crise de culture lorsqu'une classe cherche sa place dans l'histoire ou qu'une société traverse une crise d'où elle sortira rajeunie. Cette situation historique d'une classe ou d'une société doit être saisie dans son dynamisme.

La réponse donnée par la société (ou une certaine classe) aux problèmes existentiels – maîtrise de la nature, de la société et de soi-même – détermine l'ensemble de la culture ou de la vie spirituelle (morale, art, pensée). Des prises de position actives et positives découle une morale combative, optimiste, équilibrée, un art pétri d'humanisme, des connaissances positives sur la nature, une philosophie affirmative et systématique. Aux époques de crise (période hellénistique, Romantisme, XXe siècle) – quelque différents que soient, par ailleurs, les structures sociales, les rapports de classe, les moyens de vaincre la crise de la culture traduit ce que nous avons nommé le » refus existentiel «[8]. Celui-ci affecte une infinité de formes : cynisme, stoïcisme, évasion » au royaume de l'esprit « (Schiller, Hegel), surréalisme, art abstrait, existentialisme (quête d'une » autre « vie entreprise par Kierkegaard) ou plongée dans l'égotisme et l'» angoisse « (enseignée par Heidegger) etc. Chaque fois, il s'agit de venir à bout de la crise historique.

En temps » normal « ou aux époques de crise sociale et historique, la culture apparaît toujours comme une réponse existentielle qu'il s'agit de conquérir le cosmos ou de préparer les crises d'une nouvelle société.

L'intégration ou adaptation existentielle a pour facteur indispensable (mais pas unique) l'adaptation biologique. Celle-ci est impuissante à fournir toutes les réponses, rôle dévolu à l'ensemble des faits de culture (matériels et spirituels). La sécurité matérielle ne remplace ni la sécurité psychique, ni le besoin spirituel de liberté et d'affirmation de soi. Les outils, les vêtements, les armes, ont-ils une signification limpide, *directe*, qui prolonge, en quelque sorte, la réaction organique d'adaptation, aussitôt les représentations religieuses et magiques et les symboles (monuments, formes, cultes) peuvent traduire pourtant, la maîtrise du monde ou témoigner, au contraire, du refus de monde. Les symboles ne sont pas moins utiles à l'homme que ses outils, ses armes ou ses abris, parce que, réel ou fictif, le symbole l'aide à prendre contact avec l'univers.

L'histoire et la théorie de la culture analysent et valorisent les phénomènes (moraux, religieux, artistiques, techniques, philosophiques etc.) non pas » en soi «, mais en tant que faits culturels, c'est-à-dire au double sens de *réponse existentielle* et *de valeur*.

Chaque société, chaque individu, chaque problème existentiel ayant un caractère historique et concret, est-il possible de comprendre les cultures étrangères ? Le marxisme n'a rien du relativisme qui constate la symbiose de l'histoire et du facteur humain. Dans leur essence, les problèmes existentiels sont éternels et constants, en dépit de l'infinie variété des solutions possibles. Si nuancées soient-elles, celle-ci révèlent, néanmoins, les analogies que présentent, sous tous les régimes, les classes en pleine ascension. Par ailleurs, on connaît des

» crises « de culture et des » cultures de temps de crise « en Chine et aux Indes dans l'Antiquité, en Europe (XIV–XVe s.), et, de nos jours, dans le monde entier.

Le caractère existentiel de la culture spirituelle est évident sous l'angle historique et social, qui est celui de la fonction généralement dévolue à la morale et à la pensée. En effet, si l'art ou la connaissance joue, dans la vie de l'individu, un rôle essentiellement variable, allant de l'indifférence de l'illettré à la passion du créateur, la culture matérielle, elle, est indispensable à la société tout entière, lors même que tous les individus ne participent pas directement au processus de production. Mais les deux types de culture sont également nécessaires à une société ou à une classe, en dépit des théories ostentatoires sur la » gratuité « et la » pureté « de la culture spirituelle, ou de l'indifférence (témoignée sur le plan professionnel, psychologique ou spirituel) par certaines formes de culture (artistique, religieuse etc.) aux phénomènes économiques et techniques.

Chaque culture spirituelle révèle à sa manière, sa vocation ou fonction existentielle. Le droit et la morale assurent la vie en commun, soit au moyen d'une contrainte juridique, soit en faisant pression sur l'opinion, soit en aiguillonnant à la fois l'amour propre et le sens des valeurs. L'art est capable d'évoquer les prouesses des aïeux, d'exalter les vertus du passé et du présent, ou bien, au contraire, de flétrir l'erreur et le vice : l'art peut embellir une vie sociale florissante, mais il sait aussi promettre l'évasion compensatoire. La religion devient l'étendard de guerres de conquête (comme l'islamisme), sert de justification morale à une nouvelle classe (tel le protestantisme au XVIe siècle) ou présente un mélange de mécontentement social et de consolations spirituelles (comme le christianisme naissant).

Avant et après Aristote, qui fit de la philosophie une » théorie « (ou contemplation), l'homme eut recours à la pensée pour se guider ou agir, que ce fût parmi des peuplades primitives de chasseurs ou dans les remous économiques, techniques, socio-politiques et idéologiques, soulevés par le monde actuel. Mais la culture demeurant inexplicable sans le chaînon humain ou le phénomène psycho-spirituel qu'est la *compensation,* la philosophie peut trouver sa justification non seulement dans l'*action réelle,* mais aussi dans l'*empêchement d'agir* ou le renoncement. » A l'instar des Anciens, qui vivaient une préhistoire imaginaire dans la mythologie – notait Marx non sans ironie – nous autres Allemands vivons notre histoire future par la pensée et dans notre *philosophie.* Contemperains philosophiques de notre siècle, nous n'en sommes pas les contemporains *historiques.* La philosophie allemande est le *prolongement idéal* de l'histoire d'Allemagne[9]. «

Incarnations de phénomènes culturels, les valeurs spirituelles ont une base sociale existentielle et une fonction anthropologique qu'on ne saurait isoler de leur *valeur spécifique* sur le plan éthique, esthétique ou théorique. Révéler cette fonction existentielle ne revient pas à empiéter sur d'autres domaines. L'analyse histologique et physiologique se heurte-t-elle jamais à des considérations esthétiques sur le corps humain ? Fondée sur des prises de position sociales et éthiques, l'analyse des valeurs, il est vrai, tient fortement à ses racines. Les valeurs se combinent, se stimulent, se repoussent selon des lois souvent contradictoires. Néanmoins, il est possible d'établir une distinction entre les facteurs esthétique, éthique et théorique, et leurs racines existentielles ; nous les comprendrons dans la mesure où ces racines nous seront connues, ce qui ne nous empêche pas d'émettre des jugements éthiques, esthétiques, théoriques, sur telle œuvre d'art, tel système philosophique, tels faits moraux, quelque étrangères que nous soient par ailleurs la culture et l'époque.

Grâce au *truchement* du » chaînon « humain, nous saisissons la signification des valeurs, en nous gardant, toutefois, de leur attribuer une place dans la hiérarchie établie.

Pour retracer le processus complexe que constituent le désir et le besoin d'atteindre aux valeurs spirituelles, l'histoire de la culture recourt à la sociologie et à l'anthropologie, et, une fois esquissée la base socio-historique de la culture d'un régime donné (ou d'une certaine période de ce regime), à la *psychologie* et à la *morale* d'une société, d'une classe ou d'un groupe social. Les valeurs culturelles tour à tour reflètent, satisfont ou compensent une foule de changements de nuances au sein d'une même classe. Ecoutons plutôt Arnold Hauser : » Vue de loin «, la bourgeoisie française, à la fin du XVIIe siècle, parait immobile. Si l'on y regarde de plus près, on aperçoit, par le truchement d'un art qui est à sa mesure, certaines modifications qui influenceront fortement l'évolution du goût. Apres Louis XIV, incarnation de la monarchie absolue, la Régence. L'activité spirituelle accuse une vivacité incroyable : critiquant le règne qui vient de s'achever, elle est singulièrement féconde et pose des questions qui bouleverseront tout le XVIIIe siècle. Le relâchement de la discipline, l'incroyance croissante, la naissance d'un style de vie plus personnel et plus libre, amènent la décadence du style » grandiose «. Et, pour commencer, on critique l'académisme, qui fait de l'idéal esthétique classique ce que la théorie officielle fait du monarque absolu : un principe atemporel instauré par Dieu[10].

Sous la Régence, l'art s'humanise pour devenir plus accessible ; il ne vise plus à représenter une puissance accablante ou la pompe d'une cour majestueuse ; il se fait gracieux et charmant pour traduire la joie de vivre. A l'artiste on demande la légèreté de touche et la souplesse capables de rendre la vie de l'âme : en 1704, au Salon, deux cents portraits sont exposés. Le paysage héroïque le cède à l'idylle et à la pastorale, mélange d'authentique nostalgie et de conventions de Cour. Aux fresques d'histoire, officielles et » représentatives «, se substituent des scènes champêtres ou galantes d'une aimable sensualité. Watteau, un grand artiste qui a su échapper au piège tendu par la superficialité, et Boucher sont les peintres les plus fêtés.

L'exemple de Watteau et d'autres artistes, ecrivains et penseurs, prouve que ceux-ci ne » représentent « pas seulement la classe au profit de laquelle ils créent, mais qu'ils vont infiniment plus loin par l'acuité de leur intuition et de leur sensibilité. La profondeur de l'art de Watteau traduit une double attitude à l'égard du monde ambiant : débordant de désir, le peintre éprouve, pourtant, de cruelles déceptions, et à la quête du plaisir se mêle la nostalgie d'une inaccessible félicité. Sous le pinceau de Watteau, l'idylle conventionnelle et la puérilité d'une vie factice acquièrent la douloureuse poésie du désenchantement.

Notes

[1] Adam Schaff, Histoire et vérité, éd. Anthropos, Paris 1971, p. 191.
[2] A. Gouldner, The coming crisis in sociology, 1970, p. 53.
[3] Marx, Engels, Œuvres, 13, p. 8 (» Contributions à la critique de l'économie politique «).
[4] *Op. cit.*, p. 9.
[5] Ibidem.
[6] Gurvitch, *Vocation actuelle de la sociologie*, p. 84.
[7] Gurvitch, *Vocation actuelle de la sociologie*, p. 84.
[8] C. I. Gouliane, » *Le marxisme devant l'homme* «, II, L'homme et l'être. Typologie des doctrines inexistentielles, Payot, Paris 1968.
[9] Marx et Engels, Œuvres, 1er vol. Bucarest, Editura politica, 1960, 2^e ed., p. 418.
[10] A. Hauser, *Sozialgeschichte der Kunst und Literatur*, II, München, 1958, p. 10.

Wolfgang Harich (Berlin)

Aus meinen philosophischen Knast-Notizen

Vor genau zehn Jahren, im Frühjahr 1963, hatte ich im Strafvollzug Gelegenheit, das Lehrbuch »Grundlagen der marxistischen Philosophie«, verfaßt von dem Autorenkollektiv F. W. Konstantinow, F. W. Brestnew, M. A. Dynnik, P. N. Fedossejew, J. P. F•anzew, G. J. Gleserman, M. D. Kammari, P. W. Kopnin, J. W. Kusnezow, M. M. Rosental und A. F. Schischkin, deutsch Berlin 1961 (4. Auflage, 748 Seiten), zu lesen, mir daraus Exzerpte zu machen und sie mit kritischem Kommentar zu versehen. Aus meinen damaligen Aufzeichnungen – sie betragen insgesamt 97 Seiten eines Schreibhefts im Format DIN A 4 – überreiche ich im folgenden Adam Schaff mit den allerherzlichsten Glückwünschen zu seinem 60. Geburtstag eine kleine Auswahl und verbinde damit die Bitte an ihn, diese Gabe nur als Kuriosität anzusehen, so, als hätte ich ihm von einer Wanderung einen etwas bizarr geformten Kieselstein mitgebracht. Viel wert ist der Stein nicht. Aber ein kleines Stück Edelmetall ist doch in ihn eingeschlossen: meine Erinnerung an den mutigen Vorstoß, den Schaff 1955 unternahm, als er mit großem Scharfsinn das logikfeindliche Dogma vom widerspruchsvollen Charakter der Ortsveränderung in Frage stellte. Nachsichtig beachten möge der geliebte und verehrte Jubilar, daß ich 1963 außer jenem Lehrbuch keine weitere philosophische Literatur in meiner Zelle hatte, mich also bei der Niederschrift meiner Bemerkungen ganz auf meine zu der Zeit seit fast sieben Jahren metaphysisch unterernährten Gehirnwindungen angewiesen sah. Die im folgenden aufgeführten Seitenzahlen beziehen sich auf das oben genannte Werk. Wörtliche Zitate daraus habe ich in Anführungszeichen gesetzt.

Zum Thema »Metaphysik«

Zu S. 24, Absatz 1, bis S. 25, Abs. 2: »Als metaphysische Methode wird ein Untersuchungsverfahren bezeichnet, bei dem die Dinge und Erscheinungen usw.« ... »Die der metaphysischen entgegengesetzte Erkenntnismethode wird als dialektische Methode bezeichnet usw.«

Eine »metaphysische *Methode*« hat es nie gegeben. Man könnte ebensogut die Impotenz eine »Methode«, den Beischlaf zu vollziehen, nennen. Engels versteht unter »Metaphysik« eine *Erkenntnisschranke*, keine Methode. Und was die Dialektik angeht, so hat überhaupt erst Hegel versucht, sie zur Methode auszubauen. Vor ihm gab es lediglich sporadisch dialektische Einsichten. Die Vorstellung, daß sich durch die ganze Geschichte der Philosophie ein »Kampf« zweier entgegengesetzter Methoden, vergleichbar dem zwischen Materialismus und Idealismus, verfolgen lasse, ist abwegig; schon deswegen übrigens, weil die Philosophen Dutzende Methoden ausgearbeitet und angewandt haben und nicht bloß zwei.

Zu S. 23 f., Fußnote: Die Genesis des Worts »Metaphysik« wird hier so erläutert: »Ursprünglich entstand dieser Terminus als Bezeichnung derjenigen Werke des Aristoteles, die auf seine Schriften zur Physik folgten.«

Also aus einem Grund, welcher der Sache äußerlich war. H. Reiner und F. Bassenge haben nachgewiesen, daß das nicht stimmt. Die höchsten, irreduziblen Seinsprinzipien sind, Aristoteles zufolge, »der Natur nach« das Erste – und, so gesehen, Gegenstand seiner »Ersten Philosophie« –, aber »für uns« am spätesten erkennbar, weshalb es sich *didaktisch* empfahl, sie erst »nach der Physik (ta meta ta physika)« zu erörtern. Diese Überlegung A.s war es, aus der seine – keineswegs willkürliche – Einteilung der eigenen Schriften herrührt.

Weiter wird in der Note behauptet: »Diese (von A. aufgestellten) ›Prinzipien‹ betrachteten die Philosophen gewöhnlich als unveränderlich. Später, seit Hegel, begann man, als metaphysisch die antidialektische Erkenntnismethode zu bezeichnen, welche die Welt als unveränderlich betrachtet.«

Wer ist »man«? Hier stimmt nichts. Erst bei Engels hat, durch einen terminologischen Lapsus, der sich aus der Oberflächlichkeit seiner philosophischen Bildung erklärt, das Wort »Metaphysik« die Bedeutung des Gegenbegriffs zur Dialektik erhalten. Hegel verstand das Wort durchweg noch im aristotelischen Sinne. Er stellte der *alten,* zuletzt von Wolff betriebenen Metaphysik, nachdem diese durch Kant zertrümmert worden war, eine neue, seine eigene Metaphysik gegenüber, deren Methode – die Dialektik ist. So geschehen in der »Wissenschaft der Logik«. Marx gebraucht das Wort nur in der ursprünglichen und allgemein gebräuchlichen Bedeutung (z. B. »Heilige Familie«, Kritische Schlacht gegen den französischen Materialismus). Bei ihm findet die Engelssche Terminologie in diesem Punkt sich nirgends. Ja, Engels selbst gebraucht einerseits »Metaphysik« mitunter im traditionellen Wortsinn (so in »Deutsche Zustände«, wo er Hegel den »letzten großen deutschen Metaphysiker« nennt) und läßt andererseits immer dann, wenn er »*alt-metaphysisch*« sagt, etwa im »Antidühring«, die Provenienz seines Mißverständnisses noch durchschimmern (in der »W. d. L.« heißt in diesem Kontext alt = wolffisch). – Sagt heute ein Marxist: »Wir sind gegen die Metaphysik«, so stimmen alle Positivisten freudig zu: »Wir auch!« Beide Teile reden da aber aneinander vorbei. Der Marxismus bewegt sich durchaus auf dem Boden einer – dialektisch-materialistischen – Metaphysik, die der Positivismus insofern verwirft, als er Weltanschauungsfragen grundsätzlich als sogenannte »Scheinprobleme« abweist.

Zum Gegenstand der Philosophie

Zu S. 30, Abs. 2: Im Unterschied zu den Einzelwissenschaften soll »die marxistische Philosophie (oder die materialistische Dialektik als philosophische Wissenschaft) die allgemeinsten Gesetze jeglicher Bewegung und Entwicklung zum Gegenstand« haben.

Viel zu eng gefaßt. Ein *Teil*gebiet der Philosophie, die Ontologie oder allgemeine Kategorienlehre der realen Welt, ist *unter anderem auch* für die allgemeinsten Bewegungs- und Entwicklungsgesetze zuständig, geht darin aber nicht auf, da es, außer dem Gesetz, noch weitere irreduzible Kategorien, wie etwa »Quantität«, »Qualität« usw., gibt. Und wie vollends will man es fertigbringen, die Problembereiche der übrigen philosophischen Disziplinen unter den Begriff »allgemeinste Gesetze jeglicher Bewegung und Entwicklung« zu subsumieren? Wie den Gegenstand der Erkenntnistheorie, in der es z. B. um die Frage der Realitätsgegebenheit, um das Wahrheitsproblem, um die Kriterien der Wahrheit usw. geht? Wie die logischen Schlußformen, die zwar Gesetzescharakter haben, an denen sich aber nichts bewegt und entwickelt? Dabei ist in dem Buch von alledem ständig die Rede. Sobald die Verfasser jedoch »den« Gegenstand der Philosophie zu bestimmen suchen, vergessen sie die Gegenstände, mit denen sie sich als Philosophen wirklich beschäftigen.

Zur Beurteilung Kants

Zu S. 77, Abs. 5: »Die materialistische Tendenz in der Philosophie Kants kommt darin zum Ausdruck, daß er die Existenz der objektiven Realität anerkennt. Kant lehrt, daß, unabhängig vom erkennenden Subjekt, die ›Dinge an sich‹ existieren. Hätte er diese Ansicht konsequent durchgeführt, so wäre er zum Materialismus gelangt.«

Nein! Das ist falsch und dabei völlig unhistorisch gedacht. Wenn die Anerkennung der objektiven Realität in Gestalt des »Ding an sich« Kant bereits zum – teilweisen – Materialisten machen würde, so müßten die Scholastiker und Wolff auch und erst recht Materialisten gewesen sein, so wäre Kant selbst vor seiner Wendung zum Kritizismus eher Materialist gewesen als danach – wovon keine Rede sein kann. Die Verfasser begehen hier den Fehler, daß sie den Kampf zwischen Materialismus und Idealismus ausschließlich unter dem Gesichtspunkt der *erkenntnistheoretischen* Problemstellung sehen, die erst im letzten Drittel des 19. Jahrhunderts, durch Neukantianer, Positivisten usw., in den Mittelpunkt der philosophischen Auseinandersetzung gerückt ist. Sie verkennen daher einerseits, daß im 18. Jahrhundert in der Hauptsache *ontologische* Fragen zwischen Mat. und Id. umstritten waren, und erliegen andererseits dem Irrtum, die Stellung zum Außenweltproblem für das einzige Kriterium des materialistischen bzw. idealistischen Charakters einer Philosophie zu halten. Um Materialist zu sein, genügt es bei weitem nicht, die Realität der Außenwelt, unabhängig vom Bewußtsein des erkennenden Subjekts, anzuerkennen. Dies ist eine unerläßliche, aber keineswegs ausreichende Bedingung des Mat. Viel entscheidender sind die Leugnung jedweder Gottheit, die Ablehnung des Unsterblichkeitsglaubens, die Anerkennung der Unendlichkeit der Welt in Raum und Zeit, der konsequente Determinismus, die Absage an teleologisches Denken usw. Und das eben waren die Streitpunkte, um die es im 18. Jahrhundert vor allem ging. Erst in der zweiten Hälfte des vorigen Jahrhunderts ist der gnoseologische, der subjektive Idealismus, der diese Fragen als »metaphysische« zu umgehen sucht, sei es in der Nachfolge Kants, sei es in positivistischer Version, zur dominierenden Richtung der idealistischen Philosophie *geworden*. Und er ist es nicht geblieben. Die Reaktivierung der (neothomistischen) Scholastik nach dem Zweiten Weltkrieg z. B., im Zeichen christlich-»demokratischer« Restauration, zeigt, daß man durchaus die Realität der Außenwelt bejahen, sie gegen jeden Subjektivismus verteidigen und gleichwohl Erzidealist sein kann. (Vorstehendes auch zu S. 78, Abs. 2.)

Zu S. 78, Zeile 14 von oben: »Indem Kant die Apriorität von Raum, Zeit, Kausalität usw. anerkennt, gibt er seiner Philosophie die Richtung zum Idealismus« (Lenin).

Anerkennt? Nein, *behauptet!* Hat L. selbst so dilettantisch formuliert? Oder ist er hier von einem Dilettanten übersetzt worden?

Zu S. 78, Abs. 2: »Die unter den Metaphysikern verbreitete Ansicht, wissenschaftliche Methode sei ausschließlich die Analyse.«

Welche Metaphysiker? Was soll hier »Analyse« überhaupt heißen?

Zu S. 78f.: Lauter Mißverständnisse und Dilettantismen über Kant.

Zu S. 78, Abs. 3: »Dialektischen Charakter trug auch Kants Kritik am Verstandesdenken. Er war der Ansicht, daß die Metaphysik, die verstandesmäßige Erkenntnis der Natur, unzureichend sei, daß die Vernunfterkenntnis höher stehe und ihrer Natur nach dialektisch sei.«

Nein, das gerade war nicht Kants, sondern erst viel später Hegels Ansicht. Die »Kritik der reinen Vernunft« ist eine Kritik *an* der Vernunft. Deren spekulative Grenzüberschreitungen werden als wissenschaftlich unzulässig zurückgewiesen, die Erkenntnis wird auf den Verstandesgebrauch eingeschränkt. Worin bestünde denn sonst der – von den Verfassern mit Recht beanstandete – Agnostizismus K.s, wenn nicht darin? An dieser Stelle verdrehen sie den Sinn der K.schen Phil. ins genaue Gegenteil.

Zu S. 78, Abs. 4 und 5: Blödsinn über K.s Antinomien. In diesen geht es um die – im 18. Jahrhundert zentralen – Streitfragen des Kampfes zwischen Mat. und Id., und zwar a) Endlichkeit oder Unendlichkeit der Welt, b) Unsterblichkeit oder Zerstörbarkeit der Seele (gibt es »einfache«, d. h. nicht zusammengesetzte, also unzerstörbare Substanzen, oder ist alles zusammengesetzt und mithin zerstörbar?), c) Freiheit oder Determiniertheit des menschlichen Willens, d) Existenz oder Nichtexistenz Gottes. In den Antinomien gibt die These jeweils den Standpunkt des Idealismus (= Theologie, Scholastik, Schulmetaphysik Wolffs, Theismus usw.), die Antithese den des Materialismus wieder. K. sucht hierbei einen »dritten Weg« zwischen beiden Weltanschauungen. Indem er nachzuweisen sucht, These *und* Antithese seien, obwohl sie einander ausschließen, gleichermaßen beweisbar, will er glaubhaft machen, daß die Vernunft sich bei dem Unterfangen, die letzten, höchsten Fragen der Metaphysik zu beantworten, zwangsläufig in Widersprüche verwickle. Das, meint er, zeige, daß diese Fragen für das menschliche Denken, so unentrinnbar sie es auch belästigten, ewig unlösbar seien. Materialismus und theologisierende Metaphysik (= Idealismus) erklärt er daher beide für unhaltbar. Das Denken sei auf bloßen Verstandesgebrauch innerhalb der »Grenzen möglicher Erfahrung« einzuschränken. Die letzten Fragen müßten dem Glauben überlassen bleiben. Die Antinomien sind demnach keineswegs eine – von den Marxisten positiv zu bewertende – Errungenschaft dialektischen Denkens, wofür die Verfasser sie halten, sondern dienen der Begründung des Agnostizismus in weltanschaulichen Fragen. Und da Kant den »Widerstreit der Vernunft mit sich selbst« letztlich darauf zurückführt, daß die Verstandeskategorien (sowie die »reinen Anschauungsformen« Raum und Zeit) unerlaubterweise auf »Dinge an sich« bezogen würden, während sie ihrem Wesen nach bloß Denkfunktionen (bzw. Anschauungsformen) seien, mittels deren das erkennende Subjekt seine Erfahrungswelt, die Natur, aufbaue (= erzeuge), haben wir es in der Lehre von den Antinomien zugleich mit einer wesentlichen Grundlage des Kantischen subjektiven Idealismus zu tun. Diesen neuen, modernisierten, verfeinerten Id., den er den »transzendentalen« nennt, setzt Kant an die Stelle des alten, offen theologischen Id. der Wolffschen Schulmetaphysik. Wie immer, so führt mithin auch hier der vermeintliche »dritte Weg« nur zu einer Neubegründung und Neuformulierung der idealistischen Positionen. Hegel hat dann den K.schen Agnostizismus überwinden wollen, aber auch wieder auf id. Grundlage, so daß er, H., sich in bezug auf die letzten weltanschaulichen Fragen ebenfalls nicht auf den Standpunkt der Antithesen – d. h. des Materialismus, im Sinne des Holbachschen »Système de la Nature« – stellen konnte. H. hilft sich hier so, daß er erklärt, *über* These und Antithese gebe es jedesmal eine Synthese, in der die beiden »aufgehoben« seien. Das hat zur Konsequenz, daß H.

den Satz vom ausgeschlossenen Widerspruch fallenlassen muß. Die H.sche »Logik des Widerspruchs« hängt also unlösbar mit dem Id. der klass. dtsch. Phil. seit K. zusammen, weshalb H. denn auch die K.sche Antinomienlehre so überaus lobte und – mit vollem Recht – als Vorstufe seiner eigenen Dialektik ansah. Dies bedeutet: 1. Nicht uneingeschränkt kann das Kant-Bild Hegels dasjenige des Marxismus sein, weder in der partiellen Ablehnung noch in der partiellen Zustimmung. 2. Um den Idealismus der klassischen dtsch. Phil. wirklich zu überwinden, muß man zu allererst die Kantische Antinomienlehre mitsamt ihren Voraussetzungen zerschlagen und sich klar und eindeutig auf den materialistischen Standpunkt, den Standpunkt der Antithesen, stellen (die Welt ist unendlich in Raum und Zeit; es gibt keine »einfache«, d. h. vom Materiellen unabhängige, also unzerstörbare Seelensubstanz; es gibt keine »Kausalität aus Freiheit«; es gibt keinen Gott). 3. Die Dialektik der Marxisten, als materialistische, steht nicht – wie die Hegels – im Gegensatz zum Satz vom ausgeschlossenen Widerspruch (und damit zur formalen Logik); denn diese Entgegensetzung steht und fällt mit ihrer idealistischen Grundlage. – Das ist es, was die Verfasser des Lehrbuchs nicht begriffen haben. Deshalb loben sie Kants Antinomien. Natürlich *wollen* sie dem Id. keinerlei Zugeständnisse machen. Aber faktisch tun sie es, weil sie Kant nicht kennen. Sie haben ihn offenbar nie gelesen, sondern haben nochmals abgeschrieben, was schon Deborin aus den Äußerungen Hegels über ihn abgeschrieben hatte. Z. B. stehen sie der K.schen Terminologie ignorant gegenüber. Sie wissen nicht, daß mit dem »schlechthin notwendigen Wesen« in der 4. Antinomie – Gott gemeint ist (das »ens necessarium« in der Terminologie der Scholastik, von der Wolff, als Suárez-Adept, herkam). Es ist ihnen auch nicht klar, daß es in der 2. Antinomie um das Unsterblichkeitsproblem geht, denn der Sinn des Terminus »einfach« (simplex) ist ihnen unbekannt. Zu diesem Dilettantismus kommt hinzu, daß sie das Wort »Widerspruch« elektrisiert. Wo auch immer sie etwas von »Widerspruch« erblicken, nun gar einen »Widerstreit der Vernunft mit sich selbst«, fühlen sie, als Dialektiker, sich verpflichtet, tief den Hut zu ziehen: Die K.schen Antinomien gelten ihnen, was ganz falsch ist, als ehrwürdige Vorstufe zu Marx' Entdeckung der Klassenantagonismen in der bürgerlichen Gesellschaft. Und wenn der Abschnitt der »Kr.d.r.V.«, in dem die Antinomien stehen, nun auch noch »Transzendentale *Dialektik*« betitelt ist, dann kennt die Ehrfurcht keine Grenzen mehr.

Zur Gliederung der marxistischen Philosophie

Zu S. 121–370 insgesamt: Die Aufteilung der marxist. Philosophie in dialektischen Materialismus (Diamat) und historischen Materialismus (Histmat) ist von tiefer Fragwürdigkeit. Erstens wird hierbei ein und dasselbe Wort, nämlich »Diamat«, für die Bezeichnung sowohl des philosophischen *Standpunkts* der Marxisten als auch einer philosophischen *Disziplin,* eines Fachs, bzw. der *Philosophie überhaupt,* gebraucht. Das kann nur zu Mißverständnissen Anlaß geben. Das Wort »Materialismus« – auch mit dem Zusatz »dialektischer« – sollte allein der Bezeichnung des Standpunkts, der Auffassung vorbehalten bleiben. Man würde dann an den sozialistischen Hochschulen nicht mehr das Fach »Diamat«, sondern *das Fach »Philosophie« vom Standpunkt des Diamat* lehren. Und dieses Fach in die zwei Disziplinen Diamat und Histmat zu unterteilen wäre dann natürlich absurd. Zweitens – und das ist der wesentliche Einwand – bleiben bei der Gliederung der marxist. Phil. in zwei Fächer – Diamat und Histmat – verschiedene Dinge unklar:

a) Im Diamat wird nicht ausdrücklich unterschieden zwischen der allgemeinen Kategorienlehre, welche sich auf die ganze Realität – Natur, Mensch, Gesellschaft – bezieht, zwischen jenen spezielleren Problemen, die nur die Natur betreffen, und den erkenntnistheoretischen, logischen und methodologischen Fragen. Das alles geht kunterbunt durcheinander.

b) Man weiß nicht, wo man die Probleme der philosophischen Anthropologie und die damit zusammenhängenden Grundlagenfragen der biologischen Anthropologie, der Humanmedizin, der Psychologie, der Charakterkunde usw., wie auch den Teil der Ethik, der die Willensfreiheit behandelt, unterbringen soll – ob im Diamat oder im Histmat. Das Allgemeine, das einerseits »den« Menschen vom Tier unterscheidet und andererseits in den Besonderungen nach Alter, Geschlecht, Zugehörigkeit zu einer bestimmten Epoche, Nation, Gesellschaftsklasse usw. nicht aufgeht, hat seine Naturseite, ohne auf sie reduziert zu sein, und ist zugleich geschichtlich-gesellschaftlicher Provenienz, ohne daß es mit den Kategorien der politischen Ökonomie, der Soziologie, der Geschichtswissenschaft, Ethnologie usw. voll erfaßt werden könnte. Es ist ferner ablesbar immer nur an der Person, nie an den gesellschaftlichen Kollektivgebilden, läßt sich an der Person aber nur durch bewußtes Absehen von individuellen, geschlechtlichen, nationalen, rassischen, klassenmäßigen usw. Eigentümlichkeiten auf den Begriff bringen. Zur Erforschung dieses Allgemeinen bedarf es also einer besonderen Disziplin – eben der philosophischen Anthropologie (die nicht dadurch hinfällig wird, daß Scheler, Gehlen, Plessner u. a. reaktionäre Gedanken in sie hineingetragen haben). In dieser Disziplin müssen auf unvergleichbare, sonst nicht vorkommende Weise naturwissenschaftliche und gesellschaftswissenschaftliche Fragestellungen ineinandergreifen.

c) Wohin gehören Ethik, Ästhetik, Gesch. d. Phil.? In den Histmat? Das ist insofern zu bejahen, als es die betreffenden Bewußtseinsformen aus ihrer geschichtlich-gesellschaftlichen Basis zu erklären gilt.

Aber wenn das geschehen ist, so bleibt das Wichtigste noch zu tun: die bleibenden Werte der Kunst, Literatur, Philosophie usw. als zeitüberdauernde Errungenschaften des menschlichen Geistes herauszuarbeiten und daraus objektive Normen für das sittliche Verhalten, das künstlerische und wissenschaftliche Schaffen (namentlich im Kommunismus) abzuleiten. Wir benötigen also ein marxistisches Analogon zu dem Systemteil, der in der Hegelschen Philosophie den Titel »absoluter Geist« trägt und zu dem dort die Ästhetik, Religionsphilosophie und Geschichte der Philosophie gehören, sozusagen eine Wissenschaft von den bleibenden Errungenschaften der Menschheit, vom Kulturerbe im weitesten und umfassendsten Sinne.

Wie also sollte die m. Phil. gegliedert werden? Natürlich darf die Struktur dieser Gliederung nicht willkürlich ausgedacht sein, sie muß selbst bereits die Struktur der objektiven Realität widerspiegeln – wie es sich für eine materialistische Philosophie gehört. In der Realität gibt es zunächst allgemeinste Kategorien, die in Natur, menschlicher Person und Gesellschaft gleichermaßen aufzufinden sind. Mit der Erforschung dieser Kategorien muß sich eine besondere, allen spezielleren Disziplinen sachlich-systematisch vorzuordnende Disziplin befassen, die man Ontologie oder allgemeine Kategorienlehre nennen könnte. Weiter: Die beiden großen, qualitativ unterschiedenen Bereiche der Realität, deren zweiter aus dem ersten hervorgegangen ist und von ihm getragen wird, sind die Natur und die menschliche Gesellschaft mit ihren je besonderen, spezielleren Kategorien und Gesetzmäßigkeiten. Wir brauchen also eine Naturphilosophie (nicht zu verwechseln mit irgendeiner philosophischen Richtung gleichen Namens, etwa mit der spekulativen Nat. Phil. der Schelling, Oken, Treviranus, Steffens) *und* eine philosophische Geschichts- und Gesellschaftslehre sowie im Schnittpunkt beider eine philosophische Lehre vom Menschen, sofern sein allgemeines Wesen sich weder in Natur- noch in Gesellschaftskategorien allein fassen läßt. Unter dem Titel »Naturphilosophie« würden die Grundlagenfragen aller Naturwissenschaften zu behandeln sein, die philos. Gesellschaftslehre würde mit dem Histmat im engeren Sinne zusammenfallen, im Schnittpunkt beider stünde die marxistische philos. Anthropologie, zugleich befaßt mit den Grundlagenfragen der Humanmedizin, Psychologie usw. Hinzu kämen dann diejenigen Disziplinen, die sich auf die bleibenden Errungenschaften der menschlichen Gesellschaft im Bereich des sittlichen Lebens (Ethik), in der Kunst (Ästhetik) und in der begrifflichen Erkenntnis der Welt (Wissenschaft und Philosophie) beziehen. Zu erwägen bliebe, ob nicht zwischen die Ästhetik einerseits und die Geschichte der Wissenschaft und Philosophie andererseits noch als besondere Disziplin eine dialektisch-materialistische Religionsphilosophie eingeschaltet werden sollte. Zwar stellt die Religion keine bleibende Errungenschaft des Menschengeistes dar. Aber sie muß immerhin als Durchgangsphase – und später als Hemmnis – des menschlichen Weltbegreifens reflektiert werden. Die ersten, frühesten Weltbilder, Weltanschauungen, welche sich die Menschheit gab – und von denen sie sich durch Wissenschaft und Philosophie befreite – waren religiöser Natur, waren Mythen. Gleichzeitig hatte der Mythos mit der Kunst (mit der er ursprünglich ebenso zusammenfiel wie mit der – noch vorwissenschaftlichen – Philosophie) die konkret-anschauliche Form der Widerspiegelung der Welt gemeinsam – daher seine Zwischenstellung zwischen Kunst und begrifflicher Weltanschauung. Dergleichen muß in der umfassenden Philosophie, die der Diamat zu geben und zu sein beansprucht, natürlich thematisch vorkommen.

Die ganze hier vorgeschlagene Gliederung stellt nun bereits eine kritische Aneignung und Verarbeitung der Gliederung des Hegelschen Systems dar. Der Ontologie oder allgemeinen Kategorienlehre entspricht bei Hegel die sogenannte »Wissenschaft der Logik«, der Naturphilosophie die Disziplin gleichen Namens, der philosophischen Anthropologie der Systemteil »subjektiver Geist« (in der »Enzyklopädie« seinerseits unterteilt in Anthropologie, Psychologie und Phänomenologie des Geistes), der philosophischen Gesellschaftslehre (Histmat im engeren Sinne) der Systemteil »objektiver Geist« (Recht, Staat, Geschichte), der Wissenschaft von den bleibenden Errungenschaften der Systemteil »absoluter Geist« (Kunst, Religion, Philosophie). Neu ist an der Gliederung gegenüber Hegel vorläufig nur zweierlei: einmal die Einbeziehung der Ethik (jedenfalls ihrer nicht in der philos. Anthropologie unterzubringenden Problembereiche) in die Wissenschaft von den bleibenden Errungenschaften, zum anderen die der Wissenschaftsgeschichte (zumindest ihrer für die Herausbildung des modernen materialistischen Weltbildes wichtigsten Resultate) in die Geschichte der Weltanschauung (Philosophie). Das erste findet darin seine Rechtfertigung, daß es ein sittliches Kulturerbe gibt, das der kommunistischen Gesellschaft zufällt und das sie bewahren und weiterentwickeln muß (man denke z. B. an Tugenden wie Höflichkeit, Ritterlichkeit usw., die bis in die Wortprägungen hinein ihren feudalen Ursprung verraten, wie wenig die Feudalherren sich dieser Tugenden in der Praxis auch befleißigt haben mögen). Das zweite ist deswegen sinnvoll, weil es Errungenschaften der Einzelwissenschaften gibt, die für die Herausbildung unserer Weltanschauung mindestens ebenso bedeutsam waren und sind wie die Systeme der Philosophie der Vergangenheit (z. B. das kopernikanische Weltbild, der Darwinismus, das periodische System der Elemente usw.).

Nun kommt aber noch ein prinzipieller Unterschied und Gegensatz zu Hegel dazu: Dem Ganzen vorgeordnet sein müssen in unserem System die bei ihm fehlenden Disziplinen Erkenntnistheorie, formale

Logik und Methodologie der Erkenntnis. Warum? Weil man als Materialist nicht, wie es bei Hegel geschieht, diese Disziplinen in der allgemeinen Ontologie auflösen kann, was nur unter der Voraussetzung seiner erzidealistischen Lehre vom identischen Subjekt-Objekt möglich ist, die der Marxismus a limine vorwirft. Wie jeder Materialismus geht auch der marxistische von der strengen Unabhängigkeit des Objekts vom Subjekt aus. Erkenntnis ist für ihn kein Prozeß der Selbsterfassung, des Sich-selbst-Begreifens eines identischen Subjekt-Objekts (des »Absoluten«), sondern Erfassen eines unabhängig vom Subjekt bestehenden Seins. Mithin sind vom Standpunkt des Materialismus auch besondere Disziplinen nötig, die auf das erkennende und denkende Subjekt und sein Verhältnis zur ansichseienden Realität reflektieren.

So ergibt sich die folgende Neugliederung der marxist. Philosophie:

1. Erkenntnistheorie (Subjekt und Objekt der Erkenntnis und ihr Verhältnis zueinander, Problem der Realität der Außenwelt, sinnliche und begriffliche Erkenntnis, Wahrheitsproblem usw. usf.);

2. Formale Logik;

3. Methodologie der Erkenntnis (vorab Behandlung der materialistischen Dialektik als Erkenntnismethode; dazu aber auch Auswertung alles Rationellen, Wertvollen aus den außerhalb des Marxismus entwickelten Methodenlehren);

4. Ontologie oder allgemeine Kategorienlehre der realen Welt überhaupt;

5. Naturphilosophie (philosophische Grundlagenfragen der Naturwissenschaften, Herausarbeitung allgemeinster Naturgesetze, kritische Auseinandersetzung mit Relativitätstheorie und Indeterminismus in der Physik, Vitalismus in der Biologie usw.);

6. Philosophische Anthropologie (Entstehung des Menschen, Unterschied von Mensch und Tier, Arbeit und Handeln, Sprache und Denken, Problem der Willensfreiheit, philosophische Grundlagenfragen der biologischen Anthropologie, der Humanmedizin, Psychologie, Charakterkunde usw.);

7. Philosophische Gesellschaftslehre, historischer Materialismus im engeren Sinne, materialistische Geschichtsauffassung (Herausarbeitung der allgemeinsten Kategorien und Gesetzmäßigkeiten der gesellschaftlichen Entwicklung, Produktivkräfte, Produktionsverhältnisse, Produktionsweise, Basis und Überbau, Klassen und Klassenkampf, Staat, Recht, Ideologie usw. Philosophische Grundlagenfragen der politischen Ökonomie, der Soziologie, der Ethnologie, der Geschichtswissenschaft usw.);

8. Ethik (die moralischen Normen des menschlichen Zusammenlebens, ihre Herausbildung – und ihre Verzerrung und Zerstörung – in den aufeinander folgenden Gesellschaftsformationen, das sittliche Kulturerbe der Arbeiterbewegung und des Kommunismus, Moral und

Recht, Fragen der Arbeitsmoral, moralische Aspekte des Verhaltens zur Natur, des Konsumverhaltens, der Kommunikation mit den unmittelbar begegnenden Mitmenschen, der Einstellung zur Gesellschaft überhaupt, die Tugenden des kommunistischen Menschen, Fragen der ethischen Beziehungen zwischen den Geschlechtern, zwischen Jugend und Alter etc.);

9. Ästhetik (bildende Kunst, Poesie, Prosabelletristik, Musik, Tanz usw.);

10. Religionsphilosophie (selbstredend vom Standpunkt des marxistischen Atheismus, d. h. marxistische Erhellung des Wesens der Religion, ihrer Rolle im Leben der Gesellschaft, ihrer Wurzeln, der Bedingungen ihres Absterbens usw. Philosophische Grundlagenfragen der Religionssoziologie, Religionsgeschichte usw. Würdigung des Erkenntnisgehalts, der in den Mythen steckt, der Bedeutung des Mythos für die Entstehung der Kunst, der ursprünglichen Weltbilder, der moralischen Normen usw.);

11. Geschichte der Philosophie und der für die Herausbildung der modernen materialistischen Weltanschauung bedeutsamen Errungenschaften der positiven Wissenschaften (bis hin zum Diamat als höchstem Resultat der Entwicklung des menschl. Denkens).

Zur Definition der Materie

Zu S. 124, Abs. 4: »Die Materie ist eine philosophische Kategorie zur Bezeichnung der objektiven Realität, die dem Menschen in seinen Empfindungen gegeben ist, die von unseren Empfindungen kopiert, photographiert, abgebildet wird und unabhängig von ihnen existiert« (Lenin).

Nicht alles Materielle, das in der Welt existiert, ist »dem Menschen in seinen Empfindungen gegeben«; es kann ihm gegeben sein, braucht es aber nicht. Das »Gegebensein« gehört in die Definition der Materie nicht hinein, die sonst besagen würde, daß Galaxien, ferner als der Andromeda-Nebel, weil selbst durch das weitreichendste Teleskop nicht wahrnehmbar, eben deswegen nicht materiell sein könnten. Allein wichtig ist, daß das Materielle außerhalb des Bewußtseins, unabhängig von ihm, an sich seiend existiert, gleichgültig gegen sein Erkanntwerden, daß es nicht geistiger Natur ist, daß es räumliche Ausdehnung und zeitliche Dauer hat.

Zu S. 127, Abs. 3: ». . . die Eigenschaft, objektive Realität zu sein, außerhalb unseres Bewußtseins zu existieren.«

Das ist zu wenig. Erstens wird diese Definition der Materie nur mit dem erkenntnistheoretischen, dem subjektiven, nicht aber mit allen Formen des ontologischen, objektiven Idealismus fertig. Dieser nämlich behauptet, daß die Realität (zwar außerhalb des Bewußtseins des erkennenden Subjekts und von ihm unabhängig existiere, aber) an sich geistiger Natur sei. Auch der Gott der Theologen, auch die Platonischen Ideen, auch die Leibnizschen rein spirituellen Monaden, auch die molécules vivantes Robinets usw. existieren – angeblich – »außerhalb unseres Bewußtseins«. Zweitens sind für das Materielle die Eigenschaften, räumlich ausgedehnt zu sein und zeitliche Dauer zu haben, schlechthin konstitutiv, während das Geistige zwar an räumlich ausgedehntes Materielles gebunden ist, aber selbst keine Ausdehnung hat. L.s Definition ist allzusehr am Kampf gegen den *subjektiven* Idealismus orientiert. Sie zu dogmatisieren hieße dem objektiven Id. Vorschub leisten.

Zu S. 132, Abs. 3: Ausgezeichnet. Aber zu der hier bekämpften unhaltbaren Theorie – daß das Objekt ohne das Subjekt nicht existieren könne – kann man auch gelangen, wenn man das Gegebensein in die Begriffsbestimmung der Materie mit aufnimmt, wie es S. 124 und 128 geschehen ist.

Zu S. 134, Abs. 3: »Die Welleneigenschaften der Mikroobjekte sind keineswegs geistiger Natur. Wie die anderen Eigenschaften der Materie, speziell die Korpuskulareigenschaften, existieren sie außerhalb des Bewußtseins und unabhängig von ihm.«

Hier zu ergänzen: und sie haben räumliche Ausdehnung, wie alles Materielle, denn sie erfüllen einen Raumbereich, ein »Feld«. Überdies setzt das Geistige ja nicht nur Materielles überhaupt als Träger voraus, sondern *bestimmtes, hochentwickeltes* Materielles, nämlich *organische* Materie, *Leben,* wovon im Mikroobjekt natürlich keine Rede sein kann. Unverständlich, wieso die Verfasser sich in ihrem berechtigten Kampf gegen den physikalischen Idealismus dieses entscheidende Argument haben entgehen lassen.

Zum Problem Bewegung und Widerspruch

Zu S. 145, Abs. 3 bis 5: Mißverständnis über Widersprüchlichkeit der Bewegung. Sie sei ihrem Wesen nach Veränderung, diese selbst jedoch weise Momente der Stabilität und der Konstanz auf, die einander widersprächen. Von Widerspruch ist da in Wahrheit keine Spur zu entdecken. Wenn ich alt *werde* und dabei ein Wesen männlichen Geschlechts *bleibe* – wieso widerspricht sich das? Auch zwischen Kontinuität und Diskontinuität der inneratomaren Bewegung besteht kein Widerspruch. Diese Bewegung ist ja in der einen Hinsicht – als elektromagnetische Strahlung, die sich über andere Objekte ausbreitet – kontinuierlich und in der andern Hinsicht – mit den diskreten Zuständen des inneratomaren Prozesses – diskontinuierlich. Sie ist nicht in ein und derselben Hinsicht beides.

Zu S. 276, Abs. 2, bis S. 277, Abs. 1: »Der sich bewegende Körper befindet sich zu ein und demselben Zeitpunkt an einem bestimmten Punkt des Raumes, und er befindet sich schon nicht mehr dort, d. h., er befindet sich sowohl an diesem als auch an einem anderen Ort.« Diesen hegelianischen Mist hat Adam Schaff längst widerlegt. Auch von Ajdukiewicz sind wichtige Argumente dagegen ins Treffen geführt worden. Kennen die Verfasser die einschlägigen Darlegungen dieser bedeutenden polnischen Genossen nicht? Sie sollten sie sich zu Gemüte führen, damit endlich eines der ärgsten logikfeindlichen Dogmen aus dem Diamat verschwindet.

Zu Raum und Zeit

Zu S. 149–150: Ausgezeichnet, was gegen Theorie des »explodierenden Weltalls« (Mißdeutung der sogen. Rotverschiebung im Spektrum) gesagt wird. Genau das eben ist aber auch das Denken der Relativitätstheorie. Wenn schon der Raum »gekrümmt« sein kann, warum sollte er sich dann nicht auch ausdehnen können? Hier wie dort werden Eigenschaften der Materie kritiklos auf den Raum selbst übertragen (der im übrigen bei Einstein ganz im Stil der Theologie endlich ist).

Zu S. 150, Abs. 1: Selbst dann aber, wenn alle diese vortrefflichen Argumente der Verfasser hinfällig wären, würde es sich immer noch lediglich um die Expansion der Materie *im* Raum handeln, nicht um eine solche des Raums selbst. Das hätten sie noch hinzufügen sollen.

Zu S. 152, Abs. 4, bis S. 153, Abs. 1: Sehr, sehr gut! Bin völlig einverstanden.

Zu S. 153, Abs. 2: Was soll das heißen, daß »Raum und Zeit unlösbar mit der sich bewegenden Materie zusammenhängen«? Natürlich gibt es keinen Raum ohne Materie, aber nur insofern, als faktisch die – selber räumlich ausgedehnte – Materie im Raum existiert, sich in ihm bewegt. Aber das bedeutet weder, daß die Materie den Raum gänzlich ausfüllt, noch, daß die Realität des Raumes von der der Materie abhängig wäre, noch, daß die Materie auf den Raum irgendwelche Wirkungen ausübt.

Zu S. 153, Abs. 4: »Die Eigenschaften des Raumes und der Zeit verändern sich, da sie durch die Eigenschaften der sich verändernden Materie bedingt sind.«

Quatsch! Blödsinn! Die räumlichen Formen der Dinge ändern sich *in* der Zeit, aber doch nicht Raum und Zeit selbst!

Zu S. 153, Abs. 5: Verf. berufen sich auf Hermann Weyl, der ein Erzpositivist ist. Genausogut könnten sie sich auf Mach oder Moritz Schlick berufen.

Zu S. 154: Alles falsch! Inwiefern kann man den Raum und die Materie nicht »trennen«? Erstens insofern, als alles Materielle räumlich ausgedehnt, die Räumlichkeit also der Materie selbst eigentümlich ist und diese Eigenschaft der Materie den Raum voraussetzt, zweitens insofern, als faktisch im Raum die Materie existiert. Aber niemals sind der Raum und dessen Eigenschaften von der Materie abhängig.

Zu S. 155, Zeile 1 von oben: »Raum und Zeit existieren nur in materiellen Dingen und nur durch sie.«

Aber es gibt in der Welt riesige leere Räume! Alle Unterschiede in der Dichte der Materie setzen den von der Materie unterschiedenen, von ihr unabhängigen Raum bereits voraus. Gewiß hat Engels recht, wenn er sagt, ohne Materie seien Raum und Zeit nichts, »leere Vorstellungen, Abstraktionen, die nur in unserem Kopf existieren«. Faktisch existiert nun einmal die Materie im Raum, und sie hat dort seit Ewigkeit existiert, so daß es auch niemals eine Zeit gegeben haben kann, in der keine Materie vorhanden gewesen wäre. Das ist völlig klar. Aber damit ist doch nicht gesagt – und das wird von Engels auch nirgends behauptet –, daß Raum und Zeit *durch* die Materie existierten, daß sie von der Materie gleichsam erzeugt, durch sie bedingt, von ihr getragen seien. Und schon gar nicht heißt es, daß die Materie auf Raum und Zeit irgendwelche Wirkungen ausübe, den Raum »krümme«, den Zeitablauf verändere usw. Gegen derartige Auffassungen, soweit sie in seiner Epoche bereits in Ansätzen auftauchten, hat Engels sich entschieden verwahrt. In der »Naturdialektik« verhöhnt er, wenn ich mich recht entsinne, Leute, die den Raum riechen, die Zeit schmecken wollen, d. h. auf Raum und Zeit Vorstellungen übertragen, die von der Materie hergenommen sind. Was hätte er erst gegen Leute gesagt, die von einer Krümmung des Raumes, von einer Verlangsamung des Zeitverlaufs u. dgl. faseln! Und im »Antidühring« erklärt er an einer Stelle ausdrücklich, daß zwischen den *in der Zeit* verlaufenden materiellen Prozessen und der Zeit als solcher, die von diesen nicht berührt werde, unterschieden werden müsse. Diese ganz eindeutigen Äußerungen lassen die sonst so zitatenfreudigen Verfasser einfach unter den Tisch fallen.

Zu S. 155, Abs. 2: Die nichteuklidischen Geometrien (Lobatschewskij, Riemann) betreffen gar nicht den Raum als solchen und sind anwendbar nicht auf ihn, sondern auf Körper *in* ihm, was ein großer Unterschied ist. Man hat das Parallelenaxiom fortgedacht und festgestellt, daß auch unter dieser Voraussetzung eine in sich widerspruchsfreie Geometrie aufgebaut werden kann. Diese ist aber nicht mehr Geometrie des realen Raumes, sondern eines gekrümmten Gebildes, in welchem die übrigen Axiome ebenfalls eine entsprechende Änderung erfahren, derart, daß z. B. nicht mehr die Gerade, sondern eine gekrümmte Linie die kürzeste Verbindung zwischen zwei Punkten ist, usw. Unmöglich kann diese Gedankenkonstruktion als Beweis dafür herangezogen werden, daß es irgendeinen anderen Raum gäbe als den einen und einzigen realen Raum, dessen Struktur die Allgemeingültigkeit der euklidischen Geometrie bedingt. Die positivistischen Theoretiker der Mathematik *nennen* nun jenes gekrümmte *Gebilde,* zu dem sich – in ihrem Kopf – der Raum bei Ausschaltung des Parallelen-Axioms verwandelt, einen »nichteuklidischen *Raum«,* was aber reine terminologische Willkür ist. Denn was ist dieser »nichteuklidische Raum«? Nichts anderes als die Vorstellung, die Gedankenkonstruktion eines materiefreien Körpers, welcher gekrümmt ist. In der Wirklichkeit gibt es einen derartigen »Raum« nicht, und wenn es wirkliche, nicht materiefreie Körper gibt, die dieser Konstruktion entsprechen, dann hat ihre Krümmung natürlich den realen Raum, *in* dem sie gekrümmt sind, zur Bedingung – den Raum, in dem nach wie vor, unverändert alle euklidischen Axiome, mit Einschluß des Parallelen-Axioms, gültig sind. Doch die Positivisten lassen sich dadurch nicht beirren. Der euklidische Raum, so erklären sie, sei ein Spezialfall der diversen nicht-euklidischen, gekrümmten Räume – nämlich ein Raum mit dem Krümmungsgrad Null. Das ist wieder haarsträubender Blödsinn. Man könnte sich ebensogut *im Kopf* – vermöge der beliebigen Kombinierbarkeit der Begriffe und Vorstellungen, die ihren Grund in der Sprache hat – ein Weib mit einem Fischschwanz (Nixe) und ein Weib mit dem Unterleib einer Löwin (Sphinx) vorstellen und dann sagen, das normale Weib mit seinen menschlichen Extremitäten sei ein »Spezialfall« dieser halbtierischen Fabelwesen, es sei eine Nixe mit null Fischschwänzen, eine Sphinx mit null Löwenpranken. Zu realen Lebewesen werden Nixe und Sphinx durch eine solche »Argumentation« noch lange nicht. Ebenso könnte man erklären, der fleischfressende Tiger sei ein »Spezialfall« beliebiger anderer Tiger, die sich von Haferschleim ernährten oder wie Kühe auf die Weide treiben ließen. Dadurch würden die wirklichen Tiger nicht aufhören, gefährliche Raubtiere zu sein. Das ganze Gerede von »nichteuklidischen Räumen« läuft darauf hinaus, daß Konstruktionen des Kopfs für Realitäten ausgegeben werden. Natürlich spiegeln auch diese Konstruktionen Elemente der Realität wider – aber nur so, wie das Phantasiegebilde Nixe Elemente realer Frauen und Elemente realer Fische widerspiegelt. Die Kombination der Elemente ist hier wie dort rein willkürlich.

Zu S. 155, Abs. 3, bis S. 156, Abs. 1: Hier wird Euklid dafür verantwortlich gemacht, daß später Kant den Raum zur »reinen Anschauungsform a priori« erklärt hat. Das ist einfach ungeheuerlich. Weder ist die absolute Gültigkeit der Axiome Euklids für den Realraum von dessen Kantischer Subjektivierung zur reinen Anschauungsform abhängig, noch hat ihre Anerkennung diese Subjektivierung zur Konsequenz. (Vgl. hierzu auch die S. 78, 155, 223, 335, 361.)

Zu S. 156, Abs. 2: Die Einsteinsche Relativierung des Gleichzeitigkeitsbegriffs, welche die Verfasser sich kritiklos zu eigen machen, ist ontologisch unhaltbar. Jeder Zeitpunkt ist im gesamten unendlichen

Weltall derselbe Zeitpunkt und kein anderer. Gleichzeitig sind daher Ereignisse, die, gleichviel an welchem Ort und in welchem »Bezugssystem«, objektiv zur selben Zeit stattfinden. Ob und wie die an sich seiende Gleichzeitigkeit weit entfernter Ereignisse *festgestellt* werden kann, ist eine ganz andere Frage, von deren Beantwortung die Definition der Gleichzeitigkeit überhaupt nicht berührt wird.

Zu S. 156, Abs. 3: »Krümmung des Raumes« – reiner Nonsens. Materie kann »gekrümmt« sein – im Raum. Gravitationsfelder großer Massen können Lichtstrahlen krümmen – was eine einfache Einwirkung von Materie auf Materie ist. Aber niemals kann der Raum als solcher gekrümmt sein. Die berühmte Ablenkung des Sternenlichts durch das Gravitationsfeld der Sonne, 1919 von der englischen Sonnenfinsternisexpedition konstatiert, ist kein Beweis für die Krümmung des Raumes – genausowenig, wie der Raum sich krümmt, wenn ein Mädchen einen Busen kriegt.

Zu S. 157, Abs. 1: »*Das Gravitationsfeld verändert den Ablauf der Zeit, ihren Rhythmus.*«

Es gibt Rhythmen *in* der Zeit, aber keinen Rhythmus der Zeit selbst und kann ihn nicht geben.

Zu S. 157, Abs. 2: Schwachsinnig die Idee Wernadskis, »es gebe eine spezifische, von der Geometrie Euklids unterschiedene Geometrie der organischen Gebilde« – warum? Weil es »Besonderheiten der räumlichen Formen der organischen Materie«, besondere Symmetrieverhältnisse im Bio-Bereich usw. gebe, weil sich die linke Hand von der rechten unterscheide! Da haben wir bereits den die Geometrie revolutionierenden Mädchenbusen.

Zum Thema
objektive und subjektive Dialektik

Zu S. 185, Abs. 2: »Der Bewegung der Vorstellungen, Wahrnehmungen usw. entspricht die Bewegung der Materie außer mir.«

Nur ausnahmsweise. In der Regel entspricht die Bewegung der Vorstellungen usw. nicht der der Materie, sondern *die Vorstellung der Bewegung der Materie entspricht der wirklichen Bewegung der Materie,* und das ist etwas anderes. S. 353 heißt es ähnlich: »Bewegung und Entwicklung können nur in sich entwickelnden Begriffen widergespiegelt werden«, was, so allgemein behauptet, auch nicht stimmt. An folgendem Beispiel kann man sich das leicht klarmachen. Unsere Vorstellungen vom Sonnensystem haben sich im Prozeß der Entwicklung der Wissenschaft verändert. Nach Ptolemäus bewegen sich Mond, Sonne und alle Planeten um die im Mittelpunkt ruhende Erde. Kopernikus lehrte, daß alle Planeten, einschließlich der Erde, sich kreisförmig um die Sonne bewegen, so, wie der Mond sich um die

Erde bewegt. Danach versuchte Tycho de Brahe, zwischen Pt. und Kop. einen Kompromiß zu schließen, indem er erklärte, Mond und Sonne bewegten sich um die Erde, alle übrigen Planeten (außer der Erde) um die Sonne. Kepler kehrte wieder zu Kop. zurück, erkannte aber – unter Auswertung von T. d. B.s Berechnungen –, daß alle Planeten, inklusive der Erde, sich um die Sonne bewegen, aber nicht kreisförmig, wie Kop. angenommen hatte, sondern auf elliptischen Bahnen, in deren einem Brennpunkt sich die Sonne befindet. Und schließlich lieferte Newton mit der Entdeckung der Gravitation die kausale Erklärung des Planetenumlaufs. So sah die Entwicklung unserer – d. h. der menschlichen – Vorstellungen und Begriffe vom Sonnensystem aus. Diese Entwicklung spiegelt aber durchaus nicht die des Sonnensystems selbst wider. Denn bekanntlich ist das Sonnensystem in der ganzen Zeit von Ptolemäus bis Kepler und Newton unverändert dasselbe geblieben. Der neue, über Newton hinausführende Gedanke einer Veränderung des Sonnensystems selbst, nämlich seines Entstandenseins, seiner Entwicklung, seines vorauszusehenden Untergangs in vielen Milliarden Jahren, findet sich erst in der Kant-Laplaceschen Theorie. Und wenn diese Vorstellung sich in der Zeit zwischen Laplace und den heutigen kosmogonischen Hypothesen auch wieder verändert hat (und in Zukunft weiter verändern wird), so entspricht dem wiederum keine Veränderung der Sache selbst. Die Veränderung der Sache vielmehr wird von der Vorstellung der Veränderung der Sache widergespiegelt. Hegel hat beide Prozesse durcheinandergebracht, was bei ihm eine Konsequenz seines Idealismus, seiner Lehre vom identischen Subjekt-Objekt ist. Danach ist der Begriff das Wesen der Sache selbst, die Entwicklung der Sache also (objektive) Begriffsentwicklung und als solche mit der (subjektiven) Entwicklung des Begriffs der Sache, d. h. ihrer Erkenntnis, identisch. Demgegenüber vollzieht sich für den Marxismus, da er eine materialistische Philosophie ist, die Entwicklung der Sache unabhängig vom Bewußtsein des Subjekts und dessen Begriffen. Marx kennt keine Identität zwischen den Prozessen, die sich im Bewußtsein, und denen, die sich in der Realität ereignen. Nach seiner Auffassung geht die Veränderung der Vorstellungen, Begriffe usw. von der unvollständigen und ungenauen zur vollständigeren und genaueren Erkenntnis, von der relativen zur absoluten Wahrheit, vom Irrtum zur Korrektur des Irrtums (und zwar keineswegs immer geradlinig, wie der teilweise Rückschritt Tychos hinter Kopernikus beweist, ein Rückschritt, der schließlich doch – auf einem Umweg – für den Fortschritt Keplers über Kop. hinaus bedeutsam geworden ist). Die Veränderung der Sache hingegen geht von einem *Zustand* zum anderen; falls die Kantische Hypothese zutrifft: vom rotierenden Spiralnebelnebel zu dem Sonnensystem, wie es jetzt existiert. Beides sind heterogene, voneinander unabhängige, ja wegen ihrer Disparatheit kaum miteinander vergleichbare Prozesse. Freilich kommt es mitunter vor, daß ein neuer Zustand der Sache bestimmte Vorstellungen über sie, die an einem ihrer früheren Entwicklungsstadien gewonnen worden sind, zu revidieren gebietet – so, wenn ich z. B. mein negatives Urteil über einen Menschen korrigieren muß, mit dem ich vor Jahren schlechte Erfahrungen gemacht habe, der sich inzwischen aber gewandelt hat. In einem solchen Fall ist es sicher richtig, zu sagen, daß die Veränderung meiner Vorstellungen über den betreffenden die Veränderung dieses Menschen selbst widerspiegle. Aber einmal stellen derartige Fälle Ausnahmen dar, die nicht zu der Verallgemeinerung berechtigen, daß *jede* Veränderung *jeder* Vorstellung die Widerspiegelung einer entsprechenden Veränderung der Sache sei. Zum anderen gilt auch für diesen Ausnahmefall, daß die Veränderung der Sache primär von der Vorstellung der Veränderung der Sache widergespiegelt wird. Denn womit – um beim Beispiel zu bleiben – beginnt die Korrektur meines irrigen, weil überholten negativen Urteils über einen Menschen, mit dem ich einst schlechte Erfahrungen gemacht habe? Doch mit der Erkenntnis, daß dieser Mensch sich inzwischen verändert hat – wovon ich bis dahin keine Notiz genommen hatte, also mit einer »Vorstellung der Veränderung der Sache«. Die »Vorstellung der Veränderung der Sache« fällt *in diesem Fall* mit einer »Veränderung der Vorstellung« unmittelbar zusammen. Das braucht aber nicht so zu sein. Denn wenn ich von vornherein eine richtige »Vorstellung von der Veränderung der Sache« gehabt, d. h. die Wandlung und Läuterung des betreffenden Menschen jederzeit verfolgt und richtig eingeschätzt hätte, dann wäre es zu dem falschen, ungerechten Urteil über ihn bei mir nicht erst gekommen – die vorhandene adäquate »Vorstellung von der Veränderung der Sache« hätte die – einen Fehler korrigierende – »Veränderung der Vorstellung« überflüssig gemacht.

Kritik an Pawlows Auffassung der Sprache

Zu S. 190, Abs. 2: »Die Wörter sind ebensolche realen Reizerreger wie alle anderen äußeren Reizerreger. Aber ihre Besonderheit besteht darin, daß sie Zeichen, Signale derjenigen Körper- oder Erscheinungsabbilder sind, die das erste Signalsystem bilden. Folglich sind sie ihrem Wesen nach Signale von Signalen.«

Wieso sind die Signale, die das erste Signalsystem bilden, »Körper- oder Erscheinungsabbilder«? Das Glöckchen, das den Speichelfluß des Hundes – als bedingten Reflex – auslöst, sobald es ertönt, ist doch kein *Abbild* der Nahrung, die dem Hund gleich darauf verabfolgt wird. Seit wann wird eine Portion Fleisch durch den Klang einer Glocke »abgebildet«? Nicht um ein »Abbild« handelt es sich hier, sondern darum, daß zu wiederholten Malen ein bestimmter Außenweltreiz mit einem lebensdienlichen Objekt (Nahrung) verbunden auftritt und schließlich dieses Objekt für das betreffende Tier *signalisiert*.

Zu S. 190, letzte Zeile, bis S. 191, 1. Zeile von oben: »Was im ersten Signalsystem widergespiegelt und danach von einem neuen Signal, dem Wort, signalisiert wird, wird bewußt.«

Es wird doch im ersten Signalsystem keineswegs der biotische Faktor (Nahrung) durch den abiotischen (das Signal) widergespiegelt. Das Grunzen und Quietschen des Schweins (Signal) spiegelt doch nicht das Schweinefleisch (biotischer Faktor) wider. Was ist das für ein Unsinn! Und das Wort als solches spiegelt auch nichts wider, sondern die mit dem Wort verbundene Vorstellung der Sache tut das. Die ist aber weder ein Signal noch ein »Signal des Signals«, sondern ein Abbild. Ferner: Wenn im ersten Signalsystem überhaupt so etwas wie eine Widerspiegelung stattfindet, so kommt nicht den Signalen, sondern dem Sinnesorgan, das sie aufnimmt, und den bedingten Reflexen, die durch sie ausgelöst werden, eine Widerspiegelungsfunktion zu. Die bedingten Reflexe unterscheiden sich darin aber gerade nicht von den unbedingten. Der Unterschied zwischen beiden liegt in etwas anderem: Mit der Ausbildung bedingter Reflexe, die »eines für das andere nehmen«, erreicht das Tier eine Stufe, auf der seine Wahrnehmung der Dinge »weltoffener«, sein Verhalten zu ihnen indirekter, umwegiger wird, was die Voraussetzung dafür ist, daß es im Verlauf seines individuellen (ontogenetischen) Lebensprozesses »Erfahrungen« zu erwerben vermag.

Zu S. 189–192: Die Verfasser irren, wenn sie meinen, daß Pawlows Lehre vom zweiten Signalsystem kritiklos, ohne Abstrich in den Diamat übernommen werden könne. Aus folgenden Gründen kommt das nicht in Betracht:

1. Die unbedingten Reflexe werden unmittelbar von biotischen Faktoren (Nahrung, Geschlechtspartner, Feind) ausgelöst, die für das betreffende Tier somit nicht den Charakter von Signalen haben. Die bedingten Reflexe dagegen, die sich nur bei höheren Tieren finden, werden von abiotischen Faktoren ausgelöst, die zu wiederholten Malen mit biotischen verbunden auftreten. Die abiotischen, sofern sie bedingte Reflexe auslösen, nennt Pawlow Signale, u. zw. solche des »ersten Signalsystems«. Wenn nun die Wörter – wie dies die P.sche Sprachtheorie behauptet – »Signale der Signale« wären, d. h. Signale derjenigen anderen, ursprünglichen Signale, die das erste System bilden, dann würden sich die Wörter nur auf abiotische Faktoren beziehen und die Sprache würde überhaupt nur Wörter für Abiotisches enthalten. Tatsächlich werden aber auch biotische Faktoren direkt mit Wörtern bezeichnet (z. B. alle Nahrungsmittel). Schon aus diesem Grunde ist die Definition der Wörter, ja der Sprache überhaupt als »zweites Signalsystem«, als System von »Signalen der Signale« schief.

2. Ein abiotischer Faktor kann dann zum Signal werden, wenn er eine Zeit lang wiederholt und regelmäßig mit einem *biotischen* Faktor verbunden auftritt. Mit den Wörtern werden aber auch Dinge und Vorgänge bezeichnet, bei denen das nicht der Fall ist. Wieso ist z. B. das Wort »Stehlampe« ein »Signal des Signals«, wenn doch die Stehlampe selbst kein Signal von irgendetwas ist? Der Glockenklang, der dem P.schen Hund die nahende Fütterung anzeigt – ja, das ist ein Signal. Aber was wird denn von der Stehlampe signalisiert? Was vom Bücherschrank? Was vom Teppich? Und doch werden alle diese Dinge, die in der Regel gar nichts signalisieren, mit Wörtern bezeichnet. Also sind die Wörter keine »Signale von Signalen«.

3. Ein abiotischer Faktor kann dann zum Signal werden, wenn er zu wiederholten Malen mit einem biotischen *verbunden auftritt*. Das Wort pflegt aber nicht mit der Sache, die es bezeichnet, verbunden aufzutreten. Das Wort »Schlacht im Teutoburger Wald« zeigt z. B. nicht an, daß hier, jetzt gleich die Schlacht im Teutoburger Wald stattfindet und man sich folglich – bedingter Reflex – mit einem altgermanischen Schwert bewaffnen muß. Im Gegenteil: Die Dinge, von denen wir reden, sind meist gerade abwesend, sie gehören zum Teil einer längst versunkenen Vergangenheit an und werden nur in der Sprache und durch sie »vergegenwärtigt«. Das ist ja gerade die grandiose Leistung des Worts: daß es die abwesenden, nicht gegenwärtigen Dinge vertritt (repräsentiert) und es uns so ermöglicht, uns über sie trotz ihrer Abwesenheit zu verständigen.

4. Was heißt überhaupt »Signal«? Im Rahmen der P.schen Theorie der bedingten Reflexe ist dieser Ausdruck doch nur deswegen sinnvoll und treffend, weil der damit bezeichnete abiotische Faktor bei dem Tier, das ihn wahrnimmt, ein bestimmtes Verhalten auslöst, eine Reaktion – eben den bed. Refl. Ganz ähnlich löst bei dem Autofahrer das Pfeifensignal, das ihm das Nahen eines Eisenbahnzuges ankündigt, ein Verhalten aus: Er tritt auf die Bremse und bringt seinen Wagen vor dem die Chaussee kreuzenden Gleis zum Stehen. Signale mithin sind wesensmäßig nicht nur dadurch charakterisiert, daß sie etwas anzeigen, sondern auch dadurch, daß sie bei dem, dem sie es anzeigen, ein entsprechendes Tun bewirken. Wenn man sich dies vor Augen führt, so wird einem klar, daß die Wörter nur ausnahmsweise etwas signalisieren. So wird im überfüllten Zuschauerraum eines Theaters der Ruf »Feuer« eine Panik auslösen, so auch haben Befehle wie »Stillgestanden!« oder »Hände hoch!« sicher etwas vom Signal, und wenn von Ananas mit Schlagsahne gesprochen wird, mag manchem das Wasser im Mund zusammenlaufen wie dem Pawlowschen Hund beim Ertönen des ominösen Glöckchens. All das ist jedoch nicht die Regel. Im allgemeinen fungiert das Wort nicht als Auslöser von Reflexen, schlägt sein Vernehmen nicht in eine Aktion, weder in eine instinktive, noch in eine bewußte, handlungsmäßige, um. Es

signalisiert die Sache also nicht, sondern es symbolisiert und repräsentiert sie in einer Weise, die grundsätzlich folgenlos bleibt, der es zumindest äußerlich ist, Folgen zu haben.

5. Statt der Reaktion, die das Signal auslöst, statt des bedingten Reflexes, ruft das Wort stets eine *Vorstellung* hervor, die bereits das sprechende Subjekt mit ihm verbindet, um sie dann auf das angesprochene zu übertragen. Und diese Vorstellung *spiegelt* vermöge früher gehabter Empfindungen, Wahrnehmungen, Erkenntnisse die mit dem Wort bezeichnete Sache *wider*. Der bedingte Reflex erhebt sich nicht auf das Niveau der Vorstellung, eben weil er Reflex ist, weil in ihm die Wahrnehmung des Signals unmittelbar in Aktion umschlägt. Die Aktion ist beim Menschen in der Regel gebremst: Zuhörend bzw. lesend handeln wir nicht, sondern lassen in uns ein Bild der Sache entstehen, von der die Rede ist, bilden uns über sie ein Urteil – um dann vielleicht doch zu handeln, aber überlegt, von Einsicht geleitet. Das Wort als Signal auffassen heißt diesen qualitativen Unterschied im Verhalten von Tier und Mensch verwischen – ein Fehler, über den schon Herder hinaus war, als er 1770 in seiner Schrift »Über den Ursprung der Sprache« den Menschen durch seine »Besonnenheit« definierte.

6. Die abiotischen Faktoren mit Signalcharakter sind vorgefundene Naturdinge, die von den Tieren, die auf sie reagieren, nicht erst geschaffen worden sind und die auch dann existieren würden, wenn es die Tiere, für die sie Signale sind, nicht gäbe. Die Wörter dagegen schafft der Mensch (die menschliche Gesellschaft in ihrer historischen Entwicklung) selbst – als bestimmt artikulierte Laute, mit denen er die Dinge bezeichnet. Dort also haben wir es mit Naturerscheinungen, hier mit Kulturerzeugnissen zu tun. Aus diesem Unterschied ergibt sich ein weiterer Einwand: Pawlow verfehlt das Wesen der Sprache, da er einseitig von *rezeptorischen* Phänomenen ausgeht und die hohe *motorische* Schöpfer- und Lernleistung nicht sieht – bzw. nicht ernst genug nimmt –, die in jedem Wort steckt. Bahnbrechend hat er das entdeckt, was O. Storch die Erwerbrezeptorik der höheren Tiere nennt. Darin liegt sein bleibendes Verdienst, das ihn zu einem der größten *Natur*wissenschaftler aller Zeiten macht. Und zur Erfassung des psychischen Lebens der Tiere reicht diese Entdeckung auch aus. Aber den Menschen kann man nicht allein von den Problemen der Rezeptorik her erfassen. Was den Menschen auszeichnet, ist ja gerade die – auf der Grundlage des Übergangs zur *Arbeit* entstandene – Erwerb*motorik*, und die ist entscheidend auch für die Bestimmung des Wesens der Sprache. Inwiefern stellt denn der bedingte Reflex bei den höheren Tieren ein qualitatives Novum gegenüber dem unbed. Refl. dar? Das Neue erschöpft sich im Rezeptorischen: Das höhere Tier nimmt auch solche Außenweltreize auf und reagiert auf sie in lebensdienlicher Weise, an denen es »achtlos vorübergehen« würde,

wenn es nur biotische Faktoren wahrnähme. Es sieht, hört, riecht mehr, als für seine Gattung biologisch *unmittelbar* bedeutsam ist, und dieses Plus gegenüber dem niederen Tier erwirbt es im Verlauf seiner individuellen Lebenserfahrung. Es gibt bei ihm also bereits eine im individuellen Lebensverlauf erworbene Rezeptorik. Eine im individuellen Lebensverlauf erworbene Motorik kennt es jedoch nicht. In motorischer Hinsicht ist auch bei ihm, wie beim niederen Tier, alles artspezifisch ererbt. Freilich unterscheidet P. zwischen (bedingten und unbedingten) *Reflexen,* und das scheint – auf den ersten Blick – eine Differenz im Motorischen zu sein, da der Reflex ja etwas Motorisches ist. Sieht man indes genauer hin, so erkennt man, daß zwischen dem bed. und unbed. Refl., sofern beide *Reflexe* sind, überhaupt kein Unterschied besteht. Bei dem P.schen Hund ist es ein und derselbe, als solcher unveränderte Speichelfluß, der sowohl durch den unmittelbaren Anblick bzw. Geruch der Nahrung (unbed. Refl., hervorgerufen durch den biotischen Faktor selbst) als auch durch den Klang der Glocke (bed. Refl., hervorgerufen durch den als Signal wirkenden abiotischen Faktor) ausgelöst werden kann. Es ist also derselbe Reflex, es sind nicht zwei verschiedene. Der Unterschied liegt nicht im Motorischen, sondern nur im Rezeptorischen, darin nämlich, daß eine lebensdienliche Erweiterung der Sphäre des Wahrgenommenen stattfindet, die es dem höheren Tier ermöglicht, von lebenswichtigen Dingen (Nahrung, Geschlecht, Feind) indirekt und umwegig Kenntnis zu erhalten. Das ist schon viel, es ist zweifellos eine erste Bedingung der Menschwerdung. Man mag es sogar einen ersten Keim des logischen Schließens nennen. Aber es ist falsch, von hier aus, von dieser rezeptorischen Höherwertigkeit aus, nun unmittelbar den Menschen anzuvisieren, ohne zu beachten, daß bei ihm noch etwas anderes hinzukommt: eine erworbene und erlernte Motorik, ein erlerntes, eingeübtes Bewegungskönnen, dessen Regeln und Normen jedem menschl. Individuum *von der Gesellschaft* tradiert und beigebracht werden. Und *hierher* gehört die Sprache. Liest man P.s Ausführungen über die Sprache, so gewinnt man den Eindruck, daß es nur auf das Wahrnehmen (Hören) von Wörtern ankomme: Der Mensch hört danach Wörter, wie das Tier Signale wahrnimmt – beides rein rezeptorische Vorgänge. Auf *dieser* Grundlage ist die Gleichsetzung von Wort und Signal zustande gekommen. Nur unter *dieser* Voraussetzung konnte es geschehen, daß das Spezifische des Worts darin gesehen wurde, daß es ein Signal aus zweiter Hand, ein »Signal des Signals« sei. Das Wort ist jedoch zunächst und vor allem *gesprochenes* Wort. Der heranwachsende Mensch lernt vor allem sprechen, d. h. Laute nach normativen Mustern, die ihm die Gesellschaft (Eltern) übermittelt, *künstlich* artikulieren – unter mancherlei Zungenverrenkung und Plapperei. Und das gesprochene Wort ist allemal eine gelernte, erworbene *motorische* Leistung –

etwas, was es beim Tier ebensowenig gibt wie die mannigfaltigen motorischen Leistungen, die zur Arbeit, zum Gebrauch und zur Herstellung des Werkzeugs, zu jeglichem menschlichen Handeln – vom Teetrinken bis zum Geigenspiel, vom aufrechten Gang bis zur Trapezakrobatik – erforderlich sind. In *diesem* Kontext – im Zusammenhang mit der Gesamtheit erworbener *motorischer* Leistungen, im Lichte der Arbeit, des Handelns, der schöpferischen, weltverändernden Aktivität, desgleichen unter dem Gesichtspunkt des Übernehmens und Weiterführens gesellschaftlicher Kulturüberlieferung durch das lernende Individuum – muß man die Sprache sehen, und *dann erst* kann es vielleicht sinnvoll sein, zusätzlich über irgendwelche Analogien nachzudenken, die im Bereich des Rezeptorischen zwischen dem *gehörten* Wort und den Pawlowschen Signalen bestehen mögen.

7. Die signalisierenden abiotischen sind an die signalisierten biotischen Faktoren gebunden. Lösen sie sich von diesen auf die Dauer ab, so zerfällt der bed. Reflex wider. Demgegenüber sind die Wörter von den Dingen, die sie bezeichnen, ablösbar, so sehr, daß die Gesellschaft unter Umständen mit einem Wort auch dann noch einen Sinn verbinden kann, wenn die betreffende Sache schon seit Jahrtausenden nicht mehr existiert. Ablösbar sind die Wörter von den Dingen auch in der Hinsicht, daß sie ihnen absolut äußerlich bleiben und daher jederzeit durch andere Wörter ersetzt werden können. Daher haben die diversen Sprachen für ein und dieselbe Sache verschiedene Ausdrücke. Wo gibt es in der Sphäre der P.schen Signale etwas, das dem auch nur vergleichbar wäre?

8. Die Wörter dienen den Menschen als Mittel der *Verständigung über die Dinge*. Die Tiere aber kennen keine sprachliche Verständigung untereinander – weder innerhalb derselben Art noch gar zwischen den Arten. Also verständigen sie sich auch nicht mittels der Signale über die biotischen Faktoren. Sobald man das Wort als das, was es seinem Wesen nach ist, definiert: als Verständigungsmittel, erweist jede Analogie zwischen ihm und dem Pawlowschen Signal sich als abstrus.

9. Richtig an P.s Lehre vom zweiten Signalsystem ist lediglich dies: Die Ausbildung der bed. Refl. bei den höheren Tieren, die Fähigkeit, »das eine für das andere zu nehmen«, ist insofern eine *Bedingung* für die Entstehung der Sprache (mithin für die Menschwerdung unserer tierischen Vorfahren), als hierin die Keime und Ansätze zu jener Indirektheit des menschlichen Verhaltens zur Welt beschlossen liegen, die sich – auf qualitativ neuer, höherer, durch den Übergang zur Arbeit errungener Stufe – in der Sprache vollendet. Wenn P. mit seiner eleganten Formel, das Wort sei ein »Signal des Signals«, sagen wollte, dank der Sprache verhalte der Mensch sich zur Welt noch indirekter und umwegiger als das höhere Tier vermittels des bedingten

Reflexes, dann *wollte* er etwas Richtiges sagen. Tatsächlich hat er das aber nicht gesagt, sondern etwas anderes, das nur geeignet ist, den wahren Sachverhalt zu verdunkeln. Pawlows Fehler ist, daß er den qualitativen Unterschied zwischen bed. Reflex und Sprache und mithin das Novum des menschlichen Wesens gegenüber dem Tier einebnet. Mit anderen Worten: In der Erforschung des psychischen Lebens der Tiere ein genialer Bahnbrecher dialektisch-materialistischer Erkenntnis, hat P. vor dem *historischen* Materialismus, genauer: vor der dialektisch-materialistischen Anthropologie, haltgemacht und ist so zu vulgärmaterialistischen Plattheiten herabgesunken.

Zu S. 203, Abs. 1: »Nehmen wir an, daß ein Zeichner einen Menschen nach einem Zirkel schickt und ihm sagt: ›Holen Sie mir bitte einen Zirkel!‹ Das Wort ›Zirkel‹ ruft bei diesem Menschen an und für sich nicht die Empfindung hervor, die der Zirkel auslöst, wenn man ihn sieht oder in die Hand nimmt; dieses Wort weist nur darauf hin, welche Empfindungen der Mensch haben wird, wenn er den Zirkel findet. Aber hat der Mensch, an den sich der Zeichner gewandt hat, nie einen Zirkel gesehen und assoziiert er nicht auf Grund seiner eigenen sinnlichen Erfahrung bestimmte Empfindungen damit, dann kann das Wort ›Zirkel‹ nicht als ›Signal von Signalen‹ dienen.«

Das Wort erweckt im Bewußtsein dessen, der es hört, die *Vorstellung* eines Zirkels – vorausgesetzt, daß er auf Grund früherer Empfindungen, Wahrnehmungen usw. *weiß*, was ein Zirkel ist. Findet er dann (am angegebenen Ort) einen Gegenstand, der dieser Vorstellung gleicht, so wird er ihn dem Zeichner bringen. Mit »Signalen«, gar »Signalen von Signalen« hat das nicht das geringste zu tun.

Zu S. 203, Abs. 3, bis S. 205: Alles sehr gut und richtig. Überhaupt ist das Kapitel V – Materie und Bewußtsein – im großen und ganzen ausgezeichnet. Falsch ist nur, daß darin das Wort auf Biegen und Brechen als »Signal« aufgefaßt wird, daß Marx und Lenin durch Pawlow (nicht durch dessen geniale Entdeckung, sondern durch seinen vulgärmaterialistischen Fehler) »ergänzt« und »bereichert« werden. Das Wort ist kein Signal, auch nicht »Signal eines Signals«. Denn das Vernehmen eines Worts schlägt beim Menschen nicht zwangsläufig in einen Reflex um, es löst keine Instinktbewegung aus. Warum nicht? Weil der Mensch, im Unterschied zum Tier, kein Trieb- und Instinktwesen ist, weil bei ihm die automatische Koppelung von Außenweltreiz und Instinktreaktion entfällt, weil er sich zu den Dingen »besonnen« (Herder), d. h. sachlich, objektiv, erkennend, verhält. *Und das folgt aus dem Wesen der Arbeit,* die immer einschließt: sich ein Ziel (das Arbeitsergebnis) zu setzen, die Mittel abzuschätzen, die zu ihm hinführen können, unter den möglichen Mitteln eine Entscheidung zu treffen und die so gewählten Zug um Zug tätig zu verwirklichen. Kurzschlüssige Reflexe, unmittelbares

Umschlagen von Signalwahrnehmungen in instinktive Reaktionen u. dgl. würden da nur stören, würden jeden Arbeitsvorgang, sofern er die Emanzipation der Aufmerksamkeit von den first-hand-Bedürfnissen verlangt, unmöglich machen. *Deshalb* hat der Übergang zur Arbeit, hat namentlich das Dazwischenschalten des selbst hergestellten Werkzeugs zwischen Mensch und Natur die naturwüchsig-triebhafte Beziehung zur Welt, die für das Tier konstitutiv ist, beim Menschen zerbrochen. Das hat Pawlow nicht gesehen. Er ist eben kein Marxist gewesen. Er hat Engels' »Anteil der Arbeit etc.« nicht gekannt oder jedenfalls nicht im Hinblick auf sein Problem durchdacht und begriffen.

Zur Stellung der Kategorie »Besonderheit«

Zu S. 218, Abs. 5: »In bezug auf das Einzelne ist das Besondere Allgemeines, in bezug auf das Allgemeine dagegen ist es Einzelnes. Der Weizen zum Beispiel ist Einzelnes, das Getreide Besonderes, die Pflanze Allgemeines.«

Damit bin ich nicht einverstanden. Der Weizen ist das Einzelne, das Getreide das – demgegenüber – Allgemeine, die Pflanze ein Allgemeines höherer Ordnung. Die Besonderheiten des Getreides unterscheiden es von dem Allgemeinen, das allen Pflanzen, die des Weizens unterscheiden ihn von dem Allgemeinen, das allen Getreidesorten eigentümlich ist. Dabei ist jede Besonderheit – sowohl die des Getreides als auch die des Weizens – in anderem Zusammenhang selbst wieder allgemein, z. B. sind allgemein die Besonderheiten, die der Weizen mit bestimmten Gräsern gemeinsam hat.

Ein anderes Beispiel: Peter ist das Einzelne, der Mensch das Allgemeine, das Säugetier ein Allgemeines höherer Ordnung, das Wirbeltier ein Allgemeines noch höherer Ordnung usw. Nun unterscheidet Peter sich durch seine Besonderheiten von dem Allgemeinen, das allen Menschen gemeinsam ist: Er ist ein Mann, 1943 geboren, Deutscher, rothaarig, hat braune Augen, ist Sohn eines Schusters, musikalisch begabt, aber schlechter Mathematiker, Fußballspieler, 1,80 m groß, hat einen Herzmuskelschaden, trinkt gern Champagner usw. Jede dieser Besonderheiten, die alle zusammen ihn zu diesem bestimmten Einzelnen machen, ist aber, in anderem Zusammenhang gesehen, selbst wieder Allgemeines: Die besondere Eigenschaft, Mann zu sein, hat Peter z. B. mit allen Männern, ja mit den männlichen Lebewesen überhaupt, auch den tierischen, gemeinsam, die Eigenschaft, rothaarig zu sein, mit allen Rothaarigen (Männern wie Frauen). Insoweit ist es richtig, zu sagen, das Besondere sei, im Vergleich zum Einzelnen, Allgemeines. Aber nur insoweit. Nicht richtig ist es, wenn die Verfasser S. 218 das Besondere als ein

Allgemeines niederer Ordnung, das zwischen dem Einzelnen und dem eigentlichen Allgemeinen stünde, auffassen. Danach wäre Peter das Einzelne, der Mensch das Besondere, das Säugetier das Allgemeine. Diese Auffassung nimmt dem Besonderen seinen spezifischen Sinn. Sie macht aus dem Besonderen ein bloßes Synonym für das Allgemeine (relativ niederer Ordnung). Gleichzeitig wird unterstellt, daß das Besondere in jedem Fall weniger allgemein sein müsse als das Allgemeine, und auch das ist falsch; denn die Eigenschaft »männlich«, eine Besonderheit Peters im Vergleich zum allgemeinen Menschen (welcher auch die Weiber umfaßt), ist in der Welt (der Lebewesen überhaupt) nicht weniger allgemein als die Eigenschaft »menschlich«, eher umgekehrt. Desgleichen teilt Peter die Besonderheit »1,80 m groß« nicht nur mit vielen Menschen, sondern auch mit Sonnenblumen, Gartenzäunen, niedrigen Mauern etc., kurz, allen Gegenständen, leblosen und belebten, die ebenfalls 1,80 m groß sind.

Das Besondere ist keine Zwischenstufe zwischen Einzelnem und Allgemeinem, sondern eine ganz spezielle, unverwechselbare und unentbehrliche Kategorie, die jeweils das Einzelne vom Allgemeinen, das Allgemeine niederer vom Allgemeinen höherer Ordnung unterscheidet und zugleich das Allgemeine mit dem Einzelnen zu einem konkreten Ganzen zusammenschließt. Auch der Mensch – im Vergleich zu Peter das Allgemeine, im Vergleich zum Säugetier ein Einzelnes – hat Besonderheiten, die ihn von dem allgemeinen Säugetier unterscheiden (Arbeit, Sprache, aufrechter Gang, Vernunft usw.), auch das Säugetier Besonderheiten gegenüber dem allgemeinen Wirbeltier usw. Faßt man das Besondere als Zwischenstufe zwischen Einzelnem und Allgemeinem, so macht man es einerseits zu einem überflüssigen Wort, das jederzeit durch den Terminus »Allgemeines« ausgewechselt werden kann. Andererseits weiß man dann nicht, wie man nun jene Eigenschaften zusammenfassend benennen soll, die das Einzelne jeweils zum Einzelnen machen. Denn wie soll man die Eigenschaften, die, alle zusammengenommen, das Individuum Peter vom allgemeinen Menschen unterscheiden, nennen, wenn man sie nicht Peters Besonderheiten nennen kann, weil das Wort »Besonderheit« bereits für die Bezeichnung des allgemeinen Menschen im Unterschied zum Säugetier vergeben ist? Die Stufenleiter muß also heißen: Einzelnes – Allgemeines – Allgemeines höherer Ordnung – Allgemeines noch höherer Ordnung usw., wobei das Besondere keine Stufe für sich darstellt, sondern der Inbegriff derjenigen Eigenschaften ist, die jede Stufe – die des Einzelnen wie die des Allgemeinen – gegenüber der jeweils nächsthöheren unterscheidend kennzeichnet.

Zu S. 219, Abs. 3: »Das Einzelne existiert nicht anders als in dem Zusammenhang, der zum Allgemeinen führt. Das Allgemeine existiert nur im Einzelnen durch das Einzelne usw.« (Lenin).

Aha! L. schaltet nicht, wie es die Verf. S. 218 tun, das Besondere als

Zwischenstufe gleicher Dimension zwischen Einzelnes und Allgemeines.

Zu S. 220, Abs. 2: »Die Erkenntnis ist ein Aufsteigen vom Einzelnen über das Besondere zum Allgemeinen.«

Sie kann es sein, sie ist es nicht immer. Das Buch wimmelt von unüberlegten, unkritischen Generalisierungen.

Zu S. 220, Abs. 3: Die entfaltete Wertform in der warenproduzierenden Gesellschaft und das Besondere sind disparate Dinge. Bei der entf. W. handelt es sich um ein bestimmtes Stadium – und zwar ein Zwischenstadium – in der allmählichen Ausbreitung einer Ausnahmeerscheinung. Soweit diese Verbreitung jeweils reicht, ist sie – innerhalb dieser Reichweite – Allgemeines, demgegenüber die einzelnen Tauschakte jeweils ihre Besonderheiten haben (je nachdem, ob Hanf gegen Yamsknollen oder Fische gegen Maiskolben etc. getauscht werden). Wird sie dann zur allgemeinen Wertform, so heißt das nur, daß sie sich in der ganzen Gesellschaft durchgesetzt hat, und dann ist sie eben in der ganzen Gesellschaft, in der nunmehr Warenproduktion herrscht, das Allgemeine gegenüber den Besonderheiten der einzelnen Tauschakte. Das Wort »einzeln« in bezug auf die einfache Wertform zu gebrauchen ist nur insoweit berechtigt, als wir es bei einfacher Wertform mit einer Gesellschaft zu tun haben, in der im allgemeinen Naturalwirtschaft besteht und Tauschakte nur »vereinzelt« vorkommen. Das Einzelne jenes Allgemeinen aber, das in der betreffenden Gesellschaft dominiert, ist die Selbstversorgung des einzelnen Gehöfts bzw. der einzelnen Gemeinde und nicht der ausnahmsweise, nur vereinzelt vorkommende Austausch. Das gewählte Beispiel aus der Politökonomie beweist also nicht, was es beweisen soll.

Zur »Negation der Negation«

Zu S. 311, Abs. 5: »... jede neue Negation das Erreichte in sich aufnimmt.«

Jede? Für *jede* neue Stufe trifft das nicht zu. Besonders in der Entwicklung der organischen Natur werden zahllose neue Stufen erreicht, die einfach Sackgassen sind. »Sprungbretter« für die Höherentwicklung gibt es wohl. Für den Aufstieg und Fortschritt des Lebens sind sie sogar das Wichtigste. Aber nichtsdestoweniger stellen sie Ausnahmen dar (z. B. die Erwerbung des Skeletts oder die des Nervensystems oder die der Placenta). Und überdies wird hierbei selten, und wenn überhaupt, dann nur teilweise, das Alte, Vorangegangene bewahrt, geschweige denn wiederhergestellt. In der gesellschaftlichen Entwicklung kommt das vor, in der organischen kaum.

Zu S. 312: »Die objektive Entwicklung enthält diese doppelte Negation.«

Kann sie enthalten. Ein schlechthin universelles Entw. Gesetz ist die N. d. N. nicht, sondern eine ganz bestimmte Form der *Höher*entwicklung, die es *neben* anderen Formen derselben gibt. Z. B. die Menschwerdung des Affen: Allerdings ist sie eine qualitative Veränderung, ein Qualitätssprung gewesen – und was für einer! –, aber keine Negation der Negation. Was ist denn im Menschen wiederhergestellt worden, was im Affen negiert war? Was denn? Welcher Insektenfresser aus der Vorfahrenreihe der Anthropoiden?

Zu S. 318: Es ist offenbar schwierig, wenn nicht unmöglich, in der *Natur* Beispiele für die N. d. N. zu finden. Alle überzeugenden Beispiele, die von den Verfassern angeführt werden, stammen aus der gesellschaftlichen Sphäre, aus dem Leben der Menschen, aus Geschichte und Kultur. Ist das ein Zufall? Sicher nicht, denn Sache des Menschen ist es, voranzuschreiten unter Bewahrung – und Wiederherstellung – alter Errungenschaften. Daß dies auch einmal ohne Bewußtsein geschieht, kann sein, ist aber jedenfalls kein allgemeines Gesetz.

Zu S. 318, Abs. 3: Hier liegt gar keine N. d. N. vor! Erstens ist die Frucht mit den Samen allenfalls eine Negation der Blüte, aber auf keinen Fall eine Negation der Pflanze, die neue Pflanze, die aus dem Samen erwächst, also auch keine Negation der Negation. Zweitens sind die Veränderungen (Mutationen), die von einem Lebenszyklus zum anderen eintreten, in der Regel so geringfügig (denn de Vries hatte unrecht, siehe S. 261), daß die neuen Eigenschaften des zweiten Zyklus unmöglich als Negation des ersten aufgefaßt werden können. Drittens aber: Wenn wirklich im Verlauf vieler Generationen (unter der Wirkung von Selektionsdruck) eine solche Erbänderung sich durchsetzt, die dazu berechtigt, von echter Negation einer früheren phyletischen Entwicklungsphase zu sprechen – wann wäre dann in der Entwicklung der organischen Natur jemals zugleich die Wiederherstellung eines ursprünglichen Zustandes auf höherer Stufe, also echte N. d. N., erfolgt? Aus den Fischen haben sich Amphibien, aus diesen Reptilien, aus diesen Säuger entwickelt, und unter den Säugern sind Wal und Delphin schließlich wieder ins Wasser zurückgekehrt und haben dort gewisse fischähnliche Eigenschaften ausgebildet – das könnte *allenfalls*, wenn man es unbedingt so haben will, N. d. N. genannt werden, aber das sind doch verschwindende Ausnahmefälle, auf die sich kein allgemeines *Gesetz* der organischen Natur gründen läßt! Stalin hatte recht, die N. d. N. nicht unter die allgemeinsten »Grundzüge« der Dialektik aufzunehmen, und der Versuch, auch dieses Opfer des »Personenkults« rehabilitieren zu wollen, ist lächerlich.

Robert S. Hartman (México)

Vier axiologische Beweise für den unendlichen Wert des Menschen

> *Jeder Mensch ist mehr wert als die ganze Menschheit.*
> Unamuno

Die drei fundamentalen Probleme der Axiologie sind:
  I. Gibt es einen absoluten Wertmaßstab?
 II. Wodurch rechtfertigen wir den Wert der einzelnen Person, und nach welcher Norm bemessen wir ihn?
III. Welchen Wert besitzt eine Gesellschaft, die aus solchen Personen besteht?

Der folgende Aufsatz versucht, diese Fragen mithilfe einer neuen Methode, der sogenannten „formalen Axiologie", zu lösen.

I. Das Maß des Wertes

Die axiologischen Gesetze, welche den Bereich des Wertes strukturieren, müssen, wenn sie echte *Gesetze* sein sollen, universell, absolut und für jedes beliebige rationale Wesen gültig sein, sei es Mann, Frau oder Kind, Europäer, Amerikaner oder Asiate, sei es auf unserem Planeten oder irgendeinem anderen Planeten des Universums. Gegenwärtig kennen wir solche Universalgesetze in den Naturwissenschaften und in der Musik. Sowohl die Naturwissenschaften als auch die Musik sind angewandte Mathematik – und einige der Grundlegungen der Naturwissenschaften sind in einem Buch über musikalische Harmonien enthalten, und zwar in Keplers *De harmonice mundi*, 1619. Daher ist die Mathematik von universellerer Struktur als die physikalischen Wissenschaften oder auch die Musik. Aber die Mathematik ist noch immer nicht das höchste und absolute System. Dieses ist das System des rationalen Gedankens selbst, die Logik. Ebenso wie die Naturwissenschaften und die Musik angewandte Mathematik sind, ist die Mathematik angewandte Logik. Daher können sich rationale Wesen, auf der höchsten und absoluten

Ebene, mithilfe des Systems der Logik allein verständigen. Die fundamentale Relation der Logik – die der Klassenzugehörigkeit (Bertrand Russell, *The Principles of Mathematics*, Cambridge, 1903, p. 26) – ist die Relation der Rationalität als solche: die Relation zwischen Begriffen und Gegenständen. Wenn es Wesen gibt, die Begriffe in der Vorstellung mit Gegenständen in der Welt in Zusammenhang bringen, so sprechen wir von rationalen Wesen. Die Fähigkeit der Verbindung begrifflicher Bedeutung mit Gegenständen, ist die *Definition* der Rationalität. Neben anderen hat das auch Ernst Cassirer klar gemacht.

Wenn die Theorie des Wertes, des Guten und der Moralität auf dieser fundamentalen Beziehung der Rationalität basierte, so könnte die Ethik von rationalen Wesen überall im Universum verstanden werden, so wie die Logik. Wir wollen nun untersuchen, wie die formale Axiologie auf dieser zentralen Relation der Rationalität aufgebaut werden kann.

Der Unterschied zwischen der Wissenschaft von der Natur und der Wissenschaft vom Wert ist der Unterschied zwischen logischer Extensionalität und Intensionalität. So wie die Wissenschaft von der Natur die Erfahrung von raum-zeitlichen Ereignissen genau beschreibt, so beschreibt die Wissenschaft vom Wert die Bedeutung dieser Ereignisse. Wert, so könnte man sagen, ist *Bedeutung*. Wenn wir sagen, daß das Leben Bedeutung hat, so meinen wir, daß es Wert besitzt. Je reicher seine Bedeutung ist, umso reicher ist sein Wert. Wenn wir sagen, daß das Leben keine Bedeutung hat, so meinen wir, daß es keinen Wert hat. Je geringer die Bedeutung, desto geringer sein Wert, ein bedeutungsloses Leben ist ein Leben ohne Wert.

Um unser erstes Problem, das Finden eines absoluten Maßes, oder Standards, der Gültigkeit für alle Arten von Wert besitzt, zu lösen, bietet sich als augenfälligste Lösung die an, die *Bedeutung als Maß des Wertes* heranzuziehen. Denn Bedeutung hat logischerweise die Gestalt eines Maßes.

Ein Standard für die Messung ist eine Menge von Einheiten, die willkürlich ausgewählt für bestimmte Phänomene anwendbar sind, und durch einen Vergleich mit welchen Phänomene numerisch bestimmt werden können. So ist das Richtmaß für die Länge der Meter, der sich aus Zentimetereinheiten zusammensetzt. Wir messen die Länge von Phänomenen entweder dadurch, daß wir überprüfen, wie oft sie in einem Meter enthalten sind, oder wie oft ein Meter in ihnen enthalten ist. Könnten wir so Wert mit der Bedeutung messen, so müßten wir die Bedeutung als Maßstab verwenden, den wir an eine Sache anlegen und von dem wir die Zahl ablesen könnten, in diesem Fall den Wert der Sache. Das heißt, daß die Bedeutung nicht nur ein Maß ist (im Englischen haben »meaning« und »measure« dieselbe etymologische Wurzel, *men-* »Geist, Gedanke«), sondern daß der Wert genauso geartet ist, daß er damit gemessen werden kann. Es ist offensichtlich, daß man Dinge nur mit einem Maß messen kann, das ihnen zukommt. So kann man Gewicht nicht in Metern messen, oder Tugend in Sekunden. Auf welche Art ist also die Bedeutung als Standard für das Messen des Wertes geeignet? Auf folgende einfache Art: analog der Art, in der ein Meter das Maß der Länge, oder ein Gramm eines des Gewichts ist.

Bedeutung ist, logischerweise, eine Menge von Wörtern – von *Prädikaten* – die die Eigenschaften einer Sache anzeigen.

All das, was eine Menge ist, kann als Maß genützt werden, weil eine Menge etwas ist, das gezählt werden kann, »1, 2, 3 . . .«; und ein Maß ist, wie schon festgestellt, eine Vorrichtung, womit eine Zahl auf etwas angewandt werden kann, woran man die Einheiten des Standards abzählen kann. Die Maßeinheiten eines Meters sind Zentimeter – und Millimeter –, sodaß der Meter eine Menge, eine bestimmte Zahl solcher Maßeinheiten ist. Die Maßeinheiten der Bedeutung sind die in ihr enthaltenen Prädikate; sie können einzeln abgezählt werden. Ein »vollkommener« oder »realer« Stuhl wird durch eine vollkommene Bedeutung gemessen und ist einer, der alle Eigenschaften besitzt, die in der Bedeutung des Wortes Stuhl beinhaltet sind, so wie die Länge eines ganzen Meters die ist, die alle hundert Zentimeter aufweist. (Der Zentimeter einer Länge ist anders als der in einem Meter; und die Eigenschaft in einem Stuhl unterscheidet sich vom Prädikat im Begriff. Letzteres ist die Bezeichnung für eine Eigenschaft). So einen »vollkommenen« oder »realen« Stuhl nennen wir einen »guten« Stuhl. Daher ist also eine Sache gut, wenn sie ihre Bedeutung erfüllt, d. h. dem vollen Maß ihres Wertes entspricht, oder auch, daß sie voll dem Maß ihres Wertes entspricht. Tut sie das nicht, so ist sie nicht ganz so gut oder schlecht, so wie ein Stuhl, dem Sitz oder Lehne, oder auch beides fehlt. Die Wörter »gut«, »schlecht« etc. sind daher *Begriffe zur Messung der Bedeutung,* logisch nicht verschieden von den Wörtern »Meter«, »Pfund«, »Stunde«, »Dutzend« und »Grad«, die respektive Länge, Gewicht, Zeit, Menge und Intensität messen. (Zu Details siehe Robert S. Hartman, *The Structure of Value: Foundations of Scientific Axiology,* Southern Illinois University Press, Carbondale, Ill., 1969; *General Theory of Value* in Raymond Klibansky, ed., *Philosophy in the Mid-Century*, Institut International de Philosophie, La Nuova Italia, Florence, 1958. Vol. III, pp. 1ff.). Manchmal werden solche Wertbegriffe tatsächlich zum Messen von Mengen verwendet, so z. B. wenn man im Englischen sagt: »The town is lousy with tourists«. Wir gebrauchen »lousy«, das ein Wort des Wertes ist und die Bedeutung »sehr schlecht« hat, um »sehr viele« zu bezeichnen.

Daher ist die Werttheorie grundsätzlich ebenso streng logisch wie die Logik selbst oder die Mathematik. Bedeutung als Maß für den Wert ist tatsächlich als Maß universeller als der Meter oder jedes beliebige andere physikalische Maß, als die Zahl selbst. Denn die Zahl basiert auf unseren zehn Fingern, der Meter auf dem Umfang des Planeten Erde. Beide müßte man wohl mit größter Sorgfalt den Marsbewohnern erklären, deren Zahlensystem auf einer sehr viel allgemeineren, ja universalen Menge basieren könnte, wie z. B. auf der Zahl der Partikel im Universum und deren Längenmaßstab ebenso universal sein könnte, vielleicht vom Radius des Universums oder zumindest des Sonnensystems abgeleitet. Der Standard des *Wertes* jedoch wird den Marsbewohnern ganz natürlich erscheinen, da er denselben Standard verwenden wird, nämlich die Bedeutung eines Dinges um seinen Wert zu messen. Er wird eine Sache »gut« nennen, die ihre Bedeutung erfüllt – die Intension ihres Begriffs – und »schlecht« eine, die das nicht tut. Um welche Art von Dingen es sich handelt, macht hierbei keinen Unterschied. Wenn der Marsbewohner sagt: »przik hat alles«, so wissen wir, daß er meint, przik sei gut – er hat alles was er haben muß. Und wenn er sagt, daß jeder Marsbewohner versucht, gut zu sein, so wissen wir genau, was er meint, daß nämlich jeder Marsbewohner versucht, all das zu sein, was er möglicherweise sein könnte, sich in vollem Maße zu entwickeln, dem eigenen Maß seiner selbst gerecht zu werden. Da das ethische Maß universeller ist als das physikalische, könnten wir wirklich in der Lage sein, uns mit dem Marsbewohner früher im Ethischen zu verständigen als in Begriffen der Naturwissenschaft. Die Entwicklung der neuen Wissenschaft von der formalen Axiologie könnte daher eine Vorbedingung für die kosmische Kommunikation sein, so wie sie eine Vorbedingung für das kosmische Überleben sein könnte.

II. Der Wert der menschlichen Person

Wir werden nun genau auf den Begriff der Wertmessung eingehen, und ihn auf den Menschen anwenden. Das Ergebnis werden vier axiologische Beweise für den unendlichen Wert der menschlichen Person sein, mit einer genauen Definition der in Frage stehenden Infinität. Die Beweise werden epistemologisch, logisch, ontologisch und teleologisch sein, basierend auf den vier Definitionen des »Menschen«.

1. Der epistemologische Beweis für den infiniten Wert der menschlichen Person

Unsere erste Definition von »Mensch« wird die altbewährte sein: »Der Mensch ist ein rationales Wesen«. Unter »rational« werden wir die Fähigkeit des Kombinierens von Begriffen mit den oben erwähnten Objekten verstehen, was tatsächlich die Fähigkeit ist, seinen Weg in der Welt durch die Darstellung dieser zu finden, d. h. durch das Benennen von materiellen Objekten und das Herstellen

gegenseitiger Beziehung mit den in Frage stehenden Bezeichnungen.
Die Intension also, die ein Mensch erfüllen muß, um ein Mensch zu sein, in Übereinstimmung mit unserer ersten Definition – und die seinen Wert als ein so definierter Mensch messen soll – ist »rational«, oder »das Kombinieren von Begriffen mit Objekten«. Wir wollen jeden solchen Begriff einen »Gedanken« nennen. Dann können wir unsere Definition neu formulieren und sagen, daß der Mensch ein Wesen ist, das Gedanken denken kann. Die Intension des »Menschen« ist es nun, »*Gedanken zu denken*«. Damit diese Intension ein *Maß* sein kann, müssen wir die Menge aufzählen, woraus sie aufgebaut ist. Das ist eine Menge von »Gedanken«, d. h. von Einzelgedanken, die ein Mensch zu denken imstande sein muß, um Mensch zu sein. Im einzelnen ausgedrückt ist die Intension des Menschen folgende: »Denken des Gedankens s und Denken des Gedankens t und Denken des Gedankens u und . . . etc.« Da jeder Gedanke die Bezeichnung eines Dings ist, muß die Zahl der Gedanken, die ein Mensch denken können muß, um ein Mensch zu sein, mit der Zahl der Dinge korrespondieren. Entsprechend einem Theorem der transfiniten Mathematik ist jede vollständige Menge von materiellen Objekten höchstens abzählbar infinit, d. h. sie kann höchstens in eine ein-eindeutige Abbildung auf eine Reihe rationaler Zahlen gebracht werden. Die Kardinalität dieser Folge ist A_0. Wir verwenden »A« für das Cantorische »aleph«. (E. V. Huntington, *The Continuum*, Cambridge, Mass., 1942, p. 32). Folglich ist die Anzahl der Gedanken in dem Sinn definiert, daß der Mensch imstande sein muß, zu denken, höchstens abzählbar infinit, oder A_0. Die Menge der Gedankenbegriffe, die in der Intension des »Menschen«, entsprechend unserer ersten Definition, enthalten sind, hat daher die Kardinalität A_0. Das ändert sich nicht, wenn wir den Bezeichnungen der Dinge die Bezeichnungen tatsächlicher solcher Mengen – von Situationen – hinzufügen. Sie müssen wieder definit und folglich abzählbar sein; und die Mengen solcher logischer Mengen – von Klassen – müssen auch definit und daher abzählbar sein (selbst wenn das Ganze unter einem anderen Gesichtspunkt als nicht abzählbar betrachtet werden muß).
So weit ist also die Intension des Menschen eine abzählbar infinite Menge von Prädikaten; was heißt, daß der Mensch entsprechend dieser ersten Definition essentiell, d. h. per definitionem, eine abzählbare Infinität ist. Die Kardinalität seines *Wertes*, als Erfüllung dieser Definition, ist, soweit, A_0. Wir wollen die Zahl der Elemente in der Intension eines Begriffs die *charakteristische Zahl* des entsprechenden Dings nennen. Dieser Terminus – »charakteristische Zahl« – wurde von Leibniz genau zum Zwecke der Bezeichnung der Kardinalität einer Intension geprägt (*On the General Characteristic*, Leibniz, *Philosophical Papers and Letters*, Vol. I, tr. and ed. Leroy E.

Loemker, Chicago, 1956, pp. 344ff. P. Wiener, ed., Leibniz *Selections*, Scribner's, New York, pp. 22ff. Zur Anwendung der transfiniten Mathematik auf die intensionale Struktur siehe Benno Erdmann, *Logik*, Halle, 1907, Vol. I, Chs. 21, 24). Die charakteristische Zahl des Menschen ist also, soweit, A_0.

Allerdings erschöpfen die Einzelgedanken die in unserer Definition des »Menschen« enthalten sind, diese Definition nicht. Diese Einzelgedanken *s, t, u* etc. müssen auch *gedacht* werden. Das kann extensional oder intensional verstanden werden. Extensional verstanden, wird die zur Frage stehende Menge zu dem, was Dedekind *meine Gedankenwelt* nannte, die Menge möglicher Objekte des Gedankens eines Denkers (deren Existenz Dedekind als Beweis für die Existenz unendlicher Systeme anführte: *Was sind und was sollen die Zahlen?*, 1887, Paragraph 66). Wir wollen hier Dedekinds Argument nicht wiederholen, das eine Definition der Infinität, die zu subtil für unsere gegenwärtigen Zwecke ist, voraussetzt. Unser Argument wird daher eine einfachere Version des Dedekind'schen sein.

Jeder von den A_0 Einzelgedanken kann gedacht werden, d. h. es kann gedacht werden, daß sie gedacht werden: und man kann *denken, daß* die letzteren Gedanken gedacht werden, und so weiter *ad infinitum*. Jeder Gedanke kann als A_0 mal gedacht gedacht werden: der Einzelgedanke *s* kann als gedacht gedacht werden, und der Gedanke, *daß s* gedacht wird, *s'*, kann als gedacht gedacht werden, und so weiter A_0 mal. Ähnlich t, t', t'', t''', t'''' ... u', u'', u''', u'''' ... Da es A_0 Einzelgedanken gibt, die so gedacht werden können, in A_0 Ebenen des Gedachtwerdens, jeder einzelne dieser Gedanken mit jedem anderen kombinierbar, ist die Summe *meiner Gedankenwelt* $2^{A_0} = A_1$. Die charakteristische Zahl des »Menschen« ist daher A_1. Der Mensch, als ein rationales Wesen, ist eine Infinität der Kardinalität A_1, ein Gedankenkontinuum, eine geistige Gestalt.

Intensional verstanden führt das Denken jeder dieser A_0 Einzelgedanken der ursprünglichen Menge zur selben Kardinalität. »Denken« bedeutet hier nicht nur denken, *daß*, sondern denken, *was*. Jeder einzelne dieser Einzelgedanken ist nicht nur eine Bezeichnung, die ein materielles Objekt bezeichnet, sondern auch ein Begriff, der es konnotiert. Jeder solcher Begriff hat seine eigene Intension, die aus den Prädikaten, die die Eigenschaften des in Frage stehenden Dinges oder der Dinge bezeichnet, besteht. Sind diese Dinge zumindest zwei, so müssen die zur Frage stehenden Eigenschaften gemeinsam, und abstrahiert von den Dingen als Elemente der betreffenden Klasse sein. Je größer die Zahl der Elemente der Klasse ist, umso kleiner ist die Zahl der in Frage stehenden Prädikate, je geringer die Zahl der Elemente der Klasse ist, umso umfangreicher ist die der Prädikate. Bei einer Ordnung von zwei Elementen ist die Zahl der gemeinsamen Eigenschaften, die abstrahiert werden können, infinit. Die Kardinalität dieser Infinität ist A_0, da jede der gemeinsamen Eigenschaften einzeln abstrahiert werden muß. Während der Abstraktionsprozeß potentiell infinit ist, ist die Totalität der abstrahierbaren gemeinsamen Eigenschaften tatsächlich infinit. Intensional betrachtet besteht *meine Gedankenwelt* dann aus A_0 Begriffen, wovon jeder in jeder beliebigen Kombination A_0 intensionale Prädikate enthält.

Daher wiederum besteht die Intension des Menschen in dieser Definition aus $2^{A_0} = A_1$ Elementen. Essentiell ist der Mensch infinit – eine geistige *Gestalt* deren Kardinalität die eines Kontinuums ist.

Diese Kardinalität ist jedoch die des gesamten Raum-Zeit-Universums selbst. Das Resultat des ersten axiologischen Beweises des Wertes des Menschen ist, daß jede individuelle Person so infinit ist wie das gesamte Raum-Zeit-Universum selbst. Diese Feststellung, die von Philosophen durch Jahrhunderte hindurch gemacht wurde, von Augustinus über Pascal, Bergson bis Unamuno, ist hier axiologisch demonstriert.

Die zur Frage stehende Demonstration ist ein Aspekt des Dedekindschen Beweises für die Existenz von infiniten Systemen, den schon Josiah Royce 1899 führte, um die Infinität des Selbst zu zeigen (*The World and the Individual*, New York, 1923, Vol. I, pp. 501 ff. Cf. Richard Hocking, "The Influence of Mathematics on Royce's Metaphysics", *Journal of Philosophy* LIII, 77–91, February 2, 1956).

Eine noch genauere Neuformulierung dieser klassischen Beweise wird in der Folge unternommen werden.

2. Der logische Beweis für die Infinität der menschlichen Person

Unsere zweite Definition des »Menschen« lautet: »Der Mensch ist das Wesen, das seine eigene Definition seiner selbst in sich selbst trägt.«

Ein Stuhl weiß nicht, daß er ein Stuhl ist, aber ich weiß, daß ich ich bin. Zu wissen, daß ich ich bin, bedeutet, daß ich über mich selbst reflektieren kann. Darüber hinaus kann ich über meine Reflexion über mich selbst reflektieren, und über meine Reflexion meiner Reflexion über mich selbst, und so weiter *ad infinitum*. Diese stufenweise Reflexion über meine Reflexion meiner selbst kann potentiell infinit weitergehen; und jede einzelne solche Reflexion ist ein definiter Einzelgedanke und daher abzählbar. Die ganze Abfolge meiner Reflexion über mich selbst ist daher eine infinit abzählbare Reihe mit der Kardinalität A_0. Diese Reihe war nicht für Dedekind, wohl aber für Royce, ein Teil *meiner Gedankenwelt*, wenngleich nicht ein Teil der Gedankenfolge, die in unserem ersten Beweis untersucht wurde. Für beide Denker, was immer auch ein Denker dachte, war der Denker selbst kein Teil der Menge von Gedanken, die er dachte. Obzwar daher alle Reflexionen über mich selbst, und die Reflexionen über diese Reflexionen, sowie die Reflexionen über die letzteren etc. mich infinit differenzieren, umfassen sie niemals die Totalität meiner selbst, da immer das Selbst bleibt, das das Denken vollbringen muß. Das entspricht dem fundamentalen Axiom von der Theorie der Typen, daß das, was alles eine Menge einschließt, nicht ein Teil dieser Menge sein kann; der Denker darf logischerweise nicht Teil einer Menge seiner möglichen Gedankenobjekte sein, im besonderen nicht der Menge seiner Selbstreflexionen – der Menge seiner Reflexionen über die Reflexionen über... die Reflexion über sich selbst. Das, was sich auf die Gesamtheit einer Menge bezieht, ist von höherer Ordnung als diese Menge. Wenn die Menge selbst von der Ordnung A_0 ist, so ist die höhere Ordnung A_1.

Wiederum, die Intension des »Menschen« ist von der Kardinalität des Kontinuums; und der Mensch, in Erfüllung unserer zweiten Definition, hat den infiniten Wert A_1.

Dieser Beweis, abgesehen davon, daß er eine Version der Dedekind-Royceschen Darlegung darstellt, kann als eine axiologische Feststellung des Kantschen Paralogismus der Seele betrachtet werden.

3. Der ontologische Beweis für den infiniten Wert der menschlichen Person

Unsere dritte Definition des Menschen ist die Renaissancedefinition: »Der Mensch ist der Spiegel aller Dinge.«

Bei Pico finden wir die klassische Feststellung dieser Ansicht über den Menschen:

»Es scheint mir, als sei ich nun zuletzt zum Verständnis gelangt, weshalb der Mensch das glücklichste aller Geschöpfe ist und deshalb aller Bewunderung würdig, und was sein Rang, sein Schicksal in der universellen Kette des Seins ist... Gott der Vater, der höchste Architekt, hatte dieses kosmische Heim, das wir sehen, den allerheiligsten Tempel seiner Gottheit, mit den Gesetzen seiner unergründlichen Weisheit schon errichtet. Die Region über den Himmeln hatte er mit Intelligenzen geschmückt, die himmlischen Sphären hatte Er mit ewigen Seelen belebt, und die exkrementären und gemeinen Teile der niedrigen Welt hatte Er mit einer Vielzahl von Tieren jeder Art gefüllt. Aber als das Werk getan war, hörte der Künstler nicht auf zu wünschen, daß es jemand gäbe, der den Plan eines so großartigen Werkes überdenke, seine Schönheit liebe, und seine Unermeßlichkeit bestaune. Deshalb, als alles getan war (wovon Moses und Timaeus Zeugnis ablegen), faßte Er schließlich den Gedanken der Erschaffung des Menschen. Aber es gab weder unter Seinen Archetypen einen, wonach er einen neuen Nachkommen hätte formen können, noch fand sich in Seinem Schatzhaus etwas, was er Seinem neuen Sohn als ein Erbe verleihen konnte, noch gab es in den Gefilden der ganzen Welt einen Platz, wo der letztere sitzen konnte, um das Universum zu betrachten. Alles war nun vollkommen, alle Dinge waren den höchsten, mittleren und niedrigsten Ordnungen zugewiesen. Aber es lag nicht im Wesen der Kraft des Vaters, an seiner letzten Schöpfung gleichsam erschöpft zu versagen. Es lag nicht im Wesen Seiner Weisheit, in einer notwendigen Angelegenheit aus mangelndem Ratschluß zu zaudern. Es lag nicht im Wesen seiner gütigen Liebe, daß der, der

Gottes Großzügigkeit gegenüber anderen preisen sollte, gezwungen sein sollte, die ihm erwiesene zu verdammen. Schließlich bestimmte der beste aller Handwerker, daß das Geschöpf, dem er nichts ihm Eigenes geben konnte, den zusammengefügten Besitz all dessen haben sollte, was jeder einzelnen der verschiedenen Arten des Seins bis dahin eigen gewesen war. Deshalb schuf er den Menschen als ein Geschöpf unbestimmter Natur und sprach, als er ihm einen Platz in der Mitte der Welt zuwies, so zu ihm: Wir haben dir, Adam, weder ein bestimmtes Heim gegeben, noch eine Gestalt, die dir allein eigen ist, noch eine dir allein eigene Funktion, so daß du nach Begehr und nach deinem Urteil jedes Heim, jede Gestalt haben und besitzen kannst, und alle Funktionen, die du ersehnen solltest. Die Natur aller anderen Geschöpfe ist begrenzt und beengt innerhalb der Grenzen der Gesetze, die Wir vorschrieben. Du sollst, durch keine Grenzen beschränkt, in Übereinstimmung mit deinem eigenen freien Willen, in dessen Hand Wir dich gegeben haben, für dich selbst die Grenzen deiner Natur bestimmen. Wir haben dich in den Mittelpunkt der Welt gesetzt, so daß du hinfort beobachten kannst, was auch immer in der Welt ist. Wir haben dich weder aus Himmel noch aus Erde gemacht, weder sterblich noch unsterblich, so daß du dich durch die Freiheit der Wahl und Ehre, so wie dein Erzeuger und Gestalter, in jede beliebige Gestalt, die du wünschst, verwandeln kannst. Du sollst die Macht haben, in niedrigere Formen zu entarten, die viehisch sind. Du sollst die Macht haben, aus dem Urteil deiner Seele in die höheren Formen, die göttlich sind, wiedergeboren zu werden.«
(Giovanni Pico della Mirandola, *Oration on the Dignity of Man, The Renaissance Philosophy of Man*, Ernst Cassirer et al., eds., Chicago, 1948, pp. 223ff.).*

Der Mensch ist nach dieser Definition nicht ein Teil der Totalität aller Dinge, sondern »schließt alles ein«, im Sinne des Axioms der Theorie der Typen; in Picos ontologischem Ausdruck, »wiegt er ab«, »preist er«, »beobachtet« er die »Vollkommenheit«, die »Finalität« der Schöpfung. Er ist die Variable der Schöpfung, und alle Dinge der Schöpfung sind seine Werte, im logischen Sinn dieses Wortes. Er erfüllt sich selbst, seinen axiologischen Wert, indem er sich anpaßt, sich selbst in welchen Teil der Schöpfung auch immer er will, verwandelnd. Seine Freiheit ist die Freiheit, sich selbst als jede beliebige Kombination oder Permutation der intensionalen Eigenschaften der Dinge der Schöpfung zu konstituieren.

Da die Totalität dieser Eigenschaften wie auch die dieser Dinge höchstens die Kardinalität A_0 (siehe oben Abschnitt 1) hat, muß der Mensch, der von höherer logischer Ordnung ist als diese Totalität, die Kardinalität A_1 haben. Sein Wert ist also, nach unserer dritten Definition, der eines nicht abzählbaren Kontinuums. Er ist wiederum eine geistige *Gestalt* und dem ganzen Universum an Wert gleich.

4. Der teleologische Beweis für den infiniten Wert der Menschlichen Person

Unsere vierte Definition des »Menschen« lautet: »Der Mensch ist das sich selbst aktualisierende Wesen.« Das ist die Definition

moderner Psychologen, wie z. B. Abraham Maslows, und Philosophen, wie z. B. Kierkegaards, dessen ethische Definition den Menschen in der »Transparenz« seiner teleologischen Selbstbestimmung zeigt. Kierkegaard definiert das Ethische so,
»daß es nämlich das ist, dadurch ein Mensch wird was er wird. Es will also den einzelnen Menschen zu nichts anderem machen, sondern zu ihm selbst . . . Damit ein Mensch ethisch lebe, ist es notwendig, daß er sich seiner bewußt wird, und das so durchgreifend, daß keine Zufälligkeit sich ihm entzieht.

Wer ethisch sich selbst gewählt und gefunden hat, hat sich bestimmt in seinem ganzen konkreten Sein. Er besitzt sich also als dies Individuum, welches diese Fähigkeiten, diese Leidenschaften, diese Neigungen, diese Gewohnheiten hat, welches unter diesen äußeren Einflüssen steht, welches in der einen Richtung diese, in der andern jene Einwirkung erfährt. Hier hat er sich selbst also als Aufgabe in dem Sinne, daß diese zuallernächst darin besteht, zu ordnen, zu bilden, zumäßigen, zu entflammen, zurückzudrängen, kurz, ein Ebenmaß in der Seele, eine Harmonie zustande zu bringen, welche Frucht der persönlichen Tugenden ist. Ziel und Zweck seiner Tätigkeit ist hier er selbst, jedoch nicht willkürlich bestimmt, denn er hat sich als eine Aufgabe, die ihm gesetzt ist, wiewohl sie die seine dadurch geworden ist, daß er sie gewählt hat. Obgleich aber er selbst sein Ziel ist, ist dies Ziel zugleich doch ein andres: denn dies Selbst, welches das Ziel ist, ist kein abstraktes Selbst, das überall hineinpaßt und darum nirgends, sondern ein konkretes Selbst, das in lebendiger Wechselwirkung steht mit diesen konkreten Umgebungen, diesen Lebensverhältnissen, dieser Ordnung der Dinge . . . Ein ethischer Mensch lebt auf die Art, daß er sich fort und fort aus dem einen Stadium in das andre übersetzt. Hat ein Mensch sich selbst nicht ursprünglich als eine konkrete Persönlichkeit in seinem Zusammenhange ergriffen, so wird er auch diesen späteren Zusammenhang nicht gewinnen.«
(Sören Kierkegaard, Entweder/Oder, Das Gleichgewicht zwischen dem Ästhetischen und dem Ethischen in der Herausarbeitung der Persönlichkeit, Düsseldorf 1957, pp. 270, 279f., Bd. II).

Selbstreflexion ist, in dieser vierten Definition, Tätigkeit; Selbsterkenntnis ist *Prozeß*. Das Selbst ist ein »Ziel«, eine »Aufgabe«, eine »Wahl« für sich selbst. Das zu aktualisierende Selbst ist das »ideale« Selbst, das Selbst, daß es aktualisiert, ist das »wirkliche« Selbst. Das Individuum ist ein Prozeß, es erfüllt bestimmte Stufen. Er »ist zugleich das wirkliche und das ideale Selbst, welches das Individuum außerhalb seiner hat als das Bild, zu dessen Ebenbild es sich bilden soll, und andrerseits doch in sich hat, weil es es selber ist. Allein in sich selbst trägt ein Mensch das Ziel, nach dem er streben soll, und gleichwohl hat er dies Ziel außerhalb seiner, sofern er danach strebt.« (*Op. cit.*, p. 276).

Jeder Moment dieser Selbstverwirklichung ist ein Moment im Lebensprozeß der Person; und ungeachtet dessen, wie klein diese Momente determiniert werden mögen, sind sie noch immer abzählbar. Daher ist der Prozeß eine Serie der Kardinalität A_0. Das Selbst aber, das wählt und zur Totalität dieser Momente wird, ist von einer höheren logischen Ordnung. Seine Infinität ist A_1. (Vgl. Friedrich Schiller, *Über die ästhetische Erziehung des Menschen,* 1794, Brief 12.)

III. Der totale Wert der menschlichen Person

Alle vier Definitionen des Menschen führen zum selben Resultat: Der Mensch ist essentiell infinit, und hat die Kardinalität A_1. Er ist ein Kontinuum von Begriffen (a), von Selbstreflexionen (b), von Existenzen (c), und von Momenten (d). Er ist eine geistige *Gestalt*. Die Frage ist nun, was die Kardinalität einer Menge von solchen Kontinua ist; d. h. der menschlichen Person, die eine Menge von mindestens vier verschiedenen Kontinua (a–d), ist, sowie das der menschlichen Gesellschaft, die eine Menge von Personen ist.

Wir wollen zuerst den Wert der Einzelperson als eine Menge von Kontinua von der Kardinalität A_1 untersuchen. Was ist die Kardinalität der gesamten Person? Das hängt vom Stand der inneren Integration oder Harmonisierung der Person ab. Entsprechend unserer vier Definitionen kann die Person nie eine geringere Kardinalität als A_1 haben, aber sie kann sich zur Kardinalität A_2 entwickeln. Wir wollen die innere Harmonisierung einer Menge aus n Elementen als die Aktualisierung aller möglichen Untermengen dieser Menge definieren. Diese Totalität ist 2^n-1. Eine Person also, die die Totalität der Untermengen jeder beliebigen ihrer vier definitionalen Mengen aktualisiert, erlangt die Kardinalität A_2, denn $2^{A_1} = A_2$. Diese Kardinalität verändert sich nicht, weder wenn die Person im definierten Sinn jede der vier definitionalen Mengen aktualisieren sollte, noch verändert sie sich, wenn eine Person mehrere solcher definitionaler Mengen hat, sogar eine infinite Zahl, A_0, oder ein Kontinuum, A_1, von ihnen.

Die Maximalkardinalität der menschlichen Person ist daher A_2, was die Aktualisierung aller infiniten Möglichkeiten einer oder mehrerer ihrer definitionalen Mengen bedeutet. Ihre Minimalkardinalität ist A_1, die das Maß ihrer definitionalen Fähigkeiten als menschliches Wesen, sogar ihrer nicht aktualisierten, ist.

IV. Der Wert der Gesellschaft

Die menschliche Gesellschaft kann extensional und intensional betrachtet werden. Extensional ist die menschliche Gesellschaft, die Menge aller Menschen, finit zu jeder beliebigen, bestimmten Zeit, potentiell infinit durch die Zeit, wenn die Zeit des Menschen eher im Universum als auf der Erde in Betracht gezogen wird (denn die Tage des Menschen auf der Erde sind gezählt und werden nur so lange andauern wie das solare System, zirka zehn oder zwanzig Billionen Jahre). Jede tatsächliche oder potentielle irdische Gesellschaft hat eine finite Anzahl von menschlichen Individuen; seine Kardinalität ist also die des menschlichen Individuums, nämlich A_1, da jede beliebige finite Zahl solcher Kardinalitäten die gleiche Kardinalität hat, $A_1 \times n = A_1$. Jede beliebige tatsächliche oder potentielle menschliche Gesellschaft hat so dieselbe Kardinalität wie das menschliche Individuum. Aber selbst wenn wir die Zahl der menschlichen Wesen als potentiell infinit annehmen, und tatsächlich infinit, hat die Kardinalität der totalen kosmischen menschlichen Gesellschaft, von der Philosophen gesprochen haben (besonders Bergson in *The Two Sources of Morality and Religion*) nicht mehr als die Kardinalität eines einzigen individuellen menschlichen Wesens, nämlich A_1, da $A_0 \times A_1 = A_1$. Darüber hinaus, wenn unter den A_0 menschlichen Personen auch nur *eine* ist, die sich bis zum Punkt der Kardinalität A_2 entwickelt, so ist die Kardinalität der kosmischen menschlichen Gesellschaft – abgesehen von seiner eigenen planetarischen oder örtlichen Gesellschaft – A_2. Es ist daher nicht die Gesellschaft, die den Wert des Individuums bestimmt, sondern das Individuum, das den Wert der Gesellschaft bestimmt.

Intensional kann die menschliche Gesellschaft nicht einfach als eine Menge von allen Menschen gesehen werden, sondern als deren harmonische Wechselbeziehung. Diese Wechselbeziehungen können, entsprechend unserer Definitionen des Menschen (A_1) und der inneren Harmonisierung, höchstens die Ordnung $2^{A_1} = A_2$ haben; so daß eine vollständig harmonisierte Gesellschaft – gleichgültig von wie vielen oder wenigen Menschen – die Kardinalität eines einzigen aktualisierten menschlichen Wesens besitzt. Ob eine menschliche Gesellschaft wirklich die Kardinalität A_2 besitzt, wenn sie nur aus Individuen der Kardinalität A_1 besteht, ist zweifelhaft. Das würde bedeuten, daß die Individuen sich der Gesellschaft so vollkommen einfügten und sie konstituierten, daß jedes einzelne nur jene der 2^{A_1} Untermengen der verfügbaren A_1 Möglichkeiten aktualisierte (die Gesamtheit der menschlichen Möglichkeiten ist $A_0 \times A_1 = A_1$), um einander vollkommen zu ergänzen, lückenlos und ohne sich zu überschneiden. Wie immer es auch sei – und sogar Plato betrachtete seine »gerechte« Gesellschaft, in der jeder für sich selbst wirkte, eher als ein Ideal denn als eine Möglichkeit –, es steht fest, daß die Gesellschaft höchstens die Kardinalität eines entwickelten individuellen Wesens, nämlich A_2 haben kann, und daß es für die menschliche Gesellschaft einfacher ist, diesen Wert duch die Entwicklung *eines einzelnen* Menschen im Universum zu erreichen, als durch die Komplementarität von unentwickelten Menschen durch die Realisierung der Totalität von 2^{A_1} möglichen Untermengen. (Da der Mensch als A_1 *definiert* ist, ist es nicht möglich, daß *alle* Menschen die Harmonisierung A_2 erreichen könnten. Könnten sie es, so müßten sie als A_2 *definiert* werden, und dann würde eine Gesellschaft von ausschließlich harmonischen Menschen in Wechselbeziehungen existieren, deren Kardinalität A_3 wäre. Diese Gesellschaft ist beim gegenwärtigen Stand des Menschen keine *menschliche* Gesellschaft – weder irdisch noch kosmisch –, sondern müßte als göttliche Gesellschaft bezeichnet werden).

Der Wert der menschlichen Gesellschaft kann daher nie den einer individuellen Person übersteigen. Umgekehrt hat jedes einzelne individuelle menschliche Wesen axiologisch den Wert der gesamten menschlichen Gesellschaft, der kosmischen Gesellschaft der Menschheit; abgesehen von dem der irdischen Gesellschaft, um nicht von dem irgendeiner besonderen – lokalen, »nationalen«, oder anderen – irdischen Gesellschaft.

Es ist deshalb gegen die innerste Natur des Menschen, dem Menschen ein finites Gedankensystem aufzuzwingen. Das ist nur in moralisch primitiven Gesellschaften, nach Bergsons Terminologie in geschlossenen Gesellschaften, möglich, wo der Mensch seine eigene Infinität noch nicht erkannt hat. Sobald er sie erkannt hat, müssen geschlossene Gesellschaften, die einen solchen Zwang auszuüben versuchen, von innen her bersten unter dem Druck der infiniten Energien des individuellen Wesens. Ungeachtet dessen wie materiell mächtig und wie zahlreich an unentwickelten Individuen eine Gesellschaft ist, genügt *ein* einzelnes wahrhaft menschliches Wesen, um diesen Prozeß in Gang zu setzen. Wir finden beeindruckende Beispiele bei Boris Pasternak und Alexander Solschenyzin. Dr. Schiwago ist »der, der wirklich lebt«, und ein ganzes Reich fürchtete den Einfluß seiner Menschlichkeit. In Polen konnten wir für eine Zeit lang eine geistige Revolution feststellen. Maler, Dichter, Philosophen brachen in die Individualität aus. »Im Krieg, in einer großen Revolution«, sagte der Maler Kobzdej zu Joseph Alsop, »geht das Individuum im großen Kampf der Masse verloren. Aber in der Kunst muß das Individuum wieder sich selbst entdecken, so daß das Individuum für die gute Kunst nicht unterdrückt werden kann.« (Joseph Alsop, *Polish Painters Explode in Individual Expression.* Zeitungsartikel, 5. Juni 1959). Der Künstler steht jenseits der Politik, und daher ist er der, der wirklich lebt. »Die Kleinigkeiten des praktischen Lebens«, sagt Larissa zu ihrem toten Freund Schiwago, »Dinge wie die Neuformung des Planeten, diese Dinge, nein danke, die sind nicht für uns . . . Das Rätsel des Lebens, das Rätsel des Todes, die Verzauberung des Genies, der Zauber einfacher Schönheit – ja, ja, das waren unsere Dinge.« Politische Systeme, die auf anderen als menschlichen Werten beruhen, sind, in Pasternaks Worten, »auf eine falsche Prämisse gegründet«. Sie sind »pathetisch amateurhaft« und geben »keinen Sinn«. Anderseits ist ein politisches System, das auf menschlichen Werten beruht, nicht mehr politisch und auch kein System – es ist Leben selbst. Die Welt, sagte Pasternak zu einem Reporter der Mailänder Zeitschrift *Visto*, sollte nicht von Politikern gelenkt werden, sondern von Menschen, *deren Berufung es ist, ganz menschlich zu sein.* Die Künstler sind solche Menschen. Der Künstler ist der vollkommene Mensch; er ist nicht » ein Bauer, ein Klempner, ein Feuerwehrmann. Seine Berufung ist es, ein menschliches Wesen, mit all der Liebe und Freiheit, die das impliziert, zu sein.« Die soziale Funktion, die Plato für den Philosophen fordert, fordert Pasternak für den Künstler. Und beide meinen dasselbe – die wahrhaft lebende menschliche Person, die die Gesellschaft in Leben umwandelt.

Das ist der tiefere Sinn der künstlerischen Explosion, die Alsop in Polen beobachtete. Die Künstler der westlichen Welt sind frei, aber in Polen nahm Alsop mehr als Freiheit wahr: Das Bewußtsein einer »historischen Mission«. »Dieser wirklich denkwürdige Tag hielt mehrere Stunden an, Scherze, Necken und scharfsinniger Kommentar in jedem Studio, eingestreut zwischen Passagen tieferen Gesprächs. Man darf mit gutem Grund fragen, worin die tiefere Bedeutung dieses Tages lag.«

Es war die Offenbarung des infiniten Wertes des Menschen, der die Grenzen einer geschlossenen Gesellschaft durchbricht.

Anmerkung

* Dieses Zitat von Pico wurde nach der englischen Vorlage bei Hartman von mir übersetzt (Anm. d. Übers.).

Walter Hollitscher (Wien)

Kommunikation, Hominisation und Humanisierung

Nicht wenige philosophische Streitfragen sind dort angesiedelt, wo die Wirklichkeit im Entwicklungsgeschehen von einem Qualitätsbereich in einen anderen und höheren übergeht, wo Möglichkeit wie Art solchen Überganges rätselhaft anmutet. An derartigen Umschlagpunkten setzt die Metaphysik zu ihren ratlosen Mystifizierungen an, muß sich die materialistische Dialektik bewähren, indem sie sich den Stoff der wissenschaftlichen Forschung aneignet und ihn realitätsgerecht verallgemeinert.

Die Menschwerdung und das Wesen der Menschlichkeit sind solche Probleme, an denen sich heute wie zuvor die Geister scheiden und die Fronten des ideologischen Klassenkampfes verlaufen. Marx und Engels hatten sich – von der gemeinsamen »Deutschen Ideologie« und dem »Anti-Dühring« bis zum Engels'schen »Anteil der Arbeit an der Menschwerdung des Affen« – wiederholt zu unserem Thema geäußert. Wäre Lenin noch unter uns, so würde er sich temperamentvoll ins ideologische Getümmel stürzen, das durch den Kampf der bürgerlichen »Philosophischen Anthropologie« gegen das konkret-historische marxistische Menschenbild entstanden ist.

Der Rezeption wichtigen neuen Forschungsmaterials, das einiges in neuem Lichte erblicken läßt wie der Abwehr einer neumodischen bürgerlichen »Ersatzideologie« für das marxistischen Menschenbild sind die folgenden Ausführungen zugedacht.

Vorerst sei die marxistische Analyse in Erinnerung gerufen. Ihr zufolge waren und sind Menschwerdung wie Menschlicherwerden, Hominisierung wie Humanisierung von gleichem Prinzip bestimmt – die erstere setzt sich ja in die letztere fort –: dem Prinzip der Arbeit. Durch Arbeit wurden unsere noch menschenäffischen Vorfahren zu Menschen, indem sie vom gelegentlichen Gebrauch naturgebildeter Behelfsmittel zur gewohnheitsmäßigen Verwendung selbstverfertigter Arbeitsmittel und schließlich zur Herstellung von Arbeitsmitteln für die massenweise Produktion weiterer Arbeitsmittel übergingen.

Schöpfer ihrer selbst, »arbeiten« sie sich aus dem Tierreich

»empor«; als Schöpferin ihrer selbst – in den Dimensionen des Produzierens, Entdeckens, Erfindens, künstlerischen Schaffens und moralisch-politischen Entscheidens – humanisiert sich die Menschheit; vorerst in der Jahrhunderttausende währenden Urgeschichte; darauf im mehrtausendjährigen Zauderrhythmus der Klassengesellschaftsgeschichte; heute bereits – unter einem Drittel der Erdbewohner – im zielstrebig-geplanten Unternehmen der sozialistischen Gesellschafts- und Selbstvervollkommnung.

Engels formulierte lapidar: »Arbeit zuerst, nach und dann mit ihr die Sprache – das sind die beiden wesentlichen Antriebe, unter deren Einfluß das Gehirn eines Affen in das bei aller Ähnlichkeit weit größere und vollkommenere eines Menschen allmählich übergegangen ist« (in: Marx/Engels »Werke«, Bd. 20, Dietz Verlag, Berlin 1962, S. 447). Die Prozesse der Mutation und Selektion, der populationsgenetischen und der sie immer mehr modifizierenden und replacierenden gesellschaftlichen »Rückkopplung«, in denen die Höherentwicklung erfolgte, sind heute schon deutlich erfaßbar.

Kurz zuvor an gleicher Stelle (a. a. O., S. 446) hatte Engels den Impuls zur Sprachentstehung darin erblickt, daß solcherart »die werdenden Menschen (dazu) kamen, daß sie einander etwas zu sagen hatten«. – Moderne Forschungen an freilebenden Schimpansen ließen einen ihrer gründlichsten Forscher, Adriaan Kortlandt aus Amsterdam, ganz ähnliches zum Ausdruck bringen.

Er beobachtete Schimpansen in ihrem freien Lebensmilieu: in Savanne, Trocken-, Regen- und Gebirgswald, bei ihren – keineswegs einsamen – »Langstreckenläufen« auf Futtersuche, beim stets werkzeuglosen Fruchtpflücken in den Bäumen, bei ihrer wechselseitigen intensiven Körperpflege, bei ihren gelegentlich mittels sogenannter »Knüppelkampftechnik« bewerkstelligten Abwehr von Leoparden und anderen Feinden – niemals jedoch gegeneinander verwendet! –, bei ihrer reichlichen Gestik.

Kortlandt kommt (sicherlich ohne Kenntnis von Friedrich Engels' Text!) zu dem Schluß, daß der Schimpansen Sozialstruktur nur wenig organisiert ist, daß sie »so wenig auf Zusammenarbeit eingestellt (sind), daß sie einander gewiß nur äußerst wenig zu sagen haben« (A. Kortlandt, »Handgebrauch der freilebenden Schimpansen«, in: B. Rensch (Herausgeber), »Handgebrauch und Verständigung bei Affen und Frühmenschen«, Verlag Hans Huber, Bern, 1968, S. 98.) Dies erkläre ihre Sprachlosigkeit.

Allerdings zeigen Schimpansenbabys eine Neigung zu »Lallmonologen«, zum »Babyplappern«, was den Gedanken aufkommen läßt, daß der heutigen Schimpansen Vorfahren, also die Vorschimpansen, vielleicht nicht nur, wie heute und wenn nicht erregt, vorwiegend gestisch kommunizierten, sondern sich auch lautlich verständigen konnten. Wobei die »Sprach«-Anzeichen, von einem zum anderen überspringend, die Stimmungslage von einem Individuum auf andere Individuen übertragen konnten.

Dies wäre eine »Vorsprache« sozusagen, entsprechend dem – von Marx ja »subsumierten« – instinktiven und halbinstinktiven Vorstufen des Arbeitens. Es ist bekannt, daß solche Vorstufen des Arbeitens – z. B. ein Aufwühlen von Termitenbauten mittels Stöcken – bei heutigen Schimpansen beobachtet und, mehr als das, ihnen von Menschen andressiert werden können – daß also Schimpansen etwa die Betätigung von Hebeln zum Zwecke der darauf folgenden automatischen Freigabe von Nahrung erlernen können.

Seit langem hatte man allerdings vergeblich versucht, Schimpansen eine Lautsprache, wie wir Menschen sie benützen, zu lehren. In Anbetracht der Vorrangigkeit ihrer Gestik – möglicherweise Folge der Gefährlichkeit der Lautgebung im Lebensbereich der zahlreichen Raubkatzen zur Zeit der Vorschimpansenentwicklung! – nimmt es nicht wunder, daß alle diese Versuche mißlangen; was bisher teils auf mangelndes Artikulationsvermögen, teils auf zu geringe Gehirngröße des Schimpansen zurückgeführt wurde.

Als jedoch Beobachtungen an freilebenden Schimpansen ihre hohe und wechselseitig kooperative Geselligkeit erwiesen und die reiche Gestik ihres Kommunikationsverhaltens immer deutlicher wurde, kam dem Ehepaar R. Allen und Beatrice T. Gardner von der Psychologischen Abteilung der University of Nevada, (Reno, USA) der Gedanke, einem Schimpansenbaby die gestische Taubstummensprache anzudressieren, die in den Vereinigten Staaten als ASL (American Sign Language) bekannt und vorwiegend ikonischen Charakters ist, die also nicht buchstabierend verfährt, sondern gestische Gesamtzeichen für Begriffe verwendet.

Wird »Sprache« sowohl als Verhaltensausdruck und geselliges Kommunikationsmittel wie auch als an bestimmtes lautliches, gestisches oder bildliches Material geknüpftes begriffliches Denken verstanden, so kann, wie die Gardners zeigten, solche Sprache vom Menschen den Schimpansen gelehrt werden! (R. A. Gardner, B. T. Gardner, »Teaching Sign Language to a Chimpanzee«, Science, Bd. 165, No. 3894/15. 8. 1969/, S. 664–672).

In der Kinderstube – einem Wohnwagen – »Washoes«, so wurde das von ihnen adoptierte Schimpansenkleinkind genannt, wurde dieses zu möglichst reger Tätigkeit animiert. Von den menschlichen Zieheltern und ihren sie ablösenden Vertretern wurde ausschließlich die Taubstummengestensprache als Verständigungsmittel verwendet, damit die kleine Schimpansin nicht auf die entmutigende Idee verfalle, »Große« könnten reden, Kleine aber nicht.

Die Zeichengesten wurden Washoe solange vorgemacht, bis sie begriff und nachmachte. Durch Kitzeln, das junge Schimpansen sehr lieben, wurde sie für richtigen Gestensprachengebrauch belohnt. Nach zweiundzwanzig Berichtsmonaten beherrschte – die mit etwa eineinhalb Jahren (also etwas spät) zur Lehre gekommene Kleine bereits 34 Begriffe. Darunter: Komm – Gib!; mehr; hinauf; süß; öffne!; kitzeln!; geh' weg!; trinken; entschuldige! – wenn sie für Beißen um Verzeihung bat; bitte; Katze; mich – wenn Washoe gefragt wurde: »Wen kitzeln?« antwortete sie »mich«. Im Oktober 1970, sind es – einer Mitteilung der Gardners zufolge – bereits 87 Begriffe!

Unter »Blume« und »Hund« verstand Washoe nicht nur eine bestimmte Blume beziehungsweise einen bestimmten Hund, sondern jedes Exemplar der Art. Anfänglich wurde dabei »Blume« zu stark generalisiert – Washoe begriff darunter alles, was roch, darunter auch Mr. Gardners Tabaksbeutel. Zwischen »Bellen« und »Hund« vermochte sie nur schwer zu unterscheiden – die Gardners kannten offenbar Frau M. M. Kolcowas (Leningrad) Differenzierungstechnik nicht, die möglicherweise beim Sprachunterricht geholfen hätte.

Verblüffenderweise begann Washoe die erlernten Begriffszeichen bald miteinander spontan zu zusammengesetzten Begriffen, ja sogar zu einfachen Satzbildungen zu kombinieren. Man konnte sie also fragen und Antworten erhalten! Das alles gelang, obwohl Washoe erst mit etwa eineinhalb Jahren und nicht von frühester Jugend an im menschlichen Sprachmilieu aufgewachsen und während des Experimentes eigentlich noch sehr jung war: Schimpansen sind von ihren Eltern bis zu zwei Jahren voll abhängig, bis zu vier Jahren weitgehend, sie beginnen mit acht Jahren reif und mit zwölf erwachsen zu werden.

Im Ergebnis dieses – seitdem erfolgreich fortgesetzten – Versuches kann behauptet werden, daß unseren normalerweise sprachunfähigen menschenäffischen Schimpansenvettern ein Teil dessen beigebracht werden kann, was in der menschlichen Stammesgeschichte eigenständig-spontan zur Ausbildung kam. Ja, es ist zu erwägen, ob nicht vielleicht vorsprachliche Begabung auf direkter Stammeslinie die Menschwerdung selbst begünstigte!

Möglicherweise bedarf also Friedrich Engels' Reihung von »Arbeit zuerst, nach und dann mit ihr die Sprache« einer gewissen Modifizierung: und zwar in Richtung einer *gleichzeitigen* Entwicklung zuerst von Vorarbeits- und Vorsprachformen, darauf von Arbeits- und Sprachformen – anfänglich instinktiv, darauf halbinstinktiv, schließlich keimhaft und dann ganz bewußt. Nichts zeigt doch die wissenschaftliche Fruchtbarkeit eines theoretischen Ansatzes – wie des genialen Entwurfes von Engels – deutlicher, als die Möglichkeit ihrer Weiterentwicklung!

Mit anderer Methodik hat Professor David Premack an der Universität von Santa Barbara zu Kalifornien (USA) eine siebenjährige Schimpansin in zweijährigem Unterricht Lesen und Schreiben gelehrt. Für diesen Lehrgang wurde optisches und haptisches – sicht- und tastbares – Sprachmaterial gewählt.

Zuerst wurde ihr beigebracht, gleichartige Gegenstände, darunter verschiedengeformte Plastikkörper, einander zuzuordnen. Darauf wurde der Sarah genannten Schimpansin mittels eines Kettchens eine bestimmtgeformte Plastikschablone um den Hals gehängt, bis sie sich selbst damit »identifizierte«, also die Schablone für »Sarah« stand.

Darauf lernte sie 120 »Vokabeln«: ein blaues Dreieck bedeutete etwa »Apfel«, ein rotes Viereck »Banane« und so fort. Diese und die anderen Plastikscheiben waren auf Metallplättchen befestigt und konnten auf eine magnetisierte Tafel gereiht werden – wobei Sarah senkrechte anstatt waagrechte Reihungen bevorzugte. Schließlich lernte Sarah bedeutungsvolle Zeichenkombinationen von echtem Satz-Charakter zu bilden. Ob sie dies auch ihren Artgenossen spontan weiterzuvermitteln gewillt und imstande ist, wird zur Zeit untersucht. Die Elementaraufgabe jeglichen Denkens, das Wiederfinden des Einen im Anderen, ist also durch lehrende Menschen gelehrigen Menschenaffen zugänglich zu machen! (Vgl. D. Premack, »Language in Chimpanzee?«, *Science,* Bd. 172, Nr. 3985, S. 808–822; A. J. Premack/D. Premack, »Teaching Language to an Ape«, *Scientific American,* October 1972, S. 92–99.)

Ich würde meinen, daß in den beschriebenen Experimenten künstlich andressierte Formen sprachlicher Kommunikation zu erblicken sind, denen sehr wohl in der menschlichen Stammesgeschichte spontan-entwickelte vorsprachliche Kommunikationsformen entsprochen haben mögen, welche sich zugleich mit halbinstinktiven Vorformen des Arbeitens herausgebildet haben könnten, einander wechselseitig »hochschaukelnd«.

Die soeben beschriebenen jüngsten Forschungen drängen ein übriges mal dazu, zwar über die Kontinuität nicht die Diskontinuität, aber auch über die Diskontinuität nicht die Kontinuität zu übersehen, welche die menschliche Existenz zugleich von der tierischen abhebt und sie mit ihr verbindet.

Heutige Schimpansen in freier Wildbahn sind sicher weder Benjamin Franklins »toolmaking animals« noch des heiligen Franziscus sprachverständige Tiere. Was sie jedoch mit des arbeitenden und sprechenden Menschen Hilfe – trotz ihrem um so viel kleineren Gehirn und ihrem schwachen Artikulationsvermögen – experimentell erwiesenermaßen zu lernen vermögen, legt den Gedanken nahe, daß in der (wie heute bekannt ist) nach Jahrmillionen zählenden Geschichte, welche nach dem »Speciationsereignis« den Menschenstamm von dessen menschenäffischen Vorfahren abhob, neben der »Naturgeschichte« der Arbeit auch die der Sprache frühzeitig begann, so der Kulturgeschichte des Menschen eine noch halbtierische, sozusagen »protokulturelle« Frühgeschichte voransetzend, in welcher arbeitende Wesen zu sprechen und sprachartig kommunizierende zu arbeiten begannen.

Ich glaube, daß derlei Erwägungen zur Bekämpfung sowohl einer metaphysischen Mystifikation des Unterschiedes wie auch einer mechanizistischen Identifizierung von Tier und Mensch dienlich sind. Was diese letzteren betrifft, so sind sie heutigentags, da religiöse Mythen in den Zeiten wissenschaftlich-technischer Revolutionierungen immer weniger akzeptiert werden, in den Rang von wahrhaften Ersatzideologien für den Marxismus und sein Menschenbild hinauflizitiert worden. Die Biologisierung »des« Menschen (gleichwie die Psychologisierung seiner Geschichte) ist geradehin zur Modeideologie geworden, und zwar in ihrer ethologischen, d. h. vergleichend-verhaltenserforschenden Variante. Mit einer für eine instinkttheoretische »Naturgeschichte der Aggression« ausgegebenen Pseudoerklärung des »sogenannten Bösen« wartet der Österreicher Konrad Lorenz auf; mit dessen faschistoider Vulgarisierung der Amerikaner Robert Ardrey. Beider Autoren einschlägige Bücher sind im angelsächsischen und deutschen Sprachgebiet in zahlreichen Auflagen verbreitet, werden von Zeitschriften, Radio und Fernsehen unter die Massen gebracht und begegnen uns bei nicht wenigen Diskussionen.

Die genannten Vertreter der vergleichenden Verhaltensforschung machen sich dabei zugleich biologischer und anthropologischer Unterschiebungen schuldig. Was sie als »Aggression« bei verschiedenen Tierarten beschrieben, übertragen sie unbedenklich auf der Menschen Vorfahren und die Menschen. Und der Menschen historisches Benehmen suchen sie auf simple Formeln erbstarren Instinktverhaltens zu reduzieren, so z. B. das Kriegführen auf einen angeborenen Aggressionstrieb, die Inbesitznahme von Privatländereien und von Privateigentum schlechthin auf die Territorialinstinkte, die manche Arten zeigen, den Nationalismus auf Imponiergehaben oder mit Sigmund Freud – der zuvor schon einen Aggressionstrieb, ja Destruktionstrieb bei allen Lebewesen angenommen hatte – auf einen »Narzißmus kleiner Differenzen«.

Verleugnet wird so die biologische »Plastizität« der Menschen, die vorrangige Bedeutung erlernten Verhaltens für alles historisch-relevante Kulturleben, kurz die schon gekennzeichnete Selbsterschaffung des Menschen durch zielbestimmte Arbeit, die zugleich eine ständige Selbstumgestaltung der menschlichen »Natur«, einschließlich der menschlichen Bedürfnisse ist. Wobei, wie Marx und Engels in der »Deutschen Ideologie« formulierten (a. a. O., S. 28): »das befriedigte erste Bedürfnis selbst, die Aktion der Befriedigung und das schon erworbene Instrument der Befriedigung zu neuen Bedürfnissen führt – und diese Erzeugung neuer Bedürfnisse ist die erste geschichtliche Tat«. Kurz: »die Bedürfnisse (werden) ebenso produziert . . ., wie die Produkte« (K. Marx, »Grundrisse der politischen Ökonomie, Rohentwurf 1857/1858, Dietz Verlag, Berlin, 1953, S. 425).

Diese tiefen, nunmehr hundertfünfundzwanzig Jahre alten Einsichten verbieten gerade jene verhaltenspsychologischen Biologisierungen und Psychologisierungen der Deutung menschlicher Kultur und Geschichte, die heute dem Marxismus als Ersatzideologien entgegengestellt werden, wobei sich – gewollt oder ungewollt – nicht wenige Anknüpfungspunkte an die biblische Erbsündenlehre, das römische »homo homini lupus«, den Hobbes'schen Kampf aller gegen alle, das sozial-darwinistische Konzept des auf die Menschenwelt übertragenen »struggle for life«, schließlich an die Oswald Spenglersche Deutung der »Herrenrassen« als »Raubtiere« und die faschistischen »blonden Bestien« ergeben.

Diesen sich so modern gebenden Deutungen der vorgeblich fixierten Menschen-»Natur« gelingt jedoch nicht einmal der Anschluß an die Menschenaffenpsychologie! Heute verfügt die Forschung über Beobachtungen, die z. B. von der englischen Zoologin Dr. Jane van Lawick-Goodall in zehnjährigem Herumziehen mit Schimpansen im Gombefluß-Reservat von Tansania gesammelt wurden (»The behavior of free living chimpanzees in the Gombe Stream Reserve«, Animal Behaviour Monographs, 1 (1968), S. 165–311).

Was sie an Aggressivität bei ihnen feststellen konnte, war vorwiegend reaktiv: Schimpansen werden hauptsächlich dann böse, wenn sie angegriffen werden. Geschieht dies von seiten anderer Schimpansen, so wird nur selten physische Gewalt angewendet. Mehr als ein paar Kratzwunden und den Verlust einiger Büschel Haare hat der Schwächere nicht zu gewärtigen. Dabei vergehen Tage, ohne daß in der Schimpansenherde auch nur *ein* Fall von Aggressivität zu beobachten ist. Knapp nach der Auseinandersetzung wird wieder Freundschaft geschlossen.

Nichts wäre weniger zur Bezeichnung solchen Verhaltens geeignet, als der Ausdruck »Killer-ape« (Mordaffe), den manche anthropologisierenden Ethologen – Vertreter der vergleichenden Verhaltensforschung also, welche den Menschen als Tier mißdeuten – weithin popularisiert haben. Daß Schimpansen bis zum Tod miteinander kämpfen, hat Frau Lawick-Goodall innerhalb von zehn Jahren ebensowenig gesehen, wie daß sich diese Tiere zu Gruppen zusammenrotteten, um einander gegenseitig zu bekämpfen.

Außerdem wäre die Übertragung der Beobachtungen von Schimpansenverhalten auf das der Menschen natürlich auch dann ungerechtfertigt, wenn sich Schimpansen aggressiv benähmen, was sie, wie gesagt, jedoch nicht tun. Die ganze Sache ist also eine ideologische Konfabulation. Ein »Tötungsinstinkt« ist weder im Schimpansen noch im Menschen aufweisbar.

Die Aggressivität hervorrufenden sozialen Faktoren in den antagonistischen menschlichen Gesellschaften sind in ihren Motiven hingegen gewöhnlich so leicht verständlich, daß keinerlei Grund besteht, sie in eine biologische Instinkt- oder Triebausstattung hineinzugeheimnissen. Auch die Stabilität aggressiver Verhaltensformen in gewissen Gesellschaften bedarf keineswegs, wie Paul Leyhausen von der Forschungsgruppe für physiologisches Verhalten am Max-Planck-Institut in Wuppertal (BRD) behauptet, eines »Fundaments angeborener aggressiver Verhaltensweisen« (»UNESCO-Kurier«, 7/8 1970).

Existenzbedrohung, Lebensbedrohung, Beraubung des Selbstrespekts oder der gesellschaftlichen Achtung, Gefährdung der Gruppenzugehörigkeit und ähnliches mehr machen reaktives Abwehrverhalten durchaus sozial verständlich. Die Ausbeutung und die Ausrottung des Menschen durch den Menschen, welche der urgeschichtlichen Periode der Menschheitsgeschichte institutionell fremd waren, treten in den Klassengesellschaften auf, sobald Privilegien durch Besitz und Krieg gewonnen beziehungsweise gesichert werden können. Der Annahme zusätzlicher aggressiver Triebe bedarf die Erklärung des Verhaltens der Exploiteure und Exterminateure durchaus nicht.

Was das von Lorenz wie Ardrey und manchen anderen anthropologisierenden Ethologen behauptete »Revierverhalten« beim Menschen oder dessen Vorfahren betrifft, so entbehren auch diese Behauptungen der Beobachtungsevidenz. Schimpansen leben, wie Dr. J. Crook beschreibt, in unterschiedlich großen Horden, deren Mitglieder nicht selten reibungslos von einer Horde zu einer anderen überwechseln. Ein Revierverhalten scheint es unter ihnen nicht zu geben. – Manche Tiere suchen die Nähe ihrer Artgenossen, sie fliehen sie keineswegs. Sie bilden Gemeinschaften, wie z. B. die Lemminge, die Präriehunde, die Murmeltiere, die Schwarzbären, die Saatkrähen und Reiher und – wie gesagt – die meisten Primaten. J. Crook sagt von den Schimpansen: »Ein Revierverhalten scheint es nicht zu geben . . . Bei der räumlichen Verteilung müssen großenteils Erfahrungen und Tradition entscheidend sein.« Dies ist ein Teil jenes »protokulturellen« Verhaltens, von dem bereits gesprochen wurde.

Robert Ardrey, der kein Biologe, sondern ein auf biologischem Gebiete hemmungslos wildernder Publizist ist, überschätzt maßlos das Revierverhalten im Tierreich; und Lorenz, der als Ethologe auf eigenem Gebiet Bedeutendes und Anerkennenswertes leistete, erwähnt kaum, daß es nicht weniger Tiere gibt, die ihre Artgenossen suchen, als die sie fliehen. Die bekannte Autorin Frau Sally Carrighar, die über dreißig Jahre mit dem Studium von Tieren in freier Wildbahn zubrachte, sagt über ihn: »Wenn Lorenz von ›diesen ständigen Kämpfen‹ und dem Kampf als einem ›allgegenwärtigen Vorrang‹ in der Natur spricht, so beschreibt er da eine Wildnis, die jene, die wie ich jahrelang in ihr gelebt haben, nicht wiedererkennen würden.«

Sie meint, Lorenz scheine sich zu sehr auf das Thema »Aggression konzentriert zu haben«. Ich glaube, die Motive liegen tiefer. Lorenz bedenkt nicht nur nicht, daß für viele Tiere ihr Lebensraum eine Art Arbeitsgemeinschaft zu kollektiver Futtersuche ist; und daß dabei die Primaten die höchste Stufe nichtaggressiven Verhaltens – sowohl als Einzeltiere wie als Horde – erreicht haben. Dies wären, wenngleich unverzeihliche, einzelwissenschaftlich-biologische Fehlurteile und Unterlassungen.

Sein und seiner Anhänger Hauptfehler ist jedoch ideologisch-weltanschaulicher Art. Sie projizieren die von ihnen unverstandenen Antagonismen der Ausbeutergesellschaften ins Tierreich; und holen sie darauf, nach dessen Mißdeutung, wiederum daraus hervor, um die Aggression in der Menschenwelt zu erklären! Über solches Verfahren haben bereits Marx, Engels und Lenin in ihrer Kritik am Malthusianismus und Sozialdarwinismus und dessen »bürgerlichem Tierreich« gespottet.

Die Gefährlichkeit solchen Verfahrens liegt jedoch nicht bloß in der Oberflächlichkeit, mit der den ernsten Problemen unserer Zeit begegnet – genauer: mit der ihnen ausgewichen wird. Viel ernster noch ist, daß solcherart die Widerstandsbereitschaft vieler Menschen gegenüber Aggression und Krieg gebrochen wird. Denn wenn Aggression und innerartlicher Kampf der Menschen für instinktiv und angeboren erklärt werden, wie sollten dann Versuche hoffnungsvoll erscheinen, sie zu bekämpfen und aus der Welt zu schaffen!

Wie groß muß das Interesse der Aggressoren sein, die ihre Kriegsvorbereitungen – wie *Lenin* sagte – mit einem »fürchterlichen Geheimnis« umgeben, eine Destruktions- und Aggressionstrieb-Theorie zu fördern und zu propagieren, die jenes Schicksal als unentrinnbar erscheinen läßt, das der Imperialismus der Welt bereitet und auszubreiten sich anschickt.

So sind Probleme der Kommunikation, der Hominisation und der Humanisierung, so hoch ihre Bearbeitung als akademische Anliegen zu werten ist, zugleich auch weltanschaulich-ideologischer Natur. Sie sind wahre Lebensfragen für die Menschheit.

Georg Jánoska (Bern)

Nominalismus als negative Dialektik

> »Die Aufgabe lautet: die ökonomische Entfremdung in ihren verschiedenartigen Erscheinungen und Folgen überwinden, um optimale Bedingungen der Entfaltung der Persönlichkeit und des persönlichen Glücks des menschlichen Individuums zu gewährleisten.«
>
> Adam Schaff

1. Der Titel scheint einem Mißverständnis entsprungen zu sein: Adorno ein Nominalist? Oder einem unverbindlichen Sprachspiel, in dem »Nominalismus« gegen den üblichen Gebrauch verwendet wird, also dem Effekt zuliebe. Beides liegt, bewußterweise, nicht vor. Ich meine vielmehr, daß Adornos negative Dialektik[1] *nur* auf nominalistischer Grundlage möglich ist, was ihm selber vermutlich vor allem durch seine Gereiztheit im Anblick positivistischer Wissenschaftlichkeit verstellt wurde. Dazu kommen Einschätzungen des Nominalismus, die zwar für manche seiner Vertreter zutreffen mögen, in der pauschalen und herablassenden Verurteilung aber kaum geeignet sind, den philosophischen Ernst zu wahren. Adorno entnimmt sie dem dialektischen Jargon, »besinnungslos« wie der Nominalismus es sein soll (115), und macht so seine negative Dialektik schillernder, als sie es sein müßte. Die Analyse des antinominalistischen Affekts wird es ermöglichen, einen adäquaten Begriff des Nominalismus zu fassen, der seinerseits notwendige Bedingung ist für die Rechtfertigung des Titels.

2. Vor allem zwei Borniertheiten werden dem Nominalismus vorgehalten.

(1) Mit der Verwerfung der Realität der Begriffe werde ihnen auch jegliches fundamentum in re abgesprochen.

(2) Der Nominalismus akzeptiere in seiner atomistischen Denkweise nicht die Vorgegebenheit des Ganzen und bringe so die Egozentrizität (die später zum Einzigen und seinem Eigentum führt) der bürgerlichen Individuen überbaulich zum Ausdruck.

Aus den beiden Zuweisungen ergibt sich zwanglos die Unfähigkeit nominalistischen Denkens, die Wirklichkeit, vorzüglich die gesellschaftliche, zu begreifen. Da andererseits ein Ansich der Begriffe, die Verabsolutierung der Identität ebensowenig, wenn nicht, ob ihrer plumpen Verdinglichung, noch weniger haltbar ist, muß die Wahrheit in der aufhebenden Mitte liegen zwischen Nominalismus und Realismus. Es dürfte zweckmäßig sein, hier einzusetzen, zumal die Konstruktion einer Synthese nicht selten um den Preis der Vereinfachung einer der beiden (oder beider) ektoantinomischen Gegensätze gelingt.[2]

3. Weniger subtil als Adorno, aber unzweideutiger beruft sich *Furio Cerutti*[3] gegen den »orthodoxen« *Lukács* auf die besagte Aufhebung: »Die erkenntnistheoretische Reduktion eines ontologisierten Marxismus auf Widerspiegelungstheorie vermag indes die Marxsche Aufhebung von Begriffsrealismus und -nominalismus in der Dialektik vom Abstrakten und Konkreten nicht zu erfassen ...« Das dialektische Postulat übersieht nur die dringliche Frage, ob dem Abstrakten dieselbe Seinsweise zukomme wie dem Konkreten. Und eben durch diese Frage wird das Universalienproblem erneut aufgeworfen. Ähnliches gilt für den berühmten hegel-leninschen Satz »*Einzelnes ist Allgemeines*«, der wohl nur als Anreiz zur ontosemantischen Klärung verstanden werden kann.[4]

Gegen Hegel und die platonisch-aristotelische Tradition stellt Adorno zwar fest, daß der Gegenstand der Erkenntnis das Besondere sei, dieses könne aber nur als vermittelt durch das Allgemeine gedacht werden (320, vgl. auch 305). Wiederum ist zu sagen: Das Besondere ist sicherlich selber allgemein, und zwar sowohl die Bedeutung des Ausdrucks »das Besondere« wie auch das konkrete Besondere, wie dieser Satz zum Beispiel zeigt. Kommt aber – deshalb – dem Besonderen oder, wie ich in dem laufenden Zusammenhange lieber sagen möchte: dem Einzelnen, dieselbe Seinsweise zu wie dem Allgemeinen? Von Vermittlung kann sicherlich gut gesprochen werden, sowohl des Einzelnen durch das Allgemeine wie des Allgemeinen durch das Einzelne – schließt diese dialektische Sprechweise aber schon die Stellungnahme zum Universalienproblem ein? Wohl kaum, es scheint vielmehr das »Antisystem« (8) der negativen Dialektik in diesem wesentlichen Moment unbestimmt zu sein, eine Unbestimmtheit, die es mit dem – gar nicht so entgegengesetzten – Denken des Seins teilt. Es ist schließlich nicht zu bezweifeln, daß wie jede auch die Verabsolutierung des Nominalismus zu mißlichen Konsequenzen führt, etwa zum »Glauben an ein letzthin Gegebenes«, aber weder der naive »Positivistenstolz auf die eigene Naivität« noch die »besinnungslose Selbsterhaltung« (130) werden als konstitutiv für den Nominalismus angesehen werden können.

4. Die Frage stellt sich also zuerst so: Welche Seinsweise kommt

dem Allgemeinen zu? Im Gegensatz zu den reales sind die nominales der Meinung, das Universale könne sinngemäß nur der Sprache zustehen. Diese Meinung selbst gewinnen sie durch eine Untersuchung der Sprache, von altersher mit recht genauen Distinktionen. So unterscheidet *Abaelard* (der das Wichtigste zu dieser Frage schon gesagt hat), um Mißverständnissen vorzubeugen, den sermo als die Bedeutung des Wortes von der vox und teilt das Universale dem sermo zu, nicht ohne sich auf *Aristoteles* zu berufen. So wie das nomen benennt, bezieht sich die Sprache – wenn nicht gerade über Sprachliches gesprochen wird – auf Außersprachliches. Vermöge seiner allgemeinen Bedeutung bezeichnet sonach das Wort Einzeldinge, deren Eigenschaften, Relationen etc. Das verunglimpfende Wort vom flatus vocis hatte und hat selbst kein fundamentum in re. Nicht nur ist der »Begriff einer kapitalistischen Gesellschaft kein flatus vocis« (56, Anm.), sondern kein Begriff ist ein flatus vocis.

Der Gegensatz der nominales und reales ist von solcher Art, daß er weder eine Sinnlosigkeitserklärung duldet noch eine dialektische Aufhebung. Hier kommt man um das Entweder/Oder nicht herum, woran auch die Vielfalt nominalistischer wie realistischer Fassungen nichts ändert.

5. Gerade die Vielfalt schert Adorno über einen Kamm, und zwar so, daß der Nominalismus nur mehr im Zerrspiegel zu erkennen ist. Es ist einfach nicht wahr, daß dem Nominalismus die Begriffe »nichtig« (164) sind, und dem Idealtypus *Max Weber* wird man nur gerecht, wenn man ob seiner Konstruktivität die reale Verankerung nicht übersieht. Freilich muß die nominalistische Haltung borniert werden, wenn sie den Kontakt mit der Realität verliert, die Konstruktivität menschlichen Erkennens zur konventionalistischen Selbstherrlichkeit übersteigert, zur Weltlosigkeit des Subjekts. Aber sagt nicht Adorno selbst, eben dies sei *Idealismus*? »Jegliches fundamentum in re der Begriffe dem Subjekt zuzurechnen, ist Idealismus.« Hierauf folgt allerdings gleich der Satz: »Mit ihm entzweite der Nominalismus sich nur dort, wo der Idealismus objektiven Anspruch erhob« (56; die aufschlußreiche Anmerkung, aus der ich gleich noch eine Stelle bringen werde, endet mit dem schon zitierten flatus vocis). Das ist einerseits analytisch, insofern der objektive Anspruch des Idealismus, das heißt der objektive Idealismus nur *begriffsrealistisch* gefaßt werden kann, mit dem Nominalismus also unvereinbar ist; andererseits aber erweckt es den Eindruck, als ob der Nominalismus notwendigerweise mit dem subjektiven oder erkenntnistheoretischen Idealismus verbunden sei. Und das wäre falsch, weil der Nominalismus invariant ist in bezug auf die erkenntnistheoretischen Positionen. Das zeigt nicht nur eine systematologische Betrachtung, sondern auch die Geschichte der Philosophie und das gegenwärtige Philosophieren.

Das fundamentum in re dem Subjekt zuzurechnen heißt es negieren, eben zugunsten – letztlich zuungunsten – des Subjekts. Wenn auch das Allgemeine dem Nominalismus zufolge als fundamentum in re des Allgemeinen nicht noch einmal gesetzt werden darf, so wird damit nicht überhaupt ein fundamentum in re verworfen. Wie wiederum schon Abaelard gelehrt hat, und der späte *Wittgenstein* auf anderer Stufe wiederholt, genügt zum Verständnis der Bezeichnungsfunktion der Sprache die weit verzweigte und nicht immer präsente *Ähnlichkeit* zwischen den Einzeldingen. Damit wird die Sprache zwar weit konstruktiver eingeschätzt als durch die verschiedenen Formen des Begriffsrealismus, einen erkenntnistheoretischen Idealismus zieht dies aber schon deshalb nicht nach sich, weil die Begriffsbildung selbst von der vorgegebenen Wirklichkeit abhängt, nicht so sehr von einer völlig unabhängig gedachten als von der schon apostrophierten *gesellschaftlichen* Wirklichkeit, das heißt letztlich von den praktischen Bedürfnissen der Menschheit, die beim Philosophieren oft in Vergessenheit geraten.

6. Die angekündigte Stelle aus der Anmerkung auf Seite 56 deutet auch den zweiten Vorwurf gegen Nominialismus an. In einer nietzscheanischen Stimmung des Augenzwinkerns wird die Negation von »peinliche(n) Entitäten« durch die »offizielle Wissenschaft« vorgeführt (der »die Wissenschaft kommandierende Nominalismus« heißt es auf Seite 305). Geleugnet werden soll die Existenz von Klassen, sonderbarerweise der Ideologie, »neuerdings überhaupt Gesellschaft«.

Nun, Gesellschaft, wie auch ein bestimmter Staat, eine Stadt, ein konkreter Mensch, ein Kunstwerk, sind Ganzheiten, mehr oder minder komplizierter Struktur, mehr oder minder höherer Komplexität. Grundsätzlich gilt, wie man schon seit langem weiß, daß sie nichts Allgemeines sind im Sinne des Begrifflichen, obgleich ihre Struktur allgemeine Züge aufweisen muß. Sie selbst, die Ganzheiten, sind Einzelnes, ob man sie generell als Individuen bezeichnen soll, ist angesichts ideologischer Mißverständnisse fraglich. Der Unterschied zwischen der Komplexität des Ganzen und der Allgemeinheit des Begriffs wird gut am Beispiel des Staates sichtbar: Wohl repräsentiert der Ausdruck »der Staat« einen allgemeinen Begriff, der etwa für Griechenland, die USA und die Schweiz – um von der dritten Welt zu schweigen – nicht in derselben Weise ausgesagt werden kann, die einzelnen Staaten selbst sind aber jeweils Einzelnes. Der Gegensatz zum Ganzen ist nicht das Einzelne, das ja im Normalfall selbst ein Ganzes ist, sondern das Vereinzelte, der isolierte Teil, der hinwiederum mit dem Allgemeinen logisch nichts zu tun hat. Die Gesellschaft ist ein Ganzes und nur in ihr kann sich der Einzelne vereinzeln (Karl Marx).

Die Unterscheidung des Ganzen vom Allgemeinen ist bezüglich der Klassen nicht so durchsichtig wie im Hinblick auf die Staaten, deren

Existenz ja auch kaum geleugnet wird. Selbst wenn man die Vielfalt der Bedeutungen von »Klasse« auf den soziologischen oder gar marxistischen Gebrauch beschränkt, ist die Klasse ein Allgemeines, das verschiedene Klassen in verschiedenen Zeiten bezeichnet. Aber wie steht es um eine bestimmte, also auch raumzeitlich bestimmte Klasse? Sie ist offenbar – wenn sie nicht nur der Möglichkeit nach ist, »für sich« wie *Marx* sagt – ein höchst wirkungsvolles Ganzes, das durch die Bewußtwerdung der »Dieselbigkeit« der Interessen in der politischen Arena den Klassenkampf bedingt. Also nicht kämpft das Allgemeine gegen sich selber, sondern höchst konkrete Ganzheiten gegeneinander.

Gerade eine Stelle aus der »Negativen Dialektik«, in der Adorno den Begriff und das Ganze nicht einfach zur Deckung bringt, läßt durch ihre Metaphorik erkennen, daß er hierin, in der undurchsichtigen Verschränkung der beiden Momente sich nicht ganz von *Hegel* trennen kann: »... das abstrakt Allgemeine des Ganzen, das den Zwang ausübt, ist verschwistert der Allgemeinheit des Denkens, dem Geist« (308).

Noch stärker ist natürlich der junge *Lukács* an den Meister der Dialektik gebunden, auf Gedeih und Verderb: »Hieraus wird der folgende Fundamentalsatz der dialektischen Methode, die Theorie des Hegelschen konkreten Begriffs, verständlich. Kurz gesagt bedeutet sie, daß das Ganze den Teilen gegenüber den Vorrang hat, daß man *aus dem Ganzen die Teile und nicht aus den Teilen das Ganze* zu deuten habe.«[5]

7. Es ist historisch, philosophisch-immanent wie gesellschaftlich, gut verständlich, daß die via moderna sich zu einem atomistischen Denken entwickelt hat, das nach Verwerfung der obskuren Qualitäten auch das Ganze auf seine vermeintlich selbständigen Teile reduzieren wollte. Die Frage ist nur, und es ist keineswegs eine bloß terminologische Frage, wenn mit dieser Kennzeichnung ihre Belanglosigkeit ausgedrückt werden soll: Ist die nominalistische Denkhaltung notwendig mit der atomistischen Reduktion verknüpft? Sieht man sie, philosophiehistorisch adäquat, durch die Frage nach der Seinsweise des *Allgemeinen* veranlaßt, dann wird man mit der Marke »Nominalismus« behutsamer umgehen müssen und sie nicht einfach – wie auch »Positivismus« oder von der andern Seite »Dialektik« – für alles grundlegend Falsche einsetzen dürfen.

Den Nominalismus nicht auf das atomistische Denken auszudehnen, scheint mir umso wichtiger, als es heute wieder not tut – für Theorie und Praxis –, die via moderna zu aktivieren, natürlich in gemäßer Form, das will sagen: auf nominalistischer Grundlage die Vorgegebenheit des Ganzen anerkennen, ohne es in einem *geschlossenen* System fassen zu wollen, wogegen sich ja die nominalistische Grundlegung eo ipso sträubt.

Adorno wendet sich gegen solche Gehäuse schon auf der ersten Seite der Einleitung (13): »Die begrifflichen Gehäuse, in denen, nach philosophischer Sitte, das Ganze sollte untergebracht werden können, gleichen angesichts der unermeßlich expandierten Gesellschaft und der Fortschritte positiver Naturerkenntnis Überbleibseln der einfachen Warenwirtschaft inmitten des industriellen Spätkapitalismus.«

Die nominalistische Ontologie in ihrer sprachkritischen Einstellung stellt sich nicht nur gegen die fatale Unterordnung des Einzelnen unter das Allgemeine, gegen die Identifikation der Einzelnen *wegen* eines Allgemeinen (der Neger ist *als* Neger für gewisse Zwecke schon hinreichend bestimmt, und jeder einzelne Neger kann für ihn eingesetzt werden), die nominalistische Denkhaltung gewährt auch Schutz vor der Überschätzung der magischen Kategorie: Totalität. Sie wird nicht zur einfachen Verwerfung führen, sondern zur Frage nach der Bedeutung des Wortes und nach der Möglichkeit der Erkenntnis des durch dieses Wort Bezeichneten und sie wird, ob der Stelle aus der schon zitierten Arbeit des jungen Lukács auch ideologisch wachsam geworden, sich auf *Kant* besinnen und der Totalität nur eine *regulative* Bedeutung zumessen; so verstanden ist sie freilich unabdingbar. Und hier die Stelle (die ihm Original kursiv gedruckt ist): »Eine derartig bedingungslose Vorherrschaft der Totalität, der Einheit des Ganzen über die abstrakte Isolierung der Teile, ist das Wesentliche der Gesellschaftsauffassung von Marx, ist die dialektische Methode.«

Adorno, so will es mir scheinen, ist in seiner Deutung der Totalität gleichfalls nominalistisch inspiriert, insofern er sie auf die Kritik des Allgemeinbegriffs stützt. Und es werden ihm viele in der Meinung zustimmen, vermutlich auch Marxisten, daß das Verhältnis von Marx und Engels zur Totalität neu bedacht werden muß (313). Knapp formuliert ist die neue Bedeutung in der Einleitung zu »Der Positivmusstreit in der deutschen Soziologie«: »Totalität ist keine affirmative, vielmehr eine kritische Kategorie« (Luchterhand 1969, S. 19). Und weil sie eine kritische Kategorie ist, »darf Philosophie auf Totalität nicht mehr hoffen« (138).

Um die besondere Art des Nominalismus, der in der atomistischen bzw. positivistischen Reduktion eine Verirrung des Denkens sieht, schon durch die Kennzeichnung deutlich zu machen, könnte man vielleicht von einem *dialektischen Nominalismus* sprechen.[6] Er müßte als offene Philosophie (F. *Gonseth*) weder den unendlichen Geist noch »die« sich selbst bewegende Materie metaphysisch berufen und wüßte sich also insofern einig mit Adornos Kritik eines absolut Ersten (140).

8. Im Zentrum der negativen Dialektik stehen, außer der Negation, die Identität und das Nichtidentische; dieses als das, was es zu retten gilt, mag die Rettung auch aussichtslos erscheinen; jenes als das, was in verschiedenen Formen den Zwang ausübt, bis zur Unterjochung des Nichtkonformen. Die Dialektik (wie auch die Negation) muß sonach

von hier aus verstanden werden: »Dialektik ist das konsequente Bewußtsein von Nichtidentität« (15). Dies schließt ein, daß der Gegner, den es mit allen theoretischen Mitteln zu bekämpfen gilt, die Identität ist, die auch aller Unwahrheit, ja selbst der Wahrheit in ihrer üblichen Bedeutung zugrunde liegt: »Das triviale Bewußtsein, wie es theoretisch im Positivismus und unreflektierten Nominalismus sich ausspricht, mag der adaequatio rei atque cogitationis näher sein als das sublime, in fratzenhaftem Hohn auf die Wahrheit wahrer als das überlegene, außer wenn ein anderer Begriff von Wahrheit gelingen sollte als der von adaequatio« (355; vgl. auch 375).

Es verwundert systematologisch nicht, daß eine derart radikale Absage an die Identität auch die Konzeption von Wahrheit radikal angehen muß – aber wie sich Wahrheit nunmehr fassen läßt, das bleibt im Dunkeln, wenn dieser euphemische Ausdruck gestattet ist.

Die Identität, »das unersättliche Identitätsprinzip« (144), muß Adorno zutiefst bewegt und gestört haben, bis zum Leid. Das mag angesichts der jüngsten Geschichte, der politischen wie der des sogenannten Geistes, zu der man auch die Psychoanalyse wird rechnen dürfen, verständlich scheinen, die Frage bleibt nur, ob das Verständnis sich nicht zu sehr an der Oberfläche des Allgemeinen tummelt, den einzelnen Fall so nicht begreifen kann. Jedenfalls dürfte mit der aggressiven Verneinung (idealtypisch) jeglicher Identität auch die Unbestimmtheit des Nichtidentischen zusammenhängen.

9. Dem Nominalismus zufolge kommt die ontosemantisch belangvolle Identität – wie das Allgemeine – nur der Sprache zu. Erst im Begriff wird aus den vorgegebenen Ähnlichkeiten durch in letzter Instanz praktische Bedürfnisse konstruktiv Identität gestiftet. (Und auch noch bezüglich dieser hat man, wie der späte *Wittgenstein* in eindrücklicher Akribie gezeigt hat, sehr vorsichtig zu verfahren.) *Den* Tausch – das Faszinosum Adornos – gibt es in Wirklichkeit nicht, aber es gibt zwischenmenschliche Handlungen, die mit diesem Wort bezeichnet werden müssen, und es kann in wissenschaftlicher Betrachtung ebenso über *den* Tausch gesprochen werden wie über *die* menschliche Sprache. Der Nominalismus kann also folgerichtig keinen Primat der Identität, schon gar nicht einen ontologischen, vertreten. Andererseits gilt, daß die Verwerfung der Identität, zumindest ihrer Vorherrschaft, *nur* auf nominalistischem Boden möglich ist – was hier für Adorno ja gezeigt werden muß. Dazu zwei Bewegstellen, die wohl keiner Interpretation mehr bedürfen (vgl. außerdem 173, 309).

»In Wahrheit gehen alle Begriffe, auch die philosophischen, auf Nichtbegriffliches, weil sie ihrerseits Momente der Realität sind, die zu ihrer Bildung – primär zu Zwecken der Naturbeherrschung – nötigt.« (21) »Daß der Begriff Begriff ist, auch wenn er von Seiendem handelt, ändert nichts daran, daß er seinerseits in ein nichtbegriffliches Ganzes verflochten ist, gegen das er durch seine Verdinglichung einzig sich abdichtet, die freilich als Begriff ihn stiftet. Der Begriff ist ein Moment wie ein jegliches in dialektischer Logik. In ihm überlebt sein Vermitteltsein durchs Nichtbegriffliche vermöge seiner Bedeutung, die ihrerseits sein Begriffsein begründet ... Diese Richtung der Begrifflichkeit zu ändern, sie dem Nichtidentischen zuzukehren, ist das Scharnier negativer Dialektik. Vor der Einsicht in den konstitutiven Charakter des Nichtbegrifflichen im Begriff zerginge der Identitätszwang, den der Begriff ohne solche aufhaltende Reflexion mit sich führt.« (22) Erinnern schon die zitierten Sätze, nicht die dialektische Sprache, sondern das, was mit ihnen gesagt werden soll, an den späten Wittgenstein, so könnte der fast unmittelbar darauffolgende Satz auch ein Aphorismus sein aus den »Philosophischen Untersuchungen«: »Die Entzauberung des Begriffs ist das Gegengift der Philosophie.« Die Ähnlichkeit ist keine oberflächliche.

10. Adornos Kritik der Identität, besser: sein Kampf gegen das Identitätsprinzip ist zwar nur unter der Voraussetzung der nominalistischen Theorie des Allgemeinen möglich, gleichwohl wird er aber in der Begriffsapparatur des deutschen Idealismus, *Hegels* vor allem, vorgetragen. Und weil die Begriffsapparatur dem System (oder auch Antisystem) nicht äußerlich sein kann, es vielmehr entscheidend bestimmt, bis ins Detail, ist es nicht weiter verwunderlich, daß die negative Dialektik selbst noch falsch bleibt, »identitätslogisch« (148).

Vielleicht steckt in dem Satz »Die Kategorie Nichtidentität gehorcht/!/ noch dem Maß von Identität« (191) mehr, als Adorno gegenwärtig war. Vielleicht. Jedenfalls ergibt sich das Nichtidentische, so unterschiedslos für das Verschiedenste gebraucht, erst aus der Identität und der Negation auf derselben Stufe, wenn ich so sagen darf. Erst wenn ich überall Identität wittere, voraussetze, mich selber unter dieser Zwangsvorstellung sehe und dementsprechend bedrängt fühle, werde ich von einer *Kategorie* der Nichtidentität zu sprechen haben; von einer Nichtidentität, die ja ansonsten recht belanglos wäre.

Ein Satz noch möge das Spiel mit den Identitäten vorführen: »Insofern wäre das Nichtidentische die eigene Identität der Sache gegen ihre Identifikationen« (162). Nominalistisch liest sich dasselbe so: Das Bezeichnete ist von seinen Beziehungen unabhängig.«

Der zwanghafte Charakter der Identität führt Adorno konsequent zu dem weiteren und letzten Schritt, sogar ihre anthropologische, wenn man will: psychoanalytische Bedeutung als obstruktiv zu vermerken. Nach einer subtilen Kritik des Rollenbegriffs und nach der eleganten Zusammenfassung: »Die Not der Arbeitsteilung wird im Rollenbegriff als Tugend hypostasiert. Mit ihm verordnet das Ich, wozu die Gesellschaft es verdammt, nochmals sich selbst« – auf diese Sätze also folgt die Verurteilung der Identität, die mich leicht verlegen macht ob des Bildes und der Unbestimmtheit der Bedeutung im gegebenen Zusammenhang: »Das befreite Ich, nicht länger eingesperrt in seine Identität, wäre auch nicht länger zu Rollen verdammt« (273).

Natürlich kann die Betonung der eigenen Identität zu Trotz und anderer Verkrampfung führen – aber geht es ohne Identität? Was soll hier das Nichtidentische? Ist es nur Ausdruck einer ohnmächtigen Auflehnung? Soll man sich vielleicht treiben lassen – ohne Rücksicht auf Verluste? Adorno kann natürlich dieser Meinung, die die Möglichkeit moralischer Kritik grundsätzlich ausschließt, nicht sein. Der Absatz schließt auch so: »Der gegenwärtige Zustand ist zerstörend: Identitätsverlust um der abstrakten Identität, der nackten Selbsterhaltung willen.« Es ist vermutlich nicht notwendig, die aporetische Situation aufzuzeigen, in welche die so vielfältige Verwendung des Wortes »Identität« führt. Wichtiger scheint mir, daß das Ideal Adornos nicht in dieser Vieldeutigkeit formuliert werden muß, es geht auch einfacher: Der Mensch, der einzelne, ist frei, wenn er nicht zu Rollen *verdammt* ist, er ist also frei nur in einer freien Gesellschaft (259).

11. Wie in der Kategorie der Nichtidentität die hegelsche Identität mitgedacht wird, so in der Negation Adornos die hegelsche Negation. Ist diese vermöge des Gesetzes der Negation der Negation grundsätzlich als positiv verstanden, so jene in der kritischen Kehrtwendung grundsätzlich als negativ. (Wobei zu beachten ist, daß der Ausdruck »negative Negation« durchaus nicht pleonastisch ist.) In beiden Fällen wird die Negation nicht bezogen auf den jeweiligen Zusammenhang – primär auf das Negierende – und damit konkretisiert, in beiden Fällen wird sie allgemein beurteilt, was wohl nur bezüglich formalisierter Sprachen mit genau geregelter Negation möglich ist.

Nicht nur Dialektiker, so möchte ich meinen, werden deshalb Adorno in seiner Kritik der hegelschen Negation der Negation beipflichten: »Unmittelbar ist das Nichtidentische nicht als seinerseits Positives zu gewinnen und auch nicht durch Negation des Negativen. Diese ist nicht selbst, wie bei Hegel, Affirmation ... Die Gleichsetzung der Negation der Negation mit Positivität ist die Quintessenz des Identifizierens, das formale Prinzip auf seine reinste Form gebracht« (159).

Aber folgt aus dieser, auch für den Marxismus, wichtigen Einsicht eine oder die Steigerung des Negativen durch die Negation der Negation? Wiederum ist Adorno ganz sicher gegen Hegel im Recht: »Demgegenüber hat unbeirrte Negation ihren Ernst daran, daß sie sich nicht zur Sanktionierung des Seienden hergibt.« Aber was soll der folgende Satz, der an die Aporetik der Identität erinnert: »Die Negation der Negation macht diese nicht rückgängig, sondern erweist, daß sie nicht negativ genug war« (160). Die Negation ist »an sich« weder konservativ noch revolutionär; wie man weiß, kann man sich aber ihrer bedienen. Und vermutlich wäre es optimal, überhaupt nicht von »der« Negation zu sprechen.

12. Orientiert man die Negation an der Negation Hegels ohne deren Positivität anzuerkennen, dann ergibt sich in systematologischer Konsequenz– auch wenn man es nicht immer so will und manchmal Hoffnung durchschimmert – die *Logik des Zerfalls*. »Mit Hegel aber läßt solche Dialektik nicht mehr sich vereinen. Ihre Bewegung tendiert nicht auf die Identität in der Differenz jeglichen Gegenstandes von seinem Begriff; eher beargwöhnt sie Identisches. Ihre Logik ist eine des Zerfalls . . .« (146) Und in der »Notiz« am Ende des Werkes teilt Adorno mit, daß diese Logik »die älteste seiner philosophischen Konzeptionen« gewesen sei; sie stamme noch aus seinen Studentenjahren. Von hier aus wird auch das »unersättliche Identitätsprinzip« zu beurteilen sein.

Sieht man Identität und Negation nicht durch die Brille Hegels, sondern banaler: nominalistisch, dann wird man nicht annehmen können, daß der Lauf der Weltgeschichte in sich determiniert ist, weder mit positivem noch mit negativem Vorzeichen[7]. Eben das verpflichtet aber den realen Humanisten, das Seinige zu tun, auf daß es sich zum Besseren wende.

Anmerkungen

[1] Ich werde mich fast ausschließlich auf das sogenannte Werk aus dem Jahre 1966 beziehen, das ohne Zweifel den systematischen Höhepunkt im philosophischen Schaffen Adornos darstellt. Seitenzahlen ohne nähere Angaben stammen aus diesem Buch.

[2] Dazu: Franz *Kröner,* Die Anarchie der philosophischen Systeme (1929), Neudruck Graz: Akademische Druck- und Verlagsanstalt 1970. Kröner nennt seine (relativ) standpunktfreie Untersuchung der philosophischen Systeme *systematologisch.*

[3] Hegel, Lukács, Korsch. Zum dialektischen Selbstverständnis des kritischen Marxismus, in: Aktualität und Folgen der Philosophie Hegels, hrsgg. v. Oskar *Negt,* es 441 (1970), Seite 198, Anm. 20.

[4] Das Universalienproblem und insbesondere der Nominalismus sind näher behandelt in meinem Buch »Die sprachlichen Grundlagen der Philosophie« (Graz: Akademische Druck- und Verlagsanstalt 1962), 11. Kapitel: Die Seinsweise des Allgemeinen; dort auch die Belege zu Abaelard und anderen. Ferner möchte ich noch hinweisen auf meinen Beitrag »Begriffliche und symbolische Bedeutung« zur Festschrift für F. Weinhandl: Gestalt und Wirklichkeit, Berlin: Duncker & Humblot 1967. Als neuere Arbeit ist schließlich zu empfehlen: Ruprecht *Paqué,* Das Pariser Nominalistenstatut – Zur Entstehung des Realitätsbegriffs der neuzeitlichen Naturwissenschaft, Berlin: de Gruyter 1970.

[5] Was ist orthodoxer Marxismus (1919), in: Werke II, S. 65. – Zu Adornos Stellung selbst vgl. auch noch: Stichworte (Kritische Modelle 2), es 347 (1969), Seite 174 f. Die »Dialektischen Epilegomena« waren nach Angabe

des Autors im Vorwort (Juni 1969) unmittelbar solche zur Negativen Dialektik und haben intensiven Bezug zur damaligen »Praxis«.

6 Diese Bezeichnung habe ich schon in meinem Aufsatz »Der Metaphysikbegriff im Marxismus-Leninismus« (in: Conceptus Jg. VI, 1972, S. 73 Anm. 8) verwendet, ein wenig unsicher, wie jetzt auch, weil das Prädikat »dialektisch« so viele Bedeutungen hat, in der »philosophie ouverte« etwa eine ganz andere als im Marxismus. Erst eine Analyse des vielfältigen Gebrauchs würde es gestatten, den Ausdruck »dialektischer Nominalismus« präziser zu bestimmen. Vorläufig aber, so hoffe ich, dürften der vorliegende Kontext und die positiven wie negativen Bezugnahmen genügen, freilich nur, wenn dies alles bona fide verstanden wird.

7 In seiner wohltuend klaren Untersuchung »Zum Begriff der Negativität bei Schelling und Hegel« (Stuttgart: Metzler 1971) kommt Friedrich W. *Schmidt* von einer ganz anderen Denkeinstellung zu einem ähnlichen Resultat. Ich zitiere nur kurz: »Weil diese Voraussetzung (des Nichtidentischen) von der kritischen Theorie undiskutiert und uneingestanden gemacht wird, kann es *die* negative Dialektik von Allgemeinem und Besonderem geben, die als böser Weltgeist in allen »Momenten« eines nach wie vor spekulativ zu begreifenden Weltlaufs am Werk ist.« (Seite 118 f).

Tadeusz Kotarbiński
(Warszawa)

Causerie avec un livre qu'on a lu

(après la lecture de l'œuvre d'Adam Schaff, intitulée
» Le marxisme et l'individu humain «)

Voici un livre qu'on vient d'analyser. On pourrait s'imaginer que la matière qu'il contient s'étant portée de ses pages vers le cerveau du lecteur, sa tâche est accomplie et le fascicule de feuilles imprimées peut être mis au rancart sur le rayon des livres. Cependant le volume revient à la charge sur notre table de travail. Que nous veut-il ? Qu'est-ce qu'il réclame de sa voix inaudible ? Ecoutons ! Nous savons par ailleurs que le langage des lettres que nous ne pouvons pas entendre, exige quelquefois une réponse avec plus d'insistance qu'une parole volubile.

Ce qui est clair, c'est que l'œuvre demande qu'on se déclare. Elle persuade, elle défend son point de vue, elle exige que nous prenions un parti : pour moi ou contre moi. Nous sommes libres de répondre par le silence. Mais on n'est pas toujours sûr de ce que le silence veut dire. Il importe à l'œuvre de connaître la parole des lecteurs, les opinions des individus multiples auxquels est adressé son appel. En tant qu'un membre de cette foule, je lève la main et je réclame la permission de joindre ma voix à la discussion commencée depuis longtemps.

Je me déclare en faveur de ce que demande le livre du professeur Adam Schaff, intitulé *Le marxisme et l'individu humain*. Nous avons justement besoin de ce que ce livre proclame. Qu'est-ce que j'entends par » nous « ? Hé, les fourmis de notre fourmilière locale ainsi que la multitude des fourmis des autres fourmilières semblables. Je doute si des besoins analogues sont ressentis par les individus dont fourmillent les tertres de l'espèce *formica rufa* au fond des forêts. Il paraît que là-bas la vie du nid se passe du concours de personnalités douées d'un intellect et de quelques aspirations. La situation est différente dans la fourmilière humaine. Tout spécimen du troupeau est un *homo sapiens*, *homo*, c'est-à-dire quelqu'un qui prétend être un homme, quelqu'un, et non pas quelque chose, s'imaginant – souvent non sans fondement – être *sapiens*, en possession de sa raison. Aussi veut-il comprendre et être amené par la persuasion à agir, à prendre part consciemment et de son plein gré aux activités de la collectivité.

Voici encore d'autres vérités salutaires rappelées dans ce livre. Les hommes créent les choses et les institutions, et celles-ci, loin d'obéir à leurs créateurs, exercent au contraire une pression sur ceux-ci et les gouvernent contrairement à leurs buts. Ainsi dans le domaine des relations sociales, les opérations sur le marché des marchandises, la rivalisation des armements, les solidarités de groupe dégénérant en haines nationales ou en extravagances du racisme et les cultes sacrés sombrant dans la folie de l'intolérance et du fanatisme, ne se laissent pas diriger de manière rationnelle. Tout en étant l'œuvre des hommes, ils se tournent contre les hommes mêmes. L'Etat, tant comme organe de contrainte que dans le rôle d'administrateur économique, a tendance à faire augmenter la pression et à tout régler au moyen d'ordres et de l'ingérence directe.

La venue du socialisme ne délivre point la société des manifestations de cet ordre : les distinctions entre les gens en ce qui concerne les prestations dont ils jouissent, le prestige, leur concours dans l'exercice du pouvoir, présentent une hypertrophie marquée, l'administration tend à dégénérer en bureaucratie. L'orientation voulue de l'idéologie et de l'enseignement dégénère et produit un système de devoirs et d'interdictions exagérés et irréels. Il en résulte beaucoup de malheurs, et pourtant les institutions sociales se proposent pour but définitif le bonheur des gens, sans leur promettre, celà va sans dire, un bonheur personnel total. Nul régime social ne saurait y atteindre. Il serait possible tout de même de régler les conditions de vie, dont on jouirait raisonnablement, de manière à éviter les catastrophes massives dans le domaine dépendant du régime. Aussi s'agit-il de donner aux gens le droit de se prononcer selon leur idée sur les questions qui leur tiennent à coeur, puisqu'ils en ont tellement besoin. Ce droit seul fait s'épanouir la pensée qui se déforme et dégénère en son absence. Il ne saurait être question ici de la liberté totale, mais qu'on respecte au moins l'idée que toutes les restrictions, indésirables en principe, sont motivées par une nécessité supérieure désagréable. L'auteur expose clairement les cas d'absence d'une telle nécessité : par exemple, lorsqu'on discute dans les limites du marxisme sur son interprétation et sur son développement créateur, ou lorsque dans le domaine de l'art s'affrontent les styles divers de la peinture ou de la composition musicale. J'y ajouterais, pour ma part : lorsqu'on discute de la justice des idées avec leur bagage d'axiomes, sinon nous serions menacés par la stagnation et par la déformation de l'image adéquate de la réalité. Les disputes concernant les idées ne souffrent pas d'entraves, ou les idées se déforment inévitablement.

Par Dieu ! presque rien que des truismes ! Mais y aurait-il quelque chose de plus nuisible que la négation d'un truisme ? Ce qui réjouit et réconforte si fort les lecteurs de l'œuvre analysée, c'est qu'elle se réclame du marxisme. Une telle interprétation du marxisme qui conserve sa valeur à tout ce qui nous a été rappelé plus haut, s'avère clairement possible, en outre elle s'impose comme étant en parfait accord avec les sources.

Varsovie, 13. 10. 1972

Lucio Lombardo Radice
(Rom)

Kritik des reinen Verstandes

Die philosophische Entwicklung kann als eine fortdauernde Kritik am Absoluten betrachtet werden. Absolut heißt Unveränderbares, und die *Idee* des Unveränderbaren hängt eng mit dem *Willen* zusammen, eine gegebene Lage nicht zu verändern. Infolgedessen ist das metaphysische Denken immer mit sozialem und politischem Konservatismus verbunden, aber oft nicht unmittelbar, manchmal in fast undurchsichtiger Weise. Es ist sehr leicht, die Metaphysik des politischen Absolutismus, die irdischen und praktischen Ziele der Sakralisierung der Allmacht zu entschleiern. Es ist nicht allzu schwer, den Kampf der reformierten und katholischen Theologen der Renaissance gegen die kopernikanische Hypothese des Heliozentrismus als Verteidigung des hierarchischen Prinzips auf dieser Erde zu enthüllen. Auch der philosophische Kern des Streites um den Darwinismus ist sehr augenfällig: es gab ein sehr klares Entweder-Oder, entweder göttliche Vorsehung, Zielmäßigkeit, Teleologie oder *natural selection,* auf sich selbst ruhende naturhistorische Entwicklung, Erklärung des Fortschritts durch den Kampf, der Notwendigkeit durch den Zufall.

Es ist hingegen viel schwieriger, einen Zusammenhang zwischen dem Glauben an die »absolute« Gültigkeit der euklidischen Geometrie und einem sozialpolitisch konservativen Gesichtspunkt aufzuspüren. Und, was wichtiger ist, wir haben weder »technische« noch »philosophische« Mittel, um die noch in unserem Kopf verbliebenen Absoluten aufzudecken. Es hilft gar nichts, daß wir stolz proklamieren: »Wir haben ja aufgeklärt!« Keine Aufklärung geschieht ein für allemal, und – leider – auch die Prinzipien der Dialektik können zu metaphysischen Formeln werden. Es genügt nicht, sich zum historischen und dialektischen Materialismus zu bekennen, um den metaphysischen Gespenstern, die noch in unserer Menschen- und Weltanschauung herumstöbern, auf die Spur zu kommen, und sie zu verjagen. Eine notwendige, aber noch nicht hinreichende Bedingung dafür ist eine echte, sozusagen »strukturelle« und »prinzipielle« Öffnung gegenüber dem Neuen in allen Bereichen. Die Furcht vor der

Veränderung und vor der Erforschung neuer Wege ist heute nicht zwangsläufig Verteidigung *gegen* eine Revolution, sie kann sehr wohl auch als Verteidigung *einer Revolution* vorkommen. Im heutigen Streit zwischen »offenem« und »geschlossenem« Marxismus geht es genau um die Frage: gibt es revolutionäre Absolute? gibt es obligatorische Modelle und Formeln, endgültige Resultate, oder nicht?

Ich glaube, daß uns eine große Hilfe für die Aufdeckung von verborgenen, uns unbewußten Absoluten aus der wissenschaftlichen Forschung erwächst. Eine solche Forschung ist mit Weltanschauungen (und dadurch mit Klassenkämpfen und allgemeinen welthistorischen Perspektiven) dialektisch verknüpft. Jeder philosophische Fortschritt befreit die Wissenschaft von unbewußten ideellen Grenzen und »Diktaten« und bestimmt einen neuen Sprung der Erkenntnis. Auf der anderen Seite bewirkt aber auch jeder kritische Wendepunkt in der inneren Entwicklung der wissenschaftlichen Forschung eine neue philosophische Öffnung, beschleunigt den Untergang eines metaphysischen Überbleibsels. Ich glaube deshalb an die »philosophische Relevanz« des wissenschaftlichen Fortschritts, um mit Federigo Enriques zu sprechen, den ich als einen meiner Meister verehre[1].

Die mathematische Kritik der transzendentalen Ästhetik erledigt den gesetzgebenden Menschenverstand

Wir verdanken heute der wissenschaftlichen Forschung und, genauer gesagt, einer großen Revolution in der mathematischen Grundlagenforschung die Entdeckung und die erste implizite Kritik an einem tiefwurzelnden, schwer anzuspürenden Absoluten. Dieses Absolute ist *der* Menschenverstand, *the human understanding.* Ich glaube, daß nicht nur im »normalen«, »durchschnittlichen« individuellen Bewußtsein, sondern auch in den meisten philosophisch kultivierten Köpfen fast unbestritten die Überzeugung herrscht, daß der Menschenverstand etwas Vorgegebenes und Unveränderliches sei: ein Naturdatum, ein Instrument, das nach »ewigen, ehernen, großen Gesetzen« immer in derselben Weise funktioniert hat, und immer in derselben Weise funktionieren wird.

Meiner Meinung nach verfügen wir über eine »Kritik des reinen Verstandes« *anno* 1964 in der Untersuchung des amerikanischen Mathematikers Paul J. Cohen über *Set theory and continuum hypothesis* (New York–Amsterdam 1966, W. A. Benjamin). Eine solche Kritik war das Endresultat eines langen Prozesses, der fast anderthalb Jahrhunderte gedauert hatte. Am Anfang war die antieuklidische Revolution von Gauß, Lobačevskij, J. Bolyai in den zwanziger Jahren des vorigen Jahrhunderts. Es war, um genau zu sprechen, keine »antieuklidische« Revolution: das Revolutionäre daran war, daß die Möglichkeit *mehrerer* Geometrien aufgezeigt wurde.

Die »technische« Frage, die seit Euklid (300 v. Chr.) bis N. I. Lobačevskij (1792–1856) offen geblieben war, betraf einen Beweis des berühmten fünften Postulates des großen euklidischen Handbuchs, *Die Elemente*. Dieses Postulat behauptet, in seiner modernen Formulierung, die Existenz *einer* (einzigen) Parallele durch einen Punkt P, zu einer gegebenen Geraden, die nicht durch P geht.

Aber auch in der Technik versteckt sich die Philosophie.

Die klassische Formulierung dieser technischen Frage war durch die klassische Philosophie beeinflußt und sogar bestimmt. Man suchte nach einem Beweis dieses selbstverständlichen, für wahr gehaltenen Postulats, man fragte nicht, ob diese Eigenschaft auch verneint werden könnte. »*Porro nemo est qui dubitet de veritate expositi Pronunciati; sed in eo Euclidem accusant, quod nomine Axiomatis usus fuerit, quasi nempe ex solis terminis rite perspectis sibi ipsi faceret fidem*«. Der Jesuit Girolamo Saccheri[2], einer der scharfsinnigsten Logiker aller Zeiten, hatte keinen Zweifel über die *absolute Wahrheit* des fünften Postulates, und der euklidischen Geometrie in ihrer Gesamtheit.

Die Überzeugung, die euklidische Geometrie sei absolut wahr, beruhte zur Zeit Saccheris vielleicht noch auf dem Glauben an eine göttliche Planung des Weltalles. Zur Zeit von Gauß und Lobačevskij hingegen war der transzendentale Idealismus von Immanuel Kant – der »reine Verstand« – die philosophische Grundlage einer solchen Überzeugung.

»Der transzendentalen Ästhetik erster Abschnitt. Von dem Raume[3]«

»Was sind nun Raum und Zeit? Sind es wirkliche Wesen? Sind es zwar nur Bestimmungen oder auch Verhältnisse der Dinge, aber doch solche, welche ihnen auch an sich zukommen würden, wenn sie auch nicht angeschaut werden, oder sind sie solche, die nur an der Form der Anschauung *allein haften und mithin an der subjektiven* Beschaffenheit unseres Gemüths, ohne welche diese Prädicate gar keinem Dinge beigelegt werden können? ... Der Raum ist eine notwendige Vorstellung, *a priori*, die allen äußeren Anschauungen zum Grunde liegt. Man kann sich niemals eine Vorstellung davon machen, daß kein Raum sei, ob man sich gleich ganz wohl denken kann, daß keine Gegenstände darin angetroffen werden. Er wird also als die Bedingung der Möglichkeit der Erscheinungen, und nicht als eine von ihnen abhängende Bestimmung angesehen ... Auf diese Notwendigkeit *a priori* gründet sich die apodiktische Gewißheit aller geometrischen Grundsätze und die Möglichkeit ihrer Construktionen *a priori* ...«

Die Existenz, oder die Möglichkeit der Existenz, eines *anderen* (nichteuklidischen) Raumes zu behaupten, erforderte deshalb eine philosophische Umwälzung. Karl Gauß war sich dessen vollständig bewußt. Er wußte, daß eine öffentliche Stellungnahme zugunsten des Büchleins von János Bolyai[4], Sohn seines Jugendfreundes Fárkas, »das Geschrei der Bäoten« provoziert hätte, und er wollte sich nicht in einen philosophischen Streit mit der mächtigen Schule der Kantianer einlassen. Gauß wußte, daß wir von dem Wesen des Raumes sehr wenig kennen, wie er in einem Briefe an Taurinus, am 8. November 1824, schrieb[5]. Taurinus hatte die Frage der Möglichkeit einer nichteuklidischen Geometrie von technischem Standpunkt aus positiv beantwortet. In der Tat, in einer Schrift aus dem Jahre 1826, *Geometriae prima elementa*, erkannte Taurinus, daß die Geometrie über eine Kugel von imaginärem Halbmesser (die er *logaritmico-sphaerica* nannte) eine nichteuklidische war (von »hyperbolischem Typus«). Er war jedoch überzeugt, daß er eine *analytische* Möglichkeit, ohne echte geometrische Bedeutung, erfunden hatte; dieser Möglichkeit entsprach laut Taurinus keine physikalische Realität.

N. I. Lobačevskij hingegen behauptete die physikalische Realität (oder Möglichkeit) neuer Geometrien.

Er bediente sich des Beispiels der Geometrie über einer imaginären Kugel, um die Widerspruchsfreiheit seiner neuen Geometrie zu beweisen. »Nehmen wir an, daß irgendein Widerspruch uns später zwinge, die Prinzipien, die der neuen Geometrie zu Grunde liegen, zu verlassen, dann könnte ein solcher Widerspruch sich nur in den Gleichungen verstecken, die Winkel und Seiten verbinden. Diese Gleichungen verwandeln sich doch in die Gleichungen der sphärischen Trigonometrie, wenn wir die Seiten a, b, c durch $a \cdot \sqrt{-1}$, $b \cdot \sqrt{-1}$, $c \cdot \sqrt{-1}$ ersetzen« (N. I. Lobačevskij, *Über die Prinzipien der Geometrie*).

Also war schon für Lobačevskij klar genug, daß entweder *beide* Geometrien oder *keine* widerspruchsfrei war. Die *logische* Möglichkeit beider Geometrien war doch für ihn die notwendige Folge ihrer *physikalischen* Möglichkeit. Für Lobačevskij gilt:

»Der Raum in sich, unabhängig« von physikalischen Ereignissen, »existiert nicht«. »Infolgedessen entsteht für unseren Verstand kein Widerspruch, wenn wir annehmen, daß einige Naturkräfte einer Geometrie gehorchen, andere einer anderen«. Wir wissen nicht, schrieb der große russische Mathematiker im Jahre 1835, was »jenseits der Grenzen des sichtbaren Himmels« geschieht, oder »in der engen Sphäre der molekulären Anziehungskräfte«; es kann sehr wohl geschehen, daß in so extremen Gebieten das Gesetz von der

Kräftezusammensetzung nicht mehr gültig ist. (*Neue Prinzipien der Geometrie*, passim[6]). Das philosophische Endergebnis des mathematischen Aufbaus der nichteuklidischen Geometrien ist die Abschaffung des idealistischen Mythos eines *gesetzgebenden*, absoluten, menschlichen Verstandes.

Nicht nur in der Geometrie, auch in der Mathematik gibt es eine Pluralität

Man kann, laut Lobačevskij, den Menschenverstand nicht mehr als feste Form ansehen, als dasjenige, was den Erscheinungen und den Erfahrungen feste Formen gibt; man muß dem Verstand zumindest eine gewisse Plastizität zuschreiben.

Man kann, dennoch, den Menschenverstand als »absolut« in einem anderen Sinne betrachten, nämlich als Funktion, und nicht mehr als Form. Daß ein plastischer Verstand einer Rückkoppelung mit der physikalischen Erfahrung fähig sei, schließt nicht aus, daß *der* Verstand (immer derselbe in seinen vielfachen Anpassungen) eine *gegebene* menschliche Funktion sei. Was fest bleibt, ist in dieser Perspektive nicht mehr die geometrische Struktur, in die wir die Erscheinungen bringen, sondern die Fähigkeit, Strukturen aufzubauen. Gibt es allgemeine, feste Bauregeln, die es erlauben, wie in der Baukunst, sehr verschiedene, doch nicht völlig willkürliche Gebäude herzustellen? Mit anderen Worten: beruhen die verschiedenen Geometrien, die unendlich vielen denkbaren algebraischen oder topologischen Strukturen, auf einer gemeinsamen Grundlage oder nicht? Gibt es *die* Grundlagen der Mathematik? Gibt es *eine* Mathematik, die verschiedene Räume, Zahlen, Strukturen beinhaltet?

Die Antwort der mathematischen Grundlagenforschung ist: nein. Eine solche, erstaunliche Antwort hat Paul J. Cohen vor zehn Jahren gegeben, und er hat sie ausführlich in seinem schon erwähnten Buch dargestellt im Jahre 1966. Es handelt sich ohne Zweifel um ein mathematisches Ergebnis, das eine ungeheure philosophische Relevanz hat. Es ist sehr schwierig, auch für einen Mathematiker, die Methode von Cohen (das sogenannte »Forcing«) zu beherrschen; es ist jedoch nicht unmöglich, auch dem Nicht-Fachmann eine qualitativ genaue Idee der Fragestellung und des Gesamtergebnisses zu geben. (Wir werden uns mit der Frage der Unabhängigkeit des Auswahlaxioms begnügen, und wir werden dabei die Kontinuumhypothese ganz beiseite lassen.)

Die Mathematik beruht sicherlich letztlich auf dem Begriffe der Menge. Man muß überall von Dingen, Objekten, d. h. »Mengen« sprechen können. Die sogenannte *naive* Mengenlehre (d. h. die klassische Cantorsche Lehre) gestattete es, durch Abstraktion unbeschränkt neue Mengen zu bilden. D. h. man glaubte, daß es zu jeder Eigenschaft eine Menge gäbe, die genau aus allen Objekten besteht, die diese Eigenschaft besitzen. Dieses unbegrenzte Abstraktionsprinzip führte jedoch zu Antinomien[7]; man brauchte also ein Kriterium für die Zulässigkeit der verschiedenen Verfahren beim Aufbau neuer Mengen, um Widersprüche auszuschließen.

Zulässige Verfahren aufstellen: dies heißt die Mengenlehre axiomatisieren. Eine der ersten Axiomatisierungen der Mengenlehre besorgte der deutsche Mathematiker E. Zermelo im Jahre 1908. Sie wurde später von A. Fraenkel verbessert; man spricht daher vom Axiomensystem ZF (Zermelo-Fraenkel). Ein zulässiges Verfahren in ZF ist die Bildung einer neuen Menge durch die (willkürliche) Wahl *eines,* und nur eines!, Elementes aus *jeder* Menge einer »Familie«. Dieses Verfahren ist jedem Verdacht von Willkür enthoben, wenn die gegebene Mengenfamilie eine endliche, oder eine abzählbar unendliche ist. In den anderen Fällen, d. h. wenn die Familie sehr »groß« ist (von hoher Mächtigkeit), kann man ein solches Verfahren keineswegs durch die übrigen Axiome rechtfertigen; man muß ein spezielles Axiom hinzufügen, das Auswahlaxiom von Zermelo.

Dieses Axiom wurde von manchen Mathematikern bestritten, weil es nicht konstruktiv ist. Man meinte, die Grundlagen der Mathematik seien ohne Auswahlaxiom »sicherer«; auch die Verteidiger des Zermeloschen Postulates wendeten es in ihren Beweisen nur in Notfällen an.

Cohens erstaunliches Ergebnis besagt nun, daß sowohl die Kritik der Gegner als auch die Vorsicht der Verteidiger dieses Axioms wert- und sinnlos waren. Man weiß in der Tat nicht, ob das Axiomensystem ZF (einschließlich Auswahlaxiom) widerspruchsfrei ist; aber Cohen hat bewiesen, daß ZF und das System ZF', das aus ZF durch die Ersetzung des Auswahlaxioms durch seine Negation entsteht, gleichzeitig »stehen« oder »fallen«. Das heißt: entweder *beide* sind widerspruchsfrei, oder in *beiden* steckt ein (noch nicht aufgespürter) Widerspruch.

Philosophisch gesagt: entweder *keine* Mathematik ist sinnvoll, oder mindestens *zwei* »Mathematiken« sind annehmbar, mit verschiedenen Grundlagen und verschiedenen Ergebnissen: eine Zermelosche und eine Nichtzermelosche Mathematik.

Notwendigkeit einer Entwicklung der Erkenntnislehre von Lenin

Das Grundprinzip, daß sich der Marxismus nach und mit jedem großen wissenschaftlichen Fortschritt entwickeln, und das heißt auch, sich ändern muß, ist leicht zu behaupten, schwierig anzuwenden. Der

Genosse Adam Schaff, dem ich diese kurzen Bemerkungen hochachtungsvoll und herzlich widme, ist sicher einer der marxistischen Denker unserer Zeiten, die mehr zu solcher Anpassung des Marxismus an den Fortschritt der Wissenschaften beigetragen haben.

Ich bin überzeugt, man muß die Erkenntnislehre Lenins unter dem Einfluß der neuesten wissenschaftlichen Entwicklungen dialektisch bearbeiten. Die Bearbeitung betrifft in erster Linie die Idee der Wissenschaft als *Spiegelung* der Welt. Die Welt ist sicher objektiv, im Sinne der Leninschen Definition, die Erscheinungen sind sicher unabhängig von unserem Willen und unserer Vorstellung.

Aber unser Weltbild ist keine Spiegelung, sondern vielmehr eine künstliche Hypothese, die von den Erscheinungen nicht eindeutig bestimmt ist: eine prinzipiell *freie* Hypothese, die jedoch annehmbar ist, nur dann und so lange, wie sie es gestattet, ein *isomorphes* Bild der Erscheinungen herzustellen.

In den mathematischen Abstraktionen ist die »tätige Seite« der Erkenntnis immer deutlicher als in der experimentiellen Nachahmung der physikalischen Prozesse. Der analytische Raum ist sicher keine Spiegelung des physikalischen Raumes, er ist eine höchst künstliche Struktur, die jedoch dem physikalischen Raum »genügend isomorph« ist. Das Neue in Cohens Ergebnissen besteht darin, daß die Nichteindeutigkeit (d. h. die Künstlichkeit) der Mathematik *als Ganzes* bewiesen wird, und damit die Unmöglichkeit, den Menschenverstand eindeutig auch als Bildfunktion, als Instrument der wissenschaftlichen »Spiegelung«, zu definieren.

Aus diesem Grunde schlage ich vor, den Ergebnissen von Cohen den Namen »Kritik des reinen Verstandes« *anno* 1964 beizulegen, genau so wie man heute von dem berühmten Satz von Gödel sagt, er sei die »Kritik der reinen Vernunft« *anno* 1931.

Anmerkungen

[1] F. Enriques (1871–1946) war nicht nur ein genialer Mathematiker, sondern auch ein starker philosophischer Kopf. Er kämpfte gegen den italienischen Neohegelianismus von B. Croce und G. Gentile, d. h. gegen die Trennung von Wissenschaft und Philosophie. Siehe z. B., F. Enriques: *Natura, ragione e storia* (Antologia di scritti filosofici a cura di L. Lombardo Radice), Einaudi, Torino 1958. – Eine solche Trennung ist in meinem Lande noch nicht völlig abgeschafft. Es gibt immerhin eine wichtige Bewegung für eine

neue Einheit, vom Marxismus inspiriert. Siehe z. B. das monumentale Werk von Ludovico Geymonat und von seinen Schülern, *Storia del pensiero filosofico e scientifico,* 6 voll. (sechs Bände), Garzanti, Milano, 1970–72.

[2] *Euclides ab omni naevo vindicatus,* Milano 1733.

[3] *Kritik der reinen Vernunft* – Elementarlehre I. Theil. Die transcendentale Aesthethik. Riga, 1781.

[4] *Appendix scientiam spatii absolute veram exibens,* Maròsvàsàrhely 1832–33.

[5] (folgt!)

[6] Siehe: N. I. Lobačevskij, *Nuovi principî della geometria;* saggio introduttivo, traduzione e note di L. Lombardo Radice, Einaudi, Torino 1955.

[7] Siehe z. B.: W. S. Matcher, *Foundations of Mathematics, Saunders, Philadelphia–London–Toronto 1968.*

Stefan Morawski (Warszawa)

Warum gibt es Existentialismus im sozialistischen Polen?

I

In den einleitenden Bemerkungen zu seinem Buch »Marxismus und Existentialismus« (Warschau 1961) stellte Adam Schaff zweifellos zu Recht fest, daß die damalige polnische Explosion des existentialistisch gefärbten Marxismus beziehungsweise des marxistisch gefärbten Existentialismus eine unmittelbare Folge der moralisch-politischen Erschütterung war, die Chruschtschows Rede im Jahre 1956 ausgelöst hatte. Die spezifische Abart der marxistischen Weltanschauung, die nachfolgend mit dem Namen stalinistisch-schdanowsche Anschauung bezeichnet wurde, das heißt, eine bestimmte Art, die Welt zu interpretieren, wobei manche Probleme besonders unterstrichen und andere eliminiert, die marxistische Tradition sehr eng verstanden und andere zeitgenössische Philosophien feindselig behandelt wurden und man sich einer hagiographischen, propagandistischen Sprache bediente – diese Weltanschauung brach buchstäblich zusammen. Die Analyse Adam Schaffs erfüllte eine bestimmte Aufgabe: sie deckte die Quellen der existentialistischen »Mode« auf, diente – in der Intention des Autors – zwei miteinander verbundenen Zielen; erstens – die ideologischen Unterschiede zwischen beiden philosophischen Richtungen zu enthüllen, zweitens – auf die Bedeutung der Problematik hinzuweisen, die der Existentialismus in die philosophische Diskussion hereingetragen hatte und mit der sich die Marxisten auf ihre Art auseinandersetzen mußten.

Wenn wir jedoch heute, 1972, das gleiche Problem betrachten, so erweisen sich die Antworten, die zu Beginn der sechziger Jahre erteilt wurden, als unzureichend. Vor allem deshalb, weil die existentialistische Orientierung nicht nur bis heute überlebt, sondern in einem gewissen Sinne sich noch verstärkt hat. Ist es doch kein Zufall, daß nach dem März des Jahres 1968 in Polen der Schriftsteller Jerzy Andrzejewski und der Philosoph Łeszek Kołakowski am heftigsten angegriffen wurden, weil, nach Meinung der Kritiker, in ihren Werken die existentialistischen Tendenzen überhandnahmen. Früher waren aus denselben Gründen die Essays von Kazimierz Brandys, »Briefe an Frau Z.«, vor allem aber die Bühnenwerke Sławomir Mrozeks angegriffen worden. In der Lyrik sind unschwer existentialistische Züge bei Tadeusz Rózewicz, Zbigniew Herbert und, auf eine sehr eigenwillige Art, bei Miron Białoszewski zu finden. In den Jahren, die dem sogenannten polnischen Oktober folgten, traten ähnliche Tendenzen deutlich wahrnehmbar in den Lyriken der damals jungen Dichter Andrzej Bursa und Stanisław Czycz auf, in der letzten Zeit – bei R. Wojaczek. Eine existentialistische Einstellung vermeint man, nicht ganz unberechtigt, in Andrzej Wajdas Film »Asche« zu entdecken, einer der Gründe, warum dieser Film so lange und so stürmisch diskutiert wurde. Dasselbe gilt für das Erstlingswerk des Filmers Zebrowski, »Rettung«. Analoge Erscheinungen waren auch in der Malerei zu beobachten, besonders in den Arbeiten der beiden tragisch verstorbenen jungen Künstler A. Wróblewski und W. Cwenarski. Es ist bekannt, daß viele Debütanten der nächsten Generation, die sich dem Happening oder auch der metaphysischen Kunst (manchmal zum Zen-Buddhismus oder Hinduismus tendierend) zuwandten, vom Existentialismus ausgingen. Dieselben Elemente, diesmal in christlicher Version, glaubte man in einigen Musikwerken, zum Beispiel den Mysterienspielen für Singstimmen von A. Bloch und in den experimentellen *Spiralen* von L. Ciuciura zu entdecken. Es drängt sich also die Frage auf, welches die Ursachen dieser Vitalität existentialistischer Tendenzen in der polnischen Kultur waren, noch dazu in den Werken der überragendsten Schöpfer. Als erstes – liegt die Vermutung nahe, daß der Schock des Jahres 1956 noch nicht überwunden war. Das ist eine psychologische Antwort, und sie trifft vermutlich für einige Fälle zu, aber *nur* für einige. Wenn dieser Schock immer noch nachwirkt, dann muß es dafür soziale Ursachen geben. Kehren wir also zu unserer ursprünglichen Frage zurück: welches waren diese Ursachen? Sicher ist jedenfalls, daß weder die Tatsache, daß sich die Marxisten mit der existentialistischen Problematik auseinandersetzten, noch die – übrigens sehr unvollständige – Analyse der Quellen der Deformation des Sozialismus in den dreißiger bis fünfziger Jahren die Anziehungskraft des Existentialismus aufgehoben haben.

Aber noch ein weiterer Grund hat mich dazu bewogen, die einst von Adam Schaff gestellte Frage erneut aufzugreifen. Es hat sich so gefügt, daß ich in den Jahren meines beruflichen Schweigens, nach dem März 1968, ein Studium über existentialistische Motive in der polnischen Literatur der Vorkriegsjahre geschrieben habe. Das Thema wählte ich mir nach der Lektüre einiger Romane und Dichtwerke sowie eines Teils der Literaturkritik aus den Jahren 1930 bis 1939. Nebenbei gesagt, die beiden überragendsten Schriftsteller jener Zeit, die heute schon weltberühmten Stanisław Ignacy Witkiewicz und Witold Gombrowicz, waren in einem gewissen Sinn Vorläufer der Strömungen, die sich bei uns nach 1956 Bahn brachen. Fügen wir gleich hinzu, daß in den Jahren der Unfreiheit diese Strömungen keinesfalls versiegten. Zwar kann in bezug auf die Zeit vor 1939 kaum von einem geschlossenen System existentialistischer Thesen die Rede sein, nichtsdestoweniger sind, wie ich in meiner Abhandlung[4] aufgezeigt habe, in den von mir untersuchten Materialien Motive, oder, wenn man will, Themen, die dieser Denkrichtung eigen sind, deutlich erkennbar. Zum Beispiel: die Absurdität des menschlichen Daseins, Authentizität im Gegensatz zu der Form, die uns das Leben in der Gemeinschaft aufzwingt, Verlassenheit *(délaissement)* in einer Welt ohne feste ontische Grundlagen, das Individuum, das zur stetigen Selbst-Projektion verurteilt ist, oder zum Heroismus, wenn es ontologische Selbsterkenntnis errungen hat. Diese Motive treten manchmal einzeln, manchmal paarweise, zuweilen sogar in größerer Konzentration auf. Es ist charakteristisch, daß sie damals auf der Basis des christlichen Modernismus und der Untergangsstimmungen, die dem Zweiten Weltkrieg vorangingen, auftraten. Bezeichnend ist auch, daß sie zuerst und sehr nachdrücklich in der Literatur, nicht aber in der Philosophie Ausdruck fanden. Auf dieses Moment werde ich später noch zurückkommen. Existentialistisch getönte philosophische Essays erblickten – in der polnischen Geschichte dieser Richtung und dieses Stils des Philosophierens – erst nach 1945 das Licht der Welt. Geschrieben wurden sie während der Naziokkupation oder kurz nach Kriegsende; nur zwei Philosophen, K. Błeszyński und H. Elzenberg führten ein *journal intime*, das nicht nur in der Thematik, sondern auch in der Art deren Auffassung existentialistisch war, so weit, daß beide Autoren in eine Reihe mit Schestow, Sartre, Jaspers und Heidegger gestellt werden können. Ein charakteristisches Merkmal ihrer Betrachtungen aus dem Ende der dreißiger Jahren ist die *Unkenntnis* jener Autoren, deren Werke sie erst nach 1945 kennenlernten. Doch hatten diese Philosophen, ähnlich wie der Augustinismusforscher Pater A. Jakubisiak, keinen Einfluß auf die Geisteswelt ausgeübt, während die Romanschriftsteller, Dichter und Kritiker nicht nur einen bedeutenden, sondern auch bedeutsamen Einfluß ausübten. Zieht man jene Vorgeschichte der existentialistischen Einstellungen in Polen in Betracht, und dies muß der Forscher tun, so müssen die Ereignisse nach 1956 in einem anderen Licht gesehen werden. Es handelt sich nicht darum, das Gewicht jenes bereits erwähnten moralisch-politischen Schocks zu vermindern, aber neben dieser Ursache wirkten andere, die nicht unterschätzt werden dürfen. Ich habe hier nicht unmittelbare Zusammenhänge zwischen Tatsachen aus dem Ende der dreißiger Jahre und dem Ende der fünfziger Jahre im Sinn. Eine Anknüpfung – ausgenommen die Renaissance von Witkiewicz und die lebhafte Rezeption von Gombrowicz – hat hier nicht stattgefunden. Um so weniger kann von einer Kontinuität der literarischen Erscheinungen von der uns hier interessierenden Art die

Rede sein. Dagegen kann und sollte die hartnäckige Beständigkeit einer bestimmten Problematik festgestellt werden, die aus der Sicht eines bewußten oder unbewußten Existentialismus behandelt, aber infolge zeitbedingter gesellschaftlich-historischer Koeffizienten unterschiedlich gestaltet wurde.

II

Diejenigen, die nach 1956 den Marxismus ins Existentialistische hinüberzogen, gehörten zu den Jahrgängen der Intelligenz, die vor Ausbruch des Krieges herangereift war, ebenso wie zu jenen, die von den Kriegsjahren und der marxistischen Ideologie nach der Befreiung des Landes geprägt wurden. Es stimmt, daß die Mode jenes attraktiven Stils des Philosophierens gegen Ende der fünfziger Jahre in marxistischen Kreisen zu einem Problem geworden war, aber darüber darf man nicht vergessen, daß diese Erscheinung einen bedeutenden Teil der Intelligenz umfaßte, der nichts oder nicht viel mit dem Marxismus gemein hatte. Es wäre interessant, in dieser Hinsicht die damals zahlreich aus dem Boden schießenden studentischen Zeitschriften zu untersuchen, die unter der Ägide akademischer Jugendorganisationen entstanden, sowie die vor allem von der katholischen Monatsschrift »Więź« repräsentierte Ideologie. Deshalb scheinen mir folgende Thesen berechtigt: 1. die existentialistische Explosion nach 1956 kann nicht restlos begriffen und erklärt werden, wenn man nicht ihre Basis gegen Ende der dreißiger Jahre und die weiteren weltanschaulichen Wege und Irrwege eines Großteils der polnischen Intelligenz berücksichtigt, und 2. jene Explosion erweist sich im Lichte späterer Tatsachen keineswegs als Episode, sondern als überaus wichtiges Phänomen.

Der bekannte, zur Zeit seines Erscheinens sensationelle Roman von Witold Gombrowicz, »Ferdydurke« (1937) wurde damals entweder als boshafter Ulk abgetan, oder als Beweis dafür, daß der Autor von Infantilismus, von allem, was im Menschen unausgegoren, unterentwickelt, pennälerhaft ist, besessen war. Im zweiten Band seiner »Tagebücher 1957–61« (Paris 1962) bekennt Gombrowicz, daß dieser Roman ein Bild des Kampfes um die Reife eines Menschen darstellte, der in die eigene Unreife vernarrt ist; daher so viel *pure nonsense* in »Ferdydurke«, so viel Exzentrik, Zungen-Zeigen, Hohn über die Welt und über sich selbst. Es ist wahr, Gombrowicz versteckt sich immer hinter Mystifikation, maskiert seine Ideen mit Schelmerei, aber aus allem, was er sagt, tönt hintergründiger Ernst. Die Hauptmotive des Romans »Ferdydurke« beziehen sich nicht auf den Infantilismus *tout court*, sondern auf die infantile Wirklichkeit, die den Dichter umgibt. Das Polen der Vorkriegszeit, von Gombrowicz im ersten Band der »Tagebücher« (Paris 1952) als an »kulturellem

Anachronismus« krankend bezeichnet, war für ihn etwas Groteskes, Stümperhaftes, Unreifes. Er brandmarkte an ihm das, was ihn schmerzte. Sein parodistisches Verhältnis zu jener Epoche, als deren Kind er sich schließlich fühlte, tritt besonders in seinem Verhältnis zur polnischen Literatur und Kunst zutage. »Ferdydurke« spricht vom »Nicht-Können des Lebens«, von der »Verzweiflung der Disproportionen«, die Krüppelhaftigkeit, das hohle Pathos der Literatur und Kunst werden nicht gerechtfertigt. Jung und alt, alle zusammen – ». . . von allen Splittergruppen, Richtungen und Strömungen gedrückt und geknetet, immer und stets pädagogisch traktiert und von Falschheit umgeben, gaben ein Konzert des Falschen[2]«; zweit- und drittklassige Künstler, jeder überzeugt, ein Shakespeare oder ein Chopin zu sein; der Marasmus wurde noch tiefer, indem er ihre beschämende Dummheit und Lächerlichkeit aufdeckte.

Alle wichtigen Dramen und die beiden Romane von Stanisław Ignacy Witkiewicz sind vom Thema des Untergangs erfüllt. Witkiewicz hatte nicht nur den Untergang der Kunst, die niemand brauchte, im Sinn, sondern, wie Spengler, den Verfall der westeuropäischen Kultur, die mit der Festigung der totalitären Systeme in der Welt dem Tod geweiht ist. Das fundamentale Motiv war für Witkiewicz die einheimische Situation. Er sah schon in den zwanziger Jahren kommen, was die von der Unabhängigkeit trunkenen Dichter der »Skamander«-Gruppe und die von importierten Ideen faszinierten Dichter der Avantgarde weder damals noch später sahen. Es genügt »Mątwa« (Tintenfisch), 1923 geschrieben, zu erwähnen, »Unersättlichkeit« (1927), oder »Szewcy« (Die Schuster, 1931). Witkiewicz war sich dessen bewußt, daß die Unabhängigkeit keines der brennenden Probleme gelöst hatte, daß Polen ein armes und rückständiges Land der strohgedeckten Hütten geblieben war, verloren in sentimentalen Erinnerungen aus der Zeit des Landadels und der Legionen Piłsudskis, was zu ebenso überspannten (»Großmacht Polen!«) wie irrationalen Ambitionen führte, dem Druck eines frömmlerischen Klerikalismus ausgeliefert, ein Land, das trotz des Elends seiner Städte an einem Komplex »europäischer« Überheblichkeit litt. Er warnte vor verschiedenen Vaterlandsrettern, vor dem Mann der Vorsehung, dem Quartiermeister Kocmołuchowicz, womit Piłsudski gemeint war, vor faschistischen Tendenzen (sein Hyrkan) etc. Groteske und Hohn dienen der Entlarvung der Tragifarce des damaligen Lebens. Was in einem seiner Romane, im Salon der Fürstin Ticonderoga, über den unvermeidlichen Untergang der Kultur gesagt wird, war in den dreißiger Jahren Gesprächsthema Nr. 1 unserer intellektuell-künstlerischen Elite: die schmerzhafte Feststellung in »Unersättlichkeit«, daß das Wesen unseres Lebens in Künstlichkeit bestehe (»scheinbare Menschen, scheinbare Arbeit, scheinbares Land . . .«), und zwar in einer aufgeblasenen, sich von Jahr zu Jahr vertiefenden Künstlichkeit.

Die apokalyptische Vision Czesław Miłosz' ist nicht nur ein persönliches Credo des Dichters. Viele junge Menschen, besonders die Dichter der Gruppe »Żagary«, mit der Miłosz verbunden war, hätten die Worte aus seinem Gedicht »Über das Buch« nachempfinden können, die wir hier (in einer sehr unvollkommenen Übersetzung) wiedergeben: »Unruhig, blind und der Epoche treu/ gehen wir vor uns hin, über uns im Oktober/ rauschen Blätter, wie in jenem die Fahnen./ Nicht uns ist Lorbeer bestimmt, wir warten auf die Strafe,/ die die Zeit bereit hat für jene,/ die das Diesseits, erfüllt vom Metallklirren/ lieben gelernt haben./ Unser Schicksal ist Ruhm – namenlosen Ruhm – zu schaffen/ wie ein Abschiedsschrei der in die Dunkelheit Gehenden.«

Noch deutlicher ist die Vorahnung der Katastrophe in einem anderen Gedicht (»Roki«) desselben Zyklus. Bilder abgestorbener Wolken, zu Asche gewordener Flügel, einer vergifteten Sonne, einer Welt in Flammen verdichten sich zur Atmosphäre der totalen, unausweichlichen Vernichtung. Was bleibt also dem Menschen? Nichts als blinde Flucht, Flucht ohne Hoffnung. (»Es ist Zeit, daß du aufstehst und fliehst, auch wenn du nicht weißt, wo das Ziel ist und wo das Ufer.«)

Einer der damaligen führenden Kritiker der jungen Generation, Kazimierz Wyka (jetzt Universitätsprofessor und hervorragender Literaturforscher) schrieb aus der Sicht fortschrittlicher Intelligenzkreise von einer Welt, bar jeder leitenden und ordnenden Idee, erfüllt von wachsenden destruktiven Stimmungen. Zugleich zeigten er und andere gleichgesinnte Kritiker, daß die politische Scheinbarkeit, die Hoffnungslosigkeit und Ziellosigkeit des Lebens durch faschistische Appelle (Programm der Gruppe »Prosto z mostu«) oder durch Appelle um einen christlichen Perfektionismus, der Leiden und Demut kündet, entladen würden.

Ich sehe hier von den übrigen relevanten Anregungen des christlichen Modernismus ab, der, von Maritain einerseits und von der Gruppe um »Esprit« andererseits ausgehend, von Polen rasch assimiliert wurde (in seinem Bannkreis entstand Andrzejewskis erster Roman, »Ordnung des Herzens«), da nicht über diese Einflüsse der Weg zur Explosion der fünfziger Jahre führte. Die zum Existentialismus tendierenden, aber ideologisch passiven Haltungen katholischer und nichtkatholischer Kreise der dreißiger Jahre hingen mit der Überzeugung vor der totalen Undurchsichtigkeit der gesellschaftlich-politischen Welt und mit dem Gefühl der totalen Einsamkeit des Individuums zusammen. Eine Wirklichkeit, aus der alle Werte erodiert waren, ohne jede Instanz, an die sich der Mensch wenden kann, verschmutzt durch alberne und falsche Slogans und Konventionen, kehrte sich einem sinnlosen Dasein zu, dem in eine leere Welt geworfenen *Dasein*. Dem gegenwärtigen Augenblick, der den vergangenen vernichtet und im Übergang zum nächsten selbst der

Vernichtung anheimfällt. Auch in der christlichen Version der existentialistischen Einstellung war Gott vor allem ... das Große Unbekannte. Die Bitterkeit des Lebens unter den grotesken Bedingungen des damaligen Staatswesens schlug bei den sensitivsten und klügsten Menschen in metaphysische Bitterkeit um. Mit dem Mißtrauen gegen das aktuelle gesellschaftliche System ging Hand in Hand das Mißtrauen gegen das Programm revolutionärer Umgestaltungen. Die Mißbilligung jeglichen Engagements führte zur bewußten Abkehr von jeder Aktivität. Der Despotismus des Geldes oder der totalitären Macht, moralische und religiöse Konventionen, philosophische und ästhetische Kanons – all dies wurde als hassenswert empfunden, als feindlich der Persönlichkeit gegenüber, für die es nur eine Rettung gab: sich in sich selbst abzukapseln, die Situation zu erkennen und der Conditio humana Ausdruck zu verleihen, wenn es das künstlerische, kritische oder philosophische Talent erlaubte.

In den Jahren der nationalsozialistischen Okkupation waren die existentialistischen Haltungen insofern anders, als sie sich noch enger mit dem Gefühl des Untergangs verflochten; zugleich aber kam innerhalb ihrer Grenzen das Motiv des Heroismus auf. In den Jahren, als, nach den Worten eines polnischen Dichters, »das Römische Recht aufhörte, zu bestehen«, erwuchsen solche Haltungen aus tieferen gesellschaftlichen Wurzeln. Ihre gesellschaftliche Funktion kann nicht ausschließlich auf die Position eines Häufleins der schöpferischen Intelligenz zurückgeführt werden.

Es unterliegt keinem Zweifel, daß in den Jahren 1945 bis 1956 die weit überwiegende Mehrheit jener, die die Okkupation überlebt hatten und deren Weltanschauung von Untergangsstimmungen beherrscht gewesen war, sich von der existentialistischen Einstellung befreiten und aktiv mit der marxistischen Ideologie verbanden. Der Marxismus gab ihnen eine neue Vision der »ordo mundi« ohne religiöse Illusionen und integrierte die Künstler und Intellektuellen mit dem werktätigen Volk. Kurz, der Marxismus erfüllte die Sehnsucht der Robinsons, die – wie Wyka schrieb – an Tragik und Hohn krankten. Die Conditio humana, angefüllt nur mit unklaren individuellen Projekten, wurde gegen das Bewußtsein des Kampfes um eine gerechtere Welt eingetauscht. Wie immer in Perioden der revolutionären Begeisterung wartete man auf schnelle Resultate, die die Grausamkeit des Vorangegangenen wettmachen würden. Das manichäische System – alles Gute auf der einen und alles Böse auf der anderen Seite – gab jedem kreativen Akt einen Sinn: alltägliche Propaganda zählte darin ebenso wie das Pathos des erhabenen Endziels.

Aber die Haltungen, die in den Jahren der Okkupation um sich gegriffen hatten, blieben unterschwellig auch in dieser Zeit am Leben. Denn es stimmt nicht, daß der Existentialismus bei uns in diesen

Jahren keine Wurzeln im gesellschaftlichen Nährboden besaß. Ihm fehlte einfach die Tribüne; Kulturschaffende, die die vollkommene Niederlage der Einsamkeit und Fremdheit erlebten, denen die Geschichte als Ritual einer Schwarzen Messe oder als Moloch, der die eigenen Kinder verschlingt, erscheinen mußte, hatten keine Chance, öffentlich das Wort zu ergreifen. Auch Memoiren zu schreiben war in jenen Jahren überaus riskant. Dieser potentielle Existentialismus nährte sich von der Niederlage des Glaubens (die Generation der Widerstandskämpfer der Heimatarmee), vom Gefühl der Absurdität (die Stalinsche Wirklichkeit, die das Individuum so erdrückte wie die unpersönlichen Kräfte aus Kafkas »Prozeß«), von der Ohnmacht gegenüber einem Mechanismus, der erschreckend sinnlos und zugleich unbesiegbar war.

Der Existentialismus nach 1956 war wiederum anders, schon deswegen, weil man über ihn mit philosophischer Selbsterkenntnis schrieb und sich das im Westen bereits Erreichte aneignete. Das Wichtigste jedoch war – was Adam Schaff auch betont hat –, daß jene philosophische Richtung auf den Trümmern des dogmatisierten Marxismus entstand, der von vielen als einziger Marxismus angesehen worden war. Die Elemente, die er mit den vorangegangenen Phasen des Existentialismus gemeinsam hatte, sind: Zusammenbruch des Glaubens, Sturz der Idole, Auflehnung gegen die falsch konstruierte Welt, Unfähigkeit, ein anderes, konstruktives Bild der Welt zu schaffen, und der Versuch, durch Verweigerung der Teilnahme an der dekretierten Geschichte die Grenzen der *Conditio humana* zu sprengen. Das Gebilde, das aus diesen Elementen zusammengefügt war, unterschied sich jedoch vom früheren, denn der Marxismus (und mit ihm die Geschichte) konnte nicht eliminiert werden. Existentialistische Tendenzen waren von nun an eine Art psychologischer Rettungsdienst in einer gesellschaftlichen Wirklichkeit, die das Individuum unablässig dem Angriff verschiedener Mystifikationen und Hypostasen aussetzte. Eine perfekt eingerichtete Welt, von der *Absoluten Vernunft* hervorgebracht und an die Vernunft des Menschen appellierend, weckt, wie die Geschichte der Kultur lehrt, den Widerstand des Irrationalismus. Man vergißt jedoch, daß auch die neuen Gesellschaftsordnungen, die 1917 und 1945 geboren wurden, den Menschen existentialistischen Haltungen in die Arme treiben. Denn diese Gesellschaftsordnungen bilden ein seltsames Amalgam aus hyperrationalen (Planung und totale Organisation) und irrationalen Elementen (ein hinkender Plan, Widerspruch zwischen Planung und Handeln, Improvisation und Überrumpelung in der Leitung des gesellschaftlichen Lebens, Anonymität der Macht). Je irrationaler diese Wirklichkeit wurde, desto mehr – was auf den ersten Blick paradox erscheint – häuften sich Gegenkräfte an, die das Individuum in einen verinnerlichten Irrationalismus drängten. Diese beiden

Elemente ergänzen einander, auf die administrativ dekretierte Absurdität reagiert der Mensch mit der Flucht in die Privatsphäre, die gleicherweise, aber anders unüberschaubar ist. Für die Kulturschaffenden war die neue Situation besonders schwierig, sie gebar unvermeidlich existentialistische Tendenzen. Ungelöst und im gegenwärtigen System offenkundig unlösbar (eine wahre Quadratur des Kreises) ist doch eine Situation, in der der Auftrag- und Geldgeber mehr oder weniger standardisiertes und enthusiastisches Lob einfordert, aber in der Sphäre des ideologischen Rituals zur Spontaneität (eigene Vision des Künstlers) und kritischer Haltung ermuntert. Es scheint also nicht, daß die bei uns in den dreißiger Jahren aufgekommenen existentialistischen Strömungen versiegen werden.

Wenn auch im heutigen Schaffen die existentialistische Problematik in den Hintergrund gerückt ist, so reflektiert sich in ihrer Anwesenheit auch dann noch die Unzulänglichkeit der sozio-politischen Struktur. Mehr noch, diese Anwesenheit wird durch neue Prozesse aufrechterhalten, die wahrhaft prophetisch von Witkiewicz vorausgesehen wurden, die Polen aber früher nicht kannte, und zwar: Dilemmata der technisch-materiellen Zivilisation, für deren Fortentwicklung die Humanistik lebensnotwendig ist, die aber zugleich die Bedeutung dieser Humanistik entwertet. Die sozialen Funktionen der Einstellungen, von denen hier die Rede ist, können also nicht – entgegen dem Wunschdenken der Sachwalter einer frisch-frei-fröhlich-optimistischen Ideologie – mit Relikten aus der Zeit der großen Erschütterung nach 1956, noch mit geistiger Trägheit, noch schließlich mit misanthropischen Grimassen eines Häufleins von Künstlern, Kritikern und Philosophen erklärt werden.

Man könnte uns vorwerfen, wir gingen in diesen Reflexionen nicht über die Feststellung hinaus, daß von 1956 an bis heute der wirkliche Ursprung der Lebensfähigkeit des Existentialismus, der nach jedem Zurückweichen wiederkommt, die große Erschütterung nach Chruschtschows Geheimrede war. Denn was sind denn jene Verstöße und Deformationen, von denen wir gesprochen haben, wenn nicht Symptome einer Restalinisierung des gesellschaftlichen Lebens? Die Restalinisierung ist eine unleugbare Tatsache, doch muß man sich dessen bewußt sein, daß sie sich nicht in einem kontinuierlichen und lückenlosen Prozeß vollzieht, sondern in einem Wechsel von Flut und Ebbe.

Im Grunde scheint der Stalinismus als Herrschaftsmodell und als spezifische Weltanschauung unwiederholbar zu sein. Kurz, diese sozio-politische und philosophische Abart des Marxismus (manche ihrer Elemente sind nach wie vor virulent), auf die man nach 1956 mit existentialistischer *nausée* reagierte, ist wohl als Ganzes unwiederbringlich verschwunden. Dagegen basieren existentialistische Einstellungen derzeit auf anderen, viel tieferen Grundlagen, die für die Vorhut der gesellschaftlichen Bewegungen viel riskanter und folgenschwerer sein können.

Es scheint, daß von den sechziger Jahren an, im Zusammenhang mit neuen bitteren Erfahrungen, mit enttäuschten Hoffnungen auf die Wiedergeburt der marxistischen Idee und gesellschaftlich-politischen Praxis, *der Sinn der bisherigen kommunistischen Erfahrungen pauschal in Frage gestellt wurde.* Wenn wir nach den Quellen der existentialistischen Strömung der letzten Zeit suchen, begegnen wir unweigerlich der Frage, ob unter den gegenwärtigen historischen Bedingungen die Realisierung der marxistischen Ideen möglich ist, ob die Praxis, gestützt auf ein bestimmtes Modell, das vor 50 Jahren unter ganz anderen, spezifischen Bedingungen herausgebildet wurde und heute nur dank der entscheidenden Rolle des Staates, der es herausgebildet hat, fortbesteht, nicht immer wieder in Konflikt zu jenen Ideen gerät. Es sind nicht verblendete Feinde, die diese Frage stellen, noch von boshafter Schadenfreude Motivierte, sondern Menschen, die sich leidenschaftlich danach sehnen, Vertrauen in eine Welt ohne Diktat des Geldes und ohne bürokratischen Machtapparat setzen zu können, aber die angesichts einer Wirklichkeit, die allen Hoffnungen hohnspricht, nicht länger Donquichotterie betreiben wollen. Manche, nicht viele, kehren zur Religion zurück; andere, die Mehrzahl, halten nicht so sehr an der existentialistischen Philosophie *sensu stricto* fest, als vielmehr an einer Orientierung (Erlebnisse, Ahnungen, Bestrebungen etc.), die zu einer »Weltanschauung« tragischer Fragen ohne Antworten führt[3]. Der Mensch, der von der historischen Vernunft nicht nur überlistet, sondern auch unzweideutig überzeugt wird, daß die schönsten Ideen nichts anderes sind als Dünger, fühlt sich wieder in die Enge getrieben, total entfremdet.

Diesem Rückfall in die Untergangsstimmung ließen sich unschwer Argumente von der unaufhörlichen prometheischen Vorwärtsbewegung der Menschheit, von den gerechten und siegreichen Kämpfen der Völker der sogenannten Dritten Welt, vom beispielhaften eigenen Weg der jugoslawischen und italienischen Kommunisten und dergleichen mehr entgegensetzen. Vor allem aber könnte man darauf hinweisen, daß die Große Sozialistische Oktoberrevolution eine neue Epoche der Geschichte eingeleitet hat, daß der Kampf und Sieg der Sowjetunion im letzten Krieg Millionen Menschen das Leben gerettet, die Gefahr der endgültigen Unterjochung Europas durch die Hitlerfaschisten beseitigt und die Entstehung der Volksdemokratien ermöglicht hat, daß die sozialistischen Länder das Elend und das Gespenst der Arbeitslosigkeit verbannt, den werktätigen Massen unentgeltlichen Unterricht und gesundheitliche Betreuung gesichert, die Kluft zwischen Stadt und Land zugeschüttet, die Kultur demokratisiert haben, und schließlich, daß sie zur Erneuerung fähig sind, sobald sie die anachronistischen Methoden der Wirtschaft und

Verwaltung über Bord werfen. Die zum Existentialismus neigenden Künstler und Kritiker sind bereit, alle diese Argumente anzuerkennen, stellen aber beharrlich – leider nicht ohne Grund – Fragen über den Umfang der Bürgerrechte, über demokratische Herrschaftsformen nach der Festigung der errungenen Macht. Mit einem Wort, über die Freiheit, deren empfindlicher Mangel ihrer Meinung nach auch durch die größte materielle Prosperität und durch die herrlichsten Erfolge im Weltraum nicht wettgemacht werden kann. Mehr noch, sie stellen diese Fragen im marxistischen Sinn entgegen den Erfahrungen der Geschichte, die die Realität ihrer Prämissen und Schlußfolgerungen zu unterhöhlen scheinen. Auch wenn man mit diesen allzu pessimistischen Verallgemeinerungen nicht einverstanden ist, kann man nicht bestreiten, daß immer noch gesellschaftlich-politische Quellen aktiv sind, aus denen diese existentialistischen Strömungen fließen. Würden sie als Massenerscheinung versiegen, so würde dies die endgültige Umgestaltung der Gesellschaftsstruktur in eine echt sozialistische Struktur bedeuten.

III

Die Tatsache, daß bestimmte Einstellungen einen gesellschaftlichen Ursprung haben, ist so offenkundig, daß ihre Feststellung sich zu erübrigen scheint. Nichtsdestoweniger war sie hier notwendig, denn in diesem Fall sind die Ursachen besonders wichtig. Darüber sollten jedoch auch andere Ursachen nicht übersehen werden – jede philosophische Anschauung hat ihre Wurzeln auch in der menschlichen Natur, was in verschiedenen Aspekten der Erkenntnis und des Verständnisses der Wirklichkeit zum Ausdruck kommt. Darüber hinaus kann jene schon erwähnte misanthropische Grimasse Zeugnis der gegebenen Persönlichkeit sein und ist es auch oft. Es gibt schließlich Künstler und Denker, deren Optimismus nicht einmal durch ein offenkundig mangelhaftes Funktionssystem der Wirtschaft und der Leitungsmechanismen sowie durch Dirigismus im Bereich der Kultur ins Wanken gebracht werden kann, und umgekehrt solche, die auch in einem erfolgreichen und durchaus befriedigenden System eine negative, isolationistische Haltung bewahren. Ich sehe hier von diesem psychologischen Problem ab, weil es für unsere Analyse nicht von Belang ist. Ich möchte mich nur noch bei einer Frage aufhalten, und zwar ob ich nicht etwas vorschnell alle kritischen oder mit der im gegebenen Moment aktuellen gesellschaftlichen Wirklichkeit zerstrittenen Haltungen unter »Existentialismus« subsumiert habe. Diese Frage führt uns zu Reflexionen über die Eigenart der Literatur, denn – wie schon eingangs bemerkt – die Literatur griff als erste die Problematik auf, mit der sich diese Betrachtungen befassen. Man kann dieselbe Frage auch anders formulieren: bis zu welchem Grad ist es berechtigt, künstlerischen Werken bestimmte philosophische Thesen zuzuschreiben? Das ist ein umfangreiches und kompliziertes Problem. Notgedrungen muß man sich hier auf allgemeine Betrachtungen beschränken. Zwar kann heute nicht mehr die Ansicht vertreten werden, daß die schöne Literatur sich sogenannter Bilder bedient, während sie wissenschaftlichen und philosophischen Überlegungen aus dem Wege geht – es genügt auf die Werke Thomas Manns, James Joyce's, Hermann Brochs, Julio Cortazars und andere mehr hinzuweisen, und auch auf die unbestreitbare Annäherung der erzählenden Prosa an den Essay, für die als meisterhafte Beispiele »Der Fall« von Camus oder Musils »Mann ohne Eigenschaften« angeführt werden können. Wahr bleibt aber trotzdem, daß von der künstlerischen Vision weder ein Beweis noch eine Erklärung für irgend etwas, noch eine mit bestimmten Regeln verbundene strukturelle Kohärenz verlangt wird, zum Unterschied von der wissenschaftlichen und philosophischen Abhandlung, für die diese Merkmale die unerläßliche Bedingung sind. Wie kann man aber in der künstlerischen Vision die Konturen einer philosophischen Konzeption entdecken, wenn nicht beide zusammenfallen, wenn letztere der offenen, vieldeutigen Aussage des Kunstwerks Gewalt antun müßte? Gerade der Existentialismus ist eine solche besondere Philosophie, die durch die vorausgesetzte Anti-Systematik, durch den Versuch, zur fundamentalen Materie der Erlebnisse vorzudringen, sich der künstlerischen Vision maximal nähert. Hat sie nun dieses Vorhaben erfüllt? Wertvoll scheinen in dieser Beziehung die Wahrnehmungen Gombrowicz' in den »Tagebüchern 1953–56«, die darin enthaltenen existentialistischen Vorschläge, nicht nur dort, wo sie zutreffend sind, sondern auch in den Irrtümern. Gombrowicz war der Meinung, der Existentialismus zerstöre sich selbst, denn indem er maximale Selbsterkenntnis der *Conditio humana* postuliere, schreite er über das Dasein hinaus und entscheide sich für philosophische Spekulationen über die Möglichkeiten des Seins schlechthin. Mit einem Wort, man versucht in Gedanken einen bestimmten *modus existendi* zu festigen und jedem Menschen aufzuzwingen, während doch jede Existenz (Je-Meinigkeit) etwas Einmaliges, Unwiederholbares ist[4]. Gombrowicz erfaßte in diesem Punkt die wesentliche Antinomie jeder Philosophie, die mehr als ein analytischer oder synthetischer Vortrag über die Welt sein, das heißt die das Leben zugleich erleben und erläutern will. Die Existentialisten vertieften diese Antinomie und sind sich dessen völlig bewußt. Nichtsdestoweniger – was Gombrowicz zugibt – erfaßten diese Denker eben dank der maximalen Annäherung der philosophischen Reflexion an das Drama der Existenz und dank der Aufdeckung der unüberwindlichen Distanz zwischen Denken und Sein am tiefsten die metaphysische Unruhe, die das Unterbewußtsein jedes Menschen quält. Gombrowicz macht also einen Fehler, wenn er zwei verschiedene Perspektiven durcheinanderbringt, die sich in einem Punkt überkreuzen, aber nie identisch sein können, und zwar: die philosophische Perspektive und die Perspektive des Alltagslebens, die – das geben wir zu – der Künstler auf spontanere und unmittelbarere Weise auszudrücken versucht, obwohl auch er ohne Reflexion nicht auskommen kann. Mit einem Wort – Gombrowicz geht fehl in seinen Ansprüchen an den Philosophen-Existentialisten, wenn er selbst vom Philosophieren nicht ablassen will. Der Philosoph erfaßt auf begriffliche und geordnete Art und Weise das, was gemeinsame Erlebnismaterie für ihn, für den Künstler und für den Dritten, den Leser ist. Der Künstler kann (muß aber nicht) das Denken so gebrauchen, daß er es in substantiellem Sinn den spontanen metaphysischen Erlebnissen unterordnet und es gleichzeitig im operativen Sinn ausnutzt, wie Gombrowicz bekennt, wenn er über den eigenen Schaffensprozeß schreibt, das heißt, es zu einem Instrument macht, das der Gesamtheit der Erlebnisse eine Struktur verleiht. Der Philosoph-Existentialist ist dagegen gezwungen, mit dem Denken jenes Erfahrungselement zu beherrschen, und diese Notwendigkeit bewirkt, daß in seiner Arbeit die faszinierende Dissonanz zwischen der Reflexion als abstrahierende Selbsterkenntnis und der existentiellen Präreflexion auftritt. Die einzelne Existenz kann hier nicht als apriorisches Gebot gelten. Man ontologisiert nur den Status der absurden Einsamkeit, indem man jeder Existenz beläßt, was das ihre ist: die Materie und die Arten ihrer Zeitlichkeit. Der Künstler verrichtet dieselbe Arbeit anders, er drückt sie über ein präreflexives Bewußtsein aus, indem er das Denken mit dem Erleben der Welt verschmilzt. Auch kann er zum Diskurs, zur reflexiven Beurteilung des präreflexiven Bewußtseins greifen, mit einem Wort, er kann, wie dies Sartre tut, mit den Mitteln der Literatur philosophieren. Auch wenn die Grundlage des kreativen Prozesses und seiner Resultate das präreflexive Bewußtsein ist, steht der existentiellen Philosophie der Weg zur Literatur offen. Die Schwierigkeiten beginnen erst mit dem Anspruch, eine Erläuterung, einen Kommentar zu liefern.

Der Literatur sind also zweifelsohne Möglichkeiten gegeben, eine existentialistische Weltanschauung auszudrücken. Doch entsteht die Gefahr, daß die existentialistische Orientierung nicht unterschieden wird von gewöhnlicher, ganz und gar nicht metaphysischer Unruhe oder auch von einem metaphysischen Zwiespalt, der anderen als existentialistischen Quellen entspringt. Daß die Trennungslinien hier undeutlich sind, beweisen die Inkonsequenzen Gombrowicz', der schließlich in der einschlägigen Literatur bewandert war[5]. Gibt es also Kriterien, die zu bestimmen erlauben, welche Literaturwerke im Bannkreis der existentialistischen Philosophie entstanden? Ich lasse hier solche außer acht, die von Philosphen (Sartre, Camus) oder von bewußten Bekennern dieser Weltanschauung geschrieben wurden.

Als optimales Kriterium kann das Vorhandensein – ohne philosophische Selbsterkenntnis – einiger Hauptmotive gelten, die miteinander zusammenspielen. Ein Kriterium kann auch das Auftreten nur eines oder zweier genügend akzentuierter und in der Romanhandlung ausgebauter Hauptmotive sein, auch wenn das betreffende Werk keinerlei Anspruch auf eine philosophische Konzeption erhebt. Schließlich kann man von einem Kriterium der Elimination ausgehen: Wenn neben Motiven, die das Rückgrat des betreffenden Werkes bilden, andere, konkurrierende auftreten, kann man nicht von einer existentialistischen Orientierung sprechen.

Zum Beispiel: In vielen Analysen und Abhandlungen wird behauptet, J. Cage stehe den Grundsätzen dieser Philosophie nahe, weil er die im Vakuum schwebende Gegenwart betont und den Schaffensprozeß als eine Erscheinungsform der Freiheit charakterisiert, die sich den konventionellen Ideen entgegenstellt. Es genügt aber daran zu erinnern, daß Cage vom Zen-Buddhismus die Anschauung von der Würde der Natur übernahm und in der Harmonie mit der Natur das Seins-Ideal sieht, um die Behauptung vom existentialistischen Charakter seines Schaffens in Frage zu stellen. Ein anderes, noch anschaulicheres Beispiel ist die philosophische Aussage des Dramas »Das Leben ein Traum« von Calderón de la Barca. Der Monolog des Helden, in dem er den Himmel fragt, warum er ihn gefangenhält, ein Monolog über die Zerbrechlichkeit und Tragik des Daseins, könnte fast von Sartre geschrieben sein. Wenn man von der Hauptidee dieses Werkes absieht (verwischte Grenzen zwischen Wirklichkeit und Illusion), wird das Problem der Auflehnung gegen die Prädestination hier im traditionellen Licht der christlichen Philosophie gezeigt. Der Himmel ist leer, aber Gott wird nicht in Frage gestellt. Die menschliche Freiheit ist bedroht, aber ihr Vorbild ist die Freiheit, die den im Einklang mit der Natur lebenden Tieren gegeben ist.

Nichts ist wohl dem Existentialismus fremder.

Die vorgeschlagenen Kriterien sind jedoch nur ein teilweises Remedium. Die Unbestimmtheit des Existentialismus, das heißt die flüssigen Grenzen zwischen der künstlerischen Struktur und dieser Weltanschauung, wird niemals aufgehoben. Übrigens beinhaltet jedes hochwertige Werk existentielle Probleme, die, aus der Romanhandlung herausgegriffen, mit existentialistischen Elementen verwechselt werden könnten. Schon die Tatsache, daß man mit solchen Begriffen wie »Orientierung«, »Atmosphäre«, »Haltung« operiert, beweist, daß wir uns auf einem schwankenden Boden befinden. Diese Begriffe sind in einem solchen Kontext naturgemäß nicht eindeutig. Die existentialistische Philosophie, die sich auf sie stützt und von ihnen genährt wird, muß den Preis für die Unvorsichtigkeit bezahlen. Aber auch dank ihr, dank der Symbiose mit der unmittelbaren Erfahrung der Tragik des

Daseins, ist die künstlerische Literatur der siamesische Zwilling dieser Philosophie.

Wenn das, was ich hier dargelegt habe, überzeugend ist, wird die Empfänglichkeit der Literatur[6] für die existentialistische Problematik auch unter sozialistischen Bedingungen verständlich. Aber noch ist nicht erklärt, warum und wann die besonderen Potenzen der literarischen Übermittlung mehr als sonst aktiviert werden. Damit sind wir wieder bei der gesellschaftlichen Genealogie angelangt.

Das in dieser Skizze dargelegte Problem wurde nur flüchtig behandelt. In Polen, dem Objekt dieser Untersuchungen, ist noch vieles empirisch festzustellen. Ich benutze diesen Anlaß der Veröffentlichung in einer Fremdsprache, um an Forscher aus anderen sozialistischen Ländern zu appellieren, analoge Forschungen anzustellen. Die polnischen Erfahrungen führen zur Schlußfolgerung, daß dies *a case for study* und zugleich *a case for treatment* (Heilung nicht der Symptome, sondern der Ursachen) von überaus großer Wichtigkeit ist. Ich kenne – außer Filmen von M. Jancsó – keine anderen analogen Werke außer denen, die ich hier zitiert habe. Erst die Ordnung und Analyse dieser Werke würden die Feststellung erlauben, inwieweit die von mir abgeleiteten Verallgemeinerungen (über die Genealogie der existentialistischen Einstellungen in den sozialistischen Ländern) ausgedehnt werden können.

Anmerkungen

[1] Stefan Morawski, *Existentialistische Motive in der polnischen Prosa der dreißiger Jahre*, in: *Problemy socjologii literatury, 1905–1939*, Breslau 1972.

[2] *Ferdydurke*, Pfullingen 1968, S. 50.

[3] Die Geburt und Herauskristallisierung existentialistischer Einstellungen hängt gewöhnlich mit dem Verlust des Vertrauens in eine bestimmte »ordo mundi« zusammen; das bezieht sich auch auf den Zusammenbruch eines axiologischen, bisher als übergeordnet angesehenen Systems. Das Gefühl der Tragik des Daseins fließt daraus, daß man ohne Werte leben oder die Werte immer wieder umwerten muß. An der Quelle der Tragik liegt die Konfrontation zwischen der unveräußerlichen Notwendigkeit eines Sinns des Daseins (der immer wieder verlorengeht) und dem faktischen Dasein. Diese tragische Konfrontation wird durch eine lang anhaltende, gesellschaftlich vom System, dessen Produkt sie ist, unabhängige Situation stimuliert. So wartet zum Beispiel die Mehrheit der gegen die heutige Struktur der sogenannten Überflußgesellschaft in den USA rebellierenden Menschen (und es sind Millionen, vergleiche Ch. A. Reich, *The Greening of America*, New York 1970) in »existentialistischer Bereitschaft« auf eine Konzeption des Lebens, die sie aus diesem Zustand befreit.

⁴ *Tagebücher 1957–61*, op. cit., S. 273.
⁵ *Tagebücher 1957–61*, op. cit., S. 265–66.
⁶ Im Fall der Literatur sind jene besonderen Potenzen dem Werkstoff und den Ausdrucksmitteln zu verdanken; auf anderen Gebieten der Kunst ist der Schaffensprozeß gleichermaßen auf die existentialistische Orientierung eingestellt, hier aber leistet allein das Medium, breiter ausgedrückt – das, was Form genannt wird, Widerstand. Als Beweis kann die Komposition von T. Sikorski »Drogi do nikąd« (Wege ins Nichts), die im Warschauer Herbst 1972 uraufgeführt wurde, gelten. Die Vieldeutigkeit der künstlerischen Materie potenziert sich hier so, daß die Verwandtschaft mit einer bestimmten philosophischen Strömung schwer erkennbar wird.

Chaim Perelman (Bruxelles)

Philosophie, Rhetorik, Gemeinplätze

Im folgenden will ich die These verteidigen, daß der philosophische Beweis rhetorischer Natur ist und daß die philosophische Argumentation, insofern sie sich auf ihr angemessene Prämissen stützt, von allgemein Anerkanntem ausgeht, das heißt, von gemeinen Prinzipien, gemeinen Begriffen und Gemeinplätzen.
Ich hoffe, zeigen zu können, daß diese scheinbar paradoxe, weil den Prätentionen der philosophischen Tradition widersprechende These nicht willkürlich ist, sondern dem geistigen Klima unserer Zeit entspricht, daß sie der Spezifik der Philosophie gerecht wird, der Rhetorik den ihr zustehenden Platz – einen zentralen – einräumt und die gemeinen Begriffe und Gemeinplätze als Ausgangspunkte jeder humanistischen Philosophie würdigt.
 Auf die Frage: »Was ist Philosophie?« gibt es keine Allgemeingültigkeit beanspruchende Antwort, die nicht dogmatisch und zugleich unzulänglich wäre. Denn die Philosophie wurde in jedem Abschnitt ihrer Geschichte durch ihr entgegengesetzte Begriffe definiert, was jeweils den einen oder anderen ihrer Aspekte hervortreten ließ. In seinem bekannten Werk »Vom Mythos zum Logos« beschreibt Wilhelm Nestlé[1] die Entstehung der Philosophie als Reaktion auf die traditionellen Mythen Griechenlands, auf die widersprüchlichen gemeinen Auffassungen, auf die infantile und zugleich blasphemische griechische Religion, im Namen einer wahren, objektiven und rationalen Erkenntnis des Seins und der Natur. Indem die Philosophen dem Schein die Wirklichkeit und dem Glauben das Wissen entgegenstellten, suchten sie ein auf Vernunft gründendes Weltbild zu entwerfen, das seinerseits als Grundlage der Weisheit und Lebensmeisterung dienen und den Menschen den Weg zu Tugend und Glück weisen sollte.
 Kaum aber hatten die Pythagoräer sich die Bezeichnung »Philosophen« beigelegt, als Zeno von Elea eine kleine Schrift mit dem Titel »Wider die Philosophen« herausgab, deren unmittelbare Folge es war, daß dieser Begriff einen anderen Sinn bekam. Denn während Zeno mit »Philosophen« nur die Pythagoräer meinte, fassen wir auch seine

eigenen Schriften als philosophisch auf und bezeichnen mit diesem Begriff nicht bloß die Schüler des Pythagoras, sondern auch deren Gegner. So wurde allmählich, im Laufe der Diskussionen unter den Schulen, die Bezeichnung »Philosoph« auf jeden angewandt, der mittels des »Logos« grundlegende Fragen untersuchte – das Sein, die Natur, den Menschen, das Gute, die Gerechtigkeit, das Verhältnis des Menschen zur Gottheit, die Stellung des einzelnen in der Gemeinschaft, die Rolle der Tradition und der Vernunft in der Schaffung von Gesetzen, kurz, alles, was Gegenstand eines auf Vernunft beruhenden Wissens sein kann. Nach und nach entstanden autonome Disziplinen, zuerst die Mathematik, dann die anderen, welche die »Sieben Künste« bildeten, in Quadrivium und Trivium gruppiert. Während man unter Philosophie lange Zeit auch die Naturforschung in allen ihren Aspekten verstand, definierte Aristoteles die eigentliche Philosophie (später Metaphysik genannt) – die dem Weisen anstehende Wissenschaft – als die Wissenschaft von den grundlegenden Prinzipien, die Ontologie oder Wissenschaft vom Sein als solchem, und die Theologie, die Wissenschaft vom höchsten Wesen (»Metaphysik«, 982, 1026).

Auf der einen Seite standen die Naturphilosophen, die Wahrheitssuche und komtemplatives Leben über alles stellten; auf der anderen die großen Sophisten, die Meister der Rhetorik, und die Skeptiker, welche die Möglichkeit, die absolute Wahrheit über Natur und Gottheit zu erkennen, bezweifelten und ihre Schüler für ein tätiges Leben ausbildeten, in ihnen das Interesse für Politik, Recht und Geschichte zu wecken trachteten. Die Skeptiker haben in der Entwicklung einer humanistischen Philosophie eine entscheidende Rolle gespielt. Ihre Argumente wurden übrigens zu Beginn der christlichen Ära von all denen aufgegriffen, die der Wissenschaft den Glauben und der Vernunft die Offenbarung entgegenstellten.

Die christlichen Denker – ursprünglich Gegner der Philosophie – suchten später Philosophie und Religion in einer Weltanschauung, deren System auf dem Gottesbegriff beruhte, zu versöhnen. Anknüpfend an die Gedanken, die Platon im sechsten Buch des »Staates« skizziert – es gebe eine Wirklichkeit, die der Vernunft unzugänglich, aber dennoch Voraussetzung der Wahrheit und der Wissenschaft sei (eine von Plotin und seinen Anhängern ausführlich entwickelte Auffassung) –, entstand eine Synthese aus Christentum und Neuplatonismus. Augustinus lehrte, Weisheitsliebe und Streben nach Glück führten mit Notwendigkeit zur Liebe Gottes, welche die Voraussetzung der Weisheit wie des ewigen Heils sei. In den späteren Jahrhunderten wurde die Philosophie zuerst der Theologie untergeordnet, dann folgte ihre langwierige, mühsame Emanzipation, dank den Bemühungen der Magister der mittelalterlichen Universitäten. Die Entstehung des Protestantismus und der modernen Wissenschaft im sechzehnten und siebzehnten Jahrhundert führte einerseits zu

Religionskriegen, anderseits zu großen philosophischen Bemühungen, gewisse religiöse Wahrheiten, denen alle Menschen zustimmen könnten, rational zu beweisen. Die Gegensätzlichkeit der philosophischen Systeme wurde als untragbar empfunden, und die Denker des siebzehnten und des achtzehnten Jahrhunderts, die sich mit den skeptischen Schlußfolgerungen von Philosophen wie Montaigne nicht abfinden wollten, suchten die Erkenntnismittel zu reformieren, um die Ursachen von Illusion und Irrtum zu eliminieren, und eine sichere Methode zur Anleitung der Vernunft zu erfinden, um der Philosophie den Rang einer exakten Wissenschaft, gleich der Geometrie und der mathematischen Physik, zu verleihen. Das war der Sinn der Bemühungen von Philosophen wie Bacon, Hobbes, Locke und Hume in Großbritannien, Descartes, Spinoza, Leibniz und Malebranche in Kontinentaleuropa. Während die letztgenannten – Rationalisten, die sich von der Geometrie inspirieren ließen – grandiose Systeme konstruierten, welche Gegenstand endloser Kontroversen bildeten, waren die zurückhaltenderen Empiriker von Bacon bis Hume Vorläufer des modernen Positivismus, der den Prätentionen der rationalistischen Philosophen eine radikale Begrenzung der philosophischen Aufgabenstellung entgegensetzt. Man kennt die provokanten Sätze, mit denen der berühmteste der englischen Empiriker, David Hume, seine »Untersuchung über den menschlichen Verstand« abschließt: »Greifen wir irgendeinen Band heraus, etwa über Gotteslehre oder Schulmetaphysik, so sollten wir fragen: Enthält er irgend einen abstrakten Gedankengang über Größe und Zahl? Nein. Enthält er irgend einen auf Erfahrung gestützten Gedankengang über Tatsachen und Dasein? Nein. Nun, so werft ihn ins Feuer, denn er kann nichts als Blendwerk und Täuschung enthalten.«

Vor der außerordentlichen Verbreitung des Positivismus von Comte bis zum Zweiten Weltkrieg erreichte die rationalistische Philosophie mit Kant und dem deutschen Idealismus des neunzehnten Jahrhunderts einen ihrer Höhepunkte.

Um nach Hume seinerseits die Vernunft – die reine wie die praktische – einer Kritik zu unterziehen und die Frage: »Welches sind die Voraussetzungen der Naturwissenschaft und welches die Bedingungen, die eine Moral möglich machen?« zu beantworten, entwickelte Kant eine transzendentale Philosophie. Darin definierte er die Grenzen unseres Erkenntnisvermögens und zeigte vor allem, daß die Idee der Pflicht, einer Verpflichtung, die unserer Freiheit auferlegt ist, weder aus der Erfahrung noch aus einer analytischen Verbindung von Ideen abgeleitet werden kann, sondern synthetische Urteile a priori voraussetzt.

Während Kants Analyse der reinen Vernunft das Scheitern der traditionellen Metaphysik damit erklärt, daß diese über die Grenzen unseres Erkenntnisvermögens hinauszugehen versuche, so hat seine

Analyse der praktischen Vernunft einen positiven Stellenwert, indem sie zeigt, daß die Idee der Pflicht oder der moralischen Verpflichtung weder in der Welt der Erscheinungen noch in der Naturwissenschaft begründet sein kann. Damit verlagert sich der Schwerpunkt der Philosophie von der reinen auf die praktische Vernunft, von der Naturforschung auf die metaphysischen Grundlagen von Moral und Recht. Die Philosophen nach Kant, die dessen Unterscheidung zwischen Naturphilosophie und Freiheitsphilosophie übernahmen, entschieden sich für die letztere. Wo sie versuchten, unabhängig von der Naturwissenschaft eine Naturphilosophie zu entwickeln, scheiterten sie kläglich, aber mit der Entwicklung einer Philosophie der Freiheit als Manifestation des Geistes in der Geschichte haben sie wesentlich zum Fortschritt der Geisteswissenschaften beigetragen.

Während die zweite Hälfte des neunzehnten Jahrhunderts durch den Triumph der Naturwissenschaften und die Verbreitung des Positivismus gekennzeichnet war, erlebte am Ende des neunzehnten Jahrhunderts die Philosophie eine Wiedergeburt als Philosophie der Freiheit und der Tat, als Philosophie der Praxis.

Die Unterscheidung zwischen Sachurteilen und Werturteilen, die sich im zwanzigsten Jahrhundert durchgesetzt hat, hängt mit dem Gegensatz zwischen Wissenschaft und Philosophie zusammen: Aufgabe der Wissenschaft ist es, mittels Demonstration und Verifizierung zu Sachurteilen zu gelangen, während Werturteile von der Philosophie gerechtfertigt werden müssen.

Worin aber kann diese Rechtfertigung bestehen? Wenn Deduktion und Induktion, Rechnung und Erfahrung die einzigen gültigen Beweismittel sind, aber keine Werturteile zu rechtfertigen vermögen, muß man dann nicht der Aufforderung Humes folgen und die Philosophiebücher ins Feuer werfen, ausgenommen vielleicht die Werke der Positivisten, die mit einer lückenlosen, unbarmherzigen sprachlich-logischen Analyse die Sophismen der nichtpositivistischen Philosophen und die Eitelkeit ihrer Behauptungen aufgedeckt haben?

In diesem philosophischen Klima begann 1929, in dem Jahr, da das Manifest des Wiener Kreises veröffentlicht wurde, meine eigene Ausbildung zum Philosophen. Die Philosophie, als eine den Wissenschaften komplementäre Disziplin, auf Axiologie, systematische Untersuchung von Werturteilen, reduziert, bildete die Zielscheibe unablässiger Kritik seitens der Positivisten, die sie zwischen unkommunizierbaren Intuitionen und dem literarischen Ausdruck rein subjektiver Emotionen hin- und hergerissen sahen. Die Entwicklung einer auf Vernunft gründenden Philosophie wurde somit unmöglich, denn es galt zu wählen zwischen einer rationalen Methode, die die Philosophie jedes Inhalts entleerte, und einer sinnvollen Philosophie, deren Methoden jedoch subjektiv und irrational erschienen. Aber es war sehr schwer, sich mit dem Positivismus abzufinden, der alle

Werturteile für gleichermaßen willkürlich erklärte, während unser ganzes Wesen gegen die totalitären Ideologien revoltierte, die der Menschenwürde und den Grundwerten unserer Zivilisation – der Freiheit und der Vernunft – Hohn sprachen. Wie diesem Dilemma entrinnen, wenn es als ausgemacht gilt, daß wissenschaftliche Methoden, deduktive wie induktive, es nicht ermöglichen, Werturteile zu begründen, von dem, was ist, überzugehen zu dem, was sein soll?

Gegen Ende des Zweiten Weltkriegs, 1944, analysierte ich die Idee der Gerechtigkeit, ganz im positivistischen Geist. Ich hatte den formalen Kern der Gerechtigkeit erkannt: gleiche Behandlung bei im wesentlichen gleichen Umständen; aber ich sah sehr wohl, daß jede Regel der Gerechtigkeit nur die Anwendung von a priori gesetzten Werten ist. Was geschieht nun im Fall eines Konflikts zwischen Werturteilen? Kann der Philosoph uns weiterhelfen, indem er allgemein annehmbare Lösungen ausarbeitet, oder muß man sich damit abfinden, daß immer der Stärkere recht hat?

Um eine Antwort auf diese Frage zu finden, begab ich mich auf die Suche nach einer Logik der Werturteile, ohne welche, wie mir schien, die Philosophie, nachdem sie den Wissenschaften die Untersuchung dessen, was *ist*, abgetreten hat, sich auch außerstande erklären müßte, zu bestimmen, was *wertvoll* ist, was sein *soll*. Nach dem Verzicht auf die Erforschung der Natur müßte die Philosophie, als diskursive und kommunikative Disziplin, auch darauf verzichten, Werte und Normen für unser Handeln aufzustellen und selbst die bloße Möglichkeit einer sinnvollen Reflexion über Politik, Recht, Moral und Religion negieren.

Auf der Suche nach solch einer Logik der Werturteile erschien mir als beste jene Methode, die der Mathematiker Gottlieb Frege, der Erneuerer der modernen Logik, angewandt hat. Wenn er durch genaue Analyse des mathematischen Schlusses die formale Logik wiederentdeckt hat, könnte man da nicht durch Analyse der Schlüsse, die sich auf Werte – das Gute, das Gerechte, das Schöne, das Wirkliche (im Gegensatz zum Scheinbaren) – beziehen, die Logik des Wünschenswerten, das Ziel unserer Untersuchungen, entdecken?

Nach zehnjährigen Studien, die ich gemeinsam mit Frau Olbrechts-Tyteca betrieb, gelangten wir beide zu der Überzeugung, daß es keine spezifische Logik der Werturteile gibt. Was wir aber durch unsere Analysen entdeckten oder vielmehr wiederentdeckten, waren die Methoden des Argumentierens und Überzeugens, die schon Aristoteles in den »Topika« und in der »Rhetorik« analysiert hat.

Die formale Logik untersucht hauptsächlich den rechnerischen Beweis, den demonstrativen, formal korrekten Schluß. Doch die Art und Weise, wie wir in einer Diskussion oder bei einer inneren Überlegung argumentieren, wenn wir Gründe für und wider anführen, eine bestimmte These kritisieren oder verteidigen, Argumente vorbringen, um beispielsweise einen Gesetzentwurf oder einen Haftbefehl zu begründen – all dies liegt außerhalb des Blickfeldes des modernen Logikers, da er sich auf die Analyse des rein formalen Schlusses beschränkt[2]. Nun ist aber nicht daran zu zweifeln, daß wir in all den genannten Fällen Schlüsse ziehen, und die Bedeutung solcher Schlüsse ist dem Aristoteles, der allgemein als der Vater der formalen Logik gilt, nicht entgangen. Tatsächlich untersuchte er – außer analytischen Schlüssen wie dem Syllogismus – auch Schlüsse, die er als dialektische bezeichnete, weil man sich ihrer in Diskussionen und Kontroversen bedient, und für die man die besten Beispiele in den von Platon aufgezeichneten Gesprächen des Sokrates findet. Übrigens betrachtete Platon nicht ohne Grund die Dialektik als die angemessene Methode des philosophischen Schließens. Wie er im »Euthyphron« (7 bis 9) sagt, findet sie ihr spezifisches Anwendungsgebiet nicht in Differenzen, die durch Rechnen, Messen oder Wägen leicht entschieden werden können, sondern in Meinungsverschiedenheiten über Gut und Böse, Gerecht und Ungerecht, Ehrenhaft und Unehrenhaft, das heißt, über Werte[3].

In den »Topika« und der »Widerlegung der Sophisten« analysiert Aristoteles die Methoden, die es ermöglichen, in einer Kontroverse die beste Meinung zu erkennen und die schwachen Stellen sophistischer Schlüsse aufzudecken. Wenn jedoch das Kriterium der Stärke oder Schwäche eines Arguments weder durch Rechnung noch durch Messung gegeben ist, sondern von der Auffassung, vom Urteil eines Subjekts abhängt, dann kommt es letztlich darauf an, dieses Subjekt zu überzeugen, da es sich um einen dialektischen Schluß handelt. Nun ist aber diese Überzeugung nur eine Form von Überredung, und zwar einer, die nicht das Ergebnis eines Ansprechens unserer Wünsche und Emotionen ist, sondern sich auf dialektische Beweise und Schlüsse gründet. Die Rhetorik oder die Kunst des Überredens, wie Aristoteles sie entwickelt hat, übersah zwar weder die Rolle des »ethos« noch die des »pathos« in dieser Kunst, betonte jedoch vor allem die Bedeutung des Beweises, des »logos«, das heißt der Gründe, auf welche die Meinung, die man für die beste erachtet, sich stützt.

Während die klassische Rhetorik in ihren Schlußfolgerungsmethoden sich der Dialektik näherte, mußte sie, insofern sie sich nicht der Methode von Frage und Antwort, sondern jener der langen, zusammenhängenden Rede bediente, das Problem der Zuhörerschaft ins Zentrum ihrer Überlegungen rücken. Jede Rede, die überzeugen soll, muß dem Publikum angepaßt sein. Aus diesem Grund widmet Aristoteles in der »Rhetorik« den verschiedenen Publikumstypen lange Betrachtungen. Wenn ein Redner bestrebt ist, zu überreden, mit seiner Rede um jeden Preis auf die Zuhörer einzuwirken, und vor allem, wenn es darum geht, ein so unwissendes, wankelmütiges Publikum wie eine auf der Agora versammelte Volksmenge zu beeinflussen, kann er der Versuchung unterliegen, seine Redekunst zu mißbrauchen. Solchen Mißbrauch prangert Platon im »Gorgias« an, wo er zeigt, wie die Athener auf die Schmeichelei der Demagogen hineinfallen. Dem Philosophen – verkörpert durch Sokrates – ist die Wahrheit wichtiger als der Erfolg, und wenn auch das Volkstribunal ihn verurteilt, so hat er doch der guten Sache gedient.

Obgleich Platon gegen jede *demagogische* Rhetorik ist, so ist er darum doch nicht gegen *jede* Rhetorik. In »Phaidros«, einem weiteren Dialog über Redekunst, erklärt er, es gebe eine Rhetorik, die des Philosophen würdig sei, nämlich jene, die selbst die Götter zu überzeugen vermöge(273–274). Die Qualität einer Rede wird nicht nur nach ihrer Wirkung beurteilt, sondern vor allem nach der Qualität des Publikums, das sie zu überzeugen vermag. Wenn die »Verteidigung des Sokrates« eine Argumentation bietet, die uns überzeugend erscheint, während sie die Richter nicht überzeugte, so hätte sie auf eine Zuhörerschaft, die der Vernunft zugänglicher gewesen wäre, größere Wirkung ausgeübt. Wird die Idee der Zuhörerschaft solcherart verallgemeinert, erledigen sich die Vorwürfe, die man der Rhetorik üblicherweise macht, von selbst. Tatsächlich kommt die traditionelle Verachtung der Philosophen für die Rhetorik daher, daß Aristoteles und seine Schüler eine Methode entwickelten, die vor allem darauf angelegt war, ein unwissendes Publikum zu überzeugen. Was aber spricht gegen eine allgemeine Argumentationstheorie, eine Rhetorik, die sich jeder Art von Publikum anpassen und es ermöglichen würde, neben der Wirksamkeit der Rede auch die Beschaffenheit der Zuhörerschaft als Kriterium des Werts einer Argumentation einzuführen? So würde beispielsweise die Methodologie der Jurisprudenz oder einer naturwissenschaftlichen Disziplin uns lehren, welche Art von Argumenten, welcher Typ von Beweisen den Vertretern dieser Disziplin am überzeugendsten erscheint. Die philosophische Rede, die sich nach traditioneller Auffassung an die Vernunft wendet, wäre auf eine ideale Zuhörerschaft zugeschnitten, welche für Platon und für religiöse Denker in der Gottheit verkörpert wäre, wogegen ich sie als universale Zuhörerschaft bezeichnen würde. In meinen Augen gehorcht die philosophische Rede, was die Argumentation betrifft, Kants kategorischem Imperativ: Der Philosoph soll so argumentieren, daß er – seiner Meinung nach – das universale Publikum überzeugen kann[4].

So verstanden, verbindet sich die philosophische Argumentation mit dem Begriff einer Vernunft, die nicht mehr bloß als Mittel der Wahrheitssuche, sondern auch als Faktor des Handelns aufgefaßt wird. Sie beschränkt sich nicht mehr auf wissenschaftliche Methoden, um zu rationaler Erkenntnis zu gelangen, sondern erstreckt sich auf den gesamten Bereich des Vernünftigen, womit das Ideal der praktischen Vernunft einen Sinn erhält.

Indem der Philosoph an die Vernunft oder an das universale Publikum appelliert, kann er in seinem Ansatz und in seinen Schlüssen sich nur noch auf Thesen und Argumente stützen, die, selbst wenn sie faktisch nicht von allen akzeptiert werden, doch ihrem Wesen nach für alle akzeptabel sein sollten. Darum stützt er seinen Diskurs auf den gemeinen Verstand und auf allgemeine Erfahrung oder beruft sich auf Wahrheiten und Fakten, Axiome und Notwendigkeiten, die jedermann anerkennen muß. Darum sind die gemeinen Prinzipien, gemeinen Begriffe und Gemeinplätze so wichtig für die philosophische Aussage, der sie Ansatz und Argumente liefern. Hier ist der Terminus »gemein« zu betonen, denn dieser Gemeinsamkeit ist es zu verdanken, daß der Diskurs des Philosophen auf dem aufbauen kann, was für das universale Publikum annehmbar erscheint.

Übrigens kann es sein, daß die Prinzipien, die der Philosoph für allgemein akzeptiert erachtet, nur die in seinem Kulturkreis vorherrschende Meinung, nur das Bewußtsein seiner Epoche ausdrücken, seiner Ansicht nach aber von jedermann anerkannt werden sollten.

Die Universalität der gemeinen Begriffe ist weniger anfechtbar, denn in ihrem Fall kann die Diversität sich in der Vielzahl der Bedeutungen ausdrücken, die sie annehmen, wodurch sie sich in konfuse Begriffe verwandeln. Dieser Gedanke kommt gut zum Ausdruck in einer Stelle der »Gespräche« des Epiktet, die Vorerkenntnisse betreffend, die den Stoikern zufolge in jedem menschlichen Geist vom siebenten Lebensjahr an vorhanden sind:

»Die Vorerkenntnisse sind allen Menschen gemein. Keine Vorerkenntnis steht im Widerspruch zu einer anderen. Wer von uns würde nicht zustimmen, daß das Gute nützlich, wünschenswert, unter allen Umständen zu suchen und anzustreben sei? Was würde nicht zustimmen, daß Gerechtigkeit etwas Schönes und Erfreuliches sei? In welchem Augenblick also kommt es zum Widerspruch? Wenn man die Vorerkenntnisse auf bestimmte Dinge der Wirklichkeit anwendet, wenn der eine sagt: ›Er hat ehrenhaft gehandelt, das ist ein mutiger Mann‹, und der andere: ›Nein, das ist ein Wahnsinniger.‹ So kommt es zu Gegensätzen zwischen den Menschen. Von solcher Art ist der Gegensatz zwischen Juden, Syrern, Ägyptern und Römern: Daß man vor allem Heiligkeit achten und nach ihr trachten müsse, steht außer Zweifel; strittig aber ist, ob es sich mit der Heiligkeit vereinbaren läßt, Schweinefleisch zu essen. Von gleicher Art ist der Gegensatz zwischen Agamemnon und Achilles. Stelle dir vor, sie stünden vor dir, und du fragtest: Was meinst du, Agamemnon? Muß man nicht nach Pflicht und Ehre handeln? Gewiß, das muß man. Und du, Achilles, was denkst du? Bist du nicht der Meinung, daß man ehrenhaft handeln müsse? Ich bin durchaus dieser Meinung. Wendet nun diese Vorerkenntnisse an: Da kommt es zum Gegensatz.« (I, XXII.)

Der Philosoph, der sich auf diese gemeinen Prinzipien und Begriffe stützt, wird versuchen, sie zu definieren, etwa zu sagen, worin die wahre Gerechtigkeit oder die wahre Religion besteht, so daß es ihm möglich ist, die Konflikte, die sich in diesen Fragen ergeben, vernunftgemäß zu lösen.

Desgleichen bilden die Gemeinplätze, namentlich jene, die wir in »Traité de l'argumentation« (§ 21 bis 24) als Gemeinplätze des Wünschenswerten bezeichnet haben, die Gründe, und zwar die allgemeinsten, die es ermöglichen, in allen Bereichen die Präferenzen und Optionen zu rechtfertigen. Als Beispiele nennen wir die Gemeinplätze der Quantität (vorzuziehen ist, was in größter Zahl nützlich ist), der Qualität (das Einzigartige ist dem Gewöhnlichen vorzuziehen), der Ordnung (die Ursache kommt vor der Wirkung), des Wesens (Vorzug haben die Individuen, die die Gattung am besten repräsentieren), und so weiter.

Die Gemeinplätze, zum Unterschied von den spezifischen Grundsätzen an keine bestimmte Kategorie, wie Recht oder Moral, gebunden, sondern auf alle Kategorien anwendbar, sind oft antithetisch, in dem Sinn, daß die Wahl eines Typus von Gemeinplätzen zu anderen Entscheidungen führen kann als die Wahl eines anderen Typus: Die unterschiedlichen Präferenzen kennzeichnen verschiedene Geistestypen. So konnten wir demonstrieren, daß man den Unterschied zwischen klassischem und romantischem Geist daran erkennen kann, ob Gemeinplätzen der Quantität oder solchen der Qualität der Vorzug gegeben wird (siehe »Traité de l'argumentation«, § 25).

Der philosophische Beweis ist weder demonstrativ noch zwingend, sondern argumentativ und (mehr oder weniger) überzeugend; die Berufung auf gemeine Prinzipien, gemeine Begriffe und Gemeinplätze ermöglicht eine Vielzahl von Interpretationen, Definitionen und Applikationen, worin die philosophische Beweisführung sich radikal von deduktiven oder experimentellen Schlüssen unterscheidet: So kann man die Spezifik der Philosophie erklären, im Gegensatz zu Religion, Wissenschaft und Kunst.

Von der Religion unterscheidet sich die Philosophie dadurch, daß sie nicht auf eine Offenbarung angewiesen ist, die nur den Gläubigen zuteil wird, sondern Gründe und Beweise liefert, die für alle mit Vernunft, mit gesundem Menschenverstand begabten Wesen annehmbar sein sollen. Von der Wissenschaft unterscheidet sie sich insofern, als ihre Thesen weder rechnerisch noch experimentell überprüfbar sind und sie daher außerstande ist, sich einmütige Zustimmung zu sichern. Sie liefert theoretisch begründete Weltbilder, von denen jedoch keines imstande ist, Anerkennung als das einzig richtige zu erlangen und alle anderen als falsch zu erweisen.

Wenn man es so betrachtet, die philosophische Beweisführung in diesem Sinn auffaßt, dann löst sich der Widerspruch zwischen dem

Wahrheitsanspruch der Philosophen und der unheilbaren Pluralität der philosophischen Systeme. Wenngleich jedes der verschiedenen philosophischen Systeme universale Zustimmung beanspruchen kann, weil jedes von ihnen an die Vernunft appelliert, so kann doch keines als wahr gelten in dem Sinn, daß es einer objektiven Realität konform wäre, ein äußeres Kriterium seiner Richtigkeit liefern würde. Tatsächlich erschafft sich jede Philosophie, mag sie sich auch auf die gemeine Wirklichkeit, die des Gemeinverstands, stützen, ihre eigene Wirklichkeit, ein systematisches, kohärentes Wirklichkeitsbild, dessen Ausgangspunkt das Gemeine ist[5].

Obwohl jedes große philosphische System wie ein Kunstwerk ist, einer Kathedrale oder einer Symphonie vergleichbar[6], bedarf es doch zu seiner Rechtfertigung einer Argumentation, die zu überzeugen vermag, einer Beweisführung, die für alle akzeptabel sein soll. Denn jede Philosophie appelliert an die Vernunft, ja, der Vernunftbegriff selbst ist ein integrierender Bestandteil der Philosophie schlechthin.

Dieser kurze Beitrag, der die These begründen soll, daß der philosophische Beweis rhetorischer Natur ist – mit allen sich daraus ergebenden Konsequenzen –, erhebt nicht den Anspruch, eine unanfechtbare wissenschaftliche Wahrheit zu demonstrieren; vielmehr hängen seine Plausibilität, seine Verständlichkeit und Überzeugungskraft davon ab, wie man die Begriffe Philosophie, Rhetorik und Gemeinplatz auffaßt und definiert. Ich war durchweg bestrebt, überzeugend darzulegen, wovon ich selber überzeugt bin, nämlich, daß ich diese Begriffe nicht willkürlich, sondern im Einklang mit den Grundvorstellungen der Menschen unserer Zeit und unseres Kulturkreises verwendet und definiert habe.

Anmerkungen

[1] Krönerverlag, Stuttgart 1942.
[2] Siehe Ch. Perelman und L. Olbrechts-Tyteca, »Traité de l'argumentation, La nouvelle rhétorique«, Brüssel 1970, Einleitung.
[3] Siehe J. Moreau, »Rhétorique, Dialectique et Exigence Première«, in: »La théorie de l'argumentation«, Löwen 1963, S. 207.
[4] Siehe meinen Vortrag »Raison èternelle, raison historique«, in: »Justice et Raison«, Brüssel 1963, S. 95–103.
[5] Siehe Ch. Perelman, »Le réel commun et le réel philosophique«, in: »Le champ de l'argumentation«, Brüssel 1970, S. 253, 264.
[6] Siehe E. Souriau, »L'instauration philosophique«, Paris 1939; M. Gueroult, »Leçon inaugurale au Collège de France«, 4. Dezember 1951; G. Granger, »Sur la connaissance philosophique«, in: »Revue Internationale de Philosophie«, 1959, S. 96–111.

Anatol Rapoport (Toronto)

Reflections on Marx's Thought

Man both as an acquirer of knowledge and as an object of knowledge, is clearly a central theme in the works of Karl Marx. The intensity of interest in his contributions, now over a century old, may be evidence of their profundity and lasting relevance. However, since "Marxism" is also a political creed that divides mankind into hostile camps (now more than two), it is not possible to say to what extent the continued intense interest in Marx's thought is triggered by its purely political implications. Nor is it possible to separate the purely intellectual and the purely political aspects of Marxism, because they are inseparable in the outlook itself.

Nevertheless, intellectually responsible dialogue between Marxists and non-Marxists and even among Marxists does go on here and there, attesting to the broad and far-reaching significance of Marx's thought in relation to the most pressing problems facing man. My aim is to attempt to contribute to that dialogue.

In a discussion of Marxism, a sharp polemical mode is practically unavoidable, being inherent in the very formulation of that outlook. Predictably, my remarks will be interpreted by orthodox (i.e., politically certified) Marxists as an attack on Marxism and, by implication, as evidence of my adherence to the "opposite" camp. As Lenin wrote, "You cannot eliminate even one basic assumption, one substantial part of this philosophy of Marxism (it is as if it were a solid block of steel) without abandoning objective truth, without falling into the arms of bourgeois-reactionary falsehood. *(Materialism and Empiriocriticism,* New York: International Publishers, 1927, p. 281.)"

It is true that I categorically reject this view. However, in doing so, I believe I am defending Marxist thought against attacks to which it is markedly vulnerable when it is formulated in the officially sanctioned manner. I suppose this makes me a "revisionist," an opprobrious label among orthodox Marxists, but not to my way of thinking; for I fail to see how an outlook constantly claimed by its partisans to be "scientific" can eschew continual revisions. Is not the very essence of science manifested in perpetual, not only superficial but also radical, revisions of all theories, none excepted?

The point is relevant since Marxist thought *does* have scientific as well as philosophical potential. Its scientific potential resides in the extension of the materialist outlook from the natural to the social sciences. Its philosophical import is said by the dialectical materialists to be relevant to the natural sciences via the materialist-idealist dichotomy. This contention I reject in toto, but a polemic along these lines would fall outside the scope of this article. Here I shall discuss only the philosophical import of Marx's thought only in relation to epistemology, namely the sociology of knowledge and the notion of praxis. Both have a direct bearing on the concept of man as the subject (aquirer and possessor) of knowledge.

The central thesis of this article is that the Marxist conceptions of man as the "object and subject of knowledge" will continue to retain both their intellectual vigor and their political significance only if the original formulation is regarded as a "special theory," applicable to the time and milieu in which Marx worked. A special theory calls for generalization. Inevitably, when a theory is generalized the limits of its validity are revealed. The reluctance of orthodox Marxists to examine seriously and fairly any attempts to generalize Marx's theories stems, I believe, from their identification of revision with refutation, an attitude eloquently expressed in Lenin's statement above.

Historical Materialism

In historical materialism, man appears primarily as the object of knowledge. The central idea is that man not only participates in social relations but also is a *product* of these. The structure of social relations is traced to the roles assumed by members of a society in the process of production. The differentiated roles lead to class differentiation and to dominance relations between classes. The class struggle emerges in this picture as a prime mover of history, and history, as a succession of "mutations" of the social order. Thereon hinges the prediction of the next mutation–the proletarian revolution, spearheaded by the working class, which, after its victory over the bourgeoisie, will organize the social order in accordance with its own class interests.

Because this theory not only purports to explain the past but also advances a prediction, it can justifiably claim scientific status; for the essential characteristic of a genuinely scientific theory is that it always contains implicit predictions, if only of repeated observations under identical conditions. A theory that predicts an event *not yet* observed has an even greater claim to scientific status. Of course, a scientific theory ultimately stands or falls depending on the extent to which its predictions are corroborated.

In criticizing Marxist theory on scientific grounds, non-Marxists maintain either that the predictions of the theory have not been corroborated or that they are not likely to be corroborated. Marx's economic theory predicted not only the concentration of capital and hence of exonomic power in a progressively narrowing sector of society but also an attendant impoverishment and "proletarianization" of the masses, that is, of the remaining progressively broader sectors. On this score, anti-Marxists usually insist that Marxist economics has been refuted. The "masses" of advanced capitalist countries have certainly not been progressively impoverished in the century since *Das Kapital* was written; quite the contrary. The marxist rebuttal of this argument usually resorts to a re-definition of impoverishment. Impoverishment is to be understood, some Marxists maintain, in the relative, not absolute, sense. If so, it should be reflected in increasing discrepancy in the positions of the dominant and the exploited classes. The re-interpretation is reasonable, but it raises the question of how this discrepancy is to be assessed. Several indices suggest themselves, involving the distribution of property, of income, of consumption volumes, or, on a more abstract level, of the power to make decisions affecting the economy of the society. I conjecture that many Marxists as well as non-Marxists would agree that of all these criteria, the last mentioned–that involving the power of decision–would be the one most likely to corroborate the hypothesis of increasing concentration, hence of class-determined discrepancy, and that consumption indices (in advanced capitalist countries) would be the least likely to do so. (Clearly, the differences in diet, clothing, housing, hygiene, opportunity for education, etc., which differentiate the "working class" from the "bourgeoisie," large as they are in contemporary Western Europe and North America, are in all likelihood smaller, not larger, than they were in the early stages of the Industrial Revolution.)

Naturally, this observation does not settle the question about the discrepancy, because the relative importance of the various indices (some of which may corroborate the Marxist predictions) is still open. Since we are evaluating Marx's theoretical scheme, the relative importance of the indices must be evaluated with regard to their relevance to the scheme. In order to do this, we must examine the next level of the scheme, the sociological.

The increasing discrepancy (however assessed) between the conditions of the proletariat and the bourgeoise, when coupled with activities attendant to the class struggle, leads, according to Marx's theoretical scheme, to a sharpened awareness of class differences (class consciousness) and so to the intensification of the struggle. Assuming for the moment that our conjecture above is correct, that is, that the discrepancy in economic power has indeed been increasing but that the discrepancy in consumption volume has, on the contrary, been decreasing, then, if the "proletarian revolution" predicted by Marx is still to be expected, it is the presumably corroborated discrepancy of power that must be given the greater weight. But is such an expectation justified? Does the "proletarian revolution" in advanced capitalist countries seem nearer today than it did fifty or a hundred years ago? Or, to put it another way, has the class consciousness of the "proletariat" increased? Has the very concept of "proletariat" become clearer, as it should have in accordance with Marx's analysis of social dynamics, or has it, on the contrary, become more vague?

By whatever objective criteria one chooses to propose (except that of the distribution of power, already noted), the contention that the social-economic process is unfolding in advanced capitalist societies in accordance with the dynamics described by Marx is not justified. And even the criterion of discrepancy of power is not quite in accordance with that process, since the process envisages progressive organization of the working class as an autonomous political force. This process was once indeed observed in Europe (and to much smaller scale in North America), but it has been dissipating during the last several decades.

Of course, the crucial sociological fact that does not fit into orthodox Marxist sociology is the now fundamental distinction between "worker" and "wage earner." In the early stages of industrial capitalism one could roughly identify the two. Moreover, in Marxist terminology, "worker" means implicitly *industrial* worker, the man attending the machine in a mill or factory. This image is essential to Marx's theory because the ideology of the "working class," the ascendant class destined to be victorious in the forthcoming social revolution, is, according to the theory, itself derived from the productive activity of that class, specifically from the *highly organized* nature of that activity. In fact, it is the contradiction between the anarchic character of the capitalist system and the organized character of the associated productive process which is supposed to nurture the seeds of destruction of the bourgeois social order. Therefore, in fairness to the assumptions of Marx's sociological theory, when we speak of the working class we must continue to mean the industrial workers, the proletariat proper. I believe the orthodox Marxists do so.

On the other hand, when we speak of the concentration of economic power in a progressively narrower sector in advanced capitalist societies, we must identify the sector deprived of that power with practically the entire population. To be sure, that is overwhelmingly the wage-earning sector, and in this sense Marx's prediction concerning the disappearance of what in *his* time was defined as the "middle class" (farmers, artisans, etc.) has been realized. However, it is no longer possible to identify the working class with the wage-earning class. The former is only a fraction of the latter, and the fraction is getting smaller. As a result of automation, it can be expected to shrink still further. Thus "working class ideology" appears to be losing its social base.

This ideology, nurtured by its propensity for organization and for carrying on an organized class struggle, can hardly be grafted upon the non-proletarian sector of the wage-earning class, that is, the majority or soon-to-become majority in capitalist societies. This conclusion follows from the precepts of Marxist theory itself, since the role of the wage earner who is not an industrial worker in the production process does not nurture "working class ideology." The ideology congenial to the service employee, the white collar employee, the professional, etc., is "petty bourgeois," as the Marxists themselves repeatedly and correctly insist. And even the modern industrial worker seems to have largely succumbed to the same petty bourgeois ideology. If he is concerned with the "class struggle" at all, it is mainly in the form of bargaining (through bureaucratized negotiation specialists) for a larger share of the economic pie, for job safeguards, etc. The idea of seizing political power and re-structuring the social order, especially the idea of "abolishing private property," with which Communism is most directly identified in the popular mind, no longer appeals to the worker in advanced capitalist countries, to put it mildly. In the light of Marxist theory itself, therefore, the prospect of a "proletarian revolution" in advanced capitalist countries seems more remote today than in the entire era of industrial capitalism.

Do these observations refute Marx's sociological theory? The answer depends on how broadly or how narrowly the theory is interpreted. The theory is refuted if it is construed narrowly and pedantically, if compulsive efforts are made to preserve all of its tenets and to guard it against ideological subversion. The theory is not refuted if it is understood in broader terms, if allowances are made for the limitations of the historical horizon of Marx's time. The objects of Marx's observations were the developing industrial societies of Europe. Today capitalism functions on the global scale. The first thing we notice when we consider the economic system of the whole planet is that Marx's thesis concerning the impoverishment of the masses, which appears to have been refuted if attention is confined to advanced capitalist countries, now appears vindicated. The Third World has become impoverished during the last century at least relative to the fantastic growth of affluence in the technologically advanced countries, and much of this impoverishment can be traced to the colonial exploitation of the former by the latter. Further, while revolutionary class consciousness in the technologically advanced countries seems to have declined, thus providing ammunition for attacks on Marx's theories, on the world scale revolutionary consciousness of the impoverished masses has dramatically increased.

The orthodox Marxist may well imagine that these developments are consequences easily deduced from Marxist economics and from Lenin's theory of imperialism. In part they may be, but not easily, and not by facile applications of classical Marxist concepts. Further, the impoverished masses of the Third World obviously do not constitute an industrial proletariat, ready to "seize political power and to re-organize society in accordance with its class interests," as the disciplined and unified proletariats spawned by developing European capitalism could be well imagined to have been. The liberation struggle of the Third World is directed by factors other than classical capitalist exploitation.

To take a concrete example, the devastation wreaked on Southeast Asia by Americans and the resulting misery of its population exeeds the consequences of a century of economic exploitation of that area in the interests of the French capitalist class. It can be argued that the genocidal war in Indo-China was also rooted in the pursuit of class interests by American capitalists. But certainly, evidence in support of this argument is not nearly so concrete and convincing as the evidence that can be marshalled in support of a Marxist analysis of direct colonial exploitation. Nor will "straight" Marxist analysis of American intervention reveal the factors that underlay the overwhelming support of the war by American organized labor or the intense opposition to it among "liberal intellectuals," whose ideological commitments on other issues are promptly linked by the orthodox Marxists to the liberals' alleged loyalty to the "ruling class." At best, orthodox Marxist analysis offers ex post facto or ad hoc explanations of these discrepancies, or else relegates them to the sphere of secondary or transient epi-phenomena; in short, begs the question.

One of the principal conclusions of Lenin's theory of imperialism was directed toward uncovering the causes of imperialist wars. World War I can certainly be cited in support of the theory. World War II from 1939 to 1941 was also declared by orthodox Marxists to be an instance of a classical imperialist war, although an altogether different interpretation was offered during the next four years. After 1945, the most probable next megawar was expected between the United States and the Soviet Union or, at times, between the United States and China. These expectations did not contradict Lenin's theory of imperialism, since an assault of the capitalist world on a socialist state was subsumed under it. However, an implication of the theory for the present would be that a war between capitalist nations, say, between United States and Britain or Japan, would be about as probable as between a capitalist and a socialist state, while a war between two socialist states would be unthinkable. That a war between the Soviet Union and China is at present anything but "unthinkable" should certainly be a major embarrassment to orthodox Marxists. The fact that this possibility is "explained" in official pronouncements (however, without recourse to classical Marxist analysis) is much more damaging to orthodox Marxism than the impossibility of fitting this situation into the theory; for these "explanations" arouse the suspicion that the official guardians of orthodox Marxism do not really take the doctrine seriously.

A generalization of Marxist sociological theory would involve, in my opinion, a generalization of the concept of social class. In classical Marxist theory, social classes are defined exclusively in terms of the relations generated by the roles assumed in the productive process. However, what is essential for the theory is not the existence of classes as such but the power relations between them. These power relations are, in turn, assumed to derive from the roles played in the productive process. But are these roles the only sources of these relations? Does not the control of information and its dissemination also confer power? And is the chief advantage of power the opportunity to appropriate a greater share of the wealth produced? Are there not other privileges, not necessarily derived from a greater share of the wealth, which produce gross iniquities in a society? Is exploitation through the appropriation of surplus value the only or even the most important form of exploitation in modern industrial societies? And are societies that are not "capitalist" in the accepted sense of the word necessarily less prone to iniquities due to other than economic forms of exploitation? Besides the classes directly involved in production (whether as workers or as appropriators), are there other classes in modern societies that play an even more parasitic role than the non-working appropriators (who, incidentally, have lost their importance, at least in advanced capitalist societies, as visible, conspicuous representatives of social iniquity)? Are not the mammoth military establishments of the great powers (socialist no less than capitalist) havens of other types of parasitic classes? What about the equally enormous bureaucratic establishments?

Some of these questions have, of course, been raised, in fact by Marxists, but not as a rule by orthodox Marxists. The latter evade these questions by insisting that social classes must be defined in terms of production and appropriation methods, so that any social stratum that cannot be so defined cannot constitute a social class. Marxists who *have* raised the above mentioned questions have, for the most part, been labeled "revisionists" (or worse) by the guardians of ideological purity.

Sociology of Knowledge

In my opinion, the most interesting as well as the most original of Marx's contributions is what is called the sociology of knowledge. Just as the theory of class struggle welds economics to sociology in Marx's theoretical scheme, so the sociology of knowledge provides a link between sociology and psychology. It sometimes seems to me that Freud, in developing his theory of sublimation, was inspired by Marx's sociology of knowledge. Freud's "subconscious" is analogous to Marx's "class interest." Both are the underpinnings of *rationalization*. Both put severe constraints on what will be accepted as "true" or as "good" or rejected as "false" or "evil." The modern, more limited theory of cognitive dissonance in psychology (which, incidentally, has been experimentally demonstrated in many contexts) is compatible with both Freud's and Marx's more abstract formulations.

The theoretical potential of the sociology of knowledge is, in my opinion, immense. However, the realization of this potential depends, as do the other facets of Marxist thought, on objective investigations aimed at delineating its regions of validity and on following up the suggested generalizations. As in the case of the theory of social classes, pointed questions concerning the validity of classical interpretations are resisted or evaded by orthodox Marxists, while generalizations where they could be most fruitful are inhibited by ideological control.

As an example, consider the following passage:

". . . The age we are leaving, the liberal age if you like, was characterized by a plurality of aims and values and by a neutral attitude toward the main issues of life. In that age neutrality went so far that we ceased to believe, out of mere fairness, in our own objectives. Confronted by such alternatives as Mussolini and Hitler and last of all Stalin have imposed, we must clearly assume a militant attitude if we are to survive. The antidote to bad doctrine is better doctrine, not neutralized intelligence. We must assert our own objectives, define our own ideals, establish our own standards and organize all the forces of our society in support of them. Discipline is the essential prerequisite of every effective army whether it march under the Stars and Stripes or under the Hammer and Sickle. We have to fight an enemy whose value system is deliberately simplified in order to achieve quick decisions. And atomic bombs make quick decisions imperative. The liberal neutral attitude, the approach to social evolution in terms of dispassionate behaviorism will no longer suffice. Dusty answers will not satisfy our demands for positive assurances. Total war, whether it be hot or cold, enlists everyone and calls upon everyone to assume his part. The historian is no freer from this obligation than the physicist. (C. Read, 'The Social Responsibilities of the Historian', *The American Historical Review,* January 1950, LV, No. 2, p. 283.)"

Having cited the passage *(Geschichte und Wahrheit,* Wien: Europa Verlag, 1970, pp. 106–107), Adam Schaff writes:

"The political sense of Read's words is absolutely transparent, and when one takes into account the American setting there is no doubt that they concern first and foremost the struggle against Communism . . .

It is clear that [Read's postulates] are aimed at putting history at the service of the ruling classes and their social order. (Ibid., p. 107, my translation.)"

I could not agree more emphatically with Schaff's interpretation of the political meaning of Read's prescription to historians. However, I cannot help comparing the prescription with almost identical ones addressed by political authorities to Soviet historians (and at times not only to historians but also to biologists, composers, and astronomers). To be sure, these prescriptions will not embarrass the orthodox Marxist, who will readily admit that each side in the present global struggle mobilizes its scholars, scientists, and intellectuals to serve the interests of the classes championed by their rulers. But what if doubts are raised concerning the actual class interests served by the power elite that claims to represent the interests of the "world proletariat" and severely chastises any challenge of this claim? Am I to believe that Stalin had the class interest of the "word proletariat" in mind when he was directing the writing of his version of history? On second thought, perhaps he did or thought he did. If so, what better case study is there to which to apply the cognitive theory embodied in the sociology of knowledge?

In short, the rich promise of the sociology of knowledge as an approach to man, the subject of knowledge, can be realized only if no restraints are placed on its applications. In some cases, the classical Marxist interpretation of ideology, ethical commitments, etc., as a rationalization–in Freud's terminology, sublimation–of class interests may be too narrow, just as Freud's theory of rationalization of suppressed sex drives is probably too narrow. In other cases, the range of applicability of the theory may be much broader than orthodox Marxists will admit.

Praxis

As a contribution to epistemology, equal in importance to the sociology of knowledge, I would place Marx's idea of praxis, the conception of *activity* as a necessary component in the acquisition of knowledge. The notion of controlled experiment is subsumed under the idea; instead of simply observing events as they occur in nature, the scientist *arranges* conditions in order to put a specific question to nature. He learns from this activity as much as from the answer, how to make better experiments, for instance. The idea of praxis is central in modern theories of education, among others those of John Dewey which, no matter how distorted they became in the hands of inept practitioners, contained some profound insights into the psychology of learning. Most relevant to this discussion is another concept, which, I believe, is also related to the notion of praxis, namely, that of the self-fulfilling assumption. This concept provides a crucial distinction between the epistemology of social sciences and that of natural sciences. It is now a universally recognized truism that whereas whatever we assume about some aspect of the physical world will not influence it, the assumptions we make about human affairs may influence them. The most elementary example is the realization of A's assumption concerning B's attitude toward him. The assumption that B is friendly may well be realized because it is made; similarly, the assumption that B is hostile may also be realized, because it was made.

It is the importance of self-predictive assumptions that makes positivist criteria inapplicable to some of Marx's sociological theories, because the realization of Marx's prognoses depends crucially on what *assumptions* about the course of history will be prevalent (and acted upon) in a given era. Therefore, in choosing one's assumptions, one makes an "input into history" and willy-nilly shares the responsibility for unfolding events. The argument, stressed by Marxists, that "neutrality" in social science is impossible finds its strongest support in the idea of praxis.

The branch of semiotics (theory of signs) called pragmatics can be viewed as the theory of meaning (semantics) coupled with the concept of praxis. Pragmatics deals with the inter-relation between language and behavior. That people can influence the behavior of other people by the use of language is a truism. Less obvious though not less important is the "feedback" effect of language on the language user. This principle enters the theory of cognition in that we acquire knowledge about the external world, not directly through "sense impressions," but through *processed* sense impressions. That the processing involves recollections of previous experiences, expectations, etc., will be readily admitted by the purest empiricist. What is not so universally appreciated is that our internalized language habits and their influence on our actions are important determinants of how we perceive and learn about the external world. Language habits comprise the vocabulary of our conceptual repertoire. To put it another way, a screen of language is interposed between ourselves and reality. What we "know" or learn about reality is what we read off that screen, that is, what we *tell* ourselves that we know.

The connections between these ideas to both the concept of praxis and to the sociology of knowledge is apparent. In Marx's theory, perception of reality is "refracted" through the ideological prism. Ideology and, with it, perception of reality are modified through praxis. Pragmatics points to the necessity of investigating the role of language as a determinant of the specific psychic processes governing the refraction of our perceptions and the changes in the refractive characteristics of the prism brought about by activity. Adam Schaff has given us an illuminating discussion of pragmatics and related aspects of language philosophy from a Marxist point of view in *Introduction to Semantics* (Pergamon-Macmillan, New York, 1962).

Some dramatic instances of behavior controlled by language are sufficiently apparent to even a casual observer. Demagogy and mass hypnosis are conspicuous examples. In fact, the control of the mass media of communication by ruling elites suggests convenient explanations of the fact that in advanced capitalist countries workers frequently act politically against their class interests, supporting imperialist wars, ardently proclaiming the virtues of the capitalist system, etc. In this context, the orthodox Marxist, therefore, ought to see no threat (in the sense of ideological subversion) in pragmatics, if it offers tools with which to investigate more closely the mechanics of class rule. As expected, however, the orthodox Marxist shrinks from the suggestion to extend the method of pragmatics to the study of social dynamics *everywhere*. Such a study would inquire into the effects of total control of mass media by any ruling group. Note that it is not a question of examing the *justifications* for such control (which are always conveniently at hand) but only its *effects*.

The reluctance of orthodox Marxists to apply available methods of analysis (even methods that are outgrowths of Marx's theory or at least compatible with it) to societies where orthodox Marxism plays more or less the part of state sanctioned ideology is most unfortunate. It betrays the orthodox Marxist's own entrapment in an ideology supported by ossified verbiage and chokes off a creative development of social science, which was supposed to have been *emancipated* from ideological hang-ups by Marxist philosophy. It renders societies founded on Marxist principles against the onslaught of social pathology. There is no other way to describe the generation-long Stalinist terror. Facile phrases like "personality cult" do not explain the underlying causes of that dread disease; they only explain it away, foreclosing illuminating analysis. Yet the tools of analysis are at hand. These tools do not provide answers; they only raise questions. But the questions themselves if asked openly, fearlessly, and honestly are a form of therapy.

Here are some questions that must be asked and one day will be asked without fear of intimidation or recrimination. Did a class structure develop in the Soviet Union as a result of party dictatorship and, with it, forms of exploitation based not necessarily on the appropriation of surplus value but on other mechanisms? To what extent was personal power struggle (quite independent of class relations but simply analogous to personal power struggles in any ruling elite) responsible for the eruption of Stalinist terror? If purely personal power struggles can have such awesome repercussions on an entire society, does it not follow that a major area of social science falls entirely outside the scope of classical Marxist theory? What was the role of the self-fulfilling assumption in the traumatic events associated with the forced collectivization drive of the early thirties? The events were officially pictured as consequences of an intense class struggle. To what extent was this struggle instigated by being *defined* as such before the collectivization drive began, that is, by *declaring* the kulak to be the "class enemy" and so inciting intense hatred on both sides?

More generally, to what extent do our own attitudes, particularly the language we use, *create* social reality? The last question is clearly heretical from the point of view of Orthodox Marxism, since it appears to reverse the proper relation between "being" and "consciousness." I shall venture to be "more materialist" than the orthodox Marxists by insisting that "consciousness" is no more than a configuration of neutral events, which are certainly material; so putting "consciousness" in the role of a "cause" is entirely compatible with the materialist outlook. Facetious repartees aside, unidirectional causality is an outdated concept. Feedback interactions characterize all causally linked events.

Nevertheless, in reiterating the "materialist solution of the fundamental problem of philosophy", the orthodox Marxists insist on the unidirectional causal formula, "being determines consciousness". Thereby they create what to them appears as an impenetrable barrier between two polarized views of man as an object and a subject of knowledge. Moreover, they insist that this dichotomy–actually a vestige of outdated metaphysics–reflects antagonistic class interests and therefore cannot possibly be bridged; the chasm can only disappear when one class is victorious over the other. In consequence, one "solution of the fundamental problem" is universally recognized as correct and the other false. It is curious how the Hegelian cycle, thesis-antithesis-synthesis, has somehow been arrested: the possibility of synthesis is denied.

New problems have arisen in the past quarter-century which were not foreshadowed a century or even a half-century ago: weapons of mass destruction, population explosion, degradation of environment, exhaustion of natural resources. Every one of these problems is *in principle* solvable. The threat of annihilation could be removed by the simple expedient of dismantling the megadeath machines. Physiologically effective means of controlling reproduction are on hand. Ecological balance could be restored by concerted effort. Natural resources could be husbanded. These are solutions only in principle because institutions empowered to implement them do not exist; nor can they be created, given the present *world* order.

Well meaning people who plead for the establishment of a World State or federation are the modern counterparts of the early nineteenth century humanitarians who, appalled at the miserable conditions of the workers, pleaded for social justice or urged the establishment of socialism on the grounds that it is a more rational social order. Marx's profound insight was the realization that the establishment of a "just social order" will come about, not because exploiters will see the wickedness of their greed or because man is collectively a "rational animal", but as a consequence of a realignment of social forces.

I believe the same can be asserted today. The question before us, a very perplexing one, is: What realignment of world social forces can we realistically hope for and help bring about? It seems that the alignment envisaged in classical Marxism, of the "workers" against "the bourgeoisie," is no longer the answer. It made sense in the context of the compact industrial societies of Europe, where it appeared for a while that political struggles would be increasingly attuned to that alignment. On a world scale, it is unrealistic to expect a mobilization of the "working class." Even if the working class were mobilized, it would not constitute a political force of sufficient magnitude to reorganize the *world* social order "in accordance with its class interests." On the other hand, local social revolutions, while they will certainly continue to occur (and should be supported by all who side with the exploited against the exploiters), will not answer either. Revolutionists, having seized power, are compelled to hold on to it, hence to rationalize it by an ideology. We have seen how multiple centers of power give rise to multiple ideologies, all purporting to stem form the same source. Ideological rivalry, coupled with old fashioned state-centered power politics, has shattered the hope of a united socialist world front. And even if such a front were somehow forged, the polarization of power between it and the stronghold of capitalism could well unleash the "final solution", not of the class struggle nor of the "fundamental problem of philosophy", but of mankind.

Humanist Roots of Marx's Thought

Perhaps we could arrive at a neo-Marxian insight if we started where Marx started "before he became Marx", as Lenin once quipped. The reference was to the young Marx, of whom we have a vivid portrait in Adam Schaff's *Marxism and the Human Individual.*

The young Marx's point of departure, as Schaff points out, is the "human individual conceived as a flesh-and-blood specimen of a biological species, as part of nature" (ibid., p. 54). This conception, however, does not suffice to understand man, for man is also a product of society, an "ensemble of social relations". From this conception, Marx was eventually led to the analysis of the genesis and dynamics of social relations. It is well, nevertheless, to keep in mind that the impetus to the whole life-long investigation was the human individual, *his needs and his plight.*

Man's plight, that is, the frustration of his needs, is summarized in young Marx's thought in the concept of alienation *(Entfremdung)*. The term has been used in so many different contexts that one may question its heuristic value. Yet it has a common denominator of meaning. Alienation is the inhibition of positive relatedness, of identification, of compassion, of love. So defined, alienation seems to refer to a state of the psyche. But the psyche does not exist in a vacuum. Relatedness means relatedness to something or someone. Implicit in the concept of alienation is a conviction that if man were "free", that is, able to develop his full potential as a natural and social being, he would be positively and intimately related to nature, to the product of his labor or of his creative imagination, above all, to his fellow men.

The development of Marx's thought toward "materialism" was manifested in ever increasing concretization of the roots of alienation. In the end, alienation appeared to Marx (if I understand correctly) to be rooted in the appropriation of the worker's product by his exploiters. In a market economy, labor becomes not an activity directed toward producing the means of satisfying needs but an *externally* imposed necessity, while the products become "commodities", which acquire a "life of their own" (for instance, as determinants of supply and demand). In particular, labor itself also becomes a commodity to be bought and sold.

Like every other idea spawned by Marx, this one suggests generalizations. Is commercialization of labor and of its products the only or even the most important source of alienation in our day? Toynbee defined the "proletariat" in terms of alienation: those who are *in* a society but not *of* the society. Does not this definition fit the most obviously alienated groups in the United States? Yet the ghetto dwellers are only tangentially related to the labor force and thus (ironically) not subjected to the "classical" form of economic exploitation, as was the industrial worker. (If they were to vanish, the "rest of society" would not care, which certainly could not be said of the industrial worker, whose labor was essential to the functioning of the economy.) In fact, is not almost everyone in modern capitalist societies alienated in one way or another? And what is the situation in post capitalist societies, a question raised by Schaff time and again?

If alienation results from the circumstance that the "product of man is estranged from its maker and becomes independent of him" (Schaff, op. cit., pp. 123-24), does this not extend to other than concrete objects transformed into commodities? As Marx himself pointed out, man created God (in his own image, one might add) but became subjugated to this product of his creation. Man creates ideologies, in terms of which he rationalizes his aspirations; then his thought is stifled by them. The erstwhile aspirations become obsolete and disfunctional in a changed world, but ideologies, ossified in verbiage, persist and compel men to blindly pursue the same course. Above all, civilized man created the State and has become its willing slave.

It seems to me that the exercise and accumulation of power *for power's sake* and submission to power either through dire necessity (as when power is manifested in terror) or through lack of psychic resources is the common source of man's alienation. Marx's perspicacity penetrated a special case: the exercise and accumulation of power in capitalist industrial society. Surely, however, the exercise and accumulation of power for power's sake was rampant in pre-capitalist societies and is apparent (except when shut out of sight by ideological blinders) in post-capitalist societies. A generalization of Marxist thought would involve a thorough analysis of what compels men, on the one hand, to exercise and accumulate power for power's sake and, on the other, to submit to arbitrary power even in the absence of overt coercion.

Some would seek the answer in the psychological make-up of the human individual. Though investigations in this direction might be interesting in their own right, I doubt that they would be of more than tangential value to a generalized Marxist theory. The generalization of Marxist theory should be in the spirit of Marxist thought. Marx did not attribute economic exploitation to the greed of capitalists as human beings. Similarly, to attribute the exercise and accumulation of power for power's sake to insatiable ambitions of rulers or to man's aggressive instincts is to evade the problem. Marx was right: not biological man but social man, "the ensemble of social relations", is the key to man's psyche and the determinant of his behavior. Whatever be the role of the process of production in determining the nature of these relations, a generalized Marxist theory, free of dogma, would have to deal with many other ways in which power is accumulated and wielded and becomes a fetish.

Would such a theory lead to optimistic prognoses analogous to those of the classical theory? I do not know. I am sure, however, that *if* an alignment of forces comes into being leading to a re-structuring of the world social order and abolishing of all, at least hitherto known, forms of parasitic exploitation, this alignment will no longer be of the type envisaged in the classical Marxist theory. Nor will it be nurtured by orthodox Marxist philosophy, which is only one "mutation" removed from idealist German philosophy and is still encumbered by much of its verbal ballast. The truly creative features of Marxist thought, those that can provide rich nourishment to both a flourishing social science and a revived revolutionary ideology, are rooted, not in the ontological disputes of the nineteenth century (which may have been relevant to the living politics of that time), but in Marx's larger vision of the fundamental problem of man's freedom.

I hope, therefore, that sincere Marxists, those who are concerned with man's plight and man's aspirations more than with salvation by ideological purity, will outgrow the compulsion to identify ideological enemies, and turn to the mobilization of allies in the forthcoming struggle against all forms of entrenched, self-perpetuating, and self-justifying power.

Nathan Rotenstreich
(Jerusalem)

Person and Responsibility

I

A person is responsible, or considered as such, when he takes upon himself the deeds performed by him and the actual and possible consequences of those deeds. To be sure, this situation of one's taking upon himself one's deeds is a complicated phenomenon: when one does this one identifies himself with the deeds; he recognizes them as his own, and looks upon himself as the agent, originator, or initiator of them. Simultaneously a person who takes upon himself the deeds is bound to view himself as being distinct from his deeds. Were it not so, if he were totally identical with his deeds, there would be no room for the act of identification. The person would be the sum-total of the deeds and their consequences and thus would not be a person at all in the sense of being an originator or initiator of deeds. It is for this reason that the duality or even the tension between identification and distinction is implied in the phenomenon of responsibility and in the attitude of being responsible. Bradley, in his analysis of the conditions of responsibility, rightly pointed out the aspect of the identity of the person as well as the aspect of attributing the deeds to the identical person–or in his own words, as having the deeds as "mine"[1]. Yet Bradley did not sufficiently emphasize the complementary aspect: the assumption of the person is essential for the self-attribution of the deeds to a person (or else the attribution of the deeds to him by another person). By the same token, the identical person is occupying what might be described as a surplus position vis-a-vis his deeds. The attribution or selfattribution, does not make the person immersed in his deeds, or else the identification performed does not make the person identical with his deeds. The identification does not amount to a full identity.

Yet, there is a second feature in the phenomenon and attitude of responsibility which is prominent even in our verbal expressions or descriptions. This aspect of the notion of responsibility appears in what is called in English answerability *(Verantwortung);* it can be posited as a thematic or objective pole in the phenomenon of responsibility. A person is responsible, or is viewed as such, when he answers to certain demands, when he cares for what he is expected to care for, or supposed to do so–for truth or benevolence, friendship, service, his family, his pupils, his society, etc. He is responsible when he is trustworthy. To be trustworthy presupposes, again, an identical person who takes upon himself the deeds emanating out of himself. But at the same time to be trustworthy presupposes certain standards of behavior or a certain expectation, since trust is an attitude of expectation, rooted in the evaluation of a person on the one hand and the adherence to certain features of the behavior on the other. One is expected to be a person standing behind one's deeds, and at the same time, one is expected to observe certain material or thematic criteria of action or behavior. The personal and thematic aspects have to be present in order to describe the full scope of the notion of responsibility and its moral connotation. It is in this sense that responsibility is epitomizing the generic structure of the ethical domain[2].

In the legal thinking and legal evaluation we encounter the same structure[3]. When self-control or reflection, or the capacity for the two, are taken as essential for ascribing responsibility to a person–we find that self-control and pondering are manifestations of the position of the identical person. Hence, the capacity to pass a judgement on oneself and at the same time the capacity or self-expectation to behave in a certain way appear in legal reasoning as related to responsibility. They are grounds for ascription of responsibility. Insofar as accountability is implied, legal reasoning presupposes the capacity to reflect and that capacity in turn presupposes a reflecting person not confined to a single or scattered act of reflection. That act of reflection, or rather the totality of reflection, is not an unguided activity; on the contrary, it is guided by principles, and in the first place by the paramount principle applied to thinking in general, which is the principle of truth. But even when we address ourselves to principles of a more limited character, like that of decency or honesty, or conformity to rules pertaining to respect for another person, we point to thematic principles. These are placed within the horizon of responsibility and are preconditions of responsibility.

These preliminary remarks will serve as a point of departure for an analysis of the question of responsibility related to an historical case. That case is mentioned in the literature on responsibility, and calls for closer exploration to be guided by the conception of the correlative structure or responsibility as indicated[4].

II

The question of responsibility arose in and around the proceedings of the Eichmann trial. As regards those who would lessen the responsibility cast on an individual for acts in which he participated, there are two opinions between which we must differentiate: (a) The first one refers to acts of an individual, performed as a part of an organized state (the Nazi regime); or to acts of an individual who is carried away on a wave of general irrationality (ideological and psychological), such as marked the atmosphere and the so-called "world-view" *(Weltanschauung)* of the Nazi movement; or to an individual involved in a cruel war, who is necessarily attached to one of the warring camps, and the side to which he is attached exercises iron discipline. The opinion is that there is no way of holding such an individual personally and humanly responsible; thus there can be consequently no legal responsibility. The underlying notion of this line of reasoning is that there is no identical, detached person whose presence–as stated before–is the pre-condition for assuming a man to be responsible at all.

(b) There is a second opinion, which was brought out during the proceedings of the trial itself, in an exchange between a prosecution witness, Professor Salo Baron, and the accused's attorney, Dr. R. Servatius. The intention of this opinion is different from that of the previously mentioned. It states, like the first thesis, that the individual is carried away by factors, commonly called "historical factors" beyond his control, such as, relations of the generation, traditions, climates of opinion, and so on. The acts of man, whose behavior is determined by these factors, sometimes have results that are outside his declared intentions. Just as a man has no control over the factors that guide his acts and determine his behavior, so he has no control over the results of the acts he performs. Sometimes the results in the future stand in blatant contradiction to the content and intention of the forces that determine his behavior in the present. As the Defence Counsel said:

"Look, they wanted to destroy and to exterminate the people of Israel, but the scheme of the plotters was frustrated; a flowering state arose instead of this plot succeeding[5]." In stating this fact there is an attempt to lessen the guilt, and concurrently the responsibility of the doer: there is room, and rightly so, to argue that a deed is judged not only by the intentions of the doer, but also by its results; this is so even when there is a contradiction between the intentions and the results. According to the first thesis, one cannot hold a man responsible because of his place in the historical process of the past; according to the second thesis, one cannot hold him responsible–or at least there is a diminution of responsibility–because of the historical process running from present to future.

In the courtroom proceedings, a reliance upon the Historical School of Law *(Rechtsschule)* slipped in, in support of this thesis. We are about to explore the connections between the ideas presented here, not in order to put the matter in its correct historical and factual order context, but to clarify the fundamental question before us.

At the heart of the Historical School's interpretation of Law is the view that Law is not created by a directed and executed act of man, but is shaped in the historical process of the generations by internal powers, operating unostentatiously, as Savigny said. Human existence of each individual is, according to his view, linked to a whole, higher than himself: the whole of a family, a people or a state. Every period in the existence of a people is the continuation and development of prior periods[6]. This whole is not an external amalgam of the factors that compose it, but it has a power that affects and directs–the force that this school calls the "Spirit of the People" *(Volksgeist)*. Law, like any characteristic of a particular people, grows out of the common conviction *(Überzeugung)* of a people. This conviction is like those same internal and unostentatious forces that advance and reveal themselves in the unchanging generations.

The School of Historic Law did not assume that there is a rational process in history and a process common to all peoples in which common human goals are materialized. This indeed has been assumed by those who envisaged that there is a common historical process of humanity that causes one continuous, progressive crystallization of freedom, or of the consciousness of freedom, or of the liberty and independence of peoples, or of equality between people. Thus, for example, Condorcet thought, when he spoke of equality between people, and Hegel, when he spoke of a progressive consciousness of freedom, which characterizes the developing process of history. The Historical School spoke about the ties of man, the ties of personal existence as a link in a whole. But it is not at all clear whether from this follows the conclusion that the individual has neither initiative nor personal responsibility. This School spoke of the growth of Law and language, of customs and mores, from the internal forces working unostentatiously. But it is not at all clear whether it follows that individual-personal existence has no modes of behavior as stemming from within itself; or else whether we must say that it follows from the ideas of the Historical School that it is possible that a man should, in fact, by his acts, aim at one goal and actually achieve another. Hence the goal achieved in spite of the doer is supposedly more rational and justified than the goal the doer aimed at when he acted. There is no place for this idea in the Historical School; it is, however, a slight echo of one of Hegel's ideas. We will clarify this matter now.

Hegel, too, talks of the "Spirit of the People" *(Volksgeist)*, but we can easily see the difference between the concept as it is used in his doctrine and in the Historical School of Law. He, to be sure, says that the "Spirit of the People" expresses itself in religion, worship, mores, customs, art, constitutions, and political laws. However, he believes that the "Spirit of the People" is actually a moral spirit; in his theory of the psychological or spiritual foundation of the state, he calls it "the divine foundation" that knows itself and desire itself[7]. This notion is of crucial importance because from it we understand that the "Spirit of the People" is a certain, partial, materialization of the "Spirit of the World", or of history in its universality. It exists as a partial embodiment and, by virtue of this, the history of a certain people, which is activated and affected by its spirit, is related to the historical process of all mankind. Because the history of a particular people is placed within the universal process, it is possible to think that the acts that occur within the confines of one people, and the relations between people, will be looked at not only from the viewpoint of a local event within one community, but from the point of view of universal, historical events. Only within the bounds of this conception is it possible to evaluate the results of the acts of an individual, or a people in relation to history in its entirety.

This brings us to the consideration of the notion of "the cunning of Reason" *(die List der Vernunft)*, formulated by Hegel in his treatment of history. A man, says Hegel, who creates something worthy, puts all his energy into this effort; he lacks the sobriety to want this thing or another thing; he does not disseminate himself to give his energy to these goals or others and is completely devoted to his great and true goal. Passion *(Leidenschaft)* is the force of this goal, and the determination of this will is a certain type of urge, almost an animal urge, which is revealed when man puts his energy into the goal which he wants to achieve. This passion is what is called "awakening", or "enthusiasm". Indeed, this passion is the drive of the active man, but, in truth, it is the pinnacle of a great idea. In fact this idea remains deep in the background and apparently doesn't take part in the actual process of events. It sends the urge, or passion of the active man, out to work for it. The idea that uses drives, desires and passions, acts with cunning as regards these desires; it uses them for its own ends in spite of the fact that these passions and desires have ends of their own. Reason's use of these drives is what Hegel calls "the cunning of Reason", and a historical example of this is: Julius Caesar had to do what was necessary; he had to dispense with the blemished and tainted freedom of Rome. He himself fell in this struggle, but the necessary basis remained: Freedom lay beneath the external events. Individuals are considered from the point of view of being a means for the benefit of the realization of the great historical process, e.g. for the benefit of the realization of the idea of freedom. And from this point of view the historical individual is considered; whether or not he furthered the great historical process and the idea that this process is destined to materialize. When the historical individual is a means, it is possible to use him via cunning; Reason puts him to work, by means of her cunning, in order to realize, through his partial and impulsive aims, her own fulfilment[8].

A slight echo, as we said, of this idea was presented in the defense attorney's case, even though he relegated it to a different place, the place of the Historical School of the theory of Law. He wanted to say that it was as if Reason used the extermination of the Jews in order to realize the freedom and independence of the Jews, against the will of those who sought to exterminate them. The echo is slight, because the whole discussion lacks the basic idea, from within which grew Hegel's system: that is to say, that there is a universal historical process, whose task it is to materialize the idea of Reason which is freedom, or consciousness of freedom. But it is precisely because this echo is heard that we must ask ouselves: does it follow from this point of view that a man is freed from his own responsibility because his acts produced good results against his own will or intention? In order to answer this question we must perform two supplementary examinations: one a closer look at the idea and the other a closer reading of the text.

From the standpoint of the meaning of the idea, the question arises as to whether from the concept of the "cunning of Reason" follows the viewpoint that patent evil, declared and blatant evil, produces good results. In the historical examples that Hegel himself presents (like the example of Julius Caesar), the passions and drives of the active historical man, and his partial goals—such as the urge for power—are spoken of, and the man is driven towards their attainment. Hegel brought out the irrational powers of an urge that serve rational goals, such as the drive for power that serves the goal of freedom; or partial goals that serve as universal, such as France's domination of the European continent that served another goal—the freeing of these nations and the rise of consciousness of their nationality and their political and cultural freedom. But, in the text, we could not find Hegel saying that a goal that he negates from a moral standpoint (such as the extermination of men for the sake of extermination, or removing human beings from the sphere of humanity—as if they were material, and turning them into material) serves a great historical goal. There was no idea of the history of humanity in Nazi ideology, but there was an idea of the rule of the German people or a German reign over the world; and so one must not judge it according to an historical and conceptual outlook, wherein the process or events are specifically discussed from the point of view of world history of mankind. And secondly, the acts that were performed were acts of organized slaughter, that brought into action the mechanism of the state and the most highly developed technology in the world, for the extermination of people, simply because they were members of a particular group. These are acts that cannot be viewed as brought about by passion or partial intentions; these acts must be judged from the standpoint of their place and from the standpoint of their nature, and the character of those who did them. And if we should use the concrete example mentioned–the rise of the Jewish State after the devastating slaughter of the Jews–when stripped to its essentials, this rise of a Jewish State is not a result of the Holocaust, even though the Holocaust did create a certain climate of guilt among the peoples of the world, which paved the way for their readiness to atone for the guilt. The Holocaust erased from the Jewish people those Jewish groups who had sought, by themselves, to come to the Jewish homeland, who brought forth the idea and the movement that bore the Jewish State, and who, because of the extermination, were unable to come to the place they had sought. Slaughter and murder, do not only annihilate that which is, but also the potential within it. The Nazi ideology, and the deeds caused by this ideology, had no basis of respect for the human potential embodied in every man and also embodied in a Jew as a man. Never in the history of mankind has there been such an occurrence, wherein war was waged against human beings as if they were mere clay. The Jews were not merely considered an inferior race, but they were considered to be creatures outside the realm of humanity–and there is no basis for comparing this instance to other historical incidents of conflicts and struggles between peoples and even struggles to the bitter end. In another aspect of his philosophy, which we do not wish to explore in detail here, Hegel argued that precisely in war, one people recognizes the other that is fighting, and admits its character as a people[9]. The war of the German people and state against the Jewish people was not built on recognition or acknowledgement of the Jewish people but on casting them out of the human realm; that same realm in which there is any possibility and sense to talk about reciprocal recognition and acknowledgement.

And as for the textual side, the same text in whose context the idea of the "cunning of Reason" is found, Hegel says that individuals are an end in themselves from the standpoint of the content of the idea of an end. Man is an end in himself by virtue of the divine factor hidden in him–so he says in the language of religion, familiar to us from the idea of "the image of God". Man is an end from the standpoint of his own determination, from the standpoint of his being active, and from the standpoint of freedom, to which he is tied. And so this aspect, he adds, is connected the phenomenon of guilt; as the mark of man is that he knows what is good and what is bad, and is capable, by the power of his will, to choose either good or bad. In a word: that it is possible for him to be guilty. Only an animal is a guiltless creature. Guilt means the possibility of imputing to a man the acts that he performs (*Imputabilität*). It is no excuse, says Hegel, if it is said that man is made by nature and circumstances, His liberty lies in the fact that his guilt is found in what he has done.

The basic question that stands before us is: even when a man performs acts whose historical results encourage the materialization of a good goal, the acting man does not cease to be responsible for his acts here and now. And with this question we move away from the consideration of this relation, or any other, to the world of nineteenth century German thought and stand before the basic question: Should we view man as determined by the process of events, by history, or not? Is it only the heroic man who does not succumb to determination by historical processes and political events? If only the heroic man is capable of withstanding this pressure, then we cannot require a thing from just an individual. As we cannot order love, so we cannot give orders for heroism. Or should we assume that there is a plain basis, and not a heroic plateau, underlying the role and the authority of the moral claim, which is related to an individual–to anybody–and to his concrete actions.

III

The Historical School stressed the idea of internal acting forces: these prescribe the course of events within a domain, such as, the legal system of a state, or mores, worship, and so on. When we consider this idea, we must begin by realizing that it does not only imply an analysis of the active factors, and not even a description of causes. It is rather an ideology; it is to determine what *ought* to be the factors that act in shaping various areas of activity, and to demand from man, from statesmen, from legislators, or from a generation not to see themselves as authorities for passing laws, to ordain, to intervene, but to listen to what exists within the concealed treasure of the "soul" of the generations. Surely that School cannot propose this ideology, formulated in a demand, without supposing the actual existence of these forces as well as the possibility of listening and of unequivocally deciphering the inheritance of the generations; that is to say, that the voice of the generations is a one and only voice. From this standpoint, the idea of the "Spirit of the People" rejoins, for all that it is expressed in ideological language, some discussions that suggest that national characters exist–not national characters as mere facts but national characters as the supreme and the directive authority. National characters as facts become a directive authority by being presented as the "Spirit of the People." It is well known how problematical this assertion is, because "national character" is expressed in institutions, and how close the possibility is that certain features of human beings affect the institutions, and that the institutions affect the people.[10]

Yet the main question is: should we assume that man is entirely determined by historical, psychological, social and other factors, and does not stand as an individual person? Even if we say that man is but a link in various wholes, we still have not said that there is no difference between his being a member in the whole of a family, and his being a member in the totality of a state, or else that there is established harmony between, for example, the orbit of the family and the orbit of the nation. If, e.g., the state demands that the father of a family give his son to arms, this does not mean that, as a father, he does not feel the pain of his son's going, nor, all the more so, the death of his son. Neither does the act cease to be a sacrifice, even if the state is victorious through the sacrifice of his son. Loss of life does not cease to be loss of life, even if it comes about for the benefit of the state, or the nation, or a cause. There is a contradiction between the father's feeling and his acquiescence to the order of the state. Thus a man is neither entirely in conflict nor is he completely determined by his being a part of one whole. The more links there are, the more contradictions are possible; and the more contradictions there are, the more it is possible that the same man will feel different feelings at the same time, as is the case with the feelings of a father and the feelings of a citizen of his native land. There is no justification in supposing any total determination that will cause all the feelings to be cut according to the same measure and the same type. No whole to which a person is attached can erase his entire internal world from his heart. The state can order him to behave in a certain way, but it cannot create in his heart a feeling about this particular behavior. It can order him to prefer its call to the call of being a father, but it cannot remove from his heart the feeling he has as a father. Only man himself can erase this feeling from his heart and give himself over entirely to the service of one single whole. There is no reality that rules in any and all events, over every segment of the life of man. Even the reality of political totalitarianism doesn't; without the acquiescence of men to the reality, and without the meaning that men give it, and without the concession that they concede–there would be no threat of one's being eradicated by reality, not even the most totalitarian. The totalitarian reality can order a man to confess publicly to crimes that he did not commit, and he can perform the ritual of the confession down to its minutest details. But he himself is not constrained by this to feel in his heart that he did indeed commit a crime of which he is innocent. Man is not only a part within a whole that is beyond him; he also lives within the whole that is himself, and that whole cannot be abolished except by himself. The last remnant of man's autonomy cannot be abolished except by autonomy itself: autonomy can be eradicated only by itself–and this, in turn, is a paradox of autonomy and the dialectic of being a human subject.

We do not intend, by these remarks, to negate facts–and how overwhelming they are–that there is compulsion, terror, necessity; that one adapts oneself to reality in the name of life and preservation of existence. Again, we do not intend to say that the only manifestation of autonomy is an heroic rebellion against the negation of autonomy.

Were we to say this, we would identify autonomy with heroism. However, let us even suppose that a person commits acts of extermination under duress, having no companion with whom he could go forth and rebel. Let us further suppose that the regime is organized so that revolt can grow only through an organization that is equal to the organization against which it is in revolt. In spite of all this, the intention of one's heart man can maintain alone. The addition of a cry of joy that he shouts when he is forced to do something, the removal from his heart of a feeling of guilt at the time of the act, the existence of a written, or unwritten diary of the most personal nature–these he can retain for himself; a proclamation announcing that he is not pleased with what he himself is doing and that the right conduct would have been for him not to have done what he was forced to do–these are the last remnants of the independence of man. They cannot be crushed by the compelling force of the regime, but can be crushed by the individual himself. The last remnant of humanity–even when humanity lacks vigor and manifests expression in acts–should not be surrendered; it is the residual criterion of behavior within the human boundaries. It is mistaken to say that non-human behavior is bestial–one cannot demand a last remnant of autonomy from an animal; only from the autonomous being is it possible to demand autonomy; he who does not fulfil it does not behave like an animal, but rather as one who uses his human powers in order to place himself outside humanity. His guilt lies in the fact that he used the human in him in order to remove it from himself.

The Nazi regime brought to prominence this side of the behavior of people, in the most frightful manner. But we all stand before this simple question: When we do something in a moment of distress, are we forced to say and to think–and this is the crucial point–that the destruction which we wrought in a distressed moment is good in itself and not only a necessity–granting this–of the crises? The deed will not be censured; but that does not mean that it will become good, worthy, desired, something to be striven for, etc. A lack of manifold drives and motivations, and the making of one single drive not only dominant but also causing it to be the only one in existence–this is a basic question in human situations. The Nazi experience emphasized and placed this question before us in the real world, as if it were a world seen through a magnifying glass. The position of being a subject amounts to the acceptance of a manifold of motivations of the human conduct or the human initiating forces.

What is demanded is a certain breaking away from the general course of events, even if the course of events is of the most sweeping kind; a certain self-judgment, even if it is a value-judgment of acts that a man himself does, and for which he has an explanation–that he does them for lack of choice in order to preserve his life, or his family's lives;

all these are preferable to the contentment of the abolishment of self-restraint, the annihilation of the remnant of withdrawal from man's individual and independent relation to the world that encompasses him. A crime against humanity has an objective definition: the extermination of people and their removal from the orbit of life. But this crime is complemented by the subjective aspect as well, that of assent or lack of protest, and without this complement the crime in its objective aspect would not come into existence. We encounter the abolishment of the human quality in the doer, when man devotes himself completely and totally to the occupation of his, to the occupation of extermination.

From this standpoint, we must view the idea of reliance on determination by the generations, by the people, by the state, by a historical period, and other such ideas as echoes of the Nazi ideology. Complete determination by race, for example, cannot be assumed, without assuming that there is no individual remnant, or at least an individual remnant that has any weight, in an action in the real world. Whatever remains of individuality is here, only of a natural quality, such as the morphological configuration of the individual, facial features, physiognomical traits, etc. But this was precisely an assumption of Nazi ideology; through this assumption the Nazi ideology was able to demand from the individual not to have a standing of his own; to immerse himself in the run of events and make a tool of himself and free himself, by and through this, from personal responsibility. When a man does not exist, there can be no personal responsibility. But when a man exists, and exists by his very essence in such a manner that he is not entirely determined by any state of affairs whatsoever, and not even by all the factors together–if he ceases to be a human being he does so from within himself. His responsibility lies precisely in that he ceased to be a human being. The basic responsibility is to maintain the precondition for responsible dedds.

He who argues that he is not responsible for his acts because he was caught within a system over which he had no control–either argues in fact, that he is not an active human being, or that he was not an active human being before. But if a man acts through decision of by setting individual goals for himself and is participating in setting the goals of the public sphere to which he belongs; if he reacts to what happens in the world by analyzing it, by seeing the causes and the effects, and weighing the impact of the different factors in reality; if he knows, and is conscious of the nature of the system and accepts the yoke of hierarchy and behaves in accordance with what it implies–he didn't uproot the mechanism of human action from himself; he didn't completely surrender his capacity of analysis and reflection. He only argues that it is only in relation to responsibility for his deeds that he did not act as a man, but as one immersed in circumstances, as if he himself were a circumstance. Obviously there is here a blatant contradiction; not a logical contradiction but a concrete one. A person cannot both maintain the resonance of his consciousness in relation to the analysis of the nature of reality and not to maintain it in relation to the evaluation of reality and the evaluation of himself and his acts in reality. Distinction and evaluation–both are expressions of the same distinguishing consciousness of men. When one aspect of consciousness is active, that which entertains cognitively reality as a state of affairs, the second aspect, in the area of the evaluation of reality, is also active. Moreover, evaluating reality from the standpoint of the meaning of the acts done, insofar as they harm man and humanity, and seeing the fact of the extermination of people as a primordial and basic evil, these acts require none of those exceptional powers of distinction and analysis, needed sometimes for the factual and descriptive understanding of reality. In this sense moral judgment is more elementary, since it revolves around a matter revealed in its meaning–such as the lives of human beings. It is more elementary than theoretical judgment, understanding, knowledge, and familiarity with the process, and other matters of importance when we wish to know the reality in which we act or the environing state of affairs. Kant, indeed, has been aware of this aspect of the moral consideration pertaining to everyday level.

There is, however, an essential relation of mutual dependence and determination between the humanity in myself and that in my fellow man. Since man himself is composed of different levels which include the level of his own personal world, be it weak, limited and enclosed in itself, when he stands before his fellow man he cannot but recognize that the man before him is made up of many levels too; that his fellow man is also a human being and has humanity in him. Why does a man not activate his humanity in relation to the extermination that he sees, but, rather, helps it to materialize? It seems that the answer is as follows: he does not recognize that in the act of extermination, the humanity of the person who is exterminated is violated. This is so since, in the eyes of the exterminator, he who is exterminated is not a human being; the exterminated are, in no way, a group of people. The humanity of a man is activated when he thinks about what is done, and his thoughts cause him to consider the person or persons affected by the act. But if his consideration is hidden from himself then surely it will not show in his acts. Without a world-view that negates the humanity of human beings there can be no extermination of people. However, because there is such a world-view that argues that people exist who are not human beings but material only, the humanity in man is not aroused. We realize to what extent the descriptive, and merely factual as it were world-view–that differentiates by virtue of a number of qualities and characteristics, between those who are within the realm of man, and those who seem biologically to be human beings, but in fact are not–had practical consequences. Moral behavior, or rather immoral behavior, is rooted in an outlook about facts which can take shape because of a loss of humanity in the doer. But the world-view itself, that there are people who are not human beings, the fact of attributing humanity to some peoples and denying it to others–is basically immoral. Vis-a-vis this view, there is no way of acting with tolerance, as we do and ought to do with the world-views of people–even when we think that they are mistaken–because these are the views of human beings. We have esteem for the bearer of the world-view and by virtue of that esteem we come to esteem the world-views themselves. But he who holds the view that there are people who are not human beings, cannot and may not demand esteem and consideration from us, because his view negates the very basis on which it and its creations stand: that the world-view is produced by a man as human being, and that every man has a "view" of the world and of himself, be it dim, or undeveloped, or even mistaken. The sin is not only in the extermination, but also in the world-view that was held, because the extermination then could be considered as being beyond evil, since it does not affect human beings at all. By and large it is correct to hold a position that one doesn't punish world-views, but deeds only. We agree to this rule, and we hold a man responsible only if because of him reality will be different than it was previously; if he had let reality remain as it had been, then he would not have been called to order. Thus responsibility is connected to a change that the doer brings to the process of events; and a view is–theoretical is the name–considered as not causing a change in reality. This is generally correct, but it seems as if this were not true regarding the issue before us. The mere fact of denying the humanity of people as individuals, and of people as a group–this very view seemingly does not cause a change in apparent reality. But it does cause a change which may be called metaphysical–and for which it is brought to face justice and held responsible as a world-view; since this world-view brings about acts and historical processes that are horrible in their dimensions, and devastating in their manifestations.[11]

IV

We come back at this point to the first part of our analysis, i.e. the correlative or bi-polar structure of responsibility. The notion of the personal identity, while that identity serves as a presupposition of responsibility, carries with it a feature of behavior or an attitude which Prof. Williams called dissociation: ". . . men may dissociate themselves from roles they bear, roles which bring with them certain sorts of assessment of their activities".[12] We may put it differently, as we have done before, by saying that an identical person is both identified and detached from his specific deeds. Yet here we may go now a step further. When a person is an identical person, this is not only an objective or a given fact. It is a fact imbued with one's self awareness as an identical person, along with all the dialectical features which go with that self-awareness. But once a person assesses himself as identical, he is not only dissociating himself from his deeds and roles, and accepting them while dissociating himself from the, but he also lodges himself in a context with the surrounding world which is not himself. That world, in turn, consists both of things qua objects, and other persons recognized in their humanity, and thus possessing an implied self-awareness as persons. There can be no self-assessment of a person as a person unless he is related to other persons recognizing them as such, and to objects recognized as objects, lacking the quality of being persons. It is in this sense that responsibility as grounded in self-awareness, presupposes a reflective attitude in the broad sense of that term.

When a person obeys an order, the order is understood by him as an order. This self-awareness is related to the meaning of the order and that very same self-awareness guides him, or prompts him, to accept the order and to obey it. A person obeying an order is not a carbon copy of the order; he retains his quality of being a person in spite of the submissiveness exemplified in his obedience. It is in this sense that we can repeat the previous statement that only an autonomous person can erase his autonomy and become obedient even in the most extreme sense of that notion. This leads us to the conclusion that as long as self-awareness is maintained, a person is responsible for erasing his responsibility. Only in psychiatric conditions where reflection vanishes, we face a situation where a person retains the bodily posture of a person but does not retain his capacity of understanding or reflection. If this is so, then even the understanding of the order vanishes, and the excuse presented that one does not dissociate himself from the order cannot function as an excuse because the lack of dissociation is a salient or a tacit decision, and as such presupposes a person engaged in that decision. The Hebrew term for responsible is *"aḥrayi"* and for responsibility *"aḥrayut"*. The words derive seemingly from *"aḥar"* and *"aḥray"* whose meaning is "to be behind". The connotation seems to be that a responsible person is one who stands behind the deeds, and in that position responds to claims and demands or is capable of responding to them.

In the area of our exploration, we encounter, therefore, a structure where moral and factual data are interwoven. Because a person is factually a person, he is called to order by the norm of responsibility in its personal and thematic aspects. As long as a person retains through his self-awareness his primordial position as a person, he cannot denounce his responsibility. Only when a person is objectively losing his quality as a person, and this is assessed by the observer, for instance the doctor, is he released from his responsibility. The paradoxical position of the person as a subject, exemplified in the phenomenon of responsibility, lies precisely in that the person himself cannot declare himself irresponsible, because the act of declaration as such and in itself–be its direction as it may–is a manifestation of the status of being a person. Only in the eyes of the others a person ceases to be a person when this is objectively warranted.

Notes

[1] See: F. H. Bradley, The Vulgar Notions of Responsibility in Connexion with the Theories of Free-Will and Necessity, included in: *Ethical Studies* (first published in 1876), Oxford, 1962, pp. 1ff. Consult on Bradley: Jonathan Glover, *Responsibility,* New York, 1970, p. 13ff.

[2] Compare: Two Aspects of the Ethical Situation, in the present author's *Humanism in the Contemporary Era,* The Hague, 1963, pp. 87ff. Alfred Schutz speaks about equivocation in the notion of responsibility–in terms of "responsible *for*" and "responsible *to* someone". See his: Some Equivocations of the Notion of Responsibility, incl. in: *Determinism and Freedom in the Age of Modern Science,* ed. by Sidney Hook, New York, 1958, pp. 206ff.

[3] On the legal aspects consult Hans Binder, *Die Urteilsfähigkeit in psychologischer, psychiatrischer und juristischer Sicht,* Zürich, 1964, pp. 9, 10, 16, 23.

[4] Consult J. Glover, *op. cit.*

[5] *The Attorney-General versus Adolf Eichmann,* proceedings of the 13th session, 5th of Iyyar (April 24, 1961).

[6] See Friedrich Karl Savigny, *Vom Beruf unserer Zeit für Gesetzgebung und Rechtswissenschaft,* 1814.

[7] Georg Friedrich Hegel, *Die Vernunft in der Geschichte,* Hamburg: 1955, p. 59ff. Cf. S. Brie, *Der Volksgeist bei Hegel und in der historischen Rechtsschule,* Berlin and Leipzig: 1909. The present author dealt with the various aspects of the concept of "Volksgeist" in his article to appear in the *Dictionary of the History of Ideas,* New York.

[8] Hegel, *op. cit.,* p. 105ff.

[9] Georg Wilhelm Friedrich Hegel. *Die Absolute Religion.* Leipzig: 1929, p. 104.

[10] Cf. Morris Ginsberg, "National Character", in *Reason and Unreason in Societies,* London; 1947, p. 131ff. Also: Margaret Mead, "National Character and the Science of Anthropology", in *Culture and Social Character, The Work of David Riesman reviewed,* Glencoe: 1961, p. 15ff.

[11] See on the position of the individual: A. Schaff: *Marksizm a jednostka ludzka,* Warszawa, 1965.

[12] Consult Bernard Williams, *Morality: An Introduction to Ethics,* New York, 1972, p. 55.

Jerzy Rudzki (Lund)

Der Einfluß des Fernsehens auf das Familienleben

Die gewaltige Entwicklung der Technik und herrliche Erfindungen, die auch im alltäglichen Leben angewandt werden, verwandeln den modernen Menschen nicht nur in diesem Sinne, daß er Konsument der bis jetzt für ihn unzugänglichen Güter ist. Die bisherige Struktur der Freizeit verwandelt sich, die Interessen vergrößern und die Horizonte verbreiten sich, die Beschäftigungen nach der beruflichen Arbeit verändern sich. Die Erfindung des Autos z. B. hat nicht nur eine wichtige Bedeutung für die Entwicklung des Transportes und der Kommunikation, die so bedeutungsvoll für die Produktion Güter aller Art ist; im Aspekt der Einheit und der Familie wird das Auto das Mittel der Massentouristik, die das Land und Ausland besichtigen läßt, es schafft das neue Modell des Urlaubes, verursacht eine andere Struktur der Städte, die man jetzt aus den lärmvollen und engen Zentren der Metropolen auf die weiten Vorortsgebiete verlegt, was viele neue Probleme für den Soziologen schafft.

Das Fernsehen wurde schon ein Stammelement des Lebens der industrialisierten Gesellschaften und hat einen großen Einfluß auf das Familienleben, auf die Erziehung der Kinder, auf den gemeinsamen Aufenthalt der Familienmitglieder zu Hause. Es geht nicht auch darum, daß die bisherigen traditionellen Formen der Freizeit in der Regel mit dem Verlassen des Hauses sich banden: das Theater, Kino, Café, Sportwettspiel, Sporttreiben zogen mit sich die Notwendigkeit die Wohnung zu verlassen. Durch das Fernsehen entstand die Möglichkeit, viele attraktive Schauspiele zu beschauen, für die die Eintrittskarten zu gewinnen es mit Unkosten und manchmal mit großen Schwierigkeiten verbunden war. Es geht auch darum, daß das Haus ein Gebiet des öfteren Aufenthaltes der Vertreter einiger Generationen, des Meinungsaustausches, der Diskussionen, vom Fernsehen inspirierter Gespräche wurde.

Kurz gesagt, das Fernsehen wird ein Faktor, der die Familie zu Hause sammelt. In vielen reichlich mit kleinen Kindern gesegneten Familien – fügen wir hinzu – wurde das Verlassen des Hauses um die Bekannten, das Kino oder Theater zu besuchen sehr schwierig, manchmal unmöglich. Vor dem Erscheinen des Fernsehens waren die Möglichkeiten der attraktiven Freizeit – außer der Buch- oder Zeitungslektüre und dem Radiohören – der Ehepaare, denen die Pflicht der Vormundschaft der kleinen Kinder oblagen, sehr beschränkt. In den engen dicht bevölkerten Wohnungen, in denen das Weib mit dem Haushalt immer beschäftigt war, entstand die Situation, daß der Mann ungern nach der Arbeit nach Hause zurückkehrte oder in ihm blieb, Erholung, Vergnügen und Eindrücke außerhalb des Hauses, im Kreise der Kameraden und Bekannten, im Klub, Café, Restaurant, mit mehr oder weniger bekannter Frau suchte, was in der Konsequenz manchmal zur Scheidung führte.

Selbstverständlich fördert die Situation, von der wir sprechen, die Zersetzung der Ehe, aber ist nicht die Ursache ihrer Zerbrechlichkeit im Allgemeinen. Viele Scheidungen kommen oft unter wohlhabenden, bequem wohnenden Familien und in Ländern mit einem hohen Lebensstandard vor – erwähnen wir hier Schweden, wo der Wohnungsstandard und ihre Ausstattung besonders hoch sind. Es ist schwer zu vermuten, daß das Fernsehen die Ehekrise hemmen könne, wenn diese folgt. Trotzdem doch muß man bemerken, daß das Fernsehen einen ziemlich großen Einfluß auf die Integration der Familie hat; das Haus wird Platz, wo man nicht nur ißt, schläft, seine Aufgaben macht, Zeitungen liest, arbeitet, aber auch Platz der attraktiven Unterhaltung, derer besonders die Provinz, das Land und die kleinen Städte im großen Grade entzogen waren. Dies alles erlaubt nicht allgemeine Generalisationen, die die Perspektiven der Ehe betreffen, da man eine Verminderung der Scheidungen in Ländern, wo das Netz der Fernsehgeräte dicht ist, nicht bemerkt.

Eine banale und offenbare Behauptung hat im Jahre 1958 die Zeitschrift »Kirche und Fernsehen« gedruckt, daß den durchgeführten Untersuchungen nach, 73% der Respondenten seit dem Momente der Installation des Fernsehgerätes seltener und weniger aus dem Hause hinausgingen. Das Absorbieren mit dem Fernsehen reduziert Besuche im Kino – das bestätigen zahlreiche Untersuchungen – oft Treffen mit den Bekannten. In anderen Forschungen bestätigt man, daß die Gespräche in der Familie wegen des Fernsehens beschränkt werden, was wahrscheinlich auch einigermaßen Streite, Konflikte und Wortwechsel eliminiert; im Allgemeinen doch ist die Zeit, die den Gesprächen gewidmet wäre, verkürzt – sie sind vom Fernsehprogramm verdrängt.

Man kann vermuten – geben wir hinzu – daß in verzankten Familien, in denen die Beziehungen zwischen den Ehepaaren schlecht sind und eine Gelegenheit zu zahlreichen Streiten und Wortwechseln gegeben ist, das Fernsehen das Interesse konzentriert und die Beziehungen zwischen den Ehepartnern zwar nicht verbessert, aber die Aufmerksamkeit von streitigen Problemen abwendet, den

Gegenstand des Streites entfernt, einen scharfen Wortwechsel aufzuhören empfiehlt, da er das Beschauen des Programms unmöglich macht. Das passiert hauptsächlich im ersten Jahr nach dem Einkauf des Fernsehgerätes, das als Neuheit besonders der Gegenstand der Faszination ist; mit der Zeit vermindert sich doch dieses Interesse. Im Erfolg kann es zur gewissen Verbesserung der Beziehungen in der Familie führen, aber das ist nicht die Verbesserung, die aus der Beseitigung der Ursachen der Konflikte folgt. Man kann sagen, daß das Familienleben nicht bereichert wird, aber im Gegenteil gewissermaßen vom Fernsehen verdrängt ist, da die Probleme der Familie infolge des intensiven Beschauens des Programms auf den weiteren Plan abgeschoben werden, das Thema der Gespräche, Relationen, des Meinungswechsels zu sein aufhören etc. In der Anfangsperiode des Erscheinens des Fernsehens wurde das Fernsehgerät öfter von den Familien als von den einsamen Menschen eingekauft, was zahlreiche Analysen des Fernsehpublikums in Polen und in vielen anderen Ländern beweisen. L. Bogart zeigt auf diesem Grunde[1], daß die einsamen Menschen, die vor dem Fernsehen sitzen, weniger zahlreich sind, als die, die das Programm mit der Familie beschauen. Die erwähnten Untersuchungen von Bogart bestätigen das, da die Mehrheit der Respondenten antwortet, daß sie am liebsten vor dem Fernsehen mit der Gesellschaft sitzt – knapp 9% der Antwortenden beschaut lieber das Fernsehen einsam. Die einsamen Menschen, vor allem die Jugend, suchen die Gesellschaft außerhalb des Hauses und deswegen wahrscheinlich neigen sich weniger dazu, das Fernsehen einzukaufen. Die Familien dagegen entschließen sich viel schneller für den Einkauf des Fernsehgerätes, sie wollen Unterhaltung den Kindern, die unter ihrer Kontrolle bleiben, und sich selbst sichern, da ihr Leben nach der Arbeit sich hauptsächlich zu Hause konzentriert.

Die Untersuchungen, die vom Verfasser dieses Aufsatzes[2] unter den jungen einsamen Arbeitern der Werft in Polen in Szczecin durchgeführt worden waren, bewiesen, daß prozentuell die Eigentümer der Fernsehgeräte sehr wenig waren. Das Hindernis im Einkauf war wahrscheinlich die Gelegenheit, daß der Einkauf des Fernsehers eine ziemlich große Ausgabe für den jungen Arbeiter war; unter den verheirateten Arbeitern doch, derer Verdienste nicht höher waren, konnte man das Fernsehgerät viel öfter treffen. Unstabilisierte Familiensituation, oft auch Arbeitssituation, keine eigene Wohnung, Untermieterquartier mit einem zufälligen Kameraden schaffen eine Atmosphäre des Provisoriums, die weder Unterhaltung zu Hause noch den Einkauf des Fernsehgerätes begünstigt.

In Polen haben sich J. Kądzielski[3] und J. Komorowska[4] mit dem Einfluß des Fernsehens auf die Familie und Kinder beschäftigt. Kądzielski zeigt, daß die Abnahme der Frequenz im Kino und Theater, die das Fernsehen verursacht hat, Veränderungen im sozialen und kulturellen Leben der Fernsehzuschauer veranlaßte, was sich vor allem im Familienleben zeigte, also in der Organisation des Haushaltes, in nachbarlich-gesellschaftlichen und Familienkontakten, in der Erziehung der Kinder, im Benutzen der bis jetzt existierenden kulturellen Mittel und Institutionen.

Im Allgemeinen erschienen sehr viele Aufsätze und Arbeiten, die den Einfluß des Fernsehens auf die Familie besprechen, besonders die Rolle des Fernsehens in der Erziehung der Kinder; erwähnen wir hier nur die Arbeiten von H. Himmelweit, A.N. Oppenheim und P. Vince »Television and the Child« (London–New York–Toronto 1959), W. Schramm, J. Lyle und E. B. Parker »Television in the lives of our children« (Stanfort-California 1961), teilweise Arbeiten von Hans Stückrath z. B. Aufsatz »Ansichten der Jugend über den Einfluß des Fernsehens auf das Familienleben« (München 1964), von Everett Parker »Parents, children and television« (New York 1954). Den Einfluß des Fernsehens auf die Kinder und ihre Erziehung werden wir hier nicht besprechen.

Der junge Arbeiter hat ziemlich wenig Freizeit, da er lernt oder sich fortbildet, und gerne ins Kino, zum Sportwettspiel, Spaziergang, im Sommer auf den Strand oder Ausflug hinausgeht. Die Situation ändert sich mit dem Momente der Gründung der Familie. Nach dem Einkauf der unbedingt nötigen Möbel kommt die Reihe auf das Fernsehgerät, das unzertrennlich dem Leben der Familie wird – die Hauspflichten begünstigen nicht das häufige Verlassen des Hauses. Die mit der Gründung der Familie fortschreitende Stabilisierung empfiehlt die Aufmerksamkeit auf die Sachen, die mit der bequemen und ästhetischen Einrichtung der Wohnung gebunden sind, zu konzentrieren. Der Einkauf des Fernsehers wird also eine erwünschte Haushaltsinvestition.

Im Jahre 1954 in der Bundesrepublik Deutschland war es mehr Prozent an Zweipersonenfamilien oder einsamen Menschen – wie das G. Maletzke[5] in seinen Untersuchungen bestätigte – die über das Fernsehen nicht verfügten als zahlreichere Familien. Die Daten sind schon lange veraltet; die allgemeine Zugänglichkeit des Fernsehgerätes hat verursacht, daß auch die kleineren Familien es einzukaufen sich entschlossen – das Fernsehen ist doch nicht nur die Quelle der Unterhaltung aber auch der alltäglichen Information. Die Daten zeigen doch, daß der Grad der Absorbierung mit dem Fernsehen, die Zeitquantität ihm gewidmet, in kleineren Familien kleiner ist. Vielleicht folgte das am Anfang daraus, daß diese Menschen keinen Bedarf der zahlreichen Familie die Unterhaltung zu sichern hatten, mit dem Haus nicht so stark, wie Familien mit vielen Kindern verbunden waren und öfter die Unterhaltung außerhalb des Hauses suchten – deswegen ist das Interesse unter ihnen am Anfang für das Fernsehen etwas kleiner. Die Tabelle, die wir unten angeben, enthält

Daten, die die Abhängigkeit zwischen der Zahl der Mitglieder in der Familie und dem Besitz des Fernsehgerätes in der Bundesrepublik Deutschland in der von Maletzke untersuchten Periode zeigt.

Eigentümer der Fernsehgeräte und die Zahl der Mitglieder in der Familie in der Bundesrepublik Deutschland (in %)

	Fernsehfamilien	Nichtbesitzer
1–2 Personen	29,3	44,1
3 Personen	22,0	19,2
4 Personen	24,8	15,9
5 und mehr Personen	23,9	21,8
	100,0	100,0

Nach der Analyse der Tabelle kann man zum Schlusse kommen, daß man nicht immer eine Korrelation zwischen der Zahl der Mitglieder in der Familie und der Zahl der Fernsehgeräte durchführen kann. Oft eine nicht zahlreiche Familie und im Zusammenhang damit kleinere Pflichten beschleunigen den Einkauf des Fernsehgerätes; wir bemerken das im Fall der Zweipersonenfamilien oder einsamen Menschen, die fast ein Drittel aller Besitzer der Fernsehgeräte bilden. Man kann vermuten, daß die Familien mit Kindern oft das Fernsehgerät unter ihrem Druck kaufen, oft um die Unterhaltung zu Hause zu organisieren, das deswegen, weil in ihm Kinder sind, sehr absorbiert, kleine Möglichkeiten außerhalb des Hauses Unterhaltung zu haben gibt. Zu große Zahl der Kinder, also auch größere Unterhaltskosten verspäten natürlich den Einkauf des Fernsehgerätes und so muß man wahrscheinlich das Phänomen erklären, daß das Prozent der Familien mit vielen Kindern, die das Fernsehgerät nicht besitzen, etwas größer ist als der Familien, die weniger Kinder haben. Der Einkauf des Fernsehgerätes unter den Familien mit Kindern – man kann vermuten – vereinigt die Familie, da das Haus der Platz der attraktiven Unterhaltung wird. Aus den angegebenen Daten folgt ohne Zweifel, daß das Fernsehen eine Familienunterhaltung ist.

In den Untersuchungen von G. Steiner[7] haben 42% der Respondenten geantwortet, daß Fernsehen für sie die beste Erholung ist. Diese Antwort gibt Bescheid über den Interessegrad für Fernsehen.

Man kann die Frage stellen, wer von den Familienmitgliedern öfter das Fernsehen beschaut. In Hamburger Untersuchungen in der Bundesrepublik[8] haben die jungen Respondenten an der ersten Stelle die Mutter (41%), an der zweiten den Vater (27%) und erst an der dritten Stelle die Jugend (20%) genannt. Man kann vermuten, daß diese Resultate einen generellen Charakter haben. Die Mutter ist in der Regel mehr mit dem Haus, Haushalt und der Familie verbunden, findet mehr Zeit für das Fernsehen, der Vater dagegen, der infolge der Verdienstbeschäftigungen weniger zu Hause bleibt, hat kleinere Möglichkeiten, das Fernsehprogramm zu beschauen. Man kann auch annehmen, daß das größere Interesse für das Fernsehen bei Frauen zum größeren Interesse für das Kino ähnlich ist, was zahlreiche Forschungen in verschiedenen Ländern bestätigen. Das Fernsehen sendet doch viele Filme, die der Grundbestandteil des Fernsehprogramms sind.

Die Jugend dagegen am liebsten schleicht sich aus dem Hause, aus der Kontrolle der Erwachsenen hinaus, wenn sie nur Zeit, eventuell Geld für die Unterhaltung hat. Spaziergang, Treffen mit den Kameraden und Kameradinnen, Sporttreiben, Aktivität in der Organisation, Kino, Konzert, Café und Tänze öffnen vor der Jugend zahlreiche Möglichkeiten, die Freizeit außerhalb des Hauses attraktiv zu verbringen. Deswegen beschaut die Jugend in der Bundesrepublik Deutschland das Fernsehen nicht mehr als sieben bis acht Stunden wöchentlich, dreimal in der Woche durchschnittlich. Aus den angegebenen Untersuchungen folgt es, daß Mädel etwas mehr Zeit als Jungen dem Fernsehen widmen. Die Jugend mit der Volksschule ist an das Fernsehen mehr als Jugend mit der Mittelschule oder mit der höheren Ausbildung gebunden. Die durchgeführten Forschungen in Polen bestätigen diese Daten; je höhere Ausbildung, desto größere Distanz zum Fernsehen, größere Selektivität im Programmbeschauen, größere Möglichkeiten der Wahl der Freizeitbeschäftigung.

Maletzke gibt auch an, wie sich das Beschauen des Fernsehens unter verschiedenen sozialen Schichten vorstellt. Die Gruppe A – das ist Intelligentsia, Intellektuelle, große Unternehmer, höhere Beamte, Gruppe B – niedrigere Beamte, Kleinbürgertum, Facharbeiter und Gruppe C – unqualifizierte Arbeiter und Hilfsarbeiter.

Das Beschauen des Fernsehens in verschiedenen sozialen Gruppen in der Bundesrepublik Deutschland (in %)[9]

	Gruppen		
	A	B	C
1–4mal pro Woche	50	30	34
5mal pro Woche	25	25	13
6–7mal pro Woche	25	45	53
	100	100	100

Diese Daten bestätigen die Korrelation, die in Untersuchungen über die Jugend auf dem Lande in Polen von dem Verfasser dieses Aufsatzes bemerkt worden ist. Die Gruppen A, B und C unterscheiden sich nicht nur mit dem sozialen Status und der materiellen Situation, sondern ganz sicher mit dem Bildungsniveau. Die bessere materielle Lage, das höhere Bildungsgrad und die mehr kulturelle Lebensart verursacht, daß die Vertreter dieser Gruppe seltener als die Vertreter der anderen Gruppen Fernsehen beschauen.

J. Kądzielski zeigt in der Arbeit »O problemie modelu rewolucji kulturalnej«, was für Veränderungen im Familienleben der Fernsehzuschauer im Lichte ihrer eigenen Antworten folgten. Die Zuschauer unterstrichen, daß man mit dem Erscheinen des Fernsehens viele Hauspflichten vernachlässigt, daß es immer weniger Zeit für Arbeit zu Hause gibt. Man unterstrich auch, daß das Fernsehen immer mehr intensive Arbeit verursachte, da man viele Tätigkeiten früher und schneller ausübt, um Abends das Fernsehprogramm beschauen zu können. Man machte auch aufmerksam, daß das Fernsehen ein Mittel ist, das die Erholungszeit wegnimmt. Die Fernsehzuschauer unterstrichen auch, daß die Kinder mehr zu Hause sitzen, aber weniger gerne lernen. Es gibt auch Sorgen mit den Kindern, die unerlaubt für sie Filme beschauen wollen und es ist schwer, sie vom Fernsehgerät zu separieren. Man sagte auch, daß das Fernsehen ein wohltätiges Phänomen ist, da es in der Entwicklung des Kindes hilft, das schneller lernt und viel aus dem Fernsehprogramm erfährt.

Veränderungen im Familienleben der Fernsehabonnenten (in %)[10]

Veränderungsart	% der Antworten
Die Quantität der Freizeit hat sich auf Kosten der anderen Beschäftigungen zu Hause und außerhalb des Hauses vergrößert	32,7
Die Quantität der Freizeit für Schlaf und Erholung hat sich vermindert	25,7
Es hat den Unterricht und die Erziehung der Kinder beeinflußt	21,8
Es hat die nachbarn-familien-gesellschaftlichen Kontakte vermehrt	20,0
Es hat finanzielle und Wohnungssorgen geschaffen	9,1
Es hat das Kinobenutzen beeinflußt	5,5
Es hat Nachrichten geliefert	3,6

Viel Platz hat dem Problem des Einflusses des Fernsehens auf die Familie Gary Steiner gewidmet[11]. Er hat im Fragebogen die Frage gestellt, ob den Respondenten nach – die Kinder im Erfolg des Fernsehbeschauens bessere odere schlechtere seien. Es ist interessant, daß die Meinung über die positive Wirkung des Fernsehens auf die Kinder unter den Eltern, die Kinder unter 15 Jahren haben, dominiert (75%). Die einsamen Männer und Frauen oder verheiratete Menschen, die keine Kinder unter 15 Jahren haben, also – kann man vermuten – ohne Erfahrung, repräsentieren eine solche Meinung viel seltener. Unter den Leuten, die den Einfluß auf die Kinder als positiv abschätzen, konnten diese Respondenten viel mehr Beispiele des positiven Einflusses angeben, die Kinder haben. Man kann daraus einen Schluß ziehen, daß der Einfluß auf die Kinder wirklich positiv ist, wenn das die entscheidende Mehrheit der Eltern bemerkt.

Ganz ähnlich den in der Bundesrepublik durchgeführten Untersuchungen nach (Nordwestdeutscher Rundfunk Hörerforschung – »Der Fernsehzuschauer«) erkennen 69% der Eltern den Einfluß des Fernsehens auf die Kinder für günstig, 12% – für teilweise günstig, teilweise ungünstig, 6% – nur für ungünstig (13% – keine Daten). Wie es aus diesen Daten folgt: unter der entscheidenden Mehrheit der Eltern (auch in den Vereinigten Staaten) herrscht die Überzeugung über den positiven Einfluß des Fernsehens auf die Kinder.

Worauf machen die Eltern aufmerksam, wenn sie den positiven Einfluß des Fernsehens nennen? Sie unterstreichen, daß die Kinder dank des Fernsehens viele Sachen leichter und angenehmer als mittels der Bücher eine Chance zu lernen gewonnen haben, daß sie die Sprache bereichern, die Wissenschaft vertiefen, keine Zeit für dumme Spiele außerhalb des Hauses verlieren, daß sie ruhig vor dem Fernsehgerät sitzen und den Älteren Erholung und Arbeit ermöglichen.

Man muß unterstreichen, daß die Leute mit der höheren Ausbildung im größeren Grade als die Leute mit der mitleleren oder Grundausbildung die guten Eigenschaften des Fernsehens im Verbreiten der Wissenschaft angeben: 89% der Respondenten mit der höheren Ausbildung unterstreichen diese gute Eigenschaft, wenn die Respondenten mit der mittleren Ausbildung in 72% und mit der Grundausbildung – in 64%. Diese Meinungen, von der Ausbildung abhängig, sind ganz natürlich und verständlich: die Ausbildung spielt im Leben dieser Menschen entsprechend eine größere oder kleinere Rolle und damit verbindet sich eine höhere oder niedrigere Abschätzung der belehrenden Funktion des Fernsehens.

Diese Menschen, die den Einfluß des Fernsehens als negativ abschätzen, machen aufmerksam darauf, daß man die Szenen der Gewalt, des Zwangs, des Verbrechens zeigt – dies alles, was Schrecken und Angst weckt, wirkt am schlimmsten auf die junge Generation ein. Man unterstreicht, daß die erotischen Szenen, Pornographie usw. auch einen negativen Einfluß auf die Entwicklung der Jugend und Kinder haben. Ein sehr wichtiger von den Eltern hervorgehobener Vorbehalt ist, daß das Fernsehen viel Zeit nimmt, die der Lektüre und den anderen mit der Schule verbundenen Beschäftigungen gewidmet werden sollte, daß es – kurz gesagt – Passivität veranlaßt.

Der Einkauf des Fernsehgerätes in der Anfangsperiode des Erscheinens des Fernsehens und bei der ungenügenden Sättigung des Marktes mit den Fernsehgeräten veranlaßt die Entwicklung der nachbarn-familien-gesellschaftlichen Kontakte. Darauf weist J. Kądzielski[12] hin. Manche beurteilen dieses Phänomen positiv, indem sie unterstreichen, daß es zu Hause lustiger sei und man lieber in ihm bleibe. Die anderen dagegen beurteilen oft Besuche der Gäste negativ, da niemand die Wohnung aufräumen will – alle wollen doch das Fernsehen beschauen, da die Nachbarn zur Unzeit kommen, wenn z. B. der Wirt arbeiten oder schlafengehen möchte. Die Besuche der Gäste zum Fernsehen fanden nur in der Anfangsperiode der Herrschaft des Fernsehens statt; mit der Sättigung des Marktes hören die Besuche der Nachbarn und Bekannten auf.

Viele Respondenten in Maletzkes Forschungen sind der Meinung, daß das Familienleben infolge des Fernsehprogramms leidet. Das Fernsehen – den Respondenten nach – liquidiert die Gespräche zu Hause und dadurch verarmen die Beziehungen zwischen den Familienmitgliedern. Je höhere Ausbildung der Respondenten, desto mehr negative Beurteilung des Einflusses des Fernsehens auf die Familie. Bei der niedrigen Ausbildung ist die Beurteilung des Einflusses des Fernsehens auf die Familie am öftesten positiv. Generell ist doch Maletzke der Meinung, daß das Fernsehen das Familienleben verstärkt.

Den in den Vereinigten Staaten von Siepmann[13] durchgeführten Untersuchungen nach antworteten 66% der Befragten, daß das Fernsehen auf den stärkeren Zusammenhang der Familien eingewirkt hatte. Ähnliche Erfolge hat man in England bekommen. In Frankreich, den Forschungen der RTF nach, bestätigten 85% der Befragten, daß das Fernsehen einen Einfluß auf das Sammeln der Familie zu Hause hat. Die von L'École des Parents durchgeführten Forschungen zeigen, daß im Milieu der Intelligentsia, besonders unter den Vertretern der freien Berufe und Beamten, Überzeugung über die Vorteile, die das Fernsehen für das Familienleben bringt, dominiert. Wenn in diesem Milieu 80% der Respondenten diese Meinung repräsentieren, so überschreitet im Milieu der Bauern und Arbeiter die Meinung über den positiven Einfluß des Fernsehens auf die Familie nicht die Hälfte der Befragten.

Fügen wir von unseren eigenen Beobachtungen hinzu, daß das Fernsehen die Familie, Bekannte, Kameraden auf einem Platz sammelt, aber das Band zwischen Zuschauern in der Regel nicht stärker wird. Das folgt wahrscheinlich daraus, daß das Beschauen ein Mitwirken, ein tätiges Benehmen nicht auffordert und einen ganz passiven Charakter hat. Das Fernsehen absorbiert und konzentriert Aufmerksamkeit darauf, was auf dem Bild geschieht, eliminiert die Gespräche und sogar den Wechsel der Eindrücke und schafft aus dem Publikum keine integrierte Gesamtheit, wie das auch im Kino passiert. Das gemeinsame Programmbeschauen fördert nicht das Vereinigen der beschauenden Gruppe, so wie es die gemeinsame kollektive Arbeit tut, der Wettkampf eines Sportensembles oder die Mitarbeit in Amateurtheaterensembles; hier ist die Arbeitsteilung und der energische Wettbewerb unbedingt nötig. So hat die Geschlossenheit der Familie vor dem Fernsehen einen sehr zweifelhaften Charakter. Die Leute befinden sich zwar in demselben Raum, bilden doch nicht während des Beschauens eine integrierte Gesamtheit. Demart[14] bestätigt, daß dank des Fernsehens die Familie von öffentlichen Ereignissen beherrscht wird. Der Kontakt mit der äußerlichen Welt ersetzt die Intimität.

Den Ergebnissen der von École des Parents durchgeführten Umfrage nach – dieselbe Meinung vertreten auch viele anderen Soziologen – löst das Fernsehen mit dem beschauten Programm verbundene Gespräche und Diskussionen besonders im Milieu der Intelligentsia von hohem Kulturniveau aus. Im Milieu von niedrigem Kulturniveau beobachtet man ein umgekehrtes Phänomen, da die Gespräche gehemmt werden. Ohne Zweifel kann das Fernsehen einen Einfluß auf die Ungleichartigkeit der Themen und die Belebung der Gespräche haben. Einer von den englischen Soziologen Gorer bestätigte doch, daß die Gespräche für die das Fernsehen Antrieb war, in der Regel arm, banal und platt sind. Diese Situation kann verändert werden und ändert sich oft in Gruppen der Zuschauer in Klubs und Versammlungsräumen, wo sie sich sammeln um gemeinsam die Zeit zu verbringen, die Zeitschriften zu lesen, Amateurtätigkeit zu treiben. Hier kann das Fernsehgerät in vielen Fällen auf die Integration des Milieus einwirken. Am Fernsehgerät werden gesellschaftliche Bande geknüpft und organisiert oder spontane Diskussionen veranlassen, daß die Jugend oft das Fernsehen lieber kollektiv als bei sich zu Hause im Familienkreis beschauen will. Dieses Phänomen hat man in den Teleklubs auf dem Lande in Frankreich bemerkt; die Zunahme der Zahl der individuell besessenen Fernsehgeräte war kein Hindernis für die Treffen im Klub, wo man plaudern, diskutieren und aus dem vorangehenden Vortrag viel neues erfahren konnte[15]. In vielen Fällen wird das Fernsehgerät ein Antrieb, gemeinsame Veranstaltungen, Sportwettspiele usw. zu organisieren. In vielen Dörfern, kleinen Städtchen, Ortschaften in Polen, dort, wo das Kulturhaus oder Versammlungsraum eine fast einzige Plattform des gesellschaftlichen Lebens ist, kann das Fernsehen die Gruppe, die diese kulturelle Institution besuchen, konsolidieren und Antrieb zum Zusammenwirken sein. Wie die Leiter der Kulturhäuser in Polen in Schlesien (z. B. in Ruda Śląska) oder Osowa Sień (Woiwodschaft Zielona Góra) informieren, hat die Zunahme der Fernsehgeräte im privaten Besitz die Besuche der Kulturhäuser von den Eigentümern der Fernsehgeräte nicht gehemmt; sie wollen das Programm zusammen beschauen, untereinander sprechen, diskutieren, ausruhen. So geschieht es doch nur dann, wenn das Kulturhaus oder der Versammlungsraum Platz der gesellschaftlichen Treffen ist, wenn die Rolle des Klubs spielt, wo man im netten, gemütlichen Milieu die Zeit verbringen kann. In großen Städten – wie viele Leiter der Kulturhäuser in Polen bestätigen – ist das Fernsehen sehr selten der Magnet, der das Publikum heranzieht. Das Empfangen des Programms im Raume, wo auch andere Beschäftigungen stattfinden, das auch vom lärmenden, ungehörigen Verhalten der Zuschauer gestört wird, veranlaßt, daß man lieber das Fernsehen bei sich zu Hause, bei Nachbarn oder Bekannten beschaut. Man soll auch unterstreichen, daß man zum Kulturhaus gehen muß, wenn man bei sich zu Hause das Fernsehgerät für eine Weile sogar einschalten und manchmal ohne mit mechanischen Tätigkeiten aufzuhören das Programm beschauen kann.

Aufgrund der gemachten Beobachtungen ist es schwer zu bestätigen, ob das Beschauen des Fernsehens die Familie stärker zusammenbindet; die Geschlossenheit der Familie ist von vielen Faktoren abhängig und das Schaffen einer experimentalen Situation, wo der Besitz des Fernsehens die einzige Variable ist, ist keineswegs einfach, desto mehr, da es nicht leicht wäre, die genauen Kriterien der Geschlossenheit der Familie vorzustellen. Es wäre also gut, die Meinungen der Fernsehzuschauer über den Einfluß des Fernsehens auf das Familienleben zu schildern, was das Problem näher erkennen läßt.

In Hamburg von Maletzke durchgeführten Forschungen beurteilte die befragte Jugend in 40% die Wirkung des Fernsehens auf die Familie als positiv, 50% als negativ, endlich 10% – als neutral. Erwägen wir also, was für Argumente die Anhänger und Gegner des Fernsehens hervorheben.

Die Enthusiasten wiesen darauf hin, daß Fernsehen die Familie zu Hause sammelt. Vor dem Erscheinen des Fernsehens organisierte jedes Familienmitglied die Freizeit selbst. Der Vater ging gewöhnlich die Kameraden zu treffen, die Kinder blieben auf der Straße oder im Kino, die Mutter blieb zu Hause. Das Erscheinen des Fernsehens war der erste Schritt, die Familie zu Hause zu versammeln, eine angenehme, gemütliche Stimmung zu schaffen. Die Fernsehzuschauer machten aufmerksam darauf, daß das Fernsehprogramm ein Antrieb zur Diskussion zugleich ist, dank der neuen bereichernden Inhalte Eindrücke für Gespräche gibt. Sie sind auch der Meinung, daß die Kinder viel vom Fernsehen lernen, sich schneller entwickeln, was die Aufgabe der Eltern erleichtert, die vom stetigen Schutz befreit sind, also auf das Familienleben positiv einwirkt.

Die Respondenten, die meinten, daß das Fernsehen auf das Familienleben negativ einwirkt, wiesen auf andere Momente hin: sie waren nicht der Meinung, daß das Fernsehen einen entscheidenden Einfluß auf die Zersetzung der Ehe haben könnte, aber bestätigten, daß es ernste Störungen der Familienharmonie veranlassen kann, daß sogar das häufige Beschauen des Fernsehens eine solche Situation schaffen kann, in der ein normales Familienleben sehr schwer zu erhalten ist. Das Fernsehen – ihrer Meinung nach – fasziniert alle so, daß man kein Wort sagen darf, da die anderen sofort verweisen, man solle ruhig sitzen und das Beschauen des Fernsehens nicht behindern. Das Absorbieren mit dem Fernsehen ist so groß, daß der normale Meinungsaustausch zwischen den Familienmitgliedern nach dem Arbeitstag, wenn jeder erzählt, was an diesem Tage geschah, nicht möglich ist. Das Geistesleben der Familie wird arm, da die Bande zwischen den Familienmitgliedern schwach werden, da die Aufmerksamkeit fast ausschließlich sich auf dem Fernsehen konzentriert. Obwohl alle in demselben Raum gesammelt sind, beschaut jeder das Fernsehen selbst, in der Isolierung von den anderen und hat für die anderen kein Interesse. Nach dem Fernsehprogramm sind alle müde, gehen schlafen und haben keine Lust zu sprechen. Das Familienleben stirbt zugunsten des Fernsehens ab. Die Familienmitglieder vernachlässigen ihre Hauspflichten, was natürlich auch schlecht auf die Atmosphäre in der Familie einwirkt.

Die von Maletzke untersuchte Jugend hatte das Fernsehgerät zu Hause durchschnittlich anderthalb Jahre. Diese Einzelheit ist sehr wesentlich. Man kann vermuten, daß die negativen Beurteilungen des Einflusses auf die Familie die erste Periode des Fernsehbesitzes betreffen, wenn die Faszination des Fernsehens so groß ist, daß es fast jede Weile des Aufenthalts zu Hause erfüllt. Diese Meinungen würden ganz sicher mit dem Zeitverlauf eine Veränderung erleiden, wenn das Interesse für das Fernsehen sich vermindert und man vor dem Fernsehgerät nicht sklavisch sitzt.

Die Meinungen über den Einfluß des Fernsehens auf die Familie ordnen sich der Zahl nach so im Milieu der jungen Fernsehzuschauer, wie im Milieu der Nichtzuschauer. Die deutlichen Unterschiede bemerkt man dagegen in Gruppen mit verschiedener Ausbildung.

Anders als den Resultaten der Untersuchungen von L'École des Parents nach stellt sich die Einteilung der Meinungen über den Einfluß des Fernsehens auf die Familie in verschiedenen Bildungsgruppen in Forschungen von Maletzke. Mit der höheren Ausbildung vermindert sich gewaltig die Zahl der positiven Ansichten und wächst die Zahl der negativen Beurteilungen. Davon informiert angegebene Tabelle.

Beurteilungen des Einflusses des Fernsehens auf die Familie und die Ausbildung in der Bundesrepublik Deutschland (in %) [16]

Beurteilungen	Volksschulbildung	Mittelschulbildung	Oberschulbildung	Gesamt
Positiv	48	32	16	40
Negativ	43	53	78	50
Neutral	9	15	6	10
	100	100	100	100

Man kann annehmen, daß die so klare von der Ausbildung abhängige Differenzierung ihre Ursachen darin hat, daß die mehr ausgebildete Jugend größere Möglichkeiten der Wahl der attraktiven Freizeit hat, die Konkurrenz ist hier das Buch, die Zeitschrift, das Kino, Theater, der Ausflug oder die Beschäftigungen Art Hobby. Das Fernsehen ist für diese Jugend Hindernis für das Familienleben. Dagegen sind die Jugend und die Erwachsenen mit niedriger Ausbildung passiver, haben kleinere Interessen und bleiben so sklavisch am Fernsehgerät als Mittel, das die Freizeit organisiert. Diese These bestätigt auch die Differenzierung der positiven und negativen Beurteilungen in verschiedenen sozialen Gruppen A, B, C die wir erwähnt haben und die sich mit dem sozialen Status, der auf dem Charakter der Berufe, der Qualifikationen, Ausbildung, Klassenangehörigkeit und der materiellen Situation basiert, unterscheiden.

Je höher der soziale Status, desto mehr negative und kritische Beurteilungen des Einflusses des Fernsehens auf die Familie und umgekehrt, je niedriger der soziale Status, desto mehr der Entzückung für das Fernsehen, mehr enthusiastische, positive, unkritische Beurteilungen. Diese Korrelation erscheint vielmals bei verschiedenen Angelegenheiten.

Beurteilungen des Einflusses des Fernsehens auf die Familie und der Status der Jugend in der Bundesrepublik Deutschland (in %)[17]

Beurteilungen	Gruppen			Gesamt
	A	B	C	
Positiv	21	38	49	40
Negativ	69	55	38	50
Neutral	10	7	13	10
	100	100	100	100

Die höhere Ausbildung mit höheren Berufsqualifikationen verbunden öffnet – wie wir gesagt haben – größere Möglichkeiten für Freizeit: Buchlektüre, Theater, Konzerte, Ausstellungen, Vorträge, wissenschaftliche Treffen und Diskussionen, Aktivität in der Organisation, verlangen höhere intellektuelle Interessen und im Zusammenhang damit widmen die Leute mit der niedrigeren Ausbildung weniger Zeit diesen Beschäftigungen.

Die Gruppen A, B und C unterscheiden sich miteinander nicht nur in der Ausbildung, sondern in der der materiellen Lage, die nicht immer aus den Berufsqualifikationen, sondern aus der Klassenangehörigkeit folgt: Zur Gruppe A gehörte die Jugend aus den großen kapitalistischen Familien, zur Gruppe B – die Jugend aus dem Kleinbürgertum. Die Angehörigkeit zu diesen Klassen bedeutet zugleich das höhere Niveau der Ausbildung, da die Ausbildung wegen der mit ihr zusammenhängenden Kosten für die Arbeiterjugend, besonders im Milieu der unqualifizierten, schlecht bezahlten Arbeiter in kapitalistischen Ländern viel weniger zugänglich ist. Die Jugend aus diesen Milieus also hat die kleinere Wahl für die Freizeit, strebt nach Fernsehen, beurteilt es unkritischer, sie ist ihm zufriedener und muß nicht aus Interessenmangel andere Formen der Freizeit suchen. Eine Konkurrenz ist Sport und Touristik. Unterstreichen wir hier noch einmal, daß das Fernsehen eine Unterhaltung ist, die die Geistesaktivität nicht verlangt, vor allem Interessen der Leute mit passivem Verhalten befriedigt.

Die Angelegenheiten, von denen wir sprechen, haben eingewirkt, daß die Jugend aus den Intelligenz-Kreisen, meist Studierende, mit intellektuellem Ehrgeiz, das Fernsehen mit gewisser Distanz behandelt und meint, daß das intensive Beschauen auf das Familienleben schädlich einwirkt.

Wir konnten in diesem Aufsatz die vollständige Literatur über das Thema Fernsehen und Familie nicht besprechen. Erwähnen wir hier nur eine interessante Studie von Barbara Fuelgraff »Die Rolle des Fernsehens im Prozeß des strukturellen Wandels der Familie« (Freiburg 1965), eine Arbeit von Otto Schlisske »Familie vor dem Bildschirm« (Gladbeck 1964) und »Die Unterhaltung der deutschen Fernsehfamilie, ideologiekritische Untersuchungen« herausgegeben von Friedrich Knilli (München 1970).

Zum Schluß kann man mit manchen Vorbehalten sagen, daß das Fernsehen nach der Faszinationsperiode, also beim beschränkten Beschauen des Programms auf die Familie, integrierend einwirkt, indem es die Familienmitglieder zu Hause sammelt, zu Gesprächen und Diskussionen anregt, zum Bleiben zu Hause aufmuntert, den Schutz der Kinder erleichtert, Unterhaltung den Alten und Schwachsinnigen liefert. Das Fernsehen beseitigt nicht und kann nicht Familienkonflikte beseitigen, liquidiert nicht die Krisen in der Ehe, ist aber eine Zusatzunterhaltung zu Hause und bewirkt, daß man lieber dort bleibt.

Anmerkungen

1 Leo Bogart, »The Age of Television«, New York 1958, S. 99.
2 Vergl. Jerzy Rudzki, »Zafascynowani telewizja«, Wrocław-Warszawa-Kraków 1967.
3 Vergl. Józef Kądzielski, »O problemie modelu rewolucji kulturalnej«. Besonders Kapitel »Telewizja a zmiany w korzystaniu z istniejących dotychczas środkow masowego oddziaływania instytucji kulturalnych w Łodzi i Katowicach«, Łódź-Warszawa 1964.
4 Vergl. Jadwiga Komorowska, »Telewizja w życiu dzieci i młodziezy«, Lódź-Warszawa 1964.
5 Gerhard Maletzke, »Fernsehen im Leben der Jugend«, Hamburg 1959, S. 47.
6 G. Maletzke, op. cit.
7 Gary Steiner, »The People Look at Television«, New York 1963.
8 G. Maletzke, op. cit.
9 G. Maletzke, op. cit. S. 138.
10 J. Kadzielski, op. cit. S. 156.
11 G. Steiner, op. cit.
12 J. Kadzielski, op. cit. S. 157.
13 C. Siepmann, »Radio, Television and Society«, Oxford University Press 1950.
14 Demart, »The International Influences of Television«, »BBC Quarterly« vol. I, Nr. 3, S. 136 und ff.
15 J. Dumazedier, »Télévision et éducation populaire«. Paris 1954.
16 G. Maletzke, op. cit. S. 173.
17 Ibidem.

Erwin K. Scheuch (Köln)

Vorstellungen vom Glück in unterschiedlichen Sozialschichten*

I

Sich glücklich fühlen – vor nicht allzu langer Zeit wurde dies noch als eine höchst individuelle Angelegenheit verstanden. Vorherrschend in der öffentlichen Meinung, und überwiegend in der Literatur, wurde der Zustand »Glück« als Ausdruck einer individuellen Anlage des Charakters verstanden und als Folge persönlicher Anstrengungen. Und bei alledem, so dachte man, spiele der Zufall – die in unsicheren Zeiten besonders oft beschworene »Fortüne« – eine entscheidende Rolle, sowohl im Negativen wie im Positiven.

So denkt auch heute noch die Mehrzahl unserer Mitmenschen. Aber so schreiben heute nicht mehr die Schriftsteller und erst recht nicht mehr die Feuilletonisten. Heute wird es üblich, sein eigenes Gefühl von Glück oder Unglück einer mythischen Gewalt, genannt »Gesellschaft«, anzulasten. Genauer muß es heißen: das Unglück wird der sogenannten Gesellschaft angelastet. Denn über Glück, oder den Zustand des »Glücklichseins«, wird heute in anspruchsvollen Zeitschriften oder Zeitungen kaum geschrieben.

Nie zuvor in der menschlichen Geschichte lebten so viele Menschen so gut – ist der Lebensstandard der Maßstab – wie heute in den westlichen Industriegesellschaften. Die Chancen für sozialen Aufstieg sind in diesen Gesellschaften sehr viel größer als für sozialen Abstieg. Und nie zuvor waren in Hochkulturen die Unterschiede zwischen Menschen auf verschiedenen Stufen einer sozialen Hierarchie so gering wie heute. Nie zuvor wurde jedoch diese mythische Kraft, genannt Gesellschaft, für so vieles an Problemen im Privatbereich von Individuen verantwortlich gemacht wie jetzt.

Die empirische Sozialforschung bestätigt weder die Auffassung, der Zustand »Glück« sei nur eine Folge persönlicher Verdienste, Anlagen oder des Zufalls, noch die Behauptung, Glück werde durch »die Gesellschaft« determiniert. Untersuchungen sowohl in den Vereinigten Staaten als auch in der Bundesrepublik zeigen: der Zustand »Glück« ist unterschiedlich häufig in verschiedenen sozialen Schichten; seine Häufigkeit hängt mit ab von Beruf, Einkommen oder Bildung. Glück – und dies gilt sowohl für den Zustand als auch für die Vorstellung, was denn nun Glück inhaltlich bedeute – ist zweifellos mit abhängig von der sozialen Situation eines Menschen innerhalb einer Gesellschaft. Je nach Gesellschaftstyp unterscheidet sich die Häufigkeit, mit der sich Menschen als glücklich bezeichnen, und der Zustand, den sie mit dem Wort glücklich belegen. So ist also Häufigkeit und Inhalt von Glück zweifelsfrei sozial beeinflußt – oder wie heute lieber gesagt wird: gesellschaftlich mitbestimmt. Aber nur beeinflußt und nicht determiniert. Dafür sind die Unterschiede zwischen Menschen in der gleichen Soziallage viel zu groß. Die individuellen Eigenschaften und die Kombination einer Fülle von sozialen Faktoren – und eben nicht nur und nicht einmal vorwiegend die soziale Schicht – bestimmen die Chance, glücklich zu sein.

Dieses Zusammenspiel von Bedingungen läßt sich anschaulich an dem Bild eines Würfelspiels mit gefälschten Würfeln darstellen. Die Würfel seien so gefälscht, daß eine bestimmte Zahl bei einem jeden Würfel besonders häufig vorkommt. Und doch ist der einzelne Wurf nicht voraussagbar, noch eine kleine Zahl von Würfen. Die »Fälschung« (oder Ladung) der Würfel stehe als Metapher für die Kombination von sozialen Faktoren: sie bestimmen die Chancen des Einzelfalles unter Fällen mit gleichen Merkmalen, aber sie determinieren nicht einen solchen Einzelfall. Zwei Beispiele: Nach Umfragen der DIVO ist für einen Berufslosen die Chance, sich unglücklich zu fühlen, zweimal so groß wie die einer Person mit einem freien Beruf; mit zunehmendem Einkommen sinkt die Chance der allgemeinen Unzufriedenheit mit der eigenen Existenz um mehr als die Hälfte. »Einkommen« und »Beruf« sind dabei nicht als Ursache zu verstehen – zumindest nicht in einem monokausalen Sinne; diese Eigenschaften stehen eher für ein Bündel von Faktoren. Aus Untersuchungen des Instituts für Demoskopie ist eher abzulesen, daß Sicherheit der Lebensumstände, durch welches Merkmal diese auch immer indiziert sein mögen, wichtiger als das mit einer bevorzugten Soziallage verbundene Einkommen oder Prestige sein dürfte. Demnach bleibt die Variation zwischen Menschen in der gleichen Soziallage größer als die Variation der Durchschnitte zwischen Menschen in verschiedenen Soziallagen.

II

In diesem Beitrag werden nur die Einflüsse der sozialen Lage – insbesondere der sozialen Schicht – auf die Häufigkeit des Zustandes »Glück« betrachtet und die Inhalte der Vorstellungen über Glück untersucht.

Sehr viel Material hierzu hat die empirische Sozialforschung nicht gesammelt. Soziologen wissen unendlich viel mehr über die Nachtseiten der menschlichen Existenz, untersuchen Kriminalität, Schwierigkeiten in Ehen, alle Arten von Konflikten zwischen Gruppen. Die Soziologie ist eben heute das, was nach J. S. Mills um die Mitte des 19. Jahrhunderts die Nationalökonomie war: »the gloomy science«. Glück ist erst in den letzten Jahren Thema einiger weniger Erhebungen geworden. Solche Studien zeigten: selbst Glück ist recht eng verbunden mit sozialen Spannungen, also mit dem Teil des menschlichen Lebens, den sonst Soziologen bevorzugt untersuchen.

Es gibt unübersehbar viele Versuche, den Zustand Glück objektiv zu bestimmen. Alle geraten sie in Konflikte mit der Unterschiedlichkeit von Vorstellungen, die Menschen mit den Worten »Glück« oder »glücklich« verbinden. Sozialforscher gingen deshalb dazu über, es den Untersuchten selbst zu überlassen, welchen Zustand sie als Glück verstehen. So benutzte beispielsweise Ernest Burgess die Frage: »Würden Sie sagen, daß Ihre Ehe glücklich ist oder unglücklich?« Nach der wörtlich genommenen Antwort wurde die Ehe dann als glücklich oder unglücklich behandelt. Gegen ein solches Vorgehen wurden die naheliegenden Einwände vorgebracht: Menschen mit sehr geringen Ansprüchen an sich selbst und ihre Mitmenschen würden bereits einen Zustand als glücklich bewerten, den Menschen von größerer Empfindsamkeit für unerträglich hielten. Auf diese zunächst einleuchtende Kritik – einleuchtend wenigstens in Deutschland und Frankreich – kann eingewandt werden, daß eben diese Unterschiede in der Bewertung des gleichen Sachverhalts wirklich existierende Unterschiede zwischen den Menschen seien. Sie dürften eben nicht durch den Forscher hinwegdefiniert werden, indem dieser den Menschen seine eigenen jeweiligen Vorstellungen oktroyiere. Dies ist nun einmal der Unterschied in der Betrachtungsweise zwischen einer Verhaltenswissenschaft und der Philosophie oder Sozialphilosophie: Verhaltenswissenschaftler versuchen Wirklichkeit zunächst zu beschreiben und dann als Folge von Einflußgrößen zu erklären; Philosophen oder Sozialphilosophen stellen Maßstäbe auf, die aus Annahmen denknotwendig folgen, und fragen eventuell noch, inwieweit Vorfindbares diesen Maßstäben entspricht.

Selbst wenn darauf verzichtet wird, Vorfindbares an einem den Erfahrungen transzendenten Maßstab zu messen, selbst dann ist es wenig befriedigend, sich mit der bloßen Angabe zu begnügen, man fühle sich glücklich. Zunächst bedeutet eine solche Angabe ja nur, daß Menschen irgendeinen unbekannten Zustand mit der Bezeichnung Glück belegen. Kann ich über diesen Zustand keinerlei Aussagen machen, so untersuche ich nur die Verwendung von Sprache, nicht aber – wie an sich beabsichtigt ist und in den Auswertungen behauptet wird – einen Zustand. Einen Zustand untersuche ich erst dann, wenn ich die Verwendung der Worte »Glück« oder »glücklich« als erklärbare Bewertungen für einen Sachverhalt deuten kann.

Es gibt bisher nur eine Untersuchung, die eine solche Erklärung möglich macht. Sie rechtfertigt weitgehend die bisherigen Vorgehensweisen bei der Untersuchung von »Glück«, nämlich die bloße Hinnahme der Aussagen von untersuchten Personen, man sei glücklich.

»Glück« oder »glücklich« wird im alltäglichen Denken – und dann auch in vielen philosophischen Erörterungen soweit sie Systematisierungen des alltäglichen Denkens sind – als Zustand der Spannungslosigkeit verstanden. Glück soll sein eine Situation oder Existenz, die durch angenehme Empfindungen, zumindest aber durch das Fehlen unangenehmer Gefühlsregungen, bestimmt wird. »Verweile doch, du bist so schön«, soll als Empfindung nach Goethe den Zustand »glücklich-sein« kennzeichnen. Von dieser Vorstellung ging auch eine Untersuchung des »National Opinion Research Centers« aus. Dann beobachteten jedoch die Leiter der Untersuchung, Bradburn und Caplovitz, einige Zusammenhänge zwischen den Ergebnissen verschiedener Fragen, die dem Modell von Glück als einem Zustand der Harmonie oder des Fehlens von starken Spannungen widersprachen. Gerade diejenigen Personen, die sich als besonders glücklich bezeichneten, berichteten oft über einen ganzen Katalog von Ungelegenheiten und Sorgen. Umgekehrt fanden sich unter denjenigen, die sich unglücklich fühlten, häufig nur wenig Klagen. Mögliche Schlußfolgerung: der Gebrauch des Wortes Glück ist so uneinheitlich, daß man mit Bezeichnungen als »glücklich« oder »unglücklich« nichts anfangen kann.

Diese Schlußfolgerung wäre falsch. Die Ergebnisse ließen sich sinnvoll deuten, sobald auf die Vorstellung verzichtet wurde, für das Gefühl des »glücklich-seins« sei Wunschlosigkeit oder Abwesenheit von Sorgen und Klagen die Voraussetzung. Es wurde nun in einem weiteren Abschnitt der Auswertung verglichen, wie groß überhaupt bei Menschen mit unterschiedlicher Angabe darüber, wie glücklich sie seien, die Zahl der Gebiete war, mit denen sie intensive Empfindungen positiver oder negativer Art verbanden. Überwiegend wurde beobachtet: je größer die Zahl der intensiven Reaktionen auf Familienleben, Beruf, Freizeit, um so höher die Chance, daß sich eine der untersuchten Personen als sehr glücklich bezeichnete. Und dies ist dann die einfache Erklärung für das Rätsel der klagenden Glücklichen: als Glück wird nicht die Abwesenheit des Negativen empfunden, sondern das Vorherrschen des Positiven. Zwar hatten sogenannte »glückliche Personen« öfters mehr Klagen; aber noch größer war die Häufigkeit positiver Nennungen. Und mit der Zahl der Nennungen positiver und negativer Aspekte des eigenen Lebens nahm auch die Intensität zu, mit der auf jeden einzelnen Aspekt reagiert wurde.

Wenn auch nachgewiesen wurde, daß es eben viele Menschen mit einem recht »flachen« Gefühlsleben gibt und andere, die intensiver auf ihre Umwelt reagieren, so bliebe noch zu erklären, warum intensiveres Reagieren häufiger zu einem Überwiegen eher positiver Bewertungen führte. Hier erwies sich soziale Schicht – und damit auch solche Eigenschaften wie Beruf, Einkommen oder Schulausbildung – als Faktor von großer Bedeutung. Je höher die soziale Schicht, um so intensiver die Reaktion auf die Umwelt. Auch jeder der einzelnen Faktoren, die insgesamt die Stellung eines Menschen in der Hierarchie von Schichten bestimmen, korrelierte mit der Intensität der Erlebnisse auf die Umwelt. Je höher also das Ansehen und die Qualifikation eines Berufes, um so intensiver wurde zunächst erlebt, was sich im Beruf ereignet – dann aber auch (wenngleich im verringerten Ausmaß) empfunden, was dieser Person in anderen Lebensbereichen widerfuhr.

III

Eine solche Beobachtung wirft zunächst mehr Fragen auf, als sie beantwortet. Die wichtigsten: auch wenn der Befund: Je höher die Schicht, um so intensiver die Reaktionen, richtig ist – warum sollten Personen in günstigeren sozialen Lagen intensiver reagieren, und warum überwiegt bei ihnen dann öfter der Anteil positiver Empfindungen? Die zweite Frage beantwortet zum Teil die erste, wenngleich die Untersuchung von Bradburn und Caplovitz auf diese Problematik nicht mehr eingeht. Eine englische Untersuchung von Zweig kann diese Lücke im Erklärungsprozeß ausfüllen.

Auch Zweig beobachtete ein Verhalten, das dem alltäglichen Denken widersprach. Speziell bei ungelernten Arbeitern stellte Zweig fest, daß nach einer Folge von unangenehmen Erlebnissen die Betroffenen eher geneigt waren, ihre verbliebenen wenigen Anlässe für Glücksempfinden über alle Maßen – d. h. über das zunächst mit der Vernunft nachvollziehbare Maß – zu betonen. Eine solche Reaktionsweise ist noch einfach zu erklären: die Personen verringern ihre Empfindlichkeit gegenüber unangenehmen oder sogar schlimmen Ereignissen und lassen sie durch gleichzeitige Überbetonung angenehmer Vorgänge besser erträglich werden. Widersinnig schien zuerst die umgekehrte Reaktionsweise auf eine Kette von angenehm bewerteten Vorfällen. Hier neigten ungelernte Arbeiter und Arbeiterinnen dazu, ihr Glück zu banalisieren, also mit der Intensität ihres positiven Empfindens zurückzuhalten. Zugleich wurde gerade von diesen glücklicheren Personen lebhaft Klage über relativ belanglose Beschwernisse geführt. Beide Verhaltensweisen zusammen gesehen und in Beziehung zur sozialen Lage gesetzt, ergeben aber einen Sinn. Er wurde von Zweig mit dem Wort »Prinzip des homeostatischen Reagierens« belegt.

Je niedriger die soziale Schicht, um so weniger Kontrolle und Korrekturmöglichkeiten gegenüber der Umwelt pflegt ein Mensch zu besitzen. Verändert sich etwa die Wirtschaftslage in einer Branche in ungünstiger Weise – wie beispielsweise im Kohlenbergbau –, so ist ein Wechsel in Branchen mit günstigeren Aussichten für wenig qualifizierte Arbeitnehmer schwieriger und öfters mit Verlusten verbunden. Ein hochqualifizierter Angestellter – etwa ein Spezialist für Systemanalysen – ist weniger abhängig von der Entwicklung eines Wirtschaftsbereichs oder einer Firma: mit seinem Können wechselt er zu einer anderen Arbeitsstätte über. Diesen Zusammenhang konnten wir selbst noch in diesem Herbst in einer gemeinsamen Untersuchung mit dem EMNID-Institut nachweisen: Facharbeiter waren sehr viel häufiger bereit, zur Wahrnehmung eines wirtschaftlichen Vorteils sogar ihren Beruf zu wechseln, als ungelernte Arbeiter. Dabei haben doch Facharbeiter viel mehr in ihre Ausbildung für eine bestimmte Tätigkeit investiert, müssen beim Berufswechsel mithin mehr an »Kapital« aufgeben! Die Erklärung ist einfach: Bereitschaft zum Wechsel und überhaupt Mobilität, um einer ungünstigen Entwicklung im Beruf, am Wohnort oder auch in der Ehe zu entgehen, hängt nicht in erster Linie ab von einer Bewertung, wie hoch nun der Verlust an investierten Mühen oder an Gefühlen ist, der aus einem Neubeginn an anderer Stelle folgt. Bereitschaft zur Mobilität, also zum Neuanfangen, ist in erster Linie eine Folge des Zutrauens der Person zu sich selbst, und dieses wiederum ist weitgehend eine Folge der tatsächlichen Kompetenz, eine neue Lage meistern zu können.

Das von Zweig beobachtete »Prinzip des homeostatischen Reagierens« ist mithin eine Folge der Kompetenz einer Person, ein Schicksal wenden zu können. Und es folgt ebenfalls aus der Fähigkeit, widrige Umstände durch Geld und Bildung meistern zu können. Ist mithin ein Individuum durch Einkommen, berufliche Fähigkeiten, Bildung und generelle Fähigkeiten als Person in der Lage, auf ungünstige Entwicklungen mit Gegenaktionen antworten zu können, so braucht es sich nicht in dem Maße vor der Erkenntnis einer schlechten aktuellen Lage abzuwenden wie ein Mensch, der weitergehend den Entwicklungen um ihn als bloß passives Objekt ausgeliefert ist. Wer die Erfahrung machte, daß er weitgehend passives Objekt von Entwicklungen ist, wer mit Gegenreaktionen wenig Erfolg hatte, für den ist das Prinzip des homeostatischen Reagierens ein sinnvolles Verhalten. Sich nur nicht zu intensiv freuen, bald kommt wieder ein Anlaß zur Traurigkeit – das wird dann sinnvolles Verhalten. Je ungünstiger die soziale Lage, um so ungünstiger wird auch heute die Relation zwischen guten und schlechten Ereignissen, die einer Person widerfahren. So vermindert man eben die Intensität des Empfindens allgemein und gleicht positive und negative Entwicklungen jeweils dadurch aus, daß in unglücklichen Situationen der Rest an Glück etwas intensiver erlebt wird und in Situationen des Glücks der Grund zum Klagen nicht vergessen wird. Im Grunde ist dies nur die Fortführung einer Lebensweisheit, die wir in Europa bis in die jüngste Vergangenheit kultivierten. Allgemein wurde empfohlen: gibt es einen Anlaß, sich ganz glücklich zu fühlen, dann vergiß nicht den Satz: »Memento mori« – denk an die Brüchigkeit aller menschlichen Existenz; und bei Traurigkeit feiere die verbleibenden Anlässe für Feste wie sie fallen, und denke nicht ans Morgen. Je abhängiger Menschen tatsächlich von Entwicklungen im Alltag sind, über die sie keine Kontrolle besitzen, um so vernünftiger ist ein Reagieren in Maßen sowie ein scheinbar paradoxes Reagieren.

In den hochentwickelten westlichen Industriegesellschaften wird in Friedenszeiten durch die soziale Schichte weitgehend die unterschiedliche Abhängigkeit von generellen Entwicklungen bestimmt. In der wirtschaftlichen Rezession leiden wenigstens zu Beginn diejenigen am meisten, die ihren Wohlstand durch Überstundenverdienst finanzieren. Ist die Ehe beispielsweise der vierzigjährigen Frau eines Arbeiters unglücklich, so gibt es für sie wenig Möglichkeiten der sinnvollen Gegenreaktion. Mit 40 ist eine solche Frau meist nicht mehr attraktiv genug, um nach einer Scheidung auf eine zweite, bessere Ehe hoffen zu können. Im gleichen Alter aber kann die Frau eines erfolgreichen Rechtsanwaltes, die Muße und Geld zur Pflege hatte, noch sehr anziehend sein. Und eben diese Frau eines Rechtsanwaltes hat als zusätzliche Möglichkeit, wenn sie auf eine ungünstige Entwicklung ihrer Ehe nicht mit Scheidung antworten will, die Gelegenheit, in anderen Tätigkeiten (etwa der sozialen Arbeit) einen Ausgleich für ihre Ehe zu finden. Diese beiden Beispiele aus dem Familienleben sollten zugleich aufzeigen, daß selbst in diesem privaten Bereich die soziale Schicht als Indiz für unterschiedliche Chancen der Gegenreaktion auf Entwicklungen beeinflußt, wie der gleiche Prozeß einer unglücklichen Entwicklung in der Ehe auf die Betroffenen zu wirken pflegt.

Damit verfügen wir über die einzelnen Elemente einer Bedingungskette, welche die bloße Beobachtung erklären kann: je höher die soziale Schicht, um so höher der Prozentsatz derjenigen, die sich glücklich fühlen; und je höher die soziale Schicht, um so stärker die Reaktion auf angenehme und widrige Ereignisse und Umstände. Dies ist die Erklärungskette: 1. Soziale Schicht ist ein Faktor, der die unterschiedliche Chance der Ausgeliefertheit von Menschen an Ereignisse anzeigt. Je niedriger die soziale Schicht, um so größer die Chance von Unglück und um so geringer die Möglichkeit, einer Entwicklung durch kompensatorisches Engagement auszuweichen. 2. Je niedriger die soziale Schicht, um so sinnvoller ist es, mit der Intensität der Empfindungen zurückzuhalten und zudem jeweils der wirklichen Situation gegenüber – also Situationen des Glücks oder

Unglücks – mit Gegensteuerung zu reagieren. Je höher die Schicht, um so größer die Chance für Gegenaktionen gegen Entwicklungen, weil tatsächlich die Kompetenz als Person und in den Mitteln zunimmt. 3. Je höher die soziale Schicht, um so intensiver vermag eine Person an Entwicklungen Anteil zu nehmen – auch an ungünstigen Entwicklungen –, ohne daß die langfristige Balance zwischen guten und schlechten Erfahrungen negativ wird. 4. Je höher die soziale Schicht, um so eher können Menschen mit Entschiedenheit von sich sagen, sie seien glücklich. 5. Die Aussage, man sei glücklich oder nicht glücklich, ist überwiegend ein gutes Indiz für die tatsächliche Balance zwischen angenehmen und unangenehmen Empfindungen.

Eine solche Erklärungskette hat für ein verhaltenswissenschaftliches Vorgehen den Vorteil, daß Empfindungen nicht als eigentliche Kausa für die Bewertungen von Realität behandelt werden, sondern ihrerseits wieder durch reale Entwicklungen bedingt erscheinen. Technisch formuliert sind demnach Empfindungen sogenannte intervenierende Variable, also notwendige Zwischenstücke zwischen realem Anstoß und Reaktion darauf, nicht aber das Movens selbst. Allerdings darf ein solcher Ansatz nicht überzogen werden. Die in den Untersuchungen von Bradburn, Caplovitz, Zweig, EMNID, Demoskopie, DIVO und in eigenen Erhebungen beobachteten Abhängigkeiten sind keinesfalls perfekte Korrelationen. Die Zahl der Faktoren ist also wesentlich größer als hier aufgezeigt wurde. Soziale Schicht und deren einzelne Komponente ist nur ein wichtiger Faktor unter anderen Faktoren. Bedeutsam ist allerdings auch die Beobachtung, daß soziale Schicht mit aller Wahrscheinlichkeit Verhalten und Empfinden als einzelner Faktor stärker bestimmt, je niedriger die soziale Schicht einer Person ist.

IV

Mit dem gleichen Erklärungstyp lassen sich auch weitgehend die Befunde über unterschiedliche Inhalte der mit dem Wort »Glück« verbundenen Empfindungen deuten. Vor allem läßt sich auf diese Weise erklären, warum mit höherer sozialer Schicht die Zahl der Sachverhalte, Lebensbereiche und Entwicklungen zunimmt, auf die mit Empfindungen von Glück oder Unglück reagiert wird, bzw. welche in die jeweilige Balance widersprüchlicher Bewertungen eingehen, die schließlich zur generellen Aussage führen: »ich bin glücklich« oder »mir geht es gut«.

Zunächst ist wiederum ein Befund zu berichten, der nach alltäglichem Verständnis zur Schlußfolgerung führen müßte: je höher die Schicht, um so eher wird Unglück angetroffen. An dieser Stelle muß vorweg unterschieden werden zwischen Malaise (oder wenn ein anspruchsvolleres Wort gewünscht wird: Entfremdung) und dem

Gefühl des Unglücks. Malaise oder Entfremdung nimmt mit zunehmender sozialer Schicht – insbesondere mit steigender Qualifikation und Bildung – ebenso zu, wie umgekehrt der Prozentsatz der unglücklichen und relativ stumpf gegenüber Umweltereignissen reagierenden Personen abnimmt. Und dies ist die Erklärung für diese Aussage:

Die Zahl der Rollen, die heute Menschen gleichzeitig zu erfüllen haben, nimmt mit Ansteigen der sozialen Schicht tendenziell zu. Vor allem wächst auch die Zahl der Elemente, die als Kombination eine solche Rolle ausmachen: die Rollen selbst werden komplizierter. In der Berufsstellung »Abteilungsleiter« sind vielfältigere Aufgaben zu lösen und mehr Bereiche des Verhaltens zu beachten als in der Rolle Hilfsarbeiter in derselben Firma. Kleidung, Fähigkeit zu grammatikalisch richtiger Sprache, Selbstkontrolle im Verkehr mit anderen Menschen – all dies sind Aspekte des Verhaltens, die Vorgesetzte beachten müssen. In einer einfachen, ausführenden Position werden diese Aspekte von Verhalten als letztlich für die beruflichen Fähigkeiten nicht entscheidender Ausdruck der Persönlichkeit angesehen.

Mit zunehmender Zahl von Rollen wachsen auch die widersprüchlichen Anforderungen an eine Person. Abteilungsleiter, Vorstandsmitglied eines Vereins, Mitglied einer Skatrunde, individuell bekannter Bürger einer Kleinstadt, Ehemann, Familienvater: dies sind nicht einmal alle Rollen, die eine Person in höherer sozialer Stellung ausübt. Vom Abteilungsleiter wird erwartet, daß er die Probleme der Firma mit in sein Privatleben nimmt, zu Hause über den Betrieb nachdenkt und notfalls dort weiterarbeitet; daß sich mithin die Arbeitszeit nach der Aufgabe richtet und nicht nach Tarifvertrag. Vom Familienvater wird dagegen erwartet, daß er sich auf seine Kinder konzentriert, sich Zeit nimmt und die Probleme des Berufes draußen läßt. Wer hat nun den Vorrang, da Zeit nun einmal endlich ist: die Familie oder die Firma?

Nicht einmal die Erwartungen, die mit den Rollen Ehemann und Familienvater verbunden sind, passen völlig zueinander. Ehemänner sollen im Aussehen liebenswert für ihre Frauen sein. Sie sollen intensiv wechselnde Stimmungen ihrer Frau nachempfinden und ihr möglichst viel Aufmerksamkeit schenken. Als Vater muß der Mann seine Empfindungen auf Kinder und Ehefrau verteilen.

Je weiter eine Gesellschaft industrialisiert und verstädtert ist, um so vielfältiger sind die Widersprüche zwischen den Erwartungen, die verschiedene Institutionen und Personen gegenüber der gleichen Person anmelden. Und je höher in einer solchen industrialisierten Gesellschaft die soziale Schicht einer Person ist, um so vielfältiger sind die Widersprüche der Erwartungen aus verschiedenen Rollen und deren Elementen. Die angemessene Strategie der Individuen gegenüber diesen Widersprüchen ist eine neue Lebenskunst: nichts ganz richtig tun und nichts ganz vernachlässigen. Eine solche Lebenskunst verbietet es, sich voll mit irgendeiner Rolle zu identifizieren. Der Preis für diese Lebenskunst heißt Malaise oder »Gefühl der Uneigentlichkeit«.

Zugleich bedeutet Vielfalt und Widersprüchlichkeit der Rollen auch eine Chance. Je nachdem kann unter diesen sozialen Bedingungen die Intensität der Teilnahme von einem Lebensbereich auf einen anderen verlagert werden. Bringt der Beruf viel Ärger, kann das Angenehme in der Familie intensiver erlebt werden und wird zum Ausgleich. Eignet sich hierfür eine Familie nicht, so findet eine Person vielleicht Ausgleich im Hobby, im Verein oder durch intensive Teilnahme am kulturellen Leben. Es gibt kaum eine Berufskarriere, kaum eine Ehe, die über lange Zeit hinweg immer Grund für überwiegend positive Empfindungen gäben. Nach englischen Untersuchungen dauert die Periode intensiven Interesses der Partner aneinander als Personen in Arbeiterfamilien meist nur 2 bis 5 Jahre nach der Eheschließung. Im Verlaufe eines Lebens kommt es zu immer neuen Verlagerungen der Intensität des Erlebens auf andere Personen, Lebensbereiche oder Interessen.

Verlagerung der Intensität des Miterlebens – das ist eine höchst wirksame Verteidigung gegen unerfreuliche Entwicklungen in einem der Lebensbereiche. Je höher die soziale Schicht – insbesondere je qualifizierter der Beruf, je höher das Einkommen und die Bildung – um so eher gelingen solche fortwährenden Verlagerungen für den sogenannten Lebenssinn. Je niedriger die Qualifikation des Berufs, je niedriger das Einkommen und die Bildung, um so geringer sind die Chancen für einen Ausgleich. Der Preis für die Chance, überwiegend doch glücklich zu sein, ist dann aber die Chance der Malaise – das Gefühl der Uneigentlichkeit der Person bei insgesamt positiver Bewertung der eigenen Existenz.

Anmerkung

* Erschien in: Kindler (Hrsg.): Anatomie des Glücks, Köln, Kiepenheuer & Witsch, 1971.

Shingo Shibata (Tokio)

»Mannigfaltigkeit« der marxistischen Philosophie und philosophischen Fragen der Demokratie*

Der Marxismus ist eine Philosophie, die die Welt verändert. Die marxistische Philosophie sollte daher meiner Ansicht nach von den gegenwärtigen Aufgaben der Arbeiterklasse ausgehen, wie sie im vorigen Kapitel aufgezeigt wurden. Ist die gegenwärtige marxistische Philosophie aber tatsächlich von diesem Zeitgeist durchdrungen? Bei Marx heißt es: »Weil jede wahre Philosophie die geistige Quintessenz ihrer Zeit ist, muß die Zeit kommen, wo die Philosophie nicht nur innerlich durch ihren Gehalt, sondern auch äußerlich durch ihre Erscheinung mit der wirklichen Welt ihrer Zeit in Berührung und Wechselwirkung tritt[1].« Ist also die gegenwärtige Philosophie die – wie Marx es nennt – »geistige Quintessenz« ihrer Zeit?

Wenn hier von der »*gegenwärtigen* marxistischen Philosophie« gesprochen wird, ist die Entscheidung, ab wann und bis zu welchem Umfang die marxistische Philosophie mit diesem Ausdruck erfaßt werden soll, nicht immer einfach. Mit Bestimmtheit läßt sich zumindest folgendes feststellen: In der internationalen kommunistischen Bewegung war Stalins Arbeit »Über dialektischen und historischen Materialismus« (1938) seinerzeit als »höchste Stufe« der marxistischen Philosophie beurteilt worden, doch diese Ansicht wird heute von niemandem mehr vertreten. Seit der sogenannten »Stalin-Kritik« auf dem XX. Parteitag der KPdSU 1956 ist eine vom Stalinschen System abgegrenzte »marxistische Philosophie« angestrebt worden.

Bezüglich der sogenannten »Stalin-Kritik« Chruschtschows bin ich der Ansicht, daß sie nur auf den ersten Blick scharf und radikal wirkte, die Art und Weise ihrer Durchführung jedoch nicht immer theoretisch-wissenschaftlich war und die auf Stalin gemünzte Kritik

Fehlern nachging, die auch den Kritiker selbst betrafen. Stalin war in etlicher Beziehung ein hervorragender Marxist, ihm jedes Verdienst abzusprechen, ist ein großer Fehler. Nur unter der Voraussetzung des Gesagten kann man auf das Thema einer kritischen Auseinandersetzung mit Stalin eingehen. Nach meiner Meinung besteht ein entscheidender Fehler Stalins in seiner negativen Einstellung zur Demokratie. Hier muß man sich des kritischen Urteils von Lenin erinnern, der über Stalin schrieb:

»Stalin ist zu grob, und dieser Mangel, der in unserer Mitte und im Verkehr zwischen uns Kommunisten durchaus erträglich ist, kann in der Funktion des Generalsekretärs nicht geduldet werden. Deshalb schlage ich den Genossen vor, sich zu überlegen, wie man Stalin ablösen könnte, und jemand anderen an diese Stelle zu setzen, der sich in jeder Beziehung von Gen. Stalin nur durch *einen* Vorzug unterscheidet, nämlich dadurch, daß er toleranter, loyaler, höflicher und den Genossen gegenüber aufmerksamer, weniger launenhaft usw. ist[2].«

»Mir scheint, hier haben Stalins Eilfertigkeit und sein Hang zum Administrativen wie auch seine Wut auf den ominösen ›Sozialnationalismus‹ eine verhängnisvolle Rolle gespielt. Wut ist in der Politik gewöhnlich überhaupt von größtem Übel. ... Deshalb muß der Internationalismus seitens der unterdrückenden oder sogenannten ›großen‹ Nation (obzwar groß nur durch ihre Gewalttaten, groß nur in dem Sinne, wie eine Dershimorda ist) darin bestehen, nicht nur die formale Gleichheit der Nationen zu beachten, sondern auch solch eine Ungleichheit anzuerkennen, die seitens der unterdrückenden Nation, der großen Nation, jene Ungleichheit aufwiegt, die sich faktisch im Leben ergibt. Wer das nicht begriffen hat, der hat die wirklich proletarische Einstellung zur nationalen Frage nicht begriffen, der ist im Grunde auf dem Standpunkt des Kleinbürgertums stehengeblieben und muß deshalb unweigerlich ständig zum bürgerlichen Standpunkt abgleiten. ... Ein Georgier, der sich geringschätzig zu dieser Seite der Sache verhält, der leichtfertig mit Beschuldigungen des ›Sozialnationalismus‹ um sich wirft, während er selbst ein wahrer und echter ›Sozialnationalist‹, ja mehr noch, ein brutaler großrussischer Dershimorda ist, ein solcher Georgier verletzt im Grunde genommen die Interessen der proletarischen Klassensolidarität[3].«

Wie man sieht, durchschaute Lenin, daß Stalin in der Nationalitätenfrage einem bürgerlichen bzw. kleinbürgerlichen Standpunkt verhaftet war und es daher ablehnte, bei dieser Frage von der Demokratie auszugehen. Davon nicht abhängig, ignorierte Stalin auch häufig die Prinzipien der innerparteilichen Demokratie und des demokratischen Zentralismus. Bekanntlich sind Stalins Theorien am systematischsten in seiner Rede »Über die Grundlagen des Leninismus« (1924) dargelegt, die er nach Lenins Tod hielt. In bezug auf die

Bestimmung des Leninismus als Marxismus im Zeitalter des Imperialismus und der proletarischen Revolution stellte dieses Werk eine epochemachende Leistung dar, enthielt aber andererseits schwerwiegende Fehler, was die Revidierung der Leninschen Theorie des demokratischen Zentralismus angeht. Innerparteiliche Demokratie und demokratischen Zentralismus lehnte Stalin ab, ohne sie auch nur mit einem Wort zu erwähnen. Er sagte:

»Die Theorie der ›Überwältigung‹ der opportunistischen Elemente durch ideologischen Kampf innerhalb der Partei, die Theorie der ›Überwindung‹ dieser Elemente im Rahmen ein und derselben Partei ist eine faule und gefährliche Theorie, die die Gefahr heraufbeschwört, die Partei zu einem Zustand der Lähmung und des chronischen Siechtums zu verurteilen, sie mit Haut und Haar dem Opportunismus auszuliefern, das Proletariat ohne revolutionäre Partei zu lassen, das Proletariat der wichtigsten Waffe im Kampf gegen den Imperialismus zu berauben[4].«

Einschränkend kann man feststellen, daß Stalin die innerparteiliche Demokratie in nicht wenigen seiner anderen Werke richtig dargelegt hat. Auch in der Auseinandersetzung mit Trotzki führte er bis zu Trotzkis Ausschluß aus der Partei 1927 eine sehr demokratische Diskussion[5]. Und was den gerade zitierten Satz angeht, so hatte er wohl insofern eine gewisse Berechtigung, als in ihm die Tendenz kritisiert wurde, die Partei zu einem »Diskussionsklub« zu machen. Dieser Satz birgt aber die Gefahr, daß der Weg, innerparteiliche Meinungsverschiedenheiten durch einen Kampf der Ideen, also durch demokratische Diskussion, durch Kritik und Selbstkritik zu überwinden, versperrt wird, und gemessen an dem Gewicht der »Grundlagen des Leninismus« hat er diese Rolle auch gespielt. In der Tat, solange eine demokratische Diskussion innerhalb der Partei abgelehnt wurde, mußte es notwendig zu Säuberungen kommen, bei denen Parteimitglieder, die eine andere Meinung vertraten, nacheinander ausgeschlossen wurden, mußte notwendig auch der Personenkult, der Stalin-Kult entstehen. Entscheidend an Stalins Fehlern war nicht, was in der Stalin-Kritik bisher dazu angeführt wurde, nämlich daß er in der einen oder anderen These der marxistischen Philosophie oder in der Theorie über den Aufbau des Sozialismus einige Fehler gemacht hat. Fehler macht jeder Mensch, es sei denn, er täte überhaupt nichts. Entscheidend war vielmehr, daß Stalin nicht zugab, *selbst auch fehlbar* zu sein, daß dadurch ein Fehler, den er einmal gemacht hatte, von einer Korrektur ausgeschlossen war, daß er also den *Fehler beging, unkorrigierbare Fehler gemacht zu haben.* Denn wenn ein solcher Fehler einmal da ist, bleibt er zwangsläufig so lange erhalten, bis derjenige, der ihn behauptet, Bankrott macht. Für die Entstehung des Personenkults in der KPdSU und darüber hinaus in der internationalen kommunistischen Bewegung lassen sich mehrere Ursachen anführen, aber eine der Ursachen, die in der *Theorie selbst* wurzelten, muß in Stalins Theorie der Organisation gesehen werden.

Der Korrektheit halber sei gesagt, daß die Kritik am Personenkult um Stalin nicht erst plötzlich 1956 einsetzte. Sie war entstanden, als die Entwicklung der Wissenschaft und Technik, die Entwicklung der Demokratie in der Sowjetunion dies erforderten. Man kann sogar sagen, daß es in gewissem Sinne Stalin selbst war, der sie vorbereitet hat. In seiner kritischen Auseinandersetzung mit dem Sprachwissenschaftler Marr heißt es:

»Es ist allgemein anerkannt, daß keine Wissenschaft ohne Kampf der Meinungen, ohne Freiheit der Kritik sich entwickeln und gedeihen kann. Aber diese allgemein anerkannte Regel wurde in unverfrorenster Weise ignoriert und mit Füßen getreten. Es bildete sich eine abgekapselte Gruppe unfehlbarer leitender Persönlichkeiten heraus, die, nachdem sie sich gegen jede Möglichkeit einer Kritik gesichert hatte, eigenmächtig zu wirtschaften und ihr Unwesen zu treiben begann[6].«

Und 1952, als Stalin zum Kampf für die allseitige Entwicklung aller Mitglieder der Gesellschaft aufforderte, schrieb er: »Drittens ist es (zur Vorbereitung des Übergangs zum Kommunismus – S. Sh.) notwendig, ein kulturelles Wachstum der Gesellschaft zu erreichen, das allen Mitgliedern der Gesellschaft eine allseitige Entwicklung ihrer körperlichen und geistigen Fähigkeiten gewährleistet, damit die Mitglieder der Gesellschaft die Möglichkeit erhalten, ausreichende Bildung zu erwerben, um aktiv an der gesellschaftlichen Entwicklung mitzuwirken, damit sie die Möglichkeit erhalten, ihren Beruf frei zu wählen und nicht infolge der bestehenden Arbeitsteilung zeit ihres Lebens an irgendeinen Beruf gefesselt sind[7].«

Konkret nannte Stalin die Verkürzung des Arbeitstages, die Einführung des »polytechnischen Unterrichts« in die allgemeine Schulpflicht, die Verbesserung der Wohnungssituation, die Verdoppelung der Reallöhne usw. Bereits in dem schwierigen Jahr 1920 hatte Lenin den »sofortigen Übergang zum polytechnischen Unterricht, oder richtiger gesagt, die sofortige Verwirklichung einer Reihe schon jetzt möglicher Schritte zum polytechnischen Unterricht« zur »unbedingten Aufgabe« erklärt[8]. Gemessen an diesem Gedanken Lenins ist unverkennbar, daß Stalin die Frage der polytechnischen Ausbildung, als er sie 1952 endlich vorlegte, viel zu spät behandelt hat. Stalin betonte aber die Freiheit der Kritik, er verwies auf die Notwendigkeit der allseitigen Entwicklung aller Mitglieder der Gesellschaft, und man kommt nicht umhin festzustellen, daß der Kritik des Personenkults damit gewollt oder ungewollt der Weg bereitet worden ist.

In seiner »Stalin-Kritik« hatte Chruschtschow etliche zweitrangige Fehler Stalins kritisiert. Was er aber weder richtig darlegte noch korrigierte, waren die Mängel, die Stalins Theorie der Organisation in bezug auf den demokratischen Zentralismus enthält. Er unterließ es auch, in seiner Kritik die positiven Seiten der von Stalin im Alter vertretenen Auffassungen zu würdigen und richtig weiterzuentwikkeln. Als konservativ erwies er sich schließlich in dem Punkt, daß er die revisionistischen Tendenzen in Stalins Theorie des Sozialismus sogar auf noch größerer Ebene reproduzierte. Diese Linie Chruschtschows mußte notwendig ausweglos enden, 1964 wurde er abgesetzt, aber seine theoretischen Fehler wurden und werden von seinen Nachfolgern auch danach niemals selbstkritisch überwunden.

Auf der anderen Seite provozierte der von Chruschtschow vertretene Revisionismus besonders in der chinesischen KP die Tendenz zum modernen Dogmatismus und Großmachtchauvinismus. Die Spaltung im sozialistischen Weltsystem vertiefte sich, wobei nun der Großmachtchauvinismus den Dogmatismus förderte, und führte sogar zu bewaffneten Zusammenstößen an der chinesisch-sowjetischen Grenze.

Die Entstehung des modernen Revisionismus und Dogmatismus in der internationalen kommunistischen Bewegung muß als eine soziale Erscheinung betrachtet und mit Hilfe der marxistischen Gesellschaftstheorie *materialistisch* analysiert werden. Ihre gesellschaftliche Basis habe ich bereits an anderer Stelle behandelt und möchte deshalb hier nicht wiederholen, sondern nur so viel feststellen, daß diesen Erscheinungen auch bestimmte objektive Bedingungen zugrunde liegen und in diesem Fall nicht wenig Zeit erforderlich sein wird, sie zu überwinden[9]. Durch eine solche Kritik an den Abweichungen in beiden Richtungen hat die Tendenz zu Internationalismus und »Self-reliance« in der internationalen kommunistischen Bewegung Fuß gefaßt. Dringend notwendig ist jetzt, in der Praxis eine antiimperialistische Einheitsbewegung, eine Einheitsfront zu schaffen, auch wenn, oder vielmehr, gerade wenn es Meinungsverschiedenheiten gibt. Notwendig ist, die Diskussion fortzuführen und die Richtigkeit der Theorien gleichzeitig in der Praxis zu überprüfen – nur so tritt man für Internationalismus und »Self-reliance« ein.

Wie bereits betont, stehen Politik und Philosophie ursprünglich in einem engen Zusammenhang. Dieser Zusammenhang kann unmittelbar oder mittelbar sein, in jedem Fall aber setzt eine bestimmte politische, organisatorische Linie auch eine bestimmte Weltanschauung, ein bestimmtes Menschenbild, voraus. Welche Philosophie man hat, hängt daher eng damit zusammen, welche Politik, welche Organisation man hat. So mußte die Tendenz zur Mannigfaltigkeit, die in der internationalen kommunistischen Bewegung den Tatsachen nach besteht, auch auf der Ebene der marxistischen Philosophie zur Mannigfaltigkeit führen.

Das durch Stalins Werk »Über dialektischen und historischen

Materialismus« repräsentierte System der marxistischen Philosophie war lange Zeit als einziges System der marxistischen Philosophie verabsolutiert worden. Nach der »Stalin-Kritik« setzten sich Suslow, Iljitschow und andere Führer der KPdSU sowie sowjetische Philosophen kritisch mit einigen Thesen der Stalinschen Theorie auseinander und nahmen einige Korrekturen vor, die vor allem die Nichtbeachtung des Gesetzes der »Negation der Negation«, die Vereinfachung der Dialektik, die ungenaue Bestimmung von Theorie und Methode u. a. betrafen. Man kann aber feststellen, daß Stalins Philosophie – ebenso wie seine Theorie insgesamt durch Chruschtschow – keiner grundsätzlichen Überprüfung unterzogen, sondern vielmehr bruchstückhaft übernommen wurde[10].

Dieses Stalinsche bzw. sowjetische System der marxistischen Philosophie wird bereits seit Beginn der fünfziger Jahre von jugoslawischen Philosophen öffentlich kritisiert[11], und als die nachgelassenen Schriften von Antonio Gramsci erschienen, stellte sich die marxistische Philosophie darin ebenfalls aus einer anderen als der sowjetischen Sicht dar. Aber auch in China versuchte man, auf der Grundlage der theoretischen Schriften Mao Tse-tungs »Über die Praxis« und »Über den Widerspruch« (1938) eine eigene »marxistische« Philosophie zu entwickeln. Dabei kam es besonders 1963 um den von dem (damaligen) stellvertretenden Leiter für Propaganda der KPCh, Chou Yang, verfaßten Aufsatz »Der Kampfauftrag der Philosophen und Gesellschaftswissenschaftler« sowie 1964 um die beiden Schriften »Das Geeinte trennen« und »Das Getrennte vereinen« zu Auseinandersetzungen, bis man schließlich nach der 1966 eingeleiteten sogenannten »proletarischen Kulturrevolution« zu einer Philosophie überging, die in deutlichem Gegensatz zur bisherigen marxistischen Philosophie stand. In mehr oder weniger engem Zusammenhang mit der Kritik der Unzulänglichkeiten des überkommenen Stalinschen Modells der marxistischen Philosophie steht ferner, daß vor allem in Polen, in der Tschechoslowakei und in Ungarn neue Konzeptionen hinsichtlich der Bestimmung solcher Begriffe wie »Praxis«, »Mensch«, »Entfremdung« vorgelegt wurden. Wenn man die Gedanken, die in Kuba von Castro, Che Guevara und dem aus Frankreich gebürtigen Debray, in Vietnam von Ho Chi Minh, Le Duan und Truong Chinh sowie in Korea von Kim Il Sung entwickelt worden sind, auch nicht in jedem Fall als marxistische *Philosophie,* sondern vielmehr als marxistische *Ideen* bezeichnen sollte, ist wohl dennoch unverkennbar, daß diese Ideen gegenüber dem Marxismus sowjetischer Prägung eigenständigen Charakter haben.

Die Tendenz zur Mannigfaltigkeit marxistischer Philosophien und Ideen ist in den kapitalistischen Ländern noch auffälliger als in den sozialistischen. Bereits seit den zwanziger Jahren gab es Strömungen um Georg Lukács, Karl Korsch und andere, die später – ausgelöst durch das Erscheinen der frühen Schriften von Marx, der »Ökonomisch-philosophischen Manuskripte« – zur Herausbildung des sogenannten »westeuropäischen Marxismus« führten[12]. Von diesen Strömungen ist ein gewisser Einfluß vor allem auf die Frankfurter Schule in Westdeutschland, aber auch auf die Ideenwelt des Marxismus international ausgegangen. In Frankreich wiederum waren es die ehemaligen KP-Mitglieder Henri Lefèbvre, Roger Garaudy und Althusser, die eigene Konzeptionen der marxistischen Philosophie entwickelt haben, während aus den Reihen der der französischen KP angehörenden Philosophen ebenfalls neue Wissenschaftler wie Lucien Sève und Jean Suré-Canal hervorgegangen sind. Zum anderen bezeichnet sogar der Existentialist Sartre sich selbst als »Marxisten«, treten solche Theoretiker wie Sartres Mitarbeiter André Gorz oder wie Serge Mallet durch eine italienische Theorie des Marxismus mit dem Anspruch des eigenen Marxismus auf. Von der Theorie der »Strukturreform« über den Trotzkismus bis zum Maoismus lassen sich darüber hinaus etliche Strömungen anführen, die alle unter dem Namen »Marxismus« auftreten. Was man über die verschiedenen Strömungen in Frankreich sagen kann, gilt mit der einen oder anderen Einschränkung auch für Italien, Österreich, Westdeutschland, England und Amerika, und schließlich treten auch in Lateinamerika und Afrika marxistische Philosophen und Denker mit eigenen Theorien auf.

Was die gegenwärtige Situation der marxistischen Philosophie oder der marxistischen Ideen in Japan betrifft, so gleicht sie einem Miniaturbild der überall in der Welt zu beobachtenden »Mannigfaltigkeit« des Marxismus. Unter all den international entstandenen Strömungen des Marxismus dürfte es kaum eine geben, die in Japan nicht vertreten ist.

Wie ich an anderer Stelle bereits ausgeführt habe, ist der von Lukács herstammende sogenannte »westeuropäische Marxismus« meiner Ansicht nach als »idealistischer Historizismus«, der die Dialektik der Natur leugnet, einzuordnen und als Revisionismus in der Philosophie anzusehen[13]. Solange aber viele Vertreter dieser Richtung die Revision des Marxismus gar nicht offen befürworten, sondern den »*wahren* Marxismus« für sich in Anspruch nehmen, genügt es nicht, die Auseinandersetzung mit ihnen durch eine Kritik *unter Ausschluß* der Theorie zu führen. Notwendig ist eine solide Kritik, die sprachlich wie theoretisch genügend Überzeugungskraft besitzt.

Ohne Einbeziehung der Theorie autoritär entscheiden zu wollen, ob eine Strömung der marxistischen Philosophie als »marxistisch« anzusehen ist oder nicht, ist heute völlig unmöglich geworden. So entwickelt sich um Praxis und Philosophie des Marxismus international gesehen ganz offensichtlich eine immer stärkere Tendenz zur *Mannigfaltigkeit*[14], ob man das begrüßt oder nicht. Der Marxismus muß im wirklichen Leben wurzeln, und da dieses wirkliche Leben durch verschiedene Stadien der gesellschaftlichen Entwicklung und durch verschiedene nationale Traditionen vielfältig ist, ist es selbstverständlich und sogar notwendig, daß der Marxismus auf der Ebene der Philosophie vielfältige Formen annehmen muß. Lenin schrieb:

»Sogar die Truste, sogar die Banken im modernen Imperialismus, die bei entwickeltem Kapitalismus gleicherweise unvermeidlich sind, sind in ihrer konkreten Gestalt in den verschiedenen Ländern nicht gleich. Noch weniger gleich sind, trotz ihrer Wesensgleichheit, die politischen Formen in den fortgeschrittenen imperialistischen Ländern – Amerika, England, Deutschland. *Dieselbe Mannigfaltigkeit* wird auch auf dem Wege in Erscheinung treten, den die Menschheit vom heutigen Imperialismus zur morgigen sozialistischen Revolution zurücklegen wird. Alle Nationen werden zum Sozialismus gelangen, das ist unausbleiblich, aber keine auf genau die gleiche Art und Weise, jede wird zu *dieser oder jener Form der Demokratie, zu dieser oder jener Abart der Diktatur des Proletariats, zu diesem oder jenem Tempo der sozialistischen Umgestaltung der verschiedenen Seiten des gesellschaftlichen Lebens etwas Eigenes* beitragen[15].«

Als Ideologie des Klassenkampfes sind also die marxistischen Ideen im allgemeinen und die marxistischen Philosophien im besonderen hinsichtlich ihrer Systeme, Darstellungsmethoden und Bevorzugung bestimmter Probleme abhängig vom jeweiligen Stadium des Klassenkampfes, der Diktatur des Proletariats und des sozialistischen Aufbaus des betreffenden Landes, sie müssen also außerordentlich vielfältig sein. Bedeutet das aber, daß jede Strömung, die sich »Marxismus« oder »marxistische Philosophie« nennt, automatisch marxistisch ist? Bedeutet das, daß die Grenze zwischen marxistischer und nichtmarxistischer oder antimarxistischer Philosophie verwischt werden darf? Daß sich vielfältige Systeme und Darstellungsmethoden der marxistischen Philosophie entwickelt haben, daß immer mehr Philosophien unter dem Namen »marxistisch« auftreten, ist zweifellos ein Zeichen für die gewachsene Autorität der Ideen der marxistischen Philosophie. Denn schließlich ist »die Dialektik der Geschichte derart, daß der theoretische Sieg des Marxismus seine Feinde zwingt, sich als Marxisten zu *verkleiden*[16]«. Gerade weil es so viele philosophische Strömungen gibt, die sich als Marxismus verkleidet haben, muß die Grenze, die den Marxismus von nichtmarxistischen Philosophien scheidet, immer deutlicher gezogen werden. Welches ist diese Grenze? Um den Schluß mit einem Leninwort vorwegzunehmen: »Ein Marxist ist nur, wer die Anerkennung des Klassenkampfes auf die Anerkennung der *Diktatur des Proletariats erstreckt*[17]«. Was ist aber »Diktatur des Proletariats«? Sie ist keineswegs die heimliche Diktatur einer Minderheit, sondern die Diktatur der Arbeiterklasse, der Mehrheit, gegen die alte Ausbeuterklasse, die Minderheit, und sie ist *Demokratie* im werktätigen Volk unter Führung der Arbeiterklasse, die die überwiegende Mehrheit der Bevölkerung ausmacht. Lenin schrieb:

». . . der Sozialismus ist nicht anders zu verwirklichen als *über* die Diktatur des Proletariats, welche die Gewalt gegen die Bourgeoisie, d. h. gegen die Minderheit der Bevölkerung, mit der *vollen* Entfaltung der Demokratie vereinigt, d. h. mit der wirklich gleichberechtigten und wirklich allgemeinen Beteiligung der *gesamten* Masse der Bevölkerung an allen *Staats*angelegenheiten und allen komplizierten Fragen der Liquidierung des Kapitalismus[18].«

»Aber nicht in der Gewalt allein und nicht hauptsächlich in der Gewalt besteht das Wesen der proletarischen Diktatur. Ihr Hauptwesen besteht in der Organisation und Disziplin der fortgeschrittensten Abteilung der Werktätigen, ihrer Avantgarde, ihres einzigen Führers, des Proletariats[19].«

»Die Diktatur des Proletariats ist . . . nicht bloß Gewalt gegenüber den Ausbeutern und sogar nicht einmal hauptsächlich Gewalt. Die ökonomische Grundlage dieser revolutionären Gewalt, die Gewähr für ihre Lebensfähigkeit und ihren Erfolg besteht darin, daß das Proletariat einen im Vergleich zum Kapitalismus höheren Typus der gesellschaftlichen Organisation der Arbeit repräsentiert und verwirklicht. Das ist der Kern der Sache. . . . Diktatur des Proletariats bedeutet, wenn man diesen lateinischen, historisch-philosophischen Ausdruck in eine einfache Sprache übersetzt: Nur eine bestimmte Klasse, nämlich die städtischen Arbeiter und überhaupt die Fabrikarbeiter, die Industriearbeiter, ist imstande, die ganze Masse der Werktätigen und Ausgebeuteten zu führen im Kampf für den Sturz der Macht des Kapitals, im Prozeß des Sturzes dieser Macht, im Kampf um die Sicherung und die Festigung des Sieges, bei der Schaffung der neuen, der sozialistischen Gesellschaftsordnung, in dem ganzen Kampf für die völlige Aufhebung der Klassen[20].«

Man kann also festhalten, daß der Begriff »Diktatur des Proletariats« einschließt, die Bedeutung der vollständigen Entwicklung der Demokratie bzw. des demokratischen Zentralismus, der Organisation und Disziplin der Arbeiterklasse, der führenden Rolle der Industriearbeiter und der Großindustrie als deren materieller Grundlage anzuerkennen. Mit anderen Worten: Erst die Anerkennung der Bedeutung der Großindustrie und ihres Produktes, der führenden Rolle der Arbeiterklasse, der Bedeutung der Demokratie und des demokratischen Zentralismus scheidet den Marxismus von nichtmarxistischen und antimarxistischen Philosophien. Der erste Sekretär der Partei der Werktätigen Vietnams hat diesen Kern des Marxismus folgendermaßen formuliert:

»Die Arbeiterklasse, die aus der kapitalistischen Gesellschaft hervorgeht, aufs engste mit der Produktion in der Großindustrie verbunden ist. und das Produkt dieser Großindustrie darstellt, repräsentiert die neuen vergesellschafteten Produktivkräfte; sie ist deshalb die am meisten fortgeschrittene Klasse, die die Fähigkeiten besitzt, die Welt umzugestalten, eine neue Gesellschaftsordnung zu organisieren, die zukünftige Gesellschaft der Menschheit – die kommunistische Gesellschaft zu errichten.... Die Arbeiterklasse erstarkt mit der Entwicklung der Großindustrie, während jede andere Klasse der kapitalistischen Gesellschaft durch die Entwicklung der Großindustrie ihrem Verfall entgegengeht.... Die Geschichte der menschlichen Gesellschaft hat ein Stadium erreicht, in dem die Arbeiterklasse Repräsentant der Epoche, wahrer Repräsentant der Nation und der Demokratie ist. Der Kampf der Arbeiterklasse gegen die Klasse der Kapitalisten nimmt überall in der Welt unter der Losung *Frieden, nationale Unabhängigkeit, Demokratie, Sozialismus* ein immer größeres Ausmaß an. Erst vom Standpunkt der Arbeiterklasse aus durchschaut man den konsequenten revolutionären Inhalt dieser Losung, begreift man den organischen Zusammenhang der vier Bestandteile dieser Losung[21].«

Damit ist der Marxismus in der Tat hervorragend erfaßt. Vermutlich wird mancher nun die Frage stellen, warum es auch für die marxistische Philosophie wichtig sei, was es überhaupt mit Philosophie zu tun habe, die revolutionäre Bedeutung der Großindustrie und der Arbeiterklasse sowie der Demokratie hervorzuheben. Wer so fragt, sollte sich der materialistischen Bedeutung erinnern, die der Arbeit, ihrer höchstentwickelten Form – der Arbeit in der Großindustrie – und damit der Arbeiterklasse, die Produkt und Trägerin dieser Arbeit ist, zukommt, – der sollte sich auch des materialistisch-dialektischen Charakters des demokratischen Zentralismus und seiner erkenntnistheoretischen Funktion erinnern.

Dieser materialistisch-dialektische Charakter des demokratischen Zentralismus oder der Demokratie und ihre erkenntnistheoretische Funktion sollen an dieser Stelle etwas näher erläutert werden. Ein Grundsatz der marxistischen Erkenntnistheorie besteht in der Anerkennung der vom Bewußtsein des Menschen unabhängigen Existenz der objektiven Realität, in der Gleichheit aller vor der Wahrheit, in der Anerkennung der Begrenztheit der individuellen Erkenntnis. Daher kann nach marxistischer Anschauung nicht das bürgerliche Individuum, nicht das wie Robinson existierende, dem Elitedenken verhaftete Einzelwesen, sondern nur die kollektive Organisation, die Gemeinschaft, die Klasse, die Menschheit Subjekt des Erkenntnisprozesses sein. Marx und Engels schrieben dazu:

»... ist zu unterscheiden zwischen allgemeiner Arbeit und gemeinschaftlicher Arbeit. Beide spielen im Produktionsprozeß ihre Rolle, beide gehn ineinander über, aber beide unterscheiden sich auch. Allgemeine Arbeit ist alle wissenschaftliche Arbeit, alle Entdeckung, alle Erfindung. Sie ist bedingt *teils durch Kooperation mit Lebenden, teils durch Benutzung der Arbeiten Früherer*[22].«

»Ist das menschliche Denken souverän? Ehe wir ja oder nein antworten, müssen wir erst untersuchen, was das menschliche Denken ist. *Ist es das Denken eines einzelnen Menschen? Nein.* Aber es existiert nur als das *Einzeldenken von vielen Milliarden vergangener, gegenwärtiger und zukünftiger Menschen.* . . . Die Souveränität des Denkens verwirklicht sich in einer *Reihe* höchst unsouverän denkender Menschen; die Erkenntnis, welche unbedingten Anspruch auf Wahrheit hat, in einer *Reihe von relativen Irrtümern;* weder die eine noch die andre kann anders als durch eine *unendliche Lebensdauer der Menschheit* vollständig verwirklicht werden[23].«

Wie hieraus hervorgeht, ist es nicht das Individuum, sondern die aus *unzähligen Individuen bestehende Menschheit,* die das Subjekt der Erkenntnis darstellt. Auch Lenin spricht von der »Entwicklung des kollektiven Wissens der gesamten Menschheit[24]«. Was folgt logischerweise aus der marxistischen Auffassung, in der Menschheit das Erkenntnissubjekt zu sehen? Daraus folgt, daß die individuelle Erkenntnis, auf welchen »überragenden, genialen Führer« sie auch immer zurückgehen mag, beschränkt ist, daß die menschliche Erkenntnis nur auf dem Wege der »Kooperation« im Denken, d. h. durch demokratische Diskussion und die Freiheit des Vorbehalts einer eigenen Meinung für die Minderheit, durch die Unterordnung der Minderheit unter die Mehrheit und die Einheit des Handelns in der Praxis, durch die Überprüfung der Wahrheit in der Praxis –, wechselseitige Irrtümer ausschließen und sich der Wahrheit nähern kann. Es gibt ein von Marx mit Vorliebe gebrauchtes Wort, das Berühmtheit erlangt hat: An allem ist zu zweifeln[25]. Dieses Wort ist philosophisch und erkenntnistheoretisch in der Tat von großer Bedeutung, denn es besagt, daß jeder Mensch, wer es auch sei, als vernunftbegabtes Wesen ein Recht auf den Zweifel hat, also das Recht besitzt, Fragen zu stellen, eine freie Diskussion zu fordern, zu kritisieren und kritisiert zu werden. Natürlich kann der Mensch vom »Zweifeln«, vom Überlegen und Diskutieren allein nicht leben, er muß arbeiten, um zu leben, und er muß die politische Praxis mitgestalten, wenn er sein Recht auf den »Zweifel« wahren will. Diese Praxis bliebe jedoch in Form von Aktionen einzelner wirkungslos, sie erfordert diszipliniertes, kollektives Handeln. Deshalb muß die Minderheit unter Wahrung ihres Rechts auf die eigene Meinung der Mehrheit folgen, einheitlich vorgehen, die Wahrheit anhand der Praxis überprüfen. Je größer die Vielfalt der Standpunkte, Forderungen und Meinungen der an solcher Einheitsaktion Beteiligten, desto besser, denn der Teilnehmerkreis wird dadurch ständig größer, die Praxis gewinnt an Stärke und die Erkenntnis wird umfassender.

Allerdings ist diese Art der Vielfalt – betrachtet man ihre Komponenten im einzelnen – noch auf ein Nebeneinander von Individuellem beschränkt. Erst wenn Originalität und Individualität ebenfalls auf ein gemeinsames Ziel konzentriert werden, kann eine Vielfalt entstehen, die Allgemeingültigkeit besitzt. Die praktischen Fähigkeiten des Individuums, seine Erkenntnisfähigkeit und seine persönliche Entwicklung werden durch eine solche Einheit des Handelns, durch die Gemeinschaft, durch die Organisation keineswegs eingeschränkt, im Gegenteil, die allseitige Entwicklung des Individuums wird dadurch überhaupt erst möglich. Und die Aktionseinheit, das Kollektiv, die Organisation werden erst durch die Entwicklung des Individuums umfassender und reicher werden. Gerade das ist demokratisch, ist zugleich materialistisch-dialektische Organisationstheorie des demokratischen Zentralismus und materialistisch-dialektische Erkenntnistheorie und damit ein Prinzip der marxistischen Erkenntnistheorie. Der Marxschen These, daß alles dem Zweifel unterliegt, stimme ich zu, an der Wahrheit dieser These selbst aber kann es keinen Zweifel geben. Ebensowenig kann die Richtigkeit der Organisationstheorie des demokratischen Zentralismus und der Erkenntnistheorie, die auf diese These zurückgehen, die Richtigkeit der materialistisch-dialektischen Methode, die die philosophische Grundlage dieser These darstellt, geleugnet werden. Denn wer den demokratischen Zentralismus, die Demokratie leugnet, erliegt unweigerlich dem Solipsismus, so daß die Allgemeingültigkeit und Legitimität seiner Ansichten nicht mehr verteidigt werden können. Demokratie und Materialismus sind dagegen notwendig mit Sozialismus und Kommunismus verbunden, die konsequente Demokratie darstellen. Marx und Engels schrieben:

»Es bedarf keines großen Scharfsinns, um aus den Lehren des Materialismus von der ursprünglichen Güte und gleichen intelligenten Begabung der Menschen, der Allmacht der Erfahrung, Gewohnheit, Erziehung, dem Einflusse der äußern Umstände auf den Menschen, der hohen Bedeutung der Industrie, der Berechtigung des Genusses etc. seinen notwendigen Zusammenhang mit dem Kommunismus und Sozialismus einzusehen[26].«

Marx und Engels beziehen sich hier auf den klassischen französischen Materialismus, doch läßt sich ohne weiteres feststellen, daß dies ebenso bezeichnend für den marxistischen Materialismus und die These von der »gleichen intelligenten Begabung der Menschen« Voraussetzung für die Demokratie ist.

Zusammengefaßt ergibt die bisherige Darstellung, daß es für den marxistischen Materialismus von wesentlicher Bedeutung ist, die Diktatur des Proletariats einschließlich des revolutionären Charakters der Großindustrie und der Arbeiterklasse, die ihre Elemente sind, anzuerkennen und die Bedeutung der Demokratie, des demokratischen Zentralismus, hervorzuheben. Eine Philosophie, die sich als »wahrer Marxismus« ausgibt, diese Prinzipien jedoch leugnet oder eine negative Haltung zu ihnen einnimmt, kann in Worten noch so »revolutionär« und »radikal« sein, die bleibt dennoch der Entwicklung des Massenkampfes gegenüber verantwortungsloser Solipsismus und ist nichts anderes als eine Philosophie des Kleinbürgertums. Im Hinblick auf die Vielfalt der Standpunkte in der internationalen kommunistischen Bewegung ist nichts dagegen einzuwenden, bei der eigenen Philosophie mit Überzeugung vom »wahren Marxismus« zu sprechen, sie aber als den einzig »wahren Marxismus« überhaupt hinzustellen, damit die Ablehnung einheitlicher Aktionen zu begründen, die Spaltung und die Einmischung in Vorgänge anderer Länder und Parteien zu rechtfertigen, ist weder materialistisch-dialektisch noch marxistisch. Marxistisch ist gerade die Philosophie, die den »wahren Marxismus« nicht ausschließlich für sich in Anspruch nimmt, ihn daher anderen auch nicht aufzwingt, sondern dazu auffordert, ihn durch einheitliches Handeln und durch die Praxis zu überprüfen. Und sie ist es auch, die den Standpunkt des Internationalismus und des »Self-reliance« vertritt.

Wir fragten uns eingangs, ob die gegenwärtige marxistische Philosophie die »geistige Quintessenz« ihrer Zeit sei. Diese Quintessenz kommt meiner Ansicht nach in den oben zitierten Sätzen von Le Duan vorbildlich zum Ausdruck. In den vergangenen Jahrzehnten hat sich die marxistische Philosophie in verschiedene Strömungen verzweigt, sie ist »mannigfaltig« geworden, doch gemessen an der »geistigen Quintessenz« der Zeit sind nicht wenige dieser Strömungen offensichtlich nichtmarxistische oder antimarxistische Philosophien. Anders gesagt: Die Entwicklung zur Mannigfaltigkeit der marxistischen Ideen und der marxistischen Philosophie ist eine notwendige und erfreuliche Tendenz, aber gemessen an der »geistigen Quintessenz« der Zeit stellt sich heute immer notwendiger die Aufgabe, auch all jene Strömungen zu kritisieren, die als marxistische Philosophie verkleidet sind.

Anmerkungen

* Dieser Beitrag ist ein Teil meines längeren Aufsatzes »Moderne Revolution und marxistische Philosophie«, der eigentlich als Einleitung zu meinem japanischen Buch unter demselben Titel in Tokio 1970 erschien. Diese Einleitung war wie folgt eingeteilt:
1. Die Perspektive der modernen Revolution
2. »Mannigfaltigkeit« der marxistischen Philosophie und philosophische Fragen der Demokratie
3. Die vietnamesische Revolution und die marxistische Philosophie

4. Der Aufbau des Sozialismus und die marxistische Philosophie
5. Die Revolution in Japan und die Aufgaben der marxistischen Philosophie

[1] Marx, Der leitende Artikel in Nr. 179 der »Kölnischen Zeitung«, MEW, Bd. 1, S. 97.
[2] Lenin, Brief an den Parteitag, Werke, Bd. 36, S. 580.
[3] Lenin, Zur Frage der Nationalitäten oder der »Autonomisierung«, Werke, Bd. 36, S. 591, 593f.
[4] Stalin, Über die Grundlagen des Leninismus, Werke, Bd. 6, S. 162f.
[5] Das wird von dem Ehepaar Webb bezeugt. Vgl. S. and B. Webb, Soviet Communism, 1935.
Daß Stalins Organisationstheorie vom Standpunkt des demokratischen Zentralismus gesehen Fehler enthielt, bedeutet nicht, daß Trotzkis Theorie zu dieser Frage richtig war. Trotzki vertrat beispielsweise die Ansicht, die Tätigkeit der Gewerkschaften nicht durch Überzeugung, sondern durch Zwang und administrative Maßnahmen zu regeln, was von Lenin scharf kritisiert worden ist (Lenin, Über die Gewerkschaften, die gegenwärtige Lage und die Fehler Trotzkis, Werke, Bd. 32). Hätte Trotzki die Partei wirklich demokratisch geführt, wenn er aus der Auseinandersetzung mit Stalin siegreich hervorgegangen wäre? Oder hätte er, wie seine Theorie der Organisation vermuten läßt, nicht vielmehr nun diejenigen ausgeschlossen und unterdrückt, deren Ansichten »stalinistisch« waren.
[6] Stalin, Der Marxismus und die Fragen der Sprachwissenschaft, Berlin 1951, S. 37.
[7] Stalin, Ökonomische Probleme des Sozialismus in der UdSSR, Berlin 1953, S. 69–70.
[8] Lenin, Über polytechnischen Unterricht, Werke, Bd. 36, S. 523.
[9] Vgl. S. Shibata, Internationalismus und Nationalismus, in: Marxistische Philosophie, Bd. 2, Tokyo 1969 (japan.).
[10] Die Problematik des Stalinschen »Systems der marxistischen Philosophie« ist von mir seit 1961 bei verschiedener Gelegenheit behandelt worden. Vgl. Theorie der Menschennatur und der Persönlichkeit, Tokyo 1961 (japan.); erneute Überprüfung der Theorie Stalins, in: YUIBUTSURON-KENKYU (Studien zum Materialismus), 1962, Nr. 4 (japan.).
Meine persönliche Auffassung des Systems der marxistischen Philosophie ist dargelegt in: Natur und Menschennatur in der marxistischen Philosophie, in: Marxistische Philosophie, Bd. 1, Tokyo 1969 (japan.).
[11] Dazu standen mir die beiden folgenden Arbeiten jugoslawischer Philosophen zur Verfügung. G. Petrović, Marx in the Mid-Twentieth Century, 1967; M. Marković, Dialektik der Praxis, 1968.
[12] Der »westeuropäische Marxismus«, als den man diese philosophische Richtung kennzeichnen kann, hat Beiträge zur marxistischen Philosophie geliefert, die schwerwiegende Mängel aufweisen, jedoch in letzter Zeit sowohl an Umfang als auch an Qualität gewonnen haben. Dazu gehören beispielsweise die folgenden Arbeiten. G. Lichtheim, Marxism: An Historical and Critical Survey, 1961; A. Schmidt, Der Begriff der Natur in der Lehre von Marx, 1962; J. Habermas, Theorie und Praxis, 1963; A. J. Gregor, A Survey of Marxism, 1965; Z. A. Jordan, Evolution of Dialectical Materialism, 1967; I. Fetscher, Karl Marx und der Marxismus, 1967; R. C. Tucker, The Marxian Revolutionary Idea, 1970.

13 Vgl. S. Shibata, Natur und Menschennatur in der marxistischen Philosophie, a. a. O.
14 Darauf weisen unter anderem folgende Sammelbände hin, die den Charakter eines internationalen Symposiums tragen. L. Labedz, ed., Revisionism: Essays on the History of Marxist Ideas, 1962; E. Fromm, ed., Socialist Humanism, 1965; F. Benseler, ed., Festschrift zum 80. Geburtstag von G. Lukács, 1965; D. Volpe, ed., et. al., Morale e societá, 1966; N. Lobkowicz, Marx and the Western World, 1967. Diese Sammlungen enthalten auch Beiträge von Marxisten und sind auch wissenschaftlich niveauvoll.
15 Lenin, Über die Karikatur auf den Marxismus und über den »imperialistischen Ökonomismus«, Werke, Bd. 23, S. 64 (Hervorhebungen von mir – S. Sh.).
16 Lenin, Die historischen Schicksale der Lehre von Karl Marx, Werke, Bd. 18, S. 578.
17 Lenin, Staat und Revolution, Werke, Bd. 25, S. 424.
18 Lenin, Antwort an P. Kijewski, Werke, Bd. 23, S. 15.
19 Lenin, Gruß an die ungarischen Arbeiter, Werke, Bd. 29, S. 377.
20 Lenin, Die große Initiative, Werke, Bd. 29, S. 408f.
21 Le Duan, Role of the Vietnamese Working Class and Tasks of the Trade-Unions at the Present Stage, Hanoi 1969.
22 Marx, Das Kapital, MEW, Bd. 25, S. 113f (Hervorhebungen von mir – S. Sh.).
23 Engels, Anti-Dühring, MEW, Bd. 20, S. 79–80. Siehe auch S. 113 sowie Dialektik der Natur, MEW, Bd. 20, S. 501f.
24 Lenin, Materialismus und Empiriokritizismus, Werke, Bd. 14, S. 186.
25 K. Marx, Bekenntnisse, in: Mohr und General, Berlin 1970, S. 608.
26 Marx/Engels, Die heilige Familie, MEW, Bd. 2, S. 138.

John Somerville (New York)

Schaff's Work on the Human Individual

Adam Schaff's book, *Marxism and the Human Individual,* has been the subject of intense discussion and controversy because it is of exceptional contemporary significance on two highly important planes. On each of these planes critical philosophic theory has a fatefully close relation to praxis, and the two planes strongly influence each other. One is the plane of self-criticism within "communist" countries, that is, within countries governed by Marxist regimes at present in one stage or another of the construction of socialism, and committed to the building of the further stage which will develop socialism into full-fledged communism. The other is the plane of criticism between such countries on the one hand and countries with anti-Marxist regimes on the other hand. Both planes must be taken into account, and within each plane what Marxists call the dialectics of the interrelationship between theory and practice must always be kept centrally in mind. Otherwise, one would miss something of capital importance, especially in dealing with Schaff, since he is one of the most influential of living Marxist philosophers, better known and better respected in the "West" than any other living Marxist thinker of the "East".

This last mentioned fact has not made life easy for Professor Schaff in the "Eastern" bloc. Any "Westerner" surprised at this has only to reflect on whether life in the "West" has been easy for the "Western" philosophers most highly respected in the "East". The further fact that Professor Schaff happens to be of Jewish background has not made life easy for him in Poland. This will surprise few, for, while anti-Semitism in post-revolutionary Poland is far from what it was before, the eradication of it has not yet been sufficiently carried through, and it is still something to be reckoned with in public and private life. Thus Adam Schaff and his work have often been a storm center of controversy, around which decisive battles have been fought, not without weapons of prejudice and bigotry directed against him, in spite of which he rose to positions of very high authority, academically and politically. All this bears witness to great moral courage and great intellectual brilliance.

It has also been the source of great misunderstanding among "Western" critics of "orthodox" Marxism and Communism, especially those with deep anti-Soviet feeling, like Erich Fromm, for example. They seem to imagine that when Schaff criticizes certain events in the Soviet Union, or certain attitudes among orthodox Communists, he is standing on the same ground they stand upon, evaluating things by the same standard, aiming at the same political objective. They forget there is a qualitative difference between criticizing orthodox Communism from the inside and criticizing it from the outside, between criticizing the Soviet Union as a friend and criticizing it as an enemy. Where politics and praxis are concerned (and they are always present in Marxism by definition), criticism is always three-dimensional, having not only range and depth, but *direction:* it is always going somewhere, consciously or unconsciously, When someone criticizes the Soviet Union in a manner that suggests he would not care if the U.S.S.R. were dismembered to-morrow, or discusses Marxism lovingly in a way that suggests it would have been best if Marx had written nothing beyond the 1844 manuscripts (and if Engels had written nothing at all) we can only conclude he has not given serious thought to where he wants to go, or is quite content to be carried along in a direction opposite to that indicated by the corpus of Marxism. A responsible attitude towards politics and praxis in general can never begin with a clean slate, a *tabula rasa;* talk about love and freedom in the abstract is never socially meaningful.

On the plane of happenings within the "communist" countries, Schaff wants to criticize certain orthodox attitudes and practices, certain official policies in order to strengthen Marxism as mature Marxism, Communist parties as effective parties, the Marxist bloc as a bloc. He is not ambivalent or sceptical about any of these aims, as are a number of West European, Yugoslav and American philosophers who present themselves as Marxists. What distinguishes Schaff, and makes him uniquely important, is the remarkably strong and entirely sound way he has pursued these aims. More than any "Eastern" philosopher who shares these aims with him, he has penetrated into the spirit and content of "Western" trends, identifying what is valid and acknowledging what is challenging about them, at the same time pointing out important problems which traditional Marxism has never dealt with, and important matters wherein traditional Marxism is now outdated.

He does all this in a businesslike way, always with the functional objective of doing something concrete about these things in the existing Marxist context of theory *and practice*. It ist not only the range of his *knowledge* that is astonishing in these matters; the range of his *sympathy* is even more so. The knowledge is intimate and sophisticated, informed and enriched by a variety of linguistic skills, personal contacts and intercultural experiences unequalled by his confrères. The sympathy is so broad and the insight so candid that they take in not only schools and trends different from Marxism, but some of those most directly and implacably hostile to Marxism. The degree of candor in giving credit to the enemy as well as to the competitor, while acknowledging one's own weaknesses, without compromising in the slightest one's own principles, has a grand sweep and an impersonal moral eminence hard to match anywhere. This rare combination of virtues is bound to distress a number of his friends and delight a number of his enemies, on equally mistaken grounds. A somewhat similar phenomenon is manifest in the poetry of Yevtushenko, as distinguished from the works of a Pasternak or a Solzhenitsyn. But there always will be the type of Philistine who not only lumps all these different things together, gloating over them all equally and indiscriminately for their "anti-Soviet" value, incidentally never seeing that any one of them represents a more trenchant critique of Philistia than of the author's native land.

Thus, without retracting the classic Marxist concept of "the individual as the totality of social relations" Schaff argues that there are very important social problems about the individual that Marxism has not yet really faced, let alone solved. He gives the existentialists credit for singling out many of these problems, though he feels that they are not equal to the task of solving them. At the same time, he emphasizes that the problems of the individual are not solved simply by the awareness that each individual is an ensemble of social relations, then dealing only with the institutions which determine the social relations. "This particular area", he writes in *Marxism and the Human Individual** "has been patently neglected in Marxism–as has everything that concerns individual and social psychology. The sociology of knowledge helps explain this omission: when Marxism lost sight of the problems of the individual, and emphasis was shifted to the study of mass movements, neglect of everything concerned with the individual was a natural result. No wonder that a Marxist broaching the problem of personality today comes up against a host of notions which were usually formulated on the basis of idealist premises, and he has little to offer in their place apart from his methodology." (p. 98)

Some of the chief concrete problems concerning the individual which are dealt with by Schaff are: alienation under socialism (aspects of which are alienation of labor, alienation and war, technology and coercion, Stalinism, alienation of nation and race), freedom, censorship, civil liberties, happiness and unhappiness, anti-semitism, equality and elite, the meaning of life. What Schaff has to say about such problems is best conveyed by some samples in his own words.

On alienation and socialism: "The experiences of the socialist revolution, now no longer limited to one country, have clearly demonstrated that it by no means does away with alienation . . . Of course, it would be objected that the end of alienation would come at the higher stage of socialism–communism–which no society has fully achieved as yet (and cannot before the victory of the revolution throughout the world, if only because the state continues to exist as a political institution, while communism is by definition a stateless social order), and that it is premature to offer any judgment about alienation under communism. The objection is a valid one, although it does not at all follow that it is wrong to study the developmental tendencies of socialist societies in this respect; these tendencies are significant and can tell us much about the probable way these matters are likely to be settled in the future. But in any case this is a stricture against an unconcerned carelessness of those who blithely assert, without any grounds other than a dogmatic interpretation of Marx's texts, that alienation vanishes in socialist societies, because, by definition, it should vanish (and this is wrong even as a literal interpretation of Marx's words, since he referred to communism, and not to its lower stage–socialism)." (p. 196)

On alienation, state and war: "It can hardly be denied that the state exists in an socialist society. Not only do we admit this, but in the ordinary run of things we pride ourselves on its power. But the state is an alienated force. This is not only a matter of the armed forces and the threat of war, although such is the key issue of the world today, in which–despite all the differences which divide us from the capitalistic world–we all have a stake. It is obvious, surely, that a world in which man has reached the peak of his powers and attained mastery over nature, and is at the same time faced with a palpable threat of total destruction, unable to control the forces he has himself released, is an alienated world; not only is it independent of man, it actually menaces his very existence. In a world like this, man must feel threatened, even if he lives in a socialist society." (p. 129)

On censorship under socialism: "Theoretically, this is a truism: no one in his senses would claim that science and art can thrive except in an atmosphere of free discussion and clash of opinions. But in practice, including that of socialist construction, this becomes a major problem. For many reasons, above all because of its links with the political struggles within society, creativity has never and nowhere been completely free, wholly relieved of external pressures and resultant restrictions. A society building socialism is no exception in this respect. But the dictatorship of the proletariat is only a stage on the road to communist society, and under communism the pressure of man's alienated products on his creative endeavors should dissolve along with the withering away of classes and the state. In view of this, it is essential to be perfectly clear in one's mind about the existing restraints on freedom of creativity, the nature of these restraints, and the necessity of hastening their disappearance as quickly as possible." (p. 154)

On alienation and the "cult of personality": "As a system of coercion, the state is a force that is directed not only outwards but also inwards. Its capacity for alienation is well illustrated by the period of the socalled 'cult of personality', indeed as it affected all the socialist countries. This was, after all, a story of apalling alienation as the forces created by man in the best faith and with the noblest of humane intentions tore themselves out of his hands, turned into a hostile power, and began to crush and annihilate their makers. This is a problem that still awaits sociological analysis; so far Marxists have not gone beyond the surface. Let us assume the best of the possible alternatives: that alienation will be abolished with the disappearance of a hostile external environment and the dying away of classes within society. But there still remains the alienation of the state, and moreover in a sphere apparently unsuspected by Marx und Engels. I have in mind the state as a machinery of administration. According to the founders of Marxism, the state was to wither away as an apparatus of coercion but it would retain its function of administering things." (p. 130)

On anti-Semitism: ". . . we must start by calling a spade a spade and facing up to the truth. We have too many achievements that are legitimate sources of pride to equivocate on this point: plain speaking about these matters, if it is accompanied by resolute action, can only raise our moral stock and authority, even with our enemies. Given our countries and their history, it is straining credulity to imagine that anti-Semitism disappeared overnight: it is not discreditable that it exists; what is discreditable is that it is not being combatted. This makes it all the more misguided to resort to the humbug of pretending, by invoking general principles, that the phenomenon does not exist since it is, by definition, impossible under socialism. The fallacy here is that this by no means follows from the definition of socialism (communism is another matter), and anyway, there is no hiding the fact that the disease occurs, since it sometimes assumes all too widely visible forms. Thus, this kind of denial neither does us credit nor increases trust in us, and moreover it certainly weakens our struggle for a just cause." (p. 224)

On the individual under communism: "The task facing a socialist society here is to develop a human personality preparing for the communist man, and instilled with a profound love of freedom in all its forms, a love which, backed up by personal courage and a sense of social responsibility for one's actions, guarantees a genuine commitment of the individual in social matters. But verbal agreement on the ideals of the distant future is not enough; what is needed is energetic educative action right now, if this ideal is not to become a hollow slogan, or at any rate if its fulfillment is not to be seriously retarded." (p. 212)

Schaff is saying all this within the "Eastern" bloc and *to* the "Eastern" bloc. What does it mean and what should it mean to philosophers in the "West"? Of course, philosophers in the "West" are divided into right, left and neutral (Gorky once remarked that people in general are divided into oppressors, oppressed, and reconcilers of the irreconcilable), and what Schaff's work will actually be taken to mean in any given case will be powerfully influenced by the conditioning effect of these divisions which reflect the "alienations" of capitalist society. No one escapes society, and everyone practises a morality and ideology, stated or unstated. However, this is not to say that everyone is right, even from his own point of view. Let us, therefore, in the light of conditions which we can objectively confirm, address ourselves to the question: What *should* Schaff's work mean to philosophers in the "West"?

Some general considerations which enter into the answer to this question have already been pointed out above. Let us further concretize them by way of taking issue with what Erich Fromm says in his Introduction to the American edition of Schaff's *Marxism and the Human Individual*. He writes: "But the publication of this book also constitutes an event for the non-Communist world, and especially for the United States. One of the clichés in American thinking has been to believe that Marxism is 'materialistic,' and that thus it is the antithesis to the values of humanism on which Western society was founded. Schaff demonstrates in his book that this picture of Marxism is wrong . . ." (p. ix) Fromm's intentions are of the best, but he is objectively mistaken about each one of the particulars by which he thus purports to sum up Schaff's thinking. Such formulations are superficial in the extreme, and are far from reflecting the content of Schaff's work or the spirit of his method.

1. Schaff would never dream of denying that Marxism is "materialistic," of shying away from the term as if it were a dirty word. Schaff uses the word, and explains what it means. Any other approach would treat the reader as a child, and would be the poorest possible preparation for a serious study of the works of Marx and Engels.

2. To suggest that Schaff believes Marxism sets up the principle that the individual is never to be subordinated to the state (or society), that, as a principle, this must be regarded as having priority over other principles, is to suggest Schaff believes something which he actually takes considerable pains to deny. Speaking precisely of the problem of interfering with individual freedom of thought and expression in a Marxist socialist society, Schaff writes: "The situation would be exceptionally clear and straightforward if science and art evolved in a vacuum. But, as everyone knows, this is not the case; they develop

within society, and consequently, not only is their development affected by society, but, conversely, science and art also have an obvious influence on the development of society. And this is where complications and conflicts set in–for what is good and desirable from the point of view of one frame of reference is not always admissible from the standpoint of the other, and may even be decidedly harmful.

"The best conditions for the development of science and art are created by full freedom of discussion, when *all* opinions can be heard, since even false or socially reactionary doctrines may contain a grain of truth or at least embody something specific that is a stimulus to further reflection . . . At this point, however, the politician enters with his veto. And right he is–for from the social point of view these problems are neither abstract nor neutral. A theory which is false or socially reactionary and which forms men's beliefs leaves its mark on the historical shape of society. This is something that no one responsible for its destinies can tolerate . . . In view of the social implications of science and art, practice of *absolute* freedom *cannot* be, but also *should not* be. Socially, its fulfillment would be harmful." (p. 157, 158; emphasis is Schaff's).

3. "Western society" was allegedly "founded" on "values of humanism", and Marxism is not the "antithesis" of these values: when Fromm attributes this to Schaff, it calls to mind the saying that when Peter tells you about Paul, you learn more about Peter than about Paul. This kind of assertion about "Western society" gives good liberals the falsely comforting feeling that is criticized so sharply by Marx and Schaff, who hold consistently that Western society, in order to found itself, *professed* values of humanism, which the economic foundation on which it was built prevented it from fulfilling except on the part of a small minority, and even among them in a morally vitiated form. Schaff insists throughout that values have meaning only in terms of praxis. Any other approach leads to hypocrisy and ideological disaster. Schaff points out what he learned from Fromm about psychology; it is a pity Fromm has learned so little from Schaff about politics.

What must be kept in mind by a radical philosopher-critic in a "Western" country who is trying to understand and criticize the social philosophy that is produced in an "Eastern" country is the different kind of relationship between philosophic theory and social practice which necessarily exists in each country. (This is not to say there are no similarities.) One way of stating the difference would be to say that in the "West" the prevailing tendency is to criticize practice from the standpoint of theory, while in the "East" the prevailling tendency is to criticize theory from the standpoint of practice. The radical thinker in the "West" does not feel voluntarily responsible for the system of practice he sees all around him and in which he lives. Rather, he feels voluntarily responsible for doing something about it, which is a different attitude altogether. He does not identify himself primarily with *it*, but with the effort to change it at its roots. In the "East" the Marxist philosopher feels voluntarily responsible for the surrounding system of practice precisely at its roots. His primary responsibility is necessarily to protect those roots, not to change *them*. But he does want to change (or should want to change) whatever interferes with their growth. In this respect he, too, is criticizing practice from the standpoint of theory, but in his situation this respect is necessarily secondary, precisely because he is a Marxist, while, for the same reason, it is necessarily primary for the Marxist (or any radical theorist) in the "West". All this is a part of the dialectics of the relationship between theory and practice, a part which Marx himself never had the opportunity to experience.

Another way of putting this whole point is to say that to a philosopher like Schaff, Marxism is a movement, not only a set of challenging and noblesounding propositions, and not only a movement, but a process of social construction at a definite stage of development. His professional attitude is like that of Francis Bacon, who said (in the Preface to "The Great Instauration") that his philosophy was "not an opinion to be held, but a work to be done." The Marxist as such has a sense of different levels and stages of the work; otherwise, he loses perspective, and becomes something different from a Marxist. The problem of Marxism in relation to building a new society today is somewhat similar to the problem of the United Nations in relation to securing peace today: you have to work with what is there. You have only one world, and one world organization. If you can't get peace by working within that framework, you are not likely to get peace, and quite likely to lose the world. In relation to the peace problem, we have all now reached that delicate point where theory must be criticized from the standpoint of practice more than practice from the standpoint theory. It is easy enough to see all the faults, weakness, contradictions and gaps in the existing organization and the way in which it functions. It is easy enough to dream up all sorts of World Governments that would be "founded" on higher values and better principles, *if* only they could get so founded. But what would be the actual effect upon *peace* if the present imperfect world organization were broken up by "high minded" segments withdrawing from it in disgust and anger at others whom they blame for its imperfections?

By the same token, what would be the effect upon Marxism—that theory-practice combination whose distinctive characteristic is the acknowledgment that practice conditions theory more than theory conditions practice—if whole countries trying imperfectly to build socialism on Marxist principles are repudiated and condemned in the name of theoretical purism? In relation to such countries, which, in terms of Marxism, have already raised themselves to a higher level by the addition of the dimension of practice, the way to be a Marxist is to create from that level. This means not only to criticize theory from the standpoint of new practice, but also *honestly* and *courageously* to criticize the new practice from the standpoint of the old theory *wherever that has not been outdated*. Schaff sees there is no substitute for this, if Marxism is to live and grow. His work makes a great contribution to its growth.

Note

* All quotations are from the American edition, New York: McGraw-Hill, 1970. Certain typographical errors are here corrected.

Jean Stoetzel (Paris)

La notion de personne en psychologie sociale

La notion de personne est une notion très familière, d'un usage indispensable dans notre comportement à la fois intime et social. Nous avons une grammaire qui est basée sur la notion de personne (1ère, 2ème et 3ème), aussi bien que sur le nombre, singulier et pluriel, sur le genre, masculin et féminin (parfois le neutre), sur le temps (présent, passé, futur). Nous avons ainsi un certain nombre de catégories fondamentales, non seulement du langage, mais encore de la pensée et de l'action.

Il est curieux, alors que les philosophes ont réfléchi sur certaines de ces catégories, par exemple le temps, qu'ils aient si peu institué une critique de la notion de personne. En fait, la philosophie, comme la psychologie, j'entends la psychologie générale, a repris l'usage vulgaire la notion, sans en faire vraiment l'examen. Or cette notion n'apparait simple que parce qu'elle est familière. Déjà, à l'intérieur de notre culture, cette notion est complexe et même contradictoire. C'est ce que je voudrais montrer d'abord.

Je voudrais montrer aussi que chez nous elle a une histoire. Et surtout ce que je voudrais m'attacher à souligner, c'est qu'elle est loin d'être universelle – ce qui veut dire que si, dans l'ensemble des peuples occidentaux, des Amériques et de l'Europe, nous nous entendons sur cette notion, c'est que nous participons profondément de la même civilisation.

Or nous ne sommes plus seuls sur la planète : nous sommes en rapports constants avec l'Asie, l'Afrique, le monde du Pacifique. C'est une des tâches de la psychologie sociale de nous entendre harmonieusement avec les autres peuples.

Mais il faut d'abord préciser la manière dont l'Occident entend la notion de personne.

I

La meilleure voie pour exposer la notion de personne est celle que nous offre l'analyse de notre littérature.

I. Meyerson, pour la littérature comtemporaine, L. Lowenthal pour la période moderne ont montré ce qu'on peut tirer de cet examen[1].

En effet, Lowenthal le fait remarquer, ce que l'écrivain cherche d'abord, c'est à présenter des caractères plausibles; on doit donc s'attendre à trouver un accord entre l'image de la personne telle qu'elle est mise en œuvre par un écrivain, et celle qui existe dans l'esprit de ses lecteurs. Or, qu'est-ce que la personne? A cette question, la littérature occidentale a donné les réponses les plus diverses et les plus contradictoires, parfois à partir des mêmes expériences interprétées dans des sens opposés : ainsi la personne apparaîtra-t-elle universelle ou unique, simple ou complexe, cohérente ou inconsistante, permanente ou changeante.

(1) La personne est universelle, parce qu'elle est l'homme, l'être humain. Les traits humains sont interchangeables entre les individus; laissés à eux-mêmes, indépendamment des règles sociales, chacun se comporte de même manière; l'amitié dérive de la nature humaine elle-même, la jalousie est le symptome d'une convoitise de propriété (Cervantès, *La Gitanilla*). »Quand je vous parle de moi, je vous parle de vous. Comment ne le sentez-vous pas ? Ah ! insensé, qui croit que je ne suis pas toi !« (Victor Hugo, *Contemplations,* préface).

Mais la perspective se retourne à volonté, et la personne peut aussi être démontrée originale et unique; c'est-là le trait le plus frappant dans la littérature de la fin du XIXe siècle : » Ne crois pas que ta vérité puisse être trouvée par quelque autre . . . Ce qu'un autre aurait fait aussi bien que toi, ne le fais pas . . . Ne t'attache en toi qu'à ce que tu sens qui n'est nulle part ailleurs « (A. Gide, *Nourritures terrestres*). La personne est-elle donc unique ou universelle ? Car, qu'est-ce qui fait sa valeur ? Pascal déjà (mais il n'y prenait pas garde) s'empêtrait dans l'antinomie (cf. *Pensées,* ed. Brunschvicg, fragm. 29 et 7).

(2) La personne est, aussi, simple ou complexe. A vrai dire, la complexité paraît une découverte moderne : Lowenthal pense qu'elle date du XVIIe siècle, et plus précisément de Racine. Chez Shakespeare, chez Corneille, l'individu peut rencontrer des conflits, mais la source en est extérieure : il veut ceci et cela, mais que les deux tendances soient antagonistes dépend non de lui, mais des circonstances. Respecter son père et être amoureux sont deux tendances généralement compatibles. Si Roméo et Juliette, Rodrigue et Chimène sont déchirés, ce n'est pas parce qu'ils sont intérieurement contradictoires, mais à cause de querelles entre leurs familles, dans lesquelles ils ne sont pour rien.

Chez l'Hippolyte de Racine, plus rien de tel. Il a cru, autrefois, être simple, tout d'une pièce, et en a été satisfait (cf. *Phèdre*, I, i, v. 72). Mais c'était là un orgueil téméraire et naïf de jeune homme; il s'aperçoit maintenant que dans le même temps il veut et il ne veut pas, il fuit et il cherche, qu'en étant le plus lui-même il s'entraîne loin de lui-même, et au milieu de toute cette complexité, il ne se trouve plus (*ibid.*, II, ii, v. 529–548). Pascal avait aussi attiré l'attention sur cette complexité : » L'homme est naturellement crédule, incrédule, timide, téméraire . . . Description de l'homme : dépendance, désir d'indépendance, besoin « (fragm. 125, 126).

(3) Très proche de la précédente et en découlant, est l'antinomie unité-pluralité. Ce qui peut donner à la personne le sentiment qu'elle est simple, c'est qu'elle est une, parce que et en ce sens qu'elle est unifiée. Chez Corneille le héros, déchiré de conflits, unifie sa vie par sa volonté, qui est raisonnable et par là son Je devient le maître, le monarque de son moi (Auguste dans *Cinna*). Chez Racine, c'est la passion, c'est l'affectivité qui opèrent la synthèse. D'une manière ou d'une autre, chez les classiques, la personne, si complexe qu'elle puisse être, reste une, cohérente. On pourrait même dire que le procédé esthétique essentiel chez ces littérateurs psychologues de l'époque classique, consiste à montrer l'unité et la consistance de la personne à travers les épreuves auxquelles les héros sont soumis, et qui produisent d'abord chez eux des réactions en apparence contradictoires.

Mais ne pourrait-on pas faire ressortir aussi bien, et avec un succès esthétique égal, les inconsistances de la personne ? Lowenthal a analysé ce procédé de présentation littéraire tel qu'il apparaît dans *La Tempête* de Shakespeare (op. cit. p. 89–94). C'est sur de telles inconsistances que V. Hugo fonde les effets de son théâtre. Cependant, même chez Hugo, il reste impliqué que l'unité de la personne demeure, au-delà de toutes les incohérences dues à l'ironie du sort, qui met le talent politique de Ruy Blas dans une condition servile, la noblesse de Hernani dans une situation de proscrit et de chef de bande. C'est beaucoup plus tard, avec Pirandello, que s'affirmera sans aucune réserve une interprétation radicalement pluraliste de la personne[2].

Si je cherche à savoir ce que je suis pour un autre, par exemple pour ma femme, je vois que je suis une réalité déterminée, mais différente de celle que je me croyais être. Je suis donc deux, le moi pour moi et le moi pour l'autre. Or, l'autre est en réalité cent mille, qui me connaissent, tous différemment. Rentrerai-je en moi ? Je ne me reconnais pas : ce visage dans la glace, c'est moi, certes, mais par accident ; accidents aussi que ma profession, que l'histoire de ma famille ; accidents que chacun de mes actes, chacun commis par l'un des très nombreux individus que j'incarne, que je puis défaire aussi bien que faire, dans lesquels je refuse de me laisser emprisonner. Je ne suis aucune réalité propre, je suis en état de continuelle fusion, fluide, malléable[3].

(4) La personne se cherche, pourtant, car elle présente une caractéristique qui n'appartient qu'à elle : elle est pour elle-même ; elle est le réfléchi de la grammaire, le soi plus encore que le moi. Il nous faut nous connaître, c'est notre obligation[4]. Finalement, où se trouve le

vrai moi, que le triste héros pirandellien se croyait incapable de saisir ? Presque toujours dans une direction sociale, l'honneur, ou dans une direction affective, l'amour : l'honneur, symbole du caractère inviolable de la personne ; l'amour, phénomène-clef dans le développement autonome de l'individu moderne, celui qui met en cause l'essence même de la liberté de l'individu; deux parmi les plus hautes valeurs de la civilisation occidentale. La personne est donc une valeur.

La personne n'est pas le seul exemple en psychologie d'une notion descriptive ou explicative qui soit en même temps une valeur ; c'est aussi, on peut facilement le montrer, le cas de l'intelligence ; c'est sans doute le cas de la sensibilité. Mais aucune notion psychologique n'appartient tant au domaine des valeurs que celle de la personne. Qu'il s'agisse des idées populaires exprimées par la littérature, ou de la réflexion technique des professionnels de la philosophie, la personne est toujours un pour-soi, rattaché à ce qui a le plus de prix, l'honneur et l'amour, la raison et dieu. Le fait que la personne est une idée rattachée au monde des valeurs se répercute en de nombreux domaines de la pensée institutionalisée, dans le droit, civil, pénal, politique, dans la morale, dans la philosophie. Les répercussions se produisent au sein même de la psychologie sociale et de la sociologie. Ainsi, dans l'éducation, on voit bien que la description et l'interprétation dépendent du contenu de valeur attribué à la personne : comment l'éducation entend-elle former la personne, en la stimulant, ou en supprimant ce qui est mauvais ? De même, pour comprendre la diversification des statuts, il faut savoir à quel moment de la vie la personne atteint son sommet, quel sexe réalise le mieux l'idéal de la personne. Les sentiments institutionnalisés à l'égard des personnes, notamment dans le deuil, dépendent étroitement, on l'a fait remarquer, de la valorisation particulière qui est faite de la personne.

C'est dire finalement que la conception de la personne doit être une conception sociale, déterminée culturellement. Notre conception occidentale apparaît en particulier fortement liée à l'organisation de la famille nucléaire. Il sera donc essentiel de rechercher ce qu'est la personne en d'autres cultures. Mais auparavant, nous devons nous demander comment cette notion s'est constituée en Occident.

II

(1) Il nous paraît que nous trouvons des amorces précises des intuitions modernes dans la philosophie morale des Anciens, chez les Stoïciens, et plus particulièrement encore chez Sénèque, le philosophe que Cordoue a eu l'honneur de donner au monde romain (voir les *Lettres à Lucilius*). Ce que Sénèque a senti et a dit, avec une parfaite

netteté, c'est que la personne est pour elle-même : la grande affaire, c'est de se garder pour soi-même, de se reconquérir, de se faire : *Ita fac, mi Lucili, vindica te tibi*. Il faut être ménager de son temps, ne pas se disperser dans les voyages, ni avec la foule de ses relations. Il faut se mettre d'accord avec soi-même, devenir l'ami de soi-même. La personnalité n'est pas un donné, c'est une tâche, il faut réaliser en soi l'unité et l'identité de sa personne[5]. Beaucoup d'hommes placent leur personne là où elle n'est pas : elle n'est pas dans le corps et, pour un intellectuel, l'éducation physique est une occupation stupide ; elle n'est pas dans les biens, matériels ni sociaux ; elle est dans le libre usage de mes représentations, dans l'assentiment de l'esprit. La personne, c'est l'esprit, c'est-à-dire la raison[6]. Pour trouver la personne, il faut donc dépasser le costume et le rôle, et aller jusqu'à l'acteur. Mais peut-on s'arrêter à ce point ? La personne, quand elle rentre en elle-même, trouve des forces qui la dépassent : dieu est dans l'homme (*prope est a te deus, tecum est, intus est, Ad Lucil.* XLI). Nous sommes les enfants de Dieu, Dieu nous voit, nous pénètre, nous inspire. Mais alors, où commence et où finit le moi ? Sommes-nous dans la transcendance ou dans l'immanence ? La doctrine reste floue, c'est le christianisme qui l'achèvera.

(2) Etienne Gilson a bien montré comment l'étape suivante du développement de la notion de personne en Occident a été accomplie par les métaphysiciens chrétiens[7]. La personne, qui porte désormais son nom, *persona*, est à la fois âme et corps, car ce qui a reçu la pensée et la raison (sur quoi insistaient les Stoïciens), ce n'est pas l'âme, c'est l'homme (Athénagore, IIe siècle). La personne est donc individuelle, et ici se tranche définitivement l'équivoque qui demeurait, on vient de le voir, chez les Stoïciens. Mais l'individualité ne suffit pas à faire la personne : il s'y joint l'idée d'une certaine dignité : *personalis autem discretio dicit sin ularitatem et dignitatem* (la notion de personne implique individualité et dignité, Saint Bonaventure) ; car cette individualité est une substance, alle emprunte sa valeur à la raison. A l'aube du VIe siècle, Boèce avait déjà trouvé la formule synthétique qui sera constamment reprise : la personne est la substance individuelle d'un être raisonnable (*persona est rationalis naturae individua substantia*). Désormais, il ne faudra plus dire l'homme, mais la personne humaine. Toute la vie intérieure de l'homme chrétien, remarque Gilson (p. (p. 209), ramènera à la constitution progressive, à la retouche incessante et au perfectionnement inlassable de cette personnalité (qui n'atteint sa plénitude, il est vrai, que dans la vie future).

(3) Il est hors de doute que la manière dont les Occidentaux conçoivent aujourd'hui les personnes et se pensent comme personnes, a subi l'influence de cette philosophie chrétienne, et même coïncide dans une large mesure avec ces formules. Et cependant, il faut bien

noter aussi que la notion n'est pas psychologique, mais métaphysique et même théologique. Presque tout ce que nous savons de la philosophie de la personne, dit Gilson (p. 210), se trouve chez les penseurs du Moyen-Age dans des questions qu'ils consacrent à la théologie de la Trinité, et la définition de Boèce, tellement centrale, se trouve dans un traité sur les deux natures du Christ. C'est dans un esprit qui n'est pas moins philosophique que les penseurs modernes ont poursuivi leurs réflexions sur la notion de personne. Si l'on considère la présentation panoramique que Léon Brunschvicg a donnée du *Progrès de la conscience dans la philosophie occidentale*[8], on constate que cette conscience s'identifie à la pensée, à la connaissance, à la réflexion, mais non pas au pour-soi, à la personne. On en revient à l'idée de l'homme, de l'humanisme, de la liberté, qui sont assurément des thèmes philosophiques importants et légitimes, mais où se perd la notion de l'individu se pensant lui-même et agissant pour lui-même. L'exposé autobiographique de la première partie du *Discours de la méthode* n'a pas de relation avec l'*ego* de la quatrième ; l'*ego* présenté par Descartes n'est pas l'*ego* de Descartes, c'est l'*ego* universel. Toutefois il est encore réel, et c'est même la première réalité. Avec Kant (et déjà avec Hume) le moi perd cette réalité ; je ne peux affirmer que je suis une personne ; mais je ne pourrais penser si je ne me pensais pas comme une personne ; le sentiment du moi est peut-être illusoire, mais c'est un sentiment inévitable, » fondé dans la nature de la raison humaine «.

Si donc c'est dans la philosophie morale que notre notion de personne, notion pratique, notion vivante, celle que nous utilisons pour notre commerce avec les autres et avec nous même, s'est constituée grâce à la réflexion des Stoïciens et des chrétiens, à l'époque moderne c'est dans la littérature qu'il faut rechercher un approfondissement de la notion. C'est la voie que nous avions suivie dans notre première partie.

III

Mais il s'en faut de beaucoup que tous les hommes se pensent eux-mêmes comme personne dans le sens où notre histoire culturelle nous a conduits à le faire. Quand on se donne la peine de consulter l'expérience des ethnologues, on est frappé de la pluralité des conceptions et des fonctionnements de la personne, au triple point de vue des contenus, de la forme, et de l'existence même de ce concept.

(1) Les études approfondies que G. Dieterlen et M. Griaule ont menées depuis 1939 sur la personnalité chez les peuples soudanais (Bambara, Bozo et Dogon)[9], illustrent bien l'idée que la notion de personne peut, dans certaines cultures, différer profondément dans son contenu de la notion occidentale. Dans la personne soudanaise, et

en utilisant notre propre conceptualisation, on peut distinguer des éléments spirituels, des éléments corporels et des éléments sociaux.

Les éléments spirituels sont au nombre de trois. Dans la terminologie Bambara il s'appellent *ni, dya, tere,* et en Dogon *kikunu say, kikunu bumone, nyama,* ce qu'on peut traduire approximativement par l'âme, le double, la force vitale. Pour suivre plus spécialement l'interprétation bambara, le *ni* et le *dya* sont des éléments spirituels qui existent d'une manière permanente dans le groupe social. Au décès, ils quittent le corps. Le *ni* est recueilli et conservé dans un autel individuel, le *dya* retourne au fleuve, sous la garde du génie de l'eau, Faro. A la prochaine nouvelle naissance dans le groupe, le *ni* et le *dya* se réincarnent dans le nouveau-né. Quant au *tere,* il est sous la dépendance des deux âmes; on peut le comprendre comme étant le caractère de l'individu, mais peut-être mieux encore sa force vitale. Il est composé des *tere* des parents et aussi de celui du défunt dont il a hérité le *ni* et le *dya*. Le corps, autre élément de la personne, n'est pas totalement indépendant des éléments spirituels : le *tere* est déterminé par certains aspects visibles du corps, et le *ni* et le *dya* sont sexués comme le corps. Le corps a aussi des fonctions spirituelles, par exemple les cheveux contiennent une importante partie de *ni*. Il existe des correspondances entre le corps et le cosmos : les clavicules des Dogon comme des Bambara, qui sont cultivateurs, contiennent des symboles des huit graines fondamentales ; celles des Bozo, qui sont pêcheurs, des symboles des huit poissons principaux. Les éléments sociaux de la personne sont les noms et les devises. Un Dogon a généralement quatre noms. Un Bambara a un prénom, qui est celui de l'ancêtre qui lui a donné le *ni* et la *dya,* et un nom de famille, celui du père. Au nom, est généralement attachée une » devise «, qui est une formule efficace ; il s'y ajoute une généalogie, dont le rappel honore le porteur et rend propices ses ancêtres.

Cette conception de la nature de la personne en pays soudanais a des conséquences importantes. Objectivement, l'individu se trouve par sa personne intimement incorporé au groupe social, qui est éternel et invariable. Il est donc bien plus que lui-même, puisque son *ni* et son *dya* sont indéfiniment réutilisables. Il est aussi très déterminé par sa personne : son *tere,* qui est son caractère et le contenu de sa personnalité, lui vient pour ses diverses portions de ses géniteurs et de ses ancêtres ; le contenu de ses clavicules le prédétermine à être cultivateur ou pêcheur ; il peut même, s'il fait partie d'une caste endogame, ayant un contenu claviculaire différent, être voué au travail du bois, du cuir, etc., tout en étant relevé de certains interdits. Ce qui reste d'individuel chez le Soudanais est, objectivement, très peu de chose (car sa chair est » pour les termites « et disparaîtra à sa mort) : son squelette, dont on visitera les ossements annuellement, et la

» muo « de son *ni,* qui restera dans l'autel après réemploi de celle-ci dans une nouvelle naissance. Finalement, quel peut donc bien être le sentiment du moi chez le Soudanais qui sait qu'il n'est guère plus qu'une forme de passage ? Griaule (1941, *op. cit.,* p. 473) pense qu'on peut s'en faire une idée au travers de certaines institutions : ordre de préséance dans la consommation des denrées sacrificielles, déclamation des devises individuelles. Du fait par exemple que la formule est employée par les autres, et reconnue, admise, assimilée par le sujet, il s'établit une identité entre l'image que l'intéressé à de lui-même, et celle que les autres ont de lui. D'autre part, quand on constate combien chez les Dogon les représentations du *kikunu say* sont pauvres, réduites à des fonctions fondamentales d'unification et de direction du *nyama,* lequel en revanche supporte une gamme infinie de qualités essentielles ou temporaircs, on est porté, estime Griaule (p. 475), à identifier le premier au Je des Européens et le second au moi. Mais il est alors significatif que ces deux notions s'expriment en langage soudanais à la troisième personne.

(2) Mais ce n'est pas seulement le contenu de la personne qui varie quand on franchit les frontières culturelles, c'est aussi sa forme même. Un bon exemple en est fourni par la conception japonaise, telle que l'a présentée Ruth Benedict[10]. Alors que la vie personelle et morale de l'occidental est caractérisée par la tendance à l'intégration, le trait dominant au Japon est ce qu'on peut appeler le compartimentage. Le Japonais, qui porte un lourd fardeau de dettes à l'égard de ceci et de cela, a sa vie morale et personelle compartimentée en un certain nombre de » cercles «, le » cercle de *chu* «, le » cercle de *ko* «, le » cercle de *giri* «, le » cercle de *jin* «, le » cercle de *ninjo* « (obligations envers l'empereur, les parents, les personnes qui nous ont obligés, obligations d'humanité et de loyalisme, et enfin domaine des » sentiments humains « – *ninjo* – c'est-à-dire en grande partie plaisirs physiques). Nous pensons en Occident qu'une personne agit d'une manière consistante ; on la reconnaît à un trait dominant, à un type, à un rôle ; devant une de ses actions, on dit » c'est bien de lui «, » il est bien dans son rôle «, » c'est bien son caractère « ; et, par suite, les jugements moraux se font d'une manière globale ; cet homme est bon, cet autre est injuste. Au Japon, on vous jugera selon le cercle où vous vous serez manifesté : on dira » il connaît *jin,* mais il ne connaît pas *giri* «. On n'agira donc pas pour des motivations intérieures, intégrées à la personne, comme nous dirions en langage occidental, par patriotisme, par amour filial, par reconnaissance, mais selon des codes, » à cause de *chu* «, » à cause de *ko* «, » à cause de *giri* «. Et par suite, dès qu'on n'est plus dans un domaine de contrainte, il n'y a plus de contrainte ; le cercle de *ninjo* est heureusement là pour soulager des obligations : quand rien n'empêche de dormir, de manger, de s'enivrer, pourquoi se refuserait-on ces plaisirs ? Le domaine sexuel

est probablement celui dans lequel un Japonais et un Occidental se comprendront le moins. Car au Japon, le sexe est un sentiment humain parfaitement bon, pourvu qu'il reste à sa place, qui est une place très secondaire.

Cette conception compartimentée de la conduite produit des conséquences, et d'abord pour les rapports de la personne avec le monde. L'idée des Occidentaux est que le but principal de la personne est de rechercher le bien et d'éviter le mal. Le bien et le mal s'entendent à la fois par rapport aux choses et aux personnes, notamment à soi-même. Commençons par ce dernier point : le bien par rapport aux personnes est le bonheur. Tout le monde admettra en Occident que la recherche du bonheur est un but sérieux de la vie, à la fois dans le domaine public et politique, et dans le domaine privé. Cette idée apparaît aux Japonais étonnante et immorale ; le but est de s'acquitter de ses obligations ; le bonheur (pour autant qu'en puisse exprimer cette idée en japonais) est une détente, on le cueille quand il se présente. Les Japonais ne considèrent pas non plus qu'il y ait deux grandes forces antagonistes, le bien et le mal. Parmi les » cercles « de la vie japonaise, il n'y a pas de » cercle du mal « ; l'opposition de la chair et de l'esprit, si familière aux Occidentaux, est inconnue des Japonais. Dès lors, le conflit n'est pas entre le bien et le mal, mais entre des obligations qui sont également impératives, *chu, ko, giri*. Coincé entre deux obligations incompatibles, le héros japonais choisit la mort, pour régler ses dettes envers le monde et envers son nom ; mais non dans un esprit de résignation, avec des sentiments de pitié pour soi-même et de satisfaction de soi-même, comme il le ferait sans doute en Occident, non sans un secret pharisaïsme ; mais au contraire dans un esprit d'initiative et de détermination impitoyable.

On comprend alors ce que la personne japonaise est pour elle-même. Les bonnes intentions, si importantes en Occident, et si utiles dans la justification de la personne à ses propers yeux, n'ont pas de place dans la conception japonaise. Ce qui est important, c'est la force de caractère. Elle ne consiste pas, étant partagé entre le bien et le mal, à choisir le bien contre le mal ; elle n'est pas une révolte, au sens d'Albert Camus. Elle consiste, partagé entre deux devoirs, bons tous deux, à s'acquitter des deux, même s'ils sont incompatibles. La force de caractère réside dans le conformisme. La grande vertu de la personne, peut-être la seule vertu, c'est *makoto*. On traduit généralement ce mot par sincérité. Ce n'est certainement pas ce que les Occidentaux entendent par là : la sincérité occidentale est chose ridicule. *Makoto* veut dire vrai, réel. La vertu de *makoto* consiste à pousser la conduite à son point extrême, en la renforçant, dit Benedict (op. cit. p. 218–219), comme par un exposant qui la fait passer à la $x^{ième}$ puissance. Le code des devoirs étant posé, la personne s'acquitte de ces devoirs de toute sa force : en cela consiste la » sincérité «. L'exercice de la vertu de *makoto* nous met déjà sur la voie de la doctrine du non-moi, dans le philosophie de Zen, que nous allons bientôt retrouver.

(3) Mais si la personnalité peut différer d'une culture à une autre par les éléments qui la constituent, par son contenu, comme le cas des Soudanais en a fourni un exemple, et aussi par la disposition de ces éléments, par sa forme, si surprenante pour un Occidental, dans le cas Japonais, l'analyse permet de franchir un pas de plus : c'est la notion même de personne qu'il y a lieu de mettre en cause : il existe des sociétés où l'on ne pense pas en termes de personne, de moi, soit que l'idée de personne n'ait pas été dégagée, soit qu'on s'efforce de ne plus penser en ces termes. Comme type de société dont la culture est restée ainsi » en-deça « du moi, on peut prendre des Canaques de Nouvelle-Calédonie, étudiés par Maurice Leenhardt[11]. En langue houailou, *do kamo,* choisi pour faire le titre du livre de Leenhardt, c'est » l'homme vrai », vraiment humain, le vivant, qui s'oppose au *bao,* l'être qui n'a pas de corps. Or, précisément, pour le Canaque, le corps n'est pas la personne, le corps n'est pas lui. Le corps est seulement ce qui soutient, corps de l'homme, corps de la hache (son manche), corps du trou (son vide), corps de la nuit (la Voie lactée). C'est par ses relations sociales que se définira le *kamo,* mais il faut bien comprendre comment. En Occident, la personne se définit on s'opposant aux autres personnes à qui elle est liée. Il n'y a aucune telle opposition chez les Canaques : le *kamo* est tout entier dans ses relations, ab, ac, ad, etc., qu'on peut représenter par le schéma suivant :

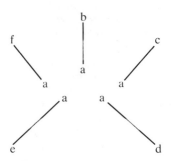

Chacune de ces relations est un rôle ; l'individu n'est plus rien, rien qu'un vide au centre des divers a :

L'individu ne se connaît et ne se désigne que par ces rôles, père de . . ., fils de . . ., etc. Et d'ailleurs, dans ces rôles, il est interchangeable ; dans un groupe de jeunes, tous jouent le même personnage, ils sont le même personnage. D'autre part, jamais les relations sociales ne manquent à un undividu ; un jeune n'est jamais seul avec lui-même, mais il est toujours dans un groupe de jeunes formant un bloc, même dans les aventures galantes. Si le *kamo* se définit par ses relations sociales, ce n'est que d'une manière imprécise. Il ne lui reste même pas la ressource de l'individualisation par le nom, car (1) le nom n'est pas fait pour individualiser, mais pour représenter des relations. Par exemple le prénom indiquera la position de l'individu dans son groupe parental : Poindi (le cadet), Tiano (la fille aînée du chef), Hiké (la cadette) ; (2) aucun nom ne peut recouvrir la personnalité entière ; chaque individu a plusieurs noms, nom de terroir, nom dans le groupe parental, nom ancestral. Il faudrait l'ensemble des noms pour reconstituer l'identité de la personne, or (3) le rôle du nom, l'usage du nom, sont minimes. A l'école, l'élève ne dit pas son nom, soit qu'il l'ignore, soit qu'il n'ose l'employer ; dans les légendes du folklore, la plupart des héros n'ont pas de nom. Quand on s'appelle on dit : – » hé, vous, les deux hommes, deux hommes, deux frères, deux hommes, d'Asawa ! « Le nom existe chez les Mélanésiens, mais n'a pas pour fonction d'individualiser une personnalité.

Leenhardt est donc fondé à conclure que les Canaques parmi lesquels il a longtemps vécu en Nouvelle-Calédonie ne se font pas une idée claire de leur personne. Avant l'arrivée des Européens, le Canaque parle et pense à la fois à la première et à la troisième personne. Là où nous disons » je fais «, il dit » je-fais-le-moi «, c'est parce qu'il ne dispose pas d'un nom personnel qui le désigne individuellement sans équivoque, parce qu'il est pris dans un réseau de relations sociales concrètes dont il ne peut s'abstraire, c'est surtout parce qu'il n'a pas du tout l'idée que son corps c'est lui-même. » Non, ce n'est pas l'idée d'esprit que vous nous avez apportée, disait le vieux Boessoou, ce que vous nous avez apporté, c'est le corps. «

Mais, si l'on peut ici, en employant notre terminologie occidentale (qui n'implique nullement l'adhésion à une doctrine évolutionniste), parler d'une conception qui reste » en-deçà « du moi, d'autres conceptions se placent » au-delà « du moi. Telle est la théorie du non-moi, de *l'anâtman*, dans l'Abhidharma indien (IIIe siècle av. J. C.), ou celle du *mushin-noshin* dans la secte bouddhique Zen des Japonais[12]. Pour comprendre l'esprit de *mushin*, prenons l'exemple de l'escrimeur. L'escrimeur novice pense aux gestes qu'on lui a appris, il regarde son adversaire, réfléchit à sa position, calcule le mouvement qu'il va faire, craint le coup qui le menace, espère le tromper par une feinte, souhaite gagner le tournoi, cherche à faire étalage de son adresse. En un mot, il pense, il calcule, il éprouve des sentiments, il est tout plein de l'idée de soi. Dans ces conditions, il ne sera jamais assez rapide, il est comme un automobiliste novice qui pense à ses manœuvres, réfléchit à l'emplacement de ses commandes, qui calcule en face de l'imminent accident. Le véritable escrimeur est débarrassé de toutes ces pensées, il n'a pas de pensées inutiles, il ne calcule pas, il ne pense pas à lui-même, il n'a plus de pensées égoïstes : il est dans l'état de *munen* (absence de pensée), de *musô* (absence de réflexion), de *muga* (absence de moi, non-moi) ; il ne fait plus qu'un avec son sabre ; il est un automate, il s'abandonne à l'inconscient, c'est » l'esprit de non-esprit «, le *mushin no shin.* C'est l'innocence de l'enfant, l'innocence des premiers habitants du jardin de l'Eden, l'état d'esprit du dieu quand il était sur le point de prononcer son premier fiat : l'abandon aux facultés naturelles, libre de pensées, de réflexions, d'affections quelconques. Le non-moi opère donc, et combien efficacement, le dépassement de la personne, dans la peinture et la calligraphie, dans la poésie, dans l'art des jardins, dans la cérémonie du thé, chez l'opérateur de marionnettes. Le non-moi réalise l'accomplissement parfait de l'être humain, par là il est vraiment » sincère avec lui-même « (Suzuki, *op. cit.,* p. 133). La personne des Occidentaux, avec son idéal d'unité, d'identité, d'intégration, n'est encore qu'une étape intermédiaire ; mais il ne s'agit pas non plus d'un renoncement, d'un abandon, d'une union mystique à l'indienne. Il s'agit d'une participation active et pratique aux forces cosmiques.

Conclusion

(1) Nous pouvons maintenant conclure. Nous le ferons d'abord négativement : notre notion de personne n'est pas la réalité ; elle n'est pas la réalité ontologique à laquelle nos philosophes ont cru parce qu'ils manquaient d'information ; ils parlaient de *l'Homme* sans connaître *les hommes.* Elle n'est pas non plus, comme le croient certains, » l'aboutissement d'une évolution « et c'est par une illusion ethnocentrique grave que nous nous croyons au bout de la ligne de l' » évolution humaine «. En tout état de cause, notre notion de la personne n'est qu'un fait culturel parmi d'autres.

(2) Mais nous pouvons aussi chercher à conclure plus positivement. Une théorie fonctionnaliste expliquera peut-être les relations qui existent entre la notion de personne telle qu'elle existe dans une société donnée, et la culture globale de cette société.

Dans les sociétés très traditionelles et de population peu nombreuse, la société chinoise de l'antiquité, les sociétés tribales de Mélanésie, l'individu demeure très peu différencié : à quoi y servirait l'originalité ? Ce qui importe, c'est que les relations de chacun avec tous soient bien définies. En Asie méridionale, la situation est toute différente. Il s'agit là de grandes sociétés, qui ont l'idée de la condition universelle de l'homme. Pour le penseur indien, l'individu est vraiment isolé, en face de l'univers des perceptions et des événements ; son problème se pose en termes de santé mentale, la solution ne peut se faire qu'en termes d'évasion. La doctrine japonaise du non-moi est toute différente, en dépit de l'identité des formules. Les Japonais ne sont ni des métaphysiciens ni des mystiques, ce ne sont pas non plus des hommes à rejeter définitivement leur obligations. La doctrine du *mushin no shin* est l'art de réagir comme il faut, en surmontant les interruptions de cet état indécis qui s'appelle le choix. Alors que dans la théorie occidentale, le moment le plus intense de la personne est peut-être dans la délibération et dans le choix, dans le Zen, l'individu atteint son sommet, le plus haut degré de sa » sincérité «, lorsqu'il devient spontané. L'idéal japonais de la personne n'est pas celui des petites différences personnelles bien intégrées' qu'on appelle le moi, c'est celui des actes bien adaptés, qui sont des actes universels. Ces analyses sont évidemment trop rapides, et on se résignerait encore moins à philosopher définitivement en quelques lignes sur l'accord entre l'esprit général de la culture occidentale et sa conception de la personne. Disons seulement qu'une conception individualiste convient bien, apparemment, à une technologie matérialiste, à un droit rationnellement établi, à une morale du péché.

(3) Finalement, l'analyse de la notion de personne dans l'expérience humaine nous aidera peut-être à l'époque où la vie est en train de devenir planétaire, à améliorer nos relations avec les autres peuples. Elle nous mettra en garde contre le dogmatisme naïf et nous protégera d'une » intolérance psychologique « au sens où l'on peut parler, dans le passé, et même dans le présent, d'une intolérance religieuse ou politique.

Le cas de la personne n'est pas le seul en psychologie, à cet égard. Nous sommes naturellement portés à penser, combien illusoirement ! que tous les hommes perçoivent, sentent, raisonnent, et pensent identiquement. La psychologie sociale tend à dissiper ces illusions, en reprenant à sa manière moderne les idées du médecin grec Sextus Empiricus qui vivait au IIIe siècle de notre ère. Mais la notion de personne est encore plus centrale, et il est encore plus important de comprendre que notre interlocuteur se pense, et par suite nous pense, dans des termes peut-être tout différents de l'idée que nous nous faisons de la personne stoïcienne et chrétienne.

Janvier 1973

Notes

1. Ignace Meyerson, » Quelques aspects de la personne dans le roman «, *J. Psychol. norm. pathol.*, 1951, 44 p. 303–334 ; Leo Lowenthal, *Literature and the image of man : sociological studies of the European drama and novel*, 1600–1900, Boston, Beacon Press, 1957, 242 p.
2. Voir *Uno, nessuno e centomila*, Bemporad, 1936, nouvelle éd., Mondadori, 1954, 165 p., trad., *Un, personne et cent mille*, Paris, Gallimard, 1930, 223 p.
3. Pascal semble avoir eu plus qu'un pressentiment de ces idées : » où est donc ce moi, s'il n'est ni dans le corps, ni dans l'âme ? « Voir tout le passage : » Un homme qui se met à la fenêtre pour voir les passants . . . « (*op. cit.*, fragm. 323).
4. C'est pourquoi le confident racinien exhorte sans cesse le héros à se connaître et à s'exprimer :

    Ah ! s'il vous faut rougir, rougissez d'un silence
    Qui de vos maux encore aigrit la violence . . .
    (*Phèdre*, I, iii, v. 185–186)
    Mais que sert d'affecter un superbe discours?
    Avouez-le, tout change . . .
    (*ibid.*, I, i, v. 127–128)

5. Quid est sapientia ? Semper idem velle atque idem nolle . . . Nesciunt ergo homines quid velint, nisi illo momento quo volunt . . . Variatur cotidie judicium et in contrarium vertitur . . . Nec hoc dico sapientem uno semper iturum gradu, sed una via (*ad Lucil.*, xx).
6. . . . quod proprium hominis est. Quaeris quid sit ? animus et ratio in animo perfecta. (*Ad Lucil.*, XLII).
7. Etienne Gilson, *L'esprit de la philosophie médiévale*, Paris, Vrin, 1932, 2 vol. ; 2è édit. 1944, 1 vol. 446 p. ; voir le chap. X, Le personalisme chrétien, p. 194–213 (2è édit.).
8. Paris, Alcan, 1927, 2 vol., 807 p.
9. M. Griaule, » La personnalité chez les Dogon «, *J. psychol. norm. pathol.* 1940, p. 468–475 ; – » Nouvelles recherches sur la notion de personne chez les Dogon «, *ibid.*, 1947, *40*, p. 425–431 ; Germaine Dieterlen, » La personalité chez les Dogon «, l'Anthropologie, 1939–1940, N° 6 ; – » La personne chez les Bambara «, *J. Psychol. norm. pathol.*, 1947, *40*, p. 45–53 ; – » Les correspondances cosmo-biologiques chez les Soudanais «, *ibid.*, 1950, *43*, p. 351–366 ; – *Essai sur la religion bambara*, Paris, Presses Universitaires de France, 1950, 240 p., ch. III » La personne «, p. 56–88 ; – » Les rites symboliques du marriage chez les Bambara «, Zaïre, 1954, N° 8, p. 815–841 ; – » Parenté et marriage chez les Dogon (Soudan français) «, *Africa*, 1956, *26*, p. 107–148.
10. *The chrysanthenum and the sword*, Boston, Houghton Mifflin, 1946, 324 p.
11. *Do kamo : la personne et le mythe dans le monde mélanésien*, Paris, Gallimard, 1937, 259 p. – Voir aussi : I. Meyerson, » Les apports de Maurice Leenhardt à la psychologie historique «, *J. Psychol. norm. pathol.*, 1955, p. 376–383.
12. cf. Daisetz Teitaro Suzuki, par exemple : *Essais sur le bouddhisme zen*, Paris, A. Michel, 1940–1943, 3 vol., 1374 p, ; nombreux ouvrages en diverses languages.

Stefan Swieżawski (Warszawa)

L'etude de l'anthropologie philosophique du XVe siècle : Problèmes, difficultés

L'histoire de la philosophie, comme chaque autre discipline scientifique d'ailleurs, est soumise à une méthodologie dont elle est obligée de respecter les principes ; elle doit répondre aussi bien aux exigences des sciences historiques que rester fidèle aux problèmes philosophiques constituant son objectif propre. Qu'il nous soit permis de nous limiter dans nos réflexions à un seul principe méthodologique parmi tant d'autres dont il est indispensable de tenir compte dans nos recherches sur l'anthropologie philosophique du XVe siècle[1]. Ce principe nous semble fondamental bien que souvent négligé ; il s'y agit de ne pas oublier que des problèmes philosophiques se trouvent souvent dans des textes dépourvus à premier abord de tout caractère philosophique. L'historien de l'anthropologie philosophique du XVe siècle doit en être bien averti ; à cette époque on trouve plus de contenu philosophique dans des écrits qui n'ont apparament point de rapport avec la philosophie que dans des ouvrages qu'on est tenté de nommer » philosophiques « sans hésitation ou qu'on appelait » philosophiques « à l'époque que nous étudions[2].

Parmi plusieurs domaines où le contenu philosophique peut rester inapperçu grâce à des apparences dépourvues de toute » philosophicité «, c'est la théologie et la médecine qui nous serviront de terrain de réflexion dans cette communication. En théologie le mélange d'éléments scolastiques, scripturaires et humanistes créait une ambiance propice à une présence de philosophie au cœur même des thèmes théologiques qui passionaient les gens de cette époque[3]. Certaines questions théologiques ne jouaient pas seulement un rôle important dans l'ensemble de la théologie du XVe siècle et suscitaient alors grâce à plusieurs facteurs un intérêt tout spécial, mais elles servaient en plus de véhicules aux questions-clefs de l'anthropologie philosophique qui se développait ainsi sur le terrain théologique. Nous n'en parlerons que de trois qui nous semblent appartenir à celles qui sont caractéristiques pour le siècle qui nous intéresse. Ce sont donc les problèmes concernant : l'humanité du Christ durant les trois jours entre sa mort et sa résurrection, la véracité des reliques miraculeuses de son précieux Sang et l'Imaculée Conception de sa Mère – et leur place dans les débats intellectuels du siècle qui nous intéresse, qui retiendront notre attention dans cet article tâchant de pénétrer davantage dans l'étude de l'anthropologie philosophique du XVe siècle.

On sait bien qu'au Quattrocento les universités italiennes ont largement introduit deux sortes de chaires de médecines, celles où on enseignait la » medicina practica « et d'autres dénommées » medicina theorica «[4]. C'était probablement le résultat d'un usage longtemps pratiqué que les liens entre les disciplines philosophiques ainsi que les sciences naturelles enseignées à la faculté des arts et la médecine devinrent particulièrement proches. La philosophie, et tout spécialement la philosophie de la nature, est donc considérée de plus en plus comme introduction normale aux études médicales[5]. Celles-ci deviennent donc imprégnées de philosophie[6] à tel point qu'on se demande est-ce que la médecine d'alors ne se transforme pas dans une nouvelle discipline philosophique. C'est certainement le cas de la médecine théorique qui n'est en fin de compte rien d'autre qu'une théorie philosophique de l'homme et tout spécialement du corps humain. L'historien de l'anthropologie philosophique du XVe siècle est obligé d'envisager toute cette contribution philosophique des médecines, n'oubliant pas en même temps que la médecine fut alors de plus en plus intimement liée aux expériences et aux réflexions astrologiques et magiques tellement en vogue à cette époque[7].

Nous limitant aux domaines théologique et médical, nous allons étudier brièvement le contenu anthropologique des trois problèmes théologiques déjà mentionnés en y ajoutant quelques réflexions sur certaines idées appartenant à la théorie philosophique de l'homme envisagée du point du vue des médecins.

1

La grande controverse entre les partisans de la pluralité des formes dans l'homme et ceux qui n'admettaient qu'une seule dans le composé humain réapparait avec force au XVe siècle dans un problème qui était déjà classique au XIIIe siècle, mais qui anime davantage les esprits du XVe : » Utrum in triduo mortis Christus fuit vere homo ? «[8]. Cette question invitait à une réflexion approfondie sur le corps humain en posant des problèmes ultérieurs ; entre autres : l'homme après sa mort est-il encore homme ; le cadavre est-il corps humain ?

Capréole suivant (d'après K. Werner) Hervé de Nédellec développe ces thèmes et arrive à ce propos à établir plusieurs sens du terme » corps « – et suivant ces différents sens donne des réponses diverses à la question » Utrum in triduo «[9]. Pic de la Mirandole, en parlant de ses maîtres parisiens souligne justement le problème qui nous intéresse mais lui donne un sens quelque peu différent : comment le Christ a pu être présent en enfer après sa mort et avant sa résurrection ? Suivant le compte rendu de Pic, nous apprenons que les maîtres parisiens se divisaient sur ce point du moins en deux camps : les uns (représentant l'opinion commune des théologiens) admettaient une présence réelle du Christ en enfer, tandis que les autres rejetaient sa présence en personne, la remplaçant par une présence d'action. D'après Pic, S. Thomas, S. Bonaventure, Duns Scot et les nominalistes étaient tous d'accord sur l'opinion que c'est la substance du Christ qui est la raison de sa présence réelle en enfer[10].

Il est évident que l'humanité du Christ mort recevait des explications bien différentes suivants les opinions des auteurs en ce qui concerne l'unicité ou la pluralité des formes dans le composé humain ; donc, cette controverse fondamentale renaît ici en marge du problème » Utrum in triduo . . . « Mais c'est encore dans la même problématique que se situe un nombre de problèmes bien caractéristiques pour le moyenâge tardif : si le Verbe divin reste lié, dans l'intervalle entre la mort du Christ et sa résurrection, à un corps mort, un cadavre, celui-ci étant une créature dépourvue de raison, une nouvelle question se pose immédiatement : Dieu peut-il s'unir à une créature non-raisonnable ? Grâce à plusieurs facteurs des controverses concernant cette problématique s'enracinent chez les penseurs du XVe siècle, suscitant d'un côté toute une surabandance baroque de questions se rattachant à la fameuse » communicatio idiomatum « (grâce à l'unoin de Dieu avec l'homme dans le Christ et dans l'Eglise, Corps du Christ, il semble qu'on est en droit d'affirmer de Dieu et du Christ ce qu'on affirme de l'homme et de l'humanité) et au thème » An Deus potuit assumere naturam irrationalem ? «[11]. Certains auteurs développent ces idées[12], tandis que d'autres protestent vivement et tâchent de remettre les controverses dans leurs justes cadres[13].

La christologie et l'ecclésiologie de l'automne du moyen-âge sont riche en problèmes importants pour l'anthropologie philosophique, mais nous n'avons pas la possibilité que de les citer en toute vitesse. Une théorie et une riche controverse sur la notion du corps humain sont à la base des grands thèmes théologiques » De carne Verbi «[14] – ou de l'agonie du Christ[15]. De même c'est l'anthropologie liée aux problèmes fondamentaux de la métaphysique (dont la terminologie évolue du façon très significative au XVe siècle !) qui est en jeu dans les réflexions à propos de l'» esse « du Christ : » Utrum unum tantum esse convenit Christo ? «[16]. Enfin, les deux questions : » Utrum assumpserit Deus individuum humanum an speciem ? « et » Utrum Ecclesia est quasi una quaedam persona ? « nous amènent vers le cœur même de la controverse des universaux appliquée à l'anthropologie philosophique ; on y revient au thème classique de l'homme universel et à la personnalité attribuable aux groupes humains[17].

2

Dans son bel article » Sang du Christ « M. D. Chenu montre qu'en liaison avec la problématique que nous venons de présenter et qui trouve son point de départ dans des cas considérés miraculeux à l'époque, deux controverses importantes du point de vue doctrinal et concernant les problèmes théologiques paraissent alors et agitent les esprits[18]. Si le Christ a versé tout son sang au Calvaire, est-il possible que des reliques de ce sang subsistent et qu'elles soient objets de culte ; le Christ resuscité n'a t-il pas repris et glorifié son corps entier, donc aussi la totalité de son sang ? Le fameux miracle des Wilsnack (et des cas semblables à la Rochelle et ailleurs), où des taches des sang furent soi-disant constatées sur des hosties découvertes dans une chapelle détruite – fut le point de départ de longues et passionantes disputes engageant toute une théorie de l'homme et tout spécialement des opinions sur les relations essentielles entre le corps humains, c'est-à-dire sa chair, et son sang. Voilà des raisons qui nous obligent de constater dans ces délibérations purement théologiques un contenu nettement philosophique et faisant partie de l'anthropologie conçue comme discipline philosophique.

On pourrait citer une longue liste d'ouvrages, provenant des environs de la moitié du XVe siècle, traitant de ce théme et se rattachant aux évènements controversés et surtout au miracle de Wilsnack[19]. Entre autre Jean Hus tâchait de démontrer dans son traité[20], autorisé d'ailleurs par l'archevêque et par l'université de Prague, que du point de vue dogmatique le miracle de Wilsnack n'est point admissible, car le corps entier et tout le sang du Christ furent glorifiés dans sa glorieuse résurrection. Nous voyons aussi que les réflexions sur le sang du Christ et sur les reliques de ce sang mènent inévitablement au problème du corps humain résuscité, thème essentiellement théologique, mais qui englobe nécessairement une philosophie de l'homme et tout spécialement une théorie du corps humain. La question concernant l'integrité de ce corps resuscité menait à des réflexions sur le corps humain en général et sur tout ce qui lui est essentiel, donc à une théorie philosophique du corps et de tout le composé humain[21].

Mais il est évident que ce genre de problèmes, se manifestant dans les controverses passionnées sur le sang du Christ, sur la possibilité de reliques de ce sang et de leurs présence miraculeuse ainsi que sur la résurrection du corps humain – n'était qu'un prolongement dans le XVe siècle des grandes disputes sur la pluralité des formes qui divisaient les esprits de la haute scolastique. La réapparition de ce thème classique en philosophie et en anthropologie, sous forme de controverses soi-disant purement théologiques sur le corps du Christ après sa mort et sur son précieux sang, est trait caratéristique pour l'ambiance doctrinale du siècle qui nous intéresse[22] – et dont l'historien de la philosophie est obligé de tenir compte.

3

Il ne faut pas s'étonner que l'historien de la philosophie, accoutumé aux méthodes habituelles et traditionelles de cette discipline, n'admet pas sans protestations que l'historien de la pensée philosophique étudisse des problème à tel point théologiques comme les doctrines concernant l'Immaculée Conception de la Sainte Vierge. Mais une réflexion méthodologique attentive nous met hors de toute incertitude et nous confirme que même dans des chapitres théologiques tellement éloignés de la philosophie » pure « comme celui sur l'exemption de la Mère du Christ de toute empreinte du péché originel on peut dégager un contenu important de problématique purement philosophique, voire anthropologique. Donc, la controverse entre maculistes et immaculistes (adversaires et partisans de l'Immaculée Conception), si vive au XVe siècle[23], apporte des matériaux précieux pour l'historie de l'anthropologie philosophique. C'est ce thème qui fut alors débattu dans de fréquentes disputations théologiques[24], dont certaines ont eues une portée et une importance considérables[25].

Il suffit de mettre en évidence deux thèmes faisant essentiellement partie des controverses entre maculistes et immaculistes, ces thèmes se rattachant en même temps aux lignes profondes de toute anthropologie philosophique. Le premier de ces thèmes concerne toutes les questions sur l'origine de l'âme. Le créationisme chrétien enrichi par la doctrine d'Aristote, qui admettait des étapes déterminées dans le développement du foetus humain, passant par des générations et corruptions successives (plante, animal), proposait un moment concret, un » instans «[26] durant la grossesse, où se réalise l'» animatio « du foetus, l'apparition de l'âme rationnelle et immortelle. A quel moment concret a lieu cette » animatio « ; le foetus humain avant l'animation, est-il déjà un homme ; l'âme rationnelle remplace-t-elle les formes substantielles précédentes ou bien subsistent-t-elles toutes dans le foetus après l'» animatio « ? Ce genre de questions, dont le caractère philosophique est évident, constitue le trame philosophique de la controverse théologique concernant l'Immaculée Conception.

Mais cette controverse ouvre une autre perspective théologique, dont les résonances philosophiques sont encore plus profondes et plus larges. Il s'agit des connections entre l'ensemble des problèmes groupés autour de l'Immaculée Conception et les questions concernant le thème du péché original. L'historien de la philosophie ne doit surtout pas perdre de vue un problème se trouvant dans les confins de réflexion métaphysique et morale : quelle est la valeur exacte du coté corporel, sensitif de notre nature ? Il ne faut pas oublier que la vision philosophique de l'homme varie profondément selon qu'on situe l'essence du péché originel dans l'orgueuil ou dans la concupiscence corporelle[27].

4

Nous avons suffisamment insisté au début de nos remarques sur le sens philosophique de la médecine théorique au XVe siècle. Du traité d'anthropologie philosophique, que fut alors cette partie de l'enseignement médical, nous voudrions mettre en évidence quelques thèmes concrets, dont le caractère philosophique nous semble hors de doute. Dès que nous réfléchissons sur le lien unissant âme et corps dans l'homme, nous nous trouvons au cœur même du thème classique de toute anthropologie, où chaque conception dualiste cherche à expliquer cette union étrange entre les éléments immatériels et matériels du composé humain. C'est dans cette perspective philosophique qu'il faut situer les théories médicales concernant les » esprits animaux « (» spiritus «), étranges corps minuscules, véhiculant la vie et les activités de l'âme dans l'ensemble des organes de notre corps. Cette théorie des » spiritus «, provenant de l'antiquité, prend au XVe siècle une importance considérable se rattachant d'un coté au problème de l'intermédiaire entre âme et corps[28] et de l'autre à une des questions centrales de la philosophie de la nature, au thème de la » remissio et intensio formarum «, manifestant les tendances des sciences de la nature vers une transposition de mèthodes qualitatives en étude quantitative de la réalité en question[29].

Un autre thème donna naissance à la création de diverses théories du corps humain ; c'est la doctrine des tempéraments avec tout ce qu'elle apporta comme stimulant de réflexion dans le domaine des opinions sur la vie affective de l'homme, sur l'amour en particulier ou sur les facultés de l'âme et du composé humain. Le livre passionnant de Klibansky, Panofsky et Saxl » Saturn and Melancholy « nous montre toute la richesse de cette problématique et les connexions intimes entre la philosophie, l'astronomie, la médecine et l'art du XVe siècle. Nous y apprenons que Saturne, l'astre protecteur des mélancoliques, est considéré aussi comme donateur de sagesse et des songes prophétiques ; la mélancolie est donc le tempérament des philosophes et des écrivains. La très ancienne conception des éléments, de leur mélange et des qualités primaires, de la différence entre la matière des corps animés et des corps dépourvus de vie, des » humeurs «, de la génération et de la corruption des formes etc. – tout ceci réapparait à l'époque que nous étudions accompagné de réflexions sur les tempéraments, réflexions de grande importance pour l'élaboration d'une philosophie du corps humain[30].

Mais il y a davantage ; les médecins étudient la simplicité et la composition de l'homme en abordant le problème des facultés, thème classique en anthropologie philosophique. Le célèbre maître de médecine Hugues Benzi est l'auteur de deux questions » De virtutibus animae «[31] et ses » digressions « dans son commentaire des » Parva naturalia « sont bien significatives : la première concerne la » generatio et operatio sensuum «, la cinquième le sens commun et dans la sixième Hugues justifie le fait qu'il n' ommet pas dans son commentaire le » De divinatione « en disant : » . . . nullus est in (philosophia) . . . locus magis absconditus, nullus mirabilior . . . nullus pretiosior, quam ut hanc egregiam hominis operationem, qua Domino maxime cognatus extat, praevisionem contigentium futurorum naturalibus mediis attingamus «[32]. Nous voyons que les médecins du XVe siècle n' hésitaient pas d'aborder du coté de la théorie des sens et du corps humain un des problèmes-clefs de la théologie et de la philosophie de cette époque, à savoir la connaissance des futurs contingents[33]. Mais les traités médicaux d'alors ne reculent point devant un autre thème qui passionnait les gens de ce siècle ; c'est la philosophie de l'amour, à laquelle ils accèdent en partant de la théorie de l'affectivité, si intimement liée à notre corps et à la structure profonde de notre composé psycho-somatique[34].

Le bilan de l'histoire de la philosophie ne sera jamais fait ; néanmoins chaque génération est obligée d'avancer toujours et de perfectionner les recherches et les études concernant les parties les plus abandonnées. En philosophie européenne le XVe siècle est une des époques le moins connues quant à l'ensemble de la productivité philosophique. C'est un siècle difficile à comprendre – et pourtant ce n'est pas seulement l'automne d'une époque écoulée ni le réveil d'une période à venir. Le XVe siècle est certainement un tournant des plus importants, mais il a son propre visage ; on commence seulement à saisir les traits de ce visage en philosophie.

Cette communication se veut une modeste contribution aux travaux qui doivent aboutir à établir les fondements et les directives méthodologiques d'une histoire de l'anthropologie philosophique au XVe siècle – d'une histoire qui saura découvrir des idées philosophiques sur l'homme au delà d'étiquettes et de dénominations purement verbales – et qui les recherchera dans des domaines où on néglige d'habitude leur présence.

Notes

[1] L'article qu'on va lire est un échantillon d'un ouvrage plus ample et plus détaillé que je prépare sur la philosophie au XVe siècle; ce sera une espèce de » guide bleu « à travers les problèmes philosophiques caractéristiques pour le XVe siècle (voir : Bulletin de philosophie médiévale [Louvain] N° 13 [1971], pp. 133–134). – J'ai eu l'occasion d'étudier les problèmes méthodologiques spécifiques pour les études de la philosophie du moyen âge tardif dans un article publié en polonais : Remarques méthodologiques concernant les recherches sur la philosophie du XVe siècle (Z problematyki metodologicznej badań filozofii XV w.) – dans : Roczniki filozoficzne (Lublin), 13, fasc. 1 (1965), pp. 43–60. – Ces mêmes questions, enrichies de plusieurs autres et envisagées du point de vue de l'histoire de la philosophie en général se trouvent développées dans mon livre polonais : Le problème de l'histoire de la philosophie (Zagadnienie historii filozofii), Varsovie (PWN) 1966, pp. 897.

[2] During the Renaissance not only theologians and scientists, but also politicians, physicians, classical philologists, literary men, and artists were driven to philosophic reflexion: P. O. Kristeller and J. N. Randall Jr., The Study of the Philosophies of the Renaissance–dans: Journal of the History of Ideas, 2 (1941), p. 449.

[3] L'étude du contenu des bibliothèques des théologiens et des penseurs d'alors nous révèle ce climat spécial où tradition scolastique et esprit humaniste, réflexion théologique et recherches philosophiques et scientifiques s'entremêlent et coëxistent. Voir : les ouvrages de P. Kibre, The intellectual Interests reflected in Libraries of the fourteenth and fifteenth Centuries – dans : Journal of the History of Ideas, 7 (1946), pp. 257–297, et tout spécialement p. 297 – et : The Library of Pico della Mirandola, New York 1936, passim. – C'est P. Duhem qui a le mérite d'avoir montré (Etudes sur Léonard de Vinci, ceux qu'il a lus et ceux qui l'ont lu, Paris 1955, p. 316) que le problème purement théologique de l'augmentation et de l'affaiblissement de l'amour, envisagé à la distinction 17ème du Ier livre des Sentences (De missione Spiritus Sancti qua invisibiliter mittitur) donna souvent naissance à des réflexions capitales pour la philosophie de la nature et concernant le thème classique » de intensione et remissione formarum «.

[4] En 1496 il existaient à l'Université de Padoue dix chaires de médecine, cinq de médecine pratique et cinq de théorique (L. Mabilleau, Etude historique sur la philosophie de la renaissance en Italie) Cesare Cremonini, (Paris 1881, p. 106). Voir p. ex. : M. Jannizzotto, Saggio sulla filosofia di Coluccio Salutati, Padova 1959, p. 62 ; G. Saitta, Antonio Cittadini medico, filosofo di Faenza ... – dans : Giornale critico della filosofia italiana, 35, 3e série 10 (1956), p. 533 ; L. Thorndike, Science and Thought in the fifteenth Century ..., New York 1929, pp. 24–57; à la p. 273 Thorndike cite un titre de question disputée caractéristique : » De fractura capitis in universali et hoc theorice «; E. Garin, La filosofia. I ... – dans : Storia dei generi letterari italiani, Milano 1947, pp. 209–212 ; E. Garin, L'umanesimo italiano ..., Bari 1964, pp. 25–46.

[5] A Padoue Aristote est considéré comme introduction à la médecine : J. H. Randall Jr., The Development of scientific Method in the School of Padua –

dans : Journal of the History of Ideas, I (1940), p. 183 ; – le doctorat » in artibus « y précédait d'habitude celui en médecine : Br. Mardi, Copernico studente a Padova – dans : Mélanges offerts à Gilson, Paris–Toronto 1959, pp. 440–442. – Voir : D. B. Durand, Tradition and Innovation in fifteenth Century Italy – dans : Journal of the History of Ideas, 4 (1943), p. 7, note – 12.

[6] Dominique Bianchelli (Menghus Blanchellus) écrit vers 1470 : » . . . scientia veri medici . . . (est) philosophia cum medicina « : G. F. Pagallo, Nuovi testi per la » Disputa delle Arti « nel Quattrocento . . . – dans : Italia Medioevale e Umanistica, 2 (1959), p. 479 ; voir aussi p. 469. – Il faut donc être bien averti de cet état de choses et lire souvent » philosophie « où dans les catalogues de bibliothèques on parle de collections médicales ; p. ex. le contenu des 800 volumes médicaux dans la bibliothèque universitaire d'Erfurt vers 1480 (P. Kibre, The intellectual Interests . . . , pp. 290–291) était sûrement plus philosophique que médical.

[7] Stöckl attirait déjà l'attention des historiens sur le fait que les médecins (surtout les médecins allemands) des XVe et XVIe siècles saluaient dans la Cabbale un excellent moyen de se débarasser des inconvénients de la scolastique (A. Stöckl, Geschichte der Philosophie des Mittelalters, v. 3, Mainz 1866, p. 395). Toute une littérature médicale témoigne de ces connexions entre les sciences occultes et la médecine (p. ex. l'ouvrage sur la peste de Jean Widmann, professeur de médecine à Tybingue : J. Haller, Die Anfänge der Universität Tübingen . . . Stuttgart 1927, 1. pp. 134–137). Voir aussi les excellents ouvrages : K. Sudhoff, Iatromathematiker, vornehmlich im 15. und 16. Jahrhundert – dans : Abhandlungen zur Geschichte der Medizin, 2 (1902), Breslau (surtout les pp. 25–28) et R. Klibansky, E. Panofsky and Fr. Saxl, Saturn and Melancholy . . . (ed. Nelson) 1964 (surtout les pp. 266–273). On voit que les réflexions philosophico-médicales étaient une des voies conduisant vers cette invasion d'occultisme et de gnose, caractéristique pour l'ambiance doctrinale de l'époque dite moderne.

[8] La liste des auteurs traitant ce problème au XVe siècle serait longue. Citons ici à titre d'exemple deux auteurs moins étudiés : le » rationaliste « chrétien Reginald Pecock (E. H. Emerson, Reginald Pecock . . . – dans : Speculum, 31) 1956 (p. 259), et le franciscain Louis de Prusse (P. Minges, Das Trilogium animae des Ludwig von Preußen O. F. M. – dans : Franziskanische Studien, 1) 1914, (p. 295).

[9] K. Werner, Die Nachscotistische Scholastik – dans : die Scholastik des späteren Mittelalters, v. 2, Wien 1883, pp. 442–450 et 547–550. – Dans ses » Libri defensionum . . . « (l. 2, dist. 15, q. 1) Capréole conclut : » Corpus Christi in sepulchro existens fuit pars essentialis naturae humanae in Christo per synecdochen, quia scilicet parsillius corporis, scilicet materia prima fuit pars naturae humanae in Christo « (cité par Werner, ouvrage cité, p. 450). – Dans le livre 3, dist. 21 Capréole distingue cinq sens du terme » Corpus Christi « : » Dimensio trina de genere quantitatis ; materia subiecta quantitati . . . ; compositum ex materia et forma substantiali causanti trinam dimensionem corporis; compositum ex materia et habitudine ad formam ; compositum vel aggregatum existens sub esse actualis existentiae, cui communicat anima. « (Werner, ouvr. cité, p. 548).

10 Voir : A. Dulles, Princeps Concordiae. Pico della Mirandola and the Scholastic Tradition, Cambridge (Mass.) 1941, pp. 39 et 99. – Gabriel Biel était d'accord avec S. Thomas que le Christ » non fuit vere homo in triduo mortis « : H. A. Oberman, The Harvest of Medieval Theology..., Cambridge (Mass) 1963, p. 269. – Monnerjahn s'incline à voir une critique ironique dans le rapport de Pic sur l'enseignement théologique des maîtres parisiens : E. Monnerjahn, Giovanno Pico della Mirandola..., Wiesbaden 1960, p. 182.

11 D'après Oberman (The Harvest..., pp. 249 ss. ; 257 et 260–261) c'est Guillaume Ockham, voulant fonder sa théorie de substance en Christologie et réfléchissant sur le plan » de potentia absoluta «, qui avait introduit comme exemple l'incarnation de Dieu dans un être dépourvu de raison. Voilà le point de départ de la fameuse théorie dénommée » asinus «, où Ockham traite de notions importantes en anthropologie philosophique (subsistentia, habitus, humanitas) et dont Gabriel Biel découvre les sources chez Henri de Gand. – Borchert (E. Borchert, Der Einfluß des Nominalismus auf die Christologie der Spätscholastik... – dans : Beiträge zur Geschichte der Philosophie und Theologie des Mittelalters, 35) 1940, (fasc. 4–5, p. 101), cite Henri de Langenstein : » In triduo Deus fuit caro etc. Dico, illa propositio › caro vivebat ‹ admittitur propter communicationem ydeomatum, quia substantia carnis vivebat et suppositum quod dicebatur corpus vel caro «.

12 P. ex. un Jean Mair (T. C. Law, John Major... – dans : The Scottish Review, 19) 1892, (pp. 362–365) ou un Nicolas de Cues (D. Mahnke, Unendliche Sphäre und Allmittelpunkt..., Halle 1937, p. 105). Pour Gabriel Biel voir : Chr. Dolfen, Die Stellung Erasmus von Rotterdam zur scholastischen Methode, Inaug. Diss., Osnabrück 1936, pp. 70–71 et 77. – K. Binder (Wesen und Eigenschaften der Kirche bei Kardinal Juan de Torquemada O. P., Innsbruck 1955, pp. 190–195) parle d'Augustin Favorini.

13 P. Glorieux (Le Chancelier Gerson... – dans : Mélanges offerts à E. Gilson, Paris-Toronto 1959, p. 288) en parlant de l'attitude hostile de Gerson à l'égard des doctrines extravagantes, cite le » De communicatione idiomatum « de Nicolas Oresme, selon lequel » tout prédicat créé peut être... transferé en Dieu, au point qu'on porrait dire de Dieu qu'Il est damné «. – Pic de la Mirandole (dans son » Apologie «, 3, 24b) met en relief l'absurdité de thèses, émanant de toute une problématique nominaliste (à savoir : » Deus est asinus ; Deus est lignum ; Deus potest esse damnatus ; Deus potest torqueri a diabolo ; Diabolus potest esse Deus «), et se prononce contre toute possibilité d'une union de Dieu avec des être dépourvus d'intellect : » Non assentior communi sententiae theologorum dicentium posse Deum quamlibet naturam suppositare, sed de rationali tantum hoc concedo « (Conclusions cabbalistes, 13, 157a : E. Monnerjahn, Giov. Pico..., pp. 5 et 119–120). – Dans une lettre (de 1499) à John Colet, Erasme souligne le côté scandaleux de ces questions que les théologiens osent poser, à savoir : est-il possible que Dieu s'unisse à la nature du diable ou de l'âne (Fr. Seebohm, The Oxford Reformers... 3e édition, London 1887, pp. 129–130). Plus tard Luther va fulminer contre l'invasion d'une raison rivale de la foi, conduisant à de telles conclusions que celle qu'on trouve dans le » Centiloquium « d'Ockham : » Deus est lapis ; Deus est

asinus ; Deus est pes Christi ; caput Christi est pes Christi ; pes est manus «
etc. (H. Hermelink, Die theologische Fakultät in Tübingen vor der
Reformation . . . , Inaug. Diss, Stuttgart 1906, pp. 130–131).

[14] L. Meier, Christianus de Hidderstorf . . . – dans : Antonianum, 14 (1939), p. 73.

[15] Toute une théorie des » passions de l'âme «, de la volonté, des rolations entre âme et corps etc. est inclue dans la discussion entre John Colet et Erasme sur l'agonie dans le jardin des oliviers (Fr. Seebohm, The Oxford Reformers . . . , p. 116ss.).

[16] K. Werner, Die nachscotistische Scholastik . . . , pp. 533–536.

[17] Voir : K. Binder, ouvrage cité, pp. 186–188 ; Chr. Dolfen, ouvrage cité, pp. 70–71.

[18] M. D. Chenu, article Sang du Christ – dans : Dictionnaire de théologie catholique, v. 14, 1ère partie, col. 1094 ; voilà les deux polémiques : 1°. Le sang répandu par le Christ dans sa passion fut-il alors séparé de la personne du Verbe ? – auquel cas il ne devrait pas être adoré ? – 2°. Ce sang du Christ fut-il conservé en reliques ? – aquel cas il doit être adoré ?

[19] L. Meier (Der Erfurter Franziskanertheologe Johannes Bremer und der Streit um das Wilsnacker Wunderblut – dans : Aus der Geisteswelt des Mittelalters, v. 2, Münster i. W. 1935, pp. 1249–1253) cite toute une série d'ouvrages » De Sanguine Christi « datant de cette époque et rédigés par des auteurs plus ou moins liés à l'Université d'Erfurt (Jean Bremer, Jean Hus, Mathieu Doering, Herman Bansleven, Jean Witten, Jean Presbyter, Jean Kannemann, Jacques le Chartreux ou de Paradyz, Jean Scharkapp). Jacques de Paradyz donne une vue d'ensemble de cette controverse et S. Jean Capistran se prononca sur le cas de Wilsnack (L. Meier, Christianus de Hidderstorf . . . , pp. 44–58 ; L. Luszczki, De sermonibus S. Joannis a Capistrano . . . – dans : Antonianum . . . , theses ad lauream Nr 142, Romae 1961, p. 177). Voir : L. Meier, Der Erfurter Theologe . . . , pp. 1260–1262 ; Fr. Böhringer, Die Vorreformatoren des vierzehnten und fünfzehnten Jahrhunderts – dans : Die Kirche Christi . . . , v. 2 : Mittelalter, 4, 2, Zürich 1858, p. 127 ; P. Albert, Matthias Döring ein deutscher Minorit des 15. Jahrhunderts., Stuttgart 1892, pp. 63–71. – P. Feret (La faculté de théologie de Paris et ses docteurs les plus célèbres. Moyen-Age, v. 4, Paris 1897, p. 119) parle du cas de La Rochelle (Saintes) et cite la décision de la faculté de théologie de Paris de 1448 : » . . . (il) ne répugne point à la piété des fidèles de croire que le Christ a laissé sur la terre quelque peu de son sang répandu dans la Passion. «

[20] Le traité de Jean Hus » De omni sanguine Christi glorificato « édité d'abord dans » Hussii Opera «, Norimbergae 1715, v. I, pp. 191–202; voir : P. Albert, Matthias Döring . . . , p. 63.

[21] Voir : Fr. Böhringer, ouvrage cité, pp. 128–131 ; L. Meier, Der Erfurter Theologe . . . , p. 1260 ; L. Meier, Studien zur Franziskanertheologie an den Universitäten Leipzig und Erfurt – dans : Franziskanische Studien, 20 (1933), pp. 285 et 269 où Meier cite une question anonyme : » Utrum in resurrectione generali vere futura totum resurget quod est de hominis natura « ; P. Feret, La faculté de théologie . . . , p. 119. – Suivant Denys le Chartreux (H. Pohlen, Die Erkenntnislehre Dionysius des Kartäusers. . . . , Inaug. Diss, Köln 1941, p. 8) l'union du corps et de l'âme dans l'homme nous oblige à reconnaitre la nécessité d'une résurrection du corps (De

lumine christianae theologiae, 2, 90 et 93). – Sur le problème de la résurrection chez François de Silvestris de Ferrare : K. Werner, Die Scholastik des späteren Mittelalters, 4, 1 : Der Endausgang..., Wien 1887, pp. 354–355 ; – chez Marsile Ficin : P. O. Kristeller, The Philosophy of Marsilio Ficino, New York 1943, pp. 189–198 et 389–390.

[22] En opposant les thomistes dominicains aux représentantes de l'école franciscaine, Chenu (Sang du Christ vol. 1095) écrit : »... les thomistes... pensaient que le corps (après la mort du Christ) n'avait plus de forme humaine, et ne conservait son identité personnelle que par sa relation divine au Verbe, tandis que les franciscains... estimaient que le corps était totalement identique de par la même forme corporelle, forma corporeitatis «.

[23] Voir : G. M. Löhr, Die Kölner Dominikanerschule vom 14. bis zum 16. Jahrhundert, Köln 1948, p. 97 ; A. Renaudet, Préréforme et humanisme à Paris pendant les premières guerres d'Italie (1494–1517), Paris 1916, pp. 106–107, 251–252 ; V. Doucet, Magister Aegidius Carlerii († 1472) eiusque quaestio de Immaculata Conceptione B. Mariae Virginis – dans : Antonianum, 5 (1930), pp. 427–430 ; P. Feret, La faculté de théologie..., v. 4, pp. 136–137, 338 ; W. Lampen, De Fratribus Minoribus in Universitate Coloniensi tempore mediiaevi – dans : Archivum Franciscanum historicum, 23 (1930), p. 487 ; L. Luszczki, De sermonibus..., pp. 218–227 ; L. Meier, Joannes Bremer O. F. M. Immaculatae Conceptionis strenuus defensor – dans : Antonianum, 11 (1956), pp. 429–486, passim ; P. Minges, Das Trilogium animae des Ludwig von Preußen..., p. 295 ; H. A. Oberman, The Harvest..., pp. 284–313 ; G. F. Pagallo, Nuovi testi..., p. 471 ; D. Scaramuzzi, Il pensiero di Giov. Duns Scoto nel Mezzogiorno D'Italia, Roma 1927, pp. 102–103 ; F. Secret, Les kabbalistes chrétins de la renaissance, Paris 1964, p. 28 ; Tractatus quatuor de Immaculata Conceptione B. Mariae Virginis... – dans : Bibliotheca Franciscana scholastica medii aevi, v. 16, Quaracchi 1954, passim ; K. Werner, Die nachscotistische Scholastik, Wien, 1883, p. 541 ; K. Werner, Der Endausgang..., Wien 1887, p. 97.

[24] P. ex. : G. M. Löhr, Die theologischen Disputationen und Promotionen an der Universität Köln im ausgehenden 15. Jahrhundert..., – dans : Quellen und Forschungen zur Geschichte des Dominikanerordens in Deutschland, 21, Leipzig 1926, p. 22.

[25] P. ex. : G. M. Löhr, Die Kölner Dominikanerschule..., p. 99 ; G. M. Löhr, Die Dominikaner an den deutschen Universitäten am Ende des Mittelalters – dans : Mélanges Mandonnet (Bibliothèque thomiste), 2, Paris 1930, p. 413.

[26] Voir : H. Ameri, Doctrina theologorum de Immaculata B. V. Mariae Conceptione tempore Concilii Basiliensis, Romae 1954, pp. 27–28 (Jean de Palomar – et le problème de l'» instans animationis «). – Le thème de l'» instans « en général suscitait l'intérêt des philosophes de la nature : C. Dionisotti, Ermolao Barbaro e la fortuna di Suiseth – dans : Studi in onore di Bruno Nardi, v. 1, Firenze 1955, p. 239 ; C. Prantl, Geschichte der Logik im Abendlande, v. 4, Leipzig 1870, pp. 180–182, 208–209, 232–233.

[27] S. Clasen, Henrici de Werla O. F. M. Opera omnia, 1 : Tractatus de Immaculata Conceptione B. M. V...., The Franciscan Institute, St. Bonaventure N. Y. 1955, surtout pp. XV–XVI.

[28] P. O. Kristeller, The Philosophy of M. Ficino . . . , pp. 371–372, 385–387; P. Duhem, Etudes sur Léonard de Vinci . . . , pp. 180–185 (Duhem semble confondre les différents sens du terme » esprit «) ; R. Klibansky, E. Panofsky and Fr. Saxl, Saturn and Melancholy . . . , pp. 265–266 ; J. C. Nelson, Renaissance Theory of Love . . . , New York 1958, p. 111 ; G. Quadri, La dottrina psicologica di Avicenna interpretata da Ugo da Siena . . . , – Appendice dans : La filosofia degli Arabi nel suo fiore, v. 1, Firenze 1939, pp. 248–250.

[29] Voir les travaux de Anneliese Maier sur la philosophie de la nature au moyen âge tardif ; voir aussi : M. Clagett, Giov. Marliani and late Medieval Physics, Dissert., New York 1941, pp. 84–89.

[30] P. O. Kristeller, The Philosophy of M. Ficino . . . , p. 212 ; P. Lockwood, Ugo Benzi – Medieval Philosopher and Physician (1376–1439), Chicago 1951, Appendice VIII, p. 228 ; G. Sarton, The Appreciation of Ancient and Medieval Science during the Renaissance (1450–1600), Philadelphia 1955, pp. 24–25.

[31] P. Lockwood, Ugo Benzi . . . , p. 39 ; R. Klibansky, E. Panofsky and Fr. Saxl, Saturn and Melancholy . . . , pp. 350–351 ; G. Quadri, La dottrina psicologica . . . , pp. 251–275 (étude poussée du thème des facultés étudiées par les médicins).

[32] P. Lockwood, Ugo Benzi . . . , pp. 205–208.

[33] Voir : La querelle des Futurs contingents (Louvain 1465–1475). Textes inédits p. Léon Baudry, Paris 1950, passim.

[34] Nelson rappelle que les deux auteurs les plus importants traitants du problème de l'amour à l'époque de la renaissance étaient des médicins : Marsile Ficin et Léon l'Hébreu (S. C. Nelson, Renaissance Theory of Love . . . , pp. 70, 96). Sur le thème de l'affectivité : L. Thorndike, Science and Thought . . . , Appendice X, p. 284.

Alexander Szalai (Budapest)

Future implications of recent advances in communications technology

Thoreau's doubts

There is the story about the young man who breathlessly reported to Henry David Thoreau about that great new invention, the telegraph which would permit "Maine speak to Texas". The poet pondered the news for a minute then asked: "But what if Maine has nothing to say to Texas?"

Nowadays citizens of the United States make some 150 billion phone calls per year, including more than 6 billion long-distance calls. During the last decade direct long-distance dialing, that is instant switching without the intervention of any human operator, proved that it could be profitably introduced throughout practically the whole territory of the U. S. in spite of the high investment in trunk lines, carrier systems, automatic intercity exchanges, etc., necessary for such arrangements. Maine had so much to say to Texas that it could bear the costs. In 1970 direct dialing was established even on a transoceanic scale between New York and London and, if the annual growth rate of overseas calls continues to be around 25 per cent (that is to say, a tenfold increase in a decade, a hundredfold increase in twenty years), then it is easy to foresee how soon the need for world-wide direct dialing will arise for those who *have* phones. Volume brings down the costs for them. As a matter of fact, Nauru in the Pacific recently became the 128th country which can be reached from the U. S. by regular phone service, and any subscriber in the United States can place a call to 96 per cent of the world's phones. But, of course, nearly half of the world's phones happen to be in the United States and about 80 per cent of them are concentrated in the nine highly industrialized countries which occupy the top range of the world's telephone statistics.

Although every citizen of the United States now makes two phone calls per day on the average and a long-distance call about every twelfth day, this does not mean that Thoreau's doubts were unfounded when he put them forward. While it is easy to show for most mechanical and chemical inventions of the classical type – the steam engine, the spinning jenny, the steamboat, the railway, the automobile, synthetic dyes, dynamite, rayon, nylon, plastics, and the like – that they came into being as an answer to more or less evident or at least perceivable social and economic demands, the reverse relation seems to hold in the field of modern communications where the supply of new inventions tends to create demands nobody ever heard of, needs nobody ever felt. It is highly improbable that anybody in Maine ever wanted to speak by live voice to Texas before the invention of the telephone offered him an opportunity to do so. And who needed news and music around the clock in his home before radio broadcasting was invented? What social demand was there for colour television before it became available?

As a matter of fact, the needs a newly invented tool of communications could fulfill often had to be invented separately, in some cases many years after the invention has been made and even perfected to a considerable extent. Radio telephony had been available and even in commercial usage for quite a number of years when David Sarnoff, an engineer employed by the Marconi Wireless Company of America proposed in 1916 that his company produce a "radio music box" which could be sold for home reception of musical and educational broadcasts emitted for just such a purpose. It was not the technique but the social usage which hat to be invented in order to create modern radio broadcasting. The demand followed the supply like ever-growing thunder.

It has often been contested – among others in about 600 separate law suits – whether Alexander Graham Bell could rightly claim to be the father of that epoch-making new communications device, the telephone. In fact, it is quite possible that J. P. Reis, Elisha Gray and others conceived similar *technical* ideas somewhat earlier than Bell. However, Bell established his real and unique claim to immortality as the inventor of the telephone not simply by attaching a strip of iron to a membrane which, when actuated by voice, would vibrate in front of an electromagnet, thus inducing an undulatory electric current capable of transmitting speech to the other end of a wire where a similar device would reproduce the voice. Bell invented much more than that, he invented something nobody ever dreamt of: he invented the *social usage of* the telephone, a *new mode of human communications.* Shortly after he received his much contested patent he made the following fantastic prediction on March 25, 1878:

"It is conceivable that cables of telephone wires could be laid underground, or suspended overhead, communicating by branch wires with private dwellings, country houses, shops, manufactories, etc., uniting them through the main cable with a central office where the wires could be connected as desired, establishing direct communications between any two places in the city. Such a plan as this, though impracticable at the present moment, will, I firmly believe, be the outcome of the introduction of the telephone to the public. Not only so, but I believe, in the future, wires will unite the head offices of the Telephone Company in different cities, and a man in one part of the country may communicate by work of mouth with another in a distant place . . ."

To foresee and forecast this only two years after a primitive experimental set-up transmitted over a short piece of wire the famous sentence: "Mr. Watson, come here. I want you" – that was the real stroke of the genius, the *social* invention of the telephone. It is the sort of insight into the social, nay, societal implications of a new communications technique which any futurologist can only deeply envy.

When trying to assess the prospective political and socio-economic implications of new developments in communications technology, it is hardly necessary to indulge in futuristic speculations about the kind of miraculous gadgets the laboratories may produce in the coming years. The gap between what is technically feasible or even commercially available in the field of communications today and what is being effectively put into use by society – this gap between the scientific and technical offer and the human and societal utilization of it is so enormous in this field that may well take all the time of the "foreseeable" future until even those advances in communications technology which already have been achieved could be put to general use and become politically, socially and economically digested and assimilated by humanity, on the global scale.

The lag in the social usage of new means of communications

On the whole, the social usage of contemporary means of communications lags far behind the current development of communications technology. This is true on the global scale where – as we shall soon see – a dearth of communication facilities persists in huge parts of the world.

However, even in the industrially most advanced and most affluent countries of the world strong political, social and economic forces seem to be a work which resist or retard the spread of important new communication techniques or put restrictions on their usage.

Of course, it has never been easy to introduce radical technical innovations even into the directly profitable production of material goods. Vested interests in old ways of production and traditional sources of raw materials, lack of entrepreneurial spirit, far of risks, scarcity of capital and skilled manpower, absence of appropriate marketing outlets, etc., had to be overcome in nearly every instance. Still, in the case of innovations affecting the field of human communications some additional and apparently even more powerful factors have to be taken into account.

Firstly, communications have to do with the transmission of information, of knowledge, of culture. The control over these intangible goods happens to be one of the mainstays of political, social and economic power. It is, therefore, by no means surprising that those who own such power in society are rather careful about letting their monopoly get out of their hands. Any change in the distribution of information, knowledge and culture within a society tends to produce, rather soon, a change in the power structure. It is by no means accidental that the most basic innovation in the field of human communications since man began to speak, namely the art of writing and reading which was developed more than five thousand years ago, has still not been allowed to spread among the great masses in so many parts of the world. Free access to the printing press – a four hundred years old invention – by no means goes without saying in a great number of industrially well advanced countries and there are more than a handful where even the ownership of mimeographing or copying machines has to be licensed. And in the majority of all sovereign states it is at present accepted practice that the government should own or at least control all radio and television broadcast stations.

The old adage that knowledge is power thus provides a rather important incentive for those in power to keep the introduction and spread of any innovation in the field of communications under their own control. For obvious reasons, such control works in most cases as a restricting and retarding factor concerning the propagation of new communication technologies.

Secondly, even where no considerations of power are involved, and in fact the new techniques of communication could enhance the might and the authority of those who put them to use, human nature tends to put strong brakes on progress. There is something extremely personal about the ways people are wont to communicate, to assimilate and to give away information. Habits connected with this kind of mental activity are deeply ingrained, often archaic, and to a great extent not even conscious. People feel them to be part of their ego, and are phone to regard any interference in this sphere as an infringement of the rights of their personality.

When steel pens were introduced in the place of goose quills, complaints were heard for many years that the personal character of handwriting would get lost. It took a decade until ball-point pens could overcome similar resistance and were accepted in classrooms. The typewriter has been with us for quite a long time now but it is still regarded in many places as a courtesy to insert the salutation in typewritten letters by hand, and even where busy managers let facsimile stamps of their own signature be applied for signing most of the mail going out of their office, a blue or green ink-pad is customarily used to make the stamped-in signature look more "personal". On the other hand, mimeographed circular letters are often made up to look like typewritten individual letters in order to make them more effective.

Although transacting business by phone is much less time-consuming than correspondence and, axcept for the spelling of names or the enumeration of figures, misunderstandings are less wont to arise in live-voice communications than in written ones, and although in addition all sorts of inexpensive voice-recording equipment is available to provide a permanent record of phone conversations, the telephone is still heavily underused as a means of official communication in most governmental, or for that matter intergovernmental, bureaucracies. This is not, however, true any more in many sectors of the business establishment. It is on record that soon after Kurt Waldheim took office in 1972 as Secretary-General of the United Nations, he found it necessary to remind top officials of the Secretariat that in many cases it would be much preferable if they called him over the phone instead of sending him minutes he must read and answer in writing.

So-called "conference phone" arrangements – circular phone connections in which each participant can hear all the others and also speak to all of them – can nowadays be established on the shortest notice even in transoceanic relations. How much time, labour and cost could be saved, for instance, within the United Nations system if at least some meetings settling international or inter-agency matters were replaced by conference phone discussions has, to the best of our knowledge, never been systematically considered neither by the Secretariat nor by the governments which constantly complain about the costs of the world organization. By way of illustration we may mention that for the same money the Secretariat spends, say, on buying a return flight ticket for one of its directors from New York to London, the same director could speak for nearly five hours over the phone to London and at the top commercial rate of transatlantic phone calls. However, quite obviously rational administrative and financial considerations are by no means the only ones which count when it comes to changes in accepted patterns of communications. Quite apart from objective difficulties, questions of prestige, status and all sorts of customarily enjoyed fringe benefits are involved.

A monumental example of the lag of social usage behind current developments in communications technology is – surprisingly enough – the case of the computer. Outwardly everything looks fine. From 1955 to 1970, that is in fifteen years, the number of computers in actual usage has grown from less than a hundred to well over a hundred thousand. A whole new industry has sprung up for providing just "software", i. e. programmes for the users. While in 1945 (at a labour cost of dollar 1.00 per hour and at a rate of 16 operations per minute) it cost about 1 000 $ to do a million operations on the traditional type of desk calculators in a month, today's computers can perform the same work for six cents and in practically no time at all. What more needs to be said?

Well, much more needs to be said. Anybody who has only a moderate amount of insight into the present state of the computer art and business knows only too well that even where extremely powerful computers have been introduced in great numbers into the management of affairs, as, for instance, in banking and in some sectors of commerce and industry, only a small fraction of the immense capabilities of these machines is being effectively exploited. Probably 80 per cent or more of the world's "computer population" is at present used almost exclusively for purposes of accontancy – as sort of a "glorified accountant" – as if the capability of doing great masses of elementary arithmetics at great speed for billing and bookkeeping purposes were the main or only *raison d'être* of computers. In truth, computers are "logic machines", and arithmetical operations are only a very narrow and subordinate application of their logics. They are capable of helping men to solve problems by their immense aptitude to memorize and then to retrieve and reproduce in any selection, order or combination huge bodies of data, numerical or verbal; to follow up long and highly ramified chains of consequences which could be derived from a given set of conditions and premises; to model, simulate and analyse all sorts of processes, including many of those which take place in the social world – and so on, and so forth.

At the very least, computers can relieve managers of human affairs – civil servants, administrators, businessmen and the like – from very many relatively easily definable *routine* tasks they have to perform day by day, and even from some *not-so routine* tasks they have to perform at particular stages in their decision-making processes. But although many of the very best achievements of computer science during the last two decades lie in the production of "software" for such tasks, and a great variety of ready-made and pre-tested programmes are commercially available for potential users of this kind, very many of the computers installed in government, business and industry have a lot of unused capacity which could be put to use at nearly no extra cost. Applications of computers as "logic machines", as helpers in thinking, remembering, ordering, combining, experimenting and analysing, are still largely mistrusted, neglected or simply left unused by the great majority of those who should know better.

More recently, due to the spectacular success of some "managerial" computer applications in a few world-known leading industrial enterprises and also in a few selected branches of governmental administration here and there, a slow change of attitude can be observed. It becomes more and more fashionable among officials and managers to *have* a computer at their service and to *order* computer analyses for the purpose of executive action. True, in very many cases one would find on closer inspection that operations are effectively still planned and executed "in the old way", that is on the basis of personal intuition, experience and know-how, and reams of computer output provide only a fig-leaf of modernization and optimization. Sometimes one gets the feeling that managers are less than willing to get relieved of a lot of routine work and routine decisions, and are rather reluctant to admit that even the slightest part of their official functions could be so trivial as to be "programable" on a computer. It is also a fact that it is not so easy to lay down in explicit rules of procedure, as the computer needs them, whatever is involved in quite routinely repeated administrative actions. Thus, progress is slow and "social technique" is not likely to catch up soon with advanced technology in this field, although an accelerated assimilation of computer technology in the management of human affairs is surely to be expected once the initial inertia has been overcome.

It is interesting to note in this context the experience in many advanced computer research centres of the world, namely that high-school students who learned computer programming languages in their teens (while working as volunteers or earning pocket-money during vacations) in the laboratories, tend to become the most ingenious and inventive programmers. Because of their youth, Fortran, IPL, and other programming languages easily become like mother tongues to them. They don't "translate" the problems they have to solve into, say, Fortran – they already think out their problems and formulate them right from the beginning in this idiom familiar to them.

Once the new generation, which was born at the same time as the computers, is educated and gets into higher administrative and managerial positions – and the time for this is not very far away any more – a rather sudden turning point may be reached in what has so far been rather slow process of assimilating the computer into the management of human affairs.

All these considerations may contribute to understanding the reasons why, in the case of communications technology, social usage tends to lag so far behind technological development and the supply of technical innovations so often precedes social demand which then has to be specially "invented", or at least promoted, in order to permit people to benefit from the new technology.

The dearth of communications throughout the greater part of the globe

All considerations and complaints about delays in putting new advances of communications technology and sophisticated information processing gadgets, such as the computer, to the use of society are insignificant as soon as we start to contemplate the dearth of communications throughout the greater part of the globe where even conventional means of communication (which for many decades or even centuries have been in mass usage among the people partaking of the benefits of industrial civilization) are in scare supply or totally lacking.

The fact that communications are among the most powerful agents promoting socio-economic development has the deepest political, social and economic implications for global development policies. It would be difficult to overestimate the importance of communications for socio-economic development. Not taking this sufficiently into account in the planning of aid to development could have grave deleterious effects on the outcome of such efforts to help the people of the less developed countries improve their lot.

A number of pioneering studies carried out in the late forties and early fifties – among others by Daniel Lerner in the Middle East, by Y. V. L. Rao in India, by Oscar Lewis in Mexico – have convincingly shown the paramount role of communications in producing those changes in human consciousness and social behaviour which form the soul of socio-economic development and modernization.

A UNITAR Research Report prepared as a contribution to the preliminary discussions of the World Plan of Action for the Application of Science and Technology to Development summarized the findings as follows:

"What happens in a village when a road comes to link it with the outside world? ... Life changes. People begin to travel to work in nearby towns or to markets. They see new things. They buy new things. Officials and entrepreneurs come into the village more often. The doctor may come where previously he would have refused. Newspapers can be delivered.

Telephones, radios, television, movies also come and produce similar changes in the way of life. While they do not physically bring in people, they bring in words that carry advice on agricultural practices or public health. The media show where opportunities exist for using new commodities such as electricity, refrigeration, or automotive transportation. They introduce new kinds of music, new kinds of drama, new scientific knowledge. They may also be used in the classroom; radio and television teaching can put the resources of world culture and advanced science and technology in the hands of the village teacher.

These observations from experience and common sense are further supported by a growing series of studies that correlate modernization with access to the media of communication. All over the world, it has been found that those individuals and villages with access to the printed page and radio have modernized faster, are more progressive, and understand the world better than those without it. Correlation studies show few variables as predictive of modernization as the measures of mass media exposure".[1]

Before trying to glance into the future, let us look back for a moment into the recent past.

More than ten years ago, in 1961, UNESCO set a minimum goal for mass communications in the developing countries. Based on a survey carried out at the request of the United Nations the following were established as the lowest acceptable standards: 10 copies of daily newspapers, 5 radio receivers and 2 cinema seats per hundred people. It should be noticed that this bare minimum does *not* provide access to the mass media for each family on a regular basis; for this at least twice as many newspaper copies and four times as many radio receivers would be needed. Only by organized group reading or listening, only by community use of the mass media can the whole population be reached if standards of mass media distribution are set so low.

However, right now, more than ten years after this "minimum goal" has been set, the lowest acceptable standards have not yet been met throughout vast parts of the globe.

As far as the "10 copies of daily newspapers per hundred people" standard is concerned, it has not even been approached to any appreciable extent during this period on a global scale. For instance, for five of the most populous developing countries on the Asian, African and Latin American continents, having a total population of about 1 billion people, the latest available data show the following picture:

Indonesia – 0.7 copies per hundred people;
India – 1.3 copies per hundred people;
Pakistan – 1.8 copies per hundred people;
Nigeria – 0.7 copies per hundred people;
Brazil – 3.4 copies per hundred people[2].

Thus, only 7 to 34 per cent of the "lowest acceptable standard" set more than ten years ago has been achieved in five great countries comprising nearly a third of the world's population. Is it not somewhat ironical to ponder the "global implications" of recent advances in communications technology under such circumstances? True, it took Gutenberg about 5 years to cast and compose the movable type for his historic Bible and another 3 years to print some 200 copies. Today, however, with the new electronic machines, the same Bible can be set in type and composed into pages in 77 minutes flat, and on the very same day huge automatic presses like those used for the production of current paperbacks could begin to spew out bound copies ready for delivery at the rate of 200 per minute. But what does such technology "imply" for countries where maybe only ten people out of a hundred can read and maybe only one man out of a hundred has the chance to *get* something to read in the form of newspaper copy?

Now, what about that other "lowest acceptable standard": 5 radio receivers per hundred people?

Thanks to printed and integrated circuits, miniaturization and other "spin-offs" of computer and space technology pocket-size transistor radios can be mass produced presently at a cost of a couple of dollars or less per piece. These tiny receivers can be operated with the help of cheap little batteries even where no other supply of electrical power is available and assure good reception of broadcast stations at a distance of several hundred miles.

Transistor radios of this kind are ideally suited for usage "in the bush" and massive exports of these inexpensive gadgets (mainly by Japan) have indeed contributed to the spread of radio in the developing countries. But in spite of such favourable conditions, most Asian countries are still far away from the minium goal set by UNESCO right at the beginning of the First Development Decade and Africa can meet the lowest acceptable standard only if one includes South Africa where of course the white population own far more than a million receivers. According to the latest available data instead of 5 people out of a *hundred* only 4 people out of a *thousand* own a radio receiver in Zaire, only 7 people out of a *thousand* in Pakistan, and so forth.

In the latest volume of "World Communications" issued by UNESCO in the mid-sixties it was stated that "today some 2 000 million persons living in more than 100 countries and representing 70 per cent of the world population still lack adequate communication facilities", that is facilities measuring up to the above quoted lowest acceptable standards. This statement can be validly repeated right now at the threshold of the mid-seventies with a slight change in one of the figures. The number of those who lack adequate communication facilities is still about 2 000 million but these people constitute now less than 70 per cent of the world population because this has increased at a rapid space in the mean time.

Thus the dearth of communications throughout the greater part of the globe has not been relieved during all the years of the First Development Decade in which a system of communication satellites has been established permitting live television reportage of the Olympic Games from one end of the world to the other, "nanoseconds" (billionth of seconds) had to be introduced as a new unit of measurement for expressing the speed at which computers perform operations, and so forth.

Although nobody would deny the tremendous importance of communications for development, and indeed practically everybody pays lip service to it, a real understanding of the needs involved and of the high priority of their fulfilment has by no means been generally achieved among planners and decision-makers of development policy.

In 1962–1963 less than 0.5 per cent of the loans made by the World Bank were for the purpose of developing communications. In India's third Five-Year Plan 0.9 per cent of the total budget was allocated to communications, compared to over 19 per cent for transport. Although a very successful experiment was performed in the early sixties in Liberia with the production of local mimeographed newspapers of which not less than 30 were established in a short time at minimal cost and UNESCO gave great publicity to this undertaking, the example found few followers. It often seems to be easier to get a costly modern television station established providing programmes for the capital and its immediate surroundings in a developing country than to mobilize much smaller funds there for providing village schools with cheap radio sets for educational broadcasts.

Available comminucations technology – available in the sense of being ready for low-cost mass production and mass consumption – *could* produce a dramatic turn within the foreseeable future in the slow and problem-ridden developmental processes of the Third World. It *could* help like nothing else to overcome the basic human (political, social, educational, etc.) obstacles which tend to hold up or distort progress even where great and valid efforts are made to give *material* aid to underdeveloped economies.

There is tremendous *promise* in the application of communication technology to development – of *new* techniques like that of communication satellite which can provide vast territories where no lines of communications exist with a complete network of teletyper, telephone, radio and television channels hung down literally from the sky of blue above, and of *old* techniques like those of the printing press, of the typewriter, of the filing cabinet and the mailbox which are so sorely lacking and so characteristically holding up by their lack the process of socio-economic development in a great many countries of the world.

To be sure, it is no wisecrack that we included the filing cabinet and the mailbox in our reference to tools of communication which hold a promise for development. Development planning and multilateral aid to development has overlooked or at least underestimated for quite a while the extent to which the spreaking of such traditional techniques of communication – traditional in the *developed* countries! – such as file-keeping, registry, and organized mail delivery is a *pre-condition* for the success of any concerted developmental action. If records are not kept and mail is not regulary delivered *no* planned development can take place. Still, computers have been offered and even sold to countries where administrative record-keeping and data collection practically does not exist.

In spite of all this, there is unmistakably a growing "communications-consciousness" arising nowadays in most agencies, national and international, involved in developmental planning and action. And this gives rise to some hope. Because at the point we have now reached the implications of communications technology for the development of the Third World are in no way dependent on the emergence of any *new* invention or of any other "surprise factor" nobody could really forecast. These implications are so clear and obvious that no intuition is needed to perceive them. It suffices to look around and see what existing means of communications have done and are doing day by day for industry, agriculture, health, education and welfare in places where they *do* exist.

One thing can be forecast with a fairly high degree of certainty. If the development of communications receives such low priority in developmental investments for the Second Developmental Decade as it received in those of the preceding ten years, then the gap between the haves and the have-nots of modern communications technology – which happens to coincide (by no mere accident) with the gap between the prosperous and the poor nations of the world – can only increase, and the development process which is stalling and sputtering in many places will come to a grinding halt in more than just a few of the countries of the Third World.

On the other hand, whether the above referred germinal communications-consciousness of planners and decision-makers in national and international development policies will grow and will be translated into action soon enough to prevent such dire consequences, whether and at what point in time action will be taken that would permit *realization* of all the positive implications of modern communications technology for global development – those are questions about the future which could be answered only by far bolder predictions than we would dare to make at the present juncture.

Active participation in telecommunications and irrelevance of distance

We tread on firmer ground when we try to outline some prospective developments in the social usage of communications technology which may come about within the foreseeable future in those more advanced parts of the world where lack of means, poverty and backwardness do not hamper technical progress, at least not in any measure comparable to that we have just seen.

True, even in countries which have reached a high degree of industrialization and general socio-economic development quite strong forces are often at work resisting and retarding the full exploitation of new communication techniques. We have discussed the lag caused by such factors in an earlier section of this paper. However, we have also seen that the technology tends to create a corresponding demand for new communication facilities in contemporary industrial societies where the whole functioning of political, social and economic institutions is already heavily dependent on technical means of communication.

Let us now turn our attention to some recent advances of communications technology which seem to have rather important implications for political, social and economic life in the foreseeable future and may also affect international relations.

It would be a vain attempt to survey here the extent and depth of the impact which the introduction and spread of the two electronic mass media have made on society during the last fifty years. The effect was incomparably swifter and also much more massive (in the sense of reaching far greater masses) than that of the printed word. Within a few decades radio and television have changed the ways in which people live and spend their time, the ways in which domestic and international politics are transacted, the ways in which ideas are diffused and goods are being marketed. This is so obvious that no supporting evidence needs to be presented here.

But however effective radio and television broadcasting proved to be as media of mass communication, they share a characteristic functional limitation with all other mass media, old and new, that is with books, newspapers, posters, newsrools, movies, gramophone records, etc. They *provide one-way communication channels:* they make it possible to reach people – maybe millions of them – with messages, but don't give those people the possibility to *answer.*

This one-way-channel characteristic is not inherent in the basic communication techniques involved, as such, but rather pertains to the stage of practical development they had reached until very recently. Heavy investment and long apprenticeship or study has always been needed in order to be able to operate a printing press, a movie camera, a record-cutting apparatus, not to speak of a radio or television transmitter. On the *receiving* end of these mass media no comparable outlays and no skills at all, or only very common ones were required for participation. Even the minimal effort needed to tune early radio receiver sets was soon eliminated by technical arrangements which made it possible to chose the programme by setting a pointer on a dial or pushing a button.

The invention of transistors, higher sophistication in circuitry, cybernetics, miniaturization and many other technical advances worked hand in glove to reduce by several orders of magnitude the size, the costs, the power requirements and also the degree of skills needed on the *transmitting* end of radio communication channels. This did not immediately affect mass communication by radio, i. e. radio broadcasting, but "walkie-talkies", pocket-size radio transmitter-receivers (in effect, personal radio-telephones) have during the last fifteen years become quite common in industry, commerce and traffic-control, not to speak of military and police applications, and more recently even in households (e. g. as door-guards) and on the playgrounds of children.

A similar thing happened to other gadgets on the transmitting end of mass communications and of telecommunications in general. Anybody can today make a musical or voice recording on a tape recorder as easily as he can play-back a grammophone record. In addition, tape-recorders abound now in offices, households and children's playrooms. Movie cameras are being mass produced for everyday amateur use. Secretaries can learn in half an hour how to operate a teletyper and are making the art of the telegraphist obsolete. They can also learn in a few hours how to operate those electronic typewriters which produce pages undistinguishable from type-set print, and push-button operated office machines handled by the same secretaries can spew out by the thousands collated and stitched copies of documents, brochures and indeed books produced by nothing but secretarial skills. About three years ago Sony even began to market television cameras with video-tape recorders for amateur use, permitting anybody who can afford it (the gadgetry still costs about 1 200 $) to produce his own television programmes for home use.

All this signals a development which tends to reduce the investment and skill required for *active*, that is *transmitting*, participation in telecommunications to such an extent as to make them, sooner or later, *marginal*.

A second and perhaps still more important development is that which tends to make the costs of telecommunications more and more independent of *distance*.

Several decades ago the introduction of short-wave techniques into radio transmission had already reduced the size, the cost and the power requirements of long-distance radio communications by a factor of 10 or more and excluded to a great extent the need for complex relaying arrangements and the like. The application of still shorter waves, i. e. still higher frequencies, made it possible, for instance, to establish so-called broad band microwave connections between various regions which permit the transmission of more than twenty thousand (!) simultaneous long-distance phone conversations over a single antenny system and even that is not the limit. There has been, for instance, the replacement of hand-operated switchboards first by electromechanical and lately by more and more instant-switching electronic exchanges where clever computer-like arrangements even circumvent heavily used trunks and reroute calls through circuits which happen to be free. These and many other technological achievements have made it possible, firstly, to introduce direct dialing, that is *instant phone connection* between any two stations in continentally sized networks (e. g. in the U. S. and Canada), and secondly to reduce the rate to be paid for even cross-continental long-distance calls to a low multiple of the rate paid for local calls. It is well known that except at business hours any directly dialled 3-minute long-distance call between any two points of the continental United States – be it even between Miami, Florida and Seattle, Washington – cannot cost more than just $ 1.00 while a local call costs 10 cents. And the long-distance rate happens to be more profitable to the phone companies under such circumstances than the local one.

Some countries such as Canada which would have to lay thousands of miles of new cables to complete the network of cross-country phone lines over their vast territory are now considering stopping entirely the laying of long-distance cables and making use of the services of a communication satellite instead. As it happens, communication satellites are enormously proficient in transmitting phone calls. For instance, INTELSAT IV has twelve major – that is TV – channels, and each of them can be used to transmit 600 telephone channels, that is a total of 7 200. INTELSAT V promises to do much better than that.

Now, as soon as communication satellites are exploited in this way within telephone networks, the cost of phone communications will *effectively* become independent of distance. If a phone call is being shot up to a communication satellite hovering in the sky 22 300 miles over the Equator for return to a point on the globe where the party called up happens to live then it is indeed irrelevant from the viewpoint of costs, or from any other viewpoint for that matter, whether the two phone stations between which a communication has thus been established lie at a distance of fifty or five hundred or five thousand miles from each other. After all, let us remember that in earlier days – not so far back – even ordinary postage was calculated by the mile.

Nowadays we are not surprised at all that the same stamp will carry a letter to the next block or to the other end of the country, and even airmail postage does not vary in the jet age anymore depending on distance.

The future of two-way communications

As a result of such recent advances in communications technology, we seem to have arrived at a juncture where it has ceased to be a *technical* utopia to imagine that by a mere six- or sevenfold increase in the number of presently existing telephones (estimated to about 250 millions), a phone could be put at the disposal of every family on earth and that with electronic transmission and switching techniques already widely used in some advanced countries direct dialing could be established over this whole global network. Any person could thus achieve instant live voice connection with any other person living in any part of the world – provided he found that other person at home when calling.

But why should John Doe in Portland, Maine want to speak that urgently to somebody who lives in Pafuri at the Limpopo River and what would he have to tell him? This is clearly an updated variant of Thoreau's doubts about the usefulness of the telegraph: "But what if Maine had nothing to say to Texas?"

Insisting on the same point one could also argue that John Doe could hardly expect his partner in Pafuri to understand him as the languages spoken at the Limpopo are mostly very different from those spoken in Maine . . . . However, this argument would presuppose that such a tremendous change in worldwide communication facilities as we have hypothetically outlined above could come about without affecting very deeply the language systems of the world.

Assuredly, the fact that the establishment of a global point-to-point or person-to-person instant live voice communications system is not a *technical* utopia any more does not mean that other *non-technical*, e. g. political, economic or cultural conditions exist or can be expected to come about soon which would make such a system practically feasible and even needed. That is not the point we wanted to make.

Our point is, firstly, that the *technical feasibility* of global point-to-point or man-to-man instant live voice (or for that matter written, e. g. teletyped) communications, in other words the *availability* of the communication technologies which could make this possible represents in itself a powerful force promoting the national and international development of communications toward ever growing expansion and intensification of person-to-person two-way telecommunications. The movement in this *direction* may be slow and partial, restricted over a rather long time to less comprehensive goals and less encompassing demographical and geographical units than the "world". But all the history of communications shows that social demand does indeed follow the technical offer, over a shorter or a longer period of time, and often at a quicker pace than anybody would think it possible. The movement in this direction – however slow and partial – is naturally bound to provoke resistances and conflicts on the national as well as on the international scene. We have already referred to the kind of reactions which can be elicited from persons and institutions by forthcoming changes in the patterns of communications. During the past fifty years we had ample opportunity to see how embittered "wars in the ether" can ensue in the wake of relatively easily controllable *one-way* communications of the mass media-type. The jamming of communication satellites carrying tens of thousands of national and international telephone and teletyper circuits and ensuring *two-way* communications of millions of people which nobody is supposed to control – that could become an even more dangerous "casus belli". We don't think that such potential developments have received all the consideration by the international community they rightly deserve.

Our point is, secondly, that we have arrived at a juncture where massive applications of available two-way communication techniques could achieve a *similarly decisive impact* on society in the foreseeable future as was achieved by the development of the one-way communication techniques of the electronic mass media, that is of radio and television broadcasting, in the past fifty years. The change could again affect the ways in which people live and spend their time, the ways in which domestic and international politics are transacted, the ways in which ideas are diffused and goods are marketed.

Let us explain this in somewhat more detail.

In about half a dozen of the advanced industrialized countries Bell's "impossible dream" quoted at the beginning of our consideration has become true and has even been surpassed by reality. In those countries the density of telephones has by now reached a level where practically every household (with the exception of only the very poorest) is as usually connected to the telephone network as to the communal mains for water, electrical power and the like.

Now, electricity mains were originally laid to provide households with light. But in the course of the development of electrotechnical household gadgets the use of electrical current in households has greatly changed and expanded its functions. Today electricity serves, for instance, to relieve the housewife of all sorts of duties in preparing the meals, in keeping the rooms clean, in laundering and washing the dishes and what not; it is also used to produce heat and cold without effort, to drive the lawn-mower, to play records, and so on. Interestingly enough all these electrotechnical household gadgets, now in such common use, were derived from much more cumbrous, heavy and costly machinery used earlier only in industry for such special purposes as heating retorts, exhausting dust and fumes, driving machinery. It took quite a time until the first electrically driven household appliance was marketed; nowadays every household has dozens of such gadgets.

As it happens, the ubiquitous network of telephone lines is now beginning to be used – again so far mainly by industry – for quite different purposes than just the transmission of human talk. Computers talk to each other over the wires or tap data banks (great stores of electronically recorded scientific, financial, administrative, etc. information) established at some distant point. Facsimiles of photos, documents, even whole newspaper pages are transmitted to and from managerial or editorial offices. Picturephone arrangements permitting partners to see each other while they speak or – more usefully – to choose from documents, patterns or models offered at the other end of the line are coming into industrial and commercial use. Examples could be multiplied.

All these examples of "special usages", mostly much too complex and much too expensive as yet to be offered to the average subscriber on a regular basis, forecast however a development which promises to transform the unassuming household phone connection into a general two-way communication transmitting and even information-processing utility.

The cable used at present for bringing cable TV to homes where aerials don't bring in a satisfactory TV picture or to provide a greater choice of programmes than can be achieved under prevailing conditions of reception – this same cable can carry and in some places already does carry a great number, that is in current commercial practice up to 96, *different* communication channels usable at choice or even simultaneously in both directions, that is to transmit or to receive information of the most variegated kind. Only network extension, mass production of low-cost electronic gadgetry, and development of social usage – *not* still newer advances in science and technology – are required to make it possible for any household attached to such a cable to have not only a choice of a great number of conventional radio and television programmes but also to receive an instant facsimile copy of any newspaper wanted, even at a time when it is only just going into print, to look through the picturephone at goods displayed in a shop, make the choice, order delivery and pay for it by the insertion of a credit card in a suitable slot, to participate in educational courses and seminars not just by "listening in" to lectures but by taking part in the active give and take of discussions, to have access to computers by merely pushing buttons on the "touch-tone" phone which nowadays more and more replaces the "old" dial phone permitting only the slow and cumbrous signalling of numbers by turning a dial.

But even over conventional phone networks new social usages of two-way communications are developing wherever the standard of 30-40 phones per 100 inhabitants, that is of one phone in practically every household has been approached. (The United States had, on 1 January 1969, 54 phones per 100 inhabitants, Sweden 52, Switzerland 43, Canada 42, etc.)

Thus, for instance, in the United States and in several other countries just named it has been possible for pollsters and market research organizations to make very reliable representative surveys by using the telephone only for questioning people and by using the phone directory as a basis for their random or quota sampling. Only a few decades ago this use of the phone led to some famous failures in public opinion research because, at that time, the phone was still not ubiquitous and the samples were heavily biased towards the social strata having the majority of phone owners under the then prevailing conditions. Nowadays phones are used extensively and with great success as means for making quick representative surveys of public opinion, that is of public reactions to various events and questions.

But why should phone networks be used only by pollsters and market researchers for sounding out public opinion and why should this only be done on the basis of representative sampling? Very minimal gadgetry, mainly for the purposes of personal identification and computer checking of the list of voters, would be necessary to use the phone network (wherever it has become enough extended) for the purpose of *real* popular voting on questions posed by government or on the election of persons to public office.

The perspectives of further development in the social usage of two-way telecommunication systems include the possibility of *instant plebiscites*, of being able to draw whole populations with great ease and without much administrative, financial or technical effort into communal, national and even international decision-making, of being able to test public reactions to any kind of proposed measures or to any effective action of the authorities. It is difficult to imagine the immense impact which such a rebirth and materialization of old ideals of direct democracy and popular participation in government could have on politics and on the management of human affairs.

Two-way telecommunications mean in a very general sense that people are getting a chance to *talk back* – to react to whatever they are told about the state of affairs in the world, about intentions and actions of faraway authorities and the like, to let it be known what they think about matters and decisions beyond their personal reach, to express their judgements, beliefs, opinions or votes on any question posed to them explicitly or even implicitly by news and developments about which they learn.

None of the mass media, traditional or modern, printed, filmed or electronically produced, provide anything like such a chance to *talk back* although the need for such human reaction to the ceaseless shower of information provided by the mass media is deeply felt.

Indeed, the lack of adequate channels for a public feedback and answer to the mass media, the general climate they created by establishing one-way communication as the *norm* of public information flow – all this may have contributed to a considerably extent to massive manifestations of alienation and apathy towards public affairs observed in societies where radio and television made their greatest impact in public life.

If the future development of the social usage of two-way communications system can counteract such tendencies, this will be in itself an epoch-making contribution to contemporary society and to the whole conduct of human affairs.

This is, however, a matter which does not affect only technologically advanced and highly industrialized societies. Less developed countries can make and probably do make rather often the mistake of developing their communications systems with a strong bias towards *one-way* communications. True, it is much easier to *broadcast* governmental directives, instructions, educational and propagandistic materials etc., towards faraway backward provinces by setting up a central system of powerful transmitters in or around the capital than to painstakingly build up two-way lines of communication in many directions which make it possible for local authorities and provincial people to put forward their questions and maybe even to question the wisdom of some decisions made in the capital, to express their wishes, voice their complaints and above all to get involved in the complex process of nation-building and modernization.

In very many less developed countries investments in the development of country-wide mail services receive a surprisingly low pricrity, although the mail happens to be one of the oldest system of two-way telecommunications and consequently one which can be established if need be with the least sophisticated technical means and indeed with no technical means at all. In view of the basic importance of mail services for literally *all* aspects of socio-economic development – the number of items of domestic mail per capita happens to be one of the most impressive indicators of sozio-economic development[3] (it is somewhat disconcerting to learn that the *first* UNDP Special Fund Component project of the Universal Postal Union was approved only as late as 1969[4].

Tasks of the United Nations

What tasks fall to the lot of the United Nations in connection with the global process of communications development, and with regard to the political, social and economic implications which recent advances in communications technology such as those we have discussed may have for the future?

The preparation of an even moderately elaborate answer to this question would have required far more time and resources for study than we had at our disposal.

As a matter of fact, the question itself as it has been formulated above may easily sound ironical to anybody who is somewhat conversant with the state of the United Nations *own* communications system.

The United Nations are far from being able to give adequate advice, help and direction to the world-wide development of communications. As a matter of fact, the United Nations system's own internal communications network and the communication facilities which connect the world organization with the "outside" world are so "underdeveloped", so poorly equipped for their purposes and so far behind contemporary standards that this is widely regarded as one of the major causes for the low effectiveness of UN planning and UN action in many fields, not just in the field of international communication policies and the global development of communications.

To give only one example, it happens again and again that the Secretary-General of the United Nations finds himself unable for days to get in touch or keep in touch with his own officers who happen to be stationed or temporarily present in places where a grave conflict or crisis threatening international peace and security suddenly arises. Conflicts and crises of this kind are, by their very nature, prone to interrupt publicly accessible international telegraphic and telephonic connections to and from the centre of action, and the United Nations does not have any *other* connections – for instance, shortwave communication channels of its own – to many places where it maintains quite important offices. In principle, the Secretary-General ought to have a "hot line" to every head of government in the member states.

The extent to which the United Nations system is behind in the organizational arrangements and technical equipment needed to make its public information activities more efficient and to keep the people of the world adequately informed about the aims and policies of the world organization, and the steps that could be taken to remedy the present highly unsatisfactory situation in which the underdeveloped state of its communications prevents the United Nations from effectively promoting certain causes in just those places where they ought to be most strongly promoted – all this and more has been discussed in much detail and on the basis of wide-ranging empirical survey data in a recently published study of the United Nations Institute for Training and Research[5].

Consideration will also have to be given to whether the present bodies and agencies dealing with matters of world-wide communications development in the United Nations are adequate to deal with the implications of recent advances in communications technology that we have outlined in this paper. True, two of the oldest international organizations existing – the Universal Postal Union and the International Telecommunications Union – happen to be concerned with world-wide communications and also form part of the United Nations system. Furthermore, UNESCO can pride itself of quite respectable achievements in the development of international mass communication policies. But do the activities of UPU, ITU and UNESCO or even their actual *mandates* cover the whole field?

International agreements for facilitating the free flow of *traditional kinds of information* and of *traditionally recorded (printed, photographed, filmed, etc.) scientific, educational and cultural materials* have been promoted, for instance with considerable success by the United Nations and UNESCO right from the beginnings of these organizations. However, since then – thanks to advances in communications and information technology – punched cards, punched tapes and especially computer tapes and "on-line" applications of computers involving long-distance transmission of information-bearing electrical impulses have achieved an ever-growing importance in scientific research and education. To the best of our knowledge none of the agencies in the United Nations system has as yet felt itself responsible for undertaking some effective steps to secure the free flow of this type of non-traditional information. The difficulty of sending abroad punched cards and computer tapes – the most important "media" of information exchange in many branches of research nowaday – has become more recently one of the major impediments in the planning and implementation of multinational co-operative research projects.

In what ways new insights into the specific role of communications in socio-economic development and into the potential of some recent advances in communications technology for speeding up and enhancing the world-wide development process could be utilized in the planning and management of multilateral assistance – this is still another question the international community will have to consider soon.

Notes

[1] Ithiel de Sola Pool – Philip Stone – Alexander Szalai. Communications, Computers and Automation for Development. UNITAR Research Report No. 6 (1971), pp. 2–3.
[2] All data taken from The New York Times Encyclopedic Almanac, 1972. It is easy to quote even lower figures, e.g., Ethiopia–0.2; Zaire–0.1; Mali–0.04, etc.
[3] See: World Handbook of Political and Social Indicators. New Haven and London, 1964. Yale University Press. Table 32.
[4] See: Yearbook of the United Nations 1969, Vol. 23, p. 926.
[5] Alexander Szalai: The United Nations and the News Media. UNITAR, 1972.

Predrag Vranicki (Zagreb)

Die Hauptrichtungen der marxistischen Philosophie im 20. Jahrhundert

Die marxistische Philosophie im 20. Jahrhundert hat ein sonderbares Schicksal. Während sie einige der hervorragendsten Marxisten zur Zeit der II. Internationale mit dem Kantianismus und dem Machismus gleichsetzten und damit ihre Eigenart und Originalität negierten, wurde in der Periode der III. Internationale, besonders im Stalinismus, ein primitives, vulgärmaterialistisches Konzept, vermischt mit einigen Prinzipien der Dialektik, zum Alpha und Omega philosophisches Denkens erklärt.

Die Gründe für ein solches Schicksal waren in diesen Fällen, wie auch in anderen, von denen noch die Rede sein wird, sehr verschieden. *Einer* der Gründe war jedenfalls der fragmentarische Charakter und auch die Unkenntnis des gesamten philosophischen Opus von Marx und Engels. Obwohl sie in erster Linie mit der philosophischen Problematik begonnen hatten, waren die beiden Begründer des Marxismus, in ihrer revolutionären Praxis mit vielen anderen Problemen konfrontiert, gezwungen, viele andere Gebiete der Wissenschaft zu betreten, wo ihnen die Philosophie keine Antwort geben konnte. So schuf Marx sein systematischestes Werk nicht auf dem Gebiet der Philosophie sondern in der Kritik der politischen Ökonomie, die bei Marx viel weiter konzipiert ist als es der Gegenstand der politischen Ökonomie umfaßt. Seine wichtigsten philosophischen Arbeiten (die *Manuskripte* von 1844, *Die deutsche Ideologie*) bleiben noch im ersten und zweiten Jahrzehnt des 20. Jahrhunderts unbekannt und die berühmten Thesen über Feuerbach, die Engels in Marx' Nachlaß gefunden und in der zweiten Hälfte seiner Schrift über Feuerbach herausgegeben hat, sind für jene, die die philosophischen Kontroversen der dreißiger und vierziger Jahre in Deutschland um die gesamte deutsche idealistische Philosophie insbesondere um Hegel nicht näher kannten, zum Großteil ein Buch mit sieben Siegeln geblieben.

So sind für die Erfordernisse des philosophischen Dialogs zu Beginn dieses Jahrhunderts als wichtigste Wegweiser hauptsächlich Engels' späte philosophische Schriften, eine polemische gegen Dühring, die zweite eine Gelegenheitsschrift über Feuerbach und die deutsche klassische Philosophie, übriggeblieben. So bedeutend diese Schriften auch waren, es kamen darin auch einige Schwächen Engels' als Theoretiker zum Ausdruck, deren er sich selbst vollkommen bewußt war. Engels zeigte nie allzuviel Begeisterung für die abstrakte philosophische Problematik, für die es ihm an der Neigung zum spekulativen Denken und an der beharrlichen Analytik des Marxschen Genius fehlte. Darum hat Engels nie an ein so einheitliches, allumfassendes und systematisches Werk gedacht, wie es Marx' »Kapital« war. Eine weitere Begrenzung war der polemische Charakter besonders der Schrift gegen Dühring, was notwendigerweise immer auch Bruchstückhaftigkeit und unsystematische Form eines Werkes bedingt. Außerdem stand Engels etwas unter dem Einfluß der damaligen methodologischen Vorurteile in der bürgerlichen Philosophie, die immer mehr für Kants transzendentale und gegen Hegels dialektische Methode plädierte, teils nahm er aus dem vorschnellen Schluß heraus, daß die historische Herausbildung der Einzelwissenschaften, deren Gegenstand bis dahin in die Zuständigkeit der Philosophie fiel, wodurch der Philosophie nur der beschränkte Gegenstand der Dialektik des Denkens und der Welt belassen wurde, an, daß sich die Philosophie nur auf die allgemeindialektische Erforschung des Denkens und der objektiven Wirklichkeit, auf die Logik und Dialektik zu beschränken habe.

Diese methodologische Problematik war und blieb sehr bedeutsam, nicht nur als philosophische Problemstellung, sondern ebenso auch für die besondere wissenschaftliche Betrachtung komplexer Probleme, insbesondere auf dem Gebiet der Gesellschaftswissenschaften. Aber das heißt nicht, daß sich damit die Möglichkeiten der philosophischen Beleuchtung der Problematik des Menschen und der Geschichte, jener Themenbereiche, die für den Menschen die relevantesten waren und blieben, erschöpft hätten.

Darum konnte jedes kreative Fortsetzen von Engels' damaligen Bestrebungen zu wichtigen Erkenntnissen auf dem Gebiet einer umfassenden dialektischen Problematik führen. Aber dieses Erbe konnte ebenso auch ein Hemmschuh der philosophischen Forschungen innerhalb des Marxismus sein, wenn die Schranken, innerhalb derer Engels in jener Epoche die philosophische Problematik erblickte, dogmatisch festgelegt und als einzig möglich aufgezwungen werden. Und das ist einige Jahrzehnte später auch geschehen.

Zu Beginn unseres Jahrhunderts bleibt die interessanteste Persönlichkeit auf dem Gebiet der Philosophie immer noch G. V. Plechanov. Seine philosophischen Bestrebungen überschritten die Grenzen der nur methodologischen und ontologischen Problematik und er war mit seinen Forschungen auf dem Gebiet der materialistischen Geschichtsauffassung, der Entstehung des Marxismus, sowie kultureller und ästhetischer Fragen in dieser Zeit die klarste Quelle der marxistischen Philosophie. Darum wurde er auch von Lenin so hoch geschätzt, der, ganz der revolutionären Tat zugewandt, nur einmal in philosophische Erörterungen seiner Zeit tiefergehend eingriff: in dem Augenblick, als einige Mitglieder der russischen Sozialdemokratie machistische Konzeptionen in den Marxismus hineinzutragen und sie geradezu mit ihm gleichzusetzen begannen. Der Eingriff war berechtigt, obwohl er in vielem von vormarxistisch-materialistischen Positionen aus unternommen wurde.

Viel interessanter sind Lenins Bemühungen um die Vertiefung der dialektischen Problematik, an die er ebenfalls in erster Linie als Revolutionär heranging und sich dabei der Wichtigkeit und entscheidenden Bedeutung des theoretischen und philosophischen Konzepts für die schöpferische revolutionäre Tätigkeit mehr bewußt war als die Mehrheit seiner späteren Nachfolger. Lenin war eine geniale Persönlichkeit und auf politischem Gebiet geradezu einzigartig. Er war jedoch der Meinung, sein theoretisches und philosophisches Wissen ständig vertiefen zu müssen. Viele Leninisten, von denen oft das Schicksal ganzer Bewegungen und Völker abhängt, meinen, es genüge, einige theoretische marxistische Phrasen zu erlernen und dadurch zu Analysen und Einschätzungen so komplexer historischer Geschehnisse wie der heutigen befähigt zu sein. Wieviel theoretische Verwirrung herrschte in der marxistischen Bewegung, und sie wiederholt sich ständig wie ein konfuses marxistisches Perpetuum mobile in den letzten paar Jahrzehnten, oft nur wegen des ausgesprochen niedrigen theoretischen Niveaus der führenden sozialistischen und marxistischen Kräfte. Wer tiefer in die Grundprobleme der Dialektik eindringt, kann nicht, wie es im Stalinismus geschah, feststellen, daß im Sozialismus Harmonie zwischen der Entwicklung der Produktivkräfte und der Produktionsverhältnisse besteht, daß nur ein Weg zum Sozialismus führt, daß nur ein Modell des Sozialismus möglich ist, wo wir doch wissen, wie verschieden die einzelnen gesellschaftlichen Strukturen, die politischen und kulturellen Traditionen sowie die einzelnen Momente des Überganges zum Sozialismus in den verschiedenen Ländern sind, oder daß nur ein künstlerischer Ausdruck derjenige ist, der der Struktur und dem kreativen Streben des sozialistischen Menschen entsprechen soll, daß die Welt nur subjektives Abbild der objektiven Wirklichkeit ist usw. Alle diese Thesen sind einseitig metaphysisch und stehen in scharfem Gegensatz zur dialektischen Denkweise. Aber sie wurden im Stalinismus einige Jahrzehnte lang als unantastbar proklamiert und haben, was noch schlimmer und entscheidender ist, die praktische Aktion der meisten kommunistischen Parteien bestimmt. Und dies ist jedenfalls auch *einer* der Gründe der so zahlreichen Niederlagen der kommunistischen Politik und Aktion in der Periode der Dritten Internationale.

Es sind daher, obwohl Lenin nicht die ganze komplexe Problematik der Philosophie umfaßte, seine Forschungen auf dem Gebiet der Dialektik, die in seinen bekannten *Philosophischen Heften* enthalten sind, die interessantesten und wichtigsten philosophischen Dokumente Lenins. Dabei blieb er im wesentlichen auf der Linie, die Engels in seinen späteren Jahren vorgezeichnet hat, und wo die methodologische und ontologische, mit einem Wort die allgemeindialektische Problematik dominiert.

Für den revolutionären Denker und Führer einer revolutionären Bewegung und einer Revolution war in diesem Augenblick mit Rücksicht auf den allgemein theoretischen Aspekt das Wichtigste die Frage der Methode, die Frage der Art des Zugangs und der Beleuchtung dieses äußerst komplexen Gegenstandes – der menschlichen Geschichte. Lenin griff dabei auch nach der Hauptquelle der dialektischen Denkmethode – Hegel. In dieser Vertiefung konnte er selbst erkennen, wieviel Einseitigkeit in den bisherigen marxistischen Betrachtungen dieser Probleme und auch bei ihm selbst noch steckte.

Diese Linie der Konzipierung der Philosophie des Marxismus vorwiegend als Dialektik im Sinn Engels', als Dialektik der objektiven und subjektiven Wirklichkeit war im russischen Marxismus dieser Zeit auch bei Bucharin in mehr mechanistischer Weise und am konsequentesten bei Deborin und seinen Anhängern vertreten, die am sowjetischen philosophischen Firmament bis zu Beginn der dreißiger Jahre dominierten. Damals hat die stalinistische bürokratisch-etatistische Praxis und Konzeption jede schöpferische Bestrebung auf dem Gebiet der Philosophie, der Gesellschafts- und Humanwissenschaft und der Kunst brutal unterbrochen. Obwohl Stalin eigentlich die dargestellten Grenzen dieser Linie nicht überschritten hat, degradierte er sie zutiefst, verwandelte sie in einen Kanon von einigen Punkten und erzeugte einen Synkretismus aus einigen dialektischen Ansätzen und materialistischen Thesen des vormarxistischen Materialismus. In seiner Einfachheit und seinem kanonischen Stil war es den trägen Bürokratenhirnen ein außerordentlicher Trost, die historische Überlegenheit über die reaktionäre Bourgeoisie durch die Beherrschung der »höchsten Stufe« der marxistischen Philosophie und Theorie erlangt zu haben, die nach ihrer Meinung in Stalins Schrift über dialektischen und historischen Materialismus erreicht worden war.

Was für Lenin eine berechtigte Aufgabe war, wobei er wie auch auf anderen Gebieten des theoretischen und wissenschaftlichen Denkens so auch in den übrigen Bereichen menschlichen Schöpfertums, wie z. B. in der Kunst, logisch und menschlich auch andere Möglichkeiten, andere Varianten des Denkens und Erlebens als seine eigenen voraussetzte, wurde in der späteren Degeneration des politischen Lebens zur Degeneration auch auf dem Gebiet der Philosophie und der Gesellschaftswissenschaften. In einer Zeit, in der maximale Anspannungen und Freiheit der theoretischen und wissenschaftlichen Forschung nötig waren, um den Sieg der progressiven historischen Kräfte zu ermöglichen, waren diese Kräfte durch politischen Zwang ja sogar unter Androhung der Vernichtung genötigt, die festgelegten Grenzen der sieben Punkte der Dialektik und des Materialismus und einige Seiten ihrer »Anwendung« auf die Geschichte nicht zu überschreiten!

Die *zweite* sehr bedeutende Richtung der marxistischen Philosophie in unserer Zeit datiert vom Beginn der zwanziger Jahre mit einem der bedeutendsten marxistischen philosophischen Werke – Lukács' »*Geschichte und Klassenbewußtsein*« (1923). Gleichzeitig veröffentlichte auch Korsch seine Schrift über Marxismus und Philosophie, wo auch einige Themen, die Lukács noch prägnanter und gründlicher behandelt hat, vorherrschen.

Was diese Linie in ihren Anfängen wesentlich charakterisiert, ist in erster Linie eine scharfe kritische Ausrichtung gegen die marxistische Philosophie und Theorie in der Zweiten Internationale, die 1914 ein so schändliches Fiasko erlebte. Da dieser Marxismus entweder der Dialektik gegenüber feindselig eingestellt oder von einseitigem Evolutionismus, Darwinismus und Empirismus belastet war, stellte Lukács als Grundfrage auch die Frage der marxistischen Dialektik. Die Unzulänglichkeit einer ganzen historischen Bewegung kann natürlich nicht durch die Insuffizienz einer philosophischen Methode bedingt sein. Daß aber ihre Insuffizienz zur Insuffizienz der gesamten Bewegung bedeutend beigetragen hat, ist mehr als klar. Deshalb ist auch Lukács' Problemstellung der Dialektik die zentrale theoretische Fragestellung. Darin decken sich, wie wir sehen, die Anschauungen und theoretischen Interessen sowohl Lenins als auch Lukács' und Korsch' zu dieser Zeit. Im Hinblick auf die thematische Ausrichtung war der Unterschied jedoch bedeutend.

Während Lenin als praktischen Politiker, der die Geschichte durch sein Wirken unmittelbar veränderte, die Dialektik als methodisches Werkzeug interessierte, mit dem er dieses Wirken zu maximaler Rationalität und Klarheit erhob, war Lukács in erster Linie als Theoretiker an diesem methodischen Zugang interessiert, jedoch auch zur theoretischen Fundierung der Aktion selbst und zur theoretischen und philosophischen Erklärung des Charakters und des Sinnes eben dieser Aktion. Aus diesen Gründen herrschen hier auch einige Kategorien vor, die diese Absicht erklären.

An einer möglichst adäquaten und möglichst tiefen Erfassung der Marx'schen Dialektik interessiert, die auch bei Marx primär als Dialektik der Geschichte ausgearbeitet war, widmet Lukács seine ganze Aufmerksamkeit jenem Thema, das für den Menschen am relevantesten ist, seinem eigenen Werk und Existenzmedium, der Menschheitsgeschichte. So sieht er auch den fundamentalen Sinn der Dialektik als der Dialektik der Totalität, der Negation, des Widerspruchs usw. in der Dialektik als Dialektik der Geschichte, als Dialektik der menschlichen Praxis, die das ununterbrochene Resultat eines aktiven und stets widersprüchlichen Verhältnisses von Subjekt und Objekt ist.

Indem er sich den Einseitigkeiten des revisionistischen Empirismus, der Teilphänomene nie im Kontext der Ganzheit zu sehen vermochte, entgegenstellt, betont Lukács in erster Linie die Wichtigkeit der Kategorie der Totalität für das Verständnis jedes historischen Phänomens und so ist für ihn diese Kategorie auch Träger des revolutionären Prinzips in der Wissenschaft. Im Verstehen dieser Kategorie als dialektischer Grundkategorie und durch das Konzipieren der Dialektik als historische Dialektik hat Lukács jene Polemik und Diskussion innerhalb des Marxismus inauguriert, die bis in unsere Tage andauert und sich um die Problematik der fundamentalen dialektischen Kategorien und die Probleme der Dialektik der Natur und der Geschichte bewegt. Obwohl Lukács später den Standpunkt der Beschränkung der Dialektik nur auf die Geschichte aufgab, hatten seine damaligen Überlegungen weitreichende Folgen. Wenn diese These auch einseitig war, so war sie immerhin bedeutsam, da sie auf der Ausarbeitung der Dialektik der Geschichte bestand, die weder auf bloße Anwendung allgemeindialektischer Kategorien und Gesetze auf ein so spezifisches und komplexes Medium wie die Menschheitsgeschichte, die menschlichen Beziehungen und das Schöpfertum des Menschen zu reduzieren noch als solche Anwendung zu verstehen ist.

Ein anderes Moment, das diese Richtung charakterisiert, ist die Konzipierung des Daseins des Menschen, des Wesens seiner historischen Existenz als Praxis in wahrhaft Marxschem Geist. Da er sich im Kreise der damals bekanntesten deutschen Philosophen und Soziologen (Weber, Lask, Simmel u. a.) entwickelte, ist Lukács unter den ersten, die bis zum Ende den Sinn der wesentlichen philosophischen Wende von Marx, die Funktion der Kategorie der Praxis nicht nur als gnoseologischer sondern als wesentlich ontologisch-anthropologischer Kategorie begreifen.

Nachdem er den Menschen als Wesen der Praxis erfaßt hatte, konnte er konsequent zeigen, daß die Theorie der Abbilder eine vormarxistische Erkenntnistheorie ist und daß für das Verstehen des menschlichen Bewußtseins und der menschlichen Erkenntnis ein viel tieferes Eindringen in das Wesen der geschichtlichen Existenz des Menschen nötig ist, um diese wesentlichen Phänomene zu verstehen. Aus einer solchen Betrachtung dieser Fragen gelang es Lukács, das

Problem der Vergegenständlichung auch als Problem der Entfremdung und Verdinglichung zu erfassen und dadurch theoretisch in das Wesen der menschlichen Beziehungen und Existenzweisen in der Klassengesellschaft einzudringen. Obwohl der Haupttext von Marx zu diesen Fragen (die Manuskripte von 1844) damals noch nicht bekannt war, stimmt Lukács' Ausarbeitung dieser Probleme von der Ausgangsbasis aus, die mit der von Marx identisch ist, mit der Marxschen verblüffend überein.

Angesichts der tragischen Erfahrung der bürgerlichen Existenz in den ersten zwei Jahrzehnten des 20. Jahrhunderts, die den anthropologischen Bemühungen in der bürgerlichen Philosophie (Scheler, Abbagnano, Jaspers, Heidegger, Marcel usw.) jedenfalls Impulse verlieh, gab Lukács' Betrachtung der Problematik der Entfremdung und Verdinglichung als eines ihrer Elemente der marxistischen Philosophie die Möglichkeit, hinter den Anstrengungen des bürgerlichen Idealismus nicht zurückzustehen, sondern neuerlich in Führung zu sein.

Das beschränkte und dogmatische Bewußtsein der ersten Baumeister des Sozialismus, die in ihrer sonst verständlichen Euphorie der ersten historischen Siege meinten, daß der gesamte Marxismus mit ihrem Konzept identisch und als solcher auch einzig möglich sei, kam sehr schnell zum Ausdruck. Man mußte nicht auf die Stalinschen dreißiger Jahre damit eine Konzeption geächtet wird, die ihren theoretischen Horizont überstieg. Schon Zinov'ev donnerte auf dem V. Kongreß der Kommunistischen Internationale 1924 von der Tribüne gegen die Professoren (!) Graziadei, Lukács und Korsch, daß die Kommunistische Internationale solch theoretischen Revisionismus nicht ungestraft in ihren Reihen dulden kann! Schon aus den damaligen Äußerungen war sichtbar geworden, was sich ein Jahrzehnt später – nur drastischer – bestätigte, daß in jedem Fall, wenn die Politik der Philosophie, der Wissenschaft und Kunst ihre Kriterien und Grenzen vorschreibt, es notwendigerweise zur Stagnation und sehr oft auch zur Degeneration auf diesen Gebieten hervorragendsten menschlichen Schöpfertums kommen muß.

Diese Linie der marxistischen Philosophie wurde also von den Marxisten des ersten Landes einer siegreichen sozialistischen Revolution nicht akzeptiert. Der offizielle Vertreter und das Oberhaupt der ganzen Schule jener ersten Linie, Deborin, polemisierte auch gegen Lukács' Ideen als revisionistische Gedanken. So festigte sich innerhalb der Dritten Internationale immer mehr jenes Konzept marxistischer Philosophie, das den Hauptakzent auf die allgemeindialektische ontologische und damit zusammenhängend auf die methodologische Problematik setzte. Und alle, die versuchten, die philosophische Problematik in erster Linie als historische und ontologisch-anthropologische Problemstellung zu begreifen, mußten früher oder später mit der offiziellen Linie in Konflikt kommen. Obwohl diese zweite Linie einige fundamentale Fragen nicht nur des Menschen, sondern auch der Zivilisation, die sich nicht nur als Fragen der Bürgerwelt, sondern ebenso der sozialistischen erwiesen, weit besser ins Auge faßte, konnte sie wegen eines unrichtigen Konzepts der Notwendigkeit der Vorherrschaft der politischen Sphäre über alle übrigen Bereiche des gesellschaftlichen Lebens nur von talentierten und unabhängigen, schöpferischen philosophischen Persönlichkeiten getragen werden. Daher kommt Korsch sehr bald mit den Tendenzen und dem theoretischen Monopol in der eigenen Partei in Konflikt, Bloch steht außerhalb ihrer Reihen, ebenso die etwas späteren Hauptvertreter dieser zweiten Linie, die Angehörigen der Frankfurter Schule.

Dieser begann sich zu Beginn der dreißiger Jahre zu bilden, als Max Horkheimer die Leitung des *Instituts für Sozialforschung* in Frankfurt übernahm und die bekannte *Zeitschrift für Sozialforschung* herauszugeben begann, in der bis 1933 in Deutschland und später, nach dem Anbruch des Faschismus, in Frankreich die wichtigsten Texte erschienen sind, die die neue Richtung definierten. In den damaligen, hauptsächlich kleineren Arbeiten der Hauptprotagonisten dieser neuen Richtung der kritischen Theorie der Gesellschaft, Horkheimers, Adornos, Marcuses, Fromms setzt sich zu einem guten Teil die vorher erwähnte Linie fort, die von den frühen Arbeiten Lukács' und Korsch' ausgeht.

Alle angeführten Vertreter des erwähnten Kreises, die später ihre Forschungen in umfangreicheren Werken veröffentlicht haben, stehen vor allem in scharfem Gegensatz sowohl zur traditionellen Philosophie wie auch zum modernen Pragmatismus und logischen Positivismus. Sie vertreten eine engagierte Philosophie, da sie mit Recht der Ansicht sind, daß ein Teil der historischen Verantwortung, manchmal auch ein großer Teil, auf die Intellektuellen fällt, wenn sie ihrer kritischen Haltung zu den Grundfragen der modernen Welt untreu werden. Gerade das geschah bei den oben erwähnten Richtungen, die entweder das Terrain der Geschichte als Gebiet eminenten philosophischen Interesses nicht anerkennen oder jede historische Nützlichkeit zur Wahrheit erklären. Die gegenüber der gesamten traditionellen Philosophie mit ihren Disziplinen negativ eingestellten Denker dieser zweiten Linie sind typische Vertreter eines systemungebundenen, offenen Denkens, das im Ganzen auf jenes Gebiet ausgerichtet ist, das sie mit Recht als das für den Menschen wichtigste betrachten – das Gebiet der Geschichte. Die Dialektik konzipieren sie daher alle als geschichtliche Dialektik und einige beschränken sie als Methode des Denkens und des Geschehens sogar nur auf die bürgerliche Gesellschaft (Marcuse).

Die Skala ihrer Forschungen ist ohne Rücksicht auf die vorher erwähnte Einschränkung sehr breit, denn die Möglichkeit philosophischer Sinngebung des historischen Geschehens ist unermeßlich. Einem für den Menschen sehr wichtigen Problem, dem Problem der Beziehung zwischen der biologischen und der geschichtlichen Struktur des Menschen, schenkt besonders E. Fromm große Aufmerksamkeit. In den Mittelpunkt der Untersuchung kommt dadurch die Frage des Verhältnisses der Konzeptionen von Marx und Freud. Wieweit im geschichtlichen Wirken des Menschen seine Triebe dominieren, wie und wieweit sie sich unter dem Einfluß historischer und gesellschaftlicher Strukturen und Beziehungen umformen, in welchem Sinn man über menschliche Bedürfnisse sprechen kann und wodurch sie bedingt sind, was mit einem Wort die menschliche Natur so thematisiert hat, – das sind Probleme, die in vielem offen sind und für deren Lösung noch viele Anstrengungen nötig sein werden.

Alle genannten Denker waren besonders mit dem Problem der Unfreiheit, dem Problem der Beschränkung der menschlichen Möglichkeiten beschäftigt. Horkheimer und Adorno widmen auch eines der bedeutendsten Werke dieses Kreises (*Dialektik der Aufklärung*) der philosophischen Analyse der bürgerlichen Welt und der bürgerlichen Vernunft und stellen deren Anfänge in jene Epochen der Antike, in denen der Übergang vom Mythos zum Logos vor sich geht.

Inwiefern ist diese Vernunft an sich so strukturiert, daß sie Elemente des eigenen Unterganges, die Unfreiheit, in sich trägt? Inwiefern trägt sie im Streben nach vollkommener Quantifizierung, Mathematisierung und Beherrschung der Wirklichkeit zur Beherrschung des historischen Subjekts selbst bei? Das ist eine der Grundfragen, mit denen sich auch Marcuse befaßt, wenn er konstatiert, daß die bürgerliche Vernunft den Menschen als einseitiges, partialisiertes, mit einem Wort als eindimensionales Subjekt strukturiert hat, entgegen jenem das allen großen Marxisten vorschwebte – der Verwirklichung eines polyvalenten menschlichen Wesens als Vorbedingung nicht nur einer vielseitigen menschlichen Beziehung zur Wirklichkeit sondern auch zum Mitmenschen, der Möglichkeit seiner im wahren Sinne menschlichen Beziehung.

Damit sind wieder die Kategorien der Praxis, der Entfremdung, der Repression, der Toleranz, des Humanismus usw. in den Mittelpunkt des Interesses gerückt, also alle jene fundamentalen Themen, die durch die historische Praxis des modernen Proletariats und aller sozialistischen Kräfte auf die Tagesordnung der Geschichte gesetzt sind. So wie auch viele Erfahrungen der Anfangsetappe des Sozialismus nicht immer ermutigend und auch nicht beruhigend waren, ist es ganz verständlich, daß die philosophische Analyse der erwähnten Probleme durch die Entwicklung der gesellschaftlichen und zwischenmenschlichen Beziehungen auch in den Etappen der Entfaltung des Sozialismus unter ihre kritische Lupe nehmen mußte.

Das ist besonders nötig für jene Denker, die selbst auch Mitwirkende der sozialistischen Entwicklung sind und zum Teil auch die Verantwortung für ihre historischen Fehlschläge tragen. Daher wurde da, wo diese Entwicklung Freiheit der kritischen Distanz gewährte, diese Analyse ungeachtet des Erfolges oder der Intensität immer realisiert. Dabei haben, wie wir später sehen werden, die jugoslawischen marxistischen Philosophen besonders bezüglich der erwähnten Behandlung dieser Probleme viele Elemente zu diesen Betrachtungen beigetragen und können sich daher *zum Teil* in diese Entwicklungslinie der marxistischen Philosophie einreihen.

Die *dritte* Richtung der marxistischen Philosophie vertreten diejenigen marxistischen Philosophen, die der Ansicht sind, daß in beiden angeführten Linien gewisse Mängel und Einseitigkeiten bestehen. In ihrem Bemühen, den Verlust der Totalität der Dialektik auch als einer bestimmten Weltschau zu verhindern, meinen die Vertreter dieser Linie nicht, daß die philosophische Betätigung im Sinn des Marxismus jede allgemeindialektische Problematik verwerfen, ebensowenig aber jene anthropologisch-historische ablehnen müsse, die sich besonders in der modernen Welt als viel relevanter erwiesen hat.

Die Vertreter dieser dritten Linie, die keineswegs glauben, der Erklärung des Verhältnisses zwischen Mensch und Natur aus dem Weg gehen zu müssen, weichen auch der Grundthese jedes Materialismus von der Einheit der Welt und ihrer Materialität nicht aus. Sie begreifen auch wie die Vertreter der zweiten Linie die Praxis als fundamentale Kategorie für das Verständnis des menschlichen Seins. Sie meinen, daß die Praxis nicht nur als Beziehung des Menschen zum Menschen sondern auch des Menschen zur Natur unmöglich wäre, wenn es sich dabei um zwei völlig verschiedene Formen des Seins handelte. Daraus folgt, daß man im Prinzip auch über einige fundamentale Kategorien des Seienden überhaupt sprechen kann, obgleich immer im gegebenen geschichtlichen Kontext.

So wie die Skala des philosophischen Interesses und die Konzeption der Vertreter dieser dritten Linie breiter als die der beiden ersten ist, nimmt es nicht wunder, daß die Unterschiede zwischen den einzelnen Denkern dieser dritten Linie auch viel größer sind als die der schon besprochenen. Viele von ihnen sind auch vor der definitiven Herausbildung ihres Standpunktes verschiedene Wege gegangen. Das ist besonders für Philosophen der sozialistischen Länder charakteristisch, die nach dem Zweiten Weltkrieg noch längere Zeit unter dem starken Einfluß stalinistischer Konzeptionen und unter stalinistischem pädagogischen Zwang standen. Es ist dies auch bei einigen Marxisten in anderen Ländern der Fall, die wegen des erwähnten Einflusses auf ihre kommunistischen Bewegungen zu einer bestimmten Zeit unter starkem Einfluß des Stalinismus waren. (Garaudy und einige andere französische und italienische marxistische Philosophen.)

Was aber alle kreativeren Philosophen dieser dritten Linie charakterisiert, ist die Einsicht – und darin nähern sie sich sehr den Philosophen der zweiten Linie –, daß für die Realisierung jener wesentlichen Berufung der Philosophie, der Gedanke ihrer Zeit zu sein, heute die historisch-anthropologische Problematik bei weitem relevanter ist als jede andere. Der erbitterte Kampf der fortschrittlichen gesellschaftlichen Kräfte der modernen Welt, die verschiedenen inhumanen Verhältnisse der Entfremdung und Verdinglichung, die verschiedenen Formen der Manipulation und des Druckes zu überwinden, kann seinen adäquaten philosophischen Ausdruck und die tätige historische Projektion weder in den dürftigen Formen des zeitgenössischen Positivismus noch in den abstrakten Formen allgemeindialektischer Kategorien und Gesetze finden. Die philosophische Beleuchtung der zeitgenössischen Grundprobleme und der Anstrengungen, des Sinnes und der Möglichkeiten der Befreiung des Menschen auf dieser Stufe ihrer historischen Entwicklung, erfordert das philosophische Eintauchen in die Problematik des menschlichen Seins und zwar in jenen Teil, der zutiefst der seine ist, die Geschichte. Gerade darum ist diese Problematik bei den meisten Vertretern dieser Linie besonders betont. Viele von ihnen konnten sogar durch ihre Werke zeigen, wie groß die schöpferischen Möglichkeiten eines marxistischen Herantretens an die erwähnte Problematik sind.

Eine der markantesten Gestalten dieser Richtung – Ernst Bloch – hat z. B. mit seinen langfristigen Untersuchungen der Phänomene des Menschlichen und des Geschichtlichen schon unmittelbar nach dem Ersten Weltkrieg im Phönomen der Utopie (nicht des Utopistischen) eine der wesentlichen Bestimmungen des menschlichen Seins entdeckt und entgegen gewissen pessimistischen Konzeptionen der Existentialisten den menschlichen Affekt der Hoffnung und des Geöffnetseins als wesentliches constituens seiner historischen Existenz hervorgehoben. Dies eröffnete ihm zugleich die Möglichkeit einer breiten kulturphilosophischen Erforschung des Phänomens des Utopischen, die er in seinem kapitalen Werk »*Das Prinzip Hoffnung*« durchführt.

Wie groß die philosophischen Möglichkeiten eines schöpferischen Ansatzes in den verschiedenen Domänen des Menschlichen und Geschichtlichen sind, zeigt auch das philosophische Schaffen von Lefèbvre. Obschon eine Zeit lang unter dem Einfluß der offiziellen Ideologie, konnte Lefèbvres schöpferische Persönlichkeit nicht lange von den proklamierten Grenzen des philosophischen Interesses und der philosophischen Forschung eingeschnürt werden. So schnitt Lefèbvre viele Themen an, die völlig außerhalb des Gesichtskreises der meisten marxistischen Theoretiker lagen. Die Probleme des täglichen Lebens, der Modernität, der Gesellschaft und der Sprache, der neuen kategorialen Instrumente zum Studium des Komplexes der Geschichte und der Schöpfungen des Menschen usw. zeigten, daß ein kreatives marxistisches Denken nicht ständig zwischen einigen Punkten und Kategorien, die eigentlich schon bei Hegel aufgestellt und bearbeitet sind, hin und her kriechen muß.

Die Möglichkeit eines kreativen philosophischen Verhältnisses zu den Problemen der modernen Welt zeigten auch einige der begabtesten Philosophen in den sozialistischen Ländern, besonders zu jenen Zeiten, als in ihren Ländern die Prozesse der Überwindung der starren stalinistischen Formen und Konzeptionen in den Beziehungen und im Leben in Gang gesetzt wurden. Mitunter geschah es, daß in diesen scharfen Wendungen manche mit dem Stalinismus auch den Marxismus selbst über Bord warfen. Diejenigen aber, die auch vorher schon die Weite der philosophischen Problematik wie auch die übrigen Anstrengungen auf philosophischem Gebiet kannten, die sowohl seitens der erwähnten Marxisten als auch von gewissen Vertretern des bürgerlichen philosophischen Denkens gemacht wurden, wußten, daß die stalinistische Indoktrinierung nur eine primitive Entwicklungsphase marxistischen Denkens ist, die nicht nur alles Lebende und Schöpferische, Originelle und der Geschichte Angemessene erstickte, sondern auch eine Phase, die Ausdruck eines solchen Geflechts verschiedener historischer und subjektiver Umstände ist, die in solcher Form und Intensität wenigstens in der entwickelten Welt sicher nicht mehr auftreten können.

Zur Auffrischung des marxistischen philosophischen Denkens haben viele jugoslawische Philosophen, Anhänger der angeführten zweiten und dritten Linie des Marxismus besonders beigetragen. Der schwerste Zusammenstoß mit dem Stalinismus, der im historischen Jahr 1948 begann, das einen bedeutenden Markstein in der Entwicklung nicht nur unseres sondern auch des Sozialismus in Europa und der Welt darstellt, führte zu einer wahren Renaissance der theoretischen Anstrengungen und Willenskundgebungen. Dabei hat besonders die Gruppierung, die schon mit der Zeitschrift *Pogledi* (Ansichten; 1952–1955) und später mit *Praxis* und *Filosofija* begann, am meisten zur Belebung echter philosophisch-marxistischer Bemühungen und zur Herausarbeitung des geschichtlich Relevanten beigetragen. Dabei wiederholten sich nicht bloß viele bereits bekannte Konzepte und Lösungen, die wir schon bei den Vertretern der zweiten und dritten Richtung hervorzuheben Gelegenheit hatten: Die ursprunghafte und historisch noch unbekannte Praxis eigener Art der Inangriffnahme der Selbstverwaltung der Arbeiter und der Gesellschaft überhaupt ohne Rücksicht auf Umstände schwacher Entwicklung und historische Schwierigkeiten ermöglichte es, viele Fragen des modernen Humanismus, der Entfremdung, der Problematik des Sozialismus, der Freiheit, der Geschichte usw. in diesen philosophischen Bestrebungen frisch, neu und originell zu beleuchten, wie dies bisher nicht bekannt war.

Wenn wir diese drei Richtungen zu vergleichen versuchten, wobei, wie wir schon sagten, bei den einzelnen Spitzenvertretern auch größere Unterschiede in der Betrachtung und Lösung einzelner Probleme bestehen, könnten wir sie in allgemeinster Art auf folgende Unterschiede zurückführen: Wenn wir auch die Möglichkeit freier philosophischer Bestimmung und Lösung der erwähnten Probleme ausnehmen, so unterscheiden sich wesentlich die Vertreter der zweiten und dritten Richtung in der marxistischen Philosophie von den Vertretern der ersten, deren Forschungs- und Interessenschwerpunkt die Dialektik der Geschichte oder die geschichtliche Dialektik, das kritische theoretische Engagement in der Sinngebung des Kampfes und der Wege der Befreiung der modernen Welt ist, und die daher gegenüber den traditionellen Disziplinen und einem Denken, das für die Grundprobleme, vor denen die Menschheit heute steht, unempfindlich ist, kritisch eingestellt sind. Es ist vollkommen verständlich, daß die möglichen Betrachtungsebenen dieser ganzen Problematik verschieden sind, und daß die philosophische Fundierung der einzelnen Probleme des Menschen und der Geschichte verschiedene theoretische Reichweite und Tiefe haben kann. Daher rühren auch mitunter größere Unterschiede in der philosophischen Fundiertheit einzelner solcher theoretischer Bestrebungen.

Die Vertreter der zweiten und dritten Richtung bestehen daher auf jenen par excellence historischen dialektischen Kategorien: auf den Kategorien der Praxis, der Geschichte, der Humanität, der Freiheit, der Entfremdung, der Wahrheit usw. und sind weit weniger an der Anwendung allgemeindialektischer Kategorien auf die Geschichte interessiert, denn sie wissen, daß ein solches ontologisches Verfahren für das Verständnis des komplexen Gewebes der Geschichte, die mit allgemeindialektischen Kategorien und Gesetzen nicht auszuschöpfen und zu begreifen ist, völlig unzureichend ist.

Zum Unterschied von den Vertretern der zweiten Richtung stimmen die der ersten und dritten Richtung darin überein, daß man im Geist gewisser Bemerkungen von Engels aber auch von Marx die Dialektik als universelle Theorie und Methode auffassen muß, und daß sie deshalb nicht nur auf das ansonsten eminent dialektische Gebiet, die Geschichte, beschränkt werden kann. Das Thema der Dialektik in der Natur ist also jenes Thema, das diese Richtungen, obgleich mit bedeutsamen und wesentlichen Unterschieden, einander nähert. Wir sagten schon, daß ohne Rücksicht darauf, daß die Vertreter der zweiten und dritten Richtung die Auffassung der Anwendungsgrenzen und der Gültigkeit der Dialektik unterscheidet, die Philosophen dieser zwei Richtungen in der Betrachtung und Akzentuierung der Geschichtsdialektik und des kritischen philosophischen Engagements in der Analyse der Probleme und Widersprüche der modernen Zivilisation übereinstimmen. Das ist es, was die Philosophen dieser Richtungen wesentlich von der ersten Richtung unterscheidet.

Indem sie die Notwendigkeit erkennen, die Dialektik als universelle Methode des Ablaufs aller Prozesse der Wirklichkeit und so auch als allgemeine philosophische Vision der Wirklichkeit, als bestimmten philosophischen Blick auf die Welt zu konzipieren, meinen die marxistischen Philosophen der dritten Richtung nicht, daß die Problematik der Dialektik der Natur für die zeitgenössischen schweren historischen Probleme, vor denen die Menschheit steht, so relevant ist, und daß die Meinungsverschiedenheiten in dieser Problematik nicht Stein des Anstoßes sein sollten bei gemeinsamen kritischen Analysen aller jener Strukturen und Phänomene, die noch immer den Menschen hemmen und ihn durch verdinglichte Verhältnisse einengen und in eine manipulierte Nummer verwandeln.

Marx hat gerade der Dialektik der Geschichte die meiste Aufmerksamkeit geschenkt. Einfach aus dem Grund, weil er genial erkannte, daß man mit den allgemeindialektischen Kategorien der Qualität, der Quantität, des Gegensatzes, der Negativität usw. nicht die spezifisch dialektischen Beziehungen und Prozesse, die durch eine neue Wirklichkeit der Natur, die nicht mehr eminent natürlich sondern ein eigenständiges menschliches Werk ist, erklären kann. Darum hat Marx im Zuge der Entdeckung der Bedeutung des freien menschlichen Schaffens, der Praxis, des Bewußtseins, der Produktivkräfte, der Produktionsverhältnisse, der Entfremdungsideologie usw. sein wesentliches Augenmerk auf die Analyse dieser eigenständigen Dialektik der Geschichte und besonders der bürgerlichen Gesellschaft gerichtet, da er einsah, daß jede derartige dialektische theoretische Beziehung gleichzeitig auch kritisch ist.

Es ist ein großer Irrtum, zu glauben, daß diese dialektische kritische Haltung den historischen Kräften nur so lange vonnöten sei, als sie auf einen kritischen Bezug gegenüber der bürgerlichen Klassengesellschaft ausgerichtet sind, und daß sogleich nach der Revolution und mit dem Beginn des Aufbaus der sozialistischen Gesellschaft diese Dialektik die milde unkritische Sinnesart der harmonischen Aufklärung annehmen werde. Dies ist nicht nur deshalb ein großer Irrtum, weil die Anfänge des Aufbaus der sozialistischen Gesellschaft noch voll von verschiedenen Widersprüchen und gar kein harmonischer Prozeß sind, sondern auch deshalb, weil keinerlei historische Weiterentwicklung ohne innere Widersprüche und Momente der Negativität als Arten ihrer Auflösung, ungeachtet der Formen dieser Auflösungen denkbar ist. Die Dialektik ist eminent kritisch, das ist ihre absolute Charakteristik. Jedes Abweichen von ihrer kritischen Haltung bedeutet ein Verlassen des Wesens der Dialektik.

Philosophen marxistischen Geistes können demnach im Grunde die wesentlichen Themen der Philosophie nicht umgehen. Aber welche Themen der wirkliche Gedanke einer Zeit sein werden, die Quintessenz nicht nur der Erkenntnis einer Zeit hinsichtlich ihrer Vergangenheit und Gegenwart, sondern auch über die revolutionären Möglichkeiten, sowie auch die Beleuchtung dieser möglichen weiteren Wege des unaufhaltsamen historischen Ganges des Menschen – das steht in keinem Lehrbuch und in keiner politischen Direktive. Die wahren Schöpfungen des Menschen auf philosophischem und künstlerischem Gebiet werden nicht durch Rezepte vorgeschrieben. Es ist eine Frage der Sensibilität und Fähigkeit einzelner schöpferischer Persönlichkeiten, ob sie durch ihr Werk ein neues Phänomen, eine neue Wirklichkeit des menschlichen Daseins, die als solche einen untrennbaren Teil einer historischen Ganzheit bildet und diese Ganzheit wesentlich bestimmt, verwirklichen.

Daraus erst folgt die Logik und Notwendigkeit der These von den verschiedenen Varianten der marxistischen Philosophie, was die angeführten Richtungen wie auch die vielen Differenzierungen innerhalb dieser Richtungen bestätigen. Darum sehen die so häufigen Diskussionen in der stalinistischen Etappe der Entwicklung der marxistischen Philosophie über das Verhältnis von dialektischem und historischem Materialismus, der Soziologie und dem historischen Materialismus, der Dialektik und der Logik usw. ephemer und im Wesen scholastisch aus, besonders aber die häufige Ausführlichkeit in diesen Problemen.

Für einen marxistischen Denker ist es heute nicht wesentlich, ob er sich auf die Analyse der Dialektik der Natur einläßt oder ob er sie überhaupt anerkennt. Wesentlich ist, wie kreativ er ist und wieviel er mit seinem theoretischen Werk zur Selbsterkenntnis des heutigen revolutionären Subjekts der Geschichte beiträgt. Charakteristisch dafür sind die zahlreichen bisherigen Diskussionen und Polemiken innerhalb des Marxismus, als man, wie z. B. bei Lukács' Werk über Geschichte und Klassenbewußtsein, den ganzen reichen und neuen, originellen Inhalt, den dieses Werk darbot, übersah, nur weil seine Konzeption der Dialektik als Dialektik der Geschichte nicht mit der anderen, offiziellen, Konzeption übereinstimmte. Darum konnte die wichtigste philosophische Persönlichkeit der damaligen Sowjetunion, A. Deborin, eine Kritik verfassen, in der er behauptet, Lukács revidiere und kritisiere den Marxismus, konnte er Lukács als Idealisten ablehnen und kein Wort über die Kategorien der Praxis, des Klassenbewußtseins, der Verdinglichung oder Entfremdung sagen, die das Grundanliegen und das Novum in Lukács' Werk ausmachen.

Für den kreativen Gedanken ist allerdings auch ein bestimmter Grad gesellschaftlicher Freiheit nötig. Die marxistische Philosophie, wie das marxistische Denken überhaupt setzen die Freiheit für die unumgängliche kritische Durchleuchtung historischer Phänomene und Widersprüche voraus. Wo es das nicht gibt, wird der Marxismus in seiner Gesamtheit zum Dogma, verliert das Wesenselement der kritischen Haltung und damit auch die Relevanz. Die historischen Anstrengungen und Hoffnungen des Menschen brauchten immer Fackeln, die ihnen oft die undurchsichtigen Nebelschwaden, die der Mensch durchdrang, erhellt haben. Die marxistische Philosophie ist eine dieser Fackeln, die heute das historische Werk des Menschen erhellt. Sie wird das sein oder sie wird nicht sein!

Jerzy J. Wiatr (Warszawa)

Alienation, disalienation and the structure of marxist social theory*

(Prepared for publication in the Essays in Honour of Adam Schaff to be published in Vienna, 1973, on his 60th anniversary)

In the present paper I should like to adress myself to the question of the role of normative theory in the over-all structure of Marxism. More specifically, I should like to demonstrate that the concepts of alienation and its dialectic antinomy – disalienation – play a very substantial role in the uniqueness of the Marxist social theory, namely in the way in which it is able to unite three basic components: *values*, *explanations* and *directives for action*. In his *Marxism and the Human Individual* Adam Schaff once more called the attention of his readers to the fact that the normative element of Marxism, and more particularly Karl Marx's theory of alienation constituted not a separate (in time or in substance) part of the history of Marxism, but – on the contrary – served as a metascientific, philosophical basis for the whole structure of Marxist theory. Humanistic vision of the society which will be able to liberate human individual, i. e. to abolish the alienation of man, his labour and his society, has been an ideological inspiration for the study of social development and for the political doctrine of Marxist socialism. It has never lost its ideological as well as metascientific importance. To quote Adam Schaff:

> "With growing emphasis on the problem of the individual, the sociopolitical concept of Marxism is increasingly more concerned with human individuality. This issue carries enormous educational weight and is of great practical significance for everyday life in socialist society. This is probably why the revival of the problem of the individual is of such crucial importance – as is the renaissance of the idea of the young Marx: it is a perspective from which we can view Marxism in a new light. Consequently, what is historically oldest in Marxism makes it possible for us to detect the hidden meaning of its most recent layers[1]."

Values and the structure of social science theory

In the contemporary sociological vocabulary "theory" is defined in many ways. Piotr Sztompka has recently found twenty two definitions of "theory" in current use in the sociological literature[2]. Without going into details, one may however say that the prevailing tendency interprets theory as a system of propositions which explain social reality. Explanatory power, as well as the predictive power (which in its turn depends on the explanatory power) of a theory is considered the main criterium of its scientific character.

One may easily agree that explaining and predicting social phenomena are important objectives of the science of society. Independently of the theoretical complication connected with the concept of prediction, it is easy to agree that in the scientific analysis of society we try to explain it and to be able to understand its future development. Explaining, however, is not and should not be considered the only objective of social theory. I concur with David Easton, when he deplores the "decline of value theory" which in his opinion results from the ethical conformism based on the universal acceptance (among the Western political scientists) of the moral principles of the Western civilization[3]. Incidently, the recent rise of new radicalism among students and young social scholars in the West has made this definition of the situation partly obsolate. This, however, is beyond our present interest.

The important point in Easton's criticism seems to be his statement, that the decline of the normative social and political theory manifests itself in the narrow definition of theory as a system of general propositions which aim at explaining social reality and in the transformation of "social theory" or "political theory" into the history of ideas. This new concept of "theory" reflects strongly the neo-positivistic current in social sciences. There ist no reason whatsoever to accept it as a "step forward" in the development of social science methodology. What is, therefore, needed is a broad theory which would combine explanations of social reality with its moral evaluation. Such a theory belongs to the best traditions of radical thinking; it is high time now to restore it as the pattern for socially committed social science[4].

This, however, may be done at least in two ways. The first possibility is to add ethical evaluation to the analysis of social phenomena, or – to put it differently – to explain social reality first, and to evalute it later. In this case the scholar should be aware of the fact that his value judgements influence the selection of problems for the study, as well as the way in which he tends to interpret them. Knowing that he cannot avoid this intervening of explanation and evaluation, he should try to follow the advise of Gunnar Myrdal to make the scholar's values "an explicit part of the argument" and by this to "display them for criticism"[5].

Those who accept the above mentioned strategy, tend to accept – either explicitly, or (and more often) implicitly – two propositions: (1) that the explanatory sociological theory, even if contaminated by ethical values of the scholar, is in itself not-normative; and (2) that the normative theory is based on categories which do not belong to the realm of explanatory sociological theory, being, at the most, objects of sociological research in the same way as any other form of social consciousness. In other words, they regard the explanatory theory and the normative theory as mutually independent, even if interconnected in the actual process of studying social reality.

The second possibility emerges from the rejection of these assumptions in a special way, normative theory is based on propositions derived from the explanatory theory, and therefore the two are closely bound together. The way in which normative theory can be derived from the explanatory one, calls, however, for carefull examination.

First of all, we should exclude some oversimplified interpretations of the relation between the normative and the explanatory theories. Values do not emerge from the knowledge of the status quo; what *exists* is not automatically and necessarily *moral*. Moreover, attempts to define what is morally "normal" on the basis of what prevails in a given society lead to confusion. Cultural anthropology has demonstrated beyond doubt that norms change over time and that they differ across cultures. However it is one thing to know that and quite another thing to conclude from this, that what prevails in the social reality should be considered morally good. We have to avoid two extremes here: one of them is the ethical relativism (everything morally depend on "when" and "where"), the other is ethical dogmatism (what differs from our norms is "abnormal"). The philosophy of history which discovers and analyses the course of social development allows us to base our value judgements on historically specific criteria. Here, Marxism emerges as the philosophy of history capable of solving the problem.

Another simplification, we have to reject, calls for deriving moral values from the anticipated course of future historical developments. Those who believe in one-dimensional historical inevitability, may think that the supreme criterion of morality is the correspondence of human actions with the laws of history. But the "laws of history" are tendencies of human behaviour itself and cannot be regarded as fatalistic. Man does create his own history. Since he does it in the context of the actions taken by others, neither he is completely free to choose one or another course of action, nor are the results of what he does fully dependent on his actions alone. Nevertheless, he can make a choice. And he makes his choices. Therefore, he is morally responsible for what he does or, as a matter of fact, for what he refuses to do. History explains, but not always justifies. Among the mythes of Stalinism one of the most dangerous was the belief, that historical inevitability justifies all deeds of those who help history in taking the right course.

With these two simplifications rejected, in what sense can we maintain that normative theory can be based on the explanatory one, or – to be more precise (since the impact of values on explanatory theory has already been emphasized) – that both of them are mutually interdependent?

The answer can be found in the way in which Marx and Engels interpreted the postulate of basing the policies of the working class movement on scientific foundations[6]. Engels, for instance, shows in *Anti-Dühring* why the ideal of social justice always plays such an important role in the ideologies of the populist movements. This historical explanation does not justify the value of social justice as such. It shows, however, why in the political theory of the working class movement the ideal of social justice is both an end in itself and one of the means. It is an end in itself because it is in the interests of the workers, who suffer the injustices inherent in the social structure of the capitalist society, to decrease the total amount of injustices – or, if one may be permitted a grain of utopianism, to abolish all forms of social injustices. Moreover, since the alienation of work and the alienation of worker form the basis of the universal alienation of man, the achievement of social justice becomes a part of the process of liberating man from alienation – an universal value *per se*. On the other hand, the value of social justice has an instrumental meaning insofar as it can easily be used as a slogan of agitation, which – as Engels has shown – has a special appeal to the workers. Therefore, the study of history can both point to values which can be instrumentally used in political practice and define values which should determine the objectives of political action. In this sense, the Marxist social theory is in the same time both normative and explanatory. It defines values which constitute the basis for selecting ultimate goals. Doing this, it relates the values to the historical interests and perspectives of the social class in the name of which it wants to speak. The Marxist philosophy of history can therefore be interpreted as the basis on which the values are determined. They do not come from outside the historical process. They are nothing but products of history. It is, however, the task of intellectuals to discover the values which at a given stage of social development correspond the most closely to the objective interests of the progressive social classes; this is the essential meaning of the study of history. But the task of social theory is not only to define the goals. It is also to study the conditions of achieving these goals, what cannot be done without explaining the mechanisms of social life. The social theory should, therefore, include systematically presented and tested hypotheses and propositions; moreover, it should see to it that they are heuristically relevant. Through the process of formulating and verifying hypotheses we are able to construct propositions which explain how society functions. This explanation may finally bring about the redefinition of values. This may happen, for instance, if it becomes clear that some velues cannot materialize or that some, equally shared, values contradict each other. Social theory can then help people to redefine their values and, by doing this, to avoid both the frustrations of abandoned ideals and the dangers of transforming values into a kind of lip service.

In the contemporary world – so full of challenges, as well as of dangers – what people need and look for is not just a theory which could explain their situation. They need and look for the one which could help them to evaluate and to change it. Social theory, therefore, should be considered as a system of mutually interrelated values, explanations and directives for action. Its objective, to use Marx's famous words is not only to explain the world but to change it as well.

Predictions, explanations and directives for action

In the first part of this paper I was concerned with the interrelations between explanations and values. Let me know switch the emphasis to another aspect of the totality of the Marxist theory: the relationship between explanations and predictions on the one hand, and directives for action on the other. It is due to the interrelation between values, explanations (and predictions) and directives for action that the Marxist social theory demonstrates its uniquely total character; its individual parts can only be separated in the process of abstraction[7].

The Marxist principle of the unity between theory and practice extends beyond the narrow concept of the practical applications of the scientific propositions. To fully understand the way in which Marxism perceives the unity between theory and practice it is necessary to outline shortly its most influential alternative: the concept of practical applicability of knowledge which prevails in contemporary academic sociology in the West.

Most sociologist will agree today that the major of social science is to help society in its efforts to improve itself. Even if abstract knowledge is still and is most likely to continue to be in high value, few would argue against practical applications of the result of social science. Applications are usually understood as policy recommendations which can – directly or indirectly – be deduced from: (a) general social laws, i.e. relationships between phenomena, and (b) scientifically established knowledge about specific social phenomena, for instance industrial output, birth rate, political attitudes. It is, moreover, assumed that applications follow analysis in the sense, that scientific analysis can constitute a ground for various und grossly different policy recommendations. The choice between alternative policies will then depend on: (a) accepted value priorities, (b) perceived costs and benefits, (c) optimal timing of specific targets vis-a-vis the others (for instance: consumer goods versus long-term industrial investment). Scientific analysis can influence policy recommendation in so far as it affects our understanding of the second and third element; values, however, will influence final options in the way which will not be subject to scientific scrutiny. Shortly, the basic notion of practical applications of social science theory is here limited to *ex post facto* applications of results which are arrived at outside the realm of social practice.

Western social scientists are increasingly aware of the limitations of this model. Inspite, however, of interesting attempts to depart from its limitations (the most characteristic of them being Robert Merton's concept of "self-fulfilling" and "self-denying" prophecies) they do not break from the basic concept which separates theory from practice, even if in the same time calls for contact between the two.

Marxist social theory represents in this respect a radically different theoretical model. One of the characteristic features of this theory is its futureorientation. Theory here is understood as a way of both predicting and creating the future. Antonio Gramsci in his well-known criticism of neo-positivistic elements in Bukharin's approach to historical materialism wrote i. a. what follows:

"In reality one can 'forecast' the future only to the extent to which one acts and undertakes conscious efforts supporting the 'forecast' result. Foreseeing proves to be not a scientific, cognitive act but an abstract expression of effort, a practical method of formulating the collective will[8]."

This formulation is not very different from Georg Lukács position, when he – in his famous and controversial "History and Class Consciousness" – wrote, that:

"The solution proposed by Marx in his *These on Feuerbach* is to transform philosophy into praxis. But . . . this praxis has its objective and structural preconditions and complement in the view that reality is a 'complex of processes'. That is to say, in the view that the movements of history represent the true reality; not indeed a transcendental one, but at all events a higher one than that of the rigid, reified facts of the empirical world, from which they arise. For the reflection theory this means that thought and consciousness are oriented towards reality but, at the same time, the criterion of truth is provided by relevance to reality. This reality is by no means identical with empirical existence. This reality is not, it becomes[9]."

Furthermore, Lukács emphasizes the role of theoretical consciousness in, what he calls "the mediation between past and future" and says:

"As long as man concentrates his interest contemplatively upon the past *or* future, both ossify into an alien existence. And between the subject and the object lies the unbridgeable 'pernicious chasm' of the present. Man must be able to comprehend the present as a becoming. He can do this by seeing in it the tendencies out of whose dialectical opposition he can *make* the future. Only when he does this will the present be a process of becoming, that belongs to *him*[10]."

What seems to me particularly important in this current of Marxist thought is the emphasis put on man-made element of history. Gone are "iron laws" of historical development, to which so many of the German Marxists of late XIXth and early XXth century were so much attached. History is seen as a process, in which human actions – determined not only by the objective ("material" to use Gramsci's terminology) factors, but also by social consciousness – are of decisive importance. History is again seen as continous process of choice. The way in which individuals, groups, classes make their choices is not free social conditioning; however, the state of social consciousness is also a part of "reality". Therefore, theoretical effort to change social consciousness becomes a part of practical transformation of reality. In this sense, the distinction between "theory" and "practice" dissapears. Theory itself is a form of historical practice insofar as it transforms the conscious element of historical reality.

This philosophical formulas are of direct relevance for determining the type of social theory which is characteristic for Marxism. The Marxist social theory is distinguishable from other theories not by specific propositions which it accepts, when other theories reject them. Scientific propositions are to be verified and their acceptance, rejection or modification depend on the results of such verification. In this sense each and every "Marxist" proposition can be rejected, if scientific inquiry leads us to the conclusion that it does not correspond adequately to reality. What is distinct in the Marxist social theory is its orientation toward future – its action orientation. Marxist social theory is basically the theory of overcoming human alienation, or to put it in different terminology – the theory of creating new society, in which social conditions that degrade human individual will be abolished.

Confronted with the historical reality of the Socialist societies of today, the Marxist social theory is, therefore, both an affirmation and a negation. It is an affirmation of the new status quo in so far as it rejects the *status quo ante,* the bourgeois society. It is a negation in so far as it affirms the future Communist society, which may come into being only through the basic transformation of the existing Socialist society. The dual affirmative/negative character of the Marxist social theory nowadays makes it different from what it had been in the days of Karl Marx. The practical aim of the theory is no longer limited to overthrowing the existing order. Neither, however, has it been changed simply to the task of preserving the new society. In this sense, the transitional character of the Socialist societies reflect itself in the dialectically antinomeous character of the Marxist social theory.

History has shown that two kinds of danger exist from the point of view of preserving the dialectical character of contemporary Marxism. First, emphasis can be put so strongly on the task of affirmation that the theory itself becomes a kind of status quo apology. Stalinism in the realm of theory cannot be interpreted as just an error, or even as a system of errors. It can be fully understood only when it is interpreted as an ideology of stabilization, as an uncritical affirmation of the post-revolutionary society. What metaphorically is refered to as "dogmatism", is in its essence a deformation of Marxism in the direction of conservation of the already achieved status quo. But the Stalinist dogmatism has no monopoly in this respect. Empirically oriented, methodologically sound sociology may easily (as some experiences already have demonstrated) be transformed into a sophisticated apology of the status quo, when it focuses its attention on problems marginally relevant to basic conflicts of contemporary society. On the other hand, emphasis can be put so strongly on the negation of the existing society, that Marxism gets abandoned for a kind of utopian dream of the ideal society by use of which the disillusioned attack the Socialist society of today. Both these tendencies have their roots in the objective character of the Socialist societies: in their achievements, as well as in their failures. To reduce them merely to intellectual mistakes or political deviations, means to close one's eyes on the dialectical contradictions of the society itself. Neither of these tendencies, however, reflects the character of this society in its full complexity. While the first ignores what should be changed, the second rejects what should be conserved. While the first abandons ambitions to create a perfect society, the second rejects what has already been done.

Both of these tendencies, however, use Karl Marx's name as their banner. In this sense, Marxism became a term with many meanings. This inevitably is the fate of all great theories. But the persistence of Marxism as a social theory is not due to the fact that it now means various things for various people. The persistence of Marxist social

theory results first of all from the fact that it is the only social theory of the XXth century which adresses itself to the three most important questions people ask themselves:
- what kind of world we live in?
- how should we evaluate it?
- how can we change it?

From its beginning the Marxist social theory was both normative and explanatory; it was also action and future oriented. These characteristics of Marxism explain the great appeal is has had for so many generations. Today again rich historical evidence points to the failures of all the theories, which in the fifties proclaimed "the end of ideology" as an inevitable result of historical developments. The principal reason for the failure of the "end of ideology" prophecies is that they disregarded the unique importance of the Marxist theory as a total theory of values, explanations and directives for action. This unique combination of the above-mentioned elements of the Marxist social theory makes it socially relevant as long as the state of society results in the emergence of forces working for radical change, for continous process of disalienation of man.

The structure of theory and its historical relevance

One can graphically illustrate the internal structure of the Marxist social theory in the following way:

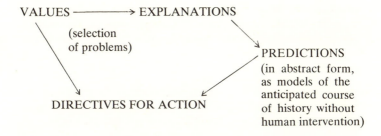

In this sense, directives for actions constitute this element of theory, which directly purports to alter the "spontanous" course of history. Predictions in their abstract form are useful models of what would have happen without our intervention. However, the main task of the Marxist theory is not to formulate these abstract predictions of the future but to shape the future by advocating directives, which are based on accepted basic values, explanations of relationships between social phenomena, and knowledge of anticipated developments which have to be avoided and/or altered. In this way, Marxist social theory manifests its original structure as *value-explanation-action theory*. It is this structure of Marxism what makes it basically different from all schools of the "academic" social science.

Moreover, the normative component of the Marxist social theory allows us to extend the above-formulated scheme in time. Directives lead to actions and actions bring outcomes. Marxism not only allows us to formulate hypotheses concerning the character of these outcomes, but gives us simultaneously an instrument to evaluate them. Once the outcomes of actions emerge, they become subject to scrutiny from the point of view of the basic values of Socialism. The relevance of the discussion on alienation and disalienation lies precisely here. The notion of alienation and its dialectical antinomy–disalienation–allows us to evaluate each stage of the social transformations from the point of view of overcoming alienation of man. Since disalienation is a process rather than completely and fully identifiable stage of development, we can always adress ourselves to the question of relative disalienation, i. e. to the problems of relative abolishment of those social conditions which have been identified as forms of alienation. We can then apply the basic structure of Marxist social theory to a new stage of historical development and ask ourselves, to what extent it adequately correspond to the values of disalienation of man, how the still existing discrepancies can be explained, how they can be abolished. In this way the sequence: "values, explanations (predictions), directives for action" is applicable to consecutive stages of historical development. Marxism owes its continous relevance to the fact that it has provided its followers with the intellectual instrument which allows them not only to formulate programs of change, but also to assess the effects of the change from the point of view of the basic values of the Marxist theory.

Notes

* The present paper has been written during my Visiting Professorship in the Department of Sociology, Boston University in 1973; it partly reflects stimulating experience of the discussions on the character of Marxist social theory which took place on my seminar on Marxist sociology there.

[1] Adam Schaff, *Marxism and the Human Individual,* ed. by Robert Cohen, McGraw-Hill Book Company: New York 1970, p. 44.

[2] Piotr Sztompka, "O pojęciu teorii w socjologii" ("Notion of Theory in Sociology", in Polish), *Studia Socjologiczne,* no. 3 (42), 1971, op. 19–51.

[3] David Easton, *The Political System. An Inquiry into the State of Political Science,* Alfred A. Knopf: New York 1959, pp. 255–256.

[4] I shall always remember as one of the most exciting intellectual experiences of my life, the course of lectures given by G. D. H. Cole in All Souls College (Oxford) in 1957, the last year before his retirement. The title of the course

was "Social Theory" and Cole made it very clear indeed that for him social theory was a study of what a good society should be and how to achieve it.

[5] Gunnar Myrdal, Values in Social Theory, Harper & Brothers: New York 1958, p. 261.

[6] In my analysis of this problem I partly utilize the concepts and interpretations offered by Julian Hochfeld (1911–1966), particularly in two of his essays: "Marksizm a socjologia stosunkow politycznych" ("Marxism and the Political Sociology", in Polish), *Studia Socjologiczno-Polityczne*, no. 1, 1958, pp. 3–24; and "The Concept of Class Interest", *The Polish Sociological Bulletin*, no. 2 (16), 1967, pp. 5–14.

[7] Some Western scholars well vested in Marxism point to this characteristics of Marxist theory. Cf. Alfred G. Meyer, *Marxism: The Unity of Theory and Practice*, Ann Arbor: University of Michigan paperback 1963.

[8] Antonio Gramsci, *Pisma Wybrane* (Selected Works, Polish translation), Ksiazka i Wiedza: Warsaw 1962, vol. I. p. 122. Elsewhere I have pointed to the limitations of the applicability of Gramsci's concept of forecasting to the specific social problems; cf. my "Sociology-Marxism-Reality" in: Peter L. Berger (ed.), *Marxism and Sociology. Views from Eastern Europe*, Appleton-Century-Crofts: New York 1969, particularly pp. 34–36. Generally, I should say that Gramsci's model can be successfully used in interpreting the role of social theory vis-a-vis total historical processes; it becomes less adequate when applied to specific processes on micro-sociological level.

[9] Georg Lukács, *History and Class Consciousness. Studies in Marxist Dialectics*, translated by Rodney Livingstone, The MIT Press: Cambridge, Massachusetts 1972, pp. 202–203.

[10] Ibidem, p. 204, Lukács' contribution to Marxist theory became increasingly influential in recent years. This is only partly due to the fact that the long-awaited English translation of his magnum opus brought it to the attention of much larger audience than ever before. The main reason, in my opinion, is that Lukács' approach corresponds very closely to the consciousness of new radicals in the West. Social scientists begin to study Lukács' contribution with growing interest too. Cf. particularly: Istvan Meszaros (ed.), *Aspects of History and Class Consciousness*, Routledge & Kegan, London 1970.

Bogusław Wolniewicz
(Warszawa)

Zur Semantik des Satzkalküls: Frege und Wittgenstein

1. Friedrich Engels hat einst gesagt, die große Grundfrage aller Philosophie sei die nach dem Verhältnis von Denken und Sein. Und das trifft auch zu. Man darf nur dabei nicht vergessen, daß jene Frage in der Philosophie in den verschiedensten Gestalten und Verkleidungen aufzutreten pflegt. Sie als solche zu erkennen ist darum oft eine recht schwierige Sache.

Einen relativ klaren Fall stellt hier die von Professor Schaff in seiner »Einführung in die Semantik« 1960 treffend so benannte *semantische Philosophie* dar. Damit sollen alle die mannigfachen Strömungen gegenwärtiger Philosophie gemeint sein, die (a) im Kielwasser der *logischen Semantik* entstanden sind, und daher (b) die *Sprache* zum Hauptgegenstand philosophischer Untersuchung zu erheben trachten. Ein Zusammenhang dieser Strömungen mit der philosophischen Grundfrage wird durchsichtig, sobald wir nur auf die eigentlichen Quellen semantischer Ideen zurückblicken. Deren gibt es nämlich drei: (1) Freges »Über Sinn und Bedeutung«, 1892; (2) Wittgensteins »Logisch-philosophische Abhandlung«, 1921; und (3) Tarskis »Wahrheitsbegriff in den formalisierten Sprachen«, 1933. Alle drei fließen 1942 in Carnaps »Introduction to Semantics« zusammen, um dann in dieser vereinfachten und positivistisch verflachten Form an ein breites Publikum zu gelangen.

Die logische Semantik ist ein Zweig der mathematischen Logik. Sie hat es, nach Tarskis wohlbekannter Bestimmung, mit dem Verhältnis zu tun, welches zwischen der Sprache und jener außersprachlichen Realität besteht – was immer sie auch sei – auf die sich ihre Ausdrücke beziehen. (Frege hat sie »die Bedeutung« genannt, und wir werden uns seinem Wortgebrauche anschließen.) Nun gibt es aber viele Arten sprachlichen Ausdrucks – vielerlei *semantische Kategorien* – und für jede ist die semantische Grundfrage auf eine jeweils andere Weise zu stellen. Hier jedoch soll die Semantik von nur einer dieser Kategorien erörtert werden, logisch allerdings der wichtigsten: es handelt sich also um die Semantik der *Sätze*.

Die Frage nach der *Bedeutung* der Sätze – im ausdrücklichen Gegensatz zu der nach ihrem *Sinn* – wurde für die logische Semantik erstmals in der erwähnten Schrift Freges aufgeworfen. Dort ist auch die berühmte, von manchen als abwegig und bizarr verworfene, Fregesche Lösung dieser Frage zu finden. Sie ist neulich von dem bekannten polnischen Logiker Professor Roman Suszko eingehend untersucht und in ein ganz neues Licht gerückt worden. Eines seiner Ergebnisse soll uns als Ausgangspunkt dienen.

2. Nach Suszko sind zwei Spielarten logisch-semantischer Systeme zu unterscheiden, je nachdem die nachstehende Formel für ihren Satzkalkül gilt oder nicht gilt:

(F) $\qquad p \equiv q \longrightarrow p = q$

Diese Formel besagt etwa folgendes: sind zwei Sätze materiell *äquivalent,* so sind sie auch in ihrer Bedeutung *identisch*. Sie wird von Suszko als »das Fregesche Axiom« gekennzeichnet, und mit gutem Grund. Denn Frege, nachdem er sich entschlossen hatte, den Wahrheitswert des Satzes als seine Bedeutung anzusehen, sagte ja klipp und klar:

»Wenn nun der Wahrheitswert eines Satzes dessen Bedeutung ist, so haben einerseits alle wahren Sätze dieselbe Bedeutung, andererseits alle falschen. Wir sehen daraus, daß in der Bedeutung des Satzes alles einzelne verwischt ist.«

Genau dasselbe drückt die Formel (F) aus. Wo sie gilt, da ist das betreffende System »fregisch« zu nennen, wo nicht – »nicht-fregisch«. Das Musterbeispiel eines fregischen Systems liefert der klassische Satzkalkül; ein anderes Beispiel ist die dreiwertige Logik von Łukasiewicz.

Dagegen ist folgendes vorgebracht worden: im klassischen Satzkalkül gibt es kein Gleichheitszeichen für Satzargumente, und so kann es dort auch kein »Fregesches Axiom« geben! Dieser Einwand ist nichtig, Denn erstens kann man doch dieses Zeichen jeder Zeit ohne weiteres einführen; zweitens ist zu bemerken, daß (F) dem Satzschema:

(F') $\qquad p \equiv q \longrightarrow [\phi(p) \equiv \phi(q)]$

deduktiv äquivalent ist. Für gewöhnlich kommt zwar auch dieses Schema im Satzkalkül nicht vor – es findet sich aber in manchen seiner Varianten, wie die »Protothetik« von Leśniewski! – doch haben wir dort *alle* seine Sonderfälle, die in der Sprache des Satzkalküls formulierbar sind, nämlich die sogenannten »Extensionalitätsgesetze«. Nach diesen Gesetzen was immer von einem zweier materiell äquivalenten Sätze gilt, das gilt auch von dem andern. Äquivalente Sätze sind also vom Standpunkt des klassischen Satzkalküls voneinander *ununterscheidbar*, und daher – nach dem Leibnizschen Grundsatz – sind sie auch miteinander *identisch*. Das aber ist wiederum das Fregesche Axiom, in andere Worte gefaßt.

3. Die Idee einer nicht-fregischen Semantik für die Sprache des Satzkalküls geht direkt auf Wittgensteins »Tractatus« zurück. Sie ist dort im Begriff des *logischen Raumes* angelegt, der auch gleich zu Anfang in These 1.13:

»1.13   Die Tatsachen im logischen Raum sind die Welt.«

zum Vorschein kommt. Der »Tractatus« ist vor allem eine Philosophie der Logik. Es wird dort das Verhältnis von Sprache und Realität untersucht, wobei vorausgesetzt wird, daß (1) die logische Syntax der Sprache bereits – und im allgemeinen korrekt – in den Systemen von Frege und Russell beschrieben worden sei, und daß (2) das semantische Verhältnis als das einer ein-eindeutigen Abbildung aufgefaßt werde. Die Hauptfrage des »Tractatus« kann demnach wie folgt formuliert werden: wie muß eine Realität beschaffen sein, welche sich in einer Sprache darstellen läßt, auf die jene beiden Voraussetzungen zutreffen?

Sprache und Realität stehen also in dem Verhältnis einer ein-eindeutigen Zuordnung. Es ist auch klar genug, was hier unter »Sprache« zu verstehen ist: sie ist nach Wittgenstein (T 4.001) als die Gesamtheit aller möglichen Sätze definiert:

Sprache = Gesamtheit der Sätze.

Was sollen wir aber unter jener »Realität« verstehen, die dieser Gesamtheit von Sätzen ein-eindeutig zugeordnet ist? Sie kann nicht mit der *Welt* identisch sein:

Realität ≠ die Welt,

denn nach T 1.1:

die Welt = Gesamtheit der Tatsachen,

und das sprachliche Gegenstück dazu bildet ja nur die Gesamtheit der *wahren* Sätze, oder das mögliche *Wissen* (T 4.11):

das Wissen = Gesamtheit der wahren Sätze.

Die Sprache enthält aber auch falsche Sätze, und diese werden somit kein Gegenstück in der Gesamtheit der Tatsachen finden. Irgendein reales Gegenstück – eine *Bedeutung* im Fregeschen Sinne – müssen sie jedoch haben, denn sonst wären es keine *Sätze*, sondern unsinnige Wortverbindungen.

Das reale Gegenstück zu einem wahren Satz ist eine Tatsache: etwas, was der Fall ist. Das reale Gegenstück zu einem falschen Satz ist aber nach Wittgenstein die *Möglichkeit* einer Tatsache: etwas, was zwar *nicht* der Fall ist, dennoch aber der Fall sein *könnte*. Im ersten Falle könnte man hier von *reellen,* im zweiten von *imaginären* Tatsachen reden; oder auch umgekehrt: von verwirklichten und unverwirklichten Möglichkeiten. Der Inbegriff all dieser Möglichkeiten ist eben die der Sprache eindeutig zugeordnete Realität: der *logische Raum.* Wir haben also:

Logischer Raum = Gesamtheit der Möglichkeiten

und das Gesagte kann im folgenden Diagramm zusammengefaßt werden:

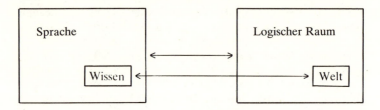

Der Sinn von These 1.13 leuchtet jetzt auch ein: die Welt ist sozusagen eine Insel von Tatsachen im Ozean der Möglichkeiten. Dieses Gleichnis ist jedoch nur als eine erste, grobe Annäherung zu betrachten. Denn was man hier sucht ist nicht Bildhaftigkeit, sondern eine geometrische *Interpretation* des Satzkalküls.

4. Der logische Raum ist der Gesamtheit der Sätze zugeordnet. Jedem einzelnen Satz aber entspricht ein bestimmter Bereich dieses Raumes, oder – mit Wittgenstein zu sprechen – ein logischer *Ort,* der für einen beliebigen Satz »p« etwa so aussehen könnte:

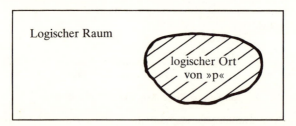

Und wenn das eine geometrische Interpretation sein soll, dann muß der logische Ort von »p« als irgendeine Menge von Punkten des logischen Raumes aufgefaßt werden. Sinngemäß seien sie »logische Punkte« genannt.

Was ist denn ein logischer Punkt? Diese für uns äußerst wichtige Frage ist 1960 von Erik Stenius aufgeworfen, und auch endgültig beantwortet worden: ein logischer Punkt stellt eine *mögliche Welt* dar (eine »Wahrheitsmöglichkeit der Elementarsätze«, T 4.3), und der logische Raum ist somit die Gesamtheit aller möglichen Welten. Und der logische Ort von »p« ist die Menge solcher Welten, von denen jede den Satz »p« bewahrheiten würde, wenn sie gerade auch die wirkliche wäre.

Ein logischer Punkt – und nur einer, da mögliche Welten miteinander unverträglich sind! – ist *markiert*: er stellt die wirkliche Welt dar. Seine genaue Lage im logischen Raum kennen wir nicht. Wissen wir aber, ein bestimmter Satz »p« sei wahr, so wissen wir auch damit, der markierte Punkt müsse irgendwo in demjenigen Bereich des logischen Raumes liegen, der den logischen Ort von »p« bildet. Also gilt:

»p« ist wahr $\equiv$ der markierte Punkt ist im logischen Ort von »p« enthalten.

Wissen wir weiter, daß ein von »p« logisch unabhängiger Satz »p« wahr ist, so heißt das, der markierte Punkt ist im logischen Produkt ihrer Orte enthalten, usf. Jede Erweiterung unseres Wissens reduziert so die Zone der Unbestimmtheit, in der für uns die Wirklichkeit liegt.

Es wird jetzt auch klar, warum nach der Wittgensteinschen Auffassung das Fregesche Axiom zu verwerfen ist. Die Bedeutung eines Satzes ist nach Frege sein Wahrheitswert; nach Wittgenstein aber ist es sein logischer Ort! Angenommen, die nachstehende Zeichnung stelle die logischen Orte zweier Sätze »p« und »q« dar:

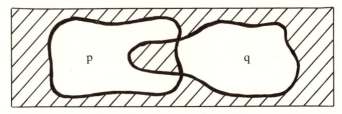

Die materielle Äquivalenz »p $\equiv$ q« besagt, die beiden Sätze hätten den gleichen Wahrheitswert. Dies wird zutreffen, oder nicht, je nachdem ob der markierte Punkt *tatsächlich* in dem gestrichelten Bereich des logischen Raumes, oder außerhalb seiner liegt. Die Identität »p = q« soll dagegen besagen, daß die logischen Orte beider Sätze sich miteinander decken. Dies ist hier offenbar nicht der Fall, und damit ist auch das Fregesche Axiom widerlegt, denn es sollte nach ihm aus der Falschheit von »p = q« diejenige von »p $\equiv$ q« gefolgert werden können.

5. Wann aber wird das Fregesche Axiom dennoch seine Gültigkeit haben? Um dies zu beantworten, nehmen wir der Anschaulichkeit halber an, es gebe nur drei mögliche Welten. Der logische Raum

besteht also aus drei Punkten, die mit den Nummern (1), (2), (3) bezeichnet seien. Das Verhältnis von Sprache und Realität kann in solchem Fall durch eine Matrix dargestellt werden, die allgemein folgender Form sein wird:

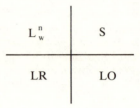

Mit »L^n_w« ist hier das logische System gekennzeichnet, welches mit dem logischen Raum »LR« gekoppelt ist, und der Sprache »S« zugrunde liegt. Diese Logik ist nur durch die beiden Indices »w« und »n« charakterisiert, die die Zahl der zugelassenen Wahrheitswerte und die der angenommenen logischen Punkte angeben. Das Verhältnis von S zu LR ist dann in der eigentlichen Matrix »LO« beschrieben, die sämtliche Unterteilungen des logischen Raumes LR umfaßt, welche mit den Mitteln der Sprache S zu bewerkstelligen sind. Diese Unterteilungen sind die logischen Orte.

Für das einfache Beispiel eines dreipunktigen logischen Raumes und einer zweiwertigen Sprache sieht diese Matrix so aus:

L^3_2	p_1	p_2	p_3	p_4	p_5	p_6	p_7	p_8
(1)	1	1	1	1	0	0	0	0
(2)	1	1	0	0	1	1	0	0
(3)	1	0	1	0	1	0	1	0

Die Kolonnen der Einser und Nullen stellen die logischen Orte (= die Bedeutungen) der über ihnen stehenden Sätze »p_i« dar. In einem dreipunktigen Raume kann es für eine zweiwertige Logik nur acht verschiedene Orte geben, und die entsprechende Sprache kann daher höchstens acht Sätze enthalten, die voneinander *extensionell* unterscheidbar sind. (Die Orte von »p_1« und »p_8« sind Grenzfälle, denn der eine umfaßt den ganzen Raum, der andere besteht aus der Nullmenge logischer Punkte. Nach Wittgenstein müßte der eine eine Tautologie, der andere eine Kontradiktion sein. Dies ist jedoch eine Besonderheit seines Systems, der man nicht zu folgen braucht. Jedenfalls steht aber fest, daß es sich hier um irgendwie *a priori* entscheidbare Sätze handeln muß.)

Die Zahl der logischen Punkte auf drei festzulegen war offenbar reine Willkür. Jede andere wäre ebenso zulässig, ob endlich oder unendlich, abzählbar oder unabzählbar. Nehmen wir also an, diese Zahl sei gleich *eins*! Es gibt nur *eine* mögliche Welt – nämlich die *wirkliche*! – und unser Matrix nimmt folgende äußerst einfache Gestalt an:

L_2^1	p_1	p_2
(1)	1	0

In dieser Gestalt stellt sie aber genau den fregeschen Fall dar. Es sind jetzt nur *zwei* logische Orte (= Kolonnen) vorhanden, und sie sind darüber hinaus den zwei zugelassenen Wahrheitswerten (= den Nummern »1« und »0«) ein-eindeutig zugeordnet. Unter diesen Umständen ist es weder nötig, noch möglich, den logischen Ort eines Satzes von seinem Wahrheitswert zu unterscheiden. Sie fallen zusammen, und das Fregesche Axiom trifft daher zu.

Nach Frege – und nach der fregeschen Semantik überhaupt – bedeuten alle wahren Sätze *das Sein* (= »das Wahre«); und alle falschen Sätze bedeuten *das Nichtsein* (= »das Falsche«). Sein und Nichtsein sind also die zwei logischen Orte fregescher Semantik, und keine anderen werden von ihr geduldet. Das gibt ihr den großen Vorzug der Einfachheit, der jedoch nicht kostenlos erworben wird. Der Preis ist nämlich die Annahme, der logische Raum bestehe aus einem einzigen Punkt, und das heißt das Mögliche mit dem Wirklichen, und weiterhin beides mit dem Notwendigen gleichzusetzen.

6. Die Zahl der logischen Orte (m) ist offenbar eine Funktion zweier Variablen: der Zahl der Wahrheitswerte (w), und der Zahl der logischen Punkte (n). Sie wird durch folgende Formel ausgedrückt:

(I) $m = w^n$

Ist die betreffende Sprache zweiwertig (w = 2), dann ist $m = 2^n$. Zweiwertigkeit ist der fregeschen Semantik jedoch nicht wesentlich. Es genügt für sie, daß die Bedingung

(II) $m = w$

erfüllt ist. Diese Bedingung ist aber wegen (I) der Annahme eines einpunktigen logischen Raumes

(III) $n = 1$

und somit auch der Formel (F) äquivalent. Alle drei drücken das Fregesche Axiom aus.

Freges System ist natürlich fregisch: es ist *zweiwertig* und *zweiortig*. Fregisch ist aber auch ein nicht-Fregesches System wie die dreiwertige Logik von Łukasiewicz, soweit sie folgender Matrix entspricht:

L_3^1	p_1	p_2	p_3
(1)	1	$1/2$	0

Der dritte Wert »$1/2$« soll hier die *Unbestimmtheit* sein. Und der dritte logische Ort ist die *Zukunft*, von Łukasiewicz eben als ein Reich logischer Unbestimmtheit aufgefaßt, für welches der Satz vom ausgeschlossenen Dritten nicht gilt, und das somit irgendwie zwischen Sein und Nichtsein schwebt.

Wittgensteins System ist dagegen nicht-fregisch, denn die Zahl der logischen Orte wird in ihm offengelassen: $m = x$. Und so kann es als *zweiwertig* und *vielortig* bezeichnet werden.

7. Zum Schluß sei noch kurz auf einen möglichen Einwand eingegangen, der die Gleichsetzung der Satzbedeutung mit dem logischen Ort betrifft. Man könnte nämlich meinen, die Bedeutung des Satzes (= Denotation) müsse das sein, was er *darstellt*; und was ein Satz darstellt ist nach Wittgenstein eine *Sachlage*. Eine Sachlage ist aber nach ihm eine Kombination von Gegenständen (= Denotationen von Namen), die doch keineswegs mit einer Menge möglicher Welten identifiziert werden könne!

Dieser Einwand beruht, wie so oft, auf der Verwechslung von Sinn und Bedeutung. Der Satz hat eine doppelte semantische Funktion: er *bestimmt* einen logischen Ort (T 3.4), und er *stellt* eine Sachlage *dar*. Was er bestimmt ist seine *Bedeutung;* was er darstellt ist sein *Sinn* (T 2.221 und 4.031/b/). Weder das eine, noch das andere ist subjektiv; und obgleich verschieden, sind sie doch eng miteinander verbunden. Darum werden sie so leicht miteinander verwechselt. Der Sinn des Satzes ist die von ihm dargestellte Sachlage; aber diese Sachlage ist zugleich das Gemeinsame einer Menge von möglichen Welten –

derjenigen nämlich, die sie verwirklichen würden, wenn sie die wirklichen wären.

Sinn und Bedeutung eines Satzes verhalten sich zueinander wie Inhalt und Umfang eines Begriffs. Um das einzusehen nehmen wir an, wir hätten zwei Sätze, α und β, und es sei α = »p $\wedge$ q«, β = »p«. Der Satz β ist also eine Folge von α:

$$\alpha \Rightarrow \beta$$

Wenn wir aber die entsprechenden Sachlagen mit »S (α)« und »S (β)«, und die logischen Orte mit »O (α)« und »O (β)« bezeichnen, dann haben wir auch folgende Beziehungen:

$$O(\alpha) \subset O(\beta)$$

sowie

$$S(\beta) \subset S(\alpha)$$

die einerseits genau Wittgensteins Bestimmungen genügen (siehe T 5.11 – 5.122), andererseits aber dem wohlbekannten umgekehrten Verhältnis zwischen Umfang und Inhalt eines Begriffes exakt parallel sind.

Chronologische Bibliographie der Werke von Adam Schaff

Die Bibliographie ist – einschließlich des Jahres 1972 – vollständig. Die chronologische Anordnung soll dem Benutzer Entstehungs- und Wirkungsgeschichte der Werke von Adam Schaff verdeutlichen.
  Die Angaben beziehen sich auf die Erstveröffentlichungen. Außer den üblichen bibliographischen Angaben sind aufgeführt:
a) die deutsche Übersetzung der polnischen Titel;
b) sämtliche Auflagen des Originals;
c) sämtliche Übersetzungen, gekennzeichnet durch Sprache und Erscheinungsjahr. Nur wenn die Titel der Übersetzungen erheblich vom Original abweichen, sind sie auch angegeben.
  Titel von Büchern sind *kursiv* gedruckt.

1945

1 Ideologiczna donkiszoteria (Ideologische Donquichotterie), „Kuźnica", 21. 10. 1945.
2 Rewolucja Październikowa a Polska (Die Oktoberrevolution und Polen), „Kuźnica", 4. 11. 1945.
3 Wybitny psycholog radziecki (Ein hervorragender sowjetischer Psychologe), „Kuźnica", 2. 12. 1945.
4 Ks. Piwowarczykowi w odpowiedzi (Antwort an Pater Piwowarczyk), „Kuźnica", 8. 12. und 16. 12. 1945.
5 Socjalizm utopijny i naukowy, Stenogram wykładu w Centralnej Szkole PPR (Utopischer und wissenschaftlicher Sozialismus, Stenogramm einer Vorlesung in der Zentralschule der Polnischen Arbeiterpartei [PAP]), Łódź, Verlag „Książka".
6 Jak układać i wygłaszać przemówienie, Wykład wygłoszony w Centralnej Szkole PPR dnia 6. 8. 1945 (Wie man eine Rede aufbaut und hält, Vorlesung in der Zentralschule der PAP am 6. 8. 1945), Łódź, Verlag „Książka".

1946

7 *Pojęcie i słowo* (Begriff und Wort), Łódź, Verlag „Książka".
8 Zasada sprzeczności w świetle logiki dialektycznej (Das Widerspruchsprinzip im Lichte der dialektischen Logik), „Myśl Współczesna", Nr. 3–4.
9 Materializm walczący (Der kämpfende Materialismus), „Kuźnica", 21. 1. 1946.

10 Uspołecznienie przemysłu (Die Vergesellschaftung der Industrie), „Kuźnica", 4. 3. 1946.
11 Nowa teoria języka prof. Marra (Die neue Sprachtheorie von Prof. Marr), „Kuźnica", 8. 4. 1946.
12 Tabu obicktywnej nauki (Tabu der objektiven Wissenschaft), „Kuźnica", 8. 4. 1946.
13 W sprawie polityki wydawania dzieł marksistowskich (Zur Politik der Herausgabe marxistischer Werke), „Kuźnica", 23. 9. 1946.
14 O historii ZNMS słów parę (Einige Worte zur Geschichte des ZNMS [Verband der Unabhängigen Sozialistischen Jugend]), „Kuźnica", 28. 10. 1946.
15 Konsekwencje Rewolucji Październikowej (Die Folgen der Oktoberrevolution), „Kuźnica", 26. 11. 1946.
16 Nauki przyrodnicze a filozofia (Naturwissenschaften und Philosophie), „Odrodzenie", 3, Nr. 15, 1946.
17 Słowo i znaczenie (Wort und Bedeutung), „Twórczość", 2, 1946, Nr. 5.

1947

18 *Wstęp do teorii marksizmu* (Einführung in die Theorie des Marxismus), Verlag „Książka", Łódź (5. Aufl. 1951). Übersetzung: Hebräisch 1949.
19 *Pogadanki ekonomiczne* (Ökonomische Vorträge), Verlag „Książka", Łódź (7 Auflagen).
20 Problem powszechników w świetle materializmu dialektycznego (Problem der Universalien im Lichte des dialektischen Materialismus), „Przegląd Filozoficzny", Nr. 1–4, 1947.
21 Nauki przyrodnicze i filozofia (Naturwissenschaften und Philosophie), „Odrodzenie", Nr. 15.
22 Stara i nowa demokracja (Alte und neue Demokratie), „Kuźnica", 11. 2. 1947.
23 Humanizm socjalistyczny (Der sozialistische Humanismus), „Kuźnica", 19. 2. und 26. 2. 1947.
24 Dyskusja o humaniźmie socjalistycznym (Die Diskussion über den sozialistischen Humanismus), „Odrodzenie", 26. 5. 1947.
25 Humanizm socjalistyczny a moralność absolutna (Sozialistischer Humanismus und absolute Moral), „Odrodzenie", 1. 6. 1947.
26 O potrzebach szkół wyzszych (Über die Bedürfnisse der Hochschulen), „Kuźnica", 8. 7. 1947.
27 Sens dyskusji o humanizmie socjalistycznym (Der Sinn der Diskussion über den sozialistischen Humanismus), „Kuźnica", 18. 8. und 25. 8. 1947.

1948

28 *Pogadanki o materialiźmie historycznym* (Vorträge über den historischen Materialismus), Verlag „Książka i Wiedza", Warschau.
29 Marksizm a tradycja kultury europejskiej (Der Marxismus und die Tradition der europäischen Kultur), „Myśl Współczesna", Februar 1948.

30 Marksizm a rozwój nauki (Der Marxismus und die Entwicklung der Wissenschaft), „Myśl Współczesna", Juni 1948.
31 Wstęp do J. Plechanowa „Przyczynek do monistycznego pojmowania historii" (Einleitung zu Plechanows „Zur monistischen Geschichtsauffassung), Verlag „Książka i Wiedza", Warschau.
32 Marksistowska dialektyka, Stenogramy wykładów Szkoły Partyjnej KC PZPR (Marxistische Dialektik, Stenogramme der Vorlesungen an der Parteihochschule des ZK der Polnischen Vereinigten Arbeiterpartei [PVAP]), Warschau, September 1948, Nr. 37.
33 Marksistowski materializm filozoficzny, Stenogramy wykładów Szkoły Partyjnej KC PZPR (Der marxistische philosophische Materialismus, Stenogramme der Vorlesungen an der Parteihochschule des ZK der PVAP), Warschau, September 1948, Nr. 52.
34 Materializm historyczny – marksistowska nauka o społeczeństwie, Stenogramy wykładów Szkoły Partyjnej KC PZPR (Der historische Materialismus – die marxistische Gesellschaftswissenschaft, Stenogramme der Vorlesungen an der Parteihochschule des ZK der PVAP), Warschau. November 1948, Nr. 100.
35 Klasowy charakter filozofii (Der Klassencharakter der Philosophie), „Kuźnica", 14. 11. und 21. 11. 1948.

1949

36 *Narodziny i rozwój filozofii marksistowskiej* (Geburt und Entwicklung der marxistischen Philosophie), Verlag „Książka i Wiedza", Warschau.
Übersetzungen: Russisch (teilweise) 1952
Tschechisch 1953
37 Przedmiot filozofil w świetle marksizmu (Der Gegenstand der Philosophie im Lichte des Marxismus), „Myśl Współczesna", Januar 1949.
38 Kazimierz Kelles Kraus, „Nowe Drogi", Nr. 1, 1949.
39 Walka klas w filozofii (Der Klassenkampf in der Philosophie), „Kuźnica", 12. 6. 1949.
40 Ludwik Krzywicki a filozofia marksistowska (Ludwik Krzywicki und die marxistische Philosophie), „Myśl Współczesna", August 1949.
41 Społeczno-ekonomiczne podstawy narodzin marksizmu (Die sozio-ökonomischen Grundlagen der Entstehung des Marxismus), „Państwo i Prawo", Nr. 11, 1949.
42 Kosmopolityzm – ideologia imperializmu (Kosmopolitismus – die Ideologie des Imperialismus), „Myśl Współczesna", November 1949.
43 Jeszcze raz o klasowości nauki (Noch einmal über den Klassencharakter der Wissenschaft), „Kuźnica", 20. 11. 1943.
44 Filozofia twórczego marksizmu (Die Philosophie des schöpferischen Marxismus), „Kuźnica", 18. 12. 1949.
45 Teoria formacji społeczno-ekonomicznej, Stenogram wykładu Szkoły Partyjnej KC PZPR (Die Theorie der sozio-ökonomischen Formation, Stenogramm der Vorlesung an der Parteihochschule des ZK der PVAP), Warschau 1949, Nr. 99.
46 Leninowski etap w filozofii marksistowskiej, Stenogram wykładu Szkoły Partyjnej KC PZPR (Die leninistische Etappe in der marxistischen Philosophie, Stenogramm der Vorlesung an der Parteihochschule des ZK der PVAP), Warschau 1949, Nr. 123.

47 Zarys rozwoju filozofii marksistowskiej w Polsce, Polska Akademia Umiejętnośći, Sprawozdania z czynności i posiedzeń (Grundriß der Entwicklung der marxistischen Philosophie in Polen, Polnische Akademie der Wissenschaften, Berichte über Tätigkeit und Sitzungen), Nr. 10, 1949.

1950

48 O niektórych zagadnieniach filozoficznych w pracach Stalina o Językozawstwie (Einige philosophische Probleme in den Arbeiten Stalins über Sprachwissenschaft), „Myśl Współczesna", November 1950.
49 Wykłady radiowe o materializme historycznym, Skrypty Wszechnicy Radiowej (Radio-Vorlesungen über den historischen Materialismus, Skripten der Radio-Hochschule), Nr. 16–27, Warschau 1950.

1951

50 *Z zagadnień marksistowskiej teorii prawdy* (Über Probleme der marxistischen Theorie der Wahrheit), Verlag „Książka i Wiedza", Warschau (2. Aufl. 1959).
Übersetzungen: Russisch 1953
Deutsch (Berlin) 1954
Deutsch (Wien) 1971 (2. verbesserte Auflage)
Ungarisch 1955
Italienisch 1959
Serbokroatisch 1960
Slowenisch 1961
Chinesisch 1961
Spanisch (Argentinien) 1964
51 Wstęp i edycja dzieła L. Krzywickiego „Studia Sociologiczne" (Einleitung und Edition der „Soziologischen Studien" von L. Krzywicki), Verlag PIW, Warschau.
52 O prawdzie absolutnej i względnej (Über absolute und relative Wahrheit), „Myśl Współczesna", Januar–Februar 1951.
53 Krytyka konwencjonalizmu (Kritik am Konventionalismus), „Myśl Współczesna", Oktober 1931.
54 Zadania frontu filozoficznego w świetle uchwał I Kongresu Nauki Polskiej (Die Aufgaben der Philosophen im Lichte der Beschlüsse des 1. Kongresses der polnischen Wissenschaft), „Myśl Filozoficzna", Nr. 1–2, 1951.
55 Instytut Kształcenia Kadr Naukowych przy KC PZPR (Das Institut für Ausbildung wissenschaftlicher Kader beim ZK der PVAP), „O trwały Pokój i Demokrację Ludową", Bukarest–Warschau, Nr. 1–2, 1951.

1952

56 Poglądy filozoficzne K. Ajdukiewicza (Die philosophischen Anschauungen K. Ajdukiewicz'), „Myśl Filozoficzna", Nr. 1, 1952.
57 Krytyka metody dokumentów osobistych (Kritik an den Methoden der persönlichen Dokumente), „Myśl Filozoficzna", Nr. 3, 1952.

1953

58 Zagadnienie obiektywnych praw historii (Das Problem der objektiven Gesetze der Geschichte), „Myśl Filozoficzna", Nr. 1, 1953.
59 Stalinowski wkład w filozofię marksistowską (Stalins Beitrag zur marxistischen Philosophie), „Myśl Filozoficzna", Nr. 2, 1953.
60 W sprawie filozoficznych poglądów Ajdukiewicza (Über die philosophischen Anschauungen K. Ajdukiewicz'), „Myśl Filozoficzna", Nr. 3, 1953.
61 O stosunku jednostkowego do ogólnego w historii (Das Verhältnis des Individuellen zum Allgemeinen in der Geschichte), „Kwartalnik Historyczny", Nr. 4, 1953.
62 Józef Stalin – wielki koryfeusz nauki (Josef Stalin – eine große Koryphäe der Wissenschaft), „Trybuna Ludu", 2. 3. 1953.
63 La philosophie marxiste en Pologne. Intervention de Schaff lors d'une rencontre à Moscou avec les philosophes polonais. Résumé de l'intervention et les réponses de Schaff à quatre questions, dans Zajceva, M.I., Vstreča s polskimi filosofami, „Woprossy filosofii", Nr. 6, 1953.
64 Józef Stalin a nauka (Josef Stalin und die Wissenschaft), „Życie Szkoły Wyższej", Nr. 3, 1953.
65 Niektóre wnioski metodologiczne płynące z teorii obiektywnych praw historii (Einige methodologische Schlußfolgerungen aus der Theorie der objektiven Gesetze der Geschichte), „Kwartalnik Historyczny", 60, Nr. 4, 1953.
66 A. Schaff, J. Dembowski und S. Żółkiewski, O jednolity front polskiej nauki z praktyką szkolną (Für die Einheitsfront der polnischen Wissenschaft mit der Schulpraxis), „Głos Nauczycielski", Nr. 49, 1953.
67 Streszczenie dyskusji nad referatem A. Schaffa, Sprawozdanie PAN (Zusammenfassung der Diskussion zum Referat von A. Schaff, Bericht der Polnischen Akademie der Wissenschaften), Nr. 3/4, 1953.

1954

68 Przewidywania historyczne w świetle obiektywnych praw historii (Historische Voraussichten im Lichte der objektiven Gesetze der Geschichte), „Myśl Filozoficzna", Nr. 1, 1954.
69 Nienaukowy podręcznik socjologii [recenzja] (Ein unwissenschaftliches Lehrbuch der Soziologie [Rezension]), „Myśl Filozoficzna", Nr. 1, 1954.
70 10-lecie filozofii w Polsce Ludowej (Zehn Jahre Philosophie in Volkspolen), „Myśl Filozoficzna", Nr. 3, 1954.
Übersetzung: Tschechisch 1954
71 Materializm dialektyczny – światopogląd partii marksistowsko-leninowskiej, Skrypt Centralnego Ośrodka Szkolenia Partyjnego PZPR (Der dialektische Materialismus – die Weltanschauung der marxistisch-leninistischen Partei, Skript des Zentrums für Parteischulung der PVAP), Oktober 1954, Nr. 1.
72 Dyskusja na IX Zjeździe Polskiej Zjednoczonej Partii Robotniczej (Diskussion am 9. Parteitag der Polnischen Vereinigten Arbeiterpartei), „Nowe Drogi", Nr. 3, „Trybuna Ludu", Nr. 72–77, 1954.

1955

73 *Obiektywny charakter praw historii* (Der objektive Charakter der Gesetze der Geschichte), Verlag PWN, Warschau.
Übersetzungen: Tschechisch, 1957
Russisch, 1959
74 Dialektyka marksistowska a zasada sprzeczności (Die marxistische Dialektik und das Widerspruchsprinzip), „Myśl Filozoficzna", Nr. 1, 1955
Übersetzungen: Deutsch 1956
Englisch 1960
Deutsch 1960
75 Krytyka „prezentyzmu" (Kritik am „Präsentismus"), „Kwartalnik Historyczny", Nr. 4, 1955.
Übersetzung: Russisch 1955
76 O badaniach kultury i o szkołach w nauce (Über Kulturforschung und wissenschaftliche Schulen), „Przegląd Kulturalny", Nr. 37, 1955.
77 Jak kształcić młode kadry naukowe (Wie man junge wissenschaftliche Kader ausbilden soll), „Przegląd Kulturalny", Nr. 38, 1955.
78 Marksizm a rozwój polskiej humanistyki (Der Marxismus und die Entwicklung der polnischen Humanistik), „Przegląd Kulturalny", Nr. 44, 1955.
79 O pozytywny program badań społecznych (Für ein positives Programm der Sozialforschung), „Przegląd Kulturalny", Nr. 45, 1955.
80 O roli partii w rozwoju teorii marksistowskiej (Über die Rolle der Partei in der Entwicklung der marxistischen Theorie), „Przegląd Kulturalny", Nr. 47, 1955.
81 Wywiad z prof. A. Schaffem [przeprowadzony przez J. Kuczyńskiego i K. Pomiana] na temat książki *Obiektywny charakter praw historii* (Interview mit Prof. A. Schaff [durchgeführt von J. Kuczyński und K. Pomian] über das Buch „Der objektive Charakter der Gesetze der Geschichte"), „Po prostu", Nr. 25, 1955.

1956

82 *Aktualne zagadnienia polityki kulturalnej w dziedzinie filozofii i socjologii* (Aktuelle Probleme der Kulturpolitik auf dem Gebiet der Philosophie und Soziologie), Verlag PWN, Warschau.
83 Mannheima „Socjologia wiedzy" (Mannheims „Wissenssoziologie"), „Myśl Filozoficzna", Nr. 1, 1956.
Übersetzungen: Russisch 1956
Chinesisch 1956
Japanisch 1956
84 Z czym walczymy i do czego dążymy występując przeciw „Kultowi jednostki" (Wogegen kämpfen wir und was streben wir an in der Polemik gegen den „Personenkult"), „Nowe Drogi", Nr. 4, 1956.
85 W sprawie partyjnego kierowania nauką (Über die parteiliche Leitung der Wissenschaft), „Nowe Drogi", Nr. 6, 1956.

86 Co dalej w dyskusji nad humanistyką (Was nun in der Diskussion über Humanistik), „Przegląd Kulturalny", Nr. 7, 8, 1956.
87 O więzi teorii z praktyką (Die Verbindung der Theorie mit der Praxis), „Przegląd Kulturalny", Nr. 12, 1956.
88 Polska na III. Międzynarodowym Kongresie Socjologicznym, Amsterdam, dn. 22–29. VIII. 1956 (Polen auf dem III. Internationalen Soziologischen Kongreß, Amsterdam 22.–29. 8. 1956), „Nauka Polska", 4, Nr. 4, 1956.
89 Nauki filozoficzne, w: Dziesięć lat rozwoju nauki w Polsce Ludowej (Die philosophischen Wissenschaften, in: Zehn Jahre Entwicklung der Wissenschaft in Volkspolen), Verlag PWN, Warschau.
90 Głos w dyskusji na VI Sesji Zgromadzenia Ogólnego PAN, Sprawozdanie z czynności i prac PAN (Diskussionsbeitrag auf der 6. Sitzung der Vollversammlung der Polnischen Akademie der Wissenschaften, Bericht über Tätigkeit und Arbeiten der Akademie), 4, Nr. 3, 1956.
91 Otwarcie Sesji Naukowej poświęconej Zeszytom Filozoficznym Lenina, Sesja Naukowa poświęcona „Zeszytom Filozoficznym" W.I. Lenina, dn. 15–17. VI. 1956, Wrocław, Zakład im. Ossolinskich, 1956 (Eröffnung der Wissenschaftlichen Tagung, gewidmet den „Philosophischen Heften" Lenins, Wissenschaftliche Tagung, gewidmet den „Philosophischen Heften" W.I. Lenins, 15.–17. 6. 1956, Breslau, Ossolinski-Institut, 1956).

1957

92 Jeszcze raz o zasadzie sprzeczności (Noch einmal über das Widerspruchsprinzip), „Studia Filozoficzne", Nr. 1, 1957.
93 Co się dzieje na froncie ideologicznym? (Was geschieht an der ideologischen Front?), „Przegląd Kulturalny", Nr. 8, 1957.
94 Co to znaczy „jestem marksistą"? (Was heißt das – „ich bin Marxist?"), „Przegląd Kulturalny, Nr. 12, 1957.
95 Punkt wyjścia (Der Ausgangspunkt), „Przegląd Kulturalny", Nr. 41, 1957.
96 Spory ideologiczne a polityka (Ideologische Kontroversen und Politik), „Przegląd Kulturalny", Nr. 42, 1957.
97 PZPR a nie BBWR (PVAP und nicht BBWR [wörtlich: Parteiloser Block der Zusammenarbeit mit der Regierung, Name der herrschenden Partei Vorkriegspolens]), „Przegląd Kulturalny", Nr. 43, 1957.
98 W sprawie partyjnej publicystyki (Über Parteipublizistik), „Polityka", Nr. 2, 1957.
99 Pochwała semantyki (Lob der Semantik), „Polityka", Nr. 3, 1957.
100 „Na boku" stać nie możemy („Abseits" können wir nicht stehen), „Polityka", Nr. 18, 1957.
101 Po X. Plenum KC PZPR (Nach dem 10. Plenum des ZK der PVAP), „Życie Partii", Nr. 11, 1957.
102 W sprawie nauczania marksizmu na wyższych uczelniach (Über den Marxismus-Unterricht an den Hochschulen), „Trybuna Ludu", 7. 1. 1957.

103 Jak kształcić marksistowskie kadry naukowe (Wie man marxistische wissenschaftliche Kader heranbilden soll), „Trybuna Ludu", 23. 6. 1957.
104 Wolność nauki a polityka kulturalna (Freiheit der Wissenschaft und Kulturpolitik), „Trybuna Ludu", 17. 10. 1957.
105 Czas decyzji (Die Zeit der Entscheidung), „Trybuna Ludu", 12. 11. 1957.
106 Kryzys ideologii czy kryzys ideologów (Krise der Ideologie oder Krise der Ideologen?), „Trybuna Ludu", 5. 12. 1957.
107 Kierunek – wolność nauki (Richtung – Freiheit der Wissenschaft), „Życie Warszawy", 20. 11. 1957.
108 7 pytań o tolerancji (Sieben Fragen zur Toleranz), „Za i przeciw", Nr. 5/6, 1957.
109 O zacieśnieniu współpracy polskich i radzieckich filozofów, wywiad dla „Trybuny Ludu", przeprowadzony przez A. Kruczkowskiego (Über engere Zusammenarbeit polnischer und sowjetischer Philosophen, Interview für „Trybuna Ludu", durchgeführt von A. Kruczkowski), „Trybuna Ludu", Nr. 152, 1957.

1958

110 *Główne zagadnienia i kierunki filozofii* [teoria poznania] (Hauptprobleme und -richtungen der Philosophie [Erkenntnistheorie]), Verlag PWN, Warschau.
111 *Spór o zagadnienie moralności* (Der Streit um die Frage der Moral), Verlag „Książka i Wiedza", Warschau.
112 Semantyka, artykuł w „Encyklopedii Współczesnej" (Semantik, Artikel in „Zeitgenössische Enzyklopädie"), Verlag PWN, Nr. 2, Warschau.
113 Filozoficzny aspekt procesu porozumiewania się (Der philosophische Aspekt des Verständigungsprozesses), „Studia Filozoficzne", Nr. 2, 1958.
114 Semantyka ogólna (Allgemeine Semantik), „Przegląd Humanistyczny", Nr. 4, 1958.
115 Ideologia w ujęciu Mannheima [stenogram wykładu] (Ideologie in der Interpretation Mannheims [Stenogramm einer Vorlesung]), Verlag „Książka i Wiedza", Warschau.
116 Moralnoić a polityka (Moral und Politik), „Przegląd Kulturalny", Nr. 35, 1958.
117 O moralnej odpowiedzialności polityka (Über die moralische Verantwortung des Politikers), „Przegląd Kulturalny", Nr. 36, 1958.
118 „Zurück zu Kant" czyli bankructwo klerków („Zurück zu Kant" oder der Bankrott der Elfenbeinturm-Intellektuellen), „Polityka", Nr. 5, 1958.
119 Główny problem – partia (Hauptproblem – die Partei), „Polityka", Nr. 6, 1958.
120 Główna siła – wiara w socjalizm (Die wichtigste Kraft – der Glaube an den Sozialismus), „Polityka", Nr. 7, 1958.
121 O sprawach moralności bez mitologii (Über Probleme der Moral ohne Mythologie), „Polityka", Nr. 14, 15, 16, 1958.

122 Czy moralność może być amoralna? (Kann Moral amoralisch sein?), „Polityka", Nr. 21, 23, 1958.
123 Twórczość i dyskusja naukowa a polityka (Kunstschaffen und wissenschaftliche Diskussion – und die Politik), „Polityka", Nr. 39, 1958.
124 O jednomyślności i różnicach zdań (Über Einmütigkeit und Meinungsunterschiede), „Nowa Kultura", Nr. 40, 1958.
125 Spór o sprawy moralności (Der Streit um Fragen der Moral), „Trybuna Ludu", 12. 6. 1958.
126 Allocution, dans: Entretiens philosophiques de Varsovie. Les rapports des la pensée et de l'action, 17.–26. juillet 1957, Breslau, Verlag der Polnischen Akademie der Wissenschaften.

1959

127 Filozofia semantyczna (Die semantische Philosophie), „Przegląd Humanistyczny", Nr. 1, 1959.
128 Aktualne zagadnienia nauk społecznych (Aktuelle Probleme der Gesellschaftswissenschaften), „Nowe Drogi", Nr. 6, 1959.
129 O studiach nad młodym Marksem i istotnych wypaczeniach (Studien über den jungen Marx und wesentliche Verzerrungen), „Nowe Drogi", Nr. 13, 1959.
   Übersetzungen: Französisch 1960
   Slowenisch 1961/62
130 Nauka i polityka (Wissenschaft und Politik), „Przegląd Kulturalny", Nr. 11, 1959.
131 Filozoficzne obrachunki (Philosophische Auseinandersetzungen), „Nowa Kultura", 20. 9., 4. 10., 19. 10. 1959.
   Übersetzungen: Französisch 1959 (Warschau)
   Französisch 1960 (Paris)
   Englisch 1960
   Hebräisch 1960
   Deutsch 1960
   Spanisch 1960 (Mexiko)
   Spanisch 1961/62 (Argentinien)
   Portugiesisch 1961 (Brasilien)
   Amerikanisch 1962
132 Aktualne dyskusje filozoficzne w Polsce (Aktuelle philosophische Diskussionen in Polen), „Odnowa", 12. 4. 1959.
133 Wywiad w sprawie egzystencjalizmu (Interview über den Existentialismus), „Współczesność", Nr. 22/53, 1959.

1960

134 *Wstęp do semantyki* (Einführung in die Semantik), Verlag PWN, Warschau.
   Übersetzungen: Englisch 1962 (2. Aufl. 1964)
   Russisch 1963

Deutsch 1964 (Berlin, 2. Aufl. Wien 1969)
Italienisch 1965
Serbokroatisch 1965
Spanisch 1966 (Mexiko)
Rumänisch 1966
Schwedisch 1967
Ungarisch 1967
Portugiesisch 1968 (Brasilien)
Französisch 1968 (2. Aufl. 1969)
Japanisch 1969

135 Wyrazy nieostre i granice ich precyzowania (Unscharfe Ausdrücke und die Grenzen ihrer Präzisierung), „Studia Filozoficzne", Nr. 1, 1960.
Übersetzungen: Französisch 1961
Englisch 1961
136 L. Krzywicki a materializm historyczny (L. Krzywicki und der historische Materialismus), „Kwartalnik Historyczny Nauki i Techniki", Nr. 1, 1960.
137 Pourquoi recrit-on sans cesse l'histoire, „Diogène", Nr. 30, 1960, „Arguments", Nr. 7, 1961.
Übersetzungen: Englisch 1960
Arabisch 1960
Spanisch 1960 (Argentinien)
138 O potrzebie marksistowskich badań nad językiem (Über die Notwendigkeit marxistischer Sprachforschung), „Kultura i społeczeństwo", Bd. IV/3, 1960.
139 Nad marksistowską metodologią ekonomii politycznej (Zur marxistischen Methodologie der politischen Ökonomie), „Przegląd Kulturalny", Nr. 3, 1960.
140 Koegzystencja a walka ideologiczna (Koexistenz und ideologischer Kampf), »Przegląd Kulturalny«, Nr. 22, 1960.
Übersetzungen: Englisch 1960 (Indien)
Französisch 1960 (Warschau)
Englisch 1960 (Warschau)
Deutsch 1961
141 Marksizm zegzystencjalizowany (Marxismus auf existentialistisch), »Przegląd Kulturalny«, Nr. 38, 39, 1960.
142 Postęp techniczny a humanistyka (Technischer Fortschritt und Humanistik), »Nowa Kultura«, Nr. 5, 1960.
143 Filozofia a nauka [wywiad] (Philosophie und Wissenschaft [Interview]), »Argumenty«, Nr. 19, 1960.
144 Co każdy o marksiźmie wiedzieć powinien (Was jeder vom Marxismus wissen sollte), »Kalendarz Robotniczy«, 1960.
145 Instytut Filozofii PAN [wywiad] (Das Philosophische Institut der Polnischen Akademie der Wissenschaften [Interview]), »Trybuna Ludu«, 27. 9. 1960.
146 The Philosophical Aspect of the Process of Communication, in: Atti des XII. Congresse Intern. di Filosofia, V. IV, Samsoni Editore, Florenz.

1961

147 Filozofia w szkole [fragmenty przemówienia na VII Plenum KC PZPR] (Philosophie in der Schule [Auszüge aus der Ansprache auf dem 7. Plenum des ZK der PVAP]), »Nowa Kultura«, Nr. 7, 1961.

148 Les aspects sociaux et psychologiques de l'inadaption de la jeunesse, »Revue Internationale de l'éducation des adultes et de la jeunesse«, UNESCO, Vol. XIII, Nr. 1–2, 1961.
Übersetzung: Vietnamesisch 1961

149 Filozofia człowieka (Die Philosophie des Menschen), »Przegląd Kulturalny«, Nr. 9–15, 1961.
Übersetzungen: Englisch 1961
Amerikanisch 1962
Französisch 1961 (»Temoignages«, »Synthêses«)
Französisch 1962 (»La Pensée«)

150 Gli studi filosofici nella Republica Popolare Polacca, »Il Contemporano«, IV, Nr. 33, 1961.

151 Sytuacja i aktualne zadania filozofii polskiej (Situation und gegenwärtige Aufgaben der polnischen Philosophie), »Nowe Drogi«, Nr. 3, 1961.
Übersetzung: Slowenisch 1961/62

152 *Marksizm a egzystencjalizm* [zbiór artykułów], II. i III. wyd. Filozofia człowieka (Marxismus und Existentialismus [Essays], 2. und 3. Auflage mit dem Titel »Philosophie des Menschen«, deutscher Titel »Marx oder Sartre?«), Verlag »Książka i Wiedza«, Warschau (2. Aufl. 1962, 3., erweiterte Aufl. 1963)
Übersetzungen: Englisch 1963
Amerikanisch 1963, 1968
Italienisch 1963
Deutsch 1964 (Wien)
Deutsch 1965 (Berlin)
Deutsch 1966 (Frankfurt)
Norwegisch 1964
Slowenisch 1964
Slowakisch 1964
Spanisch 1964 (Argentinien)
Spanisch 1965 (Mexiko)
Portugiesisch 1965 (Brasilien)
Griechisch 1965
Dänisch 1970

153 Technika a humanistyka (Technik und Humanistik), »Kwartalnik Pedagogiczny«, Nr. 2/20, 1961

154 Wystąpienie na filozoficznej Sesji Leninowskiej, w: Dialog o filozofii marksistowskiej (Ansprache auf der philosophischen Lenin-Tagung, in: Dialog über die marxistische Philosophie), Verlag »Książka i Wiedza«, Warschau.

155 Die Bedeutung der »Bedeutung«, »Deutsche Zeitschrift für Philosophie«, Nr. 5, 6, Berlin 1961.

156 Konflikt humanizmów (Konflikt der Humanismen), »Przegląd Kulturalny«, Nr. 36, 37, 38, 39, 41, 42, 43, 1961.

157 Zadania socjologów-marksistów (Die Aufgaben der marxistischen Soziologen), »Polityka«, Nr. 49, 50, 1961.
Übersetzung: Ungarisch 1962
158 Les conditions sociales du bonheur individuel, in: »Les Conditions de Bonheur«, Recontres Intern. de Genève, Ed. de la Baconnière, Neuchatel.
Übersetzung: Englisch 1962 (Warschau)
159 Człowiek i jego historyczna perspektywa (Der Mensch und seine historischen Perspektiven), »Argumenty«, Nr. 7, 1961.
160 Światopogląd, nowoczesność, program (Weltanschauung, Neuzeitlichkeit, Programm), »Przegląd Kulturalny«, Nr. 7, 1961.
161 Filozofia w szkole (Philosophie in der Schule), »Nowa Kultura«, Nr. 7, 1961.
162 Intervention à la discussion sur la liberté et necessité dans l'existence historique (Entretiens à Oberhofen), Dialectics, 15, Nr. 1/2, 1961.

1962

163 Nauka i odpowiedzialność (Wissenschaft und Verantwortung), »Przegląd Kulturalny«, Nr. 8, 9, 1962.
164 Sens życia (Der Sinn des Lebens), »Przegląd Kulturalny«, Nr. 12, 1962.
165 General Semantics: A Marxist View, »ETC«, Vol. XVIII, Nr. 4, 1962.
166 Ankietomania czyli o drogach rozwoju polskiej socjologii (Die Manie der Meinungsumfragen oder über die Entwicklungswege der polnischen Soziologie), »Polityka«, Nr. 16, 1962.
167 Jeszcze raz o ankietomanii (Noch einmal über die Manie der Meinungsumfragen), »Polityka«, Nr. 27, 28, 1962.
168 Jedność organiczna w przedwojennym ruchu studenckim (Die organische Einheit in der Studenbewegung der Vorkriegszeit), »Pokolenie«, Nr. 6, 1962.
169 Marksizm a filozofia człowieka [uwagi polemiczne] (Der Marxismus und die Philosophie des Menschen [polemische Bemerkungen]), »Przegląd Kulturalny«, Nr. 37–40, 1962.
170 Hipoteza Sapira-Whorfa (Die Hypothese Sapir-Whorfs), »Kultura i Społeczeństwo«, Nr. 3, 1962.
171 Język-poznanie-kultura (Sprache–Erkenntnis–Kultur), »Argumenty«, Nr. 51, 1962.
172 Biblioteka studiów nad marksizmem, wywiad przeprowadzony przez M. Radgowskiego (Bibliothek der Marxismus-Studien, Interview, durchgeführt von M. Radgowski), »Polityka«, Nr. 5, 1962.

1963

173 Wystąpienie o partyjnym kierownictwie w nauce, w: XI. Plenum KC PZPR (Ansprache über Parteileitung in der Wissenschaft, in: Das 11. Plenum des ZK der PVAP), Verlag »Książka i Wiedza«, Warschau.

174 Marksizm a filozofia człowieka (Der Marxismus und die Philosophie des Menschen), »Kalendarz Robotniczy« 1963.
175 Język a myślenie (Sprache und Denken), »Studia Filozoficzne«, Nr. 1, 1963.
 Übersetzung: Ungarisch 1964.
176 Marxismus und die Philosophie des Menschen, »Weg und Ziel«, Nr. 3, 1963.
177 Marx's Concept of Man (a review essay), »History and Theory«, Vol. II, Nr. 3, 1963.
178 Problem roli języka w poznaniu od Herdera do teorii »pola językowego« (Die Rolle der Sprache in der Erkenntnis von Herder bis zur »Sprachfeld«-Theorie), »Przegląd Humanistyczny«, Nr. 1, 1963.
179 Experyment (Das Experiment), »Przegląd Kulturalny«, Nr. 19, 1963.
180 Marxismus und Humanismus, »Arbeitsgemeinschaft Ost-Österreichische Hefte«, Heft 3, 1963.
181 La guerre froide: en qui consiste-t-elle – quelles en sont les perspectives? »Comprendre«, SEC Venise, Vol. 25, 1963.
 Übersetzung: Japanisch 1964.
182 Język-poznanie-kultura (Sprache–Erkenntnis–Kultur), »Kultura i Społeczeństwo«, Nr. 3, 1963.
183 Introduction à »Activités et matière de sciences sociales de certaines académies des sciences d'europe orientale«, »Rapports et documents de sciences sociales«, UNESCO Nr. 18, 1963.
184 Socjologia a praktyka (Soziologie und Praxis), »Kultura«, Nr. 25, 1963.

1964

185 *Język a poznanie* (Sprache und Erkenntnis), Verlag PWN, Warschau (2. Aufl. 1967).
 Übersetzungen: Deutsch 1966
   Spanisch 1967 (Mexiko)
   Französisch 1969
   Amerikanisch 1973
   Italienisch 1973
186 Problèmes de l'ethnolinguistique, »Diogène«, Nr. 46, 1964.
187 Marksistskaja teorija obschtschestwiennowo raswitija, in: Kakoje buduschtscheje oschidajet tschelowietschestwo? (Die Marxistische Theorie der gesellschaftlichen Entwicklung, in: Welche Zukunft erwartet die Menschheit?), Verlag »Mir i socjalizm«, Prag.
188 La conception marxiste de l'individu, »Perspectives Polonaises«, Nr. 7–8, Warschau 1964.
 Übersetzung: Englisch 1964 (Warschau)
189 Z problemów alienacji (Zu Problemen der Entfremdung), »Studia Socjologiczne«, Nr. 4, 1964.
 Übersetzung: Ungarisch 1964
190 W poszukiwaniu koncepji współczesnych studiów filozoficznych (Auf der Suche nach einer Konzeption zeitgenössischer philosophischer Studien), »Nowe Drogi«, Nr. 11, 1964.

191 Nowe odkrycie starych treści marksizmu (Die Neuentdeckung alter Inhalte des Marxismus), »Kultura i społeczeństwo«, Nr. 4, 1964.
192 Wspomnienia łódzkie, w: Tranzytem przez Łódź (Erinnerungen aus Łódź, in: Auf der Durchreise durch Łódź), Verlag Wydawnictwo Łódzkie, Łódź.
193 Marksistowska filozofia człowieka [recenzja: B. Suchodolski: Narodziny nowożytnej filozofii człowieka, Warszawa 1963] (Die marxistische Philosophie des Menschen [Rezension von: B. Suchodolski, Die Geburt der modernen Philosophie des Menschen, Warschau 1963]), »Kultura i Społeczeństwo«, Bd. VIII, Nr. 3, 1964.
194 Filozofia polska w dwudziestoleciu [1944–1964], *Teoria poznania* (Die polnische Philosophie in zwanzig Jahren [1944–1964], Erkenntnistheorie), »Studia Filozoficzne«, Nr. 3, 1964.
195 Filozofia, w: Wielkiej Encyklopedii Powszechnej PWN, t. III (Philosophie, in: Große Allgemeine Ezyklopädie des PWN, Bd. III), Verlag PWN, Warschau.

1965

196 The Marxist Theory of Social Development, in: Social Development, Symposium, Mouton, La Haye, 1965.
197 *Marksizm a jednostka ludzka* (Marxismus und das menschliche Individuum), Verlag PWN, Warschau.
Übersetzungen: Deutsch 1965 (2. Aufl. 1969, Taschenbuch Rowohlt 1970)
Italienisch 1966
Slowakisch 1966
Holländisch 1967
Spanisch 1967 (Mexiko)
Portugiesisch 1967 (Brasilien)
Serbokroatisch 1967
Ungarisch 1968
Französisch 1968
Amerikanisch 1970
198 Die marxistische Auffassung des Menschen, »Deutsche Zeitschrift für Philosophie«, Nr. 5, 1965.
199 La conception marxiste de l'individu, »Recherches Internationales«, Nr. 40, 1965.
200 Marksistowska koncepcja jednostki ludzkiej (Die marxistische Auffassung des menschlichen Individuums), »Kwartalnik Pedagogiczny«, Nr. 2, 1965.
201 Langage et realité, »Diogène«, Nr. 51, 1965.
202 Marxism and the Philosophy of Man, in: Erich Fromm (Hrsg.): Socialist Humanism, Doubleday, New York.
203 Découverte nouvelle des notions anciennes du marxisme, in: »Annali dell'Instituto Giangiacomo Feltrinelli«, 1964/65.
204 Friedliche Koexistenz – Ideologische Konflikte – Dialog, in: »Europa-Gespräch 1965«, Wien.

205 A European Settlement, in: »Pacem in Terris«. An International Convocation, Pocket Books Inc., New York.
206 Głos w dyskusji nad książką »Marksizm a jednostka ludzka« (Zur Diskussion über das Buch »Marxismus und das menschliche Individuum«), »Nowe Drogi«, Nr. 12, 1966.

1966

207 *Marksizm a jednostka ludzka:* Podsumowanie dyskusji (Marxismus und das menschliche Individuum: Zusammenfassung der Diskussion), »Studia filozoficzne«, Nr. 2, 1966.
208 Hat die Frage nach dem Sinn des Lebens einen Sinn?, in: Georg Lukács, Festschrift zum 80. Geburtstag, Luchterhand, Neuwied/Rhein.
209 La conzepzione marxiste dell'individuo, in »Morale e Societa«, Editori Riuniti.
210 O prawdzie obiektywnej w socjologii (Über die objektive Wahrheit in der Soziologie), »Polityka«, Nr. 43.
211 Das Problem des sozialistischen Humanismus, »Steirische Akademie 1965«.
212 Zum Problem der Entfremdung, »Weg und Ziel«, Dezember 1966.
213 Europejski Ośrodek Nauk Społecznych (Das Europäische Zentrum für Gesellschaftswissenschaften), »Polityka«, Nr. 46, 1966.
214 Das Europäische Zentrum für Gesellschaftswissenschaften, »Die Vereinten Nationen und Österreich«, November 1966.
215 De la vérité objective en sociologie, »L'Homme et la Société«, Nr. 2, 1966.
216 O humanismo marxista, Revista civilizacao brasileisa, Nr. 9–10, 1966.

1967

217 *Szkice z filozofii języka* (Essays über die Philosophie der Sprache), Verlag »Książka i Wiedza«, Warschau.
Übersetzungen: Deutsch 1969
Französisch 1969
Italienisch 1969
Japanisch 1971
218 The Science of Man, »Polish Perspectives«, Nr. 1, 1967.
219 Język a działanie ludzkie (Die Sprache und die menschliche Tätigkeit), »Argumenty«, 29. 1. 1967.
220 Idea przekształcona w rzeczywistość (Die zur Wirklichkeit gewordene Idee), »Trybuna Ludu«, 19. 2. 1967.
221 On the Problem of Alienation, »Marxism Today«, London, Februar 1967.
222 L'Aliénation et l'action sociale, »Diogène«, Nr. 57, 1967.
223 O specyfice znaku słownego (Über die Eigenart des Wortzeichens), »Studia Filozoficzne«, Nr. 1, 1967.

224 O przyszłości uniwersytetu (Die Zukunft der Universität), »Kwartalnik Pedagogiczny«, 1967, Nr. 2.
225 Langage et action humaine, »L'Homme et la société«, Nr. 3, 1967.
226 Über den Sinn des Lebens, »Sonderbuch aus der Sowjetphilosophie«, Darmstadt 1967.
227 La définition foncionelle de l'idéologie et le problème de la »fin de siècle de l'idéologie«, »L'homme et la Société«, Nr. 3, 1967 (Deutsch 1973).
228 Coéxistance pacifique, idéologie et dialogue, »Comprendre«, Nr. 29–30, 1967.
229 Alienacja a działanie społeczne, w »Fragmenty filozoficzne«, Księga Pamiątkowa ku czci prof. T. Kotarbińskiego (Entfremdung und gesellschaftliches Handeln, in »Philosophische Fragmente«, Festschrift für Prof. T. Kotarbiński), Warschau.
   Übersetzungen: Norwegisch 1967
   Slowenisch 1967
   Rumänisch 1967
   Amerikanisch 1971
230 Marksizm a Rewolucja Październikowa (Marxismus und die Oktoberrevolution), »Kultura«, Nr. 48, 1967.
231 Wypowiedź w ramach debaty »50-lecie Rewolucji Październikowej« (Beitrag zur Debatte »50. Jahrestag der Oktoberrevolution«), »Wspólczesność«, 7. 11. 1967.
232 Humanizm socjalistyczny jako wzór wychowawczy (Der sozialistische Humanismus als erzieherisches Modell), »Wychowanie«, Nr. 21, 1967.
233 Ob objektiwnoj istinie w socjologii (Über die objektive Wahrheit in der Soziologie), »Filosofskije nauki«, Moskau, Nr. 21, 1967.
234 A propos de l'intégration des sciences de l'homme, Actes du sixième Congrès Mondial de Sociologie, Evian, 4–11. IX. 1966, Vol. II.
235 Specific features of the verbal sign, in: To Honor Roman Jakobson, Mouton, The Hague, 1967.

1968

236 *Marx et l'humanisme contemporain,* »Diogène«, No 62, 1968.
237 *L'humanisme marxiste,* »L'homme et la société«, No 7, 1968.
238 *The Future of the University,* in: Higher Education in Tomorrow's World, Algo D. Henderson (col.), Ann Arbor, 1968.
239 *L'objectivité de la connaissance à la lumière de la sociologie de la connaissance et de l'analyse de langage,* in: »Information sur les Sciences Sociales«, VII, 2, 1968.
241 *Sprache–Denken–Handeln,* in »Akten des XIV. Internationalen Kongresses für Philosophie, Bd. I, Wien 1968.
242 *Marx et l'humanisme contemporain,* in: Akten des XIV. Internationalen Kongresses für Philosophie, Bd. II, Wien 1968.
243 *L'Alienazione e l'azione sociale,* in: »De Homine«, Roma, Numero 24–25.
244 *Probleme der Entfremdung,* »Sozialistische Hefte«, 9./10. Oktober 1968, Hamburg.

245 *Langage et réalité,* Bd. IV einer Anthologie in arabischer Sprache (VAR), »Diogène«.
246 *L'aliénation et l'action sociale,* Bd. VI einer Anthologie in arabischer Sprache (VAR), aus Artikeln des »Diogène«.

1969

247 Vervreemding en maatschoppelijke action in: De dag ligt nog voor ons, Essays van humanisten, S-Gravenhage 1969.
248 Klasowy charakter poznania historycznego (Der Klassencharakter der geschichtlichen Erkenntnis), »Studia socjologiczne«, Nr. 3, 1969.
249 La culture dans la démobratie, »Comprendre« No 33–34, 1969.
250 Marx et l'humanisme moderne, in: »Marx and Contemporary Scientific Thought«, Mouton, The Hague, 1969.
251 A Marxist Formulation of the Problem of Semantics, in: »Problems of the Philosophy of Language«, (edit.) Thomas M. Olschewsky, Holt-Rinehart and Winston, New York 1969.

1970

252 Les faits historiques et leur sélecion, »Diogène«, Nr. 69, 1970.
253 *Historia i prawda* (Geschichte und Wahrheit), Verlag »Książka i Wiedza«, Warschau.
Übersetzungen: Französisch 1970
Deutsch 1970
Italienisch 1973
254 Specific Features of the verbal signs, in: Signe-Langage-Culture, Mouton, The Hague 1970.
255 Relación cognoscitiva, proceso de conocimiento y verdad, »Dianoia« (Mexiko).
256 La politique de la culture et la contestation des étudiants, »Comprendre«, No 35–36.

1971

257 Que signifie »être marxiste«? »L'Homme et la société« No 19, 1971.
258 What does it mean »to be a Marxist«?, in: B. Landis and E. Tauber (Hrsg.), »In the Name of Life«, New York 1971.
259 Au sujet de la traduction française de la VI-ème Thèse du Marx sur Feuerbach, »L'Homme et la Société«, No 19, 1971.
260 Wyrazy nieostre, w: Jerzy Pelc [wyd.] – Semiotyka polska 1894–1969 (Unscharfe Ausdrücke, in: Jerzy Pelc [Hrsg.], Die polnische Semiotik 1894–1969), Warschau 1971.
261 Au sujet de la traduction des Thèses de Marx sur Feuerbach, in »L'Homme et la Société«, Nr. 22, 1971.

1972

262 *Gramatyka generatywna a koncepcja idei wrodzonych* (Generative Grammatik und die Konzeption angeborener Ideen), Verlag »Książka i Wiedza«, Warschau.
263 The Science of Man, in: Science and Society, Bombay 1972.
264 Language and Human Action, in: John W. Davis (Hrsg.): Value and Valuation, The Univ. of Tennessee Press, Knoxville 1972.
265 Świadomość klasy i świadomość klasowa. (Bewußtsein einer Klasse und Klassenbewußtsein), »Człowiek i światopogląd«, Nr. 8, 1972.
  Übersetzung: Französisch 1972
266 Strukturalizm jako prąd umysłowy (Der Strukturalismus als geistige Strömung), »Kultura i Społenczeństwo«, Bd. XVI, Nr. 2, 1972.
  Übersetzungen: Französisch 1972
  Deutsch (Wien) in Vorbereitung

Personenregister

Namen, die in Anmerkungen vorkommen, sind durch A. hinter der entsprechenden Seitenzahl gekennzeichnet. Um verschiedene Schreibweisen zu vermeiden, sind die russischen und griechischen Namen entsprechend den Internationalen Umschrift- und Bibliotheksregeln wiedergegeben. Umgeschriebene und polnische Namen werden dem deutschen Alphabet gemäß behandelt.

Abaelard, Petrus 199, 200, 206 A.
Abbagnano, Nicola 389
Abdel-Malek, Anouar 9
Achilles 24, 244
Adorno, Theodor W. 48 A., 197-207, 390, 391
Agamemnon 244
Ajdukiewicz, Kazimierz 157, 424, 425
Albert, Hans 41, 48 A.
Albert, P. 355 A.
Alsop, Joseph 185 f.
Althusser, Louis 311
Ameri, H. 356 A.
Anderson, Hans 11
Andrzejewski, Jerzy 221 f., 226
Ardrey, Robert 192, 194
Aristoteles 141, 146, 198, 199, 238, 241–243, 349, 352 A.
Athenagoras 335
Augustinus 179, 238
Ayer, Alfred J. 11 – 37

Babbitts, I. 90
Bacon, Francis 239, 328
Baczko, Bronisław 29–38
Bansleven, Hermann 355 A.
Baron, Salo 265
Bassenge, F. 146

Baudry, Léon 357 A.
Bayle 33
Bell, Alexander G. 360, 375
Benedict, Ruth 338, 339
Benseler, F. 319 A.
Benzi, Ugo 351, 357 A.
Berdjaev, Nikolaj 29
Berger, P. L. 409 A.
Bergson, Henri 179, 184, 185
Berkeley, George 16 f., 18, 20, 21 f., 24, 25 f.
Bertalanffy, Ludwig v. 124
Białoszewski, Miron 222
Bianchelli, Dominique 353 A.
Biel, Gabriel 354 A.
Binder, Hans 277 A.
Binder, K. 354 A., 355 A.
Błesziński, K. 223
Bloch, A. 222
Bloch, Ernst 390, 393
Boethius, Anicius 335
Bogart, Leo 281, 293 A.
Böhringer, F. 355 A.
Bolyai, János 214 f., 216
Bonaventura 335, 347
Borbé, Tasso 9 f., 39–49
Borchert, E. 354 A.
Boucher 143
Bradburn 298 f., 302

Bradley, F. H. 12, 25, 263, 277 A.
Brandys, Kazimierz 221 f.
Bremer, Johannes 355 A., 356 A.
Brestnev, F. V. 145−172
Brie, S. 277 A.
Broch, Hermann 232
Brodbeck, M. 48 A.
Brunschvicg, Léon 332, 336
Bucharin, Nikolaj 386, 404
Burgess, Ernest 297
Bursa, Andrzej 222
Buytendijk 125

Caesar, Julius 267 f.
Cage, J. 234
Calderón de la Barca 234
Campagnolo, Umberto 51−69
Campanella, Tommaso 106
Camus, Albert 232, 233, 339
Cantor, Georg 177, 217
Capistran, Jean 355 A.
Caplovitz 298 f., 302
Capréole 346
Carnap, Rudolf 17, 20, 411
Carrighar, Sally 194
Cassirer, Ernst 174, 181 A.
Castro, Fidel 310
Cavalcanti, Pedro 9
Cerutti, Furio 198
Cervantes, Miguel de 331
Chardin, Teilhard de 125
Chartreux, D. le 355 A.
Chartreux, J. le 355 A.
Che Guevara 310
Chenu, M. D. 348, 355 A., 356 A.
Childe, Gordon 136
Chomsky, Noam 118 A.
Chopin, Frédéric 225
Chou Yang 310
Chruščev, Nikita 221, 229, 305 f., 308−310
Cicero, Marcus T. 101
Ciuciura, L. 222
Clagett, M. 357 A.
Clasen, S. 356 A.
Cohen, P. J. 214, 217−219
Cohen, R. S. 9, 408 A.
Cohn, N. 38 A.
Cole, G. D. H. 408 f., A.
Colet, John 354 A., 355 A.

Comte, Auguste 99, 239
Condorcet, M.-J.-A. 266
Copernicus, Nicolaus 121, 153, 160 f., 353 A.
Corneille, Pierre 333
Cornforth, Maurice 71−85
Cornu, Auguste 87
Cortazar, Julio 232
Croce, Benedetto 219 A.
Crook, J. 194
Cusanus, Nicolaus 354 A.
Cwenarski, W. 222
Czycz, Stanisław 222

Dahrendorf, Ralf 48 A.
Darwin, Charles 153
Deborin, A. 150, 386, 389, 397
Dedekind, Richard 178−180
Debray, Regis 310
Demart 288, 293 A.
Dembowski, J. 425
Descartes, René 17 f., 57, 134, 239, 336
Deschamps, Léger-Marie 32
Dewey, John 255 f.
Diderot, Denis (Encycl.) 36 A., 134
Dieterlen, Germaine 336, 344 A.
Dilthey, Wilhelm 125
Dionisotti, C. 356 A.
Dionysius der Kartäuser 355 A.
Doering, Mathieu 355 A.
Dolfen, Chr. 354 A.
Doucet, V. 356 A.
Dubois, C. G. 36 A.
Duhem, Pierre 352 A., 357 A.
Dühring, Karl E. 384
Dulles, A. 354 A.
Dumazedier, J. 293 A.
Duns Scotus, Johannes 347, 356 A.
Dupont, V. 37 A.
Durand, D. B. 353 A.
Dynnik, M. A. 145−172

Easton, David 400, 408 A.
Eichmann, Adolf 264 f., 277 A.
Einstein, Albert 23, 121, 124, 126, 129, 157, 159
Eliade, M. 37 A.
Elzenberg, H. 223
Emerson, E. H. 353 A.

Engels, Friedrich 34, 37 A., 44, 132 f., 134, 143 A., 145–172, 187 f., 190, 192, 195, 202, 314–317, 319 A., 322, 325 f., 384 f., 386, 395, 402
Enriques, Frederigo 214, 219 A.
Epiktet 244
Erasmus von Rotterdam 31, 354 A.
Erdmann, Benno 178 A.
Euklid (Weltbild) 124, 158–160, 214 f.
Evtušenko, Evgenij 323

Fabre, J. 36 A.
Fárkas 216
Favorini, Augustin 354 A.
Febvre, Lucien 31, 36 A.
Fedosseev, P. N. 145–172
Feigl, H. 48 A.
Feret, P. 355 A., 356 A.
Fetscher, Iring 318 A.
Feuerbach, Ludwig 383, 404, 437
Ficino, M. 356 A., 357 A.
Foigny, Gabriel de 33
Foucault, Michel 137
Fraenkel, A. 218
Francev, J. P. 145–172
Franciscus 191, 356 A.
Franklin, Benjamin 191
Frege, Gottlob 241, 411–419
Freud, Sigmund 116, 192, 254, 255 391
Friedman, Georges 9
Fritzhand, Marek 89–109
Fromm, Erich 111–119, 319 A., 322
Fuelgraff, Barbara 292

Gabriel, Leo 121–129
Gand, Henri de 354 A.
Garaudy, Roger 48 A., 311, 392
Gardner, B. T. 189 f.
Gardner, R. A. 189 f.
Garin, E. 352 A.
Gauß, Karl F. 214 f., 216
Gehlen, Arnold 125, 151
Gentile, G. 219
Gerson, Jean de 354 A.
Geymonat, Ludovico 220 A.
Gide, André 332

Gilson, Etienne 335 f., 344 A., 353 A., 354 A.
Ginsberg, Morris 277 A.
Gleserman, G. J. 145–172
Glorieux, P. 354 A.
Glover, Jonathan 277 A.
Gödel, Kurt 219
Goethe, Johann W. von 298
Gombrowicz, Witold 222, 223, 224 f., 232 f.
Gonseth, F. 202
Gorer 288
Gorgias von Leontini 243
Gorkij, Maksim 326
Gorz, André 311
Gouldner, A. 143 A.
Gramsci, Antonio 310, 404, 405, 409 A.
Granger, G. 246 A.
Grassi, Ernesto 49 A.
Gray, Elisha 360
Graziadei 389
Gregor, A. J. 318 A.
Gregory, Tullio 9
Griaule, M. 336, 338, 344 A.
Gueroult, M. 246 A.
Gueudeville, Nicolas 33
Gurvitch, Georges 132, 143 A.
Gutenberg, Johann 368

Habermas, Jürgen 48 A., 318
Haller, J. 353 A.
Harich, Wolfgang 49 A., 145–172
Hartman, Robert S. 173–186
Hauser, A. 142
Hegel, G. F. W. 45, 57, 68, 122, 128, 132, 134, 135, 140, 145 f., 148–150, 152–154, 156 f., 161, 198, 201, 204, 205, 206, 258, 266–269, 277 A., 383 f., 386
Heidegger, Martin 57, 90, 123, 125, 126, 140, 223, 389
Heintel, Erich 9
Heisenberg, Werner 121, 124, 129
Hempel, Carl G. 48 A.
Herbert, Zbigniew 222
Herder, J. G. 165, 168, 433
Hermelink, H. 355 A.
Hervé de Nédellec 346
Himmelweit, H. 282

Hitler, Adolf 91, 113, 129, 230, 254
Hobbes, Thomas 55, 134, 193, 239
Hochfeld, Julian 409 A.
Ho Chi Minh 310
Hocking, Richard 179 A.
Holbach, Paul von 149
Hollitscher, Walter 187–195
Holloway, M. 38 A.
Hook, Sidney 277 A.
Horkheimer, Max 48 A., 390, 391
Hugo, Victor 332, 333
Hume, David 22 f., 24, 239 f., 336
Huntington, E. V. 177 A.
Hus, Jan 348, 355 A.
Husserl, Edmund 57
Huxley, Aldous 29 f., 36
Huxley, T. H. 90, 100

Il'ičev, L. F. 310

Jaeger, Werner 101
Jakobson, Roman 9, 436
Jakubisiak, A. 223
James, William 21
Jancsó, M. 235
Jannizzotto, M. 352 A.
Jánoska, Georg 197–207
Jaspers, Karl 57, 123, 126, 223, 389
Jesus Christus 336, 346–349, 353 A.
Jordan, Z. A. 318 A.
Joyce, James 232

Kądzielski, Józef 281 f., 285, 286, 293 A.
Kafka, Franz 228
Kammari, M. D. 145–172
Kant, Immanuel 41, 43, 57, 121, 125, 135, 146, 147–150, 159, 161, 180, 215, 239 f., 243, 274, 336, 383 f., 428
Kautsky, Karl 44
Kepler, Johannes 161, 173
Kibre, P. 352 A., 353 A.
Kierkegaard, Søren 125, 140, 181 f.
Kim Il Sung 310
Kindler 304 A.
Klaus, Georg 9
Klibansky, Raymond 175 A., 350, 353 A., 357 A.

Knilli, Friedrich 292
Knopf, Alfred 408 A.
Kobzdej 185
Kołakowski, Leszek 45–47, 48 A., 221 f.
Kolcova, M. M. 190
Komorowska, Jadwiga 281, 293 A.
Konstantinov, F. V. 145–172
Kopnin, P. V. 145–172
Korsch, Karl 206 A., 310 f., 387, 389 f.
Kortlandt, Adriaan 188 f.
Kotarbiński, Tadeusz 209–211, 436
Kraus, Kazimierz 423
Krauss, Werner 36 A., 37 A.
Kristeller, P. O. 352 A., 356 A., 357 A.
Kröner, Franz 206 A.
Kruczkowski, A. 428
Kuczynski, Jürgen 9, 426
Kusnecov, J. W. 145–172
Kutschera, Franz von 48 A.
Krzywicki, Ludwik 423, 424, 430

Labedz, L. 319 A.
Lamartine, Alphonse de 29, 34
Lampen, W. 356 A.
Landis, B. 437
Langenstein, Henri de 354 A.
Laplace, Pierre de 161
Lask, Emil 388
Lavoisier, Antoine L. 34
Law, T. C. 354 A.
Lawick-Goodall, Jane van 193
Le Duan 310, 313 f., 317, 319 A.
Leenhardt, Maurice 340 f., 344 A.
Lefébvre, Henri 9, 311, 393 f.
Leibniz, G. W. 25 f., 33, 36 A., 156, 177, 239, 413
Lenin, Vladimir I. 44, 68, 132, 134, 148, 155 f., 168, 170 f., 187, 195, 218 f., 248, 251 f., 306–308, 312 f., 315, 318 A., 319 A., 385–387, 423, 427, 431
Lenk, Hans 40–43, 49 A.
Leonardo da Vinci 352 A., 357 A.
Lerner, Daniel 366
Leśniewski, Stanisław 412
Lewis, Oscar 366
Leyhausen, Paul 194

Lichtheim, G. 318 A.
Livingston, R. B. 113, 118 A.
Livingstone, Rodney 409 A.
Lobačevskij, Nikolaj I. 158, 214–217, 220 A.
Lobkowicz, Nikolaus 319 A.
Locke, John 20, 239
Lockwood, P. 357 A.
Loemker, Leroy E. 177 f. A.
Löhr, G. M. 356 A.
Lombardo Radice, Lucio 213–220
Lorenz, Konrad 192, 194 f.
Louis XIV. 142
Lowenthal, Leo 332, 333, 343 A.
Löwith, Karl 48 A.
Ludwig von Preußen 353 A., 356 A.
Lukács, Georg 198, 201, 202, 206 A., 310 f., 319 A., 387–390, 397, 404 f., 409 A.
Łukasiewicz, Jan 412, 418
Luszczki, L. 355 A., 356 A.
Luther, Martin 354 f. A.
Luxemburg, Rosa 44
Lyle, J. 282

Mabilleau, L. 352 A.
Machiavelli, Nicolò 107
Maccoby, M. 118 f. A.
MacCorquodale, K. 118 A.
Mach, Ernst 157, 383
MacTaggart 12, 24, 25
Mahnke, D. 354 A.
Maier, A. 357 A.
Mair, Jean 354 A.
Malebranche, Nicolas de 239
Maletzke, G. 282–284, 287–291, 293 A.
Mallett, Serge 311
Mann, Thomas 232
Mannheim, Karl 35, 37 A., 426
Mao Tse-tung 310
Marcel, Gabriel 389
Marcuse, Herbert 40, 48 A., 59–63, 69 A., 390, 391
Mardi, B. 353 A.
Maritain, Jacques 105 f., 226
Marković, Mihailo 318 A.
Marliani, G. 357 A.

Marr, Nikolaj Ja. 308, 422
Marx, Karl 34, 37 A., 44, 46, 68, 87, 91, 116, 122, 132–135, 137 f., 141, 143 A., 145–172, 187 f., 189, 192, 195, 198, 200 f., 202, 247–262, 305–317, 318 A., 319 A., 322, 324–328, 383–398, 399–409, 429, 431, 437
Maslow, Abraham 181 f.
Matcher, W. S. 220 A.
Mead, Margaret 277 A.
Meier, L. 355 A., 356 A.
Melnechuk, Th. 118 A.
Mendeleev, D. I. (period. System) 153
Merton, Robert 404
Meslier, Jean 32
Meszaros, Istvan 409 A.
Meyer, G. 409 A.
Meyer, L. (period. System) 153
Meyerson, Ignace 332, 343 A.
Mill, John Stuart 297
Miłosz, Czesław 266
Minges, P. 356 A.
Minkowski, H. 124
Mirabeau, Victor de 33, 36 A.
Monnerjahn, E. 354 A.
Montagne 36 A.
Montaigne, Michel de 239
Moore, George E. 11, 12, 14 f., 17, 18, 20
Morawski, Stefan 221–236
Moreau, J. 246 A.
Morelly 32
Morgan, Lewis H. 37 A.
Morus, Thomas 31, 32, 33, 37 A., 106
Mrozek, Sławomir 221 f.
Murray, G. 100
Musil, Robert 232
Mussolini, Benito 254
Myrdal, Gunnar 400 f., 409 A.

Napoleon Bonaparte 129
Nardi, Bruno 356 A.
Negt, Oskar 206 A.
Nelson, J. C. 357 A.
Nestlé, Wilhelm 237
Newton, Isaac 161

Nietzsche, Friedrich 57, 67, 101, 107, 122, 200
Nikolaus von Oresme 354 A.
Oberman, H. A. 354 A., 356 A.
Ockham, Wilhelm von 354 f. A.
Oken, Lorenz 152
Olbrecht-Tyceta, L. 241, 245, 246 A.
Olschewsky, Thomas 437
Oppenheim, A. N. 282
Oppenheim, P. 48 A.
Orwell, George 36
Ozbekhan, H. 118 A.
Pagallo, G. F. 353 A., 356 A.
Panofsky, E. 350, 353 A., 357 A.
Paqué, Ruprecht 206 A.
Parker, Everett 282
Parmenides 19
Pascal, Blaise 179, 332, 333, 343 A.
Pasternak, Boris 185 f., 323
Paul VI. 68
Pavlov, Ivan P. 85 A., 111, 162–169
Pecock, Reginald 353 A.
Pelc, Jerzy 437
Perelman, Chaim 237–246
Petrarca, Francesco 106
Petrović, Gajo 9, 318 A.
Pico della Mirandola 180 f., 347, 354 A.
Pilot, Harald 48 A.
Piłsudski, J. 225
Pirandello, Luigi 333
Piwowarczyk 421
Plato 33, 156, 184, 186, 198, 238, 242 f.
Plechanov, Georgi V. 44, 384, 423
Plessner, Helmuth 151
Plotin 238
Pohlen, H. 355 A.
Pollack, F. L. 37 f.
Pomian, K. 426
Popper, Karl 48 A.
Portmann, A. 125
Prantl, C. 356 A.
Premack, David 190 f.
Presbyter, Jean 355 A.
Protagoras 99
Ptolemäus 160 f.
Pythagoras 237

Quadri, G. 357 A.
Quarton, G. C. 118 A.

Racine, Jean B. 332 f.
Radgowski, M. 432
Randall, J. N. 352 A.
Rao, V. L. 366
Rapoport, Anatol 247–262
Read, C. 254 f.
Reich, A. 235 A.
Reiner, Hans 146
Reis, J. P. 360
Renan, Ernest 31
Renaudet, A. 356 A.
Rensch, B. 188 A.
Riemann, Bernhard 158
Riesman, David 277 A.
Robinet, Jean B. 156
Rogers, Carl R. 112, 114, 117 A., 118 A.
Rosenberg, Alfred 91
Rosental, M. M. 145–172
Rotenstreich, Nathan 263–277
Rousseau, Jean-Jacques 33, 36 A., 55, 56, 65
Royce, Josiah 179 f.
Rózewicz, Tadeusz 222
Rudzki, Jerzy 279–293
Russell, Bertrand 21, 36, 174, 413
Ryle, Gilbert 19

Saccheri, Girolamo 215
Saitta, G. 352 A.
Sánchez Vázquez, Adolfo 9
Sapir, Edward 432
Sarnoff, David 360
Sarton, G. 357 A.
Sartre, Jean-Paul 90, 123, 223, 233, 234, 311, 431
Saudeur, Jacques 33
Savigny, Friedrich K. 266, 277 A.
Saxl, Fr. 350, 353 A. 357 A.
Scaramuzzi, D. 356 A.
Schaff, Adam 9 f., 43 f., 47, 48 A., 49 A., 85 A., 87, 131, 143 A., 145, 157, 197, 209–211, 219, 221, 222, 228, 254 f., 256 f., 259–261, 277 A., 321–329, 399, 408 A., 411, 421–438
Scharkapp, Jean 355 A.

Scheler, Max 30, 125, 151, 389
Schelling, F. W. J. 152
Šestov 223
Scheuch, Erwin K. 295–304
Schiller, F. C. S. 90, 102
Schiller, Friedrich von 140, 182 A.
Šiškin, A. F. 145–172
Schlick, Moritz 157
Schlisske, Otto 292
Schmidt, A. 318 A.
Schmidt, F. W. 207 A.
Schmitt, F. O. 118 A.
Schramm, W. 282
Schulte Herbrugen, H. 37 A.
Schutz, Alfred 277 A.
Secret, F. 356 A.
Seebohm, Fr. 354 A., 355 A.
Seneca, Lucius 334 f.
Servatius, R. 265
Servier, J. 37 A.
Sève, Lucien 311
Sextus Empiricus 343
Shakespeare, William 225, 333
Shibata, Shingo 305–319
Siepmann, C. 287, 293 A.
Sikorski, T. 236 A.
Simmel, Georg 388
Sitter, William de 126
Skinner, B. F. 111–119
Sokrates 57, 242 f.
Sola Pool, Ithiel de 381 A.
Solženicyn, Aleksandr 185, 333
Somerville, John 321–329
Sorel, Georges 34 f.
Souriau, E. 246 A.
Spengler, Oswald 136, 193, 225
Spinoza, Benedictus 124, 135, 239
Stalin, Iosef 172, 221, 228, 229, 254, 255, 257, 305–310, 318 A., 383, 385 f., 389, 406, 424, 425
Steffens, Henrik 152
Stegmüller, Wolfgang 48 A.
Steiner, G. 283, 285 f., 293 A.
Stenius, Erik 414
Stöckl, A. 353 A.
Stoetzel, Jean 331–344
Stone, Philip 381 A.
Storch, O. 165
Stückrath, Hans 282
Suárez, Francisco 150

Suchodolski, B. 434
Sudhoff, K. 353 A.
Suré-Canal, Jean 311
Suslov, Michail A. 310
Suszko, Roman 412
Suzuki, D. T. 342, 344 A.
Swieżawski, Stefan 345–357
Szalai, Alexander 359–381
Sztomka, Piotr 408 A.

Tarski, Alfred 411
Tatarkiewicz, Władysław 9
Tauber, E. 437
Taurinus 216
Thomas von Aquin 347, 354 A.
Thompson, E. P. 37 A.
Thoreau, Henry D. 357–361
Thorndike, L. 352 A., 357 A.
Tööt 59
Torquemada, Juan de 354 A.
Toynbee, Arnold J. 126, 260
Treviranus 152
Trockij, Lev D. 307, 318 A.
Truong Chinh 310
Tucker, R. C. 318 A.
Tycho Brahe 161

Uexkyll, J. v. 125
Unamuno, Miguel de 173, 179

Vaughan, C. E. 36 A.
Veiras, Denis 33
Vernadskij 160
Vince, P. 282
Volpe, D. 319 A.
Vries, de 172
Vranicki, Predrag 383–398

Wajda, Andrzej 222
Waldheim, Kurt 363
Wallace, R. 37 A.
Watson, John B. 111
Watteau 143
Weber, Max 199, 388
Weinhandl, F. 206 A.
Weizsäcker, Karl F. von 121
Werner, K. 346, 353 A., 355 A., 356 A.
Weyl, Hermann 124, 157
Whorf, Benjamin L. 432

Wiatr, Jerzy 399–409
Widmann, Jean 353 A.
Wiener, P. 178 A.
Wilhelm II. 129
Williams, Bernard 275, 277 A.
Witkiewicz, Stanisław I. 222, 223, 225 f., 229
Witten, Jean 355 A.
Wittgenstein, Ludwig 200, 203, 411, 413–419
Wojaczek, R. 222
Wolff, Christian F. 146, 147, 149, 150

Wolniewicz, Bogusław 411–419
Wróblewski, A. 222
Wyka, Kazimierz 226, 227

Zajceva, M. I. 425
Zamjatin, E. I. 36
Ždanov, A. A. 221
Zembrowski 222
Zeno von Elea 24, 237 f.
Zermelo, Ernst 218
Zinovev, G. 389
Żółkiewski, S. 425
Zweig 299, 302

DANK

Die Herausgabe der Festschrift für Adam Schaff in dieser Form wäre nicht möglich gewesen ohne die wertvolle Hilfe einiger Mitarbeiter.

Frau *Edda Werfel* hat die Beiträge von M. Fritzhand und St. Morawski sowie die Titel der Schaff-Bibliographie aus dem Polnischen übersetzt. Herr *Peter Aschner* hat den Beitrag von Ch. Perelman aus dem Französischen übersetzt und die Korrektur der französischen Beiträge übernommen. Frl. *Renate Göll* hat den Beitrag von R. S. Hartman aus dem Englischen, Herr *Dr. Rudolf Preinerstorfer* den Beitrag von P. Vranicki aus dem Serbokroatischen übersetzt. – Ihnen allen gebührt mein herzlicher Dank.

Nicht zuletzt sei dem Europa Verlag, der auf all meine Sonderwünsche eingegangen ist, für die schnelle und gediegene Arbeit gedankt – und dafür, daß er die Herausgabe dieser Festschrift überhaupt ermöglicht hat.

Der Herausgeber